金融科技发展应用与安全

JINRONG KEJI FAZHAN
YINGYONG YU ANQUAN

主编　秦荣生　赖家材

人民出版社

责任编辑：杨瑞勇

封面设计：徐　晖

责任校对：吕　飞

图书在版编目（CIP）数据

金融科技发展应用与安全 / 秦荣生，赖家材 主编 . — 北京：人民出版社，
　2020.10

ISBN 978 - 7 - 01 - 022552 - 4

I. ①金…　 II. ①秦…②赖…　 III. ①金融 - 科技发展 - 研究 - 中国　 IV. ① F832

中国版本图书馆 CIP 数据核字（2020）第 195041 号

金融科技发展应用与安全
JINRONG KEJI FAZHAN YINGYONG YU ANQUAN

主编　秦荣生　赖家材

人民出版社 出版发行

（100706　北京市东城区隆福寺街 99 号）

北京汇林印务有限公司印刷　新华书店经销

2020 年 10 月第 1 版　2020 年 10 月北京第 1 次印刷
开本：710 毫米 ×1000 毫米 1/16　印张：37.75
字数：600 千字

ISBN 978 - 7 - 01 - 022552 - 4　定价：98.00 元

邮购地址 100706　北京市东城区隆福寺街 99 号
人民东方图书销售中心　电话（010）65250042　65289539

目 录

安　全　篇

发　展　篇

序　言

新一轮科技革命在金融业掀起的磅礴浪潮可谓势不可挡，"无科技，不金融"，金融与科技的融合发展已成行业共识。

中国人民银行行长易纲在"2019 陆家嘴论坛"上指出，未来全球的金融增长点在于金融科技，国际金融中心的竞争点也在金融科技。2019 年 11 月，第十二届全国政协副主席陈元在"首届成方金融科技论坛"发表主题演讲指出，未来全球金融增长点在金融科技，竞争点也在金融科技。

金融，是流淌在经济的血液；科技，是探索未知的憧憬。金融与科技，邂逅相逢，抑或如期而约，这两股生机无限与活力四射的超级产业珠联璧合，将迸发新的火花，也情不自禁让人对金融科技未来产生无限遐想。

金融与科技有着天然的深厚历史渊源，金融业一直对新技术保持高度敏感。伴随着以 5IABCDE（5G、IoT——物联网、AI——人工智能、Blockchain——区块链、Cloud Computing——云计算、Big Data——大数据、Edge Computing——边缘计算）等为代表的新一代信息技术的飞速发展，金融与科技融合程度不断加深，助推金融业培育新优势、发挥新作用、实现新发展。金融科技引起的数字化浪潮为金融业发展带来翻天覆地的变化，为金融业贯彻落实服务实体经济、防控金融风险、深化金融改革"三大任务"提供了不竭动力，插上了强有力的翅膀。

本书作为一本金融科技的教科书或教学参考用书，为使读者对金融科技有一个全面、深入、系统的理解，该书清晰、系统地介绍了金融科技基础、应用、安全与发展，对应分成基础篇、应用篇、安全篇、发展篇。

基础篇介绍了金融科技概论和金融科技相关技术。金融科技概论介绍了金融科技概念、分类、发展历程、特点、本质、意义、影响，使读者对金融科技有一个基本的了解，能意识到金融科技是金融与科技融合发展形成的新技术、新模式、新业态，金融科技具有跨界化、去中心化、智能化等特点，金融科技的本质没变，仍然姓"金"，金融科技就是用科技赋能金融，用先进的生产力改进生产关系，提升金融业乃至整个社会的发展效能，金融科技的发展会给金融业带来流程、组织、体系三个层次的变革，金融科技将对货币政策、金融市场、金融稳定以及金融监管产生影响。金融科技相关技术介绍了人工智能、大数据、互联技术、分布式技术、安全技术，金融科技是以人工智能、大数据为中心，全面推动研发与应用；以互联技术为核心，持续推动技术进步升级；以分布式技术为重心，强化云计算的广泛应用，争取区块链的成熟应用；以安全技术为保障，为金融科技的创新与发展"保驾护航"。

应用篇介绍金融科技发展现状，金融科技与普惠金融，数字货币，金融科技在银行、保险、证券三大行业的应用。金融科技发展现状章节介绍了国内外金融科技发展现状，使读者能了解金融科技产业的高创新性、轻资产性、重体验性、强相关性。金融科技与普惠金融章节介绍了金融科技如何使金融更"普"、更"惠"，借助金融科技降低金融交易成本、延伸服务半径、拓展普惠金融服务的广度和深度，并介绍了金融科技在普惠金融方面的典型应用——消费金融与供应链金融。数字货币章节介绍了数字货币相关概念、特性，法定数字货币发行的必要性、可行性、经典应用，以及我国法定数字货币发展情况。金融科技在银行、保险、证券方面应用的章节介绍了这些行业的基础业务知识，以便初学者以及不了解行业背景的人对行业有一个基本了解；介绍金融科技在这些行业的典型应用场景，并分享应用案例和相关经验，拓宽金融行业从业人员的工作思路。

毋庸置疑，金融安全是国家安全的重要组成部分。金融科技提供了发展机会，也同样带来了诸多挑战，其中一个极大挑战就是现在比以往任何时候都更需注重科技安全。为此，本书特地设置了安全篇。安全篇介绍了金融科技与监管科技、金融科技与信息安全、金融科技与国家安全、金融科技与金融市场安全。金融科技与监管科技章节介绍了监管科技的相关概念与发展、金融科技与监管科技的相互关系、监管科技的应用实践与经验建议，使金融机构"合规"工作做得更好，监管机构"监管"工作做得更好。金融科技与信息安全章节介绍了金融信息安全相关基础知识，金融信息安全整体应对思路，金融科技如何提升数据安全，金融科技如何提升网络安全，新一代信息技术条件下如何做好安全工作，金融信息安全未来主流技术方案——零信任架构，更重要的是分享了资深金融科技从业人员长期积累的，从个人金融信息保护、交易安全、仿冒漏洞防护、技术使用安全、内控管理等方面提升金融科技安全的实践经验。金融科技与国家安全章节介绍了金融科技与金融安全、国家安全之间关系，强调金融安全是国家安全的重要组成部分，金融科技可助力金融安全，以"黄沙百战穿金甲，不破楼兰终不还"的精神，遵循严守底线思维，筑牢意识长堤，防范化解系统性金融风险。金融科技与金融市场安全章节介绍了金融市场与金融科技的互促关系，简要介绍金融市场范畴内相对较重要且贴近人民群众日常经济生活的货币市场、资本市场、外汇市场和黄金市场，分析其安全运行对于金融系统、国民经济的重要意义，回顾反思指出目前存在的一些问题或安全事件，分析利用金融科技如何为金融市场保驾护航。

金融活，经济活。发展篇介绍金融科技与金融供给侧结构性改革，金融科技与高质量发展，金融科技发展趋势、挑战与应对，破解金融科研发展的新思维。金融科技与金融供给侧结构性改革章节介绍了金融供给侧结构性改革相关基础，供需两侧助推金融科技，金融科技助推金融供给侧结构性改革。金融科技与高质量发展章节介绍了金融高质量发展基础，金融科技本身的高质量发展原则，金融科技如何助推金融经济高质量发展。金融科技发展趋势、挑战与应对章节介绍了金融科技的金融业务科技化、金融科技业务化、金融科技生态化的发展趋势，金融科技面临的监管考验、技术考验、人才考验、管理考验等"四种考验"，应对金融科技挑战的"四种本领"——学习创新本领、敏捷管理本领、驾驭风险本领、监管创新本领。破解金融科研发展的新思维章节介绍了运用战略思维、创新思维、辩证思维、法治思维、底线思维等五大思维破解金融科研发展，即用战略思维把握金融科技本质、用创新思维锻造金融科技能力、用辩证思维看待金融科技趋势、用法治思维防范金融科技风险、用底线思维厘清金融科技边界。

未来的金融家，必须强注"科技"基因，要么是懂科技的金融专家，要么是懂金融的科技专家。金融从业人员要想自己的知识不被快速折旧，希望紧跟时代步伐，就需终身学习、持续充电、勤于思考、勇于实践。希望本书可以帮助奋斗在金融界的读者朋友尤其是广大党员干部了解金融科技的发展机遇，并且为用好金融科技的同时做好金融科技的运用、安全、发展提供一些解决思路，为实现国家加快发展金融科技、落地金融科技产业目标，推动金融、科技乃至社会进步贡献一份力量。

展望未来，与您 PK 的可能不是同行、同事，而是 Fintech！金融科技发展是暴风骤雨式的百米短跑比赛吗？不，它是一场漫长且充满艰辛但前途光明的马拉松比赛！金融科技，永远在路上！金融科技，未来可期！

基 础 篇

第一章　金融科技概论

据新浪财经讯，2019 年 6 月，中国人民银行行长易纲在"2019 陆家嘴论坛"上指出，未来全球的金融增长点在于金融科技，国际金融中心的竞争点也在金融科技。

据新浪财经讯，2019 年 11 月，第十二届全国政协副主席陈元在首届"成方金融科技论坛"发表主题演讲指出，未来全球金融增长点在金融科技，竞争点也在金融科技。

据央广网消息，2019 年 11 月，中国银行董事长刘连舸在中国国际金融学会年会暨第一财经金融峰会上提出，随着云计算、大数据、人工智能和区块链等新兴技术在金融领域的广泛应用，金融科技浪潮席卷而来，以迅猛态势改变金融行业生态和服务模式。

据 21 世纪经济报道，2019 年 12 月，中国工商银行行长谷澍接受 21 世纪经济报道记者专访时表示，随着金融科技飞速发展，科技逐渐从后台走向前台，金融科技已经成为推动金融转型升级的新引擎、金融服务实体经济的新途径、促进普惠金融发展的新机遇、防范化解金融风险的新利器。从一定程度上说，未来的银行就是一家金融科技公司。

金融与科技有深厚历史渊源，金融业时刻对新技术保持高度敏感，可谓科技成果应用最广泛、最深入的行业。科技在金融领域得到广泛应用，深刻融入金融血脉、铸入金融灵魂。历史证明，每一次工业革命都使金融与科技融合程度不断加深，助推金融业培育新优势、发挥新作用、实现新跨越。金融科技正在以波澜壮阔的迅猛态势席卷金融行业生态，"无科技不金融"几乎成为行业共识。

金融科技发展真如人所说进入下半场吗？不，金融科技真正发展可能才刚刚拉开帷幕！

第一节　金融科技概述

新一轮科技革命和金融业变革正在形成历史性交汇，正深刻影响和改变传统金融行业的格局、商业模式、经营方式以及金融服务的供给方式。金融业作为古老而富有传统的行业，正迈向金融和科技深度融合的新阶段，以5IABCDE（5G、IoT——物联网、AI——人工智能、Blockchain——区块链、Cloud Computing——云计算、Big Data——大数据、Edge Computing——边缘计算）等为代表的新一代信息技术正日益与金融业务深度融合，为金融发展提供源源不断的创新活力，带来盎然生机。

据普华永道编制的《2020 年与未来的金融服务技术：拥抱颠覆者》报告，全球 81% 的银行 CEO 在众多领域中最关注科技发展。根据毕马威预测，2020年中国金融科技相关市场规模将超过 12 万亿元。普华永道在《科技赋能 B 端新趋势》白皮书中认为，中国互联网下一个风口将出现在 B 端，科技企业赋能 B 端、服务 C 端将成为主流商业模式，目前金融科技发展形成的平台生态已初具格局。业内人士普遍认为，金融科技已成为金融资源布局的关键领域。

一、金融科技概念

"美国硅谷教父"杰弗里·穆尔曾如此定义金融业："金融业就是以计算机网络为生产设备，不断存储、处理、识别和传输关于财富的承诺和许可的所有信息，实现财富与个人生活和商务活动的同步化。"

金融体系由一系列彼此相互独立、相互依存的要素构成，这些要素包括金融中介、金融市场、金融基础设施。金融基础设施在金融工具之间发挥转换功能并提供相关信息支持服务的流程及框架，如支付系统、证券清算系统。金融中介从事各种各样的金融活动。金融市场是生产要素进行交换的场所，旨在实现资金融通。北京大学国家发展研究院教授薛兆丰在 2015 凤凰财经峰会上表示，金融的核心问题是解决信息不对称问题。

金融资产可重新配置不同部门之间分配的资金和资源，其价值量由未来可能带来的预期收入量决定。金融资产具有"三性",即流动性、收益性、风险性。流动性是金融资产转换成货币的能力或难易程度;收益性是金融资产回报率的大小;风险性是金融资产遭受风险的大小。一般来说,流动性与收益性成反比关系,即流动性越高,收益性越低;流动性与安全性成正比关系即流动性越好,风险性越低;风险性与收益性成正比关系即收益越高,风险越大。

人类步入数字经济时代,科技正日益融合到各行各业中,同样,科技也"不可能会放过"金融行业,也正在"渗透"到金融行业中,科技赋能金融业务,深刻改变金融业态,带来金融行业巨变。罗伯特·希勒在《金融与好的社会》中说:"金融有充足的潜力为我们塑造一个更加公平、公正的社会。"

以 5IABCDE(5G、IoT——物联网、AI——人工智能、Blockchain——区块链、Cloud Computing——云计算、Big Data——大数据、Edge Computing——边缘计算)等为代表新一代信息技术迅猛发展,其在金融领域的应用变革性地重塑了传统金融产品,打造出全新的金融服务模式,"金融科技"一词随之流行起来。当然,在"金融科技"出现前,金融行业已经历多年的"互联网金融"发展阶段,典型代表为第三方支付、P2P 金融企业。互联网金融可认为金融业务科技化的一个特定阶段。

金融科技到底是什么呢?不同人员的视角给出不同答案,可谓仁者见仁,智者见智。金融科技是金融与科技融合发展形成的新技术、新模式、新业态,专业应用于金融领域,并带来金融业态创新和发展的现代科学技术。为帮助读者进一步加深金融科技概念的理解,把一些经典定义也列举出来。

1. 中国人民银行 2019 年 9 月制定《金融科技(FinTech)发展规划(2019—2021 年)》认为,金融科技是技术驱动的金融创新,旨在运用现代科技成果改造或创新金融产品、经营模式、业务流程等,推动金融发展提质增效。

2. 中国信息通信研究院编写的《中国金融科技生态白皮书(2019 年)》认为,理解金融科技需从广义和狭义两个维度,区分科技与技术两个概念。广义金融科技以金融行业应用需求为导向,利用一切科学技术(包括但不限于信息通信科技)为金融行业发展提供科技能力支撑,提升金融服务能力,降低金融服务成本。狭义定义主要聚焦在互联网、物联网、云计算、大数据、人工智能和区块链等一系列新型信息通信技术在金融领域的创新应用。技术供给与行业需求的结合则形成金融科技产业。

3. 英国政府首席科学顾问发布的《金融科技未来》报告认为，金融科技通过金融与科技的融合，有望创新和颠覆传统金融模式和业务，为企业和个人提供一系列全新的服务。《牛津词典》将金融科技定义为用于支持或促进银行和金融服务业发展的计算机程序和其他技术。

4. 国际金融组织金融稳定理事会（FSB）定义金融科技为：由大数据、区块链、云计算、人工智能等新兴前沿技术带动，对金融市场以及金融服务业务供给产生重大影响的新兴业务模式、新技术应用、新产品服务等。科技加持下的金融创新，技术是"因"，创新是"果"，不是一个简单升级版，而是一种模式的蜕变。

5. 美国国家经济委员会（NEC）定义金融科技为：涵盖不同种类的技术创新，这些技术创新影响各种各样的金融活动，包括支付、投资管理、资本筹集、存款和贷款、保险、监管合规以及金融服务领域里的其他金融活动。

6. 英国金融行为监管局（FCA）定义金融科技为：金融科技主要是指创新公司利用新技术对现有金融服务公司进行去中介化。

7. 新加坡金融管理局（MAS）定义金融科技是指"通过使用科技来设计新的金融服务和产品"。

8. 李广子在《金融与科技的融合：含义、动因与风险》一文中从底层技术维度、金融维度、金融与科技的融合三个层面理解金融科技含义。（1）底层技术维度。底层技术为金融科技发展提供基础性技术手段，可被视为金融科技的供给端。（2）金融维度。具体金融领域是金融科技落脚点，可被视为金融科技的需求端，包括金融产品、金融机构、金融生态、金融基础设施、金融功能等领域。（3）金融与科技的融合。金融科技本质是金融与科技的融合，是底层技术在金融领域的应用，包括金融产品、金融机构、金融生态、金融基础设施和金融功能等各个方面，其最终目的是提高金融服务效率。

9. 中国互联网协会互联网金融工作委员会编制的《2016中国金融科技发展概览》认为，金融科技是科技在金融领域的应用，旨在创新金融产品和服务模式、改善客户体验、降低交易成本、提高服务效率，更好地满足人们的金融需求。参与者包括金融科技公司（Fintech）、监管科技公司（Regtech）、传统

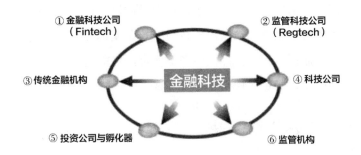

资料来源：中国互联网协会互联网金融工作委员会编制的《2016 中国金融科技发展概览》。

金融机构、科技公司、投资公司与孵化器、监管机构。这些机构搭建一个金融科技生态体系，是一种竞合关系，助推金融业的创新、发展。

金融科技与传统金融机构之间并非互相排斥关系。金融科技并非要取代传统金融机构；传统金融机构也不排斥金融科技，而是积极拥抱金融科技，金融科技发展可提高金融服务的普惠性，提升金融服务实体经济的能力。

金融业本质上属于服务业。金融机构借助金融科技持续优化算法模型、不断提高计算能力、获取海量多维数据信息，深入洞察客户需求，科学管控风险，为客户提供便捷优质服务，带来"一升一降"："升"是指提升金融业务处理的效率，如信贷效率、风控效率，优化用户体验，提升用户覆盖范围；"降"是指使用机器进行自动化处理和业务模式创新等降低金融行业服务成本。

据英大金融杂志搜狐号消息，2018 年 7 月国家金融与发展实验室理事长李扬在《中国金融科技运行报告(2018)》发布暨《金融科技青年论文选集(2018)》征集启动仪式上指出，金融科技应向解决传统金融解决不了的领域发展，至少应解决以下三方面问题：(1) 解决成本问题。通过大数据、人工智能和互联技术，大规模降低成本，降低准入门槛，让所有有合理金融需求的实体部门都能显示自己的偏好，获得合理的、有尊严的金融服务。(2) 解决信用问题。传统金融信用问题是通过识别结构化数据，据此配置资源。虽然操作很简单，但也大量有真实金融需求的非金融主体，进不了传统金融机构视野，比如中小企业贷款难，就因其无法提供结构化数据，或不能完善提供结构化数据。金融科技可通过收集非结构化数据，比如场景、行为数据，寻找到信用、挖掘信息，为金融资源配置服务，通过大数据和分布式技术解决信用体系建设问题，健全我国经济金融体系的信用基础。（3）解决供应链问题。供应链金融是金融服务实体经济的具体体现。金融科技可沿着供应链这条实体经济运转轨迹，运用最现代科技手段，去捕捉、跟踪商品与劳务等实体经济的流转，并创造多样化的金融服务和金融产品，满足供应链各环节需要。

二、金融科技相关概念辨析

（一）金融科技与科技金融

在"2019智博会"重要活动之一的"中国（西部）科技金融峰会"上，科技部原副部长刘燕华表示，科技与金融的融合，将对产业发展起到举足轻重的作用。科技金融实质是科技与金融形成利益共同体、形成合力。只有形成利益共同体，才能为制造业升级赋予新能量。未来无论是科技体制改革还是金融改革，目的都是培育新一代信息技术、高端装备、生物医药、新能源汽车、新材料等新兴产业群，为制造业升级赋予新的能量，提高科技的支撑能力。

1.科技金融与金融科技有所区别。（1）科技金融，更多指的是金融对科技的单向支持，科技金融落脚点在"金融"，侧重于金融行业如何更好服务科技产业，包括通过银行、保险、证券、信托、产业投资基金等各种金融业态，以及金融专营机构（如科技银行、投贷联动公司）、多层次资本市场体系。（2）金融科技，非单向而是双向的，落脚点在科技，强调金融和科技的结合，更高层面实现科技与金融的融合，将以5IABCDE（5G、IoT——物联网、AI——人工智能、Blockchain——区块链、Cloud Computing——云计算、Big Data——大数据、Edge Computing——边缘计算）等为代表的新一代信息技术应用到金融产业生态，提升金融功能，以及技术的发展创新金融服务模式。

2.科技金融与金融科技又互相联系，互相促进。（1）金融科技借助科技手段助推金融发展，科技帮金融，强调技术属性，而非业务属性；（2）科技金融借助金融手段助推科技发展，譬如为科技企业建立融资渠道的科技产业基金，是金融帮科技，体现为业务属性。

（二）金融科技与互联网金融、数字金融

金融科技类似两个词：互联网金融和数字金融，这两个词也常出现，本书稍做解释。

互联网技术的飞速发展，以及深入各行各业的应用，促进互联网技术在金融行业的应用，创新了金融服务，催生了互联网金融。

2014年政府工作报告首提互联网金融。中国人民银行等2015年7月印发的《关于促进互联网金融健康发展的指导意见》认为，互联网金融是传统金融机构与互联网企业利用互联网技术和信息通信技术实现资金融通、支付、投资和信息中介服务的新型金融业务模式。该意见把互联网金融划分为互联网支付、网络借贷、股权众筹融资、互联网基金销售、互联网保险、互联网信托和互联网消费金融等常见类型。

互联网与金融深度融合是大势所趋，深刻影响金融产品、业务、组织和服务。互联网金融可促进小微企业发展和拓展就业渠道，推动大众创业、万众创新，提高金融服务质量和效率，深化金融改革，促进金融创新发展。互联网金融借助互联网技术运作金融，是一种能显著提升金融资源配置效率的金融服务模式。互联网金融作用包括：（1）降低交易成本。减少物理网点投资，降低对人工服务的要求。（2）金融去中介化。在互联网金融中，资金供求数量、风险、期限不一定需要通过传统的证券、银行等金融中介，凭借互联网的开放、平等、协作、分享特点，可压缩资金融通的需求方和供应方之间的链条。（3）降低信息不对称程度。例如在互联网保险中，大数据应用可考虑到个体差异性，针对不同性别、偏好、职业的人设计差异化保险产品，动态调整保险违约概率。

金融科技与互联网金融两者既有联系又有区别。从联系角度看，二者均是金融＋科技，都是对运用新的技术创新金融服务；从区别角度来看，"金融科技"侧重于技术进步，"互联网金融"侧重于场景，落脚点在"金融"，利用互联网技术和信息通信技术实现资金融通、支付、投资和信息中介服务，突出网络渠道属性，可认为是金融业务的新形态，互联网金融虽为新兴金融业务和金融业态，本质仍属于金融，仍然没有改变金融风险隐蔽性、传染性、广泛性特点。国内是先有互联网金融，后有金融科技。当"金融科技"概念备受关注时，"互联网金融"概念受关注度有所下降，呈现的趋势是："互联网金融"概念逐渐并入"金融科技"概念中。从某个角度来说，互联网金融是金融科技发展的一个阶段产物。

与互联网金融概念一样，数字金融也可认为是金融科技的近似词。北京大学数字金融研究中心主任黄益平在《中国的数字金融革命》一文中认为，数字金融是利用大科技平台、大数据以及云计算等科技方法，创新金融产品、商业模式、技术应用和业务流程，包括两方面，一是新型的科技公司，利用技术来提供金融的技术解决方案；二是传统金融公司用数字技术改善服务。

字面上看，互联网金融倾向于被认为互联网公司借助技术优势从事的金融业务。金融科技强调"科技"，旨在实现科技更好赋能金融，未能改变"对信用风险定价"本质；数字金融强调"金融"，更具中性，旨在借助数字技术，增强金融体系的包容性，使金融更好更有效服务实体经济。

三、金融科技分类

金融科技业务模式分类

支付结算	存贷款与资本筹集	投资管理	市场设施
·零售类支付 移动钱包 点对点汇款 数字货币 ·批发类支付 跨境支付 虚拟价值交换网络	·借贷平台 借贷型众筹 线上贷款平台 电子商务贷款 信用评分 贷款清收 ·股权融资 投资型众筹	·智能投顾 财富管理 ·电子交易 线上证券交易 线上货币交易	·跨行业通用服务 客户身份数字认证 多维数据归集处理 ·技术基础设施 分布式账户 大数据 云计算

资料来源：李文红等《金融科技（FinTech）发展与监管：一个监管者的视角》。

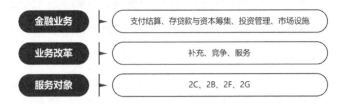

资料来源：腾讯金融研究院等编制的《"新"金融·"兴"经济——金融科技助力实体经济发展报告》。

深圳银保监局局长李文红等在《金融科技（FinTech）发展与监管：一个监

管者的视角》一文中指出，巴塞尔银行监管委员会将金融科技分为支付结算、存贷款与资本筹集、投资管理、市场设施四类。

（一）支付结算类

主要包括面向个人客户的小额零售类支付服务（如微信支付、支付宝等）和针对机构客户的大额批发类支付服务。互联网第三方支付业务发展迅速日趋成熟，因其在一定程度上仍依赖银行支付系统，并未从根本上替代银行的支付功能或对银行体系造成重大冲击，两者分工协作、优势互补。金融机构支付主要针对大额、低频，对效率和费用不敏感的支付需求；互联网第三方支付则主要满足客户在互联网环境下对小额、高频、实时、非面对面、低费用的非现金支付需求，更好地对传统金融支付领域发挥补充作用。

（二）存贷款与资本筹集类

主要包括 P2P 网络借贷和股权众筹，融资方通过互联网平台，以债权或股权形式向一定范围内的合格投资者募集小额资金。此类业务主要定位于传统金融服务覆盖不足的个人和小微企业等融资需求，虽发展较快，参与机构数量众多，但与传统融资业务相比，所占比重仍然较低，是现有金融体系有益补充。从各国实践看，此类业务与传统债务或股权融资的风险特征并无本质区别，现行的风险管理、审慎监管和市场监管要求基本适用。监管上普遍关注信用风险管理、信息披露、投资者适当性管理和网络技术安全等问题。

（三）投资管理类

主要包括智能投资顾问和电子交易服务，前者是运用智能化、自动化系统提供投资理财建议，后者是提供各类线上证券、货币交易的电子交易服务。智能投资顾问模式主要出现在少数交易标准化程度较高的发达国家金融市场，应用范围比较有限，其发展前景有赖于计算机程序能否提升自我学习分析能力，最终能否提供比人工顾问更优的投资建议，以及市场和投资者能否逐步适应和接受。

（四）市场设施类

包括客户身份认证、多维数据归集处理等可跨行业通用的基础技术支持，分布式账户、大数据、云计算等技术基础设施。此类业务科技属性较明显，大多属于金融机构的业务外包范畴。监管机构普遍将其纳入金融机构外包风险的监管范畴，适用相应监管规则，在监管上关注操作风险、信息安全、金融机构外包流程合规性、外包服务商道德风险和操作风险的防控等。

在上述四类业务中，前三类业务具有较明显的金融属性，一般属于金融业务并纳入金融监管；市场设施类不是金融行业特有业务或技术应用，通常被界定为针对金融机构提供的第三方服务。

四、金融科技发展历程

金融发展史本身就是一部科技驱动的创新史。20 世纪 60 年代自动柜员机（ATM），80 年代电子支付，90 年代网上支付、移动银行，2000 年后出现的互联网金融，2008 年后的金融科技，一步一个脚印，一步一段历史，见证了技术创新引领的金融业变革。科技进步带来的影响集中体现为"更加透彻的感知，更加全面的互联互通，更加深入的智能化"。

金融与科技相互融合、交互碰撞，创新金融业务模式、产品、服务，重塑金融业客户、合作伙伴关系、拓宽客户渠道、提升服务质效、深刻影响金融业生态。

科技赋能现代金融业的发展历程

资料来源：艾瑞咨询研究院自主研究及绘制。

中国金融四十人论坛课题组编制的《2019·中国智能金融发展报告》认为，从金融科技发展的历史阶段来划分，大体分为电子化、数字化、智能化三个阶段。

中国人民银行副行长范一飞在《不忘初心　砥砺奋进　开启金融科技高质量发展新征程》一文中将科技在金融领域应用分成金融业务电子化阶段、金融渠道网络化阶段、金融与科技深度融合阶段。

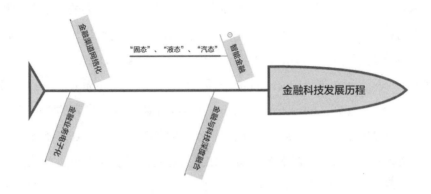

（一）金融业务电子化

侧重于 IT 技术的后台应用。金融管理部门基于当时领先的客户 / 服务器架构，建设资金清算、同城清算等系统，利用卫星通信网络构建天地对接的电子联行和电子证券交易系统，搭建金融机构互联互通的信息化桥梁，极大提升资金流转效率。金融机构搭建核心业务系统，整合用户管理、资金结算、风险控制等功能形成"以账户为中心"的金融服务体系，为现代金融服务厚植根基。推动金融基础设施体系从无到有、从小到大、从分散到集中，使传统金融作业方式发生根本性变革，彻底摆脱手工记账、算盘计数的历史。实现金融业降本增效，推进金融服务转型升级与流程再造。

（二）金融渠道网络化

侧重于前端服务渠道的互联网化。宽带传输、移动互联等技术的突飞猛进，创新金融业务，互联网逐步演变为金融机构与客户连接的关键纽带，成为信息流与资金流的重要入口。金融业借助线上渠道实现革新突破，创新金融产品与服务模式，将储蓄、信贷、理财、保险等传统金融业务迁移至互联网和移动智能终端，为社会公众提供全天候、一站式的金融服务，有效提升资金配置效率和服务质量，推动金融服务由"以账户为中心"向"以客户为中心"发展。金融服务渠道从以实体网点为代表的"水泥银行"，到以网上银行为代表的"鼠标银行"，再到以手机银行为代表的"指尖银行"，不断打破金融服务的时空限制，为金融客户随时随地随身带来优质便捷服务。

（三）金融与科技深度融合

强调金融业务前、中、后台的全流程科技应用变革。变革传统金融业务获客、客服、风控、营销、支付和清算等金融前、中、后台业务的各个方面和金融服务的各个环节，实现金融服务的自动化、精细化、精准化，成为践行普惠金融、发展数字经济的新引擎。金融机构利用以5IABCDE（5G、IoT——物联网、AI——人工智能、Blockchain——区块链、Cloud Computing——云计算、Big Data——大数据、Edge Computing——边缘计算）等为代表的新一代信息技术创新金融产品、改变经营方式、优化业务流程，催生"APP经济""API经济"等新模式：（1）产品服务更智能化。打造智能系统、渠道、产品等，使得金融产品能"看得懂""听得明白"。（2）产品服务场景化。金融机构将金融服务嵌入衣食住行、医疗、教育、购物等民生领域，由"以客户为中心"转向"以场景为中心"，金融服务更加精细化、多元化。（3）金融数据更具价值。在新兴技术加持下，金融数据大大提高金融机构获客导流、精准营销、风险防控等能力，以点带面促进金融要素资源网络化共享、集约化整合、协作化发展。

在金融科技阶段，又可进一步划分为金融科技一般阶段和智能金融阶段。智能金融深度融合人工智能技术与金融业，是用机器替代和超越人类部分经营管理经验与能力的金融模式变革。下面再单独解释一下智能金融。

（四）智能金融——"固态""液态""气态"

智能金融是金融科技发展的高级形态，是在数字化基础上的金融业升级与转型，代表着金融科技未来发展趋势，已成为金融业的核心竞争力。我国已把发展人工智能技术列为一项重要战略，金融是人工智能技术应用最重要的领域之一，智能金融的发展可帮助我国抢抓人工智能发展机遇，占领人工智能技术制高点。此外，从实际应用角度来说，人工智能技术并不"单纯"，综合运用5IABCDE（5G、IoT——物联网、AI——人工智能、Blockchain——区块链、Cloud Computing——云计算、Big Data——大数据、Edge Computing——边缘计算）等为代表的金融科技的技术，对金融业发展将会产生颠覆性变革。与前几个阶段相比较，智能金融最大优势是从根本上颠覆金融行业效率，智能金融将替代甚至超越人类行为和智力，对金融需求的满足更加精准、高效，助推中国金融行业实现跨越式发展。

腾讯金融研究院院长蒲海涛在《从固态到气态，金融智能化的路径选择和政策建议》在一文中用"固态""液态""气态"形象生动描述金融智能化的发展过程，认为金融智能化的发展将是从"固态"到"液态"，再到"气态"的过程。"固态"金融智能化为金融服务提供技术设备与 IT 保障，"液态"金融智能化将实现金融互联网化并奠定远程虚拟服务基础，"气态"金融智能化将提供综合服务，全面开启新篇章。金融服务从"固态"的钢筋水泥房间和自助设备拓展到无处不在的网络和场景之中，形成新的金融生态圈，助力金融产业转型升级。

金融智能化过程中，金融服务的"智商（智能化水平）""情商（用户体验）""数商（数据能力）"是决定金融智能化发展成功与否的关键。智能化生态圈"气态"金融智能化的最佳路径选择在于金融机构和科技企业的协同合作，可建立金融与科技相融合的生态圈，充分利用科技公司互联网场景、数据积累和挖掘及技术能力等方面优势，为金融机构提供技术支持、场景化服务，以降低成本、提高效率。（1）金融机构拥有用户信息、交易数据和业务基础，利用双方各自优势协作创新，产生互利共生效应——形成金融共生单元，交互式作用促进融合发展从而形成规模经济，实现多方共赢。（2）金融机构结合科技公司可实现金融智能化的三大获客能力——多维度实时触达、用户画像构建能力、算法能力，为不同用户提供不同类别金融解决方案，辅助用户作出更为理性、更为优化、动态灵活的决策，呈现金融服务"千人千面"，帮助科技公司进一步巩固用户流量和黏性。

金融科技的发展将进一步提高金融业运行和管理效率，创新金融产品、金融市场、金融服务模式和金融生态，对金融风险管理和监管提出新要求，最终金融科技应用改变整个金融技术经济范式。

第二节　金融科技特性、意义与影响

脱媒一般是交易供需双方越过中间人（媒介）而直接交易。随着脱媒趋势日益明显，银行业离柜率不断上升，不少银行网点关门谢客，《银行 4.0》一书中的"金融服务无处不在，就是不在银行网点"这句话颇能体现今日银行网点所面临的困境。

未来全球金融中心的竞争制高点就是金融科技，全球的金融增长点也是金融科技，这已成金融界共识。伦敦金融城 2017 年发布的《金融科技的价值》认为，金融科技改善与拓展已有金融服务，包括：（1）改善金融普惠，通过加强基础设施、新产品创新、降低成本使得被传统金融体系忽视的客户能获得金融服务；（2）加强客户体验，提供个性化服务、更好的服务交互性、用户参与感；（3）促进安全和合规，提供更安全可行的解决方案，降低金融风险，是合规流程简单化。金融科技的应用能创新金融产品和服务模式、改善客户体验、降低交易成本、提高服务效率，同时更有效地防范和把控金融风险。

据《金融时报》消息，2020 年 7 月中国人民银行副行长范一飞一行在建信金融科技有限责任公司了解金融科技创新发展情况时表示，要坚定不移地重视和发展好金融科技，大胆探索更加面向市场的运营管理模式、更具吸引力的人才发展机制以及更加开放灵活的资源整合方式，打造国际一流的金融科技公司，为健全具有高度适应性、竞争力、普惠性的现代金融体系贡献力量。人民银行将大力支持金融科技企业发展，积极引导企业建立新机制、探索新思路，并为行业发展创造更加有利的环境。

一、金融科技特点与本质

（一）金融科技特点

金融科技使得金融行业呈现了以下几个特点：跨界化、去中心化、智能化，它们带来的共同课题就是监管的复杂化。

1.跨界化。金融科技本身并没有因为金融业务不同体现出较为显著的差异，它也不是金融机构中的某一个部门就能从容应对的；根据实践经验，金融科技实施过程中，一般都需要多个金融业务部门齐心协作、共同推进，这种大规模的合作，可能比金融领域本身的综合化经营显得更具有挑战性。现如今，随着金融科技的迅猛发展，金融机构的业务模式在发生深刻的变化。比如，以前很多银行专注于服务大客户而相对忽视中小客户，其核心原因是在投入人力相当的情况下，服务大客户带来的收益更多；然而，有了金融科技后，许多烦琐的工作可以由机器替代，原来显得有些"鸡肋"的中小客户，现在成了各金融机构重点关注的"香饽饽"，这个巨大的群体的潜在价值，可能会逐渐超过数量有限的大客户。此外，金融机构的渠道、系统、数据、基础设施等多方面呈现出越来越紧密的关联：渠道和各系统全交易线的协同越来越多、业务交叉的情况越来越多、数据依赖的情况也越来越多。如此一来，也会间接导致金融机构的管理难度越来越大，风险控制的难度越来越大，一旦有负面事件快速爆发，波及面很可能非常广。

随着金融科技带来金融业务跨界发展，相应的监管工作也变得繁杂。金融科技公司，虽然有些确实从事着金融业务，却把自己定位成是一家"科技公司"，承担信息媒介而不是信用媒介的职责。这种模棱两可的定位，一定程度上给金融监管的工作开展带来了挑战。此外，由于金融科技会促使业务穿透多个金融业务部门、多个金融子行业甚至是各行各业，使得整体服务更为边界与高效，因此这种跨界性大大提升了金融监管的复杂度。

2.去中心化。除了金融服务跨界化之外，金融的去中心化也十分值得重视。传统的金融业务中，金融机构充当着中介作用，比如，存款要找银行，贷款也要找银行，存贷业务的中心就是银行；对于跨国汇款业务，付款行作为会员要与 SWIFT 打交道，收款行也作为会员与 SWIFT 打交道，这个业务的核心就是 SWIFT 公司。一些第三方支付公司逐渐开始尝试新的模式，比如 Ripple 就是这样一种绕过了 SWIFT 体系的、去中心化的支付体系，在不同区域持有不同币种的机构和个人都可以作为做市商提供换汇能力；付款行、收款行各扩展一个外挂账户，通过寻找最优的做市商来换汇，最终达到跨境汇款的目的。类似地，区块链也为金融业务提供了另一种去中心化的形态。去中心化的业务有可能会使得市场运转更为高效，但也有可能导致金融风险更加复杂、使市场更加不稳定。

对传统金融机构监管的主体都是有财务独立运营的法人机构，它们有明确的办公地点、组织结构和资产负债信息。相比传统金融机构的"有形"，去中心化使得金融中介变得"无形"，被监管主体也很模糊。有些金融机构也可能为了规避监管成本主动去中心化，这都给金融监管能力提出了更高的要求。金融监管机构也在思考如何能创新监管模式，使得金融机构或金融科技公司能够得到有效监管，避免系统性风险的发生。

3.智能化。人工智能是金融科技中的一项重要又热门的技术。将人工智能技术与金融服务有机融合，可以促使金融机构的服务范围更加广泛、服务效能也更加优化。人工智能和传统程序相比，最大的特点是可以根据反馈行为数据自我优化而不需要人工干预；这种机制也可能会导致在数据偏差的情况下学习到的结果和预期不符，或者导致其他的安全隐患，比如有心人通过刻意制造的数据攻击人工智能模型。

因此，在人工智能相关的金融场景中，监管机构的重点可能从传统业务场景中对业务人员和技术人员的监管，转变成对这类技术运用情况的监管。与此同时，监管手段可能也会逐渐发生变化。比如，以前监管机构可能关注资本充足率、坏账率等指标数据，现在会开始转向对人工智能模型的可解释性、稳定性和抗攻击性等技术使用情况的监管。

（二）金融科技本质

金融科技有着三分天下的生态模式：以科技新技术为助力、以场景为战场、以合规及金融能力为本源。金融科技核心本源必是金融，涵盖三个关键点：金融合规为生存之道、金融产品和服务能力为万本之源、金融风险管控能力为长久之策。这些年来金融科技领域风起云涌、如火如荼，然而金融科技的本质依旧未变！

金融科技的出现并未改变金融的组成要素，金融科技背景下，金融仍包括金融制度、货币、金融中介、金融市场、金融工具。金融科技本身并不提供金

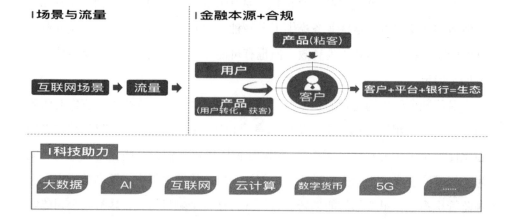

融服务，金融科技只是人运用科技更好提供金融服务。以融资难为例，贷款是贷还是不贷，是市场配置资源的过程，有借款不见得就该得到贷款。金融科技并不能改善借款人的风险水平，金融科技起到的作用是能更有效地甄别出哪些人不应得到借款，有时还可让贷款人通过动态分析贷款人数据更有效做好已发放的贷款的风险管理工作。金融科技虽然改变了金融交易的载体、渠道和技术，提高了交易效率，但没有改变交易对象，没有改变金融本质和功能。金融科技本质仍为金融，金融科技并未改变任何金融业宗旨和安全原则，要坚守金融业的宗旨、原则和理念。要坚守本质，敬畏风险。

中国工商银行原董事长姜建清在《金融科技的创新逻辑和中国实践》一文中认为，金融科技本质上是一场关于金融信息的传输、接收、分析、处理技术的革命，它借助数据技术优势，从掌握商品流、资金流、信息流数据，延伸至支付、融资、投资等金融核心业务领域。金融交易本质是实现跨期金融资源的价值互换和信用互换，金融核心功能包括市场资源配置、宏观经济调节、提升经济体效率的提升，金融科技并未改变这些核心功能。金融科技的产生虽未改变金融构成的主要要素，但提升了金融行为的效率，优化了金融服务方式。金融科技最终落脚点仍为金融，要用金融科技全面改造传统金融，使金融更好服务实体经济。何阳等在《寻本溯源，三问"金融科技"》一文中认为，金融本质是生产关系，是跨时间、跨空间的资源配置，解决社会的资金融通。跨时间，即用当下撬动未来，以获得未来价值的保值增值；跨空间，即资源的流转转移，以获得资源的更优配置。科技的本质是生产力。金融科技组合一起就是用科技赋能金融，用先进的生产力改进生产关系，提升金融业乃至整个社会的发展效能。金融科技运用大数据、人工智能、云计算、区块链等新技术，优化或创新金融的业务流程、业务形态、商业模式、客户渠道、产品服务等。

金融科技的本质没变，仍然姓"金"，科技赋能旨在更好的风险管理、风险定价，提供高效精准的金融服务。金融科技并未改变金融的本质和经济运行的规律，但金融科技在造福社会的同时，不断渗透金融行业中的每一个"细胞"，不断冲击传统金融业务的"DNA"，不断打破和重构金融学科的边界、研究范式。金融科技仍需坚守初心，致力于服务社会公平发展、经济包容增长、追求人类美好生活。金融科技技术运用仍须遵循金融业务的内在规律与秩序，遵守现行相关法律、法规和金融监管要求。

金融科技发展带来的开放、高效、关联、互通，使金融风险更隐蔽、风险传递更迅速。未来金融竞争优势并不在于昂贵硬件设备、海量数据、强大资产实力，而在于品牌（信任）、客户（流量和规模）、管理（风控）和信息（数据基础）方面的综合竞争优势。谁提供的金融服务效率最高、质量最优、成本最低，谁就将在激烈竞争中胜出。

金融机构借助金融科技扮演好"连接者"角色：（1）积极连接各类衣食住行、医疗、教育、娱乐等相关网络平台或线下实体，针对合作平台的场景及客户需求特点，将定制化的金融服务产品"巧妙优雅"嵌入合作平台提供的生活场景或渠道之中；（2）连接金融机构同行，聚焦产品创新、科技平台、数据分析，共同为大众和小微企业等长尾客户提供个性化优质服务。

理解金融科技的本质要求正确处理好金融与科技关系。据《证券日报》消息，中国互联网金融协会会长、原中国人民银行副行长李东荣 2017 年 12 月在 2017 腾讯风云演讲暨原子智库年会上表示，金融科技本质是由技术驱动的金融创新，未改变金融的功能属性和风险属性，金融科技发展应坚持服务实体经济本质要求，积极稳妥开展创新，绝不能搞脱离自身发展阶段、超出自身风险管控能力的过度创新，更不能打着改革创新的旗号搞规避法律监管、脱离实体经济需求的伪创新。金融科技的应用与传统金融并不是取代和颠覆的关系，而是进一步促进提升金融服务质量与效率的关系。金融科技业务与传统金融业务是竞争、补充、赋能关系。（1）竞争关系是金融科技业务与传统金融做同样的事，市场竞争激烈，进一步强化金融市场化程度；（2）补充关系是该类金融科技业务能做传统金融不愿做或做不到的事，扩大业务覆盖面，助推普惠金融；（3）赋能关系是金融科技赋能传统金融业务，利于创新传统金融业务，适应时代变革要求。

据《证券日报》消息，2020 年 7 月浦发银行行长潘卫东在 2020 世界人工智能大会云端峰会上表示，可用"四个化"概括金融服务的发展方向：线上化、数字化、智能化、生态化，这是科技驱动金融服务提升能级，实现高质量发展的必然趋势。金融科技已成为推动银行业转型升级的新引擎、服务实体经济的新途径、促进普惠金融发展的新机遇、防范化解金融风险的新利器。在运用金融科技提升服务能级的同时，作为银行必须坚持"以客户体验为中心"的原则。

二、金融科技的意义

诺贝尔经济学奖得主、耶鲁大学经济学教授罗伯特·希勒说过，"金融并非为了赚钱而赚钱，金融的存在是为了帮助实现其他的目标，即社会的目标，从这个意义上讲，它是一门功能性学科。"

据移动支付网消息，2020 年 3 月招商银行行长田惠宇在年报致辞中表示，科技是唯一可能颠覆商业银行经营模式的力量；要真正实现"轻经营"和"轻管理"，必须依靠科技力量。招商银行旗帜鲜明地提出打造金融科技银行，把探索数字化经营模式作为转型下半场的主攻方向。

科技驱动金融发展的利器，金融是科技进步的肥沃之地，金融与科技相辅相成。（1）从科技赋能金融角度看，金融科技创新金融服务，科技推动金融转型升级，提升金融服务质量与效率，助推金融发展。（2）从金融赋能科技角度看，金融通过全方位、专业化的金融服务促进科技创新，金融反哺科技创新发展。

科技创新与产业变革迎来前所未有的历史机遇，深刻改变人类生活方式、生产模式甚至经济运行逻辑，促使金融与科技融合发展的内在因素和外部环境发生新变化。科技持续驱动金融业态快速向前发展，科技从金融创新的推动者角色转向引领者角色，催生了更高阶的金融业态与创新模式。

中国银行董事长刘连舸在《金融科技创新与数字中行战略》一文中认为，在新一轮科技革命和产业变革的背景下，金融科技蓬勃发展，全球范围内金融科技的投融资额迅速增长。在驱动全球金融格局演变的众多因素中，金融科技成为各国共同高度关注的新因素和新变量。

1.金融科技有助于推动金融机构的转型升级。数字化转型已经成为所有金融机构共同关注、共同推动的行业趋势。拓展金融服务的边界，提高金融供给的效率，拓宽金融机构的发展空间，已成为金融机构的重要战略选择。金融科技简化供需双方的交易环节，降低资金融通边际成本，开辟融达客户的全新途径，推动金融机构实现服务模式创新、业务流程再造、运营管理变革，不断增强核心竞争力，为金融业转型升级持续赋能。例如各大银行都在加大企业手机银行建设用于服务企业,对于中小企业、初创企业来说,线上服务能更加便捷地满足企业需求。

2.金融科技有助于推动普惠金融发展。大数据分析等新技术应用是解决中小企业融资难、融资贵问题的一把金钥匙。通过线上服务、生物识别等便利化服务,同时通过引进海关数据、工商数据、税务数据等第三方数据建立模型,提升风控能力,使业务能覆盖到更多的中小企业,促进普惠金融加快发展。应用线上模式促进中小企业、中小客户以及初创企业融资,是突破物理网点局限、推动普惠金融发展的新途径。

3.金融科技有助于防范化解金融风险。通过内外部数据建立前置风险监测和预测系统,能更加有效地甄别风险交易、异常交易,将原有的事后监控转为实时的、事前的监测,可以极大地提升风险动态感知能力和管控水平。中国银行利用实时分析、大数据及人工智能技术,结合内外部数据,通过对客户、账户和渠道的综合分析,构建了覆盖实时反欺诈、智能反洗钱和全面风险管理等领域的全方位、立体化智能风控体系。其中,基于机器学习平台构建的"网御"实时反欺诈平台,已支持各渠道高风险交易的事中风险防范。全球数据积累存量已达到引爆新一轮行业变革的规模和水平,全球数据快速增长,金融数据在其中占比很高,金融市场天然拥有海量标准化大数据,适合前沿科技落地生根;人工智能、大数据、区块链等前沿科技在算法、算力方面不断优化,GPU、TPU以及NPU等硬件技术取得突破性发展。金融科技作为金融与科技深度融合的产物,已成为数字化时代全球金融创新和金融竞争的制高点。金融科技的引入,使金融业务广泛深入地运用新技术,具有24小时全天候、跨越地域、标准化服务、简化交易流程、用户体验好、创新性强特性,可增加金融服务供给,提高效率,降低成本,增强创新活力。具有显著的应用价值,其核心价值可以概括为"降本增效",具体表现为降低成本、提高效率、改善用户体验、加强风险管控、提高销售业绩等。

金融科技全面赋能金融业发展。金融科技从用户维护、产品定价、渠道营销、运营模式等全方位优化,对金融服务价值链进行赋能。(1)通过5IABCDE(5G、IoT——物联网、AI——人工智能、Blockchain——区块链、Cloud Computing——云计算、Big Data——大数据、Edge Computing——边缘计算）等为代表的新兴科技的运用，提供智慧金融的解决方案，纾解传统金融机构的困境。（2）流程由线下变为线上，实现从传统思维到互联网思维的完全转变。（3）发挥网络优势解决用户信息不完整、产品和定价无法细分、市场营销难以实时互动、渠道内用户轨迹不确定、运营商难以把握用户时间等难题。（4）满足获取及时更新的用户信息、细分的市场定价、实时的市场互动及营销、更低的渠道服务成本、更高的客户精细化管理水平等服务需求。

三、金融科技的影响

金融科技的应用快速发展，为金融业赋予了更多创新、创造、创意的元素，促进金融业移动化、智能化、场景化的发展，给金融行业转型升级带来难得的历史新机遇。

（一）金融科技对金融机构的影响

证监会科技监管局局长姚前在《科技浪潮中的金融变革与监管》一文中认为，科技带来了金融的开放与普惠，推动数字鸿沟和金融鸿沟的缩小。金融科技的发展会给金融业带来流程、组织、体系三个层次的变革。

1.流程变革。金融科技会驱动金融业务流程变革，甚至创造出新的业务模式。在"互联网+"的浪潮下，以互联网为营销渠道的货币基金规模快速扩张，"余额宝"们的高额收益、几乎零门槛、T+0取现，都给传统银行和基金上了非常深刻的一课——广大网民将银行的存款像蚂蚁搬家一样从银行活期、定期账户搬进了余额宝等新型货币基金，使得这类基金规模赶超大型商业银行的个人储蓄。第三方支付也发展迅速，支付宝、微信支付等，改变了传统的支付体系。许多金融科技公司也搬出智能投顾类基金产品，通过数据驱动投资策略的制定和革新，不仅决策客观，还能大幅度降低相应的准入门槛和管理成本，为广大投资者拓展了投资渠道，并强化了他们的个人财富管理的理念。股权、票据、仓单等一些金融资产交易的场景中，区块链技术也逐渐摆脱了传统的交易所这种集中式金融服务媒介，买卖双方可以基于可验证、可追溯、不可篡改的区块链服务平台直接进行交易，而无需第三方的参与，交易的结果也是值得信赖的。

当然，作为传统金融机构也主动寻求变革，以适应日新月异的环境。比如，银行积极寻求与互联网电商平台的合作，推出小贷业务、场景化金融业务，大力拓展移动支付类业务场景；理财服务方面，银行不局限于提供标准产品服务了，而是可以为客户"私人定制"金融服务；风险管理方面，银行充分利用大数据技术降低信贷成本，将原本不太关注的"长尾"客户纳入了服务范围。无论是新型金融服务提供商还是传统金融机构，都呈现出了新型金融服务模式。

2. 组织变革。金融科技会促使金融组织的概念外延。一些互联网企业自"互联网+"的浪潮开始，逐步在传统金融业务领域布局，并形成其特色金融生态圈。比如，东方财富原先是一家金融信息服务提供商，布局了基金的营销平台，甚至还收购了西藏证券，成为我国A股目前唯一拥有券商全牌照的互联网公司。这样一来，互联网企业与金融机构的界限也更加模糊。

在金融科技的影响下，原有企业管理方式发生变化，金融组织架构也趋于扁平化。比如，近年来涌现的股权众筹平台、P2P平台等，通过预制的程序算法约束参与者的行为、保障参与者的利益，原有金融中介、信用中介的需求逐渐被弱化，取而代之的是技术支撑起来的一个个点对点的网状结构。区块链技术的兴起，更是孵化出了一个个靠各种算法支撑并高度自治的去中心组织，比如比特币和以太坊等加密货币的无中心组织结构，原有的金融媒介被金融科技彻底取代。

3. 体系变革。金融科技可能会深刻影响货币的原有体系。从世界范围看，各央行的声誉和原有金融体系信用媒介在历经2008年国际金融危机后受到诸多质疑。一位名叫"中本聪"的神秘人物提出了去央行的货币发行和流通结构，并发明了比特币。即使许多传统金融人士纷纷对这种新生事物表示不屑，但仍然不能阻止比特币和这类数字货币的繁荣，并且一次又一次引发了人们对颠覆中央银行主导的货币发行的探讨。然而，由于缺乏相应的监管体制，这些数字货币也对现有金融秩序形成了干扰，对数字货币持有者的财产缺乏法律保护，也为行贿受贿、洗钱、跨境资本流动、违禁品交易等许多违法犯罪行为滋生了温床。各国政府也纷纷开始发力法定数字货币的研究，并开始试点基于区块链的法定数字货币的发行与流通，比如加拿大的Jasper、新加坡的Ubin和我国的DCEP。法定数字货币关注的是控制发行成本、便捷离线支付、货币可控匿名等多要素，并且为整体经济运转效率带来提升。这一变革也会对现有支付体系、货币体系、金融市场体系产生显著的影响。

（二）金融科技对金融业态的影响

科技创新成为引领经济新常态的"第一动力"，金融科技的蓬勃兴起重塑金融业态。中国人民银行副行长范一飞在《不忘初心　砥砺奋进　开启金融科技高质量发展新征程》一文中认为，金融科技将对货币政策、金融市场、金融稳定以及金融监管产生影响。

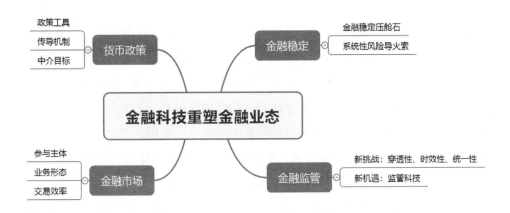

1.货币政策。货币政策是促进经济增长、维护金融稳定的基础支撑，金融科技快速发展给货币政策带来一系列变化与挑战。（1）在政策工具方面，金融科技打破资金融通时空限制，降低金融资产转换的交易成本和时间成本，有助于价格型货币政策工具发挥调节作用。金融科技使货币概念不断延伸，资产流动性差异日趋缩小，货币层次间的界限逐渐模糊，导致数量型货币政策工具收效渐微。（2）在传导机制方面，金融科技加剧金融市场竞争，提升不同金融市场间的资金流动性，使金融市场对利率更敏感、利率期限结构更平滑、利率传导机制更顺畅。然而，金融科技也使货币需求结构发生变化，交易性货币、预防性货币需求下降，投机性货币需求上升，削弱了货币需求的稳定性，导致传统货币政策传导渠道的梗阻效应扩大，传导效果受到干扰。（3）在中介目标方面，互联网支付加速电子化货币规模扩张，在减少现金流通量的同时使货币供给内生性增强，给货币供应量统计带来较大挑战，导致货币乘数、流通速度、需求函数的估算面临更多不确定性，货币政策中介目标选择更加困难。

2.金融市场。金融科技发展重塑金融市场格局，通过信息技术创新应用，深刻影响市场参与主体、业务形态与交易效率。（1）在参与主体方面，部分互联网公司借助金融科技进入金融领域，依靠较强科技实力将自身与客户、场景相耦合，整合多渠道数据资源，为用户提供便捷全方位金融服务，客观上加剧金融市场竞争，倒逼传统金融机构加速转型升级步伐。（2）在业务形态方面，金融科技以信息技术赋能金融业务、开辟细分市场，催生互联网保险、智能投顾等众多新兴业态。通过互联网对接供需双方，设计出有效满足"长尾客群"大基数、小额度服务需求的金融产品，补足传统金融服务短板，进一步拓宽市场边界。（3）在交易效率方面，金融机构将大数据、人工智能、云计算等技术渗透至现有业务环节，推动业务流程优化与再造，持续缩短审批、结算等多类业务的交易响应时间，优化后台人力资源配置模式，全面促进金融服务转型升级与用户体验提升。总体来看，金融科技的合理应用有助于丰富金融产品、提升金融服务，更好地发挥市场在资源配置中的决定性作用。但由于资本的逐利性，科技公司纷纷涉足金融领域，从信息中介变身资金中介，给金融准入管理、市场秩序规范、金融风险防控带来新挑战。

3.金融稳定。金融科技对金融稳定的影响具有两面性：（1）应用得当将成为维护金融稳定的压舱石。①对机构而言，人工智能、大数据等技术应用能够有效识别客户需求、合理优化资源配置，帮助金融机构提升运营和风险抵御能力，有利于维护金融稳定。同时，部分科技公司基于互联网优势汇聚大量资金和信息，有可能逐步演变成"技术寡头"，加剧强者恒强、大者愈大的马太效应，造成"大而不能倒"困局。②对行业而言，金融科技应用有利于减少金融信息不对称，扩大金融活动参与者基数，推动主体多元化，增强行业发展稳健性。（2）金融科技也可能成为触发系统性风险的导火索，技术复杂度提升也会加大金融机构对科技公司的依赖，容易形成"单点故障"，可能引发系统性金融风险。部分技术存在算法不可预测性，也可能造成"技术黑箱"与"算法共振"，引发"羊群效应"，放大风险波动。

4.金融监管。金融监管是促进金融机构依法稳健经营，维护金融市场持续健康发展的根本保障。（1）金融科技发展推动金融创新层出不穷，传统金融监管手段捉襟见肘，带来新挑战：①在穿透性方面，部分金融创新业务交叉重叠、层层嵌套，掩盖业务本质，导致管理部门难以准确识别跨界嵌套产品的底层资产和最终责任人。②在时效性方面，传统监管大多采用统计报表、窗口指导等方式，依赖金融机构定期报送数据。而当前风险发生、蔓延、扩散的速度大幅提升，危机处置时间窗口急剧缩短，金融监管存在明显时滞性。③在统一性方面，金融科技加剧金融混业经营，不同金融管理部门对同类业务管理不一致，金融机构在经营管理、数据报送、信息披露等方面对监管要求理解与执行效果有偏差，增加了沟通成本，造成监管规则难以有效落地。（2）科技应用给金融监管带来新挑战的同时也带来新机遇，给创新监管范式提供了新途径，监管科技应运而生。金融管理部门利用科技手段将监管政策、合规性要求"翻译"成数字化监管协议，把风险技防能力融入业务流程，全面建立金融风险监测和预判机制，梳理清、分析透海量金融数据资源的逻辑关系和层次结构、精准识别金融业务风险，为金融监管提质增效。

第二章　金融科技相关技术及其应用简介

数字经济时代，数字化平台是主要载体。有专家用人来类比数字化平台：互联网、移动互联网以及物联网像人类神经系统，大数据像五脏六腑等人体器官，云计算像人体脊梁。没有网络，五脏六腑与和脊梁无法协同；没有云计算，器官无法挂架；没有大数据，云计算变成空心骷髅。有了神经系统、脊梁、器官后，加上相当于灵魂的人工智能——人的大脑和神经末梢系统，平台就成型了。区块链如同更先进的"基因改造技术"，从根本上提升大脑反应速度、骨骼健壮程度、四肢操控灵活性。数字化平台有"五全信息特征"：全空域、全流程、全场景、全解析和全价值的信息。（1）全空域是打破区域和空间障碍，从天到地到水下、从国内到国外可泛在连成一体；（2）全流程是人类所有生产、生活流程的每一个点可不间断地积累信息；（3）全场景是跨越行业界别，打通人类所有生产生活场景；（4）全解析是借助收集、分析数据，推测人类行为，产生全新价值；（5）全价值是打破单个价值体系的封闭性，穿透所有价值体系，整合与创建新的价值链。

资料来源：中国人民银行副行长范一飞《深化科技应用　推动金融业高质量发展》。

28

　　5IABCDE（5G、IoT——物联网、AI——人工智能、Blockchain——区块链、Cloud Computing——云计算、Big Data——大数据、Edge Computing——边缘计算）等为代表的新技术持续推动金融科技应用、创新、变革，赋能行业转型升级，简化交易流程，提升金融服务效率，降低金融服务成本，开辟触达客户的全新途径，不断增强行业核心竞争力。

　　据中国金融新闻网消息，2019年12月，中国人民银行科技司副司长罗永忠在"2019中国金融科技年会暨第十届金融科技及服务优秀创新奖颁奖典礼"上表示，以大数据、人工智能、云计算、区块链等为代表的新一代信息技术全面渗透到诸多金融细分领域，正在改变和重塑金融业态。面向未来，金融业要切实抓好科技在金融领域规范应用，推动金融科技高质量发展，增强人民群众对数字化、网络化、智能化金融产品和服务的满意度。

　　金融科技以人工智能、大数据为中心，全面推动研发与应用；以互联技术为核心，持续推动技术进步升级，夯实金融科技的基础；以分布式技术为重心，强化云计算的广泛应用，争取区块链的成熟应用；以安全技术为保障，为金融科技的创新与发展"保驾护航"。本章介绍金融科技相关技术以及相关技术的应用，从技术角度介绍应用；后面章节会介绍金融科技在各行业的应用，是从应用角度介绍技术，是技术的综合应用。

第一节　人工智能技术及其应用简介

　　2019年9月，中国人民银行发布的《金融科技（FinTech）发展规划（2019—2021年）》指出，深入把握新一代人工智能发展的特点，统筹优化数据资源、算法模型、算力支持等人工智能核心资产，稳妥推动人工智能技术与金融业务深度融合。根据不同场景的业务特征创新智能金融产品与服务，探索相对成熟的人工智能技术在资产管理、授信融资、客户服务、精准营销、身份识别、风险防控等领域的应用路径和方法，构建全流程智能金融服务模式，推动金融服务向主动化、个性化、智慧化发展，助力构建数据驱动、人机协同、跨界融合、共创分享的智能经济形态。

据新浪财经讯，2019 年 11 月，中国工程院院士戴琼海在"成方金融科技论坛"的主旨演讲上表示，人工智能的三个发展浪潮中，都离不开金融业的支持，并且人工智能在金融领域作用巨大。从用户、银行和市场的角度看，人工智能有非常广泛的发展和应用空间。

一、技术简介

（一）定义

美国心理学家、心理计量学家斯腾伯格（Robert Jeffrey Sternberg）认为，智能是个人从经验中学习、理性思考、记忆重要信息，以及应付日常生活需求的认知能力。《人工智能辞典》将人工智能定义为"使计算机系统模拟人类的智能活动，完成人用智能才能完成的任务"。

人工智能（Artificial Intelligence，英文缩写为 AI）作为一门前沿交叉学科，其定义一直存有不同观点。百度百科定义人工智能是"研究、开发用于模拟、延伸和扩展人的智能的理论、方法、技术及应用系统的一门新的技术科学"，将其视为计算机科学一个分支，指出其研究包括机器人、语言识别、图像识别、自然语言处理和专家系统等。维基百科定义"人工智能就是机器展现出的智能"，即只要是某种机器，具有某种或某些"智能"特征或表现，都应算作"人工智能"。《大英百科全书》定义人工智能是数字计算机或数字计算机控制的机器人在执行智能生物体才有的一些任务的能力。

根据中国电子技术标准化研究院等编写的《人工智能标准化白皮书（2018版）》，人工智能是利用数字计算机或者数字计算机控制的机器模拟、延伸和扩展人的智能，感知环境、获取知识并使用知识获得最佳结果的理论、方法、技术及应用系统。中国科学院院士谭铁牛更通俗解释人工智能的目标为：促使智能机器会听（语音识别、机器翻译等）、会看（图像识别、文字识别等）、会说（语音合成、人机对话等）、会思考（人机对弈、定理证明等）、会学习（机器学习、知识表示等）、会行动（机器人、自动驾驶汽车等）。

可用一个公式形象地表述人工智能：人工智能＝大数据＋机器深度学习。大数据作为人工智能基础，大数据收集分析功能为人工智能提供丰富素材，机器基于素材的积累实现深度学习即以人的思维方式思考、分析和解决问题。算力、算法、数据是人工智能核心三要素。如把人工智能比作一艘远航巨轮，算力是发动机，算法是舵手，数据是燃料，缺一不可。其中，算法是核心，把数据训练算法称作"喂数据"，数据亦可称作"奶妈"。

从思维观点上看，人工智能是逻辑思维、形象思维、灵感思维的融合发展。人工智能最终目标是让机器代替人类去辅助或完成人类能完成的事情。

（二）时代新特征

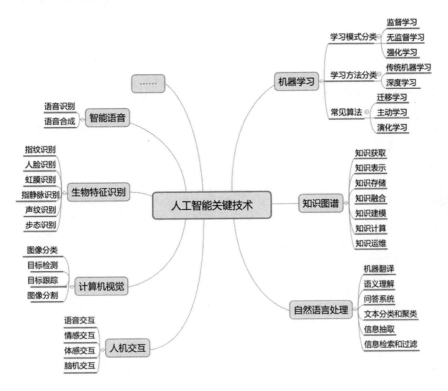

资料来源：全国信息安全标准化技术委员会等编制的《人工智能安全标准化白皮书（2019版）》。

据中国科技网消息，2018年9月科技部原副部长刘燕华在2018世界人工智能大会——依图科技"看见、智能"分论坛致辞中表示，人工智能新时代具备四个新特征：

1.资源配置以人流、物流、信息流、金融流、科技流的方式渗透到社会生活的各个领域。需求方、供给方、投资方以及利益相关方重组是为了提高资源配置效率。

2.新时期产业核心要素已从土地、劳力资本、货币资本转为智力资本，智力资本化正逐渐占领价值链高端。

3.共享经济构成新的社会组织形式，特别资源使用权的转让使大量闲置资源在社会传导。

4.平台成为社会水平的标志，为提供共同解决方案、降低交易成本、网络价值制度安排的形式，多元化参与、提高效率等搭建新型的通道。

（三）系统层次

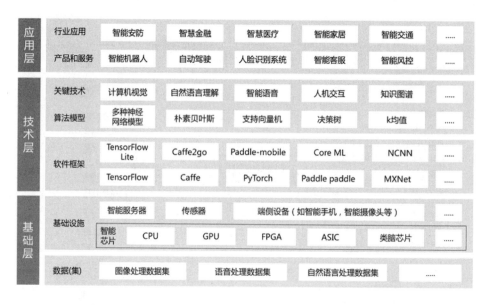

资料来源：全国信息安全标准化技术委员会等编制的《人工智能安全标准化白皮书（2019版）》。

各层情况简述如下：（1）基础层是提供基础资源如算力、算料（数据）的基础支撑层；（2）技术层是人工智能技术体系，提供的资源包括算法开发框架如谷歌 TensorFlow，算法模型如决策树、K 均值，关键技术包括自然语言处理（NLP）；（3）应用层实现人工智能应用，提供人工智能产品、服务如自动驾驶、人脸识别、语音识别等。

二、金融行业应用

人工智能在金融领域有众多应用场景，机器学习、深度神经网络等手段，能够为现有金融业务带来促进甚至飞跃。从对现有能力提升方向来看，人工智能的用途共可分为提升投资与决策能力、提升金融服务能力、提升监管能力三个主要方向。

业务		变革	案例	成果
前台	服务	线上智能客服 网点客服机器人	工商银行智能客服"工小智"2017年提供服务超过1亿次	降低人工成本 提升服务效率 提升客户体验
	营销	精准营销	腾讯金融云利用腾讯生态中积累的营销大数据进行精准的用户画像和标签，并采用自研的优势广告算法建模，进行营销投放	提升广告转化率，降低营销成本
中台	产品	定制化、个性化产品 智能投顾	腾讯金融云利用腾讯生态中积累的营销大数据进行精准的用户画像和标签，并采用自研的优势广告算法建模，进行营销投放	精准产品定价 盘活"长尾客户"，扩大业务覆盖范围
	风控	信用评级 风险定价 动态监控	招商银行"摩羯智投"拥有15万户，规模突破100亿元	降低风险赔付 降低坏账风险 快速识别金融欺诈
后台	管理	内部风控 智能化办公	平安集团基于数据建模和可视化展现进行远程智能管理	提升管理效率，降低管理成本
	数据	数据分析 主动型数据安全防护	腾讯公司与北京市金融工作局联合开发基于北京地区的金融安全大数据监管平台，对各种金融风险进行识别和监测预警，防控金融风险	提升数据安全等级，降低业务风险

资料来源：德勤《中国人工智能产业白皮书》。

1. 人工智能在提升投资与决策能力，体现在智能投顾、风险测评等方向的应用。王艳等在《人工智能在金融领域的应用研究》一文中认为，人工智能在投资领域有智能投顾、投资评测等方向的应用场景。智能投顾，又名智能投资顾问，其核心思想是将人工智能技术运用到投资标的筛选和投资组合策略的制定与更新。国内有招行推出"摩羯智投"，在 2018 年初规模已突破百亿元；美国的互联网金融科技独角兽 WealthFront，其管理资产规模也到达百亿美元级别。投资评测方面，根据积累的海量历史数据，运用人工智能技术分析这些数据背后的深度关联，并为未来的投资决策提供指导依据，最终达到追求收益、规避风险的目的。比如，在国内，嘉实基金建设的"嘉实 FAS 系统"是一种基于人工智能技术的选股和投资组合决策系统；在国外，基于人工智能作决策的 Rebellion 基金能够使用人工智能技术产生风险评判，如在希腊主权债务危机爆发前有相应的危机预测，指导基金规避相关风险。

2.人工智能提升金融服务能力，体现在身份认证和智能客服等应用。通过采集客户的人脸、声纹、指纹、虹膜等生物特征，并通过人工智能算法提取特征，可以准确、高效地验证客户的身份，保障客户的账户和资金安全。比如，中国建设银行推出的 STM（智慧柜员机），能够帮助客户办理卡片激活、账户转账、生活缴费等 80%以上的传统银行柜台业务，这能极大地减轻大堂经理和柜员的工作压力，同时也提升服务效率和体验。而将自然语言处理、语音识别等人工智能技术运用到智能客服领域，也能够给客户带来全天候优质交互体验的同时，减少商家因为应对巨大客流量所需要的人工成本。

3.人工智能提升监管能力，体现在宏观与微观层面的监测和预警等应用。即使是相关领域专家，如果既要时刻跟踪国内外宏观环境的 GDP、CPI、失业率、房价、利率、汇率等指标，又要紧盯每个投资标的的财务报告、工商数据、市场舆情、司法执行情况，几乎是难以企及的目标。然而，对于人工智能来说，跟踪这些海量数据，识别异常情形，预测宏观的市场波动和微观的风险细节，却是既有理论基础，又相对可行的方案。监管部门可以据此分析金融市场风险，及时发现并遏制潜在的威胁，比如精准识别并打击财务欺诈、违法经营、市场操纵、洗钱等违法犯罪行为。中国证监会于 2018 年 8 月印发的《中国证监会监管科技总体建设方案》提出，要建设高效运转的监管大数据平台，基于实时监控数据和历史数据，综合运用人工智能、大数据、云计算等手段，对市场异常行为识别能力、市场风险监测能力进行辅助和提升，以维护金融市场的正常秩序。此外，中国人民银行也在积极探索将人工智能技术运用到其监管业务中，通过对各类结构化与非结构化的采集、处理、分析，实时挖掘出潜在的不合规交易，利用智能反洗钱系统监测洗钱行为，对洗钱、涉控融资等违法犯罪行为形成有效威慑。

第二节　大数据技术及其应用简介

2019 年 9 月，中国人民银行发布正式发布的《金融科技（FinTech）发展规划（2019—2021 年)》指出，打通金融业数据融合应用通道，破除不同金融业态的数据壁垒，化解"信息孤岛"，制定数据融合应用标准规范，发挥金融大数据的集聚和增值作用，推动形成金融业数据融合应用新格局。

一、技术简介

（一）数据是生产要素

农业经济时代核心生产要素是土地，工业经济时代核心生产要素是技术和资本，数字经济核心生产要素就是数据。清华大学经济管理学院教授陈煜波表示，中国是世界最大的数据资源大国之一，人类从工业经济时代转向数字经济时代，继土地、劳动力和资本，数据成为第四个关键生产要素。数据资源是数字经济发展的主要驱动，是提升信息社会智能水平和运行效率的关键要素，被视为决定未来竞争能力的战略资产。

据中国网消息，2019 年 11 月，在中国共产党十九届四中全会新闻发布会上，中央财经委员会办公室副主任韩文秀提到，既要不断做大"蛋糕"，又要分好"蛋糕"。要鼓励勤劳致富，健全劳动、资本、土地、知识、技术、管理和数据等生产要素按贡献参与分配的机制，健全再分配调节机制，重视发挥第三次分配作用，发展慈善等社会公益事业，扩大中等收入群体，规范收入分配秩序，形成橄榄形的收入分配结构。这是中央首次在公开场合提出数据可作为生产要素按贡献参与分配，将对数字经济发展起到导向作用，指引企业更加重视数据要素，珍惜数据本身价值。据新华社消息，2020 年 3 月，中共中央、国务院发布的《关于构建更加完善的要素市场化配置体制机制的意见》提出，"加快培育数据要素市场，推进政府数据开放共享，提升社会数据资源价值，加强数据资源整合和安全保护。"

（二）大数据概念

大数据概念早已有之，1980年著名未来学家阿尔文·托夫勒便在《第三次浪潮》一书中，将大数据热情地赞颂为"第三次浪潮的华彩乐章"。大量专家学者、机构从不同角度理解大数据，加之大数据本身具有较强抽象性，目前国际上尚没有一个统一公认定义。

维基百科认为大数据是超过传统数据库工具对其内容进行抓取、管理和处理能力，因而处理时间超过客户可容忍时间的大规模复杂数据集，是一个体量特别大、数据类别多的数据集。麦肯锡在《大数据：下一个创新，竞争和生产率的前沿》中认为，大数据主要是无法在一定时间内用传统数据库工具对其内容进行获取、存储、管理和分析的数据集。

中国大数据专家委员会副主任委员、中国科学院院士梅宏认为，大数据是无法在一定时间范围内用常规软件工具进行捕捉、管理和处理的数据集合，是需要新处理模式才能具有更强的决策力、洞察发现力和流程优化能力的海量、高增长率和多样化的信息资产。

大数据是信息化发展到一定阶段之后的必然产物，源于信息技术的不断廉价化与互联网及其延伸所带来的无处不在的信息技术应用，大数据本质上汇聚、融合多个信息系统产生的数据。

（三）大数据时代的思维变革

维克托·尔耶·舍恩伯格等在《大数据时代：生活、工作与思维的大变革》认为，大数据时代需进行三个重大思维转变，这三个思维转变相互联系和相互作用：（1）分析与某事物相关的所有数据，而不是依靠分析少量数据样本；（2）接受数据的纷繁复杂，而不再追求精确性；（3）不再探求难以捉摸的因果关系，而是关注事物相关关系。

1.全样而非抽样。放弃样本分析这条捷径，选择收集全面、完整的数据。从可行性角度看，当前数据处理能力可支撑海量数据处理；从必要性角度看，数据分析目的是从海量正常数据中"揪出"少数异常数据。

2.效率而非精度。信息缺乏时代执迷于数据精确性。但实际上只有5%数据是结构化，如不接受混乱，剩下95%非结构化数据都无法被利用，只有接受不精确性，才能打开一扇从未涉足的世界的窗户。不执迷于数据精确性，以一种包容心态允许劣质数据混杂其中，大数据时代不可能实现数据精确性，而用概率来表示事物发展大方向，混杂性成为一种时尚。

3. 相关而非因果。更关心相关关系，因果关系放到次要位置，很多情况下，"知其然"而不苛求"知其所以然"，"是什么"比"为什么"作用更大，甚至在一些不知道"为什么"场景下，知道"是什么"有助于取得发现"为什么"的突破。

（四）大数据特性

IBM（国际商业机器公司）认为，大数据具有4V特性：规模性（Volume）、多样性（Variety）、高速性（Velocity）和真实性（Veracity）。

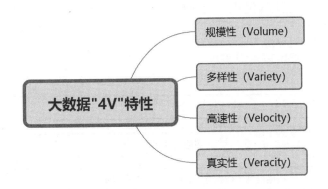

1. 规模性（Volume）。大数据首要特征体现为"量大"，存储单位从GB到TB，直至PB、EB。数据的海量化和快增长特征是大数据对存储技术提出的首要挑战，要求底层硬件架构和文件系统性价比要大大高于传统技术，并能弹性扩展存储容量。

2. 多样性（Variety）。丰富数据来源导致大数据的形式多样性，大数据大体分三类：（1）结构化数据，如教育系统数据、金融系统数据、交通系统数据等，该类数据特点是数据间因果关系强；（2）非结构化数据，如视频、图片、音频等，该类数据特点是数据间没有因果关系；（3）半结构化数据，如XML文档、邮件、微博等，该类数据特点是数据间的因果关系弱。

格式多样化是大数据典型特征之一，要求大数据存储管理系统能适应对各种非结构化数据进行高效管理需求。在人类活动产生的全部数据中，仅有非常小的一部分数值型数据得到深入分析和挖掘，而大量的语音、图片、视频等非结构化数据难以有效分析。

3.高速性（Velocity）。大数据对处理数据响应速度有严格要求，处理速度快，需对数据实时分析，数据输入、处理几乎要求无延迟。

4.真实性（Veracity）。前3个V涵盖大数据本身关键属性，真实性是实施大数据企业须严肃对待的重要维度，在实施过程中需保证数据的客观真实。

中国信息通信研究院在《大数据白皮书（2014年）》一书中指出，认识大数据要把握"资源、技术、应用"三个层次。大数据是具有体量大、结构多样、时效强等特征的数据；处理大数据需采用新型计算架构和智能算法等新技术；大数据应用强调以新的理念应用于辅助决策、发现新的知识，更强调在线闭环的业务流程优化。大数据"大"且"新"，是新资源、新工具和新应用的综合体。

（五）大数据处理主要技术环节

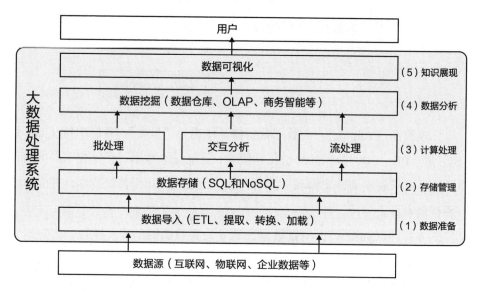

资料来源：中国信息通信研究院《大数据白皮书（2014年）》。

大数据从分析挖掘数据源到获取最终价值一般需经过数据准备、数据存储与管理、计算处理、数据分析、知识展现等主要环节。

1.数据准备环节。大数据来源多样，数量庞大、格式不一、良莠不齐，在数据处理前，通过清洗、整理数据实现去粗取精、消除噪声，这一过程亦称为ETL（Extracting，Transforming，Loading）过程。

2.存储管理环节。当前数据量飞速增长，给数据存储成本和性能带来很大压力。为能低成本存储海量数据，数据格式须保证可扩展性。

3.计算处理环节。海量数据处理消耗大量计算资源，实现"分而治之"策略的分布式计算成为大数据主流计算架构。

4.数据分析环节。该环节是从纷繁复杂的数据发现规律、挖掘价值。传统数据多是结构化、单一对象小数据集，常侧重根据"先验"知识人工建模，再依据既定模型进行分析。对于非结构化、多源异构大数据集分析，则难以建立显式模型，需要靠智能挖掘技术。

5.知识展现环节。为更好进行决策服务，常要求将数据分析结果直观形象地展现给用户。例如，ECharts是一个使用JavaScript实现的开源可视化库，可产生各行业的漂亮图表。

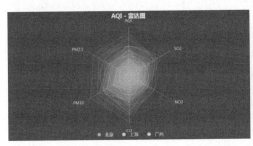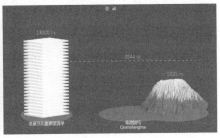

数据准备环节和知识展现环节对大数据来说只是量变，并非根本性变革。但大数据对数据分析、计算和存储三环节影响较大，需重构技术架构和算法。

（六）大数据应用层次

中国科学院院士梅宏在《大数据：发展现状与未来趋势》一文中认为，按照数据开发应用深入程度的不同，可将众多的大数据应用分为三个层次。（1）第一层描述性分析应用，是从大数据中总结、抽取相关的信息和知识，帮助人们分析发生了什么，并呈现事物的发展历程。如美国的DOMO公司从其企业客户的各个信息系统中抽取、整合数据，再以统计图表等可视化形式，将数据蕴含的信息推送给不同岗位的业务人员和管理者，帮助其更好地了解企业现状，进而作出判断和决策。（2）第二层预测性分析应用，是从大数据中分析事物之间的关联关系、发展模式等，并据此对事物发展的趋势进行预测。如微软公司纽约研究院研究员通过收集和分析赌博市场、好莱坞证券交易所、社交媒体用户发布的帖子等大量公开数据，建立预测模型，对多届奥斯卡奖项的归属进行预测。2014 和 2015 年，均准确预测了奥斯卡共 24 个奖项中的 21 个，准确率达 87.5%。（3）第三层指导性分析应用，是在前两个层次的基础上，分析不同决策将导致的后果，并对决策进行指导和优化。如无人驾驶汽车分析高精度地图数据和海量的激光雷达、摄像头等传感器的实时感知数据，对车辆不同驾驶行为的后果进行预判，并据此指导车辆的自动驾驶。

二、金融行业应用

据证券时报网消息，为切实提升银行业保险业监管数据质量，以优质信息服务监管工作大局和银行业保险业高质量发展，2020 年 5 月，中国银保监会下发《关于开展监管数据质量专项治理工作的通知》，此次专项治理数据范围包括监管数据及相关源头数据，数据质量主要包括数据真实性、准确性、完整性、及时性等。

大数据技术可应用在业务与客户管理、信用与风险管理、证券投资、保险定价、资管理财、另类数据管理等金融领域。金融大数据主要任务是找出数据之间的相互关系，分析不同数据种类、不同业务领域、不同业务流程的数据，深挖内在的"隐藏"的关联性，找出规律，挖掘数据价值。

（一）金融数据类型

金融数据类型按照其形态不同，可区分为结构化数据和非结构化数据。结构化数据一般采用关系型数据库来存放，其结构相对清晰而固定，这也是大多数传统的系统包括金融信息系统中主要的数据类型。比如，对于银行的系统而言，客户信息、交易流水、产品信息、外汇报价等等，数据格式都是较为稳定的，结构化的存取方式有利于计算机程序便捷地处理这类数据。而随着金融科技的发展，业务系统如果仅仅依靠结构化数据可能是满足不了需求的，越来越多的业务需要金融信息系统能够交互图片、音频、视频、富文本等更为丰富、多样的信息，比如人脸信息、证照信息、办理业务填写的表单扫描件等等。由于这类信息形式不固定，文件大小差异甚大，如果使用关系型数据库存取，在系统设计、开发实施、运行效率上会有诸多问题，因此，对于这类数据，使用非关系型数据库、大数据平台等手段来存储。对于这类信息的分析也不能完全依靠传统的程序，而是要借助大数据、机器学习、深度学习等手段进行分析处理，常见的应用场景包括人脸识别、语音数据、智能客服、证照扫描自动识别等等。

（二）金融数据应用问题

在金融系统实施过程中，数据应用存在以下几个方面的问题：

1.可用数据不足。虽然金融行业每天处理海量交易，产生庞大的数据量，但由于许多系统建设时间早、数据模型设计时未充分考虑数据应用场景所需数据，致使部分场景的数据质量不高、可用数据不足的情形，无法较为理想地满足人工智能场景建设所需的数据维度、数据样本和数据质量。

2.数据割裂严重。金融系统与系统之间、机构与机构之间，由于数据保护的考虑，互相不能完全共享，每个系统的数据都像是七巧板的一块。对于这些割裂的系统中的数据，单独使用的效果有限，只有聚合这些数据才可能建设出场景丰富、质量高的数据应用。金融监管机构间也同样存在类似的情形，这也不利于金融行业有序、长足的发展。

3.数据治理程度低。即使从各个金融信息系统中聚合了丰富的数据，如果没有良好的治理手段，仍然不能发挥其威力。据调查，90%以上的银行都表现出在数据治理上的欠缺，只有不到10%的银行能有效清洗数据。即使有些券商积累了多年客户数据、交易数据，在实施智能场景时，仍需花三分之二以上的时间、投入大量人力物力做数据清洗和数据标注，才可能有良好智能应用效果。

（三）金融数据处理方法

金融数据形态的多样，智能金融需求的旺盛，使得不存在一种通用数据处理方法就能"包打天下"。一般将处理方法分为四大类：感知类、认知类、分析决策类、交互类。

1.感知类，即让计算机识别数据。这种感知主要指的是视觉和听觉的感知，即对图像、声音、视频的识别。在金融领域中，运用计算机视觉技术和语音技术，可以实现人脸识别、证照识别、手写 / 机打表单识别、语音识别、视频监控异常行为识别等等许多智能场景。

2.认知类，即让计算机理解数据。这种认知主要是使用自然语言处理、知识图谱等技术，实现对输入内容的理解。在金融领域中，这类场景主要包括文档解析与复核、公司财报分析、研报分析、舆情分析。有时被处理的数据来源于感知类场景的输出，比如分析的财报原始数据可能是扫描件，通过计算机视觉技术识别出文字与表格后的，还需根据一定知识对这些识别出的内容做文本纠错、歧义消除、结构化分析等操作，才能真正满足这个业务场景的需求。

3.分析决策类，即让计算机模拟人来进行决策。这里根据手段不同，又分为以下4种方式。（1）画像技术，针对用户、产品、内容分别做一些基于先验知识的标签，用于后续的搜索、过滤、推荐等操作，产出的画像包括但不限于个人用户画像、企业用户画像、金融产品画像、金融资讯画像等。（2）图谱技术，使用这类方法可有效刻画数据间复杂关系，构建财务报表分析、供应链分析、资讯脉络分析等诸多应用，以作为辅助决策的依据。（3）专家知识技术，即人工总结出的一个专家规则库，根据专家在某些特定领域所总结出的经验、流程、规范，可高效代替人工作相应决策，或作决策建议并给出相应依据。(4) 统计分析技术，通过一定的统计学方法找出数据间的关联特征、数据的时序特征，并根据历史数据归纳出决策模型用以预测未来情形，可用于推荐模型、风控模型、智能投顾模型等决策模型的建设。

4.交互类，即关注计算机与用户的交互。根据交互发起方的不同，又分为用户主动交互和用户被动交互。用户主动交互，即由用户主动发起的交互，主要包括自动化报表、自动化报表、图谱可视化、海量信息检索、语音助手、智能客服等等，这些场景充分运用了自然语言处理技术、语音技术、知识图谱技术等关键能力。用户被动交互，即由计算机发起的、用户被动接收的交互，主要包括精准推送、精准营销、风险预警等，这些一般是由某些特定的事件触发，根据自然语言处理、知识图谱、机器学习等技术分析处理，并最终由计算机主动与用户产生交互行为。

第三节　互联技术（移动互联网、物联网技术）及其应用简介

互联技术包括移动互联网、物联网，在金融科技中扮演着重要角色，本节将介绍互联网技术及其在金融科技中的应用。

一、技术简介

（一）移动互联网

互联网实现数据的海量汇聚和高效归集。互联网的时代是 PC（个人电脑）时代，移动互联网的时代是智能手机加笔记本电脑的时代。

移动互联网是现代移动通信技术和互联网紧密结合的产物，是互联网科技进步的重要里程碑，它是传统互联网技术、平台、应用和商业模式与移动通信技术结合并实践的活动的总称。移动互联网是在传统互联网的基础上发展起来的，二者虽有很多相似之处，但因其依赖的移动通信设备的发展有其特殊性，所以移动互联网又具备许多传统互联网不具备的新特性。

移动互联网的主要新特征有：

1. 快捷便携性。移动互联网依赖的移动设备具有小巧轻便、通信便捷的特点，有着 PC 无法比拟的优越性；随身携带、随时上网进行交流沟通或及时获取资讯信息的优点使移动互联网得到广泛的应用。人们随时随地都能利用智能手机或其他移动设备进行娱乐、消费支付、商务处理等操作，移动互联网已经深入人们的日常生活当中，人们衣食住行的需求已经离不开移动互联网，也时刻改变着人们的工作、生活和学习习惯，这在传统互联网时代是不敢想象的。

2. 移动定位性。移动互联网的可移动性访问与 PC 互联网的固定位置访问两者的优劣比较显而易见，正因为移动互联网的移动化而促进了移动设备定位应用的发展。如地图导航、生活设施搜索、打车服务都用到定位功能，属于移动互联网的典型应用场景。

3. 隐私性。移动互联网的高速发展让人们的隐私数据成为业界的重要话

题。移动互联设备能够方便地采集人们的位置信息，使个人隐私暴露在未知的环境中。人们在移动互联网的应用使用中，逐渐认识到个人隐私的重要性，也逐步提高对个人隐私的保护意识。可以这么说，正是移动互联网的发展普及了人们对个人隐私的正确认识和防护意识。

4. 即时性和交互性。人们使用移动互联网的时间大部分都是上下班、等车、候机等碎片时间，当人们需要交流沟通的时候，除常规电话通话外，移动互联网还可以通过文字、图片、语音、视频等进行即时交流。移动互联网大幅改善了工作、学习、生活的时间分配，工作中需要处理重要及时的商务时，可以通过移动互联网及时解决工作问题。只要有网络，智能手机或其他移动设备就能随时连接互联网，这极大地提高了用户和互联网的交互性。

5. 应用轻便性。移动互联网的应用程序因为移动设备体型、屏幕都较小，通常都开发成极简应用，大大降低用户的操作难度，当部分工作搬到移动互联网络上时，方便快捷的应用最受欢迎。电脑端笨重繁杂的应用程序操作往往令人生厌，这也是近几年移动应用程序火爆的根本原因。

（二）物联网

据长城网讯，2019 年 6 月，中国工程院院士孙玉在"军民融合与新材料产业技术发展高端论坛"上表示，信息系统按应用对象的不同可分为四类：人与人之间传递信息的信息系统，即通信系统；人与物之间传递信息的信息系统，即遥控系统；物与人之间传递信息的信息系统，即遥测系统；物与物之间传递信息的信息系统，即物联网。发展物联网产业关键是社会与产业的发展活力；物联网应用环境决定信息产业的跨行业应用，决定发展物联网产业主要依靠协同创新。

中国信息通信研究院编写的《物联网白皮书（2011 年）》认为，物联网是通信网和互联网的拓展应用和网络延伸，利用感知技术与智能设备装置对物理世界物体进行感知识别，通过互联网络传输信息，进行计算、处理和知识挖掘，实现人与物、物与物信息交互和无缝链接，实现对物理世界实时跟踪、精准管理和达到科学决策的目的。

1. 物联网网络架构。物联网的网络架构由感知层、网络层和应用层组成：（1）感知层。物联网的感知层是通过 RFID、传感器、执行器等智能设备装置

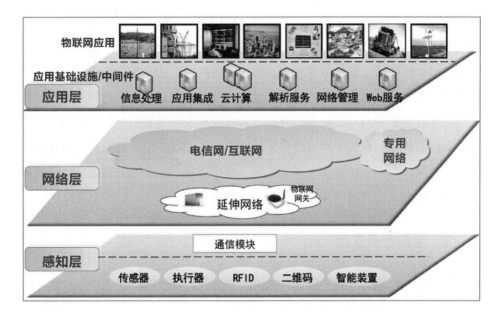

物联网网络架构图

资料来源：中国信息通信研究院。

对现实世界万物进行智能感知识别、信息采集处理和自动控制的基础层，起到连接物体与网络层、应用层的中间桥梁作用。（2）网络层。物联网的网络层主要作用是实现感知层采集到的信息传递、信息转发和控制，可依托 5G 网络作为联网基础，也可建立行业专用通信网络达到信息传递互联处理的作用。（3）应用层。物联网的应用层主要指对各种物联网利用采集到的信息进行信息处理、分析的具体应用。如车联网应用就是在车载传感器的基础上，通过采集车辆相关数据进行信息处理的应用。

2.物联网特点。（1）物联网依托于云计算、大数据技术得以飞速发展。物联网的端侧设备会根据一定的周期自动采集数据，或者根据相应的外部事件触发数据采集动作，这会导致数据量膨胀得异常迅猛，而云计算、大数据的发展，促进了存储和处理海量数据的能力，因此物联网的发展得益于此。（2）物联网极大丰富了可用数据范围，掌握细节从此变得容易。由于物联网是在许许多多的端侧设备以较为密集的周期采集数据，因此应用系统可以通过物联网获得到丰富的一手数据，包括但不限于每个端侧设备的温度、湿度、光照强度、声音等等，省去了人工采集、汇总、加工的烦琐，并且数据能较为及时地传输到应用系统中。有了海量、准实时的数据，应用系统的监控和决策也会更为准确。（3）物联网可延伸智能能力。除了在传统的应用系统作决策外，物联网可以使这项决策能力延伸到边缘侧甚至端侧设备，比如，银行的智能监控摄像头可以准确地识别打斗、摔倒等异常行为并及时发出告警信号，相比把视频监控数据传输到应用系统中再进行分析，端侧设备的智能能力能直接对采集到的数据作处理，然后只传输加工后的数据，整个过程更加便捷和高效，并且这种端侧智能能力也可通过应用系统进行升级管理。

二、金融行业应用

（一）移动互联网金融应用

以证券业为例阐述移动互联网在金融行业的应用，国泰君安副总裁陈煜涛等在《移动互联在证券经纪业务中的应用研究》一文中认为，证券金融科技需进行以下几方面的升级：平台升级、营销升级、运营升级和服务升级。

1. 平台升级。平台升级是指将原有以 PC 端程序为核心平台的营销、运营和服务等应用升级转型为以移动 APP 应用为核心的平台。（1）将现有全流程业务系统全部替换或转换成移动 APP 应用系统，以操作方便快捷、提升用户体验、简化业务流程为建设标准进行移动 APP 应用系统的建设。（2）构建移动式理财综合服务平台。打造全新理财服务平台，可从产品、内容和客户服务三方面着手构建，其中包括推出适合移动互联网销售的创新产品；建立快捷、成本低廉的金融产品移动平台营销网络；拓展客户群的分层服务，利用移动平台对每个客户进行个性化、差异化的服务。（3）打造功能强、性能高的运营中心平台。证券运营中心平台是前台移动 APP 运营和服务顺畅运行的基础设施保障，也是构建互联网个性化服务的基石。运营中心平台需建立三个核心：建立 360 度用户视图标签，对客户进行分类和分级，提高客户服务的效率和精准度；客户跟随服务，结合移动智能等技术手段保证 7×24 小时为客户服务；建立内容和服务策略模块，做到产品更新快、资讯内容新、客户满意度高的水准。

2. 营销升级。证券业的营销策略相应地可逐步调整到以移动 APP 为主要营销入口，移动 APP 营销有营销成本较低、营销精准度高、与客户互动交流更便捷等优势。随移动互联网的强势来袭，各证券公司可快速打造出符合自己经营特色的移动 APP 营销生态圈，不断调整和优化营销策略，提高自身的移动营销竞争力。证券营销升级的主要手段有：（1）建设大数据移动营销平台。加强广告渠道营销，通过广告引流客户，增强客户规模；筛选有营销价值的用户，做好标签处理，精准定位目标受众用户；清洗整合各种渠道收集到的客户信息，为后续的个性化营销做好基础数据服务。（2）跨界合作，建立广泛的移动营销合作网络。加强与其他行业的合作，如电信运营商、互联网、电商、建筑、教育、医疗、航空、金融等行业，利用移动网络建立广泛合作关系，拓展证券营销渠道。

3.运营升级。证券金融科技的运营升级以"降低运营成本、提高业务效率、优化客户体验"为升级实现目标，完成从"集中化运营"到"智能化运营"的运营转型升级。从移动互联网的运营方式和运营对象来看，移动互联网运营可分为用户运营、活动运营及内容运营，均以提高用户黏性、用户贡献和用户忠诚度为核心而开展营销业务。在移动互联网时代，移动设备更加容易获取用户行为数据和用户基础信息，证券企业后续可精细化运营管理客户信息数据，使证券企业能更好地对有财富管理需求的高端客户进行差异化服务。

4.服务升级。可从以下三方面转型升级：（1）移动智能服务。可从移动智能投资、移动智能理财、移动智能客服层面开展，打造有自身特色的移动智能化服务。（2）伴随式投顾服务，移动智能投顾系统包含在线投顾直播服务、投顾产品线上签约服务、在线投顾网店综合服务。（3）开发移动增值服务，包括资讯增值类服务、行情增值类服务、交易工具类增值服务。

（二）物联网金融应用

物联网技术在金融行业可应用在智慧农业保险、金融支付、信用体系建设、动产融资、健康医疗险等金融领域。中国银行信息科技部副总经理马龙在《物联网将催生金融服务新场景》一文中认为，物联网技术赋能传统金融企业，通过物联网技术可帮助金融企业探索商业模式和盈利亮点的创新。金融企业可利用物联网传感器等智能设备连接虚拟经济和实体经济，实现物流、资金流、信息流三流合一。物联网的应用也将以人为依赖的服务模式，转型为以"人和物、物和物"为依赖的创新服务模式。

1.面向企业客户的应用。银行可通过传感器定位采集相关数据，将资金流、信息流、实物流三者结合为一体，构建物联网创新金融服务模式。物联网面向企业的应用案例，如：（1）小微企业融资。银行可运用物联网实时跟踪其授信企业的原料采购、产品生产、销售情况以及企业的资金使用情况，根据企业需求分步骤的发放贷款。（2）动产质押融资。物联网的传感器等技术可使动产的物流环节变得可视化，降低动产损失的风险。（3）"三农"服务。物联网传感器可实时获取农作物真实的生长环境（如温度、湿度等）和长势，使银行为农户提供合适的贷款和保险服务时有了依据，实现银行和农户双赢。

2.面向个人客户的应用。银行可通过智能穿戴设备、智能手机、智能家居等入口，将银行服务融入消费者的日常生活中，为消费者打造随时、随地、贴心的金融服务。（1）智能穿戴设备和无感支付。如在地铁、公交车票支付中，智能手环利用内置无线射频或 NFC（近场通信）模块的物联网技术，提供方便快捷的车票支付功能；在停车场，摄像头可直接识别车辆车牌，若智能设备关联银行账户，就可实现"无感"停车支付。（2）智能定位服务。银行系统通过智能手机或穿戴设备可获取客户的位置信息提供相应增值服务，如获悉客户在商场购物，在客户允许的情况下银行可向客户推送信用卡商品促销信息；又如在客户抵达银行网点附近时，银行可利用物联网设备直接向客户提供银行排队信息服务。（3）智能家居金融服务。如智能音箱通过语音操作进行银行交易。（4）定制化保险服务。如利用车联网技术分析消费者驾驶行为习惯，并以此为精算定价基础设计车联网车险产品，利用智能家居设备设计如冰箱、燃气灶等家庭财产险产品，利用智能穿戴设备获取人体健康数据，以此为基础设计人身健康险产品等。

3.面向银行内部管理的应用。合理运用物联网传感器等智能设备，提升管理水平。（1）实物资产管理。物联网技术提供二维码、RFID（射频识别）和定位等智能化方式管理银行资产，比如，在资产出入库时采用 RFID 实时获取资产变动情况；在运输途中利用 GPS 等设备跟踪资产的流动路线情况；结合传感器技术和室内外定位技术实时追踪和定位资产的位置和状态。（2）智能安防。智能物联网技术可为安保工作带来新思路。如烟感探测消防系统、视频监控安防系统、防爆安全检测系统等智能安防系统大量出现，可结合运用物联网技术、智能视频图像处理技术，实现迅速警报，智能定位嫌疑人员。

第四节　分布式技术（云计算、区块链技术）及其应用简介

2019年9月，中国人民银行发布的《金融科技（FinTech）发展规划（2019—2021年）》指出，合理布局云计算。统筹规划云计算在金融领域的应用，引导金融机构探索与互联网交易特征相适应、与金融信息安全要求相匹配的云计算解决方案，搭建安全可控的金融行业云服务平台，构建集中式与分布式协调发展的信息基础设施架构，力争云计算服务能力达到国际先进水平。加快云计算金融应用规范落地实施，充分发挥云计算在资源整合、弹性伸缩等方面的优势，探索利用分布式计算、分布式存储等技术实现根据业务需求自动配置资源、快速部署应用，更好地适应互联网渠道交易瞬时高并发、多频次、大流量的新型金融业务特征，提升金融服务质量。

一、技术简介

（一）云计算

1.定义。目前，业界对于云计算比较一致的看法是来源于《信息技术云计算概览与词汇》的定义，即云计算是一种将可伸缩、弹性、共享的物理和虚拟资源池以按需自服务的方式供应和管理，并提供网络访问的模式。

根据中国电子技术标准化研究院在《云计算标准化白皮书》中的总结，云计算关键特征主要包括：广泛的网络接入、可测量的服务、多租户、按需自服务、快速的弹性和可扩展性、资源池化等。通俗理解，可以将云计算服务类比于家庭日常使用的水电煤气，作为标准化、易计量、按需使用的公共资源，由云计算服务提供商为各使用方提供便捷、灵活的计算资源服务。目前，云计算已经成为包括金融领域在内的各领域广泛使用并持续深化发展的信息技术基础设施。

相关测算数据表明，商业银行一个账户一年平均IT成本约50—100元，

若采用云计算技术，成本可下降至 1 元，应用上线时间可由 15—50 天缩短到 10—20 分钟。

云计算可被理解为一个系统硬件或数据处理中心或大量服务器的集合，具有强大的计算能力、网络通信能力、数据存储能力，常以服务器的数量衡量云计算的功能、规模。"云"是云计算服务模式和技术的形象说法，由大量基础单元组成，这些基础单元之间通过网络汇聚为庞大资源池。中国信息通信研究院编制的《云计算白皮书（2012 年）》将云计算定义为：云计算是一种通过网络统一组织和灵活调用各种 ICT（信息与通信技术的简称）信息资源，实现大规模计算的信息处理方式。云计算利用分布式计算和虚拟资源管理等技术，通过网络将分散 ICT 资源（包括计算与存储、应用运行平台、软件等）集中形成共享资源池，并以动态按需和可度量方式向用户提供服务。用户可使用各种形式的终端（如 PC、平板电脑、智能手机甚至智能电视等）通过网络获取 ICT 资源服务。云计算物理实体是数据中心，由"云"基础单元和"云"操作系统，以及连接云基础单元的数据中心网络等组成。

2.特征。云计算具备四方面核心特征：（1）网络连接，"云"不在用户本地，要通过网络接入"云"才可使用服务，"云"内节点之间也通过内部高速网络相连；（2）ICT 资源共享，"云"内 ICT 资源并不为某一用户所专有，而是可通过一定方式让符合条件用户实现共享；（3）快速、按需、弹性服务方式，用户可按实际需求迅速获取或释放资源，并可根据需求动态扩展资源；（4）服务可测量，服务提供者按照用户对资源的使用量计费。

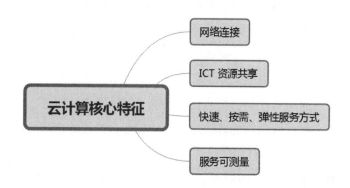

（二）区块链

自 2020 年 4 月，区块链被纳入"新基建"范围以来，各部门和地方都在积极发展、运用这项新技术。

"第 46 届世界经济论坛达沃斯年会"将区块链与人工智能、自动驾驶等一并列入"第四次工业革命"；《经济学人》在 2015 年 10 月封面文章《信任的机器》中介绍区块链——"比特币背后的技术有可能改变经济运行的方式"；IBM 公司 CEO 罗睿兰女士有一句著名的论断："区块链对于可信交易的意义正如互联网对于通信的意义"（What the internet did for communications，I think blockchain will do for trusted transactions）。

1. 概念。中本聪发表的 *Bitcoin: A Peer to Peer Electronic Cash System* 一文最早介绍区块链，该文章未具体提区块链定义，但指出区块链是用来记录交易的一种分布式账本。自此，作为比特币重要底层技术的区块链逐渐被人们重视。

根据《中国区块链技术和应用发展白皮书（2016）》，区块链技术有狭义和广义的定义。（1）从狭义来看，区块链是一种按照时间顺序将数据区块以顺序相连方式组合成的一种链式数据结构，并以密码学方式保证的不可篡改和不可伪造的分布式账本。（2）从广义来看，区块链技术是利用块链式数据结构验证与存储数据、利用分布式节点共识算法生成和更新数据、利用密码学的方式保证数据传输和访问的安全、利用由自动化脚本代码组成的智能合约来编程和操作数据的一种全新的分布式基础架构与计算范式。

区块链是一种能实现数据真实性（难篡改）、记账公正性（多方参与维护）、交易透明性（内容可查询）、数据安全性（数据安全）、经济价值性的分布式记账技术。

2. 特性。区块链技术是"新瓶装老酒"，是多种技术包括分布式存储、点对点传输、共识机制、加密算法的综合应用。区块链通过创造信任来创造价值，使得离散程度高、管理链条长、涉及环节多的多方主体可有效合作，提高协同效率、降低沟通成本。区块链有可能构建分布式、去中介、可认证、可信任、低成本的数字资产市场。（1）去中心化。"中心化"系统中，中心节点处于控制位置，存在一个超级管理员，可对系统数据进行修改。区块链是去中心化，区块链上的节点不存在这个问题，链上各个节点处于平等地位。（2）难篡改。为便于理解先介绍哈希函数（Hash）。哈希函数是一类数学运算过程，可将任意大小的输入值，经过一番运算后快速得到一个确定的固定长度输出值，该输出值也叫作对应输入值的"数字指纹"。即使输入值发生细微变化，输出的"数字指纹"也差异非常大。据人民网消息，2018 年 12 月，中国科学院院士、中国密码学家王小云参加人民网强国论坛"改革开放巾帼力量"网络访谈时候表示，哈希函数是区块链最为核心的密码技术，没有哈希函数的概念就不可能有区块链的概念。哈希函数逆向困难，无法在较短时间内根据"数字指纹"计算出原始输入信息，该特性是哈希算法安全性的基础，区块链采取通过把各个区块形成一块链来存储数据，后一个区块带有前一区块的"数字指纹"，通过该"数字指纹"找到前一区块的。如果"篡改"链上某一区块的数据，该区块的后一区块根据该区块以前的"指纹"就找不到该区块，这样就相当于后一区块之后的所有链上的区块与该区块"失联"了；为了该区块的后一区块的数据不"失联"，就得修改该区块的后一区块数据。同样道理，后面所有区块的数据都得修改才能保证链上区块能保存在一个链上，如果链上区块很多，同时链上的区块又在不断增加，工作量是非常大的，相当于要挑战链上一半以上节点的计算能力，是非常困难的事情，可认为链上的数据是非常难篡改的。（3）共识机制。区块链要成为一个透明的、可追溯的、难以篡改的去中心化诚实可信系统，通过全民记账解决信任问题，但所有节点都参与记录数据，怎么保证所有节点最终都记录一份相同的正确数据呢？共识机制是区块链各个节点使区块信息能达成全网一致的机制，可保证最新区块被准确追加到区块链上。当前主流的共识机制包括：工作量证明、权益证明、工作量证明与权益证明混合。（4）透明可信。区块链中所有节点均为对等节点，发送和接收网络消息的权利是平等的，系统每个节点都可完全掌握系统节点的全部行为，并记录所观察到的这些行为。而中心化系统中不同节点之间存在信息不对称问题，中心节点常具有绝对的话语权，有"超级话语权"，容易使中心节点成为一个不透明的黑盒。（5）智能合约。早在 1995 年，跨领域学者 Nick Szabo 就提出智能合约概念，他将智能合约定义为："一个智能合约是一套以数字形式定义的承诺，包括合约参与方可以在上面执行这些承诺的协议。"智能合约是一套以数字形式定义的承诺，承诺控制着数字资产并包含了合约参与者约定的权利和义务，是"电子合同"，一套计算机代码，当触发条件满足时，计算机系统自动执行。举例来说，在大病理赔保险中，通过区块链实现"智能合约"，无需投保人申请，也无需保险公司批准，只要上传了医院正规的大病证明，投保人行为能"触发"符合规定的大病理赔条件，就可实现当即自动赔付。

3. 应用场景。区块链可促进数据共享、优化业务流程、降低运营成本、提升协同效率、建设可信体系等；解决中小企业贷款融资难、银行风控难、部门监管难等问题。为打造便捷高效、公平竞争、稳定透明的营商环境提供动力，为推进供给侧结构性改革、实现各行业供需有效对接提供服务，为加快新旧动能接续转换、推动经济高质量发展提供支撑。"区块链+"在民生领域的运用，包括教育、就业、养老、精准脱贫、医疗健康、商品防伪、食品安全、公益、社会救助等领域的应用，提供更加智能、更加便捷、更加优质的公共服务。区

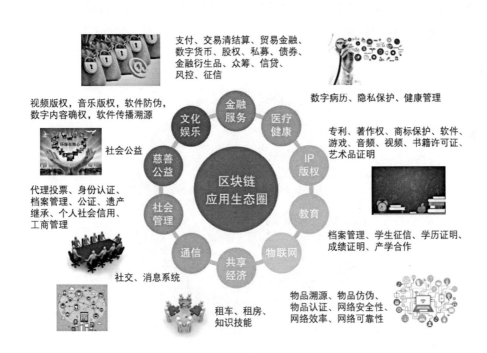

区块链应用场景概览

图片来源：工信部信息化和软件服务业司指导编写的《中国区块链技术和应用发展白皮书（2016）》。

块链底层技术服务和新型智慧城市建设相结合，运用在信息基础设施、智慧交通、能源电力等领域，可提升城市管理的智能化、精准化水平。区块链技术可促进城市间在信息、资金、人才、征信等方面更大规模的互联互通，保障生产要素在区域内有序高效流动。利用区块链数据共享模式，可实现政务数据跨部门、跨区域共同维护和利用，促进业务协同办理，带来更好的政务服务体验。

据北青网消息，2020年7月，中国人民银行下发《关于发布金融行业标准推动区块链技术规范应用的通知》和《区块链技术金融应用评估规则》，以推动区块链技术在金融体系的规范发展。这是国内官方权威部门首次发布有关区块链的规范文件。（1）中国人民银行文件定义区块链为：一种有多方共同维护，使用密码学保证传输和访问安全，能够实现数据一致性、防篡改、防抵赖的技术。但文件并未提及"去中心化""通证"等以往在区块链讨论中常被提的概念。（2）从技术要素评估、性能评估、安全性评估，提出区块链在金融领域应用实施需考虑三大维度，对产品设计、软件开发和系统运营给出具体技术指标、评估方法和标准。

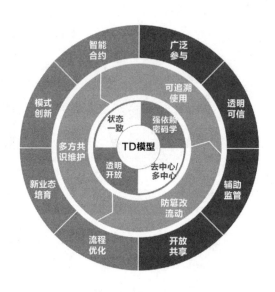

区块链特征与核心应用价值

资料来源：中国区块链技术和产业发展论坛发布的《中国区块链技术和应用发展研究报告（2018）》。

二、金融行业应用

（一）云计算金融应用

科技的发展离不开基础设施的配套演进，而对于金融科技来讲，金融云就是其必要的基础设施，它可以向人工智能、大数据、物联网等技术及相应的金融应用场景赋能，借助规模效应降低金融机构的科技成本，运用敏捷模式缩短金融业务的迭代周期，并为智能金融应用提供了丰富的数据资源、算力资源和统一的调度、运维能力。

金融云根据物理服务器的部署位置、管理方式不同，可以区分为公有云、私有云和混合云。（1）公有云一般是由专门的云服务提供商在互联网区域建设物理设备，通过互联网面向众多用户群体提供云计算服务。（2）私有云是金融机构自己建设并运维，部署在其内部专属网络的云计算服务。（3）混合云，就是基于融合了公有云与私有云特点的多元架构而提供服务。

此外，根据关注层次和服务交付形态的不同，金融云计算的服务一般也可以分为三个层次：基础架构即服务（IaaS）、平台即服务（PaaS）和软件即服务（SaaS）。（1）IaaS 是云计算服务商借助虚拟化、自动化部署等技术手段，将计算资源、存储资源、网络资源通过云化的方式发布服务；用户通过互联网可以便捷地订购、使用这些服务。（2）PaaS 是服务提供方通过对硬件和运行环境的进一步抽象，为用户提供标准运行资源的能力；用户无须关心底层基础设施，而是利用 PaaS 服务便捷地部署服务、处理数据或者建设 AI 模型。（3）SaaS 是金融服务提供商利用 IaaS、PaaS 或者其他 SaaS 服务的能力，面向金融场景建设的应用服务。

业界各金融机构都在转向使用金融云，以支撑数字化转型和金融业务革新。对于智能金融而言，金融云可通过以下四个方面促进业务发展：

1. 支撑金融产品和服务的全面线上化和数字化。金融机构可以基于金融科技来对新客户、忠实客户、非活跃客户各类客户等提供全方位服务，并利用技术手段提升风险管理能力，从风险事后追查与处理，转成事前准入评估与事中风险控制。

2. 覆盖金融机构日益增长的数据处理需求。在金融业务全面线上化的大趋势下，数据会出现指数级增长，而数据处理需求也随之爆发。云计算技术的运用，可有效提升金融数据处理能力，原来可能只能支持低频的交易，现在可支撑小额高频的服务形式。人工智能、大数据等技术在获客、风控、运营管理等诸多金融场景的运用，也得益于云计算的海量数据处理和计算能力。

3.帮助金融机构研发适应市场的产品和服务。得益于金融云，金融服务的资源可快速迭代，并按需动态扩容。金融机构利用这种关键技术，能通过"小步快跑"思路不断推出新的服务模式：经过市场检验的金融服务，会不断发扬壮大，而被市场摒弃的服务，由于其前期投入少，也不会对金融机构有较高成本压力。最终，金融机构能快速适应市场变化，并针对市场反应及时作出调整。

4.拓展金融机构的业务生态。由于金融机构都以云服务形式发布金融服务，金融云非常适合构建一个开放式的平台生态。一些金融机构通过这样平台生态与其他行业的企业合作，基于各类应用场景提供便捷、智能金融服务。比如开放银行，银行把金融服务能力开放在这个平台上，一些第三方的应用可接入该平台，共建金融服务生态。

（二）区块链金融应用

区块链技术可应用在金融监管与风控、供应链金融、普惠金融、贸易金

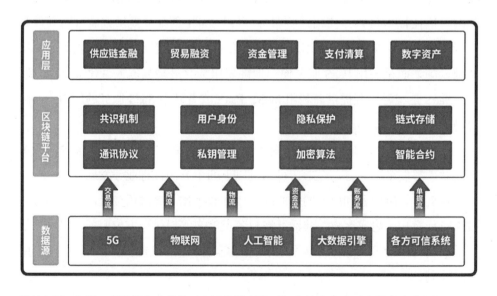

资料来源：中国工商银行金融科技研究院等编制的《区块链金融应用发展白皮书》。

融、征信、保险等金融领域。

第五节　安全技术(密码、量子、生物识别技术) 及其应用简介

安全对于金融行业至关重要。由于金融行业管理的是金融机构和客户的财富，信息技术安全是金融行业极为重视的一项工作，其主要目的是保护敏感信息不被泄露、客户财富不被有心者冒领或者冒名支配。据《新京报》讯，北京市金融工作局局长霍学文 2019 年 5 月在"2019 清华五道口金融论坛"上表示，金融科技要以强大的安全技术做基础。本节简单介绍安全技术及其在金融业的应用。

中国人民银行 2019 年 9 月制定的《金融科技(FinTech)发展规划(2019—2021 年)》指出，充分利用可信计算、安全多方计算、密码算法、生物识别等信息技术，建立健全兼顾安全与便捷的多元化身份认证体系。

一、技术简介

金融机构常用认证和加密这两类信息保护手段。(1) 认证是确认当前用户的真实身份，并指令确实是该用户所发、未经第三方修改，认证又分为用户认证和消息认证。用以核验其是否有相应权限进行相关操作(比如转账、查询流水等)。(2) 加密，顾名思义，是信息以密文方式传输，只有预期接收者才能将密文转换成明文以获得其中的真实信息。

(一) 密码技术

密码技术是一种通过隐秘、安全方式传递原始信息的技术。虽然平时生活中不能时时刻刻感受到，但密码技术几乎已经融入每个人日常生活中。人们能够享受移动互联网给工作、生活带来的安全，都得益于密码技术保障数据和资金的安全性，密码技术这个"幕后英雄"可谓功不可没。

据中国教育网消息，2018 年 11 月，中国科学院院士王小云在"第五届世界互联网大会"分论坛"大数据时代的个人信息保护"上表示，密码技术是数据治理和信息保护的重要手段，密码技术可以让世界变得更加安全、和谐和美

好。信息安全需要机密性、完整性、合法性和不可抵赖性四个安全属性来保障，密码学中都有相应技术提供理论和技术支撑。加密算法可满足对机密性的需求，可实现隐私保护、存储安全等，签名算法可支持合法性和对不可抵赖的需求如电子签名、版权保护、防伪、身份鉴别等，哈希函数可用于对完整性的需求如溯源、取证、审计，同时也为电子签名提供支撑技术。

1.简介。密码学是一个既古老又新兴的学科，从人类文明走上信息化的道路开始，密码技术就担当起信息安全保障的重任。密码是举世认可的保障网络与信息安全最有效、最可靠、最经济的关键核心技术，可实现对信息的加密保护、完整性保护，对实体身份和信息来源的安全认证。2019年10月颁布的《中华人民共和国密码法》认为，密码是指采用特定变换的方法对信息等进行加密保护、安全认证的技术、产品和服务。国家对密码实行分类管理，密码分为核心密码、普通密码和商用密码。

密码技术是信息安全保障的核心技术已成为大家共识，利用密码技术可以解决身份识别认证、信息加密保护、防篡改防抵赖等信息安全的基本问题。中科院院士郑建华在《对当前密码研究的几点思考》一文中认为，应用需求已经成为密码技术发展的主要推动力。比如，公钥密码的提出是基于多点间尤其是海量公众间通信保护需求；分组密码的提出是基于分组交换通信体制需求；轻量级密码是基于物联网等终端低成本需求；同态密码是基于云计算、大数据特殊安全需求。

2.密码技术基本要素。通过分析信息通过密码技术进行传递的基本过程，可将这套机制概括为以下几个要素：（1）明文消息，即需要传输的原始消息，这个消息需要从发送方安全地传输到接收方，可以是字符串、文本文件、图片、视频、音频、流媒体等各种数据格式。（2）加密密钥，即用于加密的"钥匙"，一般来讲每对不同的发送方和接收方传输数据时，都要提前约定不同加密密钥，否则容易出现被其他人截获后直接解密出其中的明文消息。（3）加密算法，即用于加密的方法，加密密钥可以有无限多个，但优秀的加密算法一般需要经过严格的数学论证，确保其加密强度，避免被穷举密钥攻击；对加密有特殊需求的场景，比如军方场景，加密算法本身也是不公开的。(4)密文消息，即在明文消息经过加密后在网络中真实传输的消息，这个消息的特点是在解密

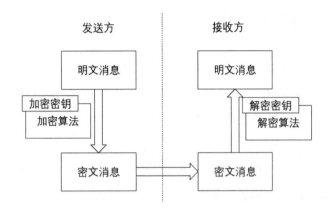

信息通过密码技术进行传递的基本流程

前外人无法得知其中的真实含义。（5）解密密钥，即用于解密的"钥匙"，需要特别注意的是，有时加密密钥和解密密钥并不一致。（6）解密算法，即用于解密的方法，与加密算法配套出现。

3.常见加密技术。根据加密密钥和解密密钥是否一致，可将加密技术区分为对称加密技术和非对称加密技术。（1）对称加密技术。加密密钥和解密密钥是一致的，加密算法和解密算法互为逆运算。这种算法加密速度一般较快，加密强度相对较高，适合海量数据的加密传输场景，或者对通信速度要求较高的场景。这种算法的缺点是，一旦掌握了算法和密钥，不仅可窃听到消息发送方与接收方传递的真实数据，还可伪装成消息发送方，向消息接收方发送伪造的消息；此外，通信双方必须提前约定好密钥才可进行安全通信，如果双方原来互不相识，就无法通过对称加密技术进行加密传输。常见的对称加密算法有AES、DES、3DES 等。（2）非对称加密技术。加密密钥和解密密钥是成对出现，但是两者并不一致，加密算法和解密算法也不是互逆的，这种加密技术经过数学上的严格论证。一般来说，成对密钥中，有一个作为公钥，可公开；另一个是私钥，密码所有者自己保存。利用了非对称加密技术后，即使通信双方互不相识也可安全进行通信。各种非对称加密算法由于其数学原理复杂，计算量远远超对称加密算法，一定程度上会影响通信效率；同等密钥长度下，非对称加密技术的强度不如对称加密技术，一般需要使用更长密钥来确保安全，这对计算能力提出更高要求。因此，在实际操作中，通信双方一般用非对称加密协商密钥，再用对称加密进行高效的信息交互。常见的非对称加密算法包括 RSA、DSA、ECC 等。

4.常见应用场景。（1）密钥协商与高效通信。其原理为：A、B 为通信双方，并分别持有自己的私钥、公开自己的公钥；A 用自己私钥加密，再用 B 的公钥进行加密并将密文传输给 B，B 收到后分别使用自己的私钥和 A 的公钥进行解密，即可完成一次信息传输，通过这种方式双方约定好临时密钥、使用对称加密技术进行通信。通信结束该临时密钥失效。这种灵活协商密钥的机制，使得消息窃听者破解密文的难度大大增加。许多系统之间都是基于该种机制建立的安全传输通道。（2）数字签名。数字签名的主要作用有两个：一是接收方可随时验证该签名的真伪，一是签名方无法对自己的签名抵赖。其原理为，信息生产者 A 将信息做消息摘要处理后得到摘要 D，使用 A 的密钥对摘要进行加密，这个过程即为签名；信息消费者 B 查看到消息内容和签名信息后，可将签名信息通过 A 的公钥进行解密得到一个摘要 D，再根据同样的方法得到消息摘要 D'，如果 D 和 D' 相同，则表示签名得到了验证；否则，该消息就可能被有心人篡改了。（3）数字证书。在数字签名场景中，信息消费者 B 用到了信息生产者 A 的公钥，这里存在一个疑问，即 A 的公钥是否是真实可靠的？设想如果攻击者 C 将自己的公钥和私钥伪装成 A 的，B 如果拿到的是 A 的假公钥（C 的公钥）而不自知，会导致 B 会误以为 C 精心伪造的消息是由 A 产生，整个签名体系会遭到破坏。解决这个问题的办法是引入数字证书。由值得信赖的证书机构 CA 对各方的公钥进行签名并颁发证书，只要这个证书机构 CA 的

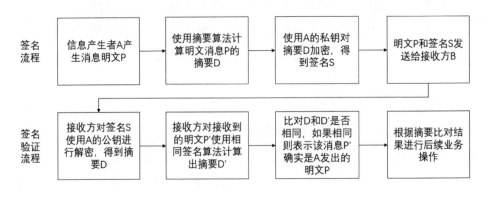

数字签名简要流程

私钥强度够大，并且未被泄露，则可以通过 CA 的公钥对其所颁发的数字证书进行真实性核验。特别地，如果 CA 可信程度也不够，可再通过更值得信赖的证书机构 CA' 为其颁发证书，确保 CA 的公钥可信，如此循环往复，最终会有根证书颁发者，由其保证其密钥安全性。如果根证书颁发者的密钥被攻破，那整个证书体系都会受到威胁。

（二）量子技术

据新华网消息，2019 年 3 月，中科院院士潘建伟在"两会"新闻中心的记者会上表示，量子通信作为在原理上可提供的一种无条件安全的通信手段，其实是可在未来大幅度提升信息安全水平。

中国信息通信研究院编制的《量子信息技术发展与应用研究报告（2018年）》认为，量子是构成物质的基本单元，是不可分割的微观粒子（譬如光子和电子等）的统称。量子力学研究和描述微观世界基本粒子的结构、性质及其相互作用，量子力学与相对论一起构成现代物理学的两大理论基础，为人类认识和改造自然提供全新视角和工具。

赛迪智库电子信息研究所编制的《量子计算发展白皮书（2019 年）》认为：（1）量子比特是计算机技术中信息量的基本度量单位，量子比特是量子计算的最小信息单位。一个量子比特可表示 0、1 或 0 和 1 叠加，其搭载信息量远超

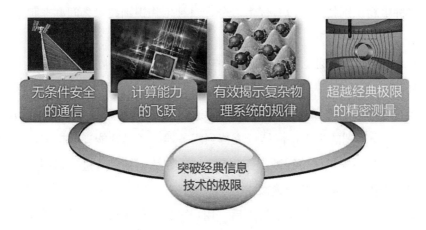

新一轮量子信息科学变革的主要突破领域

数据来源：陆朝阳《走进新量子革命》。

只能表示 0 或 1 的经典比特。（2）量子叠加指是一个量子系统可处在不同量子态的叠加态上。在量子系统中，量子态是微观粒子所处的一系列不连续的恒稳运动状态。在无外界观测干扰时，量子系统可处于一系列量子态叠加态上。（3）量子纠缠是微观粒子在由两个或两个以上粒子组成系统中相互影响现象。在量子系统中，存在量子关联的多个粒子即使在空间上被分隔开，也能相互影响运动状态，这是量子通信的技术基础。

（三）生物识别

生物识别技术越来越受重视，现阶段生物识别技术依托于硬件条件的提升得到了一个爆发式的发展。

1. 简介。由于每个人的指纹、虹膜、指静脉、人脸等生物特征是与生俱来并且几乎各不相同，通过识别生物特征来认证用户的身份是相对较为可靠的技术。实践中，很难找到与某个客户拥有一模一样的指纹或者虹膜的另一个人，即使是孪生双胞胎也少有例外，因此生物特征比较难以仿冒。

生物特征识别技术涉及的生物特征包括脸、指纹、手掌纹、虹膜、视网膜、声音（语音）、体形、个人习惯（例如敲击键盘的力度、频率、签字）等，对应识别技术有人脸识别、指纹识别、掌纹识别、虹膜识别、视网膜识别、语音识别（用语音识别可识别身份，也可识别语音内容，只有前者属于生物特征识别技术）、体形识别、键盘敲击识别、签字识别等。

每种生物识别技术并没有优劣之分，每种生物识别技术之间并非孤立，而是相辅相成、互为补充、相得益彰。

2. 生物识别认证过程。（1）预先采集用户的生物特征信息（如指纹、虹膜、人脸等），并通过智能算法提取相应数字化生物特征，存放于服务器中；（2）需要认证用户身份时，通过特定设备采集用户的生物特征信息；（3）采集到的生物特征信息上传到服务器，通过智能算法提取数字化生物特征，并与预采集的特征数据做比较；（4）如认证结果通过，则用户可继续执行相应操作，否则会被拒绝操作。

3. 局限性。使用生物特征识别后，用户可省去传统认证中的密码认证或者介质认证环节，整体流程会变得更为便捷、友好。然而，生物特征识别也有一定局限性，主要体现在：（1）以目前的技术水平来看，生物特征识别的准确程

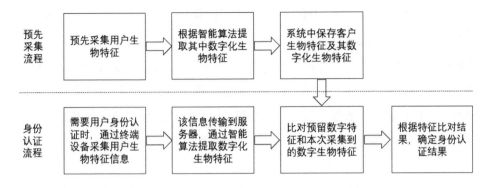

生物特征识别流程

度仍有待完善，比如指纹受到污损、腐蚀，或者采集人脸的环境处于强光照或弱光照环境，都可能会对认证结果产生一定的偏差。（2）生物特征采集需依赖专门设备，其研发成本较高，其设备相比采集密码或者 IC 芯片的设备也更为昂贵。（3）生物特征不易被仿冒，但生物特征也无法修改或再生，一旦被盗取（比如通过指纹膜盗取指纹信息），客户利益将受到严重威胁。

生物特征识别技术虽然发展迅速，但主要用于安全性要求极高的场景，离全面使用生物特征替代密码认证或者物品认证尚有距离。

二、金融行业应用

（一）密码技术应用

金融行业商用密码应用的典型场景：商用密码在金融业务场景中运用非常普及，其应用场景包括传统的柜面业务系统，也包括各种面向客户的网上交易系统（比如网上银行、手机银行、网上证券、手机证券等），还包括金融机构之间通信的业务系统（比如支付结算系统、银证系统、银保系统等等）。以下对商业密码在银行、证券、保险三大金融领域的典型应用场景进行概述。

1.银行的金融 IC 卡。金融 IC 卡，业界也称作芯片银行卡，是由商业银行发行的装载了集成电路芯片的银行卡片。用户可以通过 ATM、POS 机等多种终端完成支付交易。金融 IC 卡的整体解决方案中，为了保障持卡人线下使用卡片的安全性，采用了集成电路技术和多种密码认证技术避免卡片被人伪造或者复制。一般的线下交易流程中，商用密码的作用主要包括：（1）芯片卡的制卡发卡过程中，金融机构使用加密技术将卡片密钥装入芯片中，并且使用相应认证技术，保证卡片密钥存储的安全性。（2）芯片卡的刷卡交易前，金融机构系统会先鉴别用户身份，避免用户卡片被他人盗刷的情形。（3）基于商用密码技术，交易数据、卡数据、持卡人数据等敏感信息都使用安全的加密策略，避免明文直接出现在传输协议中，保障卡片使用过程中敏感信息的安全性和保密性。

2.券商的网上证券交易系统。券商面向广大个人和企业投资者推出这类系统，其目的是便捷投资者查询信息和进行交易操作，同时也为自己节约经营成本。用户成功认证并登录网上证券交易系统后，可使用实时行情、热点和个性化资讯、交易委托下单、成交回报查询、银证转账等全方位的服务，用户只需要能接入互联网，就可以在世界各地随时享用金融服务。

3.保险公司的电子保单。随着互联网技术的盛行，线上的投保变得流行起来，越来越多的投保客户选择在通过互联网渠道与保险公司签订电子保单合同。相比传统的由人手工填写或者录入系统后机器打印的纸质保单，这种电子保单便于生成、存储和管理，也方便客户随时查看或者在线理赔。这类电子保单实质上是保险公司运用数字证书和电子签名的手段签发，其具有与纸质合同同等的法律效力。基于商用密码技术的电子保单能够保障业务的整体安全性，也是保险公司拓展业务生态的重要手段。

（二）量子技术应用

中国工商银行于 2017 年 2 月成功应用量子通信技术，实现了网上银行系统的数据在京沪异地数据中心之间的千公里级量子加密传输，这是全球银行业首次应用千公里级量子通信技术。

中国工商银行信息科技部总经理吕仲涛在《借力量子通信技术　推动金融科技创新》一文中认为，量子通信技术将量子技术应用到加密算法密钥分发领域，为金融业信息安全保障提供了新的解决方案。量子通信的核心是量子密钥分发。量子密钥分发技术是目前被证明最安全的密钥分发技术；在传统网络加密体系基础上，量子密钥分发技术解决了密钥分发所面临的密钥传输的安全性难以保障，多用户密钥管理困难，密钥更新速率慢等技术难题，使用该技术可大大提高通信双方的密钥更新频率，为信息传输提供难以破解的安全通道，可有效应对信道窃听、高性能计算攻击等安全威胁，可大幅度提高加密通信安全性，确保网络传输安全。

量子技术未来可应用在如下领域，提升商业银行数据传输安全保障能力。（1）提升数据中心间互联通信安全。各商业银行大多拥有多个数据中心，利用量子通信的特点，可提升数据在数据中心间传输时的安全性。（2）打造商业银行与第三方机构的安全通信渠道。如，在商业银行与监管机构之间传输敏感数据时，可以进一步加强数据传输的安全性。（3）构建跨境安全通信渠道。目前各大商业银行普遍在境外设立为数不少的机构及子公司，存在大量的跨境业务数据、管理数据传输需求。未来伴随全球广域量子通信网络的建设，商业银行跨境数据传输也可利用量子通信技术，保证敏感数据的安全。

（三）生物识别技术应用

生物识别技术可应用在改善金融及支付机构效率、防范金融风险、促进金融创新，以及城市管理等领域。

生物识别技术逐渐走向成熟，相关应用也随之爆发增长。现在，"刷脸"已经逐渐融入了日常生活中。生物特征识别可以运用在开户、转账、支付、取款、保险理赔等多种金融场景中。

1.开户。随着生物识别技术的可靠性增强，传统银行、证券、期货等开户的业务也逐渐免去了必须本人现场办理的要求，取而代之的是使用人脸识别、指静脉识别等多种手段远程校验客户身份，并直接为客户办理业务。如此一来，虽然银行账户实施了分类管理，但是不依赖于实体银行卡的 II 类户和 III 类户随着直销银行、互联网银行的出现也能蓬勃发展起来。例如，浦发银行将人脸识别技术运用于多种渠道的远程开户和风险评估等业务中，国信证券、华泰证券等券商也纷纷推出基于手机 APP 的远程开户功能，运用人脸识别技术确认客户的身份。

2.转账。转账业务随着生物特征技术的广泛应用也变得更为便捷，随时随地可以办理，而不再需要带着银行卡去银行网点或自助设备办理，也不需要带U 盾、密保设备等额外认证方式。比如建设银行、农业银行、招商银行的手机银行，都可以通过刷脸、声纹等基于生物特征的认证方式，支持客户自助完成较大额度的转账。2014年9月，蚂蚁金服在支付宝中推出用指纹替代交易密码的身份认证方式，并联合业界各方成立了IFAA（互联网身份认证联盟），共同制定并推动新型身份验证的安全解决方案。

3. 支付。该领域非常贴近日常生活，因此创新场景也最为繁多。科技公司、支付机构、商业银行等都纷纷拓展各类便捷的支付场景和提供良好的支付体验。国内许多超市收银台都新增了刷脸支付的设备，用户不用带现金、银行卡，甚至连手机都不用带，通过刷脸匹配上用户预留的生物信息后，就可以完成一定额度内的付款。比如，中国建设银行深圳分行于2018年初就在线下渠道推出了刷脸付款，支付宝、微信支付等第三方支付公司也为国内众多超市、商家提供客户刷脸支付的支持。无人值守的便利超市也是一种新零售的场景，整个便利店中只有顾客而没有一名工作人员，支付也可以靠用户刷脸就顺利完成。此外，虹膜识别技术早已运用于军械库、银行进库的管理，而民生银行则将虹膜识别运用于支付业务流程中，替代短信验证码，用户"看一眼"就可以完成支付。

4. 取款。移动支付的便利，使得国内现金支付的场景逐渐减少，现金携带率和使用率也大大降低。然而，我们仍然可能会碰到必须现金支付时，却没有足额现金也没有银行卡的窘境。现在很多银行已经实现了ATM、CRS（自动存取款机）、VTM（远程视频柜员机）上的刷脸取款能力，保障客户账户资金安全性的同时，也极大地提升了金融服务的便利性。除此之外，攀枝花商业银行也是我国首家推出刷掌静脉的商业银行，在ATM上就可以实现无卡办理取款在内的多种业务；郑州银行推出了指静脉取款服务，用户输入手机号后，用指静脉认证即可完成无卡取款操作。

5. 保险理赔。传统保险理赔业务流程中，保险公司需要指派业务员实地勘察，较为耗费人力和时间，体验也不好。而基于金融科技优化后的理赔流程，除了可以上传电子材料、实现无纸化，还可以使用生物特征识别技术在线验证客户的真实身份，并参考客户的历史理赔记录使用人工智能技术完成在线核保，可实现在线、自助的理赔，在为客户提供了便利的同时，也降低了保险公司的经营成本。

第六节　虚拟现实技术及其应用简介

虚拟现实（Virtual Reality，缩写为 VR）整合视、听、触、嗅、味等多种信息渠道，具有沉浸性、交互性、自主性特点，能使用户忘记所处现实环境而融合到虚拟世界中，并可通过交互设备直接控制虚拟世界对象。虚拟现实是一种新技术，也是一种新媒介，改变了人们感知世界方式，拓展人们想象空间，酝酿新的艺术手法和观念。

一、技术简介

虚拟现实具有多感知性。根据美国国家科学院院士 J.J. Gibson 提出的概念模型，人的感知系统可划分为视觉、听觉、触觉、嗅 / 味觉和方向感等五部分，虚拟现实应当在视觉、听觉、触觉、运动、嗅觉、味觉向用户提供全方位体验。中国通信标准化协会编制的《云化虚拟现实总体技术研究白皮书（2018）》指出，虚拟现实体验具有 3I 特征，分别是沉浸感（Immersion）、交互性（Interaction）、想象性（Imagination）。（1）沉浸感是利用计算机产生的三维立体图像，让人置身于一种虚拟环境中，就像在真实客观世界中一样，给人一种身临其境的感觉；（2）交互性，在计算机生成的这种虚拟环境中，可利用一些传感设备进行交互，感觉像在真实客观世界中互动一样；（3）想象性，虚拟环境可使用户沉浸其中萌发联想。

资料来源：赛迪智库电子信息研究所等编制的《虚拟现实产业发展白皮书（2019 年）》。

赛迪智库电子信息研究所等在《虚拟现实产业发展白皮书（2019年）》一文中认为，虚拟现实产业链包含硬件、软件、内容制作与分发、应用和服务等环节。（1）虚拟现实技术使用的硬件按照功能可分为核心元器件、输出设备和输入设备。核心元器件方面，包括处理器、无线通信模块、光学处理模块等；输出设备方面，包括显示屏、镜头等，如PC端设备、移动端设备和一体机VR头显；输入设备主要有各类传感器、全景摄像头、定位追踪器。（2）虚拟现实技术使用的软件包括系统支撑软件和软件工具开发包。系统支撑软件方面主要指安卓系统、IOS系统、Windows系统等操作系统；软件开发工具包指AR开发工具、中间件、SDK和3D引擎等。（3）内容制作与分发是虚拟现实技术场景应用的重要环节，主要包括内容制作、内容存储、内容分发等。虚拟现实技术的内容制作，主要包括电影、游戏、旅游、教育培训等内容的制作；在内容分发方面，有线上分发、线下分发、VR体验馆等。（4）应用和服务环节是虚拟现实技术推向市场的最后一个环节，就目前提供应用和服务的行业，主要有旅游、教育、制造、医疗商贸、金融电信等。

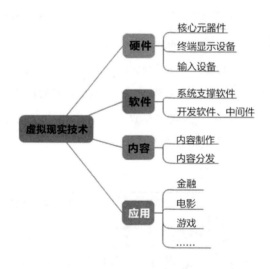

二、金融行业应用

根据高德纳咨询公司（Gartner Inc.）提出的技术成熟度曲线，任何一项新的创新技术通常都要经历五个阶段：科技诞生期、泡沫巅峰期、泡沫破裂低谷期、稳步爬升光明期、规模应用高峰期。VR 技术目前正处于低谷期,稳步爬升光明期正在到来。作为最先进代表的金融科技业,正在对 VR 技术进行创新场景研究和应用,VR 技术与金融产业的深度融合不可避免,VR 技术在金融业的应用大致分为下面几类。

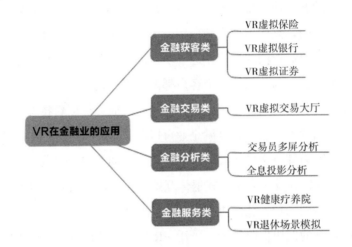

1.金融获客类。如何线上线下获客是金融行业最具挑战性的一个难题,而 VR 技术和人工智能如何能够融合在一起使获客成本更低也是金融业更要关注的课题。VR 虚拟银行以高大气派的银行大楼、服务大厅、贵宾室等服务极大地满足了客户的各种需求,在 VR 虚拟银行里,客户不用排队、取号,可随时和银行员工对话,用于存取款或其他服务。VR 虚拟银行极大提高客户的满意度和忠诚度,对传统银行的营销模式和经营策略带来挑战和颠覆性的营销变革。VR 技术结合大数据、人工智能等可在虚拟银行里对客户的金融需求进行针对性的个性化服务。VR 虚拟保险营业厅结合智能客服是另一种获客模式,也是线上推广的未来服务方向。

2.金融交易类。金融 VR 交易主要指利用 VR 虚拟技术将 VR 产品融入到传统金融交易中,如身份识别、在线支付、互动沟通、交易确认等环节,使复杂的金融交易过程变得直观、简单且令人容易接受。如银行职员可通过头戴式 VR 显示屏与顾客进行虚拟化交流沟通,甚至在虚拟环境中让顾客进行银行交易。未来也可在 VR 虚拟环境里显示多块虚拟交易终端显示屏,帮助金融交易员监控多个市场的波动情况，从而作出交易决定，不再受到传统物理显示屏或视角的限制。

3. 金融分析类。利用 VR 技术进行金融分析的好处之一就是不需要多个显示屏显示分析结果，可通过 VR 的全息投影系统立体投射分析得到的结果，并可共享给指定的客户或同事一起观看分析结果。通过 VR 技术，客户可对金融分析结果提出疑问，立体地展现到金融公司的工作人员的工作台前，金融公司员工能直接与客户进行沟通交流，进一步拉近金融公司与客户的距离。

4. 金融服务类。为公司的每个客户都做好服务是金融公司经营的重要举措之一，而 VR 技术的出现给金融企业客户服务增加一种创新技术手段。在金融企业发布新产品的推广阶段，金融企业可以利用 VR 技术虚拟出产品的模拟场景，让客户更容易理解金融产品的特点，从而帮助客户作出购买决定。如证券投资公司利用 VR 开发一套交互式退休互助应用程序，直观生动地展现退休后可能发生的一系列场景，从而协助客户做好退休前投资方式的指导。又如保险集团为推广自己的健康保险计划，可用 VR 技术模拟出投保健康保险后的养老疗养院场景，客户身临其境，增进客户对健康保险产品的了解。

应　用　篇

第三章　金融科技发展现状

据中国经济新闻网消息，2020 年 8 月，2020 年度《财富》世界 500 强排行榜揭晓，中国平安凭借持续稳健的业绩增长，以 1842.8 亿美元的营业收入位列全球榜单第 21 位，全球金融企业排名第 2 位，蝉联中国内地混合所有制企业第 1 位。2019 年中国平安深入推进"金融＋科技""金融＋生态"战略转型，持续提升数据化经营能力，整体业绩及核心金融业务持续稳健增长，科技赋能成效显著，生态赋能效果初显。

据乐居财经消息，2019 年 11 月，毕马威（KPMG）和金融科技投资公司 H2 Ventures 联合发布 2019 年全球金融科技 100 强榜单，蚂蚁金服、Grab、京东数字科技名列金融科技 50 强前三位。安永《2019 年全球金融科技采纳率指数》报告，中国的消费者金融科技采纳率为 87%。

据中国网信网消息，2019 年 10 月，在第六届世界互联网大会"金融科技——深度融合·多向赋能"论坛上，中国人民银行副行长范一飞认为，中国金融业运用新一代信息技术优化升级金融产品、经营模式和业务流程，为世界贡献了"中国智慧"。总体来看，中国金融科技发展亮点纷呈，即支付服务可得性有效提升，金融产品竞争力逐步提高，基础设施支撑能力显著增强，金融便民利企力度持续加大。从全球范围看，金融科技正形成你中有我、我中有你的发展局面，但金融科技发展不平衡不充分问题依然突出，应用深度与广度还有很大提升空间。

第一节　金融科技产业生态概述

金融科技是服务实体经济、普惠民众金融、防范金融风险的新动力，须有一批具有影响力的金融科技市场主体，构建一个开放、合作、共赢的金融科技产业生态体系。

一、金融科技产业规律特点

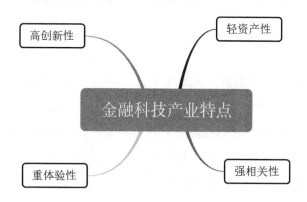

1. 高创新性。金融科技不仅是商业模式变化所带来的金融创新，更多是科技驱动所带来的创新，技术创新与技术应用将为金融行业带来全价值链优化。通过将各种前沿技术与理念在金融领域中应用迭代，快速推出超越传统金融范畴的新型产品与服务。

2. 轻资产性。金融科技企业只需较少固定资产就能展业，其成本随着业务规模的扩大而边际递减，使其能够有效支撑规模发展。同时，其战略选择、组织架构、业务发展更加灵活，易于创新创造。

3. 重体验性。通过智能手机等移动互联设备，金融科技企业开创了简单易用、消费者参与度较高的产品或服务。金融科技企业更加注重用户体验，积极听取用户心声，响应并预测用户需求，简化产品和服务流程，加快产品迭代，形成与传统模式截然不同的服务体验。

4. 强相关性。金融科技是高新技术产业与金融业的融合。底层技术是构建金融科技产业生态的基础，为金融科技的发展创造条件。随着底层技术所处生命周期阶段的变化、技术发展成熟度以及应用广泛度的差异，金融科技也呈现出不同特点，主要体现在技术与企业形态、市场份额与饱和度、竞争与垄断、企业创新方式与所面临的主要风险等方面。

二、金融科技生态总体情况

金融科技生态圈主要由监管机构、行业协会、金融企业、科技企业、科研咨询机构等组成。（1）监管机构主要由中国人民银行、银保监会、证监会及其他国家地方相关机构组成，其主要工作内容是制定和规划维护金融市场稳定、防范金融市场风险的相关政策法规，监督和管理金融行业企业合法合规稳健运营。（2）行业协会主要有银行业协会、保险业协会、证券业协会及其他金融业协会，是各行业内企业以会员身份参与的自律性组织，主要为金融企业会员服务，保障行业内会员的合法权益，督促会员贯彻执行国家法律法规，组织加强会员间的行业交流，在国家监管部门和会员之间起到桥梁和纽带的作用。（3）科研咨询机构主要是给金融企业、科技企业提供金融市场理论研究、咨询服务、科学技术研究活动等服务的各类高校科技研究中心和金融研究中心、金融研究院、科技研究院、金融咨询机构等。

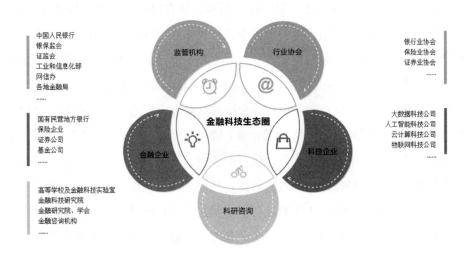

在新一轮科技革命和产业变革的背景下，随5IABCDE（5G、IoT——物联网、AI——人工智能、Blockchain——区块链、Cloud Computing——云计算、Big Data——大数据、Edge Computing——边缘计算）等为代表的新技术的兴起，金融企业和科技企业之间边界越来越模糊，有"金融＋科技"的企业，也有"科技＋金融"的企业，既有碰撞又有融合。金融科技产业生态圈的金

融业和科技业最终表现出"无融合，则竞合"的局面，在可融合的场景下进行融合，不能融合的场景各自展开竞争。

三、金融科技产业主体分类

金融科技产业生态圈中，除监管机构提供顶层设计和行业协会、科研咨询机构提供金融科研、行业交流外，金融企业和科技企业则是金融科技生态圈的产业主体，它们互相渗透逐渐融合，呈现出头部企业和初创企业，多元化服务和精细化管理，应用与技术并存，提供分布式计算、智能化、场景化等高度创新活力的金融科技生态特征。金融企业凭借资本优势、业务优势，借助大数据、人工智能等科技力量逐步向其他企业输出科技业务；科技企业则利用"长尾效应"深度挖掘金融企业的市场空白和痛点领域，专注细分赛道，持续向纵深发展。

金融科技生态中，产业主体扮演着极其重要的角色，研究这些产业主体划分能更好理解这些产业主体。很多行业精英都从自身理解角度划分产业主体，如北京中科金财科技股份有限公司董事长朱烨东在《中国金融科技发展的现状与趋势》一文中将中国金融科技产业格局主要分为金融业态、基础设施和场景入口三大类。(1)金融业态主要指银行、保险、证券及互联网金融、消费金融、信托、基金、P2P借贷、融资租赁等金融科技企业，是直接给用户提供金融服务的受国家监管机构监管和管理的企业；(2)基础设施则指向金融企业提供金融科技解决方案的信息技术服务，包括区块链、人工智能、大数据、云计算等新兴科技，是金融科技得以发展的前提，任何金融科技创新业务都无法绕开大数据、云计算、区块链、人工智能等基础设施；(3)场景入口是金融科技在金融业务场景中的具体应用，是金融企业获取用户信息和相关金融属性数据的来源入口，场景入口设计可大幅降低金融企业的获客成本，利用场景大数据分析能更好地提升金融科技企业的服务水平，这使得场景入口成为金融科技企业发展的重要核心竞争力。

金融科技产业主体根据不同的业务特点和科技特性，本书将其分为以下四类：

1.传统金融企业。传统金融企业通常指成立时间较早但自身科技力量比较薄弱的企业，这类企业由于历史包袱和管理思路的原因，科技研发方面长期依赖外部科技力量，企业自身科技人员一般从事项目管理和运维管理，保障系统稳定运行，科技应用研发能力稍微薄弱。传统金融企业一个很大优点就是资金雄厚，能够靠自身资本优势快速部署科技应用，一些前端科技（如大数据、区块链）在金融行业内的领先应用常出现在传统金融企业内的头部企业。

2.互联网金融企业。互联网金融企业是指近几年随互联网、移动支付而兴起拥有金融业务牌照的，依托大数据、移动互联、人工智能等新技术为基础拓展金融业务的企业。互联网金融企业主要借助金融科技的力量使得金融业务量几乎获得指数爆炸式的迅猛发展，通常以轻资产的形式开展金融业务，运营成本低，但科技人员的成本较高。

3.核心科技企业。核心科技企业主要指以人工智能、物联网、大数据、区块链、云计算等底层技术为主要研究对象的，同时向其他行业提供技术平台、输出高精尖技术的企业。核心科技企业在国内甚至世界拥有前沿的技术影响力，属于纯科技研究企业，这类企业一般对金融业务涉及不多，典型代表如阿里、百度等。

4.科技服务企业。科技服务企业一般指拥有完整金融科技解决方案，熟悉金融业务全流程，深入理解金融行业，将核心科技企业研发的大数据、区块链、物联网、人工智能等前沿技术推广应用到金融行业的实践性企业。科技服务企业根据提供金融科技解决方案的业务方向又细分为金融营销类、金融风控类、金融核心业务类、金融客服类等科技服务企业。科技服务企业的优势在于

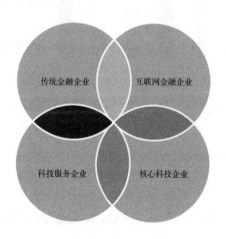

能够针对金融企业的痛点或业务流程改造提供全套的金融科技解决方案，它们数量众多，一般服务于缺乏实施能力和研发能力的金融企业，在核心科技企业和传统中小金融企业的中间起到桥梁和纽带作用。

第二节　世界金融科技发展现状

普华永道连续三次在全球范围内跟踪调查金融科技发展情况。（1）2016年全球金融科技调查报告《跨越行业界线：金融科技重塑金融服务业》指出，金融科技重新定义了敏捷性、客户洞察和成本，让传统金融机构对其市场地位倍感忧虑。（2）2017年金融科技调查报告《重新定义金融业的外沿：金融科技的影响与日俱增》表明，在金融科技领域合作是大势所趋。初创企业意识到以它们规模或客户信任度，无法与老牌金融机构相匹敌；传统金融机构也需要通过与金融科技公司合作，提高运营效率、推动创新。（3）2019年全球金融科技调查报告《融合全境界：金融科技推动 TMT 和金融业同台竞技》，探讨了金融科技的发展现状、未来几年的成败要诀及可协助企业抢占先机的行动方案。

资料来源：PitchBook、艾媒咨询。

一、世界金融科技发展现状概述

国内的金融科技发展可谓"如日中天"，而从世界角度来看，金融科技产业也是整体呈现快速增长的势头。据 CB Insights 调查报告显示，2015 年全球金融科技投融资规模为 670 亿美元，是 2013 年规模的 3.5 倍，随后 2 年经过短暂的回落，但在 2018 年这一数字高达 1118 亿美元，其中蚂蚁金服 C 轮融资 140 亿美元也刷新了融资纪录。以下分别从政府、行业、企业的角度，对全球金融科技发展情况简要概览：

1. 政府角度而言，许多政策的出台都是为了大力促进金融科技产业发展。2017 年美国国家经济委员会提出，政策制定要站在促进金融科技发展和创新的角度；英国政府对金融科技的发展也呈现鼓励态度，对金融科技创新企业提供税收减免政策，并成立专门政府部门引导和支持产业发展。监管方面，安全性仍然是各国金融科技发展的共同话题。目前许多国家和地区都出台了保护金融系统的相关政策或者文件，并促使金融机构使用监管技术约束其合规经营。

2. 行业而言，金融机构发展金融科技手段也较为多样。大型金融机构或者科技巨头除了大力投资自身的金融科技的研发外，还较为重视资本运作，积极寻求标的企业进行战略投资，通过风险投资、并购、参股等方式，快速获得优质金融科技能力；成立金融科技子公司也成为趋势，这些科技公司专注于运用技术为金融机构的客户们提供优质、便捷的金融服务，比如个性化的金融产品定制。这也促使整个行业估值的繁荣，目前全球范围内已有 30 余家金融科技公司的估值超过了百亿美元。国外金融企业或者科技企业发展金融科技时，同样重视"产、学、研"的合作：（1）企业与高校或科研机构合作，孵化一些较

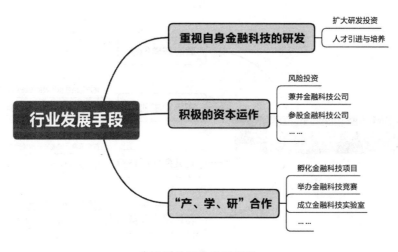

金融科技行业发展手段

有前景的金融科技项目。（2）举办金融科技竞赛以发掘优秀人才。（3）成立金融科技实验室，一些核心技术通过实验室进行突破并运用于产业中。

3.企业经营角度而言，各国金融企业高度重视这一发展机遇，纷纷通过金融科技对其金融业务和流程进行再造：（1）客户交互与服务方面，使用大数据技术开展高效的营销活动、使用多模态的特征识别技术验证客户身份、使用人工智能技术打造聊天机器人并为客户办理部分业务，为客户提供满意的金融产品和良好的服务体验。（2）运营管理方面，使用机器人流程自动化技术（RPA）处理较为烦琐而模式固定的信息处理工作（比如经营报表、财务报告等）、使用机器学习技术对法律文书进行快速的摘要与审核工作，在节约人力成本的同时，也显著提升了业务效率。（3）合规风控方面，各金融公司充分利用大规模、低成本的监管科技，花旗银行、高盛集团、摩根大通等金融机构运用大数据、人工智能等技术，帮助发现潜在的欺诈交易或者可疑的金融活动。在此背景下，也诞生了一批专注于为金融机构提供安全解决方案的科技公司。

二、主要国家（地区）金融科技发展现状简介

金融科技发展良好的国家（地区）都有一些共同特点，包括政府鼓励创新、行业需求创新、企业拥抱创新、基础设施支持创新等。在实践中，每个国家的金融科技发展也结合当地的特点进行针对性开展。

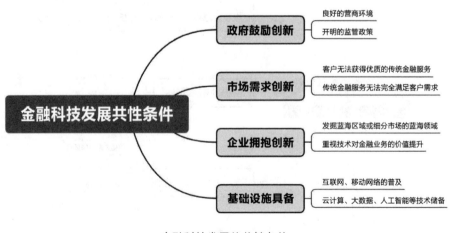

金融科技发展的共性条件

（一）美国

美国的金融业务极为发达。硅谷孵化了一批又一批科技公司，也萌发了金融科技革命，迄今世界约一半的金融科技公司诞生在美国。2008年国际金融危机爆发，导致原本信赖传统金融业务的美国民众蒙受大量损失，整个行业有潜在的创新甚至颠覆需求；此外，金融科技的发展也得益于美国拥有充足的资本、开放的投资理念、良好的投资生态、丰富的技术储备、便捷的云计算等科技基础设施以及庞大的工程师队伍。政府、投资者、创业者、科技人员、用户共同推进金融科技的进步。

美国的金融科技主要运用于以下业务：（1）借贷，金融贷款公司、线上中介平台、个人投资者都纷纷涌入这一领域，为没有充足信用数据的客户提供贷款，改变了传统的行业生态，代表企业有 Prosper、Lending Club 等。（2）智能投顾，许多美国民众较为重视财富管理，期望通过金融手段为自己财产增值，智能投顾公司使金融科技手段为这些人提供了低门槛、平价、便捷而专业的财务管理建议，甚至帮助客户自动完成交易，代表企业有 Wealthfront、Betterment 等。（3）支付，移动支付行业通过数字钱包、虚拟数字货币等手段为客户提供支付业务，在部分场景中替代传统的现金、支票、银行卡等传统支付手段，代表企业有 PayPal、Coinbase 等。（4）保险，许多保险公司或者科技公司使用大数据等手段分析个人客户数据，以按需提供定制化保险服务并及时发现潜在的欺诈行为，或者提供保险平台服务，代表公司有 Ethos、Lemonade 等。

（二）欧洲

英国是老牌金融强国，其银行业、保险、证券、金融衍生品等领域都是世界级中心，英国也当仁不让成为欧洲金融科技的中心，其金融科技行业从业者数早已突破百万。英国的网民比例非常高，并且也有相应环境和政策支持金融科技公司的孵化和创新。英国监管机构率先为金融科技公司提供"监管沙盒"，公司可将其模型投入一个"安全空间"进行一段时间的验证，而无须通过烦琐的审批流程和受到严格的监管约束。这一机制更加促进了英国金融科技的繁荣。

德国是欧洲金融第二大国，也是欧盟金融科技第一大国。自英国脱欧后，许多英国的金融科技公司业务范围被排除在欧盟之外，而德国不仅经济体量大，生活成本也低，这也促使许多资本和从业者涌入德国，并驱动德国在该领域的快速发展。德国许多金融科技公司提供借贷平台、支付平台、投资平台等服务，投资顾问是德国发展极为迅猛的细分领域，其规模在 2015—2017 年间增长 10 倍。线上安全认证的手段也推动了包括德国在内的许多欧洲国家新型金融业态的发展和金融科技公司的出现。

此外，法国、瑞典等欧盟国家也纷纷颁布各项优惠政策，包括鼓励金融科技创新业务、针对企业和投资者的税收减免和人才引进措施，以促进这些国家在金融科技领域的长足发展。

（三）非洲

非洲的传统金融业务发展得并不算好，约 80% 人口甚至没有银行账户，他们也很少跟银行网点、自动取款机打交道。然而，得益于移动通信业发展，非洲民众能够通过手机接入互联网并享受到科技带来的便利，非洲大陆也对新型金融服务的需求显得极为旺盛。非洲有约 10 亿移动用户，通过手机获得金融科技公司提供的支付、理财等服务已逐渐成为潮流；非洲物产丰富，许多农产品和经济作物销往全球，跨境交易、公司资金往来、企业员工工资发放等金融服务需求，也由金融科技公司满足；许多非洲小微企业创办、运营所需的资金，也来源于金融科技公司提供的小微贷款服务，或者通过金融中介平台获得 P2P 贷款服务，这也促进了非洲经济的发展；非洲许多国家也是旅游胜地，无论对于外国游客还是本地旅游业从业者而言，使用金融科技公司提供的收付款、支付、贷款等服务也能让他们在旅游或提供旅游业服务的过程中获得良好的体验。

（四）大洋洲

大洋洲的两个主要国家是澳大利亚和新西兰，其金融科技发展的主要驱动力是传统金融业不能覆盖客户所有金融需求。中小企业融资难是世界许多地方的难题，在这里也并不例外，由于监管要求和审慎经营考虑，大部分信用普通的中小企业想获得传统银行贷款十分困难，而这恰好是金融科技擅长的范围。许多高收入人群也期望扩大投资范围，而金融科技公司提供的 P2P 贷款平台服务、智能财富管理服务能拓宽他们的投资领域、满足他们的需求。新西兰的金融科技公司在传统金融领域业务受限，但是他们充分发掘出传统金融机构所不触及的领域，为客户提供相应专业的服务，比如向个人传授金融知识、帮助中小企业提供部分投融资解决方案，甚至为房东提供房产管理平台。

（五）印度

印度近年来经济发展迅猛。从国家 GDP 来看，印度在世界已达到第 5 的水平，并且 2014 年后曾蝉联数年"经济增长速率最高的国家"。印度的传统银行业务发展较为一般，约有一半印度人没有正规银行账号，这也导致有许多社区银行的出现，服务规模和范围有限。然而，印度在 2019 年拥有约 13 亿人口，是世界上第二人口大国，并且该国家年轻人比例也比中国和许多发达国家要高，印度人对金融服务的需求是旺盛的；印度人使用现金交易的比例非常高（约 80%），不利于政府监管，也催生了贪污、腐败、洗钱等黑色产业，因此政府对金融科技极为推崇，印度政府发放了许多支付牌照，并且完善相应监管体系，限制大额现金使用、鼓励使用数字支付。在时代的浪潮下，金融科技在印度也蓬勃发展起来。

印度 2019 年初已有 1/3 以上人口接入互联网，并且正处于强劲增长的势头；许多金融科技公司从当前的印度发现商机，通过生物特征技术辅助验证客户身份，为大众提供存贷款、支付等移动银行服务，或者作为金融服务平台这一媒介和桥梁出现。公司纷纷抢先占据金融服务水平低的地区。对于零售业，金融科技公司渗透与电子商务、电子钱包领域，为交易双方提供金融服务；对于有投资需求的客户而言，金融科技公司也提供财富管理解决方案。

（六）日本

日本政府高度重视金融科技的发展。林胜等在《日本金融科技政策》一文中指出，日本作为一个金融业高度繁荣的发达国家，较为重视金融科技的应用和发展。近年来，日本对金融科技相关法规进行修订，涉及《银行法》和虚拟货币相关法规等方面。

1. 修订《银行法》和虚拟货币相关法规。（1）2016 年 5 月，日本修订《银行法》，于 2017 年 4 月起实施，允许银行在获得监管部门审批后，对利于提升银行效率、改善用户服务的金融科技公司进行出资。采用个别审批方式进行审批，审批条件主要包括集团的财务健全性合格等。根据风险隔离有效性、被出资企业业务内容和风险等采取不同出资比例。2017 年 5 月，日本又修订《银行法》，于2018年6月起实施，规范了"中间业者"的业务。中间业者指处于用户和银行之间、从事接受用户委托使用IT技术传达清算指令并从金融机构处获得账户信息提供给顾客的机构。（2）2016年5月，日本修订《资金结算法》，并于2017年4月起实施，明确该法中的虚拟货币定义，完善了虚拟货币交易商规范，并修改《犯罪收益转移防止法》以防洗钱和资助恐怖主义。自2017年7月起停止征收转让虚拟货币消费税，2017年8月，明确应征收虚拟货币收益的所得税。2018年3月，日本金融厅设立"虚拟货币交易业研究会"，开始探讨虚拟货币交易业务监管，虚拟货币派生交易的监管，ICO（初次代币发行）的监管，Wallet机构（指仅对虚拟货币进行管理而不涉及买卖的机构）、虚拟货币的不公正现货交易等问题。研究会经过11次审议，2018年12月发布报告，并于2019年3月提交国会。

2. 特点。（1）平衡金融科技的创新和风险。日本推动建设"按功能区分的、横断型的金融法规体系"，以便"同时实现鼓励创新和有效监管"。这种平衡创新和风险的监管思路值得借鉴。（2）确保竞争环境和监管环境的公平。日本推动金融法规优化的"同种机能、同种风险应该适用同样的规则"原则和"创造公平的竞争环境""防止出现监管套利的漏洞"目的，体现金融科技公平竞争和公平监管的思维。（3）重视保护客户权益。日本对《银行法》和虚拟货币相关法规的修订都涵盖加强客户权益保护的内容。为客户提供便捷高效、体验良好的金融服务的同时，客户资金安全、信息隐私等权益受损害风险也进一步加大。

第三节　中国金融科技发展现状

据央视网的消息，世界知识产权组织（WIPO）专利数据库发布的数据显示，在《2020年全球金融科技专利排行榜TOP100》中，中国有48家企业进入榜单。榜单前四名企业——阿里巴巴、平安科技、金融壹账通、腾讯科技均来自中国，说明在金融科技领域，中国技术实力已经居于领先地位。

中国人民银行副行长范一飞在《深化科技应用　推动金融业高质量发展》一文中表示，科技在金融领域应用取得新成效。中国人民银行科技司司长李伟在《金融数字化转型的四大发力点》一文中表示，科技赋能金融提质增效，金融科技发展按下"快进键"，在体制机制、人才队伍、技术储备、应用水平、风控能力等方面取得突破，金融服务的覆盖率、可得性、满意度大幅提升。

一、金融科技体制机制不断完善

1.在发展规划方面，人民银行坚持问题导向和目标导向，2019年8月印发《金融科技（FinTech）发展规划（2019—2021年)》，明确金融科技工作的指导思想、基本原则、发展目标，提出27项重点任务，指导金融业秉持"守正创新、安全可控、普惠民生、开放共赢"原则，充分发挥金融科技赋能作用，实现金融与科技深度融合、协调发展，明显增强人民群众对数字化、网络化、智能化金融产品和服务的满意度。

2.在战略布局方面，金融机构在《规划》指引下加速金融科技统筹布局，把科技元素注入业务全流程、全领域，结合自身禀赋制定差异化、特色化发展战略，找准新路径，谋求新发展。例如，招商银行旗帜鲜明地提出打造"金融科技银行"战略部署，将探索数字化经营模式作为主攻方向。

3.在组织架构方面，通过设立子公司、混合所有制、股权期权等手段，稳妥推进金融科技组织架构重塑，破除束缚创新活力的体制机制障碍，为深化金融与科技融合发展夯基垒台。例如，工商银行构建"一部、三中心、一公司、一研究院"的金融科技新格局，快速推动智慧银行战略转型。

4.在科技投入方面，依托专项资金、激励计划等方式，不遗余力加大基础性、战略性科技投入力度。2019年，主要银行业金融机构科技投入占营业收入的比例普遍超过2.5%，未来这一比重还将持续不断提升。

5.在人才储备方面，加强科技与金融人才交叉培养，在人才"选育引留"方面打出组合拳，金融科技人才数量与占比显著提升。例如，交通银行通过金融科技万人计划、FinTech管培生、存量人才赋能转型三大工程，构筑高质量金融科技人才"蓄水池"，2019年金融科技人才同比增加超过50%。

二、金融科技监管框架初步建立

1.在监管规则方面，人民银行加强监管顶层设计，确定涵盖基础通用、技术应用、安全防控等方面的监管规则目录，加快建立健全纲目并举、完整严密、互为支撑的金融科技监管基本规则体系。出台个人金融信息保护、金融客户端应用软件、区块链安全、应用程序编程接口等监管规则，规范新技术在金融领域合理应用。

2. 在监管工具方面，人民银行在提炼总结金融科技应用试点经验和做法的基础上，综合运用信息公开、产品公示、社会监督等柔性监管方式，探索事前事中事后全链条的监管机制，研究设计符合我国国情、与国际接轨的金融科技创新监管工具，并于 2019 年 12 月在北京启动测试验证。北京市依托"一行三局"地方金融监管协调机制精心部署、有序推进创新监管测试工作，涉及的创新应用涵盖数字金融、供应链金融、普惠金融等场景，既有持牌金融机构直接申请，也有科技公司合作参与。社会各界反响良好，认为此举有助于纾解小微民营企业融资难融资贵、普惠金融"最后一公里"等痛点难点，营造健康有序的金融科技创新发展环境，标志着我国在构建金融科技监管体系方面迈出了关键一步。

3. 在监管科技方面，运用神经网络、知识图谱、区块链等科技成果，加强跨市场跨业态跨区域金融风险识别、预警和处置，持续提升金融风险技防能力，确保人民群众资金与信息安全。例如，外汇局搭建跨境金融区块链服务平台，实现银企间端到端可信信息核验，在缓解企业跨境融资难的同时有效降低银行融资业务风险。

三、金融科技惠民利企

1. 在优化线上金融服务方面，运用信息技术探索非接触式金融服务，基于互联网开展支付缴费、授信审批、跨境金融、投资理财等业务，打造全方位线上金融服务体系，特别是疫情期间让百姓"不出门、不见面"也能办理金融业务，支撑金融服务不断、质量不降、保障更强。例如，光大银行深化"云缴费"服务，将各地分散的缴费业务集中接入云平台，为用户提供 20 大类 7900 余项缴费服务。

2. 在支持中小微企业方面，充分发挥技术、数据等生产要素的重要作用，通过金融科技手段甄别企业经营状况，提供差异化信贷服务，为中小微企业

"输血供氧"，助力纾解融资难融资贵问题。例如，建设银行运用数据挖掘、人工智能等技术推出"惠懂你"APP，打造一站式数字普惠金融平台。网商银行依托庞大数据资源不断优化"310"贷款模式，疫情期间联合同业机构发起"无接触贷款"助微计划，积极助力电商、餐饮、物流、农业等领域复工复产。

3. 在赋能公共服务方面，加快金融与卫生、社保、工商等行业信息系统互联互通，为百姓提供触手即达的公共服务。疫情期间，有效满足了远程医疗、心理咨询、防疫物资管理等方面激增的需求，实现疫情防控不放松、公共服务不打烊。例如，中国工商银行依托云平台构建跨行业跨机构开放互联生态，通过手机银行等线上服务渠道，快速推出应急物资管理、健康信息登记、远程医疗门诊等服务，用金融科技力量助力疫情精准防控、群防群治。

四、金融科技产业生态初见雏形

1. 在技术攻关方面，金融业通过行业协会、孵化平台、专项合作等方式，推动产学研用协同更紧密、成果转化更顺畅，金融科技产业链整体竞争力不断增强。例如，金融机构、科技公司、科研院所等150余家单位成立金融科技产业联盟，聚焦分布式数据库、人工智能、区块链等共性技术问题，共同研发新产品、发展新业态、凝聚新动能。

2. 在标准规范方面，中国人民银行与市场监管总局携手将金融科技产品纳入国家统一推行的认证体系，以标准实施为手段，持续强化金融科技安全与质量管理，切实防范因技术产品质量缺陷引发的风险向金融领域传导。

3. 在政策支持方面，地方政府结合当地资源、技术、人才、环境等优势，通过专项资金、减税降费、载体建设、配套服务等方式，做强金融科技产业链、做大金融科技生态圈。例如，北京市发挥独一无二的资源禀赋和区位优势，积极出台"金科十条"，从孵化平台建设、人才引进培养、应用场景示范、营商环境优化等方面加大优质政策供给，着力打造金融科技与专业服务创新示范区。

五、金融科技赋能金融服务

1. 在服务质量方面，针对金融脱实向虚、资金空转等问题，部分金融机构运用科技手段优化信贷流程和信用评价模型，推出以"3 分钟申贷、1 秒钟放款、全程 0 人工干预"为代表的智能信贷服务，助力纾解小微、民营企业融资难融资贵难题，合理引导金融资源配置到经济社会发展的关键领域和薄弱环节，显著提升金融服务实体经济的质量。

2. 在服务效率方面，借助 5G、物联网等手段推动线下实体网点智慧化升级，同时基于 APP、开放 API 等技术提供全方位、多层次、智能化的线上金融服务，实现线上线下一体化发展。便民服务效率得到大幅提升。例如，光大银行"云缴费"业务将公共事业缴费时间从"小时级"缩短到"分钟级"。

六、金融科技助力金融对外开放

1. 在技术互鉴方面，我国金融业科技应用从"跟跑"到"并跑"，再到部分领域"领跑"，通过技术创新为金融业务开放合作创造空间。例如，中国人民银行建成粤港澳大湾区贸易金融区块链平台；国家外汇管理局建成跨境金融区块链服务平台，该平台是中国人民银行牵头六部委开展的金融科技应用试点项目，有效促进跨境经济交流和贸易合作。

2. 在设施互联方面，建成人民币跨境支付系统，便利全球各地区人民币跨境资金汇转与贸易结算，为人民币国际化保驾护航；与俄罗斯、东南亚等"一带一路"沿线国家和地区合作搭建银行卡受理服务基础设施，开启金融业共建共享新篇章。

3. 在标准互通方面，积极推动 LEI 编码等国际先进标准在我国金融业深入应用，深度参与金融科技、数字货币、绿色金融等领域国际标准研制工作，提升我国金融业国际化水平和国际影响力。

七、金融科技风险频发

中国金融科技发展虽然取得不菲成绩，但也面临不少问题。经过前期爆发式增长后，金融科技行业发展在规范化和标准化方面的滞后性越发突出，导致金融科技应用风险日趋凸显，尤其是在 P2P 网贷、数字货币等领域的违规风险不断累积，出现一系列社会经济影响不良的金融风险事件。中国银行保险监督管理委员会主席郭树清在《坚定不移打好防范化解金融风险攻坚战》一文中指出，近些年迅速发展的金融科技，既带来许多机遇，也带来很大挑战。我国金融科技在部分领域位居世界前列，在风险防控方面没有现成经验可借鉴。由于 5IABCDE（5G、IoT——物联网、AI——人工智能、Blockchain——区块链、Cloud Computing——云计算、Big Data——大数据、Edge Computing——边缘计算）等为代表的新技术广泛应用，传统金融风险的表现形式、传染路径发生深刻改变，数据安全等非传统风险日益突出。这些风险具有较强的突发性、隐蔽性和破坏力。

2019 年 12 月，中国人民银行副行长潘功胜在 2019"第三届中国互联网金融论坛"上指出，技术驱动的金融创新对提升我国金融服务覆盖面和效率、水平有着极为明显的积极作用，但快速发展中，有些业态创新可能跑偏，从业机构自身建设有待加强，行业生态不断遇到挑战，风险可能持续积累扩大。

1.各方对互联网金融的属性认识不到位。互联网金融仍然是金融，金融科技也是科技驱动的金融创新。要根据法律关系、业务实质作出判定，概念游移和科技外衣改变不了金融本质，无论是金融科技还是科技金融，都应透过眼花缭乱的名词甄别其业务活动的实质。

2.互联网金融、金融科技没有改变金融的风险属性，传染性、涉众性反而更强，网络数据信息安全风险也更加突出。一方面，由于跨界、跨区域交叉混业特征、风险扩散速度更快，溢出效应更强；另一方面，接受服务的多维长尾客户风险识别能力不高、损失承受能力有限、潜在的社会危害更严重。

3.部分市场主体不尊重金融规律，激励扭曲。在技术快速迭代更新的大背景下，真技术、假技术鱼龙混杂，一些市场主体缺乏足够的识别能力，劣币驱逐良币现象比较突出，技术应用未经审慎的论证和实验，过于强调技术，缺乏对金融规律的尊重和敬畏，一哄而上、一哄而散，很可能留下遍地狼藉。

第四章　金融科技与普惠金融

旧时王谢堂前燕，飞入寻常百姓家。自 2005 年联合国提出普惠金融概念，认为普惠金融是一个能有效地、全方位为社会所有阶层和群体，尤其是贫困、低收入人口，提供服务的金融体系。如今，普惠金融这个词在中国变得火热。

党中央、国务院高度重视发展普惠金融。党的十八届三中全会明确提出发展普惠金融。2015 年《政府工作报告》提出，要大力发展普惠金融，让所有市场主体都能分享金融服务的雨露甘霖。据新华社消息，2017 年 7 月 14 日至 15 日在北京召开的全国金融工作会议上，习近平总书记强调，要建设普惠金融体系，加强对小微企业、"三农"和偏远地区的金融服务，推进金融精准扶贫，鼓励发展绿色金融；李克强总理指出，要积极发展普惠金融，大力支持小微企业、"三农"和精准脱贫等经济社会发展薄弱环节，着力解决融资难融资贵问题。据钱道网官方搜狐号消息，在"第三届（2018）新金融高峰论坛"上，国家金融与发展实验室理事长李扬认为，必须在金融科技发展基础上大力发展普惠金融，让所有的人都得到应该得到的金融服务。

第一节　金融科技助力普惠金融概述

据《经济日报》消息，2019 年 4 月，北京大学数字金融研究中心正式发布《北京大学数字普惠金融指数（第二期）》，指数空间跨度包含省级、城市和县域三层级，上述指数不仅包括总指数，还从不同维度刻画普惠金融，如覆盖广度、使用深度、数字化程度，以及支付、保险、货币基金、信用服务、投资、信贷等业务分类指数。金融使用深度的增长已成为普惠金融指数增长的重要驱动力。该报告指出，数字普惠金融是实现低成本、广覆盖和可持续的普惠金融的重要模式，数字普惠金融为经济落后地区实现普惠金融赶超提供了可能，并为广大中低收入者和弱势群体获得低成本的金融服务奠定基础。

一、普惠金融的定义及意义

（一）普惠金融定义

何为普惠？有人解释为："普：广行惠举者，利国利民之道；惠：泽被民生者，兴众兴邦之道。"国务院 2016 年发布的《推进普惠金融发展规划（2016—2020 年）》认为，普惠金融是指立足机会平等要求和商业可持续原则，以可负担的成本为有金融服务需求的社会各阶层和群体提供适当、有效的金融服务，小微企业、农民、城镇低收入人群、贫困人群和残疾人、老年人等特殊群体是当前我国普惠金融重点服务对象。

G20 普惠金融全球合作伙伴（GPFI）报告中定义"数字普惠金融"为泛指一切通过使用数字金融服务以促进普惠金融的行动，包括运用数字技术为无法获得金融服务或缺乏金融服务的群体提供一系列正规金融服务，特点是负责任的、成本可负担的、可持续的。"数字普惠金融"涵盖各类金融产品和服务，通过数字化或电子化技术进行交易，如电子货币（通过线上或者移动电话发起）、支付卡和常规银行账户。

（二）普惠金融意义

技术进步打破了传统金融信息系统的相对封闭性，在科技普惠大众的基础上，推动了金融普惠。2018 年中国银行保险监督管理委员会牵头编写的《中国普惠金融发展情况报告》指出，发展普惠金融有利于促进金融业可持续均衡发展，推动经济发展方式转型升级，增进社会公平和社会和谐，引导更多金融资源配置到经济社会发展的重点领域和薄弱环节。

大力发展普惠金融，是金融业支持现代经济体系建设、增强服务实体经济能力的重要体现，是缓解人民日益增长的金融服务需求和金融供给不平衡不充分之间矛盾的重要途径，是我国全面建成小康社会的必然要求，有利于促进金融业可持续均衡发展，推动大众创业、万众创新，助推经济发展方式转型升级，增进社会公平和社会和谐。推进普惠金融发展，可提高金融服务的覆盖率、可得性和满意度，增强所有市场主体和广大人民群众对金融服务的获得感。

二、普惠金融工作原则、目标

（一）工作原则

发展普惠金融可从以下几方面做好：（1）健全机制、持续发展，建立有利于普惠金融发展的体制机制，进一步加大对薄弱环节金融服务的政策支持，提高精准性与有效性，调节市场失灵，确保普惠金融业务持续发展和服务持续改善，实现社会效益与经济效益的有机统一。（2）机会平等、惠及民生。以增进民生福祉为目的，让所有阶层和群体能够以平等的机会、合理的价格享受到符合自身需求特点的金融服务。（3）防范风险、推进创新。加强风险监管，保障金融安全，维护金融稳定。坚持监管和创新并行，加快建立适应普惠金融发展要求的法制规范和监管体系，提高金融监管有效性。在有效防范风险基础上，鼓励金融机构推进金融产品和服务方式创新，适度降低服务成本。

（二）普惠金融目标

建立健全的普惠金融服务和保障体系，有效提高金融服务可得性，明显增强人民群众对金融服务的获得感，显著提升金融服务满意度，满足人民群众日益增长的金融服务需求，特别是要让小微企业、农民、城镇低收入人群、贫困人群和残疾人、老年人等及时获取价格合理、便捷安全的金融服务，提升普惠金融发展水平。

1. 提高金融服务覆盖率。基本实现乡乡有机构，村村有服务，推动行政村一级实现更多基础金融服务全覆盖。拓展城市社区金融服务广度和深度，显著改善城镇企业和居民金融服务的便利性。

2. 提高金融服务可得性。大幅改善对城镇低收入人群、困难人群以及农村贫困人口、创业农民、创业大中专学生、残疾劳动者等初始创业者的金融支持，完善对特殊群体的无障碍金融服务。加大对新业态、新模式、新主体的金融支持。提高小微企业和农户贷款覆盖率。提高小微企业信用保险和贷款保证保险覆盖率。

3. 提高金融服务满意度。有效提高各类金融工具的使用效率，提高小微企业和农户申贷获得率和贷款满意度，提高小微企业、农户信用档案建档率，明显降低金融服务投诉率。

（三）"四个创新"助推普惠金融

据中国金融论坛消息，2019 年 12 月，中国工商银行行长谷澍在"2019 中国金融学会学术年会暨中国金融论坛年会"上指出，商业银行搞普惠，必须真正实现业务、服务的下沉，依托"四个创新"，破解发展普惠金融的难题。（1）创新构建普惠金融产品体系，优化品种、期限、流程、模式，打造综合金融服务平台，多方位赋能小微企业经营发展，解决"融资难、融资贵"。（2）创新运用"线上＋线下"立体化服务模式，拓宽普惠金融的服务渠道和服务网络，解决普惠金融服务"最后一公里"落地难题，提高金融服务的覆盖面和小微企业金融服务的可得性。（3）创新长效机制，强化普惠考核激励，完善落实尽职免责。（4）创新构建普惠金融生态圈，扩大区块链、大数据等金融科学技术在普惠金融领域应用，为普惠金融提供生态化、场景化、智慧化服务，切实提高服务效率。

三、金融科技助推普惠金融发展

金融服务主体借助金融科技可降低金融交易成本，延伸服务半径，拓展普惠金融服务的广度和深度。据新浪财经消息，2020 年 7 月，中国建设银行董事长田国立在"亚洲普惠金融生态建设与数字化发展线上圆桌会"致辞中指出，金融科技对普惠金融传统模式的颠覆式改变是大势所趋。未来，普惠金融将继续深化互联网和大数据技术应用，着力数据资产的经营和信用转化，推动平台场景和生态建设，进一步体现银行的科技属性和社会属性。通过根植并融合大众市场，深耕草根经济，让经济底层和末梢能够得到金融服务的雨露滋润，以金融化方式整合社会资源，真正解决社会问题。

中国人民银行科技司司长李伟在《落实发展规划 推动金融科技惠民利企》一文中认为，服务智能化是破解普惠金融瓶颈的有力手段。近几年线上金融发展势头强劲，数据显示 2019 年银行业金融机构离柜率总体超过 85%。但囿于年龄层次、文化程度、健康状况、基础设施等因素，中老年人、残障人士、边远地区居民、受教育程度较低群体是线上金融服务盲区。运用新一代人工智能手段，推出"看懂图像、听懂语言、读懂文字"的智慧金融产品，大幅降低服务门槛，显著提升服务覆盖率、可得性和满意度。服务智能化是弥合区域间、人群间"数字鸿沟"的有力手段，为客户提供精细化、个性化的金融服务，提升金融机构获客、留客、活客水平，利于突破普惠金融瓶颈。

数字普惠金融引领，是普惠金融可持续发展的重要出路。大力发展数字普惠金融，运用互联网、大数据、云计算等金融科技手段，延伸服务半径，扩大服务覆盖，降低服务门槛和服务成本，提升服务质量和服务效率。发挥数字普惠金融引领作用，着力构建运行高效、互助共享、线上线下同步发展的普惠金融产品服务体系，实现目标客户的精准识别、精细管理、精确服务，运用技术创新缓解普惠金融领域突出存在的信用、信息和动力问题，有力应对普惠金融可持续发展面临的挑战。数字经济时代，消费者借助数字新技术进行消费已成大趋势，不断创新发展的金融科技为广大消费者提供了更加便利的金融服务。金融科技的发展使金融更加"普惠"。

金融科技增强金融惠民服务能力。依托电信基础设施，发挥移动互联网泛在优势，面向"三农"和偏远地区尤其是深度贫困地区提供安全、便捷、高效的特色化金融科技服务，延伸金融服半径，突破金融服务"最后一公里"制约，推动数字普惠金融发展。金融科技创新金融惠民服务模式，借助移动金融、情景感知等手段将金融服务深度融入民生领域，可进一步拓展金融服务在衣食住行、医疗教育、电子商务等方面的应用场景，实现主要民生领域的金融便捷服务广覆盖，提升社会保障、诊疗、公用事业缴费等公共服务便利化水平。

第二节　金融科技助力普惠金融典型应用——消费金融

据中国金融新闻网消息，2019 年 12 月，由国家金融与发展实验室青岛实验基地撰写、青岛金家岭金融聚集区管理委员会指导的《金融科技与消费金融发展报告》指出，与传统金融需求相比较，消费金融的特点归结为：覆盖长尾客户、风险较高；需求具有小额、分散、高频的特征；价格敏感性低，谈判能力弱；供给门槛低、机构范围广；与消费场景深度融合。2014 年至 2018 年，我国金融机构个人消费贷款余额从 15.37 万亿元增长到 37.79 万亿元，增速远高于一般贷款。从需求端看，国内消费金融潜力非常巨大。

国家统计局数据显示，2019 年我国社会消费品零售总额为 41.1649 万亿元，消费对经济增长的贡献率达到 57.8%，连续六年成为经济发展第一动力。消费金融正朝着针对长尾客户的消费场景不断细分，全面覆盖"衣、食、住、行、游、学、玩、美"等线上线下场景。金融科技在消费金融的嵌入度越来越高，发挥越来越重要的作用。

一、消费金融概念、发展趋势

（一）消费金融概念

消费金融是指为向消费者提供以满足个人消费需求的现代金融借贷服务，其起源最早可追溯到19世纪的美国，当时美国为农业生产者提供农具分期服务。经过长达一个多世纪的发展，各国消费金融市场不断成熟，消费金融呈现不同发展特点。狭义的定义在此基础上剔除了房贷和车贷，具体可分为循环债务（如信用卡）和非循环债务两类，后者可再细分为带场景的消费贷与直接放贷的现金贷。消费金融机构根据不同消费者需求，将消费金融业务嵌入不同场景中的现代金融服务称为场景消费金融。

从分类上来看，消费金融可以大概等同于消费类贷款，是个人贷款下面的一个子类。个人贷款按照用途可以分为消费和经营两类，经营类是和工作有关的，包括商用房、经营、农户和下岗失业小额担保贷款等；消费类是和生活相关的，简称消费金融，就是给居民提供用来消费的贷款，这些消费包括耐用品、旅游、汽车、教育、装修和医疗等方面。

消费金融的特征是小额、分散，一定程度上分散了风险，根据大数定律，消费金融总体的违约率和逾期率都是可控的，所以在企业信用风险较高、住房抵押贷款占用额度较大的情况下，消费金融以风险分散、收益高的特点快速发展起来。

（二）消费金融发展

随着我国民可支配收入持续增加，消费已成为驱动我国经济增长的重要因素，而消费升级促进信贷总额不断增长，短期普惠信贷增多。其次，电子商务的快速发展为消费金融提供了更丰富的适用场景。政策监管层面，相关机构出台多种支持性政策来推动人工智能、大数据等相关金融科技的发展，释放促进消费金融良性发展的信号，消费金融市场前景广阔。

数据显示，2018年我国消费金融市场规模约8.45万亿元，预计2020年将达 12 万亿元，渗透率将达 25.1%。目前从整体来看，市场竞争格局较为分散，尚未形成垄断局面。根据参与主体、牌照资质以及经营模式的不同，大致可以将我国消费金融市场分为传统商业银行、持牌消费金融公司和新兴互联网消费金融三大细分领域，各领域均有领先的优势企业出现，各具特色，各有所长。

消费金融业务发展模式：

1. 银行消费金融。传统商业银行获客渠道全、资金成本低等方面具有优势，其业务模式主要包括信用卡、汽车金融和消费信贷三种模式。近年来，通过成立或参股持牌消费金融公司，拓宽消费金融服务领域，通过与电商等互联网平台合作，共同探索打通线上线下的消费金融业务等。

2. 持牌消费金融公司。相比于传统小贷、互联网小贷等牌照，消费金融公司被定位为非银行金融机构，业务范围覆盖线上与线下。消费金融公司的业务主要是为个人提供消费贷款，如购买消费品、旅游、出国、教育、装修等消费事宜，但不包括房贷和车贷。目标客户主要是不够银行资质或者在银行额度之外需要更多额度的消费者，根据风险溢价的原理，这部分消费信贷的逾期率、违约率都比银行高，利率相应也比银行高。以两种方式开展业务：一是消费金融公司直接向贷款需求者发放贷款；二是通过与商户、第三方等开展合作，将消费金融的需求嵌入消费环节中。

3. 新兴互联网消费金融。其参与主体包括互联网小贷公司、电商平台、购物分期平台等。互联网的优势在于有线上获客场景，借助大数据的风控能力，缺点是资金较少。在互联网与金融的融合过程中，流量和风控是两大核心要素，同时也是对产品价值与企业竞争力评估的重要指标。自 2011 年起，蚂蚁金服、百度、京东金融、苏宁金融等多家科技公司均成立了小贷公司，并持有网络小贷牌照，为个人消费者和小微企业提供消费金融服务。此外，电商平台依托其庞大的在线客户消费群体、丰富的产品消费场景、平台分发与大数据沉淀等优势，发展消费金融。而分期购物平台，不同于电商平台，平台本身不直接提供商品与服务，而是将用户的电商消费数据当作其授信和风控监测的基础，代替消费者向电商完成支付，之后消费者需要向代支付平台分期偿还。

消费金融机构的核心竞争力包括获客能力、定价能力、融资能力、聚合与价值互换能力、风险控制能力、整个核心平台的开放与连接能力，这些能力将决定金融机构的格局及定位。

（三）消费金融行业发展机遇、挑战与趋势

1.消费金融发展机遇。与发达国家相比，我国消费信贷未来空间依旧巨大。我国的居民消费率占 GDP 的比重为 39%，消费杠杆率为 34%，欧美等发达国家 55%—70% 的居民消费率和 74% 的消费杠杆率，相对较低消费率和杠杆率都说明我国消费金融在未来具有非常广阔的上升空间。中国经济在调结构、促改革中，努力探寻新的增长点和新动力，从数据来看，消费逐步成为拉动经济增长的主要力量。《人民日报》刊载的《形成消费和消费金融的良性循环》一文中指出，未来进一步扩大居民消费，释放消费潜力，仍需消费信贷添薪加力，构建良性、稳健的消费信贷市场。未来随着消费金融行业成熟度不断提高，居民短期消费信贷占信贷总额的百分比大幅提高，市场空间将进一步扩大，从行业整体发展空间来看，预计我国消费金融行业仍会有五年以上的高速成长期。

2.消费金融发展挑战。（1）面临强监管。强监管时代来临，重新定义行业竞争格局。监管机构先后出台相关政策文件，如最高人民法院会同最高人民检察院、公安部、司法部 2019 年 7 月联合制定印发《关于办理非法放贷刑事案件若干问题的意见》，中国人民银行上海分行 2019 年 11 月印发《关于做好配合打击惩治"套路贷"加大消费金融业务创新的通知》、中国人民银行 2019 年 12 月印发《关于发布金融行业标准加强移动金融客户端应用软件安全管理的通知》，金融监管合规性不断加强，一方面可以更好地保障消费者的合法权益，规范金融消费行业的发展和企业的行为；另一方面，越来越严格的监管使得消费金融发展速度有所放缓，业务结构也面临较大调整，如有些消费金融企业将重点转移到服务市场；行业继续分化，集中度或将进一步上升。（2）消费金融主体资金成本上升。随着监管更加趋严，金融去杠杆政策进一步推进，消费金融机构的资金来源逐渐缩窄，负债端的资金获得成为消费金融机构发展的瓶颈之一。商业银行因其天然优势，资金来源主要是存款，存款成本较低，但利率市场化改革持续深入推进，存款定价更加市场化，存款利率上浮明显。电商系平台、产业系持牌机构依靠自有资金或银行贷款获取资金、消费金融公司主要靠股东背景资金、同业拆借、发债等渠道获得不同成本资金、分期平台的资金来源 P2P、银行借贷，这些资金的获得呈现成本较高，且不断提高的态势。（3）

消费贷款不良风险提高。消费金融服务的目标客户主要是年轻人、低收入人群，准入门槛低，面临较大风险，如何控制不良率风险，是消费金融机构亟须解决的问题之一。从近几年来看，消费金融行业的不良贷款率处于上升趋势，且上升速度呈现逐年加大。

3. 消费金融行业发展趋势。未来几年，消费金融行业将呈现持牌化、科技化及竞争加剧三大趋势。第一个趋势，是持牌与非持牌的分化。中国人民银行发布《中国金融稳定（2018）》报告指出：机构和平台开展金融业务必须持有金融牌照。2018—2019年，监管部门对非持牌金融机构的不合规业务进行全方位、多层次的结构性整治，从催收、数据公司、第三方支付再到借款APP。进而影响消费金融市场参与机构数量，市场合规性有所提高，行业集中度也随之上升，持牌金融机构优势日益凸显。关于金融持牌，是一个老生常谈的问题，但是在当前这样一个强监管时期，尤其是整个互联网金融整顿趋于尾声的阶段，这一趋势会加速。那些没有核心牌照的消费金融机构，将不得不从消费金融产业链中的核心环节退出来，比如不能参与核心风控、不能直接参与放款等，逐步退向导流、反欺诈和系统、科技支持等环节。第二个趋势是科技化，消费金融产品具有小额、分散、风险高、大部分为无抵押纯信用贷款等特点，这些特点决定了消费金融行业中科技赋能的重要性。未来从精准营销、智能获客、智能风控、智能客服到智能催收等全方位的赋能科技能力决定消费金融机构的走势。第三个趋势是竞争加剧。大型互联网公司入场及经营成本不断上升的情况下，消费金融市场将会进入重新洗牌的下半场。2019年上半年，百度、阿里曲线入股消费金融公司，下半年小米、平安相继获批成立消费金融公司。互联网巨头携带资金和流量禀赋纷纷入场，消费金融赛道主体增多，原有市场格局将会受到冲击。此外，获客成本、风险成本及贷后管理成本不断上升，监管限定信贷产品年利率不得超过24%，各市场主体的盈利空间及市场空间均有所收窄。新形势下，市场主体面临新的挑战，竞争将会加剧，行业将从"粗放式"发展往"精细化"发展转变。

同时，有场景业务和无场景业务之间会出现快速分化。有场景业务会占有更多市场份额，热度会越来越高，无场景业务则可能会在各方压力下逐渐萎缩，当然还不至于消亡。它背后的依据是监管导向。当前金融监管有三大原则，其中第一条就是金融服务实体经济，就是要求金融机构不要再自娱自乐、脱实向虚，而是要去服务实体经济。对于消费金融行业来讲，服务实体经济的方式就是促消费，即确保资金流向于消费场景，这就要求资金流向一定是可控的。如何做到资金流向可控呢？最有效的方法就是去跟场景结合，做场景金融。

全国性消费金融机构和区域性消费金融机构的分化会加速。全国性的机构会越来越大，向着一站式平台的方向演进；而区域性机构会逐步专注区域，越来越小而美。在持牌经营、普惠发展的条件约束下，消费金融行业的分化仍会加速，牌照资质、资本实力、融资成本、流量场景等都会成为消费金融机构的试金石，各项指标居前的机构将在行业分化中加速发展，而实力较弱的机构会在分化中被边缘化甚至淘汰出局。

二、互联网改变消费金融业务场景

与场景结合的消费金融，才是真正能够服务实体经济的现代金融服务方式。消费金融通过互联网技术，与金融场景有效融合，会显著提升金融服务水平，助力金融与实体经济的良性循环。当下，大数据、云计算、人工智能、区块链等技术已进入互联网消费金融生态，互联网技术的发展还将发掘、搭建更加多元化、具体化的消费金融场景，以更完善、优质的支付产品和行业解决方案，为用户提供更有价值的服务，为消费金融市场健康平稳发展提供支持。而且各类场景的发展，还会进一步产生新的业务。消费金融场景化，也是稳定经济预期及实现高质量发展的有效金融服务途径。

中国银行业协会首席经济学家巴曙松等在《构建消费金融的互联网应用场景》一文中认为，根据消费金融的各项业务要素，将互联网的应用场景分为前端、中端和后端三大类，其中前端场景包含获客引流与申请审批，中端场景包含产品设计与风控，后端场景包含贷后控制与催收。

1.拓展定制化消费金融场景，提升前端引流效率。针对消费者日益个性化的需求，消费金融行业聚焦研究和开发定制化消费金融服务。消费金融机构可以借助互联网进一步扩大消费金融的服务边界，通过平滑机制和增值机制的路径传导至消费者的效用水平。相比追求规模效益的传统业务，互联网金融依托大数据和人工智能技术，聚焦定制化场景搭建与金融服务提供，在提高消费金融前端场景效率的同时实现小众化、定制化业务的规模效益。获客引流效率的提升不仅体现为获客成本下降，而且覆盖客群的范围不断扩大。互联网的导入降低了消费金融业务的获客成本。互联网赋予线上消费金融业务网络效应，任何参与者都是网络上的节点，当参与者越来越多，网络规模将会迅速扩大，固定成本将被摊薄，甚至会趋近零，而可变成本随着业务间的协同效应也将降低。目前，互联网消费金融平台主要有两种低成本的获客方式：一是拥有流量端口的企业基于自身优势，通过自建的流量端口获取客群。二是平台通过与优质流量端口合作进行客群导流。就获客环节而言，互联网消费金融除了被动获客以外，还可以通过两种渠道获客：一是针对目标客群实施更有针对性的营销策略，并主动推送借贷选择端口。二是基于低成本的方式拓展消费金融业务的覆盖客群，涵盖征信白户、蓝领客群和学生客群等。

2.强化用户体验与中端风控能力。互联网显著提高了消费者使用消费金融服务的感知方便性，进而提高其感知价值，促使消费者决策向感知价值心理账户倾斜而作出使用消费金融服务的决策。如今，互联网消费金融平台基于金融科技和人工智能算法进行产品设计，可以实现为客户提供高度定制化的消费信贷产品，并且结合单个客户的"真实画像"和产品风险实现差异化定价，覆盖并提升更多用户的感知价值，同时基于当前产品不断衍生创新产品，如在运营成熟的"京东白条"基础上衍生出"京东金条"业务，可把服务场景扩展到网购以外的旅游、教育和租房等。互联网凭借网络效应和技术能力，不仅可以降本增效提升利润，同时还尽可能地降低信息不对称性以加强风控能力。互联网消费金融在细分领域衍生出"电商平台＋消费金融""产业集团＋消费金融""持牌金融机构＋创新消费金融助贷合作""消费金融平台＋商户合作"和"流量平台＋消费金融"等新型消费金融商业模式，面对业务模式的创新和多样化，传统的风控系统俨然不能满足未来业务创新的需要。因此，通过机器学习模型与智能算法连接数据和控制决策，在贷前通过模型尽量逼近用户的"真实画像"，自动输出贷款额度，提高了风险管理体系的灵活性和准确性。此外，通过互联网可以链接多个消费场景，将风险控制拓展为更加立体的生态风控建设，进而在生态中提供立体的消费金融服务，这不仅可以提高服务效率，而且可以防控原本单个场景内难以识别的风险。

3.加强后端贷后监控与成本控制。未来，在客户范围泛化和消费场景多样的趋势下，消费金融业务小额分散的特性将会愈发明显，传统的人工贷后管理体系不能解决业务零散化带来的贷后控制复杂度增加和规模效益下降的现实挑战。因此，针对贷后控制和催收管理，一方面通过建立高效的智能模型实时监测消费者的消费数据，对于异常行为或风险事件及时作出风险决策。另一方面建立智能催收呼叫中心进行智能催收，以满足高并发业务需求，以云计算分布式架构实践客户动机探测，同时服务器平台实施流式计算以实时分析并实施多类型催收策略。成本控制方面，应用互联网技术有助于优化消费金融业务的边际成本。参照艾瑞咨询发布的《中国互联网消费金融行业报告》，消费金融业务的成本可归类为固定成本和可变成本。固定成本主要包含风控系统建设成本、信息系统建设成本和平台总体运营成本，该部分建设成本主要发生在运营初期，随着网络规模的增加，规模效益逐渐显现。可变成本主要包含获客成本、审批成本、数据成本、资金成本、支付成本、催收成本以及坏账损失，目前除固定成本较高之外，互联网消费金融在其他可变成本上均有明显优势。

三、金融科技助力消费金融

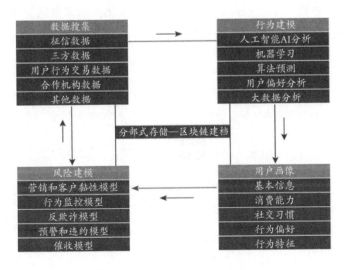

资料来源：祝力等《金融科技在消费信贷业务发展中的应用分析》。

（一）金融科技与消费金融

随着消费金融市场的扩大，金融科技正在以技术重塑传统金融行业。金融科技兼具互联网金融的互联网基因与传统金融行业的融通经验，在云计算、人工智能、大数据、物联网和区块链等新兴技术融合下，实现双方及多方连接与流通。金融科技公司，以技术为导向，从数据提取与分析切入，作出模块化、高配适的风控模型，根据不同场景平台和消费金融机构的风控准入要求，提供定制化的技术支持。

图像识别、语音识别、语言交互处理、大数据、人工智能、云计算等技术已经渗透到消费金融的整个体系，不断推动和改变着消费金融的交易方式、效率和成本。这些先进技术不仅提升消费金融能力，而且推动零售金融的发展，构建智慧零售金融服务与经营的新生态（包括线下零售店利用 AI 能力提高效果）。对于消费金融来说，风控前置获客，是营销的发展趋势。通过人工智能算法、大数据和云计算等技术，消费金融可以依据每个用户的消费场景、消费能力、职业属性、浏览行为等提取用户特征进行预先画像，全面评估其风险，给出不同的风险定价，展示个性化商品，实现智能推荐精准营销。智能风控引擎通过机器学习的方法，进行多维度多数据风险评估，能够实现精准反欺诈，强化风险管理。在人工智能、大数据等技术的赋能下，贷后管理方式正从劳动密集型转为技术驱动型，将越来越智能化、标准化。消费金融要做到普惠，需要具备很强的数据分析能力，能够对客群进行高效高质的信用评级，立体式定

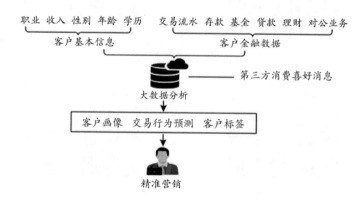

资料来源：祝力等《金融科技在消费信贷业务发展中的应用分析》。

位其消费能力和偿还能力；对符合不同金融产品风险控制要求的用户，精准匹配合适其的金融产品。数据分析技术可以帮助消费金融触及更多用户，从而提高普惠水平，达到普适金融的效果；并使消费金融在尽可能普惠大众的同时，实现可持续发展。

（二）金融科技对消费金融发展的影响

金融科技助力解决金融领域五大问题：降低成本、提升效率、优化服务、风险控制和产品创新五大诉求，成为金融机构积极拥抱金融科技的主要动力，也成为金融科技在金融领域的主要应用场景。

金融科技之于消费金融的影响，可以从两个层面来看。

1.业务环节层面。科技正在重塑消费金融业务环节：（1）风控环节，已建立智能风控体系涵盖贷前、贷中、贷后全流程。智能风控以大数据和人工智能为核心技术，通过在大数据应用的基础上，结合各类算法、机器学习和模型等 AI 技术的运用，有效提高风险管理效率同时降低运用成本。（2）营销环节，已打造"千人千面"智能营销体系。智能营销，是指依托新兴技术，对海量客户数据进行分析利用，从中挖掘营销价值，并构建用户画像，进行用户分层，实现线上化、自动化、智能化的精准营销。其流程可以概括为以下五大方面：数据收集与处理、标签生成与补充、客户洞察、精准营销和营销数据反馈。（3）服务环节，提升用户体验和提高复借率。为提升用户体验感，借助金融科技技术，推出智能面签系统、智能交互系统、智能催收系统及智能客服系统，从最初产品申请到最后的贷款催收，进行全流程的服务升级，主要体现在申请便捷、操作便捷、催还方式人性化和客服方便易得。

2.产业链层面。科技重塑了消费金融的产业链，让产业链的各个参与方重新排位，话语权、影响力有升有降。在科技重塑消费金融业务环节后，消费金融产业链也就自然有了变化。比如，有些业务环节开始独立出来，变成独立的解决方案对外输出。最典型的就是金融科技这块，每家巨头基本上都搭建了金融科技开放平台，把各个业务环节涉及的科技方案独立出来对外输出，这就在产业链层面形成了新的参与者，即科技赋能者。此外，随着获客环节越来越重要，助贷获客，也开始在产业链层面崛起。随着产业链层面形成了新的参与者，原有产业链分工也就有了变化，突出表现了地位和话语权的变化。比如，当前一些掌握流量的互联网平台，话语权是越来越高的；还有一些掌握核心风控数据的机构，则一直处于话语权的顶端地位。反而一些单纯提供资金的金融机构，则有退化为资金通道的风险，话语权在下降。包括一些催收机构，如果还沿用原来人力密集的模式甚至灰色擦边球模式，不可能还有前途。

总体上，各类行业主体也在不断完善金融科技投入与布局，达到内外兼修。资金投入方面，商业银行体量庞大、资金雄厚，从而有实力从内部孵化金融科技，其研发资金支持大多在 10 亿元以上。消费金融公司与其他互联网机构也不断增加资金投入，规模不抵银行，但每年投入也超亿元。外部合作方面，消费金融公司合作方式不断丰富，包括战略合作和建立联合实验室。截至2019 年 11 月底，已经有 21 家消费金融公司与金融科技公司签署了战略合作协议。有 7 家消费金融公司与中科院、高校、科技公司达成战略合作，并成立实验室。专利技术方面，有 8 家消费金融公司申请的专利已获得国家知识产权局公示，公示专利数量累计达到 139 项，有 38 项专利涉及人工智能和大数据技术，占专利总数的 27.34%。人才招聘方面，有 10 家消费金融公司在近 2 年招聘人工智能相关技术人员，7 家消费金融公司自主研发"智能信贷"产品。

（三）金融科技对消费金融行业的影响

近年来，随着"互联网+"、移动支付及人工智能等新技术的不断发展，以个人贷款为主的消费金融依托金融科技创新，在金融行业掀起了一场技术化的革命浪潮，激发出营销获客、风险防控、客户服务等方面的巨大活力和无限潜能。金融科技正以转变消费结构的路径，促进消费金融细分市场再细化，大幅降低金融体系的进入成本和准入门槛，使更多人群享受到便捷的普惠金融服务，商业银行零售转型升级的重要抓手之一就是拥抱金融科技，以技术创新推动消费金融创新。

1.金融科技拓展消费信贷服务对象，服务普惠长尾客户群体。消费金融是典型的客户端发起的服务，场景和客群是消费金融的基础。在我国，低收入的普惠长尾人群集中在年轻人，这些大多初入职场或开始组建家庭，其消费需求旺盛，但支付能力不足，有较强的消费信贷服务需求。与此同时年轻人群具有超前的消费意识，对互联网认可度高，更能接受线上消费金融模式，更倾向于通过互联网消费信贷来满足日益增长的消费需求。金融科技对年轻人群渗透率高，使更多的普惠长尾客群享受到便捷的消费金融服务。

2. 金融科技为客户提供便捷的贷款流程，贷款获得的时效性加快。消费金融公司、新兴互联网消费公司以互联网、大数据和智能 IT 系统为基础，无地域限制、24 小时贷款随时审批发放。客户仅通过手机客户端即可实时享受便捷的消费信贷服务，无须进行传统信贷模式下烦琐冗长的申请、审批、放款等流程，极大提升了客户消费体验。

3. 金融科技为客户提供更加灵活的消费金融需求。消费金融公司借助移动支付、大数据挖掘、云计算分析等科技手段，基于客户"画像"，为客户定制额度适宜、优惠福利多样的信贷产品，全面涵盖"互联网 +"时代下个性化、场景化的消费需求。资金需求者和金融机构获取的信息趋同，双方消费金融服务的连接更加便捷，大大降低了获取的成本。

4. 金融科技推动客户更加重视信用征信。金融消费机构通过大数据、云计算等技术抓取一些生活场景，采集、整理、分析和挖掘个人一些非征信体系所征集到的信息，通过目标客户在生活场景的消费习惯来准确把握其信用风险到底有多大，运用机器学习建模从消费、在网时长、社交网络、生活缴费等多维度进行验证、综合评估客户信用状况，实现对金融风险的精准管理。信用信息的透明和可得性，可以提高客户违约成本，推动客户更加重视信用记录。

5. 金融科技改变了消费金融机构的资源配置。传统商业银行重业务，轻管理及科技，随着金融科技对商业银行业务的改变，商业银行已从战略层面提升金融科技对业务发展的作用。商业银行业务部门借助互联网、大数据，更加真实、直接地获取客户群体的偏好，从而可以量身定做，为客户提供个性化的服务，这大幅度降低了资源匹配成本和交易成本，提高了资源配置的效率。运用科技来推动商业银行业务转型发展，从粗放式发展转变为精准式发展，整合前中后台各部门之间的沟通协作，提升商业银行内部资源配置效率。

（四）金融科技对个人征信系统的影响

互联网、大数据技术助力个人征信体系建设。现代市场经济是信用经济，征信是为了解决信息不对称导致的信用违约风险问题，进而提高交易效率、降低交易成本。对消费金融而言，个人信用十分重要。但现实生活中影响个人信用的因素越来越庞杂，以什么标准衡量个人信用，如何选取有效信息，这对于完善个人征信体系极为关键。尤其快速发展的互联网金融、消费信贷等新兴业务，使个人征信必须兼顾传统行业与新兴领域、覆盖经济行为和社会生活，方能全面、准确地刻画个人信用特征。诸多信用数据中，最核心的是金融数据。互联网、大数据技术予以了个人征信体系建设极大助力，将会不断完善征信体系，推进征信体系的完整性和一致性（丰富征信数据来源，使信用数据扩容，让更多机构参与），加快打造一个标准统一、具有可比性的信用评价体系。

四、金融科技助力消费金融创新路径

金融科技将技术及数据作为核心，运用到金融领域，提高了金融行业的效率与质量，金融科技极大改变了金融行业的发展格局与趋势。金融科技借助技术创新，打造新型业务模式、业务流程、产品，实现更有效的金融服务。云计算、大数据、人工智能、AI、区块链等领域的技术革新，在改变传统金融业发展的同时，也创新了新型的金融业态。在目前消费升级的大背景下，金融机构可进一步运用科技，把消费金融作为实现轻型化、科技化和智慧化战略转型的重要内容，借助科技手段推进消费金融在组织架构、消费金融模式、人才培育、市场开发、业务流程及产品等方面的创新，这些能推动消费金融领域获得新的增长点，这也是推进零售金融非常好的机遇期。很多业内人士都关注借助金融科技如何创新消费金融，如李卓的《金融科技背景下消费金融创新发展研究》，文巧甜的《金融科技背景下商业银行消费金融创新研究》都提出了一些可借鉴的好建议。

消费金融模式创新。金融科技的广发运用，消费金融模式在获客、产品设计、业务流程、风险控制、贷后管理等各环节出现了全面变革。目前消费金融模式创新有以下几种：一是业务以阿里、京东为代表的电商平台，借助线上

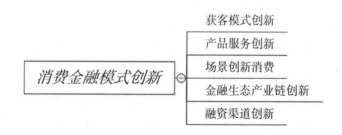

消费场景实现金融服务渗透，推出商品消费贷、蚂蚁花呗、京东金条等产品，称之为电商平台＋金融服务。二是捷信、度小满等采取与消费提供商户合作的模式，嵌入线上、线下消费场景，通过返佣、派驻信贷员、培训店员等模式激励商户提供金融需求线索，称之为商户合作＋消费场景渗透。三是微信、美团、滴滴流量平台以现金贷为主开展消费金融，称之为流量平台＋自营／外接金融服务。随着行业合作进一步深化，消费金融机构经营多元化，蚂蚁金服、腾讯、京东等头部平台将通过丰富自身产品线，打造支付、分期、现金贷、供应链金融、理财、保险产品等各类金融服务一体化的综合性消费金融模式。

1. 获客模式创新。商业银行，在客户盘活及获得上的创新，将是商业银行未来重要的生存之道。一方面，需要维护存量客户，利用金融科技，强化活客模式，即激活商业银行存量客户，将存量客户价值最大程度挖掘，是未来商业银行留客的关键手段。另一方面，需要挖掘新客户，关注社会消费领域中尚未饱和的细分市场，例如蓝领、银发客群、在校学生等市场，通过收集金融消费者社交数据、金融数据等，依靠大数据分析、人民银行征集系统等，发挥线上、线下、线上＋线下的消费金融产品和服务，实行客户画像，挖掘潜在客户。基于客户属性、行为偏好、需求倾向等多维数据，对新客户进行精细化管理。

2. 产品服务创新。通过精准客户画像，改善客户体验。运用大数据征信、生物识别、人工智能等技术，通过客户影像数据抽取，对信息进行深入分析和可视化处理，准确判断客户信用等级、项目风险、成本效益，主动感知客户消费信贷需求，智能对接产品和服务，与此同时，客户操作非常快速、方便，提高客户体验程度。根据客群特征，构建涵盖个人信贷、信用卡、财富管理等投融资需求的有层次的消费金融产品，加强对目标客户的精准触达、智能营销，并匹配最优产品组合，提高差异化定价能力。

3. 场景创新。银行线上场景方面，需将领先技术融入业务体系，洞悉客户的消费习惯和偏好，加大与电商、旅游、教育等消费平台的对接，拓宽消费场景覆盖，实现消费场景与金融服务深度融合。依靠网上银行或手机银行，开展场景化营销，当客户登入网银或手机银行账户时，会看到如学生贷款、家居贷款、新车贷款等多种预先批核贷款额度。银行线下场景方面，即充分发挥线下网点在活客、留客上的优势，采用智能化服务和互动式沟通，为客户提供综合化、多样化、立体化的产品。线上线下相互融合，打造基于场景的生态链。银行要搭建开放式的新型经营平台，通过内部协同联动、外部创新联合，打通线上线下渠道，实现交叉引流、场景渗透，构建消费金融场景生态链，有效增加用户黏性。

4.消费金融生态产业链创新。在强监督形势下，商业银行、消费金融公司、信托公司以及互联网新兴消费金融公司根据自身资源禀赋，选择目标客户、发展方向和市场定位，构建监管规范化、定价市场化、模式生态化的多层级消费金融生态，整合消费金融市场主体，构建消费金融生态产业链。对于商业银行消费金融经营模式的创新，可利用金融科技公司的先进技术及电商、社交等具有流量优势的平台，通过数据分析、场景构建、模型搭建，创新将支付、借贷、理财、保险、交易等环节。

5.融资渠道创新。融资环节中，金融科技可以帮助收集用户更多非财务数据，整体了解借款人的生活与财务状态，在借款审批环节提高风控能力。推动融资渠道金融创新，降低资金成本，鼓励消费金融机构司以真实消费需求的贷款为标的开展信贷资产流转业务和资产证券化，拓宽多元化融资渠道，提升负债端融资能力。

第三节　金融科技助力普惠金融典型应用——供应链金融

当下，小微企业融资难融资贵仍然是政府、金融机构、企业等各方重点关注问题。近两年来，针对这一焦点，银保监会及各部委也多次出台文件，推动金融机构为民营企业尤其是小微企业提供普惠金融的相关服务。例如，2019年7月中国银保监会发布的《关于推动供应链金融服务实体经济的指导意见》明确要求，金融机构要依托供应链中的核心企业，以供应链条中上下游企业与核心企业的真实交易为基础，为这些上下游企业提供一揽子金融服务。

一、供应链金融的定义和特点

（一）定义

供应链金融定义较复杂，中国人民大学商学院副院长宋华教授在《供应链金融（第2版）》一书中指出，国内关于供应链金融定义的普遍观点认为，供应链金融是指"以核心客户为依托以真实贸易背景为前提，运用自偿性贸易融资的方式，通过应收账款质押登记、第三方监管等专业手段封闭资金流或控制物权，对供应链上下游企业提供的综合性金融产品和服务"。"供应链金融"是一种独特商业融资模式，依托于产业供应链核心企业对单个企业或上下游多个企业提供全面金融服务，以促进供应链上核心企业及上下游配套企业"产—供—销"链条的稳固和流转顺畅，降低整个供应链运作成本，并通过金融资本与实业经济的协作，构筑银行、企业和供应链的互利共存、持续发展的产业生态。这种定义被概括为"M+1+N"模式，即围绕供应链上的核心企业"1"，基于交易过程向核心企业及其上游供应商"M"和下游分销商或客户"N"提供的综合金融服务。

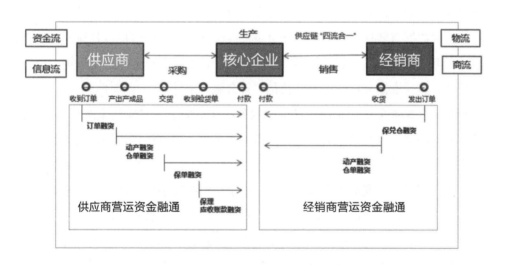

资料来源：可信区块链推进计划的《区块链与供应链金融白皮书（1.0版）》。

（二）特点

供应链金融实质是供应链金融服务提供者或金融机构针对供应链运作过程

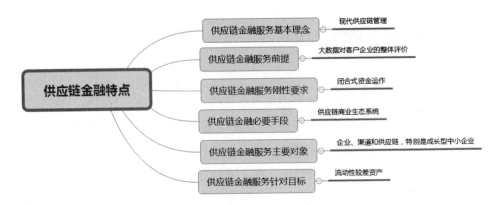

资料来源：宋华《供应链金融（第 2 版）》。

中，企业形成的应收、预付、存货等各项流动资产进行方案设计和融资安排，将多项金融创新产品在整个供应链各环节进行灵活有效组合，提供量身定制解决方案，满足供应链各类企业不同需求，并帮助提升供应链协同性，降低运作成本。

1. 现代供应链管理是供应链金融服务的基本理念。融入供应链管理理念，可更客观判断客户企业的抗风险能力和运营能力。

2. 大数据对客户企业的整体评价是供应链金融服务的前提。整体评价是供应链服务平台分别从行业、供应链和企业自身角度对客户企业进行系统的分析和评判，然后根据分析结果判断其是否符合服务条件。

3. 闭合式资金运作是供应链金融服务的刚性要求。供应链金融对资金流、贸易流和物流进行有效控制，使供应链的资金流、物流运作按照合同预定的确定模式流动。

4. 构建供应链商业生态系统是供应链金融的必要手段。商业生态系统是供应商、生产商、销售商、市场中介、投资商、政府、消费者等以生产商品和提供服务为中心组成的群体，供应链金融生态包括管理部门、供应链参与者、金融服务的直接提供者以及各类相关的经济组织。

5. 企业、渠道和供应链，特别是成长型的中小企业是供应链金融服务的主要对象。供应链金融服务提供者可获得渠道或供应链内的大量客户群和客户信息，提供全面金融服务，优化企业资金流，提高经营管理能力。

6.流动性较差资产是供应链金融服务的针对目标。在供应链的运作过程中，企业会由于生产和贸易原因形成众多资金沉淀环节。供应链金融要求这些流动性较差的资产要具有良好的自偿性，即"输血"后能"造血"。

二、供应链金融的优势与难点

（一）传统中小企业信贷业务的困境

在传统的信贷业务中，银行等金融机构将企业自身的资质、经营状况和抵押物作为批贷的依据。它们较乐意为大型企业、国有企业等提供信贷服务，却鲜有对中小企业提供大规模的、价格低廉的信贷产品。究其原因，主要可以概括为以下几个方面：（1）认识、熟悉、掌握一家企业的成本过高。银行的收益甚至无法覆盖成本，很多中小企业虽然想从银行得到贷款，但经常直接被拒之门外。（2）中小企业缺乏足够的抵押物。传统银行的贷款审核较为看重抵押物，因为优质的抵押物能够极大地降低银行无法收回贷款的风险，小微企业的优质抵押物不足，也会导致其获得贷款变得困难。（3）中小企业即使能得到银行的贷款，其定价也相对较高。对于银行而言，每一笔放款是有贷款人员的调研、审核、审批等固定成本的，这些成本最终需要获得贷款的企业承担；而相对而言中小企业贷款的使用规范性不足、坏账率较高，导致银行进一步将风险通过产品定价模式来体现。

（二）供应链金融的优势与难点

相比上述模式而言，供应链金融模式是一种创新的模式，其本质是中小企业虽然自身资质可能不足，但是由于它们在核心企业的供应链中一般处于一个较为明确的地位，并且有交易数据作为基础，银行等金融机构能够更加容易信任它们的交易真实性、资金用途合理性、还款能力及还款意愿的可靠性，据此可以提供定价合理、使用便捷的综合性金融服务。

然而，供应链金融模式在实际的操作过程中，也存在一定的难点，主要包括：

1.交易真实性确认成本高。合同签署是买卖双方自行完成的，然而，针对合同关系的真实性、交易发生过程的真实性，都需要银行等金融机构分配大量的人力成本进行调研和验证。通过人工逐笔核对的模式，既增加了银行的贷款审批和风险控制成本，也使得这种业务模式难以实现大规模快速扩张，还可能导致信贷人员的道德风险。

2. 信用传递较为困难。一般而言，向核心企业直接签订合同并进行供货交易的一级供应商是较为可信的，二级、三级供应商甚至更上游的小微企业，由于没有与核心企业的直接业务往来关系，较难证明他们在供应链中的地位和其业务的稳定程度，因此也更难获得银行的认可从而获得融资，最终影响核心企业的供货成本和进度。而作为核心企业的供应链下游小微企业，如果出现融资难问题，可能会导致他们的采购无法按期进行，影响了核心企业的资产周转速度，进而也影响了整个供应链的运转效率。如果不能解决信用传递问题，会严重制约供应链金融业务的规模。

3. 供应链信息较为割裂。供应链运转过程中，会产生各种各样的数据，包括交易合同数据、资金数据、物流数据、仓储数据、保单数据等等，这些服务的提供方不同，导致数据存储较为分散。为供应链的日常运转提供服务的各类机构如果无法互通数据，会导致供应链中企业整体的可信任程度低，可能还需要额外成本进行增信以获得融资服务。

三、金融科技赋能供应链金融

金融科技的出现，为解决供应链金融的业务难点提供了新的思路。大数据、物联网、区块链、人工智能等诸多金融科技，在供应链金融中都能发挥其重要价值，助力供应链整体运转效率的提升，金融企业也同样能从中受益。

（一）大数据和物联网

数据是金融科技的重要基础。对于银行等金融机构而言，要想充分掌握供应链上各参与者的情况，便捷地获得可信的数据是业务快速扩张的基石。这些数据范围主要包括交易数据、第三方信息平台数据、仓储物流数据、资金数据等，数据的采集、存储、利用需要用到大数据技术，而物联网技术能够有效扩展数据采集范围，并且能做到真实、客观。

1. 交易方数据和第三方平台数据。在传统信贷业务中，交易单据的造假概率相对较高；而供应链中交易信息又错综复杂，这导致许多交易信息的真伪更加难以辨认。对于银行而言，尽可能利用金融系统收集真实、客观的交易数据，以提升交易数据的可信程度。核心企业方面，银行可以对接其 ERP 等自有业务系统，及时获取到交易凭证等信息；上下游企业方面，如果这些供应链上下游企业数据接入银行系统，可以通过核心企业数据来佐证其真实性，使这些企业更为可信；此外，还可以对接第三方的信息平台，比如对接 B2B 或者 B2C 的电商平台获取其中的订单数据、对接政府采购公开信息平台获取政府采购数据、对接海关系统获取企业进出口数据、对接工商系统获取企业登记和变更数据、对接税务系统获取企业纳税数据等。数据是银行切入供应链金融的重要抓手，接入的数据范围越广、数据越多越全面，就会让供应链整体运转过程更为透明，银行不仅可以用于分析企业的经营情况，还可以据此分析整个产业的运行情况，及时发现问题并调整策略。

2. 仓储物流数据。获得仓储物流数据的核心目的是为了掌控货物的真实性、物流的可信性，避免借款人虚假交易给金融机构带来损失。对于银行而言，可以通过引入供应链金融合作方或者直接引入物流企业、仓储企业的数据，尽可能构建实时地获取数据的能力，以掌控真实的仓储物流信息。这些数据包括但不限于：通过定位装置采集的货物的位置信息和位移信息、通过传感器采集货物的重量信息和存储的环境信息（如温度、湿度、光照等）、通过视频装置采集货物的监控信息。对于风险较高的企业或者行业，可以结合其业务特点，采用更为具有针对性的数据采集和控制手段，以保障数据的客观性。这些数据结合交易数据，能够对供应链中交易的过程做详细的复刻；如想在该过程进行造假，则难度会极大地增加。因此对于银行而言，在仓储物流环节依托物联网技术掌握了物流信息、仓储信息等数据后，对供应链及链上下游企业的业务往来能够更为真实地掌控和更为细致地查验。

3. 资金数据。对于这类数据，银行一般可以要求其供应链金融的客户在本行开立专门账户，用于回款或者结算。这样一来，银行可以充分掌握客户的支付情况和交易流水详情；通过结合资金数据与交易的其他数据，银行可以对交易的真实性进行核对，以及资金使用的合理性，确保专款专用。此外，在必要的时候（比如银行评估行业风险或者企业经营风险增加），银行可以对该账户进行冻结操作或者接管该账户，在风险高发期成为银行的最后一道保障，避免损失的扩大。

（二）区块链

金融科技之一的区块链技术，在供应链金融中也能发挥巨大作用。主要包括资产确权、自动履约、交易证明、信用拆解4个方面，以下就这4个方面分别阐述区块链对供应链金融的赋能。

1.资产确权。对于银行等金融机构而言，确认企业资产的所有权、使用权等权利，能够用于认定企业的贷款资质，因此对于供应链金融业务发展是一项重点；然而，这一直是一个难题。如应收账款、专利、软件著作、商标等资产，确认所有权本身较为不易，如果再经过多次交易或者授权等操作，权利的确认就更加复杂了。

当这一金融业务问题遇上了区块链技术，似乎就有了解决新思路。区块链的特点是可追溯、难篡改。在供应链管理中引入区块链技术，各参与方企业的流动资产、无形资产等上链管理，这些资产的形成、转移、灭失，都会在区块链上形成清晰可靠的账本，并由参与方共同见证；再加上核心企业的数据在区块链上的真实记录，能够使得供应链的整个过程更加可信。即使有些资产在金融系统上进行复杂的权利管理或者权利交易，区块链对这些过程都可以做到逐笔追溯，并且可以将资产的权利进行分割，所有权、使用权、收益权等分别管理。这样一来，现有资产权利确认的难点就能得到化解。

2.自动履约。合同执行方面，传统供应链业务中，采购合同、保险合同等执行需是依靠人员操作，存在一定的履约风险和操作风险。区块链的智能合约技术，能够由计算机判断履约条件是否达成，根据事先预定好的规则自动执行指令。使用了该项技术后，根据货物交收情况自动发送支付指令，完成资金的支付和清算；如果物流过程发生意外，保险合同自动履行并赔付给相应的受益人。这不仅能有效提升整体运转效率，也可以有效降低履约风险和操作风险所可能导致的损失。

3.交易证明。供应链金融中，交易真实性是金融服务的基础。对于银行等金融机构的风控流程而言，确认交易真实性需要对交易参与人、交易结果、交易凭证等要素进行确认，如果采用人工验证的方式开展业务，不仅效率低下、人力成本高，还可能导致道德风险。区块链的不可篡改特性，使得交易要素上链存储后不可由某个参与者单方面进行调整甚至粉饰，核心企业的数据和上下游链条企业的数据在区块链上都可清晰地体现，有效提升了交易验真过程的效率，降低信息不对称的风险以及人工调查的道德风险。

4.信用拆解。供应链金融中，由于与核心企业产生直接业务往来关系，因此一些一级供应商或经销商较为容易获得贷款融资。然而，一级供应商相对较少，以某汽车制造商为例，其一级供应商只有不足百家，供应商整体规模却有多达十万余家；处于二级甚至多级的供应商或经销商，由于其无法直接与核心企业有贸易或资金往来，一般较难获得优质的供应链金融服务。在供应链金融中引入区块链后，其通证（Token）技术可将核心企业与其直接供应商的债权债务关系进行拆解，并在链条上进行流通，逐级传导给供应链上的所有供应商。由于核心企业作为通证的原始债务人，其信用水平较高，金融机构较为容易对贸易背景和整体贸易过程进行确认，从而化解信用传递的难题。

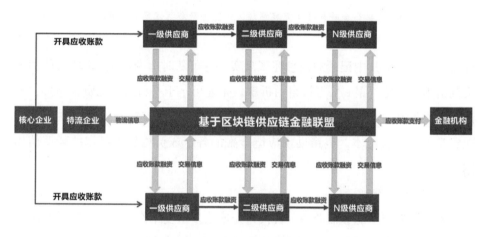

图基于区块链的核心企业应收账款信用拆解

资料来源：中国工商银行金融科技研究院等《区块链金融应用发展白皮书》。

以工行产品"工银e信网络融资金融服务平台"为例，"工银e信"基于核心企业应付账款，是一种可拆分、可流通的电子付款承诺函。该平台利用区块链技术记录了工银e信的包括签发、接收、付款、清算还款等全生命周期的信息流和资金流，其特点包括：（1）区块链的共识算法，使得链上的操作由参与各方共同见证并认可，保障了信息的透明性；（2）区块链的智能合约，使得交易双方履约过程是由程序自动执行的，有效防范履约风险；（3）区块链的不

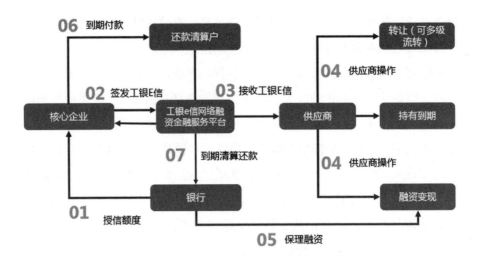

图 "工银 e 信" 供应链金融运作模式

资料来源：中国工商银行金融科技研究院等《区块链金融应用发展白皮书》。

可篡改性，保证其中记录的信息客观真实，并可随时追溯；(4) 区块链的通证机制运用，使得工银 e 信可被自由拆解，企业可基于平台进行融资、质押、转让等各类操作，盘活了各类流动资产。这样一来，不仅能有效降低供应商的融资难度和融资成本，也帮助供应链金融的各个成员构建了可靠的新型信用体系。

（三）人工智能

人工智能技术能够辅助甚至替代人完成诸多重复工作。对于供应链金融相关场景而言，人工智能可以实现智能仓储监控、智能决策等工作。

1. 智能仓储监控。在供应链金融中引入物联网技术，能够丰富数据采集范围，使得采集的数据量急剧增多。对于货物的仓储监控而言，其采集数据除了货物或货架上的传感器外，监视设备也会采集到相应的视频数据。传统情况下，这些数据靠人工是无法实现 24 小时实时监控的，一般用于事后的追查。然而，随着深度学习的发展以及人工智能技术的逐渐成熟，我们可以利用计算机在后台进行全天候的监控：视频中出现了多少人、有哪些异常行为、货物储藏情况等，都可以借助人工智能的计算机视觉技术进行一一分析。如果出现异常情形，比如仓库指定区域出现了较多的人员，抑或是货物出现倾倒或侧翻的情形，可以由人工智能及时发现并通知相应人员尽快处理，这能有助于参与供应链金融的各方及时了解仓储情况，并尽可能保护各方的合法权益。

2. 智能决策。现如今不只是新兴行业在线上开展业务，在数字化转型的浪潮下，许多传统行业业纷纷将其关键业务环节从线下搬到了线上。大数据技术保障了各类数据能够准确、高效地汇集，然而通过人去分析海量的数据并进行一一决策不仅时间较长，也无法事无巨细地发现其中的每一个细节。对于供应链金融而言，银行等金融机构需要建立一套智能决策机制，帮助完成海量数据的分析，确认其中风控点并完成决策。这些决策不仅在贷前对申请贷款的企业及其所在的供应链进行审核与分析、帮助银行完成对客户的差异化定价，也同样能根据仓储数据、物流数据、订单数据等对企业和其所在行业的单一风险甚至系统性风险综合判断，并依托此能力，将智能风控能力覆盖到贷中和贷后。在各类信息快速产生、变动的科技时代，智能决策能够根据客观数据进行实时的判断决策，并能够自我学习已经发生的一些案例，优化其决策模型，使其决策变得更加精准，从而实现风险管理和风险控制机制的高效运行。

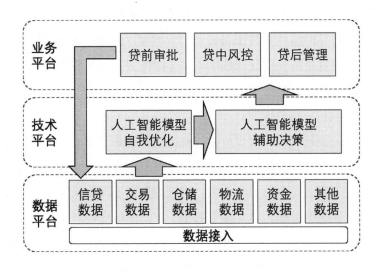

智能风控决策与自我优化闭环

除了风险控制之外，金融机构也可以变被动与主动，主动发掘供应链上的潜在优质客户，并为其自动推荐相关金融产品或服务。对链上企业而言，通过决策分析，可以为他们发现、匹配潜在的供应商或者经销商，优化整体资源配置效率，实现整个供应链的效率优化。

四、金融科技加持下供应链金融的发展趋势

在金融科技加持下的供应链金融，不仅成为化解小微企业融资问题的尝试点和突破口，还可能成为优化资源配置甚至优化产业链的机制，同时也为银行等金融机构带来了新的业务发展契机。业界专家学者也高度关注供应链金融的发展情况，比如黄剑辉在《银行供应链金融业务提升路径》一文中提出，当代金融科技为供应链金融的迅猛发展和持续创新提供了有力保障。供应链金融也因为金融科技的飞速发展，而呈现出专业化、数字化、生态化的趋势。

（一）专业化

供应链金融本质是基于企业间客观而又复杂的贸易关系，基于真实的交易开展的贷款类业务。对于银行等贷款机构而言，其需要做到"看得懂"。"看得懂"不仅仅是看一组组采集来的数据，而是要求相关人员深入了解、研究每一个行业、每一种供应链模式，并针对每种特定的模式制定相应的营销、准入、定价、风控等一系列机制。这对人员素质提出了新的要求，只有充分掌握行业的特质、掌握产品的特性与其市场特点、掌握客户的经营理念和经营状况，才可能研制出属于这个行业的优秀的供应链金融模式，并发展出独具行业特色而又贴合客户需求的供应链金融产品。

（二）数字化

金融科技的快速发展，给供应链金融的繁荣带来了契机，供应链金融也逐渐与大数据、区块链、人工智能等金融科技有机融合，并向着数字化、智能化方向发展。对于银行等金融机构而言，决策的依据不再仅仅靠专家经验，而是基于真实的、客观的数据。（1）基于海量、丰富的历史数据，金融机构可以推动核心企业参与供应链金融的合作建设，业务流程向更为标准和规范的方向演进；（2）其决策环节可以使用人工智能辅助甚至替代完成，保证决策过程独立、客观而又可追溯，客户可完全基于线上系统流程获得授信和贷款发放，其融资需求可以更为迅速地满足；（3）当客户或者行业风险提升时，智能决策也可以采取相应手段保障各方合法利益；（4）管理视角也转向数字化，通过业务数据评价经营成果。

（三）生态化

供应链金融依托于核心企业参与，能够帮助供应链上下游的优质小微企业更便捷地、低成本地获得融资，并能及时、有效地防控风险，建立良好的金融生态。壹账通董事长叶望春在《构建智能供应链金融生态圈》一文中提出，建立智能供应链金融生态圈，应当兼顾连接、互信、穿透、生态四大特点。

1. 连接。借助云计算、物联网和大数据技术，通过在金融机构、核心企业、小微企业、物流公司、仓储公司等供应链金融的多个参与方进行连接机制，破除传统模式中的信息孤岛，使得金融服务惠及供应链上的多家企业。

2. 互信。传统模式中，小微企业很难证明自身在供应链金融的定位及与核心企业的关系，银行也较难采信小微企业自身提供的数据。然而，借助大数据和区块链技术，汇集的多种数据可以相互印证，帮助银行快速厘清链上各企业的真实业务往来关系，构建贸易互信网络。

3. 穿透。通过区块链等技术，依托核心企业的债权债务关系，将优质的企业信用穿透性地传导给供应链上各个小微企业；银行可以根据无法篡改的区块链数据，还原出整个供应链条的交易信息和信用情况，这样可以显著降低这些小微企业的融资门槛。

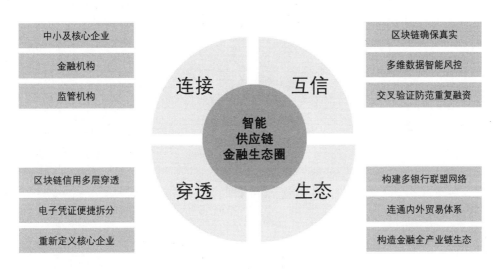

智能供应链金融生态圈

资料来源：叶望春《构建智能供应链金融生态圈》。

4.生态。在供应链金融的生态中，银行与银行之间、供应链与供应链之间都不应当是孤立的。供应链金融的生态将逐步演变成为跨银行、跨供应链、跨行业，甚至跨国界的全产业链生态；供应链金融的业务不仅往数字化、智能化、跨区域化的方向发展，还可以为企业提供理财、保险、资产证券化等多项金融业务，依托供应链金融构建金融全产业链生态。

对于银行等金融机构而言，依托核心企业的数据和信用，合理运用金融科技，提升自身的智能决策和风控能力，解决广大中小微企业的融资难、融资贵的问题，构建长足发展的供应链金融生态，不仅为自身带来业务发展，也为中小微企业带来了充裕的资金和发展的活力，还为核心企业降低了采购成本和销售成本，最终为全社会创造价值，为广大人民群众带来福祉。

第五章　金融科技行业应用——数字货币

据商务部网站消息，2020 年 8 月 14 日，商务部发布《关于印发〈全面深化服务贸易创新发展试点总体方案〉的通知》。通知明确，在京津冀、长三角、粤港澳大湾区及中西部具备条件的试点地区开展数字人民币试点。人民银行制订政策保障措施；先由深圳、成都、苏州、雄安新区等地及未来冬奥场景相关部门协助推进，后续视情况扩大到其他地区。

货币作为信用存储和传输交换的重要介质，货币的总量、流通效率、使用便利性与社会活动、经济运行相辅相成、息息相关。随着社会形态不断发展，货币形态也在随之发展变化。人类社会自从有了国家，以国家信用为背书的货币即法定货币就随之产生，且随着经济活动发展、制造工艺演进等因素，法定货币经历了从商品货币到信用货币的发展历程，从货币形态上，实物货币、金属货币、纸币次第产生。随着人类社会发展进入信息化、数字化时代，电子货币、数字货币、虚拟货币等非实物载体的货币形态也随之产生，可以说，数字货币是人类发展进入数字社会的必然产物，是人类商业、沟通、娱乐、教育等活动全面数字化的必然伴生品。在我国社会加速信息化、人民币国际化的发展背景下，人民币法定数字货币必将借助数字化浪潮广泛应用，深化社会运转效率、提升金融活动透明度、加速人民币国际化进程，为我国加快金融改革开放、推进经济高质量发展作出贡献。

第一节　数字货币概述

谈到数字货币，有必要从货币的概念入手，理清货币、法定货币、数字货币、法定数字货币的概念定义，在此基础上明确其业务属性，理清数字货币与区块链技术之间的关系，并介绍在比特币热潮的引领下，非法定数字货币发展动态。法定数字货币、中国法定数字货币在第二节、第三节单独介绍。

一、相关概念

（一）货币概念

货币的概念随着人类社会发展一直处于不断的讨论、演进、发展中。

十六七世纪形成的重商主义思想认为，货币就是贵金属，就是财富。这种理论认为货币必须有实质价值，其价值就是由金属价值来决定的。马克思在货币起源问题的分析中得出结论，一般等价物是指在物物交换中使用最为频繁的商品。马克思认为，作为一般等价物，货币是具有商品属性的。《货币银行学》教材对货币的定义为，货币是起交换手段和支付手段职能的特殊商品，一般来讲，货币具有交换中介、价值尺度和财富储藏功能。

百度百科中关于货币的定义如下："货币本质上是一种所有者与市场关于交换权的契约，根本上是所有者相互之间的约定，反映的是个体与社会的经济协作关系。货币的契约本质决定货币可以有不同的表现形式，如一般等价物、贵金属货币、纸币、电子货币等。可以用作交易媒介、储藏价值、延期支付标准和记账单位。在现代经济中，货币起着根本性和基础性的作用。在宏观经济学中，货币不仅是指现金，而且是现金加上一部分有形和无形的资产。"

从上述各种观点描述可以看出，货币的定义无唯一公认的说法。从人类活动和社会需求本质上简单讲，货币是一种所有者与市场关于交换权的契约，是信用存储和传输的介质。

（二）法定货币概念

法定货币，是由政府发行，并以法令强制规定任何人不得拒绝其价值的货币。我国法定货币是人民币，包括纸币和硬币，即流通中现金 M0，由于商业机构存款可随时转换为现金货币，也属于货币范畴，可细分为狭义货币 M1（包括 M0+ 活期存款）、广义货币 M2（M1+ 准货币，准货币包括定期存款、居民储蓄存款、其他存款、证券公司客户保证金、住房公积金中心存款、非存款类金融机构在存款类金融机构的存款等）。

（三）数字货币概念

数字货币广义上看是一种货币的数字化表现形态，根据国际货币基金组织（IMF）在《关于虚拟货币及其未来的初步思考》对数字货币的定义进行了总结（如下表所示），即数字货币是货币数字化形态的统称。为区分不同的发行主体，将数字货币分为电子货币和虚拟货币两类，电子货币的根本形式是法币电子化，即其发行主体是国家。而虚拟货币是非法币电子化的表现形式，其发行主体是非国家的商业或非商业组织、企业或个人。

IMF 数字货币分类

分类	数字货币			
	电子货币		虚拟货币	
	货币电子化	电子化货币	闭环内	闭环外
流通体系	金融机构	非金融机构	特定虚拟环境	跨境流通
典型	网上银行	第三方支付	Q币，游戏币	比特币
监管现状	监管	监管不足	有相关监管	起步阶段
与法币关系	法币电子化		非法币电子化	

电子货币与数字货币在防伪技术上也有重要区别，电子货币由于存储在保管者处，防伪技术主要针对使用者的身份认证上，对电子货币本身不存在防伪的问题；而数字货币在签发时即包含了防伪信息、不可抵赖的签发者信息，这些信息是数字货币防伪的关键。下表对于纸币、电子货币、数字货币进行比较。

纸币、电子货币与数字货币比较

对比维度	子项	纸币	电子货币	数字货币
货币特征	货币形态	纸张	存储在发行者（或兑付者）信息系统中的电子信息	所有者持有的数字信息

对比维度	子项	纸币	电子货币	数字货币
业务特征	保管方	★所有者	发行者（或兑付者）	★所有者
	使用方式	★所有者直接持币使用	所有者通过出示身份证明，请求发行者（或兑付者）进行支付	★所有者直接持币使用
	是否支持面对面支付	★是	否	★是
	是否支持电子支付	否	★是	★是
技术特征	存储技术	—	集中式	集中式、分布式
	防伪技术	纸张防伪	所有者身份认证	数字货币防伪

（四）法定数字货币概念

法定数字货币是由主权国家发行的数字货币，其法律地位受发行国法律保护，信用受国家主权信用背书。

根据上述表中的梳理界定，现代社会中已经广泛使用的基于央行—商业银行二元账户体系的网上银行、卡基支付、第三方支付等已经极大程度上实现了货币电子化，特别是在我国，互联网、电商、社交网络、快捷支付的爆炸式发展，以第三方支付为主的移动支付与电商、社交网络等场景深度融合，并通过线上线下融合方式渗透到各行业，成为零售行业的主流支付方式，部分第三方支付机构甚至提出了"无现金社会"的口号，从个人用户实际使用角度看，基于银行账户的电子支付体系已经可以满足各类支付及转账场景需要。但从央行监管透明度、反洗钱监控等角度，现有电子支付体系由成百上千家商业银行、第三方支付公司组成，将所有机构的交易数据全部集中并进行分析处理实现难度极高，监管及反洗钱监控的时效性、有效性受到极大削弱。法定数字货币综合了法定纸币、法定电子货币两者优势，对提升货币流通监控管理能力、促进社会经济发展有着重要意义。

二、数字货币特性

从技术的层面来看，国内学者对数字货币逐渐形成了共识，即数字货币是基于区块链技术或分布式记账技术而产生的一种新型加密货币。但数字货币能否承担交易媒介、价值尺度、贮藏手段等真正货币职能，取决于其发行主体。央行发行的法定数字货币价值稳定，具有无限法偿性，能够承担真正货币的职能，而非法定数字货币缺乏稳定的信用基础，不是真正的货币。相比于非法定数字货币具有的价值暴涨暴跌、容易造成资金跨国流动形成非法交易、用于偷税漏税目的等缺陷，法定数字货币价值更加稳定、交易效率更高，成本更低廉，对金融体系的冲击更小，能够承担宏观调控职能。

数字货币和相关技术仍处于发展进程中，各类研究对数字货币的特点总结也各有侧重。国际清算银行下属的支付和市场基础设施委员会提出，数字货币主要特征包括三个方面。（1）数字货币作为资产的价值由供求关系决定，其内在价值为零。（2）数字货币创新性地运用分布式账本（DLT），使得其无须通过中介机构就可实现电子价值在支付方与收款方之间进行点对点交易。（3）数字货币具有去中心化特点，数字货币并不需要由任何特定的机构提供运营服务。国内研究主要认为，数字货币的核心特征是去中心化、发行数量固定、交易过程安全性相对较高，其本质上是一套"代符＋簿记系统"，其中簿记系统就是区块链和分布式账本技术，运行在区块链上的代符就是数字货币。综合各方观点，将数字货币主要的特性总结为：去中心化、基于密码学、分布式账本、可编程性、不可篡改、匿名性、不可重复花费、传递性八个特性。

1.去中心化。是否去中心化，是非法定数字货币和法定数字货币的重要不同之处，非法定数字货币多采用区块链技术具有去中心化特点，分布式网络上的区块链通过一系列数学算法建立一整套自治机制，使得人们可以不需要中介机构的帮助，在区块链上点对点、端到端、P2P 来完成金融交易，不需要类似清算中心的中心化机构来处理交易数据；法定数字货币多坚持中心化多管理模式，以国家主权为主要信用来源和信用基础，确保法定数字货币与纸币具有一样的法律效力，币值相对稳定，政府对于法定数字货币的监管要求相对较高，中心化的管理使政府可以及时掌握法定数字货币的投放数量、投放领域和流通情况，更利于央行精准实施货币政策和宏观审慎监管。

2.基于密码学。数字货币是加密的货币，基于密码学实现安全通信。用户在交易时无法更改或非法使用数字货币，数字货币的安全性不只依靠物理硬件的安全来保障，还通过密码技术在软件层面保障货币数据的不可篡改和高度一致性。

3.分布式账本。数字货币创新性地运用分布式账本（DLT），使得其无须通过中介机构就可实现电子价值在支付方与收款方之间进行点对点交易，分布式账本技术在某种程度上决定了数字货币系统的特性和效用。相比传统信息系统，分布式账本技术上的数据具有公开透明、可信度高的特点，且因为系统特殊的开放性，可以纳入更多的参与方，形成互通互联、广泛协同的发展局面。

4.可编程性。数字货币运行于区块链或分布式账本系统上，它和运行于金融机构账户系统上的电子货币的显著区别是区块链或分布式账本赋予它的可编程性。数字货币在分布式账本或区块链上的可编程性使得人们可以编制智能合约，一旦双方或多方事先约定的条件达成，计算机将监督合约自动执行，任何人都不可能反悔。可编程性能让金融交易变得自动化，省去金融机构庞大的后期结算业务的中后台部门，甚至让很多金融交易可以实时清算，极大地提升了金融交易的效率，提高了资金周转速度，削减了运营成本。

5.不可篡改。数字货币是算法货币，其交易账本完全公开可追溯，数字签名机制保证交易完整可信，不可抵赖和撤销。

6.匿名性。数字货币相比于其他电子支付方式的优势之一就在于支持远程的点对点支付，它不需要任何可信的第三方作为中介，交易双方可以在完全陌生的情况下完成交易而无须彼此信任，因此具有更高的匿名性，能够保护交易者的隐私，但同时也给网络犯罪创造了便利，容易被洗钱和其他犯罪活动等所利用。

7.不可重复花费。数字货币是二进制的代码，是可以复制的数据，存在一笔数字资产被重复使用的情况，这就是所谓的"双花"问题。健全的数字货币系统要有相应的保护机制去检测和避免出现"双花"，防止黑客使用"双花"攻击谋取利益，保证数据货币价值。

8.传递性。数字货币可以像普通商品一样在用户之间连续转让，并且可以按照用户需求，灵活地进行货币金额的拆分和整合，方便用户使用。

三、数字货币与区块链技术

比特币是区块链的经典应用，区块链是支撑比特币发展的基础技术，近年来被普遍推崇为下一代全球信用认证和价值互联网的基础协议之一。它的出现预示着互联网的用途可能从传统的信息传递逐步转变成为价值传递，对传统金融行业带来一场前所未有的革命和挑战。区块链的本质是通过去中心化的方式集体维护一个可靠数据库的技术方案，该方案让参与到系统中的任意多个结点，把一段时间系统内全部信息交流的数据，通过密码学算法去计算和记录到一个数据块，生成该数据块的数字签名以验证信息的有效性并链接到下一个数据块形成一条主链，系统所有结点共同来认定收到的数据块中记录的真实性。作为新兴技术，区块链技术在安全性、资源消耗、交易效率等方面依然存在不少问题，存在"高效低能""去中心化"和"安全"的"不可能三角"。这在很大程度上限制了区块链技术的推广，目前市场上很多"区块链应用"都进行了一定程度的妥协。

数字货币涉及分布式架构、密码技术、安全芯片、移动支付、可信计算等多种技术。比特币的成功，区块链概念的火热让基于区块链的分布式账本技术被众多国家的中央银行视为国家数字货币的重要技术选择之一。区块链技术为数字货币创建提供了高效的公共账本系统和信用管理数据库系统，区块链技术的发展，为主权数字货币发行和流通提供了记账信用及账务管理的技术基础。但区块链技术能否可应用于数字货币，取决于区块链技术在网络安全、业务处理性能、交易一致性等方面的不足能否得到解决。各国央行在法定数字货币的实践中，都充分认识到任何一种技术都不能包治百病，区块链技术在系统稳定性、应用安全性、业务模式等方面尚未成熟，要避免陷入对区块链技术的狂热中。各国央行更多是借鉴了区块链技术分布式账本结构所具备的不可篡改、可追溯、分布协作、降低信用风险等优势，重新设计的由中央银行控制发行的性能优越的数字货币。

中国证监会科技监管局局长姚前在《区块链与央行数字货币》一文中认为，区块链是一种源于比特币但又超越了比特币的可信技术。区块链技术创新不仅催生了各类私人数字货币，同时也引起了各国中央银行广泛的兴趣和探索。目前大多数国家的央行数字货币实验都是基于区块链技术展开的。央行数字货币是否采用区块链技术依然存有争议，一种典型的观点是区块链的去中心化与中央银行的集中管理存在冲突，因此不建议央行数字货币采用该技术。区块链技术正以前所未有的速度发展，并与各项主流技术深度融合，无论从技术角度还是业务角度，现实应用中的区块链都与"原教旨主义"的理解有所不同。虽然区块链的技术特点是不依赖中心机构，但不代表其不能纳入现有中心机构的体系内，只要通过合理的设计，中央银行恰恰可以利用区块链将分布式运营有效整合起来，更好地实现对央行数字货币的中心化管控，两者并不存在必然冲突。区块链作为一种可能成为未来金融基础设施的新兴技术，对中央银行和商业银行二元模式而言，有助于实现分布式运营，同时并不会影响集中管理。

四、非法定数字货币发展动态

法定数字货币的研究高潮由比特币而起，比特币本质上是一种非法定虚拟货币，其独特、完整的实现机制引起了区块链技术的研究热潮，研究法定数字货币有必要从比特币及区块链起步，总结梳理其对法定数字货币的启发和借鉴意义。

（一）比特币

比特币（BitCoin）的概念最初由中本聪在 2008 年提出，于 2009 年 1 月 3 日正式诞生，是根据中本聪的思路设计发布的开源软件以及建构其上的 P2P 网络。比特币具有无集中发行方、总量有限、使用不受地域限制和匿名性等四个主要特点。虽然比特币被称为"货币"，但由于其不是由货币当局发行，不具有法偿性与强制性等货币属性，并不是真正意义的货币。可把比特币理解为一种特定的虚拟商品，跟腾讯公司的 Q 币类似，可通过虚拟货币交易平台兑现，兑换成大多数国家的货币。

近年来，我国针对比特币有关政策包括：（1）2013 年发布《中国人民银行、工业和信息化部、中国银行业监督管理委员会、中国证券监督管理委员会、中国保险监督管理委员会关于防范比特币风险的通知》将比特币纳入反洗钱监管范围；（2）2017 年发布《中国人民银行、中央网信办、工业和信息化部、工商总局、银监会、证监会、保监会关于防范代币发行融资风险的公告》将募集比特币的行为定位非法融资行为，2018 年 4 月，所有 ICO 平台和比特币交易全部退出中国市场；（3）2018 年《互联网金融风险专项整治工作领导小组办公室文件》（整治办函〔2018〕2 号）要求各企业退出比特币挖矿行为。我国目前对比特币的管制态度，主要包括以下三个方面：（1）比特币不是法定货币；（2）比特币是一种虚拟商品；（3）国家禁止代币融资交易平台从事法定货币与代币、虚拟货币相互之间的兑换业务等活动。

（二）其他非法定数字货币

比特币在国内外引起了极大关注，围绕其生成、存储、交易和应用形成了生态圈，并带动出现了数千种非法定数字货币。根据数字货币市值网（http://coinmarketcap.com）挂牌的数字货币统计，截至 2020 年 8 月，全球数字货币市场共有数字货币 6484 种，总市值共计 3773.03 亿美元。其中，比特币处于领先，市值超过 2195.01 亿美元，在所有加密货币的总市值中的占比达到58.3%。四大数字货币分别是比特币、以太坊、瑞波币、泰达币，它们的市值之和就超过了总市值的 77%。由于缺少内在价值，市场将非法定数字货币看作是一种投机行为，价格波动非常随机。下图给出了比特币市值及其市值占比变化趋势。

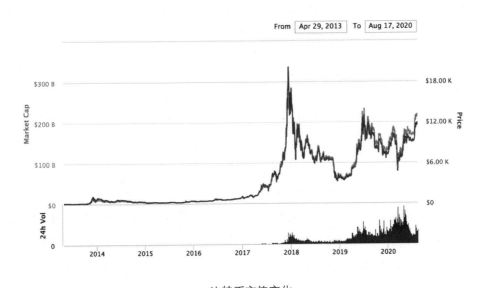

比特币市值变化

除比特币外，较为成功的非法定数字货币有：

1. 以太坊币（Ethereum）。以太坊是一个平台和一种编程语言，使开发人员能够建立和发布下一代分布式应用。而以太币是借鉴比特币，用于以太坊网络的代币。尽管在 2015 年发生了广为人知的黑客事件，以太坊加密货币仍成为世界上表现最好的货币之一。

2. 瑞波币（XRP）。是 Ripple 网的基础货币，和比特币生成机制类似，瑞波币总数量为 1000 亿，并随着交易的增多而逐渐减少。瑞波币和比特币一样都是基于数学和密码学的数字货币，它有两个作用，一是防止垃圾请求攻击，二是作为桥梁货币，成为各种货币兑换之中的一个中间物。

3. 泰达币（Tether）。是 Tether 公司推出的一种稳定币（简称 USDT），1USDT=1 美元，用户可以随时使用 USDT 与美元进行 1：1 兑换。用户可以在 Tether 平台进行资金查询，以保障透明度。

第二节 法定数字货币

国际货币基金组织（IMF）把央行数字货币称作 CBDC，英文是"Central Bank Digital Currency"，本书主要介绍法定数字货币发行的必要行、可行性，以及世界各国法定数字货币 CBDC 的发展情况。最后，重点介绍英国中央银行加密货币 RSCoin 系统的体系架构、交易模型、共识机制。

一、法定数字货币发行必要性

聚焦法定数字货币，结合我国具体国情，总结发行法定数字货币必要性如下：

（一）维护货币主权和法币地位

近年来，以比特币为代表的数字货币的出现，对我国现有的支付方式、主权货币的地位及金融体系的稳定性都产生了重要的影响。国内外一些金融中介机构也在积极利用区块链技术发行私人数字货币，如 Facebook 推出的超主权货币 Libra，对各国主权货币发起挑战。央行副行长范一飞曾谈到，由于具有央行背书的信用优势，发行央行数字货币有利于抑制公众对私有加密数字货币的需求，巩固我国货币主权。因此，我国央行需要发行自己的数字货币以应对比特币、超主权货币 Libra 等加密货币所带来的挑战，通过大数据分析对金融体系中存在的风险进行全面监测，以更好地进行宏观审慎监管和维护我国的货币主权和法币地位。

（二）弥补数字经济时代信用纸币的使用缺陷

一方面，纸币印制发行成本高。随着数字经济的发展，纸币自身存在的缺陷逐渐暴露出来。各国普遍存在着纸币印制、防伪技术及维护货币、回笼销毁货币成本高昂的问题。央行发行的数字货币，从发行成本上来说主要是前期数字货币的研发及数字货币投放运营会耗费一定的费用，后期只需要定期管理维护即可，其边际成本随法定数字货币的发行和使用递减。另外，由于使用非对称加密技术和利用点对点的方式进行交易，法定数字货币本质上也不存在伪造、失窃及流通上的成本。另一方面，基于商业银行信贷机制下派生货币创造所导致的货币超发问题。电子货币的发展，使得商业银行即使没有足够的超额准备金也能够发放贷款。造成银行债务规模不断增大的同时也导致央行对货币供给的控制力逐渐减弱，影响货币政策的实施效果。央行发行的数字货币由于采用非对称加密技术具有不可复制性，能阻止商业银行复制电子货币创造派生货币。同时由于央行采用中心化的管理模式来发行数字货币，能很好地对各商业银行实施宏观审慎监管，防止货币超发。

（三）数字经济时代需要内生于互联网的货币体系

当前数字经济正在成为引领科技革命和全球新一轮产业变革的核心力量，其不断发展催生了基于互联网的支付方式，逐步构成了基于互联网的货币体系。以淘宝这类网购平台为例，网购交易催生了对网络支付方式的需求，从而衍生出支付宝。支付宝针对用户存储的资金开设了余额宝、余利宝；针对用户面临的资金周转问题和存贷行为，分别设立了借呗、花呗平台；针对用户的理财需求，又设立了购买基金、黄金、股票平台。从支付宝这类第三方平台发展过程中可以看出，在数字经济不断发展过程中逐步形成基于互联网的内生货币体系。但这种基于互联网的货币体系对传统的货币体系也构成了极大的威胁。这种新旧货币体系之间的矛盾以及互联网金融体系的内在风险问题也倒逼我国央行设计、发行数字货币以适应数字经济时代的发展需求。

（四）优化现行货币支付体系，提升货币政策的有效性

一方面，法定数字货币有助于优化现行货币支付体系。日常生活中，现金无法进行远程支付，也不方便进行大额交易，而第三方支付机构所提供的支付服务恰好能有效地弥补这些不足，央行不得不允许这些机构进行存款货币和电子货币的交易，以完善现有的支付体系，但同时央行也因此承担了相应的监管成本和压力。而随着金融科技的发展，央行完全可以利用现代金融基础设施以及一些前沿科学技术，如人工智能、区块链等来发行法定数字货币，以减少对第三方支付机构所提供支付服务的依赖，从而减轻央行的监管成本和压力。同时央行数字货币具备不可伪造性、可控匿名性、安全性、可追踪性、可编程性、不可重复花费性等诸多特性，使得央行数字货币既保留了现金支付的特点，也能有效克服实物现金在偷漏税、洗钱、恐怖融资方面所表现出的短板。另一方面，法定数字货币可以提升货币政策执行效果。传统货币由于难以追踪其投放的流通路径、货币要素同质单一且操作存在时滞等问题，导致传统货币政策存在传导过程不畅通、货币政策沟通不足、货币资金脱实向虚、逆周期调控困难等问题。央行数字货币具备可追踪性和可编程性，使央行可以全程监控数字货币的流转信息和投放领域，并能够有效减少货币政策的传导时滞、精准定点投放货币、减少货币空转、强化逆周期调控，从而提高金融服务实体经济的能力和货币政策的有效性。

（五）法定数字货币为发展中国家提供跨越式发展的战略机遇

环球同业银行金融电讯协会（Society for Worldwide Interbank Financial Telecommunication，SWIFT）是美国进行金融制裁，维持美元霸权的重要工具之一。SWIFT几乎垄断了整个跨境支付市场，收费高且服务未完全覆盖发展中国家，使用法定数字化币体系不仅将使跨境支付成本大大降低，而且有利于重塑贸易清结算体系，有利于提升发展中国家在跨境支付结算中的地位，实现"弯道超车"。在数字浪潮的推动下，发行法定数字货币打造一个新的货币清算网络已成历史的要求，因此，发展中国家需跟紧法定数字货币研究潮流，抓住机遇改变当前发达国家主导的货币体系，谋求自身发展。

三、法定数字货币发行可行性

目前，我国对于法定数字货币的态度是在强监管的力度下积极研发，法定数字货币作为新生事物，在创新支付方式的同时，也必将对现有的稳定支付体系构成威胁，目前法定数字货币的发行和流通还面临以下几个关键问题。

（一）现有货币体系的冲击

现有的货币政策都是基于实物货币制定的，法定数字货币的推出将改变货币结构和使用方式，对现有货币体系产生冲击。公众会在一定程度上减少对实物货币的需求，金融资产的相互转换速度将会加快，数字货币的出现将会导致各层次货币在传统统计方法下的可控性和可测性下降，对央行货币调控政策的制定和执行提出新要求。

（二）市场层面的检验

法定数字货币需要通过市场检验这一关，只有被社会和市场接受的法定数字货币才有生命力。法定数字货币如果能够充分发挥两方面的作用：一是借鉴吸收当前信息技术的各项创新；二是以专业化的货币管理机构（中央银行）来发行、流通、运行和管理，这样法定数字货币的比较优势还是值得期待的。在公众逐渐习惯于使用数字货币行使货币的三大职能：交易媒介、价值尺度和价值贮藏以后，数字货币可与实物现金相互共存乃至逐步替代，数字货币与多元化的非现金支付工具也能做到有效区分和功能互洽，这对社会交易总成本是巨大节约。在这种情况下，中央银行使用金融科技和监管科技管理新一代货币，社会经济运行和公众日常生活（包括在线环境和现实环境）都能够使用到有主权信用保障的法定数字货币，金融服务机构在这个生态系统中各安其位、开拓创新，数字货币就能够充分履行数字经济时代的"硬通货"功能。

（三）监管层面的挑战

完善数字货币方面的立法是维护市场经济秩序和保护消费者合法权益的根本需要，这是法定数字货币推出前必须要提前做好的工作。法定数字货币的推行将会加大跨境资本流动的趋势，存在一定的资金出逃风险。数字交易的复杂性和跨国性需要监管技术与人才的升级，也需要加强与外国监管机构之间关于数字货币的统一监管。此外，数字货币对于金融风险，特别是系统性金融风险的影响也需审慎监管，现行的宏观审慎评估体系监管框架下需要重新加入对于数字货币方面的设计，这些都是很大的挑战。

（四）技术层面的局限

我国目前仍有部分地区的互联网应用处于起步阶段，甚至有地区未覆盖互联网，还依赖于现金的使用，这使推广依托互联网技术的法定数字货币困难重重。同时，法定数字货币系统的安全性与效率都需极强技术支持，目前系统的吞吐量和存储量，仍需攻克较多难关。

（五）法规层面的风险

我国目前缺少专门针对法定数字货币的法律法规，由于数字货币的特殊性质，现有适用于现金的法律法规并不能完全适用于数字货币。法定数字货币在世界范围内都少有经验可循，且涉及复杂的技术问题，相关法律法规无法一次到位，极易滋生违法犯罪。

三、法定数字货币研究进展

发行法定数字货币可以降低传统纸币发行、流通的高昂成本，理论上有利于当局打击洗钱、贪腐、灰色经济、偷漏税等非法行为，更低的成本和更强的货币控制力使得各国央行难以抵抗数字货币的魅力。IMF 曾刊文认为数字货币技术具有改变金融的潜力，而且在清算和结算方面具有独特的优势，数字货币技术在未来或有非常广阔的应用前景。

根据新华网消息，2019 年 6 月，Facebook 发布了《全球性加密数字货币 Libra 的白皮书》，白皮书中提到"Libra 的使命是建立一套简单的、无国界的货币和为数十亿人服务的金融基础设施，为金融服务创新开创新的机遇"。Libra 锚定的是多国法定货币，实现的是全球支付系统，实现快速跨国转账，这严重威胁到各国的货币主权。Libra 本质上是各国法币的衍生物，缺乏国家主权信用背书，存在信用风险。为应对 Libra 等超主权数字通证的冲击，世界各国中央银行加快了 CBDC 的研发进程。国外媒体的 The Block Crypto 研究报告显示，目前全球 60 多家央行中，有 18 家已公开承认开发或推出了自己的 CBDC。在其中至少有 4 个国家 / 央行已经发行了自己的数字货币。

各国主要研究进展、研究成果、观点和发现包括：

（一）英国

英国央行研究报告认为发行法定数字货币可改善全球贸易，有利于拉动 GDP 增长，可有效减轻英国货币政策问题。2015 年起，英国央行与伦敦大学学院研究员合作，开发由央行掌控的数字货币（Centrally Banked Cryptocurrencies，中心化银行数字货币），项目名称为 RSCoin。2016 年 3 月，英国央行正式发布了数字货币 RSCoin 的白皮书，公布源代码，并进行初步测试。RSCoin 项目的目的是吸取分布式分类账技术的优点来控制、集中管理货币，加强本国的经济和对全球贸易的影响。

（二）瑞典

瑞典央行在 2017 年 3 月份制定了一份《关于 E 克朗（e-krona）的行动计划》，希望通过项目研究发行数字货币实现付款的可能性，作为现金的补充。该项目主要分为三个阶段：第一阶段（2017 年）是为 E 克朗制定具体的理论方案和系统；第二阶段（2018 年）为其制定相关法规，运营方案和支持技术；两个阶段完成后来判断是否发行数字货币，如果确定发行，则在第三阶段实现相关系统的建设和实施。

（三）荷兰

荷兰央行在其《2016 年年度计划》中指出，曾在 2015 年利用区块链技术秘密开发一款标准的虚拟货币，这个项目被命名为荷兰央行货币（DNBCoin）计划，2016 年 6 月，荷兰央行对外公布了央行加密货币实验结果。DNBCoin 的试验目的是研究基于区块链的数字货币对国家银行机构的影响，学习如何使用数字货币。目前荷兰央行正在进行下一项实验，探索基于区块链的数字货币在数字资产、信任度、网络弹性、智能生成交易上的应用。

（四）加拿大

加拿大央行于 2013 年开始进行电子货币研究，主要目标是分析电子货币和支付对于中央银行在货币发行、金融稳定和货币政策等方面的潜在影响。其间，加拿大央行发布了多份研究报告，如 *Central Bank Digital Currencies: A Framework for Assessing Why and How*（中央银行数字货币的评估框架）、*Canadian Bank Notes and Dominion Notes: Lessons for Digital Currencies*（数字货币所获得经验教训）等，并于 2016 年启动了一个叫作 Jasper 的验证项目，验证基于分布式账本网络发行法定数字货币的可行性。

（五）新加坡

从 2016 年 11 月开始，新加坡金融管理局宣布与 R3 组织合作建立一个概念验证项目，利用分布式账簿技术实现银行间支付，项目名为"Ubin"，项目参加方包括新加坡各大银行，目的是实现法定数字货币原型的构建能力，评估在分布式账簿上以代币形式实现新加坡元交易的影响，以及对新加坡金融生态系统的潜在影响。2017 年 6 月，新加坡央行发布《2017 新加坡数字货币报告》，展示了他们基于以太坊（Ethereum）私有链的法定数字代币的研究的各项细节，实现"在一个分布式账本平台上部署新加坡币（SGD）代币"。

（六）澳大利亚

在"2016 悉尼创新支付会议"中，澳大利亚央行（澳大利亚储备银行）支付政策部主管 Tony Richards 宣称，澳大利亚央行正对数字货币和区块链支付系统进行研究，提议全面发行数字货币澳元。澳洲三大银行已全部加入 R3 CEV 区块链联盟，期待区块链技术的使用能改进澳大利亚证券清算、电子支付基础设施。

（七）俄罗斯

俄罗斯央行 2016 年 2 月提议并建立了央行区块链工作小组，旨在研究去中心化技术的应用，并完成基于以太坊（Ethereum）的银行间区块链原型的研发和测试，这个区块链原型名为"MasterChain"，俄罗斯大型银行均有参与。2018 年 3 月 12 日，普京下令发行一种国家数字货币来避免国际金融制裁。

（八）中国

在全球央行法定数字货币研究赛跑中，中国央行跑在了前列。据中国人民银行数字货币研究所表示，央行自 2014 年开始研究法定数字货币，并且成立法定数字货币专门研究小组，2017 年经国务院批准，央行组织部分实力雄厚的商业银行和相关机构共同开放 DCEP 系统，并且在原数字货币的基础上设立数字货币研究所，2019 年 8 月，数字货币研究和移动支付试点在深圳、雄安、成都、苏州展开，央行对法定数字货币的推行早已深谋远虑。

根据搜狐网报道，证监会科技监管局局长姚前曾表示，法定数字货币是否发行，一要取决于技术发展，二要取决于社会的接受程度，后者有赖人们的支付、货币使用习惯和观念随着时间推移演变。

四、经典法定数字货币系统：RSCoin

2016 年，英国央行与伦敦大学合作提出并开发了一个法定数字货币原型系统，即中央银行加密货币 RSCoin 系统。对比加拿大央行 Jasper 项目、新加坡的 Ubin 项目，RSCoin 系统可谓集大成者，是典范的中央银行数字货币原型构想，有必要对其体系架构、交易模型、共识机制及优缺点进行详细剖析。

RSCoin 的设计目标是实现一种中央银行控制货币供应的可扩展性分布式加密数字货币，并提出一套标准的数字货币参考框架和系列准则，供世界各国央行参考，部署自己的数字货币。RSCoin 解决方案的核心主要有：双层链架构、基于交易流水设计（UTXO）、改进版的 2PC 共识。

（一）双层链架构

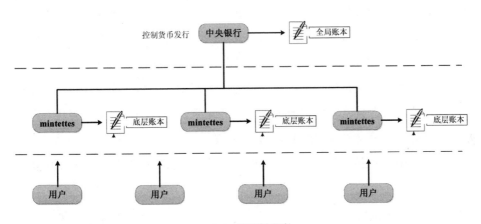

RSCoin 双层链架构

RSCoin 将区块分成了两层，高层级区块和低层级区块。（1）高层级区块由中央银行控制，主要职责是：控制货币的发行；节点的授权、审查和激励；整体账本的维护，不处理具体的交易。（2）低层级区块由商业银行或央行授权的机构维护，每个节点被称为"mintette"，节点的主要职责是：处理用户的交易请求并验证合法性；记录交易并更新账本；相互交叉验证。

中央银行完全控制货币的产生，并通过生成全局账本向整个系统发布最终交易数据，全局账本是最终交易账本。中央银行对 mintettes 进行授权认证，并定期向整个系统发布授权的 mintettes 列表。mintettes 得到授权后，收集、校验用户提交的交易信息，经验证的交易由 mintettes 打包生成底层账本。mintettes 定期将底层账本交易数据提交到中央银行，由中央银行汇总生成全局账本，并对外发布确认的交易数据。最终用户和央行之间不直接发生信息交互，而是通过 mintettes 这一中间层代为传递，汇总交易记录；央行更多是冲突调解者、最后确认人，以及全局账本这样一个角色。

与比特币、以太坊等数字货币架构最大的不同是各节点之间并不同步交易数据，相当于每个节点有一个自己的链条，只是链条中包含了其他节点链条的信息以进行交叉验证，一段时间的交易统一合并到高层级区块中。这样做很重要的原因是大大降低了节点之间通信的负荷，对提升性能有较大的帮助。

（二）基于交易流水设计（UTXO）

UTXO 代表 Unspent Transaction Output，直译为"未消费交易输出"，意指使用尚未使用的交易记录作为下一次转账的输入。传统的记账模式与 UTXO 记账模式，二者的区别是传统模式通过交易记录与余额的对账保障余额的准确，在执行支付时只需判断余额是否足够，不需要重新计算余额从何而来。UTXO 模式下，余额是多个上一笔支付方作为标记的来款之和，支付时需要被花费的来款被打上自己的标记成为收款方的来款。在这种模式下，避免双花的方法就是检查本笔交易相关的 UTXO 是否被其他交易花费。

下面以用户发起一笔转账请求为例，描述在 RSCoin 系统中的交易模型：

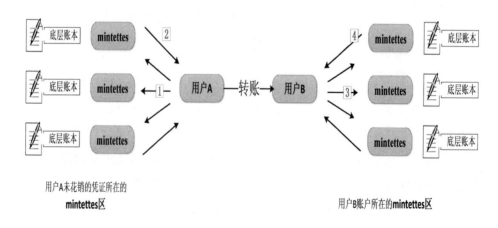

RSCoin 的 UTXO 设计

1.用户找到自己的转账凭证，根据一个确定性的规则得到该转账凭证的所属 mintettes 组。

2.用户发送自己合法持有该凭证的证明（即用户签名）给所属 mintettes 组中的所有成员，该组成员各自核准并给用户出具证明（mintettes 的签名）。

3.用户收集到足够多的 mintettes 签名后，就可以把所有 mintettes 签名连同凭证和自己的签名一起发送给本次交易接受方的 mintettes 组中的一个，获得一个确认签名。

4.对于用户而言，转账过程到此就完成了，最后得到的该签名可作为转账完成的证据。对于接受交易的 mintettes 而言，还要负责把该笔交易数据写入到其所在 mintettes 组的底层账本中去，最后再统一汇总到央行全局账本中。

较传统记账模型而言，UTXO 模型更适合法定数字货币的拆分和流转，可减免交易过程中央行的参与，避免央行节点成为系统性能瓶颈。此外，该模型下商业银行承担更多职责，承担底层账本信息同步和协调工作，激励商业银行参与积极性，更适用于当下的中央银行和商业银行的二元体系。

（三）改进版的 2PC 共识

影响比特币吞吐量很重要的原因是比特币采用的工作量证明机制（POW），比特币是一个开放网络，为了避免遭受恶意节点攻击，通过算力的竞争来获得记账的权利是保证整个网络安全的有效方法。而在 RSCoin 中这个假设变为：央行作恶的可能性很小，其他节点都是央行授权并已知的节点。在这一假设下，对于系统的整体安全的保障要求可以相对降低，设计上更偏向于性能的考虑。

RSCoin 采用了一种称为两阶段提交的共识机制进行分布式记账，使得每秒可处理的交易能达到 2000 笔，通过提高 mintettes 的数量，每秒可处理的交易上限还能不断提高，实现系统可扩展性。在交易过程中，节点之间并没有直接通信，而是在用户和节点之间完成，这降低了网络传输的负荷，提升了 RSCoin 的整体性能。此外，RSCoin 采用了分片的设计思想来提高系统的处理能力，具体做法是把 mintettes 分为若干小组，每组 mintettes 只维护系统全局账本中的部分；然后把需要处理的交易按照一定的规则分发给不同的 mintettes 小组进行处理，从而提高整个系统的处理能力。根据英国央行数字货币 RSCoin 的白皮书中性能测试显示，改进版的 2PC 共识下，吞吐量随着节点数量的增加直线上升。

第三节　中国法定数字货币的发展

中国法定数字货币 DCEP 是 Digital Currency Electronic Payment 的简称，是由中国人民银行发行，本质是法定货币，是以国家信用作为背书，无限法偿。央行发行法定数字货币的目的是替代实物现金，降低传统纸币发行、流通成本，提升经济交易活动的便利性和透明性，并认为数字货币有助于推动人民币国际化，提升国家的国际金融地位。

一、中国法定数字货币价值和意义

中国法定数字货币顺应了社会经济活动形态不断发展的需要，并随着 IT 技术的发展而逐渐成熟。发行法定数字货币 DCEP 有下述几方面的价值和意义：

1.统一支付手段、提升支付效率。当前，在我国银行系统和第三方支付公司的共同努力下，形成了以支付宝、财付通、银联为代表的多个电子货币支付网络，以及以各行存款、余额宝、零钱钱包为代表的多个电子货币账户系统，带领我们逐步进入无纸币时代。然而，当前多个电子货币账户系统和电子货币支付网络，互通互联代价较大，甚至基于商业目的形成了各自壁垒，一定程度上阻碍了经济活动的开展。通过建立法定数字货币系统，包括账户系统和支付清算网络，能统一各类数字货币、消除支付与清算壁垒、公平对待所有经济体，保持其中立性、社会服务性，有效地提升全社会支付清算效率，促进经济发展。

2.降低金融风险、促进电子支付。当前我国电子支付快速发展，逐步进入无纸币时代，支付宝、财付通等商业化支付公司逐步取得垄断地位，事实上正成为我国经济活动的基础设施，这些关系到国民经济命脉的重要基础设施并未严格纳入金融监管和运营，其安全性、合规性等无法有效保证，一旦经营不善，将引发全社会系统性问题。建立统一的法定数字系统，或者将支付宝、财付通纳入法定数字货币系统建设，严格监管，确保其安全、合规、中立，提升社会服务性，消除系统性金融风险，为推广电子支付打下更好的基础。

3.节省发行与流通成本。数字货币能节省发行与流通成本。能大量地节省实钞的印刷、发行、运输、回收成本，减少假币，金融机构现钞库管理更加灵活，减少金融机构头寸占用，提高资金使用效率。

4.便于金融监管与金融调控。数字货币逐渐替代纸币，可采用大数据等技术，使得监管机构能够更加全面地了解、分析金融活动，提升宏观经济分析能力；同时，数字货币在反洗钱等领域能够发挥更大作用。

5.有利于人民币国际地位，承担世界货币的职能。尽早推出法定数字货币，利用其主权信用、方便携带和使用的特点，有利于人民币"走出去"的战略，结合"一带一路"倡议，能提升人民币的国际地位，更好地承担世界货币的职能。

二、中国法定数字货币特征与核心要素

（一）特征

根据中国人民银行法定数字货币系列《数字货币经济分析》《数字货币研究前沿》等研究报告，以及证监会科技监管局局长姚前、央行数字货币研究所所长穆长春系列讲话，中国法定数字货币的特征可总结为以下几个方面：

1.坚持中心化的管理模式。法定数字货币的币值稳定是其最基本的属性，这需要由中心机构来背书和强制约束，法定数字货币是央行背书的货币，其信用级别高于金融机构电子货币、第三方支付公司电子货币。同时，为了保证并加强央行的宏观审慎和货币调控职能，需要继续坚持中心化的管理模式。普及法定数字货币能消除金融机构和第三方支付公司经营不善的风险，防止全社会系统性金融风险的爆发。

2.采用双层运营体系。中国法定数字货币 DCEP 系统采用双层运营体系，由中央银行与各商业银行一起联合运营。相比单层运营架构，双层运营体系不会改变现有货币投放体系和二元账户结构，不会对商业银行存款货币形成竞争。这样的设计既遵循了传统货币的管理思路，发行和回笼基于现行的"中央银行—商业银行"二元体系来完成；又可以充分发挥商业机构的资源、人才和技术优势，促进创新；同时，双层运营体系有助于化解风险，避免风险过于集中。

3.注重 M0 的替代。中国法定数字货币 DCEP 系统注重对 M0 的替代，也就是现金的替代，而不是 M1、M2 的替代。这是因为 M1、M2 已经实现了电子化、数字化，M1、M2 本来就是基于现有的商业银行账户体系，若 DCEP 再去做一次 M1、M2 的替代，无助于提高支付效率，且会对现有的系统和资源造成巨大浪费。另外，支持 M1 和 M2 流转的银行间支付清算系统、商业银行行内系统以及非银行支付机构的各类网络支付手段等日益高效，能够满足我国经济发展的需要。

4.支持高频交易。数字货币一旦确立其法定地位，将承担起货币在国民经济生活中的主要职能，即价值尺度、流通手段、储藏手段、支付手段。法定数字货币系统具备高频交易的能力，否则，将极大限制法定数字货币的使用和承担货币职能的能力。

5.便捷性。数字货币与纸币一样，是人民银行发行的法定货币，是对持有人的付款承诺，并在全社会作为支付媒介强制使用。对于持有人来说，在以下使用体验方面如果能与纸币一样，将极大地增强其生命力：（1）全渠道强制支持。数字货币作为法定货币，所有商业银行的电子支付渠道、第三方电子支付渠道应全部支持数字货币的使用，不得拒收。（2）见币即付。数字货币以密码数字形式存在，持有人凭密码数字通过专业设备（数字钱包）能在任何电子渠道上使用，而用不关心后台如何链接与处理。（3）面对面支付。支持离线面对面支付。

6.强制性。法定数字货币应该是各类商业化的电子支付领域强制接收的清算媒介，可以打破当前各类商业电子支付网络的相互间壁垒，提高全社会经济生活效率。

7.可监管与可跟踪。为了维护国家金融主权，确保国家对于金融市场的调控能力，法定数字货币需要具备可监管的特征。货币的流通、使用对于监管者来说应是可跟踪的。这与当前去中心发行、完全匿名的非主权货币有着本质区别。

（二）核心要素

根据央行数字货币研究所所长穆长春对 DCEP 以及 Libra 的分析对比，总的来说 DCEP 的核心要素有"一币、两库、三中心"。

1.一币。由央行负责数字货币的"币"本身的涉及要素和数据结构,从表现形式来看数字货币是央行担保并签发的代表具体金额的加密数字串,不是电子货币表示的账户余额,而是携带全量信息的密码货币。新的数字货币具备全新的品质,支撑全新的商业应用模式。

2.两库。两类库是数字货币发行库和数字货币商业银行库。数字货币发行库指人民银行在央行数字货币私有云上存放央行数字货币发行基金的数据库。数字货币商业银行库指商业银行存放央行数字货币的数据库,可以在商业银行本地也可以在央行数字货币私有云上。发行库和银库的设计是对实物货币发行环节的模拟,同时也为数字货币的应用创建一个更为安全的存储和应用的执行空间。这个存储空间可以分门别类保存数字货币,既能防止内部人员非法领取数字货币,也能对抗入侵者的恶意攻击,同时也可以承载一些特殊的应用逻辑。

3.三中心。分别指认证中心、登记中心、大数据分析中心。(1)认证中心:央行对央行数字货币机构及用户身份信息进行集中管理,是系统安全对基础组

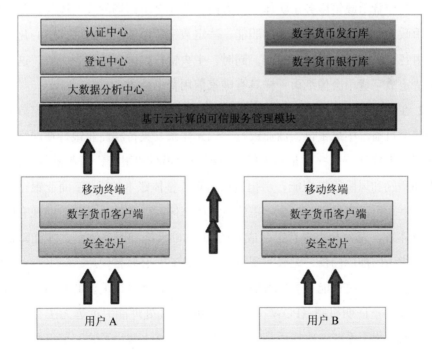

"一币,两库,三中心"设计

件，也是可控制匿名设计的重要环节。（2）登记中心：记录央行数字货币及对应用户身份，负责管理数字货币的整个生命周期，包括完成权属登记，记录流水，完成央行数字货币产生、流通、清点核对及消亡全过程登记。（3）大数据分析中心，实现 KYC，AML，支付行为分析，监管调控指标分析等功能。

三、中国法定数字货币设计准则、发放和使用流程

通过研读英国央行《英国国家数字货币原型白皮书》、加拿大央行《Project Jasper 白皮书》、新加坡央行《2017 新加坡数字货币报告》及中国人民银行法定数字货币系列《数字货币经济分析》《数字货币研究前沿》等研究报告，可以发现，各国央行发行数字货币的目标虽然略有不同，但是在设计准则、发放和使用流程上几乎出奇地一致。

（一）设计准则

1. 在货币的发行和管理上坚持"中心化"策略。法定数字货币的发行量和发行过程不能类似比特币一样，由去中心化系统自动维护，不接收中央银行的控制。为使货币政策服务于实体经济方向，防止金融市场的波动风险，落实国家货币政策、经济政策执行者的职能，法定数字货币依然会采取"中心化"方式，由各国央行统一发行与控制。同时，中央银行以国家信用为后盾，这就意味着法定数字货币会像纸币一样具有国家信用背书性质。

2. 在货币的运行结构上兼容中央银行和商业银行的二元体系。法定数字货币要兼容目前"中央银行、商业银行"二元体系，央行和商业银行在网络中节点权限不能像比特币一样是对等的。央行作为银行的银行，商业银行的授权、审查和激励和风险管控职能，承担货币清算，整体账本的维护；商业银行负责申请数字货币，直接面向社会，搭建应用生态体系。此外，只有借助现有的银行账户体系，充分利用现有银行成熟的 IT 基础设施和服务体系，才能降低法定数字货币的推广门槛，无缝实现对纸币的补充、有效替代。

3. 在货币系统性能上侧重考虑。影响比特币吞吐量很重要的原因是比特币采用的工作量证明机制（POW），7 笔 / 秒的 TPS 处理能力远远无法支撑中央银行的数字货币系统。比特币是一个开放网络，基本假设是诚实节点和作恶节点都可以随意进出这个网络。而在法定数字货币网络中，其他节点都是央行授

权并已知的节点，作恶的可能性很小。在这一假设下，对于系统的整体安全的保障要求可以相对降低，设计上更偏向于性能的考虑。

（二）货币发放

仍采用现行纸币的发行流通模式，即由中央银行将数字货币发行至商业银行业务库，商业银行受央行委托向公众提供法定数字货币存取等服务，并与中央银行一起维护法定数字货币的发行、流通体系的正常运行。该模式更容易在现有货币的运行框架下让法定数字货币逐步取代纸币，而不颠覆现有货币的发行模式，而是可以调动商业银行的积极性，共同参与法定数字货币的发行流通，适当地分散风险，加快创新服务，更好地服务实体经济。

（三）货币使用

法定数字货币主要分为以下步骤：

1.申请数字货币。商业银行将保证金转入央行持有的特别账户作为担保，申请换取法定数字货币。

2.生成数字货币。央行留存保证金，转换为等额的数字货币。

3.发放数字货币。央行将数字货币转入商业银行的数字货币账户。

4.商业银行应用。商业银行向公众提供法定数字货币存取、交易等服务。

5.赎回数字货币。商业银行向央行申请赎回数字货币。

6.销毁数字货币。央行销毁所赎回的数字货币。

四、中国法定数字货币与人民币国际化

美元霸权引起了许多国家特别是经济大国的抗议和挑战，尽管日元、欧元等先后试图挑战美元，但由于货币使用的依赖性和惯性，美元独大地位在全球范围内仍没有发生变化。这样的国际货币治理结构体系低效运行，严重影响了世界经济健康发展。我们要吸取货币战争的经验教训，深化金融管理体制改革，保障经济社会健康持续发展的同时，不断提高人民币信誉和影响，积极推动完善平等互利的国际货币金融治理体系，审慎稳健地实现人民币国际化。法定数字货币出现很有可能打破国际结算体系的传统模式，削弱美元在国际市场的影响力，有助于人民币国际化进程的推进。国家开发银行法律合规局副局长孟刚在《法定数字货币与人民币国际化》一文中，将法定数字货币助力人民币

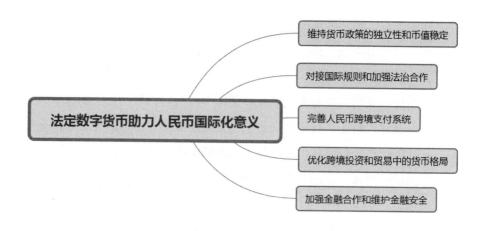

国际化价值意义总结为以下几个方面。

1.有助于维持货币政策的独立性和币值稳定。从英镑、日元、欧元等货币的国际化经验和教训看，货币国际化成功与否的关键是价值稳定，这样才能稳定国际社会预期，有助于各国接受该货币作为国际支付、结算、投资和储备货币。法定数字货币作为更安全的电子支付工具，能够加快金融资产转换的速度，有助于对数字经济发展提质增效。同时，法定数字货币提高了央行公开市场操作和调节利率的权力，央行对货币市场和金融市场的控制权则大大增强。中央银行作为法定数字货币发行人，可以直接穿透到最终用户，更易实施穿透式管理和统计监测，克服财政赤字货币化的冲动，还能通过前瞻条件触发设计，增强货币政策制定和执行的科学性，从而更加有利于坚持我国货币政策的独立性，保持人民币的价值稳定。

2.有助于对接国际规则和加强法治合作。对接国际规则和加强法治合作，是提高人民币国际公信力的关键，有助于人民币国际化从国际法角度得到国际社会更广泛认可。目前，大多数国家认可由中央银行主导的数字货币框架，并对数字货币的国际法治规范高度重视。二十国集团为促进国际金融体系稳定而设立的金融稳定理事会也专门发布报告，全面梳理了主要国际经济组织对数字货币等加密资产的研究及风险评估工作，确定了 25 个国家共 94 家加密资产监管机构以及 7 个相关国际组织的名单和职责。其中，我国国家互联网信息办公室、工业和信息化部、公安部、人民银行、银保监会和证监会被列为加密资产监管机构，并明确了各自职责。法定数字货币成功发行将是人民币从国际规则和法治合作角度实现"弯道超车"的又一重要契机。

3.有助于完善人民币跨境支付系统。健全的金融基础设施是经济稳定运行的基础，是金融市场的核心支撑，为改革开放的推进提供动力，有助于加快促进货币国际化进程。欧洲16国早在1950年就成立了欧洲支付联盟，有效解决了货币支付、结算和兑换等问题，有力助推了欧盟国家货币一体化发展。美国的清算所银行同业支付系统（CHIPS）和环球同业银行金融电讯协会系统（SWIFT）为提高和巩固美元的国际地位作出了决定性贡献。法定数字货币的发行流通，有助于我国加快人民币跨境支付系统（CIPS）等金融基础设施建设，健全人民币登记、托管、交易、支付、清算和结算等系统功能，将人民币交易系统的报价、成交、清算以及交易信息发布等功能延伸到各国的金融机构，加快形成支持多币种结算清算的人民币全球化支付体系。

4.有助于优化跨境投资和贸易中的货币格局。在跨境贸易和投资中货币的使用程度是衡量某种货币国际化程度的关键指标。截至2019年6月，美元、欧元、英镑、日元和人民币各自所占份额分别约为40.1%、33.74%、6.63%、3.73%和1.99%，各币种所占份额变动相对稳定。国际支付市场这种局面的形成有着复杂的历史原因，在20世纪70年代之后，石油、铁矿石、煤炭、天然气、粮食等全球大宗商品陆续以美元计价结算。基于国际主导货币的使用惯性和路径依赖，可以预判，在没有重大外力推动的情况下，国际支付市场的货币使用格局在中短期内很难会有根本性变化，这显然不利于公平合理地推进人民币国际化。发行法定数字货币为优化跨境投资和贸易中的货币格局提供了机遇。在数字经济时代，法定数字货币能够显著提升跨境投资和贸易便利化水平的金融科技，将是改变国际支付货币大格局的突破性力量。

5.有助于加强金融合作和维护金融安全。从历次国际金融危机来看，全球金融开放与金融安全不能得到合理兼顾。法定数字货币赋予货币独一无二的编码，可以准确溯源货币交易流向等重要信息，不仅可以有效防止洗钱等犯罪行为，还可以提高央行的宏观审慎管理水平和微观金融监管措施的准确性，特别是有助于各国共同加强跨境资本流动管理。法定数字货币有利于国际社会在资本流动、金融创新和监管等方面加强合作，提升维护全球金融安全的合作水平，进而提升国际社会对人民币的信任和接受程度。

第六章　金融科技行业应用——银行

　　据新华社消息，2020 年 6 月，中国人民银行发布数据显示，2020 年一季度末，我国金融业机构总资产为 332.94 万亿元，我国银行业机构总资产为 302.39 万亿元，证券业机构总资产为 8.83 万亿元，保险业机构总资产为 21.72 万亿元。从本章开始讲陆续介绍金融科技在银行、保险、证券行业的应用。

　　伴随中国在经济和金融领域的持续发展和改革，中国银行业的发展格局也发生了巨大变化。从历史的角度看，改革开放 40 余年间中国银行业发生了两个维度的演进：一是生产关系的演变和重构；二是由科技带来的生产力变革。生产关系演变大体可分为专营化、商业化、股份化、市场化几个阶段，不是本书关注的重点，故不具体展开，而科技带来的生产力变革可分为三个阶段：（1）金融信息化阶段，主要为计算机硬件、软件的部署与实施，实现了银行业务流程的电子化和一定程度上的自动化、无纸化，提高了业务的吞吐量和业务流程的效率；（2）互联网金融阶段，利用互联网在一定程度上代替物理网点，在线提供金融服务，实现渠道变革；（3）金融科技阶段，利用大数据、云计算、人工智能、区块链等技术，实现全方位金融服务能力的提升。

金融信息化　　互联网金融　　金融科技

金融科技阶段和金融信息化、互联网金融两个阶段的本质区别是科技与金融业务的关系。在金融信息化阶段，科技仅负责提升业务的效率，而不会改变金融业务本身的服务对象、内容和方式。在互联网金融阶段，科技支持银行通过互联网向客户提供服务，例如人们已经比较熟悉的网上银行、手机银行、直销银行等，但服务实质仍然是传统银行服务，也就是客户仍然可在物理网点获得同样的金融服务，只是在网上办理相对简便快捷。在上述两阶段，科技对金融起到的仍是支持作用，但在金融科技阶段，科技将由后台走向前台，一些前所未有的业务和服务将得以实现，一些之前无法得到高质量金融服务的长尾客户的需求将被满足，科技将成为银行业务创新发展的革命性力量。现在，银行业正处于由互联网金融阶段向金融科技阶段的过渡期。

第一节　银行业拥抱金融科技势在必行

在当前和未来的一个时期内，中国银行业的主要矛盾是实体经济和人民群众对革新性金融服务的需求与银行服务能力不足的矛盾，这个矛盾能否解决，关系着银行业未来的持续发展，在这一过程中，金融科技将扮演不可或缺的重要角色。

一、银行业务简介

商业银行（下文简称"银行"）在金融体系中居主导地位。银行是中央银行与金融市场之间的桥梁，也是中央银行与实体经济之间的桥梁，在货币供给机制中，央行提供基础货币，银行通过货币乘数效应，创造更多的派生货币。因为上述特性，银行是商业金融机构中唯一具有货币创造功能的机构，这是银行同证券、保险等其他持牌金融机构的本质区别。

（一）银行经营的原理

1.银行经营的"三性"原则。银行经营的原则是三性平衡，三性指的是安全性、流动性和盈利性。三性之间相互影响，相互制约，缺一不可。（1）安全性指保证资本金的安全，保持足够的清偿能力。合理安排资产规模及其结构，确保自有资本的比重，合法合规经营。（2）流动性指保持随时能够以适当价格

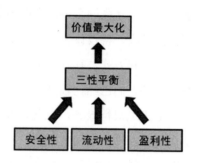

取得可用资金的能力，随时满足客户支付、存取款等需求。负债筹资方式和资产变现方式可靠，变现成本适当，变现速度快。（3）盈利性指力争取得最大限度的利润，以最小的成本费用换取最大的经营成果。

2. 银行的收入来源。银行以其金融服务以及对流动性风险、信用风险的承担获取相应收入。（1）银行收入来源之一是提供金融服务，赚取服务费：银行作为资金供求双方的中介，以其提供的专业化金融服务获取收入。以信贷服务为例，银行搜集借款人信息，分析客户经营情况、还款能力，贷款发放后，持续跟踪借款人的经济情况，进行贷后管理工作，此外，银行还为客户提供支付结算、代理、担保、交易、咨询顾问等金融服务。（2）银行收入来源之二是承担流动性风险，赚取期限错配利差：银行作为资金的整合平台，能够吸引规模巨大的短期资金，并利用短期资金的长期沉淀作用，实现期限不同的借贷资金对接工作，从而同时满足借贷双方的融资、投资需求。正常情况下，短期利率低于长期利率，银行通过短存长贷，实现期限错配利差。（3）银行收入来源之三是承担信用风险，赚取信用补偿：在信贷业务中，如果借款人无法按时偿还贷款，银行有责任以自有资金偿还存款，也就是说，借款人违约无法还款的信用风险由银行承担。银行为此获取收入，是对其承担的信用风险的补偿。对不

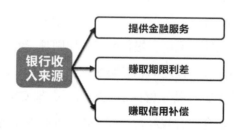

同信用风险的贷款，银行会在评估后给予不同的信用风险定价。

（二）银行的业务体系

从资产负债表的角度划分，可以将银行的业务体系分为三大类别：负债业务、资产业务和中间业务（含表外业务）。金融科技与银行业的碰撞与融合，也需围绕银行的业务体系。

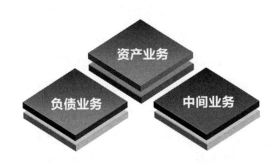

1. 负债业务。负债业务是银行获取资金的业务，是银行各类业务的基础，主要由自有资金、存款和借款组成。存款一般包括活期存款、通知存款、定期存款和大额存单。活期存款指没有固定到期日且存款人不需预先通知银行即可随时提取或支付的存款，是银行最重要资金来源之一，且资金成本低，对大多数银行而言是全部有息负债中资金成本最低的部分。通知存款指存款人在存入时不约定存款期限，在支取时需提前通知银行的存款，一般而言资金成本也较低。定期存款是由存款人和银行预先约定存期的存款，定期存款占银行存款比重较高。由于定期存款比较稳定而且存款期限相对比较长，从流动性角度看为银行提供了稳定的资金来源。大额存单严格而言属于定期存款，但有一定特殊性，能够流通转让，能够满足存款人流动性和盈利性的双重要求，是存款证券化的雏形。借款一般包括央行借款、同业借款、发行债券等。向央行借款指银行通过再贴现、再抵押和再贷款等方式向中央银行借款。同业借款包括同业拆借、发行同业存单、同业存款，指银行向其他金融机构借款，资金在金融系统体系内融通。发行债券指银行在资本市场发行金融债，直接向资本市场融资，包括一般的金融债，也包括小微金融债、绿色金融债等特殊债券。

2. 资产业务。资产业务是银行运用资金的业务，是银行获取利润的主要方式，衡量一家银行经营是否成功，在很大程度上即取决于资产业务开展的结果。贷款业务是银行最主要的资产业务，主要对个人、企业等发放贷款。贷款有多种分类，从担保方式维度分为信用贷款、担保贷款、抵质押贷款三类。信用贷款指的是凭借款人的信誉，不需提供任何抵质押品和担保的贷款。担保贷款指的是由第三方提供担保，向借款人发放的贷款，在借款人无法偿还贷款时，由担保人代为偿还。抵质押贷款是以房产、存货、厂房、设备、证券、收益权等为抵押或质押的贷款。资产业务的另一个主要组成部分是投资业务，银行投资的方向主要为三类：一是债券投资，包括国债、政策性金融债等利率债，以及企业债、地方政府债等信用债；二是同业存款、同业存单、同业理财等同业投资；三是投资资产支持证券（ABS）、证券投资基金以及一些非标资产等。

3. 中间业务。中间业务是银行依托牌照、业务、技术、信誉、人才等优势在资产负债业务之外提供专业金融服务并收取手续费的业务，例如：转账等支付结算业务、银行卡业务、代理代销保险、基金、贵金属等代理类业务，理财等资产管理业务，以及开具承兑汇票、信用证、保函等。中间业务具有资本占用低或不占用、稳定性好、持续性强、风险低等优势，一定程度上体现了银行的核心竞争力和创新能力，通常情况下，中间业务品种较为丰富、中间业务收入占比较高的银行可以获得更高的资本收益率，在市场上也更能获得认可。

（三）银行的组织构成

为了有效防控风险，提升业务处理的集约化水平和效率，更好地为客户提供优质服务。银行秉承以客户为中心的经营理念，持续推动组织重构、流程再造，业务经营体系逐渐演变，在组织架构上已趋于稳定，当前主流银行普遍采用前台、中台、后台三层架构。

1. 银行前台。前台是负责业务营销、直接面对客户提供服务的部门，也包括直接在金融市场上代表银行从事交易的部门。一般按客户类别划分部门，例如：公司金融部、个人金融部、同业金融部、小微金融部、金融市场部等。客户经理、理财顾问、柜员、交易员均属于前台岗位。

2. 银行中台。中台基于对宏观市场环境、内部资源情况和监管要求的分析，制定银行业务经营和风险管理的策略，为前台部门和人员提供专业方面的支持，并进行资源分配和风险控制。中台一般包括战略规划、风险管理（信贷审批)、计划财务(资产负债)、产品开发、渠道管理、人力资源管理等职能。

3.银行后台。后台主要是进行业务和交易的处理和支持,以及共享服务、后勤支持等部门,包括会计处理、运营支持、统计报送、IT支持、客服中心等。

二、银行面临的挑战

由于银行在货币创造过程中的特殊且不可替代的作用,广义货币 M2 的主要构成是银行存款,只要广义货币规模持续扩张,银行业的资产负债规模就将伴随增长,更大的规模意味着更高的收入,长期以来,银行面临的竞争主要集中于各个银行之间,银行通过大规模设立分支机构、丰富产品、进行品牌营销等方式,争夺其他银行的客户,从而获得资产负债规模和盈利的增长。但近年来,银行所面临的外部环境出现了显著变化,面临着前所未有的挑战。著名管理咨询公司麦肯锡经过对全球各大银行的分析认为银行业面临的挑战异常严峻,未来能活下来的银行只有五分之三,世界顶级咨询公司的观点切中了银行业的痛点,被形象地誉为"银行业死亡笔记",对全球各大银行包括中国银行业敲响了警钟。银行业面临的挑战主要来自以下几方面:

(一)金融环境

在经济增速趋缓的大背景下,银行资产负债表快速扩张的窗口期已过,价格上,在传统利率管制的环境下,银行利用稳定的存贷利率价格差获取利润,随着利率市场化改革的逐步深化,目前人民银行引入市场利率定价自律机制以行业自律的形式进行协调，贷款利率已经完全放开，存款利率逐渐放开，利率市场化改革加速推进给银行业带来直接冲击，银行间对于存贷款业务的竞争加剧，存贷利差缩窄的预期得以确立，这直接动了银行业的"奶酪"。与此同时，金融对外开放深化，银行的外资股比限制被放开，具有较高知名度和较强业务经验的国际银行机构将更深入地进入中国市场，并于国内银行业金融机构形成充分竞争。

（二）监管政策

金融防风险成为主要任务。据新华社消息，2018年5月15日，国务院副总理刘鹤在十三届全国政协"健全系统性金融风险防范体系"专题协商会上指出："要建立良好的行为制约、心理引导和全覆盖的监管机制，使全社会都懂得，做生意是要有本钱的，借钱是要还的，投资是要承担风险的，做坏事是要付出代价的。"在这一背景下，金融监管持续趋严，在公司治理、监管套利、违法违规展业、影子银行、通过关联交易进行利益输送、定价收费、案件与操作风险等领域，强监管政策持续发力，对银行形成了前所未有的全方位严格要求。包商银行事件已经证明了强监管的必要性，也预示着后续一段时期内的监管强度会只强不弱。在要求银行加强风险防控的同时，监管部门重点支持普惠金融、绿色金融等领域的发展，对金融科技总体持肯定态度。在鼓励银行依法合规进行金融科技创新的同时，监管部门自身也在利用金融科技手段提高监管能力，打造更准确、及时、高效的监管能力。

（三）客户需求

虽然以银行为代表的金融机构加快金融产品创新和提升服务能力，但也越来越多地受到了来自阿里巴巴、腾讯、京东、美团、小米等互联网企业的挑战。具体体现在金融脱媒加速，非银行业持牌金融机构和互联网科技企业等非金融机构通过多种方式提供银行服务的替代选项，银行面临更激烈的市场竞争。

随着银行业金融机构数量的增长，银行提供的金融服务和产品的同质化现象愈发明显，市场上银行间的低效竞争不断加剧。银行网点布局扎堆，对大型企业客户多头授信，偏好"垒大户"，同质化竞争引发同质服务的供给过度与特色服务的供给不足并存的问题。尽管一些银行作出了变革的努力，但在业务结构、客户构成、产品设计、收入来源上，各银行差异化仍不明显，"没有特色、特色不特"的情况普遍存在。

在企业客户方面，随着资本市场的加速发展，直接融资的便利性快速提升，也体现出较强的成本优势，大型企业融资逐步转向资本市场，中小微企业金融服务将成为银行服务的重要市场，与此同时企业也在积极拥抱数字化转型，银行提供的服务需要跟上企业数字化转型的步伐，在为企业提供资金融通服务的同时，协助企业服务好其客户、照顾好其员工。在个人客户方面，人民收入水平和理财意识的持续提高，增加了包括消费金融以及资产管理等个人金融需求，客户行为模式也发生了巨大的变化，相比过去，新一代个人客户更加看重方便、快捷、多渠道的体验，体验成为客户选择银行服务的重要考量之一，方便、快捷的体验也带来一个副作用，就是更换银行、更换金融产品的成本大幅降低，导致客户对银行的忠诚度下降。在传统的银行经营范式中，很难打破同质化竞争的桎梏，金融科技能否成为银行打开差异化和特色化大门的钥匙，还需要时间来证明。

（四）技术冲击

除了上述四点，对银行业冲击最大的当数金融科技。这种冲击不是外部性的，而是内部性的，从业务种类看，几乎涵盖了银行所有主体业务，包括贷款业务、存款业务、投资业务、支付结算、理财等中间业务等。互联网金融、金融科技击中了传统银行的软肋，依托互联网新经济平台的互联网金融、金融科技企业，其高效、透明、公开的特性，其依托科技对金融交易对象的需求和信用状况的洞察，其平台上的海量客户和大数据基础，是传统银行不具备的。

随着人工智能、大数据、云计算、区块链、物联网等新技术的应用，银行发展趋向服务智能化、业务场景化、渠道一体化、运营数字化。新技术带来新的风险，金融业务与商业场景高度融合，风险更复杂、风险跨界传染性增加、风险传播速度加快、风险捕获难度增大、风险链条变长，需要与之匹配的风险防控手段。

三、金融科技为银行带来的机遇

人类社会和经济的发展史有力地证明，对金融中介的需求并不会消失，提供融资服务将持续有利可图。面对环境的变化和严峻的挑战，银行必须采取一系列举措，积极拥抱金融科技，提升服务的质量和效率，夺回客户的青睐。2019 年 8 月，中国人民银行印发《金融科技（FinTech）发展规划（2019—2021 年）》，意味着中国金融科技领域第一份科学、全面的规划正式出炉，为银行运用和发展金融科技提供了指引。银行通过金融科技的理念和实践，解决转型发展的痛点，提升客户价值，实现金融科技向银行赋能，银行向实体经济赋能的良性发展态势。在此列出具有较大潜力的四大机遇：

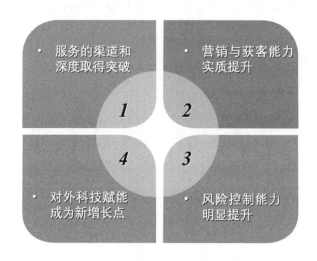

（一）服务的渠道和深度取得突破

"线上、线下两手抓，两手硬"，通过互联网渠道依托 5G、VR/AR 等新技术为客户提供全方位、多层次的线上金融服务，同时持续发挥线下物理网点及自助服务设备的优势，通过在线渠道与物理网点、自助设备等的数据互通和服务整合，构筑线上线下一体化的服务模式。

在开放银行的理念下，API（应用程序编程接口）等技术工具允许银行在各行各业的合作伙伴便捷地调用银行的各项业务能力，在各类生产生活场景中嵌入银行提供的金融服务，实现对客户而言随处可用的金融服务，银行将不再依赖物理网点等专有的渠道，甚至长期看不再依赖自建的网上银行、移动 APP 等互联网渠道，实现无须自建渠道，但又处处是渠道的全新状态。

对于银行物理网点，也将在金融科技的赋能下进化和变革，通过使用算法模型和数据分析来精确了解网点所在区域的细分市场，乃至了解网点所辖每名客户的需求和偏好，同时对网点采取的各项营销活动进行事前效果预测和事后效益分析，实现精确地以数据驱动的网点运营。

（二）营销与获客能力的实质提升

尽管当前银行在网上银行和手机银行等方面已取得明显的进步，但仍有很大提升空间，目前网上银行和手机银行仍主要作为一种提供传统银行服务的渠道，在获客方面乏善可陈，直销银行取得了一定进步，但仍没有实质突破。在挖掘潜在客户方面，金融科技能够支持基于数据分析来确定客户和客群的喜好，准确预判客户对金融服务的潜在需求，进而采取针对性的营销方式，并辅以个性化的产品及服务模式。精确的营销策略和个性化的产品与服务不仅能增加收入，还能降低获客成本，在银行的产品和服务实现精准化和个性化后，银行将不必为了满足客户选择的可能性来保留大量低效益产品，维护这些产品产生巨大的成本（例如运营成本和 IT 成本）将大幅下降。优化银行的产品和服务组合不仅能够降低成本，还会避免客户选择其不需要的产品，在提升银行效益的同时提升客户满意度。

（三）风险控制能力明显提升

通过银行自有数据和从第三方（合作方或数据市场）获取的数据，运用大数据分析、人工智能（深度学习）等技术优化风险分析模型，精准刻画客户风险特征，生成全面的客户信用风险评估报告，判断客户的偿付能力和偿付意愿，有效识别高风险交易。与传统的方式相比，基于金融科技的风险控制体系能够变静态风险计量为动态风险计量，切实提高银行业务风险识别和处置的准确性，使银行具备对存量业务和拟开展业务进行每时每刻且成本可接受的风险监测识别的能力，实现在风险事件暴露之前的风险预警，并合理提供早期干预的措施建议，避免潜在损失，真正做到风险早识别、早预警、早处置。

（四）对外科技赋能成为新增长点

传统上，银行是被科技赋能的主体，银行也是各金融 IT 服务商眼中的重要客户，但近年来，一些在金融科技领域有一定积淀和能力的银行纷纷设立金融科技子公司，在服务本行实现数字化转型发展的同时，将平台系统、技术能力，甚至营销与风控等业务能力向其他银行、非银行金融机构、企事业单位等进行科技输出，在业界也产生了一定影响力。银行系金融科技子公司优先输出的是已经在本行落地且被证明能够切实提升业务和技术水平的成功产品和能力，这些产品和能力的输出，不仅为银行提供了金融业务之外的收入来源，更重要的是，让银行作为赋能方与被赋能方在数据标准、技术路线、业务模式、管理机制等方面的相互认知更加深刻，形成金融科技合作生态圈，在金融和非金融领域激发出更多的合作机会，进而反哺银行主业。

第二节　金融科技在银行业的应用

在监管、行业、客户需求等外部环境显著变化的背景下，银行业面临着前所未有的严峻挑战，为了迎接挑战，抓住机遇，必须积极进行数字化转型，拥抱金融科技，借助科技赋能创造更大的业务价值，在行业竞争中脱颖而出，为客户提供优质高效的金融服务，服务实体经济的发展。

转型变革必须来自内部，对很多银行而言，这一变革将是巨大的，也将伴随着一定痛苦，"变革"这个词汇在银行业年年都能听到，一些银行甚至出现了变革疲劳，但银行别无选择，原地踏步只能是"死路一条"。好消息是，全行业的变革将释放和创造大量新的市场机会，转型成功的银行可以获得巨大回报。

传统银行转型的目标是成为数字银行。数字银行是指所有经营及管理活动全面数字化的银行，体现在不再依赖于分支机构网络（无论是否设立分支机构），而是依托金融科技为客户提供在线化、场景化、定制化的金融服务。相较于传统银行，数字银行的主要特点见下表：

比较维度	传统银行	数字银行	发展趋势
客户	更关注高利润客群	覆盖长尾客户	长尾化
渠道	以物理网点、线下渠道为主	以线上移动渠道或 第三方渠道为主	移动化
业务	低频业务、黏性低	数字化高频服务、黏性高	高频化

续表

比较维度	传统银行	数字银行	发展趋势
产品	传统银行服务	场景化金融服务	场景化
风控	主要使用带有信用属性的金融数据，以人工审核为主，审核成本高、周期长	依托大数据分析进行智能化风控，成本低、周期短、覆盖广	智能化
数据	多以系统为边界自治	数据开放、共享，以数据驱动	平台化
设计	以方便管理运营为设计思路，用户操作复杂	以用户体验为设计思路，用户操作流畅便捷	体验化
IT	中心化架构、瀑布式开发、按批次发布	分布式架构、敏捷开发、持续交付	敏捷化

典型数字银行的金融科技应用架构如下图所示：

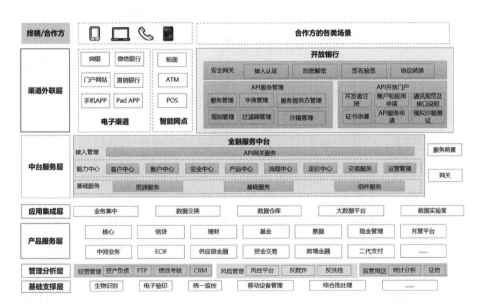

本节从营销获客、产品服务、风险管理、渠道与运营等方面出发，选取金融科技在银行业的典型应用进行阐述：

159

银行业务	典型的智能化技术
前台业务	远程身份认证、智能客服、催收机器人等
中台业务	目标用户识别和智能推送、智能风控等
后台业务	智能语音质检、智能运维、联邦学习等

资料来源：顾敏编写的《金融智能化时代银行面临的挑战与应对之策》。

一、营销与获客

（一）获取低成本负债

1.获取低成本负债的挑战。对大部分银行而言，存款是全部负债中成本最低的部分。传统上银行业推崇"存款立行"，表明吸收存款在银行经营中的重要地位。长期以来存款利率被政策性地控制在低位（相比于资金市场利率而言），吸收存款后开展任何资产业务都有可观的利差空间。但是在利率市场化和互联网金融的双重冲击下，银行存款在构成上已经发生了巨大变化，低成本存款的获取难度显著增加，具体来说：（1）第一部分是具有财富储藏和投资升值功能的存款，由于收益率不具备竞争力（大部分存款收益率低于通货膨胀率），已被理财等市场化的固定收益类资产（期限更短、收益更高）所替代，这部分存款现在主要来源于习惯性信任银行的中老年客户，这部分客户对金融行业的发展不甚了解，对理财、基金等金融产品充满着不信任感。部分银行靠着大额存单、结构性存款等高利率产品或在计结息规则（用周期结息代替到期结息）上对客户让利，来提升存款的竞争力，但由于存款需要交纳法定存款准备金和存款保险费，且银行的运营成本高于专业的资产管理机构，很难将存款收益提升至市场化的固定收益类资产的水平。（2）第二部分是靠承担信用风险来获取的由贷款派生而来的存款，但在信贷规模受人民银行窗口指导管控和宏观审慎评估考核等硬性约束下，在优质信贷资产存在周期性"资产荒"的背景下，信贷供给存在很大的非自主性，这部分存款对于银行来说不可控性很大，在信贷资源紧张的时期也体现出不经济性。（3）剩下的第三部分也就是客户使用银行提供的支付结算服务过程中沉淀的结算性活期存款，这部分存款是银行成本最低的存款，也最难获取，在某种程度上，这部分低成本存款的占比代表着银行的盈利能力和市场竞争力。

作为银行负债业务的"明珠"，结算性存款是兵家必争之地，传统上银行通过物理网点辐射一定范围的客户获取个人结算性存款，通过大量对公客户经理与客户建立良好关系获取对公结算性存款。而在互联网第三方支付平台高度普及的背景下，支付宝、微信支付等提供了更为便捷的支付方式，个人不再依赖银行卡作为支付的主要方式，商户也不再依赖 POS 机作为收款的主要方式，大型企业也纷纷设立财务公司，降低了对银行的依赖，这些均对银行获取低成本的存款构成了直接挑战。

2.通过多元化服务增加个人结算性存款。结算性存款不能仅靠营销，更多是要靠服务。对于银行的零售业务，不局限于传统银行业务的范畴，以客户的综合财务管家为己任，对个人客户提供存款、贷款、支付转账等传统银行业务之外的"一揽子"金融服务，在一定程度上替代财务顾问、财务管家，例如消费记录、资产清单、资产配置健康度分析、财务规划等。

银行可以利用功能丰富的移动端 APP 以及整合多渠道数据来源并进行深度数据分析的能力，尽可能全面地掌握客户的各类财务信息，帮助个人客户打理财富管理的方方面面，通过数字化手段提供低成本、高体验的虚拟财务顾问、财务管家服务，提高客户的依赖度，吸引客户将银行账户作为用于日常资金周转结算的常用账户，有效形成账户活期存款的沉淀。

3.人力资源服务与金融的融合。"工薪族"是现代社会的中坚力量，员工的薪酬福利是公司银行业务和个人银行业务的一个关键连接纽带。传统上在这一领域银行仅有代发工资、公积金贷款等为数不多的服务，在金融科技的赋能下银行可以发掘好这一纽带的巨大价值。在社会各行业发生转型变革的大环境下，企业对人力资源和人工成本进行精细化管理的需求逐步增强，而与资金财务相关的部分一直是人力资源管理的一个敏感点与难点。

银行作为规模较大、人力资源密集的企业可将自身的人力资源管理能力整合提炼，或与专业的第三方人力资源服务机构合作，与税务局、社保中心、保险公司、公积金中心等实现数据打通，再由银行主导对各类数据进行整合分析运用，协助中小型企业客户管理相关事项，这类服务包括但不限于：工资薪酬管理、绩效考核管理、个人所得税筹划、薪酬及奖金的递延发放、补充养老金、企业年金计划、股权激励管理、个人及家庭的财富管理与规划、保险计划（社保及商业保险）、公积金管理等诸多门类。做到同时满足企业客户和个人客户的需求，解决客户痛点，提升企业客户和其员工的关系，也密切了他们与银行的关系，有助于引导企业和个人客户将银行账户作为用于日常资金周转结算的常用账户，有效形成账户活期存款的沉淀。

（二）"获客"与"活客"

银行可以通过"明确重点客群、规模化获取客户、个性化经营客户"三步走的策略，实现以客户为中心的营销及服务策略：

1.明确重点客群，深刻理解客户。基于大数据和深度学习技术，银行可以汇集并运用自有和第三方的海量客户信息和客户行为数据，借助机器学习等技术进行深度分析，为每位用户打标签、归类。基于各标签的评价维度，可以将客户准确地归纳至客群中。完成客户分群后，银行以此作为基础，真正理解客户，这是银行开展营销活动、确定下一步策略至关重要的前提。银行可以从客户需求、产品和服务、竞争对手动态、趋势规律四个方面出发，进行数据的挖掘和分析，深入理解客户需求和特征。基于分析结果制定最佳的策略，例如：下一步应提供什么样的产品，怎么样让客户知道这款产品，客户知道后该怎样持续跟进，这些策略可以通过模型自动形成并生效。策略的制定服务于接下来的两个关键环节：一是规模化的客户获取，二是个性化的客户经营。

2.规模化获客。银行充分利用移动互联网这一与客户接触的高效媒介，通过自身开展营销活动或与第三方合作快速获取优质流量，通过智能个性化营销、裂变营销、场景化营销来进行流量转化，从而实现大规模的获客。规模化获客的关键在于依托互联网，降低信息传播的壁垒，加快信息传播的速度，在短时间内形成"引爆点"效应，充分调动员工、新客、老客、渠道等力量，借助客户的社交关系进行营销信息的"病毒式"传播，贡献流量和客户转化，实现爆炸式的客户增长。

3.个性化活客。完成客户获取后，银行可以通过更有针对性、个性化的经营和管理，促进客户的留存和重复使用银行服务，达到"活客"的目的，提升客户价值。其核心在于把握产品、定价、渠道、营销活动四个要素，基于数据分析和深度学习的结果，提供有针对性的产品及配套权益，匹配差异化的定价机制，在合适的渠道开展最具影响力的营销活动。同时，一个好的营销策略应当基于客户需求实现功能、个性、情感上的价值主张。例如：在消费信贷领域，根据客户不同的消费标的（例如：房屋、汽车、婚庆、装修等）、不同的消费特征（例如：大额低频、小额高频等）、所需要的不同服务和特征（例如：快捷放款、随借随还、分期还款等），提供精准、恰到好处的产品来满足客户的多样化、个性化需求。

这种高度的个性化对银行在数据处理、系统性能、系统灵活性等方面的科技能力提出了很高的要求，可以说在上述策略中，数据技术扮演了核心的角色。（1）银行需提升对客户的理解及预判，从而实现精准触达和智能优化。银行通过基于大数据的多维度分析和挖掘，精准绘制出客户的数字画像，制定相应的客群策略，并对客户行为作出预判（包括何时何地偏好何种产品）。（2）通过预先设定好的规则，自动挖掘具有意义的触发事件，在合适的时机自动触发营销内容及手段，实现主动式精准触达。（3）通过深度学习等数据挖掘技术，自动、智能地不断优化和完善初始的营销策略和方案，将营销策略由静态变为动态，不断提升客户筛选和产品适配的精准度。

二、产品与服务

（一）抓住小微金融的蓝海市场

小微企业融资难、融资贵的呼声存在了多年，小微金融业务是监管部门倡导的"金融服务实体经济"的重点，同时也是银行业自身的老大难问题。其症结在于小微企业贷款的风险管控：小微企业的数据可得性差、可信度低以及欺诈风险严重，加大了风险管理难度，同时小微企业的规模也决定了其抗风险能力较弱，自身经营发展的不确定性较大，因此，基于数据科技的前瞻性风险管理对于小微金融业务尤为重要。业务模式的发展对风险管理提出了新要求，同时也带来了更丰富多元的数据，培育了更强大的模型，为提升风控能力、解决小微风控难题提供了更多可能性。

随着小微金融业务发展的深入，客户需求也在不断提升。小微企业不再满足于银行提供简单的支付结算和单一的贷款服务，而是希望能够通过一个"一站式"的综合服务平台，解决日常经营中的一系列金融乃至非金融需求。由于移动互联网技术的长足发展，小微企业对于申请流程的线上化、互动性、即时性要求日益提高，面对这样的需求变化，银行同样需要调整管理思路，以更偏向零售的管理模式对小微业务进行管理。

1."一站式"综合服务平台。小微企业员工数量少，往往无法对各类职能管理需求设立专业的部门和专门的人员岗位，银行提供的支付结算和贷款服务只能满足小微企业日常经营管理需求的一小部分，而不能满足小微企业的综合管理需求。除了传统的支付结算和贷款需求外，小微企业还面临一系列金融需求和与金融服务相关的非金融需求，包括会计记账、资金管理、工资管理、福利管理、员工保障、应付账款和应收账款追踪、融资和税务筹划等。

包含金融和财税、人事等管理服务的一体化平台日益受到小微企业的青睐。这就要求银行打通内部可供小微企业使用的产品与服务，将其整合为统一的行内小微服务门户，通过互联网、移动互联网和数据 API 对外提供服务，以优化小微企业的客户体验。在此基础上通过积极对外合作引入更多的非金融服务，打造专门服务于小微企业、小微企业主、小微企业员工的生态圈体系，通过提供更综合化的产品及服务，应对客户综合化、一站式的服务需求。

2.运用科技提升小微客户体验。在小微金融业务中，客户日益追求简洁、透明、高效、个性化的业务体验。尽管线下渠道当前仍然是小微金融业务的重要渠道，但随着移动互联网技术和开放银行的不断发展完善，在线开展业务在快捷、便利、透明等方面的优势愈发显现，能够以更低的成本为客户提供个性化的服务，小微金融业务的整体线上化趋势已经十分明显。

在提升小微金融业务的客户体验时，银行运用多方数据聚合、数据分析挖掘、生物特征识别、物联网等技术，对业务的每个关键环节及客户触点进行优化，减少需客户操作的流程步骤，减少需要客户提供的资料，确保业务全流程对于客户而言容易理解且操作简便，且能够实时响应，将金融服务方案和服务的预期结果（例如贷款业务中的贷款金额、利率利息、还款频率和时点、还款金额、提前还款政策等）直观展现给客户。在客户接受服务的过程中，持续采集客户使用的相关数据，获取客户的意见建议，用数据反哺银行的业务模型，按照小微企业客户经营状态的变化，灵活、动态地调整服务的内容和定价。

3.标准化带来低成本、高效率。业务笔均金额小、审批环节多且缺乏标准化，是传统小微金融业务的核心痛点之一。从另一种角度说，小微金融业务以"大中型企业金融业务的模式在运作"，但是又缺乏大中型企业金融业务的规模效应（收益能覆盖各类成本），这使得传统小微金融模式难以为继，银行不愿开展，或者只能以更高价格开展，也就是"融资难、融资贵"。然而，随着业务不断往更"小"的方向发展，在服务于规模更小的企业时，出于效率及成本的考量，银行需要对小微业务进行标准化，而金融科技使得标准化成为可能，标准化包含三个方面。（1）客群标准化。相较于大中型企业，小微企业经营不稳定的概率较大，平均寿命较短，但是概率相对较大不意味着大部分都经营不稳定，寿命短也不意味着每家小微企业都无法发展，实际上有很大一部分小微企业能够长期稳定经营，一些能够成长为大中型企业，因此发现并选择优质的客群尤为重要。这只能依靠科技的力量，通过 5G、物联网、大数据等技术采集小微企业的各类相关数据，运用人工智能（深度学习）进行数据分析挖掘，精准刻画优质小微企业的画像，将优质有潜力的小微企业筛选出来，锁定值得重点发展的客群。（2）场景标准化。配合客户画像，综合考虑获客效果、获客成本及获客效率，选取合适的线上及线下场景，批量获取优质客户。例如对商户的分析判断不能离开商户所处的商圈，也不能离开商户自身客户来到商户的消费场景，只有积极收集并运用好与此相关的数据才能有效对场景形成判断，进而提供针对性的金融服务。（3）产品标准化。从客户需求和场景出发，为每一类客群提供针对性的标准化产品组合，并对其在产品类型、渠道、增值服务等方面尽可能标准化，提高透明度，这样既能提高申请流程的效率，提升客户体验，又有助于降低单客服务成本，实现银行与客户的"双赢"。

（二）远程银行：和在网点一样亲切

远程银行是通过视频通信、电子及生物信息采集等科技手段，把在银行物理网点办理的业务迁移到互联网或自助机具（远程柜员机）上办理，同时让客户的体验与在银行网点办理业务相同或相近的一种新型银行服务模式。

虽然银行业务在线化是大的趋势，但仍有大量客户（例如老年群体）认为银行的服务是建立在人与人的面对面关系之上的，而远程银行正是通过视频技术解决用户面对面办理业务的诉求。用户通过移动 APP、微信、自助设备等多个渠道与银行远程柜员（或各类业务专家）进行"面对面"高清视频通话即可完成业务办理，延展银行柜台服务边界，为用户提供触手可及的金融服务。国内部分大中型银行已经开始采用视频聊天技术，帮助客户在任何地方与银行进行及时有效的互动，在一定程度上弥补了线下物理网点数量持续缩减的影响。远程银行已经成为银行服务客户的有效帮手，主要包括以下四个优势：

1.赢得客户信任。远程银行成为客户使用自助服务时的"真人"客服，在客户需要帮助的时候及时通过实时视频提供服务，有利于银行在客户心中树立好感，赢得客户的信任，增强客户对银行的黏性。

2.准确识别客户的需求。很多时候，客户与银行之间存在信息障碍，客户在使用移动 APP、网上银行等在线渠道时尤为突出，例如不知道某项业务的操作流程，导致了银行不能快速准确地识别客户的情况和遇到的问题，难以提供合适的解决方案。运用远程银行，银行就能够以自然语言与客户交流对话，并看到客户所处的环境和由客户面部表情所传递的情感信息，能够准确了解客户的诉求，对症下药解决问题。

3.提升业务效率。一些金融产品和服务，由于其复杂性和合规的原因，需要客户在办理业务时多次前往银行网点，与银行员工反复当面交流。这种时间和空间的不便利性（只能在银行物理网点营业的时间才能办理，一些时候还要与银行员工约定特定的见面时间）大大拉长了客户办理业务的周期，降低客户体验。视频聊天技术可以让客户随时随地与客户经理沟通，在满足合规要求的前提下，减少客户前往物理网点的频次，提升客户与银行互动的效率，从而提升客户的满意度，也降低了银行的运营成本。

4.优化银行人力资源配置。由于业务需求的不同，客户在到达银行物理网点后需要咨询的业务专家的类型往往也会不一样，但银行由于人力资源的限制不可能在每一个物理网点都配置足够的业务专家。远程银行可以整合所有的业务专家资源，基于人工智能，以类似网约车给司机派单的模式，将专业的服务按照客户的需求分配并实时输送给有需要的客户，即使在偏远地区也不例外。有了这项技术，客户随时随地都可以通过视频与全行的各类对口专家进行业务互动，银行的业务专家也提升了工作效率，避免了过于忙碌和过于空闲。

远程银行发展的第一步，是使用真人远程柜员，而随着人工智能驱动的三维 CG 虚拟数字人技术和自然语言语音识别、图像识别等技术的发展，虚拟数字人将能够有效代替真人远程柜员提供服务，而从客户的角度看，虚拟数字人的形象（面容的精细程度已经超过人眼能够分辨的程度）、声音、提供服务的专业程度与真人没有区别，甚至无法分辨出是真人还是虚拟数字人，更有甚者可以提供比真人更亲和的态度和更优质的服务，在某种程度上反过来取代目前的网上银行和手机 APP 的部分作用。届时银行的人工成本将前所未有地大幅降低，客户体验也将切实提升，有效满足各类客群的需求。

（三）新时期的农村金融

广大农村地区是中国中低收入人口和贫困人口的集中地，农村地区金融服务的发展程度对中国普惠金融的推进有决定性影响。农村地区产业化程度低、经营风险高，相关客群收入水平低，传统农村金融又存在信息不对称、信任机制严重缺失的问题，资本（资金）出于风险规避与逐利的特性很难自愿流入农村地区。随着时间推移，城乡差距加大，农村金融资源匮乏问题愈发严重，与城市形成较大落差。

从农村金融的发展困境来看，金融供给和需求的不平衡、不匹配是制约农村金融实现"普惠化"的最大障碍。金融科技为打破这一障碍提供了契机，银行借助金融科技扩大金融服务覆盖面，提高农村地区金融服务的可得性，能够有效解决农村普惠金融"最后一公里"的问题。具体来说，农村地区普惠金融的发展模式有：

1.在线涉农贷款。满足农村群体的不同需求而发展和衍生出多层次、多形态的在线信贷产品，精准满足了农业生产经营需求，扶持了"三农"群体。具体来说，针对"三农"群体，农业银行、邮储银行等传统涉农业务开展较多的金融机构与一些互联网金融企业合作为该群体提供方便、快捷、额度较小、期限适中、随借随还的信用贷款，取得了较好的反响。针对农村中小微企业的金融需求，银行一般提供农村小微企业专属在线信贷产品，或者与互联网金融机构合作在小额贷款基础上利用技术的优势，深入挖掘农业供应链的特征，提升风控能力，提供供应链金融等新型产品与服务。

2.服务"三农"的综合性普惠金融平台。银行借助手机移动端 APP、微信银行以及与第三方合作等模式积极搭建服务"三农"的综合性普惠金融平台，延伸服务半径、提升服务便捷性、拓宽服务渠道，提升农村地区金融服务的可得性，在成本和效益之间取得平衡。综合性普惠金融平台之中的"综合性"意味着平台不仅是以银行产品销售为出发点提供金融服务，更要对"三农"的各项生产生活需求进行多元化的覆盖，尽量在一个平台上满足"三农"的多方面需求。

案例：建设银行"裕农通"普惠金融服务

建设银行以"裕农通"平台为核心，结合手机 APP、"建行裕农通"微信公众号，为农村个人客户和小微企业客户提供特色化的金融服务和其他针对性的服务。"裕农通"在不具备传统物理网点建设条件的乡镇、农村等地，以与第三方（服务站、供销社、卫生站、小卖部等）合作为主要形式，利用当地自有的客群活动场景，为客户提供包括助农贷款、汇款、代理缴费、理财、保险等多样性、综合性普惠服务。而对于合作商户，只需要一部手机或一台电脑下载裕农通 APP 即可直接融入这一生态中，实现收付款、资金管理、财税管理等服务。

三、风险管理

（一）聚合内外部数据提升风控精度

在为小微企业提供金融服务成为行业发展趋势的背景下，银行想要打破"融资难、融资贵"的阻碍，必须具备更强的风控管理能力。传统基于线下人工的风险监测和计量已经被证明难以同时解决"融资难"和"融资贵"两个问题，因此基于数据科学和人工智能（深度学习）的风险控制是必由之路，银行可通过广泛获取内外部数据，加以标准化整合、分析，为基于深度学习技术的风控模型提供源源不断的"能源"。

1.用好银行自身数据。整合银行内部数据，打通内部数据壁垒，建设数据标准，将不同业务系统中的数据进行标准化映射，转换为标准化数据，做好数据治理，提升数据质量。由于银行的业务特性，银行的客户数据基础和数据质量相对较好，但大部分银行仍需要克服较为严重的"数据孤岛"问题（各领域数据无法实现共享）。在打通内部系统的底层数据的基础上，建立以客户为中心的数据全景画像，为更精细化、动态化的风险管理和风险定价提供支持。随着小微业务模式的综合化及生态圈化，银行还可以更好地进行数据积累，除了小微客户的基本信息和账户交易信息之外，还能收集到更多的业务数据、行为数据，丰富客户全景画像的内容与内涵。

2.积极接入外部数据。主动对接外部数据，按照与业务的相关性，确定接入的优先级，大幅提升对外部数据的整合能力。由于外部数据的数据标准、数据质量参差不齐，需要银行投入更多资源进行数据的清洗和标准化处理，同时部分数据源涉及合规、隐私等问题，需要谨慎判断。随着大数据技术趋于成熟，第三方数据提供者、整合者开始出现，开放、规范的数据市场也初具规模。通过对外部数据与内部数据的综合分析挖掘，银行能够发现更多数据信息和风险要素之间的相关性，建立更加全面多维的客户风险监测与分析体系，实现精准化、动态化的风险管理。目前国内部分领先银行已经具备了充分运用征信、税务、社保、用电、交通、海关、环保等外部数据的能力，一些银行与社交平台、电商、物流公司合作，可以收集大量弱相关的客户经营行为信息，实现更精准、实时、前瞻的分析与预警能力，全面提升风险控制能力。

（二）打造智能"信贷工厂"实现批量化风控

由于客户体验的重要性不断攀升，客户对于业务办理的时效性要求越来越高，很多场景下，甚至需要与交易流程实时同步，不能因信贷审批耽误了客户的业务开展效率。为了加快审批速度，在不影响风险控制的前提下，尽可能实现自动化审批是提升客户体验的关键抓手。"信贷工厂"顾名思义就是将信贷业务的流程参照制造业工厂进行流水线式的管理，能够帮助银行大幅提升信贷业务特别是信贷审批环节的效率。信贷工厂强调审批的标准化、批量化、流水线化，通过基于数据科学的智能信贷审批模型，对小微信贷业务进行快速的风险分析。在当前的技术水平下，领先银行和金融科技公司的小微信贷审批模型已经能够实现秒级准实时的处理速度，能够兼顾审批质量与审批效率，从而整体提升银行在开展小微信贷业务时的业务效率。国内外许多领先银行已经建立

贷前		贷中		贷后	
全线上流程	全产品覆盖	自动化审批	全资质审批	主动式预警	集中化催收
标准化产品：房抵贷、循环贷、车贷、房贷导入信贷工厂审批		**自动化规则**：订定各审批规则相应量化的风险评分，根据风险积分，自动分流审批路径(直通、人工审批)		**机器学习的预警模型**：准确率和覆盖率提升20%以上	
流程固化：优化客户经理工作站(PAD)，标准化、线上化信贷申请流程		**专业审批团队**：包含录入，预审，电核，审批等资质考试和评级		**分层管理机制**：根据模型、规则建立红、黄、绿名单，并施行差异化管理，实现优质客户的续作率提升及高风险客户的压降与退出	
优化现场调研：建立完善的客户经理现场交叉验证规则、逻辑和流程，验证企业营收能力		**升级信贷系统**：打通线上、线下多渠道申请，对接外部大数据、反欺诈规则		**集中催收化**：建立分层管理机制、专业化的集中催收团队、完善检视体系、赛马机制	
产品标准化、线上化，80%的案件在信贷工厂集中审批		**审批时效提升90%，信用类贷款从30天缩短至1天、担保类从36天缩短至3天**		**新增逾期下降60%、不良化解能力提升20%**	

资料来源：麦肯锡编写的《小微业务新模式：生态圈、数字化、标准化》。

起一套相对成熟的小微信贷工厂机制，国内某银行通过建立信贷工厂，使得小微信贷审批效率提升了90%，也为风险控制能力带来了显著的提升。

（三）科技助力在线贷款反欺诈

在线开展银行业务对业务流程和客户体验带来了巨大改变，新的风险也随之产生，如欺诈风险在线上业务中的概率就远高于同样的线下业务。多家银行和互联网金融机构在推出全线上贷款业务的初期，均发现了大量"有组织、专业化"的欺诈行为，造成较高比例的欺诈风险损失。运用金融科技不断优化产品的重点就是利用新的技术（用户行为数据分析、生物特征识别等技术）来克服欺诈风险。对大部分银行而言，线上贷款的反欺诈技术门槛较高，可以考虑通过与第三方金融科技公司合作获得这方面能力。针对线上小微贷款业务欺诈风险高发的特点，目前业内已经有一整套相对成熟的金融科技技术，可以围绕端到端贷款流程，帮助银行在与客户在线交互的过程中更好地识别欺诈客户，防患于未然。

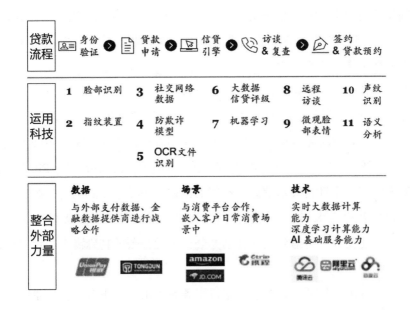

资料来源：麦肯锡编写的《小微业务新模式：生态圈、数字化、标准化》。

四、渠道与运营

（一）全渠道协同，强化客户关系

银行需要将线上、线下、第三方场景等各类渠道进行协同管理，根据对客户需求的深刻理解以及客户可为银行带来的价值对客群进行细分，进行线上、线下、第三方渠道的差异化科学覆盖，从而提升服务能力，强化客户关系，为客户创造价值，也为银行自身带来价值。

对于大型企业客户，由客户经理团队借助数字化工具提供定制化的服务，渠道上需线下、线上兼顾。同客户面对面互动，尤其适用于那些重要性日益增长的业务，如并购、结构性融资等投行业务。在日常高频金融服务（相对标准化的产品和服务）上加大线上渠道占比，如支付结算、结售汇、现金管理、贸易融资等。

对于中小微企业，银行可提供线下、线上渠道相衔接的服务。在此模式下，20%的头部客户，将继续获得面对面服务，即以客户经理为主的专人直接服务，50%的中部客户将主要使用在线服务，但仍然可与客户经理进行业务互动，例如信贷业务、投行业务等流程相对复杂、对交互依赖较强的业务；尾部的 30% 客户将转变为在线服务模式。这一改变有助于减少客户经理等专业人员的事务性工作，提高效率。

金融科技助力全渠道协同的三个要点包括：

1. 加强网上银行、移动端 APP、微信银行等数字渠道建设，从以交易为中心转变为以客户关系为中心。领先银行应用客户画像法，推出不同类型的客户端，根据客户需求丰富客户端内容，比如网上银行、移动端 APP 的主页应当根据不同客户个性化展示信息，利用大数据分析技术得到的客户画像实现差异化，根据客户需求和客户的操作行为提供产品建议，并且提供高级功能设置。另外，还要充分考虑到用户移动办公、远程办公的特殊需求，针对性提优化渠道的用户体验。

2. 持续推进场景开拓，推动将银行服务嵌入第三方平台，将场景内化为银行的渠道。面向具有产业场景、消费场景、用户流量的第三方机构，银行应积极进行合作，通过 API 实现客户流量、客户需求、业务数据等的共享。

3. 使用创新的 CRM 系统赋能客户经理，建立基于数据的线上线下一体化营销闭环。1999 年，Gartner 公司提出了 CRM 的概念，CRM 是 Customer Relationship Management 的缩写，中文含义是客户关系管理，指企业为提高市场竞争力，利用信息技术和互联网帮助员工与客户有效互动，吸引新客户、保留老客户以及提升客户贡献的方法及策略。通过基于内外部数据聚合和分析支撑的新一代 CRM 系统，实现数据可视化和营销线索的智能分配，支持客户经理与客户的交互与营销。

案例：建设 CRM 系统全面赋能客户经理

早在十余年前，国内某领先股份制银行就打造了功能强大的 CRM 系统，并依托 CRM 建立起流程化、规范化的营销体系，强化客户经理、产品经理和风险经理的有效协同。近年来，为顺应金融科技的巨大影响，该银行对 CRM 系统进行了重大革新，借助大数据、人工智能等技术，引入外部数据源，建立客户画像和产业图谱，智能化提供商业机会提示和风险提示，提高营销精准度和风控能力。该银行通过上线知识图谱平台等措施，为 CRM 系统持续赋能，显著提升销售能力，日识别对公客户商机 4000 余条，CRM 系统使用效率提升近 10 倍。

（二）机器人带来的效率革命

RPA（机器人流程自动化）技术是指用软件自动化方式完成本来由人工操作计算机完成的各类工作，它让软件机器人自动处理大量重复的、基于规则的工作流程任务，例如纸质文件录入、证件票据验证、从电子邮件和文档中提取数据、跨系统数据迁移等。

RPA 有以下优势：（1）机器人能准确快速完成工作，大幅降低人工出错的操作风险。（2）与人类需要休息所不同的是 RPA 机器人可以一天 24 小时一年 365 天不间断工作，实际工作时长高于人工数倍，而且单位时间工作效率也远高于人工。（3）不影响原有的信息系统，RPA 机器人部署无须更改银行内部现有的信息系统，而是以"外挂"的形式存在于银行当前各类系统的外部，模拟人工操作的方式与现有系统进行互动。（4）提升员工满意度，RPA 机器人通过代替人工手动操作，可以有效减少大量枯燥的数据录入工作给员工造成的负担，让银行的专业性人才得以从基础重复的工作中释放出来以从事需要深度思考的工作。

部分领先的国际和国内银行已经在客户信息管理、客户服务、财务报表编制、反洗钱信息查询、监管报送、纳税申报、贷款信用记录审核、验证贷款申请、合同台账登记、账单核对、催收集中处理、清算信息维护、产品参数维护、内外部数据聚合等大量场景应用 RPA，显著提升了银行运营的质量与效率。

第三节　金融科技在银行业应用的经典案例和经验分享

国内外领先的银行在应用金融科技创造业务价值、打造自身竞争力方面取得了大量成果，积累了较为丰富的经验，这些经验值得被更多的银行借鉴，也值得被积极寻求与银行合作的金融科技公司和场景、数据合作方借鉴。同时也要意识到金融科技的发展日新月异，不能静态地看待前人的经验，必须结合银行业务和金融科技发展的趋势，动态、辩证地吸收经验、总结教训，推动金融科技在银行业的深化应用。

一、经典案例：金融科技助力公益扶贫

（一）案例背景

人之初，性本善。大部分人内心对公益和扶贫有着积极的态度，愿意尽力共同构建美好社会。经历新冠疫情后，公众对信息真实可靠性方面诉求更加普遍，公益机构对借助多元化方式维护自身公信力的意愿也愈发强烈。（1）可借助区块链技术，将公益扶贫场景下的关键信息上链，并使用智能合约控制捐款、商品交易、资金流转中的重点环节。扶贫商品多为农副产品，买方对其来源的真实性、扶贫资金的流向均较为关注，区块链去中心化、不可篡改、可追溯等特性能一定程度强化信息真实性，通过将公益扶贫的关键信息做溯源跟踪，进一步增强其公开透明性。（2）扶贫商品通常缺少品牌效应与商业化的推广资源，需为其选择有力且适宜的方式增加曝光度、引入更多的优质流量，直播带货是新兴的电商引流手段。

（二）案例实现

工商银行融 e 购借助区块链与直播等助力公益扶贫，获得"2020 中国产业区块链创新奖"之"优秀案例"。

1.金融慈善链。中国工商银行金融慈善链建设将融 e 购公益扶贫中捐款资金去向、扶贫商品溯源等关键信息上链存证，使用智能合约实现重点环节的有效控制，向用户提供完备的查验功能。在金融慈善链中，合约的智能化可最大化摆脱人工干预，高效执行慈善项目，优化公益流程。捐款受益人或扶贫资金流转被提前约定条款，并固化在智能合约中，各参与方根据自身参与情况写入信息，触发事务往前推进，执行智能化。金融慈善链保证灵活性，实现对不同机构的数据隔离，能定向授权和定向披露，达到授权最小化的用户体验。

金融慈善链整体技术架构以工商银行区块链技术平台为依托，具有完备的区块链组网、共识处理、合约执行、运维与研发支撑等能力，满足金融慈善链多方主体接入、信息快速上链等关键诉求。（1）基础设施层（网络层）。提供区块链网络的底层计算、存储、网络等必备资源，具备动态伸缩与灵活部署的

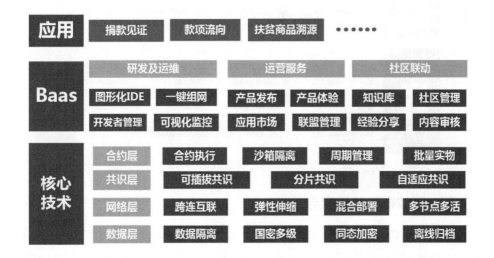

能力。（2）区块核心层（共识层）。实现区块链核心技术处理，集成共识算法、安全控制、合约执行等必备组件。一是建立了多维度安全控制体系，从接入安全、访问控制、交易安全、数据安全有效保障了系统的安全性；二是通过架构流程、共识算法等关键部分的优化，确保区块链网络的可靠性与整体性能；三是具备企业级的运维平台，可实现区块链网络的快速部署以及智能监控。（3）智能合约层（合约层）。具备价值转移、存证取证、权益处理、业务审批等多个基础合约模型。在此基础上研发出适用于公益、扶贫的多个智能合约，完成关键信息上链、查询，及扶贫商品订单状态和资金的智能控制。（4）业务应用层。上链数据统一接入组件，组件封装同区块链网络交互的技术细节，降低了上层业务系统接入区块链的复杂度，并使用专用通道与区块链网络通信，进一步保障安全。借助该组件可完成与区块链网络高效、安全、便捷的交互，进而实现公益、扶贫等业务功能的优化创新。

2.扶贫直播。打造音视频平台能力推出扶贫直播间，强化直播互动、营销转化、传播裂变等关键功能，在此基础上积极引导、协助扶贫直播活动的开展。为扶贫商品快速引入更多优质流量，在贫困农户和平台用户间搭建"爱心桥梁"，提升交易促成规模。核心服务提供音视频处理、接入控制、直播信令管理等底层技术能力，可满足扶贫直播场景高并发、低时延等性能要求，为观众、主播等直播活动的参与方提供良好用户体验。

二、开放银行的探索与实践

开放银行是一种平台化的合作模式，也是一种全新的理念，银行将自身金融服务能力以开放平台（通常是基于 API 技术）的形式对外发布，并实现银行与第三方合作伙伴间的数据和服务的互通，为客户提供更优质的服务和更舒适的体验。

开放银行改变了银行提供金融服务的传统方式，拓展了服务边界，打破了银行与客户之间封闭的关系，客户不再需要通过银行的渠道获取银行服务，客户能够通过第三方平台和渠道在非金融场景下获得银行服务，在这一过程中客户能感觉到也可能感觉不到银行的存在。银行在开放自身服务和数据的同时，也能通过大数据分析挖掘、产品创新、场景协同等方式与合作伙伴（第三方平台）一起获得新客户、增加客户触点、打造创新业务和提升客户体验。

在国内，支付宝和微信支付已经走在了银行前面，以电子商务平台或者社交平台为起点，为消费者提供顺畅的支付体验和灵活的支付选项，这种模式同时也持续巩固着支付宝和微信这种提供包括餐饮、娱乐、出行、城市服务、生活缴费、借贷、理财等服务在内的一站式移动 APP 的地位。在意识到已经被互联网企业抢占先机后，国有商业银行、股份制银行、部分城商行和农商行都在积极尝试符合自身特点的模式，开放银行就是一个重要选项。一些率先探索的银行意识到，开放银行的关键在于以客户为中心，不拘泥于银行自身的业务和渠道，搭建开放的生态，而金融科技是实现"银行无处不在"这一诱人前景的重要支撑。这些国内开放银行先驱者也探索出了符合自身特色的发展路径：大型国有商业银行实力雄厚，建设了覆盖各类生产生活场景的规模化综合开放平台，输出服务并获取大批合作伙伴，以开放金融生态助力实体经济发展和社会民生建设；股份制商业银行从自身战略业务出发，不仅通过开放银行将金融服务融入多种生活场景，也着眼于赋能小微企业；部分城商行、农商行等中小银行自身实力逊于大型银行，但通过紧抓自身特色，突出属地优势，与互联网企业合作打破技术能力短板，共同打造开放平台，连接银行和多种生活消费场景，也取得了较为可观的成绩。

（一）开放银行实践的国际经验

开放银行这一模式起源于英国，在监管部门的引导下，随着英国、欧盟等国家和地区纷纷推行开放银行模式以及相关监管政策逐渐清晰，开放银行已成为国际银行业发展的新趋势，同时涌现出一些值得中国银行业借鉴的经验和典型案例，有以下三方面：

1.扩大开放合作，构建生态圈。以客户为中心，通过开放 API、身份验证、虚拟银行卡等技术将金融服务嵌入到客户的衣、食、住、行、游、玩等各种生活场景中。在这一开放模式下，银行通过广泛对外合作，开放金融服务能力，换取合作方在场景、客户、流量等方面的资源，克服自身短板，拓宽银行服务的生态圈，获得更多客户、提高客户黏性、提升客户贡献度，增加自身在客户生活中的相关性。对于银行的另一层优势是，通过提供传统金融服务之外的综合服务，大幅扩展了与客户在生活中的触点，能够有效积累客户行为及偏好的第一手数据，再依托大数据分析、深度学习等技术，向客户提供更优质和更有针对性的金融服务（更准确的产品推荐、风险评估、定价），通过非金融业务的广泛开展助力银行主营金融业务的高质量发展。

案例：东南亚某银行

东南亚某银行提出了以银行服务为基石为客户打造美好生活的长期愿景，通过一系列数字化创新，依托金融科技，广泛对外合作，打造综合服务能力，提升了客户满意度。该行推出的开放银行 API 平台，拥有近 200个可供外部合作伙伴调用的 API 并与数百个合作方达成了合作。其 API 接口在账户、客户信息、支付结算、交易记录、信贷、资产管理、跨境金融等方面上将银行能力和数据进行开放，允许合作伙伴在场景化服务中调用和嵌入该行提供的金融和非金融服务，围绕着客户的日常生活需求，包括住房、出行、数字化内容、健康、公共服务、教育、财富管理、保险、旅游等，打造成内容丰富、业态繁荣的生态圈。生态圈紧密围绕着银行提供的金融能力，各个领域和场景通过银行实现互通，客户可在其中获取到生活中常用的全方位服务。

以教育领域为例，该行在新加坡和中国香港等地推出儿童智能手表服务，通过与当地的智能手表供应商和学校合作，为中小学学生提供具有支付、定位、社交等功能的智能手表，使学生可以利用智能手表（无须携带银行卡或用于移动支付的手机）在学校内部进行消费，并记录其参与的日常活动，培养其良好的储蓄习惯。家长的银行账户（银行提供了子账户服务）可以与智能手表账户绑定，从而使家长可以监控和培养孩子使用及管理日常零用钱的习惯，并且跟踪孩子在校健康和活动状况。此外还可以根据手表收集的数据生成学生活动的报告，提供给学校和政府有关部门，帮助其提供更具针对性的服务和制定更符合学生需求的政策。该行通过智能手表服务将其金融服务嵌入到学生、家长、学校和政府的教育场景中，实现多方共赢的同时还获取了大量新客户，并

新加坡某知名银行构建多个综合性平台，旨在提升用户体验

资料来源：麦肯锡编写的《开放银行的全球实践与展望》。

以智能手表为载体，为新加坡小学建立内部支付体系，同时优化
学习、家长、学校三者的互动模式，布局教育生态圈

资料来源：麦肯锡编写的《开放银行的全球实践与展望》。

更好地服务了现有客户，客户的满意度得到提升。

2.技术引领，创新金融服务模式。银行通过提升自身的科技能力或者与金融科技公司等合作，以技术为驱动，创造新的金融服务模式，扩大数据积累，提升客户体验，解决客户痛点，打造更先进的开放银行。

案例：英国某银行

　　该银行制定了以开放银行为核心理念的创新转型战略，以技术作为这一战略的支撑，与专业产业园区、风险投资基金、孵化器等拥有大量中小微企业连接能力的机构合作，瞄准中小微企业客户，围绕对公银行业务建立新的开放银行生态。通过发挥自身在科技方面的优势，依托 API、微服务等技术，并充分对外共享其数据聚合及处理分析能力，该银行对客户开放了一系列金融服务能力，包括财务分析、支付、账户管理、费用报销、发票处理、税务管理、薪酬管理等，客户可非常便捷地将自身的系统，或常用的其他第三方软件与银行的 API 对接。

　　以发票处理为例，该行依托自身强大的技术能力，开发了智能化的在线解决方案帮助中小微企业客户优化发票处理工作，使得企业客户可以节省更多时间专注于主营业务。其解决方案包括通过发票内容识别等技术能力，提供从发票流转、内容捕捉、在线审批、在线支付等发票处理全流程的在线解决方案。具体来说，上述方案为中小微企业客户提供发票自动化、智能支付、端到端管控三大功能：（1）发票自动化。使用 OCR 技术捕获纸质和电子的各类发票中的数据信息，作为标准化数据储存，并与订单进行自动匹配。（2）智能支付。客户可以根据自身情况设定支付周期，将银行提供的应付账款管理服务与企业财务系统进行对接（通过 API 或企业熟悉的其他模式），并与该行的核心业务系统（账户系统）打通，实现自动支付。（3）全流程自动化。提供端到端的、用户体验友好的可视化界面，企业客户的员工不必关注后端进行的大量跨系统间数据交互。

这一解决方案成功帮助企业客户降低运营成本、提升工作效率、提高了资金利用率，得到该行中小微企业客户的高度评价。

3. 基于开放银行理念，进行内部系统重构。在树立了开放银行的理念后，银行重构内部系统，提高这些系统对外的互联互通能力，建立中台统一管理 API 和微服务等，对内对外提升协同效率。

案例：澳大利亚某银行

该银行在决心向开放银行转型后，对全行信息系统架构进行了升级重构，升级改造了核心系统以及多个主要业务系统，建立了数据及服务中台。在此基础上，该行采取了分布式、开放式的创新模式，按照业务大类，结合事业部制的组织架构，建立了多个创新平台，负责在本业务领域进行金融科技与业务的深度融合，同时借鉴互联网公司的经验，授权创新平台采取分布式治理模式。这些平台横跨零售、对公、同业三大业务条线，覆盖前中后台的各个方面，通过开放 API 接口，实现平台之间和行内外的交互。API 接口的开放程度与平台成熟度直接相关，成熟度高的平台具有更高开放度，第三方合作伙伴可以通过 API 对平台的能力进行调用。

（二）对中国银行业的启示

如果说欧美澳等国家的开放银行发展源于监管驱动，那么中国的开放银行发展更多是自下而上由市场推动的，而监管上仍处于规则制定与探索阶段。国内一些领先银行与金融科技公司已率先试水，早在"开放银行"概念正式提出前，拥有场景的互联网平台巨头和银行业先驱者就已将金融服务嵌入更广泛的生态体系，一站式服务客户在生产、生活中的各类需求，寻求优质场景，通过开放 API 与生态圈的各方快速对接，输出数据、服务和能力，与合作伙伴共同为客户提供高品质、多方位的服务体验。

从发展情况看，和英国、欧盟等一些开放银行先行者相比，国内的开放银行实践还存在一定不足，集中体现为三点：（1）开放银行战略不清晰：在尚未对开放银行的发展目标和商业模式进行清晰阐释的情况下，就盲目进行平台建设，盲目对接合作伙伴，导致开放的 API 脱离现实，没有场景和客户。（2）忽视外部金融科技创新力量：以银行自我为中心，将开放 API 单纯作为通过第三方平台向银行引流的工具，而没有联合第三方的技术开发力量共同为客户打造创新产品和服务。（3）组织机制不够敏捷：尽管对 IT 系统进行了改造优化，个别银行还调整了 IT 架构和规划，在技术上实现了提升，但在组织机制上，仍沿用银行传统的交付模式，将 IT 部门视为后台支持部门，IT 部门得不到业务部门的足够支持，难以应对市场的快速变化。

中国银行业推进开放银行应做到战略先行，明确战略目标，基于清晰定义的目标制订计划，部署具体措施。在开放银行模式下，银行与客户之间一对一的关系将被打破，账户、产品、数据不再封闭在银行体系内，客户将通过第三方服务提供商获取金融及非金融服务，而金融服务也将无缝融入场景之中。在这一进程中，银行业应以一种开放合作的心态来面对这一市场变化，聚焦细分市场，构筑生态，摒弃以自我为中心的心态，以更好地服务客户为首要目标，运用好 API、人工智能、大数据、物联网等技术形成合力，与合作伙伴一起重构产品及服务，做到产品服务于场景、场景服务于客户。

面对互联网巨头和金融科技公司的挑战，昔日与人们生产生活息息相关的银行业正日益陷入金融脱媒的窘境，甚至有戏言称"金融服务无处不在，就是不在银行"，与其负隅顽抗，不如主动顺应时代趋势，找到与客户互动的新渠道，让自身成为客户工作和生活场景不可或缺的一部分。开放银行正是给银行业打开了一扇构建数字化生态的大门，使之能通过场景化服务重新与客户建立联系，成为数字化生产生活新生态中的中坚力量。

三、银行中后台能力升级：以财务及资产负债管理为例

（一）当前银行业财务和资产负债管理领域的科技运用

银行财务与资产负债管理部（含资产负债部）的职能分布很广，既涉及全行宏观层面的资源分配、决策支持、监管对接，也涉及微观业务粒度的费用报销、价格审批等。按照银行业通常的划分方式，可将财务与资产负债管理职能分为五个部分：财务会计、管理会计、统计、资产负债、定价。在财务会计领域，当前银行业普遍实施了总账、费用报销、税务管理等系统。在管理会计领域，则在预算管理、经营分析、成本分摊、绩效考核等方面建设了系统。在统计领域，则在监管报送、数据可视化方面进行系统建设。在资产负债领域，建设资金头寸、资产负债组合、资本、流动性风险管理等系统，在定价领域，则主要建设外部定价、内部资金转移定价、利率风险等系统。

总体来说，上述系统都是面向银行财务和资产负债内部管理的某项职能需求，在系统的实施上，一般是专业管理人员确定系统的业务需求，再由银行内信息科技人员或外包 IT 服务商进行开发实现。从实际执行效果看，谈不上面向互联网金融进行优化，更谈不上面向以科技为核心的行业发展趋势。按照本章开头阐述的科技带来银行生产力变革的阶段论，银行财务和资产负债管理的科技运用还停留在金融信息化阶段，但由于财务和资产负债管理工作并不直接从事银行业务，而是从事中后台专业性的管理工作，直接套用金融信息化、互联网金融、金融科技的三段论并不合适，有必要对财务和资产负债管理工作的科技赋能提出针对性的推进策略。

（二）银行业财务和资产负债管理科技赋能的推进策略

让金融科技为银行赋能，不在于建设多少新系统，而在于对科技作用和地位的认识，对于银行财务和资产负债管理工作也是同理，关键在于认识，如果仍然固守传统观念认为科技仅是一种支持和辅助，是很难应用好金融科技实现赋能的。

在金融科技阶段，直接为客户服务的不再是客户经理和柜员，而是移动端APP、网页、小程序、公众号和各类嵌入金融服务的场景，金融服务也不再是

传统意义上的存款、贷款等业务，而是按需定制、即时提供的各类金融服务或与金融相关的非金融服务。财务和资产负债管理工作也需相应转变定位，按照更精细、更灵活、更及时的导向开展工作，由支撑业务人员开展业务转变为助力科技平台开展业务，同时将财务和资产负债管理能力内化为科技能力，以科技赋能为媒介，实现财务和资产负债管理工作与银行业务的无缝对接、深度融合。

然而，科技赋能不能一蹴而就，在实践中，银行财务和资产负债管理的科技赋能可以分为以下几个推进阶段：

1. 在线化。将工作流程在线化是科技赋能的第一步，顾名思义就是将原先耗费大量人工在线下完成的流程迁移至在信息系统上完成，例如各类审批流程，由纸质审批单、纸质呈批件改为使用系统在线审批，前些年流行一时的概念"无纸化办公"就在这个范畴。流程在线化有很多优势：（1）减少了纸张使用，降低了成本（打印机、复印机、墨盒、纸张、放置相关机器和纸张的办公面积等都可节约）；（2）提升了工作效率，流程参与人可随时处理工作甚至通过移动设备办公，流程发起人和流程参与人不必同时在一起工作，实现了工作流的异步化。举例来说，如果是线下审批，需要报批人拿着呈批件找到审批人签字审批，两人的时空属性必须一致（同一时间在同一地点），线上审批则不存在这个限制；（3）便于工作留痕、归档，也便于后续通过信息搜索查找相关工作记录，在系统中进行搜索要比翻找纸质文档效率高得多。

实现流程在线化的方法也很简单，就是对全部工作进行梳理，将其中需要纸和笔的工作挑出来，判断能否通过信息系统进行替代，如果可行则通过系统实现。这一阶段完成的标志是，办公环境中无须再配备打印机或打印机的部署密度极低。如果实现完全无纸化难度较大，可从涉及审批的工作入手，对照内部授权文件逐条梳理，对审批频度较高的事项使用系统实现在线审批。

目前银行业中，财务费用报销、利率定价等的审批流已普遍实现了在线化，但在费用预算申请、资金头寸调拨、中间业务收费减免等方面仅信息化程度较高的银行实现了在线化，通过线下纸质审批的银行还较多，有很大提升空间。

2. 自动化。自动化指的是将原本需要人工处理的步骤由系统自动完成，自动化比在线化先进一步，不仅把工作由线下迁移至线上，一些工作还能由系统自动完成，不再需要人工干预。自动化的优势在于：（1）大幅提升工作效率，往往几分钟就能处理人工几天才能完成的工作；（2）避免了人工操作可能带来的差错，降低了操作风险。

如果所有工作都能自动完成当然是最理想的，但实际上在自动化这个阶段，离理想状态还有很大距离，自动化主要适用于工作流程固定、操作步骤清晰、决策标准明确的工作，因此目前银行业财务和资产负债管理领域在自动化方面应用较好的是会计核算、报表编制、税务测算、数据可视化等，一些在科技赋能上处于领先地位的银行在自动化上已经做得很好，实现了账务处理、报表编制等的全自动化，但一些中小银行还有较大差距，相关工作部分依赖人工的情况较多。

对于不同的工作任务，实现自动化有不同的路径，对于数据属性强的工作，例如经营分析、监管报表编制等，应通过易扩展、易操作、灵活度高的数据展现平台实现；对于流程性的工作，可运用机器人流程自动化（RPA）技术，由机器人模拟人工进行相关工作。自动化带来的效率提升是显著的，以银行本地部署的报表平台为例，数万张报表可在数小时内完成编制，如果部署在云端，则算力更强，甚至可在数秒内完成编制；RPA机器人则可以全天候不间断工作，且每个操作步骤的处理速度很快，人工操作难以望其项背。

3.智能化。在自动化的基础上更进一步就到了智能化的阶段。智能化与自动化的本质区别在于：自动化是流程或规则导向，而智能化是目标导向。自动化代替了人员的体力劳动，而智能化代替了人员的脑力劳动甚至是深层的思考。以预算编制为例，智能化预算编制工具能够依据经营预算目标结合约束条件（监管指标、宏观审慎要求、资本约束、各机构特色等），通过对历史数据、市场预期的分析，自动给出各机构、各条线的预算分解结果，并给出对结果的解释和测算依据，在这个过程中不需要人工预设流程和计算规则，如果对结果不满意，可修改相关约束条件再次计算，直到得到满意的结果。同时在智能化阶段，各项原先需要人决策的审批工作可由系统代替，进而导致审批流程的消亡（因为系统判断几乎是实时的，已不再需要一个可见的流程支撑）。

智能化是金融科技赋能的一个里程碑阶段，在这个阶段科技赋能后系统在银行业务知识和经验上专业度第一次超过了银行专业人员，也就是说系统能比人更科学地编制预算、配置资产负债规模、调配资金头寸，更合理地审批费用、审批价格，更有效地提出经营建议辅助决策。出现这种结果的原因是，通过人工智能、大数据分析、数据挖掘等先进技术，科技成果中不仅蕴含了行业专家的经验，更包括了智能科技在历史经验的基础上深度学习迭代的成果。我们知道围棋界的人工智能 AlphaGo，起初使用职业围棋选手的棋谱进行训练，后续就改为按照胜率目标自行对弈训练，最终人工智能的水平已经远超任何职业围棋选手。资源分配、决策支持等管理工作看似错综复杂，实际上也是由专业人员依据规则、经验，结合大量信息输入，综合思考研判的过程，也是有章可循的，是人工智能技术发挥作用的良好场景。

至此，银行从业的专业人员将面临自现代银行业诞生以来最深刻的一次职能转变，将由具体工作的执行者，变为系统的监测者，判断系统是否出现异常，并对系统的优化提出建议。这种转变将导致专业人员出现分化，一部分靠着固定经验、安于固定工作方式"吃老本"的人员将被边缘化甚至淘汰，而另一部分能够依靠系统完成存量工作，能够在更深层、更前沿的领域探索思考，具备系统失效时的应变能力，并能参与系统优化的人员将成为新的骨干。

4.融合化。最后一个阶段是将财务与资产负债管理能力与银行业务深度融合，特别是与金融科技支撑的新形态银行业务的深度融合。所谓深度融合指的是将财务与资产负债管理能力浸入到业务中，降低业务开展中财务与资产负债管理工作的存在感和介入感。可以类比为目前比较前沿的开放银行概念，就是将银行服务融入到场景中，让客户在感知不到银行存在的情况下获取银行提供的金融服务。

在银行业务开展上，以贷款业务为例，利率定价及审批是业务开展中的一个环节，但对于金融科技赋能的贷款业务来说，很可能是一种随用随借的业务，甚至是嵌入场景的业务，即客户在有资金需求时，一键自动申请贷款，自动用贷款资金支付消费，从客户产生借款意愿到放款不过几秒的时间，那贷款定价和审批环节显然要在后端自动完成，客户不会感知到这个环节的存在。

在内部管理上，以差旅费管理为例，员工申请出差被批准后，后续酒店、交通等都可按照出差的目的地和行程自动预定，员工在机场、车站使用身份证直接取票，在酒店直接用身份证办理入住，费用结算、电子发票、行程单获取等全部自动完成，对于出差员工来说，没有付款和报销环节，看不到各种发票单据，也无须了解费用审批等事宜，整个过程中不与财务人员接触，财务人员主要进行事后抽查，监测系统工作的有效性，并收集员工对系统的建议，研判后提交相关团队进行系统优化。

深度业务融合对财务与资产负债管理能力提出了非常高的要求，不仅要实现快速处理，在管理科学性上也不能降低标准，更要依托科技赋能，将管理和业务支持水平提升到新的层次。以存款定价管理为例，在传统业务开展模式下，由产品研发部门设计存款产品，财务与资产负债管理人员对利率定价进行审定，但在金融科技深度赋能的背景下，银行的存款产品将不再限于产品部门指定的款式，而是可以由一线营销人员甚至由客户在互联网平台上完全自助定义，例如想存多久、要不要提前支取、是否能转让、按什么频率和时点结息、怎么重定价、要不要购买其他产品以获取优惠等，这些都由客户决定，每个客户的每笔业务都是独一无二的，完美地满足客户的个性化需求。依托大数据和数据挖掘技术定价模型也应能够动态地按照客户选定的计结息规则、期权性条款（提前支取）、重定价方式及频率、利率优惠条件等多种要素，结合客户本身的大数据画像和存款金额、期限等基本要素，在客户选好产品要素的瞬间，实时给出利率，用户确认后即完成该笔业务，做到将价格管理深度融入到产品设计和营销环节中。

在这个阶段，对财务与资产负债管理人员也将提出更高的要求，除去智能化阶段所需的思考及应变能力外，还需做到不拘泥于自身专业，要对银行业务和市场需求具备深刻的认识，特别是对科技赋能后银行业务的发展变化有深刻理解，能够在业务创新中发掘财务与资产负债管理依托科技可以赋能的关键环节，并推进落地，助力业务更好开展，保障银行经营及发展目标的实现。

（三）财务与资产负债管理科技赋能的经验

从在财务与资产负债管理领域相对领先的银行和金融科技公司的经验看，需要抓好以下环节：

1.科学制定规划。凡事预则立，不预则废。虽然金融科技发展迅速，但也并非无章可循，应做好5年左右的以目标为导向的长期规划和3年左右以任务、KPI 为主的短期规划，按照规划投入人力、财力等资源，有条不紊地落实。规划的制定应重点注意：（1）与银行整体科技赋能和数字化转型的规划保持一致。财务与资产负债管理工作与银行各类业务和各种信息系统的关联紧密，必须将财务与资产负债管理条线的科技赋能规划融入到全行的规划中，明确相关管理机制和流程的优化与全行战略和业务发展的关系，明确系统建设的进度与行内相关系统建设进度的匹配关系。银行计划财务部（资产负债部）应派员充分参与全行科技规划的编制，并通过全行规划的内容反向寻找财务与资产负债管理领域应协同配合和优化提升的工作要求。（2）要有可行性。要做好长期目标和当前现状的合理衔接，这就要求银行在规划编制前应做好当前财务与资产负债管理科技能力的分析摸底，既不能妄自菲薄，也不能盲目自大，要在预期资源的框架内制定合理的规划。（3）要保持一定弹性。科技规划与业务规划不同，银行业务的发展往往是连续的，但科技的进步往往是阶梯性、跳跃性的，像区块链、数字货币、人工智能等技术的发展就呈现这种特征，因此规划的制定和后续执行不能僵化，应留有一定弹性空间，在外部技术有突破进展或第三方服务商能提供有效外部赋能时，要敢于突破式发展，要做好准备在出现机会时能够争取资源抓住突破式发展的机会。

2.关注数据质量与数据共享。数据是科技赋能的基础，丰富、准确、可用的数据是推进科技赋能的必要条件。当前银行业在数据方面相比于领先的互联网企业和金融科技企业还存在一定差距，主要是两点：一是数据质量不稳定，缺乏统一的数据标准，或者有数据标准但执行不到位，导致各系统间数据标准不同，难以进一步分析挖掘，二是数据共享不充分，一些业务数据难以获取或者获取难度很大，缺乏有效的数据共享机制。在推进科技向财务与资产负债管理赋能时要高度重视数据质量以及数据共享机制，上述问题计划财务部（资产负债部）无法依靠自身力量解决，也无法单靠信息科技部解决，要呼吁和推动将问题上升到全行高度，由高级管理层牵头下大力气解决，夯实数据基础，方能有效进行科技赋能。

3.做好工作流程梳理。当前大部分银行处于自动化或由自动化向智能化发展的阶段，想要将原本依靠员工经验执行的工作转而由科技执行，就需要严谨、认真地梳理各项财务与资产负债管理工作的流程，明确每个流程的决策依据及标准。这其中的规章制度已经明确规定的工作流程很容易梳理，而真正的难点在于变"潜规则"为"显规则"，即将员工多年工作形成的经验用文字表达出来、用流程图绘制出来，这需要投入大量精力。如何判断梳理后的成果能否用于系统建设或机器人模仿，有个依据就是请一个之前不是从事该工作对应岗位的人员来看能否按照这个成果在不依赖旁人的情况下开展该项工作，后续再由需求分析人员介入进行深入分析，将工作流程转换为信息系统的需求。

4.由实现功能转变为获得能力。传统上，银行的信息科技工作是为了实现业务或管理上的功能，而在金融科技阶段，则强调能力的获得，这也是"科技赋能"这一概念的本源。能力和功能的区别在于，能力是结果导向，而功能是过程导向。银行关注的是结果，能实现满意结果的就叫有能力，在这种观念下，科技赋能的方式将更加丰富，不再局限于自建系统，如果合作方的能力高于自主研发所能获得能力且合作的成本低于自主研发的成本，直接从合作方获得能力将是完全可行的选项。例如，在联合贷款业务中，由具备场景和流量的互联网公司提供客户，保险公司或金融科技公司提供风控，银行提供资金，共同开展信贷业务，各参与方贡献自己的专长，实现总效能的最大化，为客户提供最优质的金融服务。在财务与资产负债管理科技赋能上也可借鉴，获取最优质的能力，快速实现智能化，实现与业务的深度融合。

（四）发展趋势：中后台能力对外赋能——以财务管理能力为例

1.输出中后台能力的动因。银行为客户提供的服务已不再局限于金融服务，而是与金融服务相关的能够与金融服务互为助益的综合性服务，财务管理服务是一个重点领域。银行有很多企业客户，在开展金融业务时银行将企业当作一个整体看待，如果深挖一层，问一个问题：一个企业里是什么部门、什么人在和银行打交道？不难发现，对于大多数企业来说，这个部门就是财务部。从组织架构而言，企业的财务部和银行的财务部的定位几乎是一样的，银行财务工作中涉及的核算、财务报告、预算、经营分析、考核、资金、税务、费用报销等职能，企业财务部也具备。虽然行业不同，但共性大于特性，银行财务部面临的很多问题和挑战，企业财务部一样会遇到。

传统上银行仅为企业在金融方面提供服务，从目前的部分同业和金融科技公司的动向看，银行完全能够以金融服务为起点，为企业客户提供全方位的财务管理赋能服务，将内部计划财务工作中的制度规范、流程、方法、管理经验汇集成解决方案，依托科技，赋能给企业客户的财务部。客户企业中负责这些职能的领导和职工，恰恰就是银行一直在营销和对接的人，如果能够解决他们面临的问题，帮助他们更好地完成各项财务管理工作，客户对银行的黏性将大幅提升，更关键的是，通过提供全面的财务服务，可以更好地了解客户，在客户授权的前提下，可以合法合规地接触到客户的部分数据，为金融业务的营销、风控、定价提供直接帮助。

2. 实施策略。如果让银行以传统咨询和系统实施的模式向企业客户提供财务服务，那银行相比于财务领域的 IT 服务商是没有优势的，银行的破解之道有四点：（1）向客户提供财务管理能力，而不是帮客户建系统、写制度。本质上，客户需要的是高水平的财务管理能力，系统或制度只是支持这种能力的工具，而不是目标，因此，要做好财务能力的输出，关键是站在客户的角度，假设自己就是客户财务部的领导和员工，思考需要的能力是什么，银行现有的能力能不能满足，如果能够满足能不能输出给客户，怎么样输出给客户。（2）要发挥好银行在金融服务上的优势，金融服务是财务 IT 服务商所不具备的。财务和金融不分家，在英文中是"finance"一个单词，因此银行要找到财务和金融的连接点，让企业意识到选择银行提供的财务服务，适当与银行共享信息，可以获得更好的金融服务，例如更大的信贷额度、更快的贷款审批速度、更低的贷款利率、开承兑汇票时更低的保证金、手续费的减免等。对于一些信息不全面、缺乏抵押物、资质略差的企业，可以将使用银行的财务服务作为一个准入条件。由于银行可以通过金融服务获取收益，那么财务服务的价格就可以尽量降低，提升竞争力。（3）要依托科技。既然银行没有资源做全程上门实施，那么就要依托科技的力量，将制度、流程、方法、经验等融入到科技服务中，尽量以科技服务的形式提供服务。需要注意的是科技服务不等同于帮客户建系统，很多时候基于云端的科技服务，可以让客户不必自行建设相关系统也可以使用服务。（4）找好伙伴。可以与会计师事务所、税务师事务所、传统财务 IT 厂商等合作，发挥各自优势，协同为客户提供服务，在这个过程中，吸收合作伙伴的一些专业人才，逐步加强自身队伍的能力。

四、区块链：潜在的行业规则挑战者

区块链技术通过加密和共识机制，实现数据资产可追溯与不可篡改，提升数据价值流转效率，重塑信任传导机制，并改善多方协作机制，成为数字经济时代"新基建"的重要组成。区块链技术与金融天然契合，将金融体系中发挥巨大作用，同时也可能对现行金融体系中的多个方面形成颠覆，银行业需要抓住战略机遇，积极推进区块链技术的应用落地，从而掌握主动权。

（一）区块链在银行业的应用的场景及经验

从各家银行目前区块链实践的经验来看，场景上由点入面是最佳选择：即通过某个或某些场景的实践探索，积累技术应用经验与能力，最终完成由点到面的推广路径。

1.场景一：数字货币。中国人民银行数字货币研究所以区块链技术为技术自主创新重要突破口，从2014年起开始对法定数字货币进行研究，探索区块链在交易结算、贸易金融等领域的金融创新。中国人民银行法定数字货币在2019年下半年和2020年上半年因为不断传出内部测试的消息而备受关注。中国央行数字货币，简称DC/EP，是"Digital Currency"（数字货币）和"Electronic Payment"（电子支付）的缩写，说明央行数字货币不仅是数字货币，也是崭新的电子支付手段。央行数字货币投放模式与纸钞类似，并将其

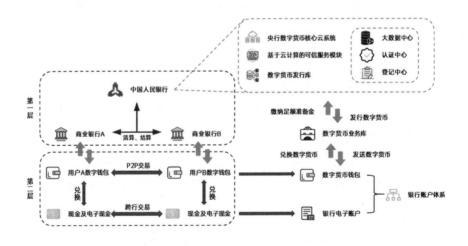

资料来源：零壹智库编写的《中国银行业区块链应用与探索报告》。

称之为"双层运营体系"，上层是央行对商业银行，下层是商业银行对公众。央行按照 100% 准备金制将央行数字货币兑换给商业银行，再由商业银行或商业机构将数字货币兑换给公众。

对银行来说：（1）一旦数字货币进入流通，同业间结算和银行内部的资金转移和结算都将显著受益于点对点实时交易的特征，使得过去在交易类系统和清算类系统方面的开发和维护成本明显降低。（2）由于数字货币的可追踪性，银行在如反洗钱、反欺诈等合规验证和审计方面的成本将大幅降低，也能够更准确地评估资金的流向，为业务营销和风险控制提供高质量的依据。（3）数字货币将对支付结算行业带来颠覆性的影响，银行将重新获得一次与第三方支付机构站在赛道同一起跑线的机会。同时数字货币还将衍生出更多的支付场景，例如在零售银行方面，基于线上碎片内容和服务的使用进行极小微支付（如 0.1 分钱）将成为可能，支付将由目前的事前或事后支付逐渐过渡至事中支付、按用量渐进式支付。通过物联网与区块链结合，依托智能合约，可实现机器对机器（M2M）的自动支付，在大量场景中将自然人和企业从支付的发起者角色中解放出来。

数字货币为未来的经济活动打开了无限的可能性，在这一变革进程中，银行不能缺席。预计在不久的将来，金融体系现有的传统交易模式将被高效能、高安全性及成低本的新模式所替代，数字货币将在其中扮演重要角色。

2.场景二：跨境支付与结算。很久以来，跨境支付结算中间环节多、耗时长、费用高，客户体验很差。区块链的特性使得绕过中介平台实现点对点的跨境支付与结算成为可能。在交易速度大幅提升的同时，交易的安全性也可得到充分保障，不仅如此，更关键的是通过依托区块链技术的去中心化国际支付结算机制，可以使跨境支付不再依赖 SWIFT（环球同业银行金融电讯协会）等受美国政府实际控制的中心化国际结算组织，避免了被制裁等风险。

案例：国家外汇管理局跨境金融区块链服务平台

国家外汇管理局跨境金融区块链服务平台是第一个中央国家机关在国家互联网信息办公室进行备案的区块链平台，是由国家外汇管理局牵头发起，各地外汇管理分局和商业银行参与共建的，基于区块链技术的外汇业务便利化应用平台。该平台由中钞信用卡产业发展公司开发运营，采用许可联盟链，以白名单管理协作方式，建立银企间的可信信息交换和有效核验、银行间贸易融资信息实时互动等机制，实现资金收付、质押物凭证、融资申请、放款进程在内的多种信息共享，对跨境融资业务流程优化再造，提升跨境金融业务效率。国家外汇管理局作为发起者，牵头建立一套联盟链管理机制，新增节点需通过联盟准入。该平台主要包括三个业务场景，分别是：出口应收账款融资、企业跨境信用信息授权查证和进口货到付款融资。

中国作为国际贸易大国，近年随着"一带一路"倡议的深化推进，人民币国际化稳步进行，跨境支付结算业务的变革对于中国银行业意味着巨大的市场契机，然而正如我们想另辟蹊径，绕开美国主导的SWIFT，推动建立不受美国掌控的国际清算、结算与支付机制一样，其他国家同样担心跨境支付结算机制被中国所主导，因此中国不应寻求建立"另一个SWIFT"。在目前的形势下，为了得到其他国家广泛支持，不应谋求由中国政府主导这一新机制，而是运用好区块链、数字通证、智能合约等技术，建立一套去中心化或多中心化的全新机制，以开放、开源、安全(没有被制裁风险)、透明为吸引点，以"一带一路"沿线国家为推广前沿，以产业链为纽带，由民营组织负责建设并自律自治，在商言商，淡化政府背景，"自下而上"推进。

(二) 银行业布局区块链技术的行动建议

区块链技术的应用不但能帮助提升金融交易的效率、降低成本和控制风险，还将催生出大量新的商业模式。虽然区块链技术带来的红利或许还需要几年甚至十几年才能大规模实现，但是只有当下就积极制定战略并持续推动应用的银行，才能成为新格局下的引领者，这一演变历程有可能成为一场"赢者通吃"的战役，因此中国银行业必须及时认识区块链技术将如何帮助或对银行业务形成怎样的影响，同时广泛寻求合作，积极探索、研究、应用区块链技术。目前已有多家国有银行、股份制银行、城商行、农商行、民营银行等机构组建团队加快推进相关技术研发和应用落地，并积极与国内外的金融科技公司进行合作，从它们的经验中，可以总结出以下几点：

1. 制定明确的区块链战略。银行应首先从战略高度回答三个问题：做先行者还是跟随者？加大布局的合适时间点？推进的方式是采用自主研发落地还是与外部金融科技企业合作，抑或两者兼有？以这三个问题为出发点，结合银行自身的战略发展规划和业务特色需要，制定区块链战略规划，确定应用的领域和路线图，匡算拟投入的资源和预期达到的效果。

2. 快速推进应用落地。结合自身实际情况，选择最适合作为切入点的区块链应用场景。考虑到区块链技术的特征，建议首先从业务参与方多、参与方对互信的要求高、适应新技术阻碍较小、潜在创造效益明显的业务场景切入，尽快开展实施试点，用市场来检验新技术落地的成效，在试点过程中培养和磨炼团队，积累业务和技术经验。在自身技术不足以支撑应用落地时，不能"闭门造车"等待自身技术成熟，应积极寻求合作，选用现成的技术方案抓紧落地，再结合本行特色逐步迭代优化，在实践中发展。在新业务模式构建早期即向监管部门做好沟通，机会合适时还可请监管部门一并参与。

3. 避免技术路线僵化的风险。区块链技术尚处在发展阶段，技术更新换代频繁，单一技术的不确定性较高，银行应最大化利用自身资源，开阔视野，广泛关注不同技术路线的发展与应用，避免技术路线的僵化。为降低风险，可寻求加入行业联盟等组织，选择行业认可度较高的技术标准，积极参与标准的制定与应用，做好监管沟通工作，将自身的技术路线向行业主流靠拢。诚然，在强调重视机遇、积极行动的同时，银行业也应充分认识到区块链并不是包治百病的万能良药，技术的演进和发展也存在诸多的不确定因素。首先从技术层面上来说，在区块链得到大规模应用和推广之前，技术的成本、有效性、扩展性、兼容性等方面均有达不到预期的可能，大规模推广的局限性还依然存在。从监管和法律风险上来说，立法部门和监管机构将如何跟随技术的发展，调整现有法律法规体系仍是一个较长的过程。银行对上述风险应该有冷静清醒的认识。

五、银行与金融科技公司的合作

金融科技在银行业的应用，不能仅靠银行自身，也不能仅靠金融科技公司或互联网平台，而是需要各类相关机构的相互协作。通过银行、非银金融机构、金融科技公司、互联网平台等的合作，加之政府和监管部门的参与，共同促进金融科技与银行业的有机融合，实现科技赋能银行，银行赋能实体经济的良好愿景。

在推进金融科技研发和赋能合作时，合作的各方应深刻认识到合作的本质是资源的互换，合作方各自提供自身拥有但对方缺乏的资源，或者提供自身在成本上具有比较优势的资源，这些资源包括：业务资质（金融牌照）、获客能力（流量）、资金（低成本资金）、风控能力（数据和技术）与定价能力（数据和技术）等。(1)在业务资质上，银行占有比较优势，银行牌照在存款、贷款、支付等核心金融业务上优势明显；(2)在获客能力上，拥有大量应用场景和用户的互联网平台占有比较优势；(3)在资金上，银行占有比较优势，银行作为唯一能吸收公众存款的机构，也是金融账户体系的枢纽，有大量低成本的结算性存款；(4)在风控能力和定价能力方面，这两项能力对数据和算法的高度依赖，在数据上互联网平台和大型银行占有比较优势，在模型的算法上金融科技公司占有比较优势。合作的各方应该充分发挥自身的比较优势，同时认可并充分运用合作方的比较优势。

从银行角度看，在金融科技的应用上，应该辩证地看待自主研发和通过外部合作方赋能的关系，以为客户提供最好的服务为出发点，在符合监管规定的前提下，不要盲目迷信自主可控，一味进行自主研发。特别是对于中小金融机构，在自身力量远逊于金融科技公司的情况下，通过自主研发将永远无法实现行业领先的金融科技能力，理性的选择是，对于行业普遍的共性业务，选用领先的金融科技公司提供行业领先的金融科技能力，对于本行特色的专业领域，由于外部金融科技公司的技术可能不具有满足特色业务的针对性，适合于银行自主进行研发。

从金融科技公司视角看，尽量不要把银行和自身的关系定义为甲乙方关系，而是定义为合作共赢关系。在商务模式上，优先选择业绩分成模式而不是采购模式，使自身利益与银行利益保持高度相关。为银行提供的解决方案应该以帮助银行提升能力，支持银行更好地为客户服务为出发点，在通过金融科技赋能银行现有业务的同时，也帮助银行对其客户更深入地赋能，助力银行融入产业、融入社群，实现金融科技的逐级传导式赋能，使金融科技发挥的效用最大化。

第七章　金融科技行业应用——保险科技

据新浪财经讯，2019年6月举办"第三届金融科技与金融安全峰会"上，原保监会副主席周延礼认为，通过改变思维模式、现有制度、发展方式，提升金融行业服务消费者的能力和水平。实现行业转型升级和高质量发展必须依靠科技，通过科技在行业中的广泛应用，进一步提升金融行业服务消费者的能力和水平。互联网保险驱动保险行业加大科技投入，互联网保险的快速发展为行业带来增量市场也带来了技术驱动创新的新模式。协同构建保险新生态是大势所趋，构建保险科技的新生态，要有保险机构、科技机构、政府机构、行业监管、行业自律组织、社会消费者共同参与。

保险，是我国金融行业的重要组成部分，是银行、保险、证券等金融行业"三驾马车"之一。随人民生活水平的不断提高、保险意识的不断增强和我国金融行业市场不断开放的发展趋势下，保险越来越受到人们的关注。保险不再是早年"西装革履"的"皮包"公司，也不再是雾里看花，而是粉墨登场的"金融新贵"。美国营销大师菲利普·科特勒认为，"客户购买的不是钻头，而是墙上的洞"。客户购买保险，也不是为了出险后得到赔款，真正目的是为了出险后能到更好的保险服务。比如，客户购买养老险，是希望老了之后能得到长期、悉心的照料服务。

金融科技在保险业中也被称为保险科技，为避免误解，以下章节金融科技都称为金融保险科技或保险科技。

第一节　保险及保险科技概述

下图清晰地描述了金融保险科技伴随着保险行业保费规模的增长而不断高

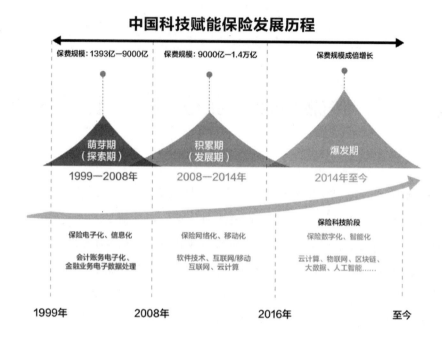

资料来源：中国科技新闻学会主办《中国科技信息》。

速成长的发展趋势。

专业科技机构预测，未来 10 年保险科技带来的规模年增长率将超过 20%，传统保险公司会加大投资金融科技研发，加快金融机构转型升级的步伐。

复旦大学联合中国保险学会发布的《人工智能保险行业运用路线图》预测，到 2025 年、2030 年、2036 年，人工智能将分别实现 25%、50%、75% 的运用。

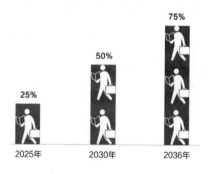

资料来源：赵峰编写的《智能化如何重构保险业》。

保险科技最大影响就是创新技术的运用和对保险生态的颠覆，在创新技术影响下，保险科技推动保险行业从需求端的长尾需求整合发展到供给端产品改革创新，延伸保险行业生态。

保险科技是科技发展推进的保险创新，创新了保险产品、保险应用领域、经营模式创新，再造了管理流程。原保监会副主席周延礼在《协同构建保险科技新生态的机遇与挑战》一文中指出，目前来看保险科技对保险产品形态和服务方式、保险机构经营和保险市场状况均产生了重大影响。

保险科技解决场景化、规模化、个性化的行业消费需求，将保险科技应用于保险经营管理的各个业务流程和服务环节，驱动保险企业从资本驱动型转向科技驱动型，赋能保险行业革新，重塑保险行业价值链，打造保险新生态。

一、保险业业务简介

保险是什么？根据《中华人民共和国保险法》总则第二条定义："保险是指投保人根据合同约定，向保险人支付保险费，保险人对于合同约定的可能发生的事故因其发生所造成的财产损失承担赔偿保险金责任，或者当被保险人死亡、伤残、疾病或者达到合同约定的年龄、期限等条件时承担给付保险金责任的商业保险行为。"

保险的种类众多繁杂，但根据各种不同分类属性可划分：按保险目的性质的不同可分为社会保险和商业保险；按投保标的的不同可分为人身保险和财产保险，财产保险又可分为车险和非车险；按保险合同的长短期划分，可分为长期保险和短期保险等。

（一）产品设计

保险公司售卖的是什么？对保险业内部人士而言，就是售卖风险，而对投保人或被保险人来说，他们买的就是某款保险产品，保障自己的财产安全和人身安全。那什么是保险产品？简单来说，就是保险公司根据符合某部分特征群体的风险偏好需求，设计出满足某部分投保人需求的保险合同条款。

保险公司成立后，首先要解决的就是保险产品的设计，解决我要卖什么的问题。从商业角度来看，没有产品可卖，保险公司就无法通过正常经营保险产品获得商业利润。（1）财产保险。保险产品因为可投保的标的物太多，所以产品设计也最为困难复杂,许多标的因为没有足够多的历史经验数据而无法进行产品定价,或定价过高或过低。(2)人寿保险。产品设计时主要参考国家统一的经验生命表数据。如下图(注:该数据是银保监会 2016 年 12 月颁布行业最新参照表)所示:

《中国人身保险业经验生命表(2010—2013)》

年龄	非养老类业务一表		非养老类业务二表		养老类业务表	
	男(CL1)	女(CL2)	男(CL3)	女(CL4)	男(CL5)	女(CL6)
0	0.000867	0.00062	0.00062	0.000455	0.000566	0.000453
1	0.000615	0.000456	0.000465	0.000324	0.000386	0.000289
2	0.000445	0.000337	0.000353	0.000236	0.000268	0.000184
3	0.000339	0.000256	0.000278	0.00018	0.000196	0.000124
4	0.00028	0.000203	0.000229	0.000149	0.000158	0.000095
5	0.000251	0.00017	0.0002	0.000131	0.000141	0.000084
……	……	……	……	……	……	……
30	0.000797	0.00034	0.000595	0.000247	0.000407	0.000175
31	0.000847	0.000356	0.000635	0.000261	0.000438	0.000186
32	0.000903	0.000374	0.000681	0.000277	0.000472	0.000198
33	0.000966	0.000397	0.000732	0.000297	0.000509	0.000213
34	0.001035	0.000423	0.000788	0.000319	0.000549	0.000231
35	0.001111	0.000454	0.00085	0.000346	0.000592	0.000253
36	0.001196	0.000489	0.000919	0.000376	0.000639	0.000277
……	……	……	……	……	……	……
99	0.417257	0.319794	0.342628	0.212604	0.30312	0.184301
100	0.446544	0.345975	0.369561	0.230215	0.328401	0.200836
101	0.476447	0.373856	0.397652	0.250172	0.354803	0.219242
102	0.50683	0.403221	0.426801	0.272831	0.382261	0.239737
103	0.537558	0.433833	0.456906	0.298551	0.41071	0.262537
104	0.568497	0.465447	0.487867	0.327687	0.440086	0.287859
105	1.000000	1.000000	1.000000	1.000000	1.000000	1.000000

(二)承保

1.投保。投保咨询,投保政策的解读,投保需求的管理以及投保产品的选择,传统的保险公司一般由保险公司的前端销售人员负责管理和接待处理客户咨询,其中也包括保险中介渠道的前台人员。投保咨询的岗位将随科技的进步而逐步由智能保险顾问机器人所代替。

2. 承保。投保人一旦确定投保的产品和经保费试算后，投保人在保费合适，条款清楚之下，与保险公司签订保险合同的过程，叫作承保。承保过程中，投保人需要签署投保确认书，投保确认书的签署则意味着投保人已经清楚自己的投保需求和需要投保的产品。根据中国银保监会监管机构的最新规定，投保人进行投保还需要进行录像和录音等"双录"操作。

（三）核保

1. 资料审核。保险公司的核保人员在接收到投保人递交的投保申请资料后，逐一核实资料的真实性，如身份确认、投保材料确认、签名确认等；如果是人身保险的投保，还需要有身体健康调查表、医疗记录等材料。

2. 风险审核。核保人员除核实材料的真实性，还需核实投保人及投保标的是否存在未知的风险，是否有骗保或投保标的风险敞口过大的可能，这是保险公司风险管理的一道安全屏障。因此，在保险公司，核保人员属于专业技术人员，因为识别风险需要一定的专业水平和素养，才能识别出常人看不到的风险。

3. 保单生成。当核保材料通过核保人员的核准之后，前台人员即可打印保单（保险合同）的正副本给投保人。保单（保险合同）在双方约定的起始时间内开始生效，即进入保单生效期。

（四）理赔

1. 报案。在投保人或被保险人的保单生效期间，如果被保标的物出险，要立即拨打保险公司电话进行报案。保险公司在接到报案电话后，会第一时间派出保险公司的查勘人员到达现场，对事故现场进行事故查勘。

2. 查勘。查勘人员到达现场后，会进行一系列拍照和摄像，第一时间保持现场记录，包括询问记录。同时协助警方，等待警方做出事故的调查结果。

3. 定核损。保险公司在收到警方的事故责任认定报告后，对投保的保险标的的损失进行评估（人和物不同），按照一定的方法核定好损失金额后，并提交给投保人或被保险人确认。同时，按照保险合同的条款约定，区分好可理赔的那部分金额。

4. 理算。保险公司要求投保人提交原保险保单，事故损失的相关票据或医院的相关票据，根据保险合同的条款约定剔除免赔额后，进行最终的赔付金额核算。

5.理赔。保险公司的理赔工作人员在核对票据无误，保单是否正常有效，以及投保人或被保险人的身份、银行卡账号信息无误后，提交赔付申请，由保险公司的财务人员对被保险人进行赔付。

（五）再保

1.再保的含义。再保一般发生在保险公司与保险公司、再保公司之间（和自然人无关），指保险公司将在本公司投保的原保险保单一部分或大部分打包给另一个保险公司或再保公司进行再投保的过程。再保的实质就是保险公司为了控制自身的风险，将风险再转嫁给另一个保险公司或再保公司。

2015年8月，天津港发生新中国成立以来最大的安全生产爆炸案，牵涉多家保险公司的财产险保单和寿险保单，合计赔付金额近100亿元。如果参保的保险公司未将原保险保单做再保业务处理，预计近10年的财务盈利一笔勾销。可见，再保对保险公司的风险管理意义重大。

2.再保的种类。再保根据原保险保单的责任限额（保险金额或赔付金额）的不同，可划分为比例再保险和非比例再保险两类。

（六）资金运用

如果将保险比作一个人，保单的承保业务利润是一条腿，而保险公司资本金、准备金沉淀下来的资金运用盈利则是保险公司经营业务的另一条腿。不管哪一条腿不利索，都将影响保险公司的总体盈利水平，影响保险公司的长期发展。

1.资金来源。保险公司的投资资金来源主要有两大块，自有的注册资本资金和保费提留的责任准备金及其他符合监管要求的合法资金。

2.投资方向。保险公司的资金投资方向，必须在中国银行保险监督管理委员会颁布的《保险资金运用管理办法》的规定下进行合法合规的投资。

二、保险科技概念及内涵

保险科技（Insurance Technology，InsurTech），顾名思义，是"保险"加"科技"的组合词。尽管目前业界尚未具备统一的定义，业界有共识的是保险科技是金融科技的一个分支。金融稳定理事会（Financial Stability Board，FSB）曾于 2016 年对金融科技做了如下定义——立足于技术来实现的金融创新，可以通过产生新业务模式、应用、流程或产品来对金融服务的供给产生显著性的影响。在金融科技概念的基础上，国际保险监督官协会（IAIS）于 2017 年在《保险科技创新报告》中提出了保险科技的概念，并将其定义为"金融科技在保险领域的分支，即有潜力改变保险业务的各类新兴科技和创新性商业模式的总和"。

由上述专业机构给出的概念描述，可以分析出，保险科技并不是指某一项具体的技术或者一组固定的科技；只要能够对保险业务产生影响、产生改变的技术，都可以称为保险科技。影响着金融科技的各项技术，比如人工智能、区块链、大数据、云计算、物联网等，同样逐渐显现出它们在保险行业能够掀起行业格局翻天覆地变化的能力，它们会对保险行业产生从获客营销、产品创新、运营、风控到经营理念这样全方位的影响。

吴婷等在《保险科技：内涵、耦合机理和发展逻辑》一文中认为，保险科技的目的就是要达到一种深层次的创新，这会在保险业务的逐步演进和保险形态的外延中得到体现，它们会表现为以下 3 个方面的创新：

1. 在组织模式上的创新。近年来，互联网保险公司、第三方保险平台如雨后春笋般出现在广大客户的眼前。而没有实体保险组织的 P2P 保险的迅猛发展，让意识到原有的实体保险组织已经在某些方面开始向去中心化的方向演进。

2. 在经营理念上的创新。互联网、移动互联技术，拉进了人们的距离，也降低了消费者之间的信息沟通成本和障碍，大大小小的社群活跃于网络上的社交平台，这导致传统的产品导向经营理念逐渐不能适应现代社会了，保险公司必须转变思路，要用心经营客户才能长足发展。

3. 在业务模式上的颠覆。保险公司产品创新已经不能单纯靠人工以年为单位来设计和改进了，如今，保险产品的多样性已经有点让人"挑花眼"，旅行险、延误险、汽车分时险等作用周期短、风险变化快的产品层出不穷，并且也为越来越多的消费者所接受。这其中，保险科技起着举足轻重的作用，它对保险价值的创造方式及其分配模式进行了重新塑造。

中国人寿财产保险股份有限公司副总裁赵峰在《智能化如何重构保险业》一文中认为，智能化对保险行业重构的内涵，可从内至外三个层面重构保险行业：一是针对自身业务处理实现智能化，在销售、客服、核保、核赔、反欺诈等领域全面引入人工智能。利用智能化技术提升自身运营水平，提高运营效率，优化客户体验，改善风险管理，例如通过车辆损失图片智能分析，车险定核损自动通过率可由 30% 提升到 70% 以上，并能更有效地应对占比高达 20% 的赔款欺诈。二是针对智能化技术提供保险产品，为智能化在全社会各行业的快速推广应用保驾护航。在体现保险价值作用的同时，开拓蓝海市场。例如为智能驾驶汽车提供一揽子的保险服务，全面覆盖驾驶人责任和自动化技术责任。三是随着社会全面数字化、保险标的的智能化，利用智能化技术实现"保险＋技术＋服务"的商业新模式。例如针对智能家居、智能穿戴设备，覆盖更多可保利益，扩大保险责任，提供健康管理、居家养老服务等。

三、中国保险科技现状

原保监会副主席周延礼在《协同构建保险科技新生态的机遇与挑战》一文中认为，中国保险业抓住了保险科技最新发展的机遇。从保险科技创新模式看，既有瞄准传统保险公司痛点进行改善的大型保险机构，也有聚焦细分市场专注特定险种的"保险＋科技"初创公司。

（一）中国保险科技领域的市场参与体

据统计，海外保险科技创新应用的领域涵盖初创公司、创新险种、第三方销售平台、比价平台、数据分析、中介工具等。主要分为四大类：传统保险公司、全新互联网保险公司、互联网保险中介平台、其他非保险类机构。

1. 传统保险机构积极推进数字化转型战略时，重点放在云计算、大数据、图像和语音识别等领域，探索与科技公司及互联网企业开展全方位合作，将保险科技研究成果运用到保险产业价值链的升级换代，主要是为实现业务管理全面转型升级服务。

2. 全新互联网保险公司重塑保险行业的传统业态，在产品设计、市场营销、定价核保、理赔服务等方面进行了全流程的信息系统的改造，在信息技术不断创新发展驱动下，互联网保险公司给保险市场带来全新变化，主要是服务于企业的竞争力的提高。

3.互联网保险中介平台，有的致力打造互联网保险综合超市，有的建立互联网保险聚合交易平台，有的利用自身场景和技术优势，为保险行业定价和营销等环节赋能，主要是实现保险消费者满意度的体验。

4.其他非保险类机构，主要为大型互联网企业、医疗机构等，结合自身的用户、流量、数据优势，积极布局保险业，主要是实现其他行业与保险业的紧密结合。基于这些判断，保险业抢抓机遇，乘势而上，取得了长足进步。

（二）中国保险业在保险科技赋能保险技术进步成效卓著

保险科技提供了改善保险业服务方式、提高服务效率的重要契机，保险科技是对传统保险商业模式全流程的数字化改造技术手段。（1）在保险产品开发设计方面，大数据技术辅助保险精算更准确度量风险，满足客户的个性化要求，实现保险产品的订制和精准定价；（2）销售环节，大数据和人工智能技术不断动态了解用户需求，协助保险代理人精准掌握客户需求，实现精准营销；（3）客户服务端，人工智能技术智能化了客服系统、核保系统，进一步提升服务效率，降低赔偿风险；（4）理赔服务方面，图像识别技术等实现了快速定损和反欺诈识别等。

（三）中国保险业借助保险科技打造全新保险生态系统

随着保险科技的迅猛发展，大型互联网企业、专注于赋能险企的科技服务公司、各类基于互联网的中介平台、与保险科技紧密相关的通信汽车零售等行业纷纷加入保险布局，保险产业链不断得到扩展，保险生态圈得到不断扩大。一个以保险主体为中心，链接相关行业上下游不同的产品、服务的提供者和客户，协调、系统为客户提供一站式服务的保险生态系统正在逐渐形成。

四、保险科技对保险业的影响

保险，源于人的规避风险的客观需求，是将原本需要由独立个人或者小团体可能因为小概率事件需要蒙受大额损失的影响，通过契约等方式分摊到一个大的团体来共同承担。随着这一需求的日益剧增，在17世纪到19世纪的欧洲，出现了许许多多的保险公司，保险行业也随之逐渐诞生。我国的保险行业雏形出现在19世纪清末，当时在中国境内诞生了一批保险公司。因此，保险行业的诞生远远早于科技行业的诞生，换句话说，它并不是因为科技的发展催生出来的；然而，科技的诞生和兴起却对保险行业产生了巨大的推动作用。许多年间，保险行业都是手工化、纸质化、松散化的经营，直到现代电子计算机的出现，使得保险业逐渐转向了电子化、无纸化、集中化的运作方式。

科学技术的腾飞，造就了时代的浪潮；随着时代巨轮的飞驰，保险行业原有经营管理方式逐渐无法适应当下时代，这必会引起保险行业相关人员的高度重视，进而促进保险行业的反思与变革。中国人民财产保险股份有限公司原副总裁王和等在《我国保险科技发展展望》一文中认为，从保险经营管理的角度来看，保险科技会驱动我国保险行业产生较为深刻的变革，主要体现在三个层次：渠道和产品的变革、业务和运营的变革，以及架构和经营理念的变革。

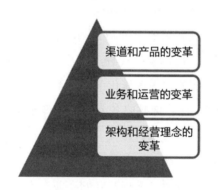

保险科技驱动我国保险行业的三个层次的变革

（一）渠道和产品的变革

曾几何时，社会大众对保险还非常陌生，很多人并不知道保险是什么、能有什么用、谁需要保险，即使清楚地知道自己需要买保险，也面临着不知道选哪家保险公司、买什么产品最合适的困扰；而对于保险行业而言，重人力的销售模式也是成本居高不下的重要环节，培养出一名保险营销人员实属不易，合格的营销人员需要熟悉产品的条款和使用人群、需要不断挖掘新客户并维系老客户、需要能快速将客户需求映射到合适的保险产品并用合适的方式推介给客户；即使借助代销模式，可以一定程度上扩大了获客群体范围，但仍然无法快速降低对从业者的保险营销能力需求。

渠道和产品的变革会对保险行业的客户、从业人员有非常直观的感受，在此分别从这两个角度进行阐述。

1.渠道的变革。蓬勃发展的保险科技,可以逐渐减轻或解决渠道端现存的痛点。借助保险科技的发展,保险行业从早期的以产品为核心的模式,逐渐转向以客户为中心的营销模式。(1)基于移动互联技术的变革。保险行业与客户的接触已不仅限于上门拜访或者电话沟通了,近年来的互联网(尤其是移动互联)的爆发式增长,使得这一流量入口逐渐成为重要的新客来源。作为保险公司,要想不在这一时代趋势中落伍,必须要把握住移动互联带来增量客群的机遇。(2)数据驱动的营销与管理。再结合大数据技术的兴起,使得保险行业有能力将内外部数据进行充分整合,结合基础数据、购买数据、行为数据、偏好数据、信用数据等对客户进行精准刻画。基于庞大的客户画像数据,向每个客户展示适合其的产品,实现"千人千面";根据不同的客户群体,制定高效、经济的获客渠道和方式挖掘、发展新客户,根据客户偏好向其推荐经过大数据计算后的最为适合该客户的产品,节约客户的挑选时间,减少与客户的沟通成本,甚至为不同客户提供差异化的保险产品和服务;通过采集客户的浏览、回应、购买等反馈行为,结合营销策划等数据形成有效的数据闭环,构建保险产品服务的精准营销系统,根据客户的反馈动态调整策略,提高营销整体效率的同时,也能够提升客户体验,增强客户黏性。(3)人工智能技术增强的营销助手。相比一个个独立的保险营销人员而言,人工智能可以以极快的速度接纳新的知识,构建出丰富而又精准的专业知识库,其电子化的特性使得智能助手可以以几乎线性的小成本投入来扩张规模,并且其可以"不知疲倦"地全天候在线。当然,人工智能技术目前仍然具有局限性,它有时理解或者表述得不够准确,它在人类情感的感知和表达上与人仍有显著差距,这也使得人工智能助手还无法完全代替营销人员的工作。但是,作为营销助手,它可以快速分析客户的意图、搜寻专业的知识、定位匹配的产品、推荐合适的话术,高效促成交易。人工智能还可以作为"老师"来规模化地培养营销人员,因此它也可以使营销人员(尤其是线上渠道的标准化产品营销人员)的培养变得更为经济。(4)区块链技术保障的销售渠道拓展。保险公司不仅仅有直销渠道,还有众多分销渠道;其中,互联网分销渠道非常值得保险业的重视。构建基于区块链技术的互联网保单分销管理,任何经过保险公司认可的机构和个人都可以成为保险的分销者；保险合同的信息和后续履约情况都会在链上加密存储，保险客户可随时进行认证和追溯，为分销交易提供了信赖的基础；基于区块链还可以对分销佣金进行实时结算，对于分销者而言每促成一单可以获得即时的正向反馈，刺激分销者更有动力投入其中。如此一来，保险公司可以借助这一海量的分销渠道，将保险销售渗透到互联网的许多角落中。

2.产品的变革。保险科技还将对产品设计、创新模式产生深远影响，简而言之，可以从按客户需求找产品，到按客户需求设计产品。（1）保险产品数量的井喷。传统的保险产品是业务专家根据抽样统计数据进行分析、精算，然后设计出来的条款和定价，并不总是能满足客户的需求，并且保险产品的设计可能会滞后于真实需求。移动互联深刻改变了我们原有的生活方式，也导致了数据量的几何式增长，为各行业认识他们的客户提供了更为多样的维度。借助大数据和人工智能手段后，我们能够更快速、更全面地了解客户的情况，更丰富、更细致地捕获需求，发现产品商机，为一个个客户群体设计出与其相匹配的保险产品；甚至根据客户的需求、资质和风险分析，可以为其量身打造专属于该客户一人的保险产品和服务。这能够促使保险行业产品多样性再上一个台阶。（2）保险产品定价和风控模式的创新。在互联网和移动互联普及的时代，我们会有越来越多的保险场景需求，尤其是针对短周期、价格低、频率高的场景，比如单次的旅途险、分时投保的车险，传统的基于专家设计的方式难以快速跟上这些场景中每天瞬息万变的数据和风险分析；而依赖大数据、人工智能、云计算等保险科技进行全天候、动态化、差异化的保险定价和风控模型的自我升级，能够有效解决这一业务痛点。基于这种定价和风控机制，能够在数字化社会的时代浪潮下打破固有的规则和思维，对保险生态进行再造，并推动保险产品创新水平进入全新的高度。

（二）业务和运营的变革

1.承保核保管理模式变革。承保与核保是保险公司的一块核心业务，针对核心业务的效果提升，能够为保险服务体验、为保险公司经营效率带来质的飞跃。（1）承保流程体验的优化。在传统的承保流程中，需要有大量的人工录入工作，比如录入投保人身份信息、行驶证信息等，这个过程不仅耗时，而且也容易出错。在承保流程中引入人工智能技术，对人员证照信息、车辆信息进行快速录入并打通后续流程，实现准确、便捷、高效的自动承保，也能为投保客户带来新奇而又便捷的体验。（2）核保模式的创新。核保流程同样是相对规则化、经验化、重复化的工作。通过核保知识体系的构建、核保人员经验总结、历史保单核保结果的分析，核保系统能够逐渐积累专业领域的知识，形成知识库；同时，结合人工智能技术的判断与推理能力，能够使核保系统变得更为智能、理性、持续、值得信赖，减少人工可能干预的环节，不仅帮助保险企业释放了人力，减少了管理成本，还能够有效减少因为人为因素导致的操作风险。

2.定损理赔模式变革。（1）基于人工智能技术的定损模式变革。定损的过程是根据出险现场的情况、保险标的的受损情况进行分析认定。基于深度学习技术的图像智能识别技术，通过学习定损员的历史定损记录，可具备相应的智能定损能力；定损系统引入了这种智能化的能力后，定损过程变得更为及时、便捷、高效——上传出现现场的照片、保险标的的照片、客户的证照等信息后，后台系统能够比定损员更为细致地观察、分析照片，并综合得出定损结论，定损结果也"立等可取"。这种定损结果能够极大地减少传统模式中定损员工作失误或者串通勾结的可能性。（2）基于人工智能技术的核赔理赔模式变革。积累大量的历史理赔数据后，我们可以逐渐训练出一个能够处理理赔案件的智能引擎，结合保险公司积攒下来的核赔理赔规则引擎，综合这些引擎的系统就可以对这类案件进行分析与审核，与相关理赔人员形成人机互检的有效机制，加速完成核赔、理赔工作，对于相关案件，尤其是金额小、频率高的案件，可以在更短时间内完成赔付的审核，在为客户提供了高质量服务、良好体验的同时，也节约了保险公司的审核人力。（3）基于区块链技术的保单自动分摊模式的创新。随着互联网技术的普及，出现了如相互保这种新型的保险模式，该种保险会约定参与人共同拥有获得赔付权利和需要承担赔付义务的情形。区块链的智能合约技术，可以在达到预先设定的赔付条件后，自动触发执行智能合约，校验被保险人或物信息的真实有效性，并按照事先约定的条款进行赔付金额分摊的执行。这个过程在区块链上被存储记录，全程无须人工进行干预，不仅保证了信息的客观、真实、可信，也方便每一个利益相关方随时进行审核与追溯。这种机制会催生出更多的相互保的产品诞生，保险条款参与各方高度自律地按条款执行。

3.客户服务管理模式变革。（1）基于 5G、移动互联和物联网等技术的交互变革。移动应用、可穿戴设备等技术可以扩展与客户的接触点和次数；而在线视频、VR/AR 等丰富客户的交互模式，不仅对沟通双方的时间和空间没有太多限制，还可以大大增加信息传导的准确度、客户的参与度以及双方的沟通效率。（2）基于大数据技术的定制化服务变革。结合保险行业数据及第三方数据，我们可以更为精准地分析、挖掘出用户的真实需求，为其提供更有针对性的、更乐于接受的保险服务，真正做到"想客户之所想，供客户之所需"，提升客户的对保险服务的信赖度、对保险公司品牌的忠诚度。（3）基于人工智能的客户服务变革。利用图像技术、语音技术、自然语言处理技术、知识图谱技术，人工智能客服不仅可以识别出客户的需求和意图并为其提供准确、耐心的解答，还可以以不同的语速、语气、语言与客户进行互动，甚至可以捕获客户的用词、语气、微表情等细节，及时观察分析与客户的沟通效果。相比传统的人工客服，这种智能客服更为博学、友好、细心、耐心，也能够有效节约保险公司的客户关系维系成本。（4）基于区块链的客户关系管理变革。由于区块链技术具备自校验、可追溯、不可篡改等特性，因此用其做身份、资产、合约等数字信息证明的存储、校验、管理都非常合适，基于此，我们将看到全新的信息登记与验证模式。比如，在链上的客户，可以自行维护本人和其相关人、财、物的信息，保险公司读取链上的数据进行校验确认，即可确认客户的诸多信息，这个过程既安全又便捷，节省了与客户多次交互的成本，也给客户带来了更加优质的体验。

4.风控反欺诈模式变革。（1）引入大数据和人工智能技术的反欺诈模式的变革。风控反欺诈一直是保险业稳健经营的重要环节，引入大数据和人工智能技术后，可以演进出新的反欺诈模式。我们汇集历史以往的所有理赔案件处理情况，再与央行征信、第三方征信、公安数据、高德友盟等第三方数据提供方进行对接，用大数据技术对这些海量数据进行汇集和处理；再使用人工智能技术学习历史的欺诈案件，洞察出其中可能人工难以挖掘出的细节特征，并在保险反欺诈系统中使用，实时对欺诈案件进行监测和识别，借此再对反欺诈模型进行反馈和完善，使其练就出一双"火眼金睛"，及时有效阻断欺诈案件的发生。（2）引入区块链技术的风控合规模式变革。区块链的技术特性，使其适用于提高保险行业的风控和合规管理水平。运用区块链技术对保单的营销、投保、核保、理赔等多个环节进行客观的记录，保证了各个环节的参与方的身份是真实、可靠的，操作行为是可被监督和追溯的，资金流转是合规和受控的。这也会使得暗箱操作、资金违规挪用等违法违规行为更加缺乏生存空间。

（三）架构和经营理念的变革

与其他传统金融行业类似，传统的保险公司一般有着复杂的组织架构、庞大的人员队伍、海量的资产基础，以及年复一年的持续高额投入。这一个个巨人一般的企业，要想适应当今日新月异的移动互联网时代，必然会遇到巨大的难处，许多困难都必须从根上解决，变革组织架构，变革经营理念，势在必行。

1.互联网基因的引入。互联网保险的兴起和繁荣，为保险公司的经营模式探索出了一条可行之路。轻资产、重科技是互联网时代新型保险公司的重要特点，他们没有动辄百亿、千亿的资产体量，也没有几千、数万的雇员规模，但是他们重视科技的运用、重视数据的运营、重视渠道的拓展、重视客户的维系、重视产品的改进，这种高效的、不断革新的运营模式值得其他保险公司的学习和借鉴。

2.基础科技能力的开放与复用。借助云计算等技术，大型保险公司、大型保险科技供应商可以将他们的整套保险 IT 系统变成云服务并收取系统运营费用，甚至可以创新出收入或利润分成模式，拓展自己的业务范围和模式。而对于新创办的保险公司而言，也并不需要从头建系统，而是用这些已较为成熟的 IT 服务即可，这种公司的运营成本将大大降低，他们将重点放在数据的分析、客户的挖掘、产品的创新上。相比每个保险公司自己建一套完整的系统，这种模式是合理的成本节流，也是社会整体效率的提升。

3.经营理念的变革。科技是这样一种重要的基础设施，它为现代的保险经营理念变革提供了重要驱动力。"跨界"是当今时代各行业的领先公司带头发起的变革潮流，比如，卖路由器和基站的华为变成了首屈一指的手机品牌商，特斯拉不仅变成汽车潮流引领者，还要利用物联网和大数据技术采集分析每个车主的驾驶习惯，为他们提供更具价格优势的保险产品，赤裸裸地走保险公司的路，让保险公司无路可走了。作为保险公司，也应当好好思考一下这个问题。比如，保险公司不仅仅是坐等购买了寿险的客户来申请赔付人身事故，而是可以变被动受理为主动关怀，比如为其提供可穿戴设备，不仅可以提供全天候的、定制化的医疗监测和治疗服务，还可以因为其健康状况保持良好而为其降低保险费用，这样也更能体现的对客户健康质量的关怀。再如，保险公司也不要因为客户买完财险，不发生财产损失就万事大吉了；提供车险产品的保险公司，也可以"反抢"特斯拉们的地盘，运用物联网技术关注客户的习性和驾驶行为，通过技术手段为其提供安全保障、增强其安全意识；也可以改变风险定价模式，充分分析风险因素，通过减少保费来奖励其的安全驾驶行为；在未来还可以推广成熟的自动驾驶技术，让客户切实感受到保险公司是在为客户着想。

保险行业应当积极拥抱时代的变化，依靠保险科技立足行业本身，提升自身的本领和竞争力，促进保险渠道、产品、流程、服务、风控、管理、经营理念的全方位革新，将能力不断延伸到产业链上下游或者与保险相关联的场景中去，走出这个时代背景下保险业的全新经营之路，在以客户为中心、满足客户美好生活需求的同时，也构建保险行业的新生态，为社会稳定与繁荣提供了有力保障。

第二节　金融科技在保险业的应用

保险科技一直伴随保险业的发展壮大而不断成长，从早期的电脑信息化过渡到互联网化，从互联网化到目前智能化的初级阶段，最终奔向智能化的未来。"未来已来"，保险行业在新一轮人工智能、5G 网络、大数据、区块链、云计算、物联网的新技术下，谁能独占鳌头脱颖而出，让我们拭目以待。

保险科技目前处于互联网竞争时代，最常见的保险公司传统科技架构一般分为前、中、后台三部分（如下图所示）。

本节针对保险行业的传统业务场景，逐一介绍人工智能、区块链、大数据、云计算、物联网等新技术在业务场景创新应用。

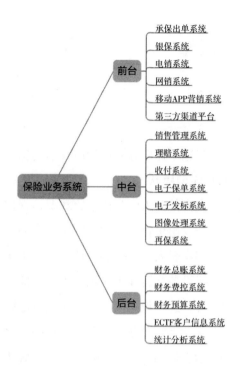

一、新业务场景下的产品设计

随物联网技术的成熟，智能穿戴设备、智能家居、车联网逐渐融入百姓生活当中，新技术承保的方式与传统的承保方式有了很大的不同。在物联网、大数据分析等新技术的带动下，提供或拓宽更贴近用户生活需求的创新保险产品，降低保费引导新的保险消费需求，成为各保险公司未来发展战略的一部分。而车联网（Usage Based Insurance，UBI）的应用是这方面的典型代表。

车联网在保险领域最重要的应用就是 UBI，它是通过车载设备、车载自动诊断系统（On-Board Diagnostics，OBD）或智能手机等设备来采集车辆运行和驾驶人相关数据，依据用户驾驶行为习惯、车辆状态、车辆行驶里程，经过保险智能精算技术精准定价后推出的相关保险产品。UBI 保险产品和以往传统车险以车为定价基准有所不同，是以人的行为习惯和车辆里程长短来做定价基准，推出后对北京、上海、深圳等大城市只在周末使用车辆的用户具有很大的吸引力，因为这部分用户在车联网的大数据分析技术推动下，保费能够获得比较大的优惠力度。

和车联网一样，智能穿戴设备如小米手环、苹果手表、谷歌眼镜等可以收集佩戴者的心率、血压、步速、体温等身体健康及运动指数，这对健康险的产品设计提供了第一手的身体健康状况数据。保险公司可基于此类身体相关数据，通过大数据的分析得出大部分人的身体健康状况，根据个人的不同健康状况适当提高或降低保费，开发出更符合个性化的保险产品。

智能家居设备正在受到年轻人的喜爱和追捧，智能手机让智能家居通过物联网连接在一起。智能家居设备如智能烟雾报警器、智能漏水报警器、智能温度调节器、智能密码锁等等，这些设备与保险公司的家庭财产险的防盗防火等险种能够天然地结合在一起，是一种新的保险创新产品。美国州立农业保险早在 2013 年就已经推出购买房屋保险送智能家居产品的活动，同时还将保费降低到 8 折进行保险产品售卖。

将来还可利用房屋位置及房屋小区的相关大数据，通过卫星定位等技术，快速评估某处房屋的估值和发生火灾的概率，不需要投保人提供更多的房屋材料，快速完成房屋保险的投保，关键是保险公司能够设计推出配套的适合网上销售的财产险保险产品。

随新一代保险技术的推广和应用，会有更多的诸如智慧农业、智慧交通、智慧医疗等新保险业务场景出现，保险公司从战略上需要密切关注并及时开发出相对应的创新产品来适应新的趋势变化；否则，就像支付宝、微信、滴滴等颠覆某些传统行业一样，传统保险产品也会因新技术的产品到来而被颠覆。

二、营销创新平台及渠道云平台

保险营销一般指保险公司的营销人员、业务员团队或保险中介代理机构直接与有保险需求的客户接触，向客户介绍本公司的保险产品，引导客户购买适合自己的保险。随着互联网技术在保险公司的广泛应用，除了传统的业务渠道外，许多保险公司已经搭建如网销系统、移动 APP 营销系统、电销系统等多种渠道售卖保险公司的产品。

（一）营销系统介绍

1.网销系统。保险公司的网销系统通常建成网上保险商城的模式，是保险公司自建的一套供用户购买保险产品的网站系统，一般采用 B/S 架构构建，属于典型的 B2C 网站。系统通常含会员管理、产品浏览、信息发布、在线投保、在线续保、支付购买等常用功能模块。网销系统因为没有保险业务员的引导和一对一咨询服务，与客户之间缺乏良好互动交流沟通，销售份额并不可观。有的保险公司建设好网销系统后，甚至连服务器宕机都无法察觉。

网销系统是保险公司的"门脸"，又或是保险公司的"旗舰店"，但众多保险公司往往忽略网销系统的建设，大家都热衷于与互联网科技公司（如百度、京东等）牵手合作拓展流量入口或开发场景化产品，甚至不惜重金砸入。表面看，互联网保费增长迅猛，规模节节攀升，但背后的财务指标却不堪重负，利润不尽如人意。这种忽略建设自身客户生态圈、为他人作嫁衣裳的做法，从长远看终有点得不偿失。

但如果公司没有很好的品牌度和美誉度，保险公司的网销系统是很难吸引客户到网站进行投保购买保险产品的。因此，提高客户对保险公司自身的满意度和忠诚度，提高公司的品牌知名度，都是网销系统增加流量的必要手段。

2.APP 营销系统。保险 APP 营销系统，是在"互联网+"的大环境下，众多保险公司顺应科技发展趋势推出的智能手机端应用系统。保险公司的全业务流程几乎都可改造成 APP 系统形式推出，如移动核保、移动理赔、移动报销等等，从这一点分析，APP 系统其实是一种新的开发工具和开发模式，但非互联网保险公司很难做到生产系统全部 APP 化。

在前端系统中，保险 APP 营销系统是保险公司一种新的业务员展业模式。与电脑端承保出单系统一样，保险 APP 营销系统同样具有投保、保费试算、核保、出单、支付、统计等环节。不同的是，保单已经不在客户现场打印，直接生成电子保单，纸质保单可以根据客户的需要由保险公司寄给客户。

保险 APP 营销系统和前面介绍的网销系统的特点基本一致，保险 APP 营销系统因为智能移动终端携带的便捷性，比网销系统拥有更多的人工智能新技术可使用。如保险 APP 营销系统可利用人脸识别、指纹识别进行系统登录，进行身份核实识别；OCR 文字识别技术识别身份证、行驶证、驾驶证甚至保单等。保险 APP 营销系统还可开发客户自主报案查勘的功能，使用智能视频定损和照片拍摄定损等人工智能的新技术。

保险 APP 营销系统还可嵌入智能保顾系统，根据 APP 收集客户数据，为客户定制个性化产品，方便用户购买保险公司推出的产品。

3.电销系统。电销系统一般部署在保险公司的客服中心或呼叫中心部门使用，是保险公司与客户直接沟通的重要渠道，比如客户承保咨询、保单真实性查询、出险报案、投诉反馈、保险公司客户回访等等，这些操作直接与保险公司客服坐席人员的工作业绩相关联。电销系统外呼的客户对象一般是保单即将到期的客户或投保后回访客户，与客户的每次通话内容、通话时间、通话时长电销系统都有详细的记载和录音。

电销系统包含短信发送、邮件发送、录音、保单查询、客户资料标签管理等多个子系统。好的电销系统能满足保险公司的客户关怀、提高服务水平、增强客户满意度、扩大销售市场、提高销售份额。

通常许多保险公司会将网销系统、APP 营销系统、电销系统这三个系统分别独立并且由三个不同的业务部门进行业务管理，此类架构有一个很大问题：系统之间、业务之间需求不一致，各部门各自为政。有一种新的架构思想就是将网销、电销、APP 营销都集成为客户营销管理的一个整体，它们就形成了一套互相配合的营销创新平台，本质上只是与客户的接触方式不同而已。从公司角度看，就是做好服务，提高客户忠诚度，形成获客的转化率。下面就来介绍这套营销创新平台。

（二）营销创新平台建设

互联网，经常会讲一个概念，叫"用户黏性"。什么意思呢？通俗点讲就类似某路人临时光顾某小店，店主给顾客沏杯好茶，递份报纸，点播一部最新电影免费观看，店主提供的贴心服务使顾客不会马上离开。试想一下，如果客人来了，直接上来就问工资收入，多少套房，银行卡号多少，大部分客人会被吓跑。因此，在互联网下的保险营销类应用，需要给用户安全舒适的使用环境，或者给用户保护隐私的权利，用户自然而然就能坐下来了解产品。这就是用户黏性。有了用户黏性，才可能有更多机会将保险产品销售出去。不管是网

销系统、移动 APP 营销系统、电销系统还是微信公众号，必须想尽办法提高
应用系统的用户黏性，形成独特的获客场景生态圈，让用户感到自然亲切，慢
慢培养用户的使用习惯，用户才有可能购买推出的保险产品，保险公司才有可
能提高获客转换率。

以拼多多的 APP 应用举例，许多应用环节中都设计有一个场景小程序，
吸引消费者持续在 APP 中不断地游戏、领取红包积分甚至领取免费货物，在
快完成目标时又戛然而止让明天再来，让消费者欲罢不能。消费者在 APP 应
用里浏览游戏的时间越久，就越有可能下单，最终转换成消费客户。保险的
APP 应用或网站可借鉴这种新的模式，以互联网的思维来建立简单而又有用
户黏性的营销系统。

不管是从保险公司的客户角度看，还是从互联网的角度看，保险公司都很
有必要建立一套极简设计、极速体验、"极"其所需、互相协作的营销平台。
如下图的营销创新平台架构中，在"智能算法"的中间层，可采用云计算和大
数据的结合，同时辅以微服务，可完成营销创新平台的完整架构搭建。

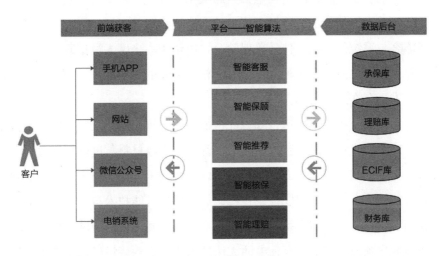

营销创新平台架构

如图所示，客户可能会从保险公司的自有 APP 应用、保险公司官网、企
业微信公众号或电话接入电销系统等几个应用登录到营销创新平台中。关于营
销创新平台的建设，几个关键点总结如下：(1) 具备用户黏性。没有用户黏性

的保险网站或保险 APP 系统，估计也就各保险公司自己内部的业务人员和内勤人员在各自网站上"自嗨"了。因此，保险公司的网销系统乃至 APP 系统，都必须重视用户黏性的开发。（2）简单注重隐私。关于隐私，在没有成为保险公司的客户之前，用户非常注重自己的隐私信息，因此保险公司在设计前端获客系统时尽量简单明了，非必要不涉及用户的关键信息的采集，如收入、身高、身份证号等。（3）推出"实惠"举措。"趋利避害"的行为是人类的自然天性。支付宝"聚五福"春节活动最高峰接近 5 亿网民参与，微信春节"摇红包"活动最高峰一分钟内手机摇动近 8 亿次，这些活动成功的深层次心理行为分析，无一不是人们的趋利和从众的心理行为，因此保险公司的营销创新平台需要设计此类有真实"实惠"的活动场景，才有可能吸引人们的参与。

在营销创新平台架构里面，设计了营销获客相关的智能客服系统、智能投保顾问系统和智能推荐系统，下面逐一介绍，另外两个智能核保、智能理赔系统将在核心创新业务小节介绍。

1.智能客服。近两年，智能客服系统保险公司投入在逐步加大，智能客服系统有如下特点：（1）语音识别、自然语言处理新技术的积极推广和成熟使用。（2）智能客服能使保险公司电话坐席成本下降。（3）不受个别电话坐席员工的文化素养和情绪影响，能够更好地给客户提供服务。

智能客户系统的诞生，伴随着保险公司电销中心坐席人员招聘的困难，新一代年轻人不再愿意从事这种重复操作、枯燥无味的客服工作，而智能客户机器人则根本不存在这个问题。

智能客户系统机器人的后台知识库性能强大，可以通过人工智能中自然语言处理（NLP）技术，识别客户询问的语音、文本等材料，进行句法分析、语义分析、文本生成和语音生成，将正确的内容反馈给客户，与客户进行有效沟通。同时能够将客户的新问题记录在线，后台通过智能技术自主学习处理，实时更新知识库，让智能客服系统机器人下次能够准确无误地帮助客户。

智能客户系统基本上不存在电话无法接通或进入等待情形，比人工坐席服务更加高效，服务意识更强。

2.智能保险顾问。智能保险顾问系统，也可以称为智能保顾平台，其本质上可认为是智能客服系统关于保险咨询和保险产品售前指导的一个子系统，也可独立出来形成一套新的系统，专门针对客户购买保险产品的不同需求，解答客户对产品购买产生的各种问题，帮助客户作出购买保险产品的决定。

智能保顾有两个方面的作用：（1）帮助不懂保险的客户梳理自己的保险需求，根据用户的自身经济条件和身体状况，定制出适合客户的保险产品。（2）根据客户咨询的问题分类整理分析，保险公司推出新的符合主流客户需求的创新产品。

3.智能推荐系统。智能推荐系统是基于保险公司客户大数据系统，根据用户最近的搜索行为和用户360度标签等相关数据，通过机器学习模型算法预测出客户个性化的保险产品，推荐给正在浏览公司网站的客户或提示给与该客户接触的业务人员，从而提高客户的投保意愿。例如，通过大数据发现某客户近期有出行旅游计划，智能推荐系统能及时分析并推送短期意外险优惠信息给客户，客户在综合考虑下可能产生购买短期意外险的行为，可见智能推荐系统对保险公司挖掘用户保险需求的作用不可低估。

（三）渠道云平台

互联网公司的大量出现，直接带动保险行业在互联网环境下的场景化投保快速发展，如退货险、航空延误险等。互联网公司拥有巨大流量，保险公司则拥有保险产品，互联网企业和保险公司的合作越来越多，越来越紧密。从信美人寿牵手阿里的"相互保"到京东签约众惠财险的"京东互保"，无一不透露出互联网流量给保险带来的巨大冲击。众多保险公司开始和各行业头部的互联网企业密切接触，如美团、携程、去哪儿网、腾讯、百度、新浪、搜狐等。至此，各保险公司与互联网公司的合作关系催生渠道云接入平台系统的诞生。

当保险公司和互联网公司开展业务对接进行接口开发，特别是同时对接几家互联网公司时，保险公司开发效率低、接口性能慢等问题逐渐显露出来。渠道云平台的解决方案很好地解决了这个难题，渠道云平台可部署在公有云或私有云上，能满足各互联网公司接入端高并发、碎片化等业务场景，多采用分布式或微服务接口等多种技术进行数据交互，包括投保接口、核保接口、保单生成接口、产品列表接口、电子保单接口、电子发票接口、理赔接口等。

虽然渠道云平台的解决方案短时间解决了互联网企业和保险公司的合作开发问题，但保险公司从中获益却不多，因为大部分的保费都被互联网中介渠道作为渠道费用返给互联网企业，留给保险公司的只剩下赔付支出和少得可怜的保费收入，这种不平等的合作关系不会存在太长时间。

渠道云平台除了与互联网公司合作，还可广泛地运用到与营销相关的系统当中，比如原银保通系统可以经过改造通过渠道云平台接入，各中介公司、代理公司的数据交互也可用新的渠道云平台服务进行替换。这样利用云计算服务能力，能够快速地部署系统并快速开发与第三方系统对接，响应急需的业务合作，改变保险公司与第三方合作开发慢、对接慢的业界形象。

三、核心业务创新应用场景及解决方案

（一）智能核保系统

承保出单系统是保险企业的最基本核心系统。它主要解决投保、核保、批单保全、保单打印等功能。承保业务是保险公司现金流的入口，每家保险公司都特别重视和关注承保系统的开发和设计，若承保出单系统发生故障，小则几百万，大则几千万的现金流没有进来。承保出单系统发生系统故障，属于保险

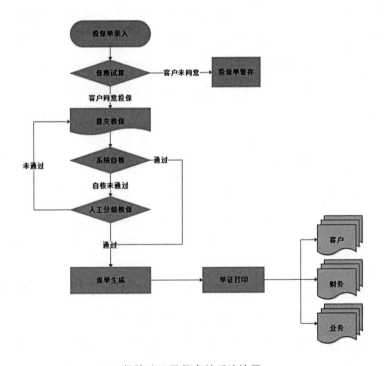

保险公司承保出单系统流程

218

公司内部的重大事故。

承保出单系统可由下面的流程简图来解释说明。

在整个承保端的所有业务环节，如何减少繁杂的投保手续，加快投保核保效率，提高客户投保过程满意度，各保险公司八仙过海各显神通，有不少保险公司已经开始使用智能核保。智能核保能解决人工核保工作效率慢，过程反复，客户体验差的痛点，特别是人身险投保。采用在线智能核保后，核保时长大幅缩短，对一个标准体来说，操作顺利的话投保瞬间完成。

保险公司设计一套性能良好的智能核保系统，可提高前端获客率和提升客户极致体验，从而增加公司的知名度和品牌度。以寿险健康险产品为例，智能核保系统后台可采用医疗大数据分析支持，通过机器训练、神经网络学习，形成智能核保规则模型。投保人在前端输入自己的基本健康状况后，后台通过匹配该投保人的相关医疗、健康记录，对投保人进行健康分值估算，迅速得出核保结论。

如下图所示，将被保人的健康资料采集并存储在医疗大数据平台中，当被

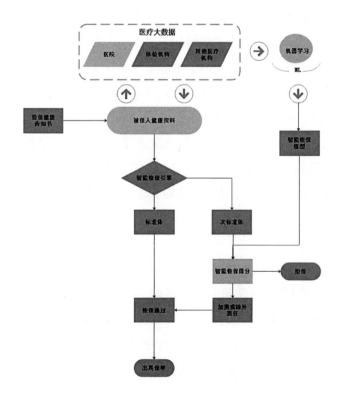

保人在前端进行投保咨询时，后台实时查询大数据平台中该被保险人历史的医疗记录，通过智能核保引擎确认识别该客户的投保风险，根据该被保险人的身体状况划分标准体和次标准体。标准体可以一次核保通过，次标准体则根据身体疾病情况，调用人工智能核保模型计算出该次标准体的风险得分，根据得分情况作出拒保、加费承保或除外承保的核保处理。人工智能核保模型一般根据医疗大数据平台的数据通过人工智能的机器训练（可将数据分为训练集、验证集、测试集），进行多次深度学习，通过验证后得到人工智能核保模型。

客户在实际的健康险投保过程中，减少了来回提交医疗资料、医疗病历的环节，简化了投保手续，客户体验非常快捷方便。同时，以往一些不能投保的次标准体客户，利用大数据、人工智能技术后也可以进行投保，保险公司既增加了投保客户，保费又得到增长，保险公司和投保客户都成为新技术的受益者。

在整个智能核保环节中，医疗数据的获取目前成为一个新的难点。要解决此难点，保险公司可主动和医院、疗养院、体检机构等医疗机构加强合作，保险公司给医疗机构推荐客户，医疗机构给保险公司提供医疗大数据共享，在互惠互利中实现合作共赢。医疗大数据共享程度最终取决于医疗机构和保险公司之间的合作关系的深浅，同时还取决于国家政策方面的支持。

在智能核保的应用环节中，除上述大数据和人工智能技术可以得到有利发挥外，还可加入 OCR 文字识别技术读取投保人的身份证、医疗档案等资料。相对于寿险健康险而言，财产险使用 OCR 文字识别技术的场景更高。如车辆的行驶证、司机的驾驶证、家财险的房本证件、企财险的企业营业执照等，这些都可以通过 OCR 文字识别技术来实时读取，提高核保通过率和输入核保资料的准确率。

（二）智能理赔系统

理赔系统属于保险核心业务系统之一，理赔系统的质量和理赔服务水平直接影响到客户的服务满意度和客户忠诚度，甚至间接影响公司的品牌知名度等。理赔系统涉及报案、查勘、定损、核损、理算、赔付等多个流程，业务流程长，人员接触广，相应地，理赔系统的开发难度也较高。理赔系统一般由报案功能、查勘调度功能、定损核损功能、理算功能、结案功能等模块组成。

理赔服务水平一直是保险的一大痛点。"理赔难""理赔慢""手续繁"历来是保险行业饱受诟病的几大顽疾，也是保险投诉高发的"重灾区"。在理赔系统中，理赔流程审核的时间长短极大地影响到客户的理赔体验，理赔服务时长是真正体现保险公司对客户优质服务承诺的一个窗口，不仅影响客户的心理情绪，还影响到客户是否续保。如果在理赔环节中发生不愉快的体验，这将会给消费者留下非常糟糕的印象，导致消费者对保险公司及其产品产生不信任感。理赔服务水平高低是各家保险公司展现真正服务能力的一把检验标尺。

保险公司要建立良好的口碑，除在销售端有好的营销口碑，更需要通过实现快速理赔、压缩理赔审核环节、提升服务响应速度等几个方面改善客户服务体验。因此，众多保险公司开始推出"极速理赔""闪赔""快赔"等概念的理赔服务，投入巨大的人力成本和时间去实施或研发快捷理赔服务。在理赔的众多环节中，报案、查勘、定损、核损、理算等每个环节都存在可改进、可优化和可改善服务水平的业务场景。

在财产险车险理赔服务中，为了提高车险定损、核损工作效率，车险定损核损智能识别系统已经崭露头角。利用百度云 AI 平台的图像识别技术——车辆外观损伤识别程序，设计一套完整的智能 AI 定损核损系统变得易如反掌。

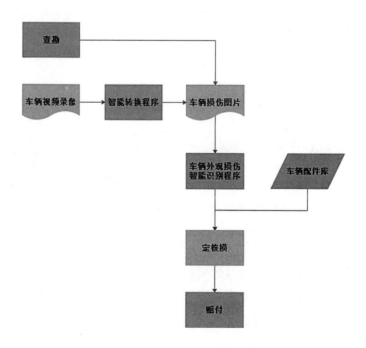

如上图所示，在定核损系统中加入人工智能程序，代替人工定损核损处理。（1）将查勘人员拍摄的查勘录像上传系统，通过智能程序将录像自动转换成一系列图片。（2）与查勘人员手工拍摄的照片合并，输入到"车辆外观损伤智能识别程序"中进行损伤部件识别。（3）智能程序自动识别出损伤部件后，会自动根据配件型号向车辆配件数据库查询相应配件的最优价格。在财产险车险理赔中，一辆事故车的损伤程度识别从输入照片资料开始到损伤部件自动识别定价结束，时间不超过一分钟，服务器性能好的话，甚至达到秒级识别响应。

百度云 AI 平台的"车辆损伤识别"智能程序，是利用人工智能机器学习算法和大量真实的车辆损伤部件图片训练出来的模型算法，目前可识别全部车型 32 种车辆损伤部件，五大类型的损伤，如碰撞、跌落等，高精度图片的识别率可高达 95% 以上。

除车险定核损外，车险查勘环节是车险理赔系统的另一个重要环节，许多保险公司正在开发客户自助查勘服务系统，实现自行上传车辆视频从而完成定损。保险公司只需在自主 APP、微信公众号上开发摄像头开启摄像功能进行实时录像功能即可，非常简单，用户体验也非常快捷有效。在 5G 网络时代，实时拍摄并传输车辆损伤视频录像变得非常容易，理论上 1GB 的视频不到 8 秒即可传输完毕，基于这样的传输速率，不再需要用户手动传输视频，可在用户拍摄视频的同时实时传输，后台实时分析识别视频数据，并反馈识别结果。车险查勘环节的流程改造，参考下图：

根据车险查勘环节的优化经验和思路，可继续优化理赔的支付过程。设想一下，在用户自助拍摄视频同时将定损核价结果反馈给用户确认后，在线实时通过人脸识别及保单验真后，立即完成理赔支付。用户在收到保险公司的理赔款后，自行修车即可。通过这样的极速赔付服务体验，客户对保险公司的认可度大大提高，保险公司在下一年的续保活动中也更容易获得客户的投保认可，从而提高保险公司的续保率等指标，客户忠诚度同时也能得到提升。

（三）区块链电子保单及区块链再保智能合约系统

电子保单系统是最近几年随互联网而兴起的系统，它主要解决电子保单的生成、加密等问题。随人们对互联网电子信息理解程度的加深以及政府部门政策对电子保单的认可支持，电子保单未来将逐步替代纸质保单。

如何识别电子保单的真伪呢？目前的传统做法是让客户（被保险人或投保人）直接登录投保公司的官网、公众号、APP 系统等进行查伪验真。最新的思路可考虑利用区块链技术，它是电子保单系统未来另一种可靠的技术选择。众所周知，区块链的优点是去中心化、数据公开透明、无法篡改、历史信息留痕、方便追溯等特点，它非常适合电子保单系统快捷查询、真伪识别、信用可靠的行业需求。

区块链电子保单系统可将投保人、被保险人的保单相关信息上传至区块链上，供授权的相关监管机构、当事人以及关联人查看。区块链电子保单，可直接减少保险公司、消费者和关联干系人的经济成本和时间成本，也有利于监管及政府部门对电子保单的监控和管理。

例如，当某保单持有人，因生意或其他需要，需将自身有价保单进行银行保单质押时，可直接提供区块链上的保单信息给银行机构审阅，银行机构直接通过区块链电子保单系统查询保单真伪后，实时对该保单进行质押，可立即给保单持有人发放贷款，同时将质押的相关信息追加一条记录到区块链电子保单系统中，该保单的持有人、保险公司以及其他银行机构都可以查看该电子保单下的最新记录信息。整个保单验真、保单质押、发放贷款的操作过程直接在可信任区块链技术的帮助下几秒钟就完成，工作效率非常高，省去了许多不必要的人工操作和纸质材料。

又如，交管部门想要核实某辆汽车是否购买了交强险时，直接利用车牌识别技术扫描车牌号，进入区块链电子保单系统查询该车辆的交强险保险记录，短短几秒就可查出结果，后续不需再投入警力来上路进行车辆保险检查，直接通过监控视频扫描车辆即可得到查询结果，极大地解放了警力。

区块链技术除了可以应用到电子保单系统，也可以用于再保智能合约。

再保智能合约正是利用区块链的可信透明、共享分布式账簿的特性而设计的业务应用场景。众所周知，保险和再保险公司的合约协议约定了一定比例的保费手续费和理赔赔付比例，保险和再保险公司之间的来往对账往往采用手工记账和邮件来往的方式，费时费力，对账过程反复且易错。采用区块链技术，可将双方的纸质合约协议转换成自动执行的智能合约代码，当协议一方保险公司发生保费收入或理赔业务时，将业务直接记录到区块链共享账簿，智能合约根据再保协议内容自动进行手续费或理赔相关计算，并将结果记录到共享账簿，根据账簿记录自动发起保费手续费收取或理赔支出的支付操作，并通知保险公司和再保险公司双方。整个再保业务过程，自动高效，账目清楚，对账轻松，保障再保业务智能合约双方利益，简化了双方业务处理流程。

四、风险管理创新应用场景及解决方案

风险无处不在。在保险公司，自身经营的产品就是风险，因此风险的控制和管理更加重要。对保险公司内部来说，主要分为承保风险、操作风险、信用风险、声誉风险、流动性风险和市场风险。

就目前来看，保险公司关注较多的主要是承保风险和操作风险。常见的系统有智能反欺诈系统，智能反欺诈系统是利用图像识别技术和大数据技术融合在一起识别承保欺诈和理赔欺诈的一套智能系统。

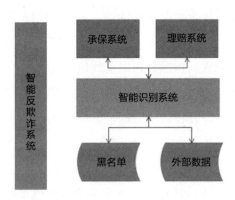

从上图可得知，智能反欺诈系统实时监控承保过程中的投保资料的真实性，包括身份验证、录音、录像、图片等材料的实时校验，同时搜索大数据库中的数据，分析该投保人是否被纳入黑名单或其他征信资料，如果该投保人有

欺诈风险嫌疑时，第一时间通知负责承保系统的相关人员，在承保端控制投保人的欺诈风险。类似地，当投保人在报案后进入理赔系统时，智能识别系统引擎会实时扫描事故照片、视频等材料的真实性，包括医疗记录等等，智能识别判断出诈骗和骗保的行为。

对保险公司的风险管理而言，反欺诈系统识别的风险只是内部管理的一部分风险，而更多的风险如市场风险、流动性风险、声誉风险并没有被识别出来。如何设计一套全流程的智能风控系统呢？见下图：

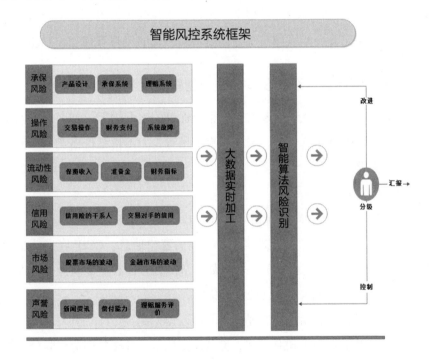

从图中分析得知，一套完整的智能风控系统，需通过大数据实时获取保险公司关注的风险点数据，在大数据平台上进行数据处理和加工，再提供给机器学习模型深度学习分析，识别出当前正发生的或未来潜在的风险事件，直接反馈给风险管理人员进行分级处理，做出控制或改变。

智能风控系统：（1）在声誉风险上，挑选新闻媒体资讯、偿付能力评级、理赔服务评价的网页自动抓取数据，及时获取最新的公司相关信息，做出智能判断，识别出对公司声誉影响比较大的风险。（2）在市场风险上，智能风控系统实时监控股票市场的指数波动，其他金融市场波动情况，按重要性分配权重，由智能学习模型计算出当前所处的市场风险级别。（3）在流动性风险上，智能风控系统主要对保费收入增长率、赔付率、大额赔款等现金流相关指标严密监控，设定相应的阈值，自动模拟进行长、短期的现金流压力测试，从而提供风险监控。

类似地，智能风控系统还跟踪信用风险的交易对手，评估对方的信用级别；跟踪操作风险中的交易操作、系统故障率的相关实时记录；包括常见的欺诈风险和骗保风险。这些风险在可预估和识别的情况下，一一纳入到智能风控系统的大数据中。在智能学习模型中，不断加入新的风险因子，不断地循环反复，进而不断地完善智能风控系统，提高保险公司的风险管理和控制能力。

五、客户信息管理系统及客户服务创新应用

在保险公司内服务意识应该贯穿于整个保单的生命周期，如客户投保、报案理赔、售后回访等环节当中。未来保险市场竞争力不再是价格竞争，而是服务软实力的比拼。

（一）客户信息管理系统

ECIF（Enterprise Customer Information Facility）客户信息管理系统，用技术手段整合企业客户信息，形成集中、全面的客户信息。ECIF 客户信息管理系统的功能一般有客户资料采集、客户数据清洗合并、客户保险业务查询、客户标签管理、客户 360 度视图、统计分析等。

ECIF 客户信息管理系统在保险公司建设比较多，投入也很大，但似乎从 ECIF 系统中获益的保险公司并不多，究其深层原因，往往是因为保险公司的客户信息不准确、客户的资料不齐全、保险中介机构不配合等多种原因造成，客户关键信息缺失严重。在所有的商业企业中，客户的资料都显得尤为重要，如著名的"二八定律"其实就是对客户进行分类标签，将客户划分为 20%的重要客户和 80%的一般客户，如何判断谁是最重要的客户，则是客户信息管理系统要解决的问题。客户分类除"二八定律"分类，根据客户购买保险公司产品的意愿程度，还可分为潜在客户、目标客户、意向客户、准客户、成交客户等客户类别。

传统的 ECIF 客户信息管理系统的客户信息合并比较困难，因为承保、理赔等核心系统都是以保单为中心而开发，每套系统都有自己的客户字典维护，

从而使识别两套系统来源不一致的客户是否为同一客户时颇费周折。如果两套系统来源的客户 ID 不一致，身份证号缺失或不一致，而电话号码是同一个人时，这时需要人工参与确认是否为同一个客户。这也是 ECIF 客户信息系统建设完毕后，通常会发现有部分客户无法正确关联到自己相应保单或相应赔付记录，甚至有时发生张冠李戴的现象（既 A 客户关联 B 客户的保单）。

综上所述，使客户信息在保险公司内部保持统一身份并数据共享，是许多公司建设 ECIF 客户信息管理系统成功的关键因素之一。针对业内的痛点问题，下面提供笔者已部署成功的解决方案分享。

1.统一客户字典。许多公司在建设 ECIF 系统之前已经建立起承保、理赔、收付、销管、网销、电销等常见且支持业务处理的系统，因此，在这个阶段建设 ECIF 系统的最低代价就是将现存系统里面所有涉及客户基础信息的数据都采集起来，汇总到 ECIF 系统中，再经过数据清洗、数据合并后形成一套唯一的客户基础信息字典。但这一步操作只解决了存量客户数据的问题，若承保系统此时又新增一个客户怎么办？所以接下来还需要设计新增客户的数据处理方案。新增客户数据一般是由 ECIF 系统提供服务接口，开放给所有现存的系统调用（如承保、理赔等），实时将新增客户数据收集到 ECIF 系统中，同时各原有系统的客户基本信息维护功能关闭。至此，一套完整的客户信息字典闭环系统已经构成。

2.构建以客户为中心的系统。保险公司的大部分系统是以保单为中心构建的系统，为解决 ECIF 客户信息管理系统客户信息不一致的问题，一种成本较高的方法就是重构保险公司现有的核心业务系统。重构的方法关键在于所有的核心业务系统采用唯一的客户号，通常是用客户的身份证号作为唯一的关键字，这种方法适用于新成立的保险公司或正筹备开业的保险公司。保险公司在新建业务系统之前，客户基本信息规划成全司的基础字典，这样客户信息不一致、保单和客户匹配不一致的问题能够从根上解决。

（二）客户服务创新应用

建立好 ECIF 客户系统后，利用大数据技术采集客户承保、理赔、电话咨询、录音、医疗记录等线上线下多方位多角度的客户资料，借助人工智能对客户画出"千人千面"的个性化画像，给客户提供更精准优质的服务。

1.客户智能画像。客户智能画像根据客户的年龄、职业、性别等基础信息，个人爱好信息，近期活跃的场所信息，通过人工智能预测分析出客户近期可能出去旅游或购买物品的行为，并且挖掘出可能产生的消费行为预测。另外还可利用客户的咨询电话录音分析出客户的性格和情绪等个人标签。

当经过客户行为场景数据分析后，再利用人工智能学习模型预测出每个客户的下一个可能出现的业务场景，对符合条件的客户利用短信、APP 应用通知或第三方渠道平台推荐个性化保险产品，进一步促进客户的保险消费行为。例如，根据某客户频繁浏览某家电的行为，预测该客户即将购买某种品牌家电，适时推出家电爆炸安全险等个性化产品供客户选择。

2.智能医疗服务。对寿险公司来说，定期给已投保重疾险产品的客户进行免费的医疗服务活动，有百利而无一害，除提高公司品牌形象外，还可提前预防客户某些疾病的产生，减少保险公司医疗赔付支出。

如对已投保健康险产品的客户，保险公司可利用智能穿戴设备对投保人的身体健康状况随时进行数据分析检测，提前预防投保人疾病发生，从而达到医疗费用降低，保险赔付支出减少的目的。

保险公司通过手环、手表等智能穿戴设备收集客户生活习惯、心率、血压等数据进行智能分析，每月甚至每周给投保客户发送信息，提供更健康的运动方式、生活习惯、医疗用药等合理建议。在给客户做好医疗健康服务的同时，管理好健康保险风险，减少疾病的赔付支出。

3.基因诊疗服务。与智能穿戴设备一样，基因技术开始在保险健康医疗服务中采用。基因技术被称为第四次人类医疗革命，是一种前沿科学技术，在保险领域特别是人身险保险应用广泛。基因诊疗技术目前还属于萌芽阶段，目前保险领域主要用在以下三个方面：（1）个人投保人利用基因技术诊断个人将来可能出现的疾病进行有针对性的疾病健康险投保，有利于提高个人健康保障，防范个体风险。（2）保险公司可利用基因技术对投保人进行疾病筛查，进而根据投保人疾病发生概率相应提高或降低保费。（3）保险公司可在客户投保后的健康管理服务中采用基因治疗技术，帮助客户预防和治疗某种遗传疾病的发生。

对于基因技术，我国监管的态度目前已由审慎控制逐渐过渡到积极鼓励，建议保险公司特别是人身险保险公司未雨绸缪储备好相关技术人才，和医疗机构合作建设病人或投保人的基因数据库，或可成为人寿保险公司的前瞻策略。

4.智能防火防盗服务。对财产险公司，很大部分业务是企业财产保险的业务。在图像识别和物联网传感器技术日渐成熟的基础上，保险公司给客户提供优质免费的防火防盗设备服务既能获得客户对公司的认可，又帮助保险公司预防投保标的物的火灾盗窃风险产生，以免造成客户和保险公司双方的损失。

在已经投保企业财产保险的客户标的物场所：（1）安装 24 小时监控设备、烟雾报警器、温度传感器及其他智能设备。（2）通过保险公司图像智能系统识别火灾盗窃风险，尽早排除风险隐患。（3）保险公司通过图像智能系统随时查看标的物的安全状况，降低出险损失，保障保险公司的合理利益，减少出险的赔付支出。

六、保险运营监控创新应用

（一）AI 智能统计

统计报表分析系统是保险业务的最后环节，通常保险核心业务的统计功能都设计在统计报表分析系统中。评价保险业务各环节各阶段工作的质量、时效、公司整体运营状况等，可通过监控后端报表系统的数据分析得出结论。

统计报表分析系统含承保分析、理赔分析、再保业务统计、财务指标统计、单证统计、呼叫中心分析等功能。

如下图所示，将统计报表分析系统分为四个发展阶段。

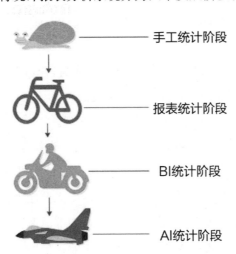

手工统计阶段

报表统计阶段

BI统计阶段

AI统计阶段

第一阶段是手工统计阶段，也是最原始的阶段。这个阶段一般采用 Excel 表格，对保险业务原始清单进行多维度的统计计算。这个阶段工作效率比较低，工作量大。

第二阶段一般是指 IT 系统自带一套报表统计系统。这个阶段 IT 部门根据业务部门提出的业务需求，开发出固定维度和字段的报表供业务人员直接使用。这个阶段的特点是报表格式单一，报表冗余多，数据统计效率低，无法满足业务部门的临时数据需求。

第三阶段是 BI 统计阶段，BI 报表也叫商务智能报表。这个阶段比前两个阶段有很大的进步，能够进行多维度的数据查询，并能输出多维度的统计报表；同时这个阶段有比较多的工具可采用，拥有丰富多彩的图表，保险业内叫"数据看板""数据可视化"或"数据大屏"。这个阶段的优点不少，比如多维选择，切片分析，列表和图表能互相转换，但是这个阶段的致命弱点也比较突出，如对新的业务需求开发速度较慢，底层模型数据更新速度慢，数据响应不是那么及时。

第四阶段称为 AI 智能统计阶段，智能统计这个阶段只有少数保险公司已开始探索，大部分保险公司还停留在第三阶段。各保险公司如何跨越第三阶段进入到第四阶段是当前也是未来要研究的课题。

AI 智能统计是未来的发展方向，也是保险统计进入下一个新阶段的起点。AI 智能统计推出的目的在于解决效率低下，开发时间长，底层数据更新慢，指标数据获取困难等问题。人机交互模式可变得更加友好，例如，需要 2020 年的保费数据，可以直接通过语音设备语音输入——"我司 2020 年保费"，AI 智能统计平台接收到语音后，经语音识别转成后台查询数据操作，即时反馈 2020 年的保费数据到前端。先看下图的架构简图：

如下图所示，AI 智能统计分三个层次来构建。

第一层次是数据基础。数据是人工智能机器训练学习的基石。阿尔法狗（AlphaGo）机器人就是在海量的数据后面经过大量的机器学习才能挑战围棋冠军李世石的。如果没有数据，人工智能就成了无源之水、无本之木了。保险公司的数据来源同样有多方面的渠道，除公司内部承保、理赔、财务等基础数据，还有外部的公共开放性数据，如农业、工业、金融、卫生等公共数据。这

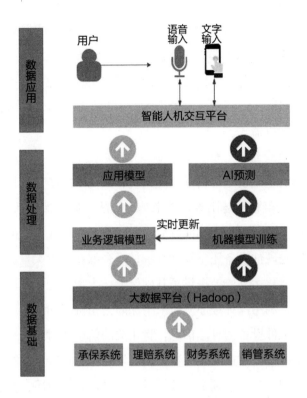

些数据通过大数据平台、物联网、云计算平台紧密集成到大数据平台上。

第二层次是数据处理。数据处理这里主要指数据的智能化处理。当数据进入到大数据平台后，数据处理就阶段性的随时开始。智能化数据处理主要依赖机器学习，通过机器学习模型自动更新业务逻辑模型，同时根据新进入的数据，模型再次自我学习训练，自身优化模型。除了模型自我学习进化处理，在这个层次还可定义盈利预测、客户流失率预测、保费增速预测等模型，将预测的结果推送给用户。

第三层次是数据应用。这个层次主要解决系统与用户之间进行数据交互的处理。为什么叫数据交互，而不是数据查询呢？因为智能人机交互平台的功能不仅仅是解决数据查询的问题，它还承担着分析之前从未处理过的数据查询工作。当人机交互平台接到新的需求时，它能够自动分析拆解需求，转换成机器学习模型，在后台进行大量计算，最后将结果反馈给用户。这个层次，可以接受语音输入、文字输入、邮件输入，自动分析判断转换需求，形成新的需求模型算法。

通过上面的介绍，AI智能统计从整体设计上看，它的将来就是一台能够完成统计分析计算的智能机器人。就目前来看，语音输入技术，大数据实时计算，自然语言处理，这些技术已经相当成熟，有不少敏锐的保险公司已经在逐步布局并应用到实际工作当中。随着技术的不断完善和进步，很快就能看到这个未来的智能统计机器人。

（二）AI智能运维

在保险公司的基础设施运营部，随系统、架构不断扩展，硬件成百上千地增加，人工运维变得越来越困难，越来越不可能。如何保障系统的正常运行，保障硬件的稳定支撑，提前预知问题故障点，在业内形成了新的共识。

但是，不管是硬件设备还是软件系统，后台都在产生大量的日志数据，这些日志数据为智能化运营监控提供了基础保障，为智能化处理提供了可能。

如下图所示，利用探针程序实时采集保险公司机房的服务器、路由器、交换机、防火墙等硬件设备的日志信息，将相关的信息实时集中采集到大数据平台中，进行数据清洗、数据分类、数据预处理后，选择合适的算法，训练出不同的机器学习模型。模型达到预期效果后，可对常见的故障、性能问题进行智能定位分析，并智能自动修改硬件配置或性能配置，并反馈到应用层，汇报给IT设备运维人员。根据硬件的使用年限及时发现老化需要更新的设备，提前阻止故障问题的发生，做好事前运维工作。

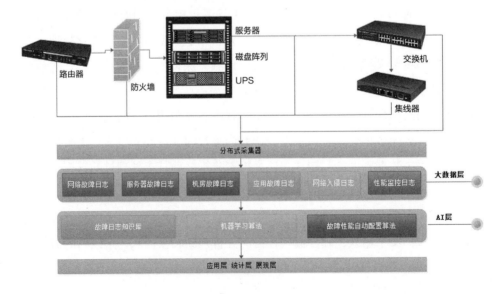

建设 AI 智能运维系统后，彻底解决了保险公司 IT 基础设施部门人员少，基础设施多，排障时间长等行业痛点，极大地提高了工作效率，降低了人工成本。

第三节　保险科技案例与实践经验分享

科技驱动着各行业的变化，保险科技对保险行业的发展也不例外，在特殊事件的影响下，这种行业变化变得更为显著。我国保险业在服务人民群众日益增长的风险保障需求之中逐步发展壮大，已经初步解决保险"有没有"的问题。迈入向高质量发展转型的全新发展阶段后，保险业发展面临的主要任务，转化为主要解决"好不好"的问题。2020 年年初暴发的新冠肺炎疫情一方面将会促进消费者保险意识的提升以及保险行业形象的改善，另一方面也将加速保险行业数字化转型的进程。能够抓住机遇，大力推进数字化营销、高质量产品和服务的险企，将在这一轮疫情的影响下获得生机。如何使保险更"好"？这要求保险业无论在何时，不断升级保险产品和服务的品质，提供多层次、差异化的产品和服务，持续优化客户的消费体验和满意度，增强客户的安全感、获得感和幸福感。本节将分享保险科技应用的一些经验和心得。

一、案例：智能保险在线顾问

人身保险的投保因涉及人身保障和疾病种类繁多而复杂，大部分投保人无法明确自己的投保需求，更谈不上为整个家庭出具明确合理的组合投保方案，而保险科技的创新技术针对此类客户痛点问题准确完美地提出一整套解决方案——智能保险在线顾问。

智能保险在线顾问有四个特点：（1）给投保人提供个性化的风险评测报告和保险配置方案。（2）解答投保人提出的问题，传递给投保人专业、准确、清晰的保险知识。（3）投保人可随时随地获取保险售前、交易和服务相关的全部信息。（4）保险公司或保险经纪人可随时启动响应投保人发起的人工服务请求。

（一）智能保险在线顾问尽最大可能满足投保人保险知识的需求

智能保险在线顾问能够 24 小时保持在线，投保人有任何保险问题随时随地可登录顾问 APP 或网页平台进行对话学习。智能保险在线顾问能够根据投保人的学习进度自动优化选取相关保险知识帮助用户进行自主学习。与传统人工相比，智能保险在线顾问后台有强大的保险知识库支撑，人工不能解决的问题智能顾问也能迅速地解决。

（二）智能保险在线顾问满足投保人对潜在风险评测的需求

智能保险在线顾问在接收到投保人的基本信息后（如家庭成员、家庭收入等），能快速智能地评测出该投保人及家庭当前存在的风险概况，定位出家庭风险所在，同时生成在线风险评测报告，该报告综合专业精算大数据和大量的家庭用户风险数据，经过智能模拟测评得出。在线风险评测报告模型的生成需经过多次反复的机器学习和机器训练，模型不断自我迭代，使风险报告模型测评的准确率越来越高。投保人通常不了解自己家庭的风险所在，智能保险在线顾问的风险评测报告能快速地帮助投保人获得家庭的风险分析报告，帮助投保人理解和做出正确的家庭投保方案。

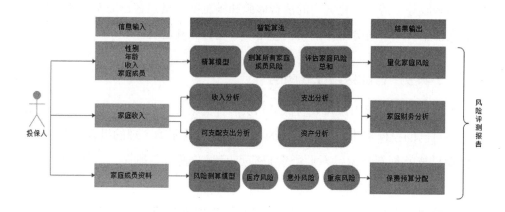

（三）智能保险在线顾问帮助投保人进行保险产品配置

普通保险消费者往往缺乏足够的保险知识，在面对繁杂的保险产品时常常不知所措，无法正确选择搭配适合自己的保险产品。智能保险在线顾问根据投保人的基本信息和家庭收入情况智能生成一份或多份保险产品专属方案供投保人选择，使投保人能够得到合理的家庭保障。智能保险在线顾问智能生成多份保险产品方案供投保人选择，同时利用专业精算知识对保险产品进行智能化比对，按个人喜好、智能分值、保费价格等综合性价比高低排序，并分析出每份保险产品方案的优缺点，投保人可以参考比对结果确定自己家庭需要投保的保险产品。

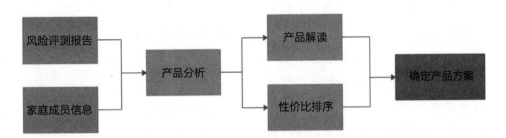

投保人经智能保险在线顾问选定保险产品方案的环节后，智能核保程序派上用场。在智能核保的环节，保险科技的新技术能帮助快速进行核保，避免投保人来回索取病历材料，节省时间成本。在寿险传统的核保环节，投保人往往对许多保险知识感到枯燥难懂，造成与核保工作人员之间的沟通困难，极大地考验投保人耐心，同时调查所有家庭成员的历史医疗记录、健康状况也因病历遗失等原因让投保人觉得核保环节异常繁杂。采用智能核保利用大数据技术能够快速搜索家庭成员的疾病历史记录，系统自动提供核保意见书，投保人能享受到核保的快速体验，提高对保险公司服务的满意度。

二、始终以客户为中心

客户签订的保险合同是保险公司的经营收入的主要来源，因此，保险客户是保险公司的衣食父母。站在客户的思维和视角，与客户进行有效的沟通，了解他们已表达的和未曾表达的需求，提供与其真实需求相匹配的产品，是保险公司能稳健持续经营的关键。

保险公司要把成长性思维始终贯穿于客户服务和产品创新过程中，尝试用保险科技发掘并满足客户未能表达的和未被满足的需求的渴望。如果对客户需求缺乏深刻洞见、缺乏同理心，就无法做到了解客户真实的意愿和需求。当与客户交流时，要善于倾听。倾听客户是非常有意义的行动，因为它可以预测客户的喜好，从而更好地在保险产品设计上有突破和创新。相反地，不能够与客户形成有效沟通，不能设身处地为客户着想，就无法得到客户的需求，或者得到的需求脱离了客户的意愿和潜意识中的期望；如果保险产品的研发不是基于客户的需求，那这项工作将沦为闭门造车，其结果必然是出门不合辙，产品将被客户所抛弃，而沦为失败的产品设计。

要始终以初学者的心态去了解客户，为客户提供卓越的富有竞争力的产品和服务。要不断创新，给客户带去惊喜，并赢得他们的喜爱。以下几个方面值得优先考虑：(1) 利用数据提升客户体验，密切客户沟通，在各项数据的基础之上，充分挖掘保险客户的潜在需求。(2) 在新的数字工作世界中，通过支持更大规模的、更多的移动生产力和移动协作，给员工充分赋能。(3) 优化运营，在销售、运营和财务等方面简化业务流程，基于智能识别、智能审核与智能风控等技术，推动自动化。(4) 转型产品模式、服务模式以及业务模式，基于对每个客户需求深度分析的结果，尝试延伸保险产品触及的各类场景，为客户提供定制个性化保险产品；根据客户的资质分析、标的的风险评估、历史投保和理赔等情况，给予灵活定价的机制。

三、深入洞察保险市场

近年来，保险市场的发展日新月异；深度洞察保险市场，保险市场的参与者才能够真正地体会到行业的变化，能够做出及时和正确的应对。我国的保险市场蕴含辽阔的发展空间，由于人口基数大、素质的不断提升，整个市场发展迅猛。据《2019 中国保险科技发展白皮书》公布，2018 年我国保险业全年的原保费规模已经达到了全球第二的位置，体量高达 3.8 万亿元。由于保险科技的稳步发展，保险市场的参与方，除了传统的保险企业和保险客户外，有越来越多的参与者进入保险市场这个"局"。这其中不乏互联网保险公司、众多的第三方保险平台、互助平台。

其中，互联网保险公司是保险行业发展与创新的重要产出，截至 2018 年，开展此类保险业务的保险公司已经多达 132 家，相比 2011 年的 28 家，7 年的时间增加了近 4 倍；而该类保险业务的年保费收入也水涨船高，截至 2018 年，年保费规模已增至约 1889 亿元，相比 2011 年 32 亿元的行业年收入，增长了58 倍！尤其值得注意的是，互联网保险的保费在行业总保费所占比重，已经

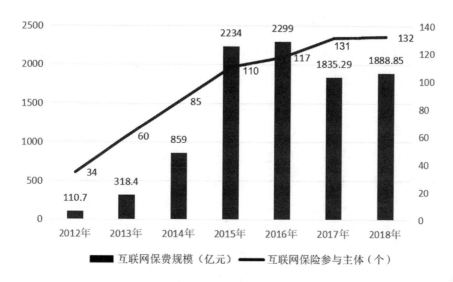

中国互联网保费规模增长情况

资料来源：中国银行保险报等《2019 中国保险科技发展白皮书》。

达到了 5%，这说明保险行业参与主体的多元化趋势已经明显。

　　如果说互联网保险公司是保险产品提供者的新兴成员，那么第三方保险平台就是保险中介服务的新生力量。作为保险交易活动中的重要纽带和桥梁，我国的保险中介机构已经在保险产品销售、保险服务的改善、信息不对称的减少、市场效率的提升等方面发挥着关键作用。随着保险消费者们生活习惯、消费习惯的改变，保险中介服务的模式已经超出了原有传统保险中介机构所推崇的模式，于是传统中介们在变革以顺应变化，互联网上也兴起了第三方保险平台的新模式。蚂蚁金服、腾讯、百度等互联网巨头公司，也开始在第三方保险平台这一领域深度布局，通过战略投资、流量合作、场景结合等多种方式切入保险中介市场，为保险中介服务提供了全新的理念和客户体验。

　　互助平台相对来讲比较另类，它的目的并不是自己售卖保险产品，也不是作为媒介在保险企业和客户之间提供撮合服务，而是面向保险客户提供了一种平台和契约机制，保险客户可以发起或者参与一项或多项互助契约，契约中约定了每个参与方的权利和义务；互助平台通过必要的技术手段对契约参与者做筛选和判断，期望达到"一人为众、众为一人"的互助目标。比起直接出售保险产品的险企而言，理赔赔付责任的承担方从险企变成了保险客户，这类平台一定程度上缺乏对每一项互助契约和每一个参与客户其真实性、合理性、持续性进行详细甄别的驱动力，更多的是一种参与者自愿自主的行为。然而，这种理念仍然值得注意和学习，随着大数据、区块链等保险科技的运用，信息不对称的程度也日益降低，参与者的道德风险会逐渐减少，这为互助的模式奠定了必要的基础。

保险市场的客户们，也在悄然地发生着数量和观念的变化。在许多中国人的印象里，保险似乎是一件很不着边际的事，大多数人一生中都没怎么接触过保险，更别说去理解为什么要买保险、什么时候要买保险；而保险产品似乎也是很不靠谱的产品，买保险似乎是一项"烧钱"行为，多达百余条的保险条款构成的密密麻麻的合同让人看了就头大，对于大部分家庭，没什么积蓄和动力去购买保险；相比之下银行存款和国债容易理解、购买更简单、资金回收便捷、背靠国家信用更有保障，而保险产品就有点相形见绌了。

随着 21 世纪以来中国经济的持续腾飞、国民人口素质的不断提升，中国保险业已逐渐摆脱了"蛮荒时代"，来到了一个全新的阶段。目前中国已经进入了上中等收入国家的行列，2019 年人均 GDP 超过 1 万美元，国民对于资产保值和增值的需求已经不局限于银行定期和国债了。在 2006 年发布的《国务院关于保险业改革发展的若干意见》中，提出了将保险教育纳入中小学课程，发挥新闻媒体的正面宣传和引导作用，普及保险知识，提高全民风险和保险意识。由中学保险教育知识读本编写组编写、北京师范大学出版社于 2010 年出版的《保险伴我一生》，于 2013 年 9 月 1 日被正式列为中学生保险教育知识读本。国家经济的繁荣、民众意识的提高，都为保险市场的飞速发展奠定了基础。

保险产品的理解程度和认可程度也在稳步提升，企业和居民对经济保障的需求不断增长。但与此同时，保险供给不平衡、不充分问题较为突出，我国的保险赔付占灾害损失的比重远低于国际上 30% 的平均水平，寿险保单持有人只占总人口的 8%，人均持有长期寿险保单仅 0.03 份，保险保障缺口巨大。如何实现"保险供给和保险需求的高匹配"发展？一方面，要以深化供给侧结构性改革为主线，着眼于解决经济社会发展中的短板和痛点，着力提升服务实体经济发展、服务增强民生保障、服务完善社会治理的能力；另一方面，要通过营造良好消费环境、加强消费者权益保护、持续加大保险宣传和风险教育等，将更多潜在的保险保障需求转化为有效的保险消费需求。

四、科技助力提升客户服务能力

保险公司为了审慎经营，保险合同中的每一项条款，都会有专业法务人员来进行撰写与审核，然而专业人士编写的严谨条款对于大众而言晦涩难懂，使得许多潜在的保险客户望而却步，尤其是以前普遍受教育程度不高的时代，保险销售员、保险客户对于保险条款的理解都可能会有偏差；有少部分保险销售员利用信息不对称向客户高价兜售保险产品，或者为了促成客户投保不择手段，口若悬河、甚至"满嘴跑火车"曲解保险条款以迎合客户喜好，但销售完产品后就翻脸不认人，或者换一家保险公司，对以前的客户概不负责；许多投保客户不清楚理赔流程，或者要花费相当长的时间和精力去按照保险公司的要求去准备材料，还要应对在他们看来像是保险公司"扯皮推诿"的情况。这些国人心中的共同记忆，都是保险行业深刻的痛点，这也导致我国保险行业发展空间受限。

随着科技的发展与保险行业对科技积极拥抱的态度，使得销售难、理赔难的历史现象，可以得到极大改善。通过保险科技提高保险公司服务能力，提升用户体验，可以高效地帮助客户解决实际问题。

1.保险科技可以帮助客户快速掌握产品信息，为保险公司降低销售成本。常言道，"不怕不识货，就怕货比货"。随着保险科技的运用，诞生了一批保险比价平台、互联网保险经纪商等，为客户提供了真实、丰富的保险产品数据，并且站在客观的角度对各家保险产品进行分析比对，在提升了保险产品的透明度、为客户提供优质体验的同时，也为保险消费者提供了更加灵活、便捷的选择。保险公司也不需要有太多人工客服或者销售员对客户进行单独讲解，这对保险公司的销售成本进行了有效压缩。

2.对于保险公司来说，通过科技赋能，可以不断提高工作效率，降低运营成本，提升客户满意度。以最常见的车险理赔来说，以前大多数保险产品的理赔都是手工的，保险理赔员需要到车辆事故现场勘察、拍照，然后收集事故各方信息，填写、提交相关材料，交给后台人工审核处理；这种方式效率低、时效慢，准确率也有限，尤其是对于小额、高频的事故来讲，保险公司处理一些案件的运营成本，有时候比案件本身的理赔金额还要高。

而人工智能时代的来临，则解放了理赔相关业务所需要的人力。以智能图片定损为例，对于单方小事故，车主只要按照 APP 界面上友好的引导直接拍照后上传至理赔系统，后台的理赔机器人根据车主上传的照片，利用计算机视觉技术做车型识别、部位识别、换修识别等自动完成定损，5 分钟之内赔款可到账。对于客户来说，第一时间获取保险公司公正的理赔报价，显著降低了客户时间成本，提升了客户体验；同时 AI 的处理结果非常客观，完全基于历史定损案件数据和智能算法训练而成，也减少了因定损员业务能力不同导致客户对定损结果不满的可能，进而能够减少影响险企经营效率和公司声誉的诉讼维权的可能；对于保险公司来说，全程智能化降低了人工误差，达到了精细高效运营的效果。结合微表情技术及影像设备，该平台甚至可以准确识别谈判双方对当前赔偿方案的接受程度及情绪变动，及时弹性调整，促成调解方案签订。

智能定损流程

资料来源：王健宗等《人工智能赋能金融科技》。

五、巧用区块链构建保险新业态

区块链技术能够为保险行业带来新的生态。中国人民保险原副总裁王和在《区块链将成为保险创新新动力》一文中提到，从本质上看，个体的集合与协同是区块链和保险面临的相同任务。对于区块链而言，解决这一问题的有效手段是共识机制。互联网实现了信息网络，但由于各节点是由不同的个人或企业控制，一般都是各自为战，难以形成大规模协同工作；而区块链"共识"机制的出现，是使原本散落的节点之间能够达成一致认识、协同工作的有效手段，在共识机制的基础上达到最终各节点能自组织和自制的目的，这种机制为原有的互联网络产生了更深远的价值。类似地，保险的逻辑是基于价值网络的交互。传统保险的逻辑是为各个"点"（保险客户）提供了一种实体"池"（保险公司及其产品），吸纳保险客户的保费，并为客户按照合同约定的条件和方式提供保障。而区块链的机制可能推动保险行业从"池"到"点"的回归与进化，在共识机制的前提下，从传统的实体"池"向由若干个分布式的"点"组成的虚拟"池"进化，使原有依靠制度、众多人力维持的平台，演进成依靠技术、自动化的平台。因此，区块链技术的基因与保险的基因具有相似性。

区块链针对保险领域可以从三个应用视角入手，分别是：标的、事件和执行。

1. 标的。无论是何种险种，都涉及保险合同的基础——保险标的，它也是保险经营和管理的对象；保险标的是唯一的、明确的，而部分骗保方式的手段是伪造、冒充保险标的，进而达到欺诈的目的；因此，保险标的的"唯一性"是保险标的管理的重点，也是难点。融合生物特征识别、加密算法等技术的区块链，为保险标的的安全有效认证提供了有力保障，使保险行业有可能破解"唯一性困境"。比如，在钻石交易上应用区块链技术，可以识别和验证一颗颗"唯一的"钻石的身份，可以跟踪和追溯其所有权属的改变，这一模式为保险创新带来了启发。

2. 事件。除了标的外，事件有一项非常重要的特征——发生时间，这是保险业经营管理中的一项主要风险。无论是财险的先出现后投保，还是寿险的带病投保，其核心问题都是风险出现在保险合同约定之前，而保险公司无法及时查明。如果包括时间在内的各项事件要素都能够基于区块链记录，后者的"可验证性""可追溯性""不可篡改性"都能够为减少这种风险提供有效技术基础，帮助保险行业破解这类管理难题。

3. 执行。如前文提到的那样，传统保险公司提供的条款，大多由法务部门的专家撰写或审核，其严谨性固然值得称道，但这种专业术语"霸屏"的条款，对于普通大众而言却是极其晦涩的，容易使保险客户望而却步；即使购买了保险的消费者，对于条款的理解也极有可能不够到位，容易造成后续理赔的纠纷。因此，保险行业的规模扩张会受到该因素的严重制约。对于保险业而言，固然需要推动保险合同上从专业性条款到通俗化条款的观念转变，也可以基于区块链的智能合约机制，推进保险条款的透明化、执行的客观化，简化合同执行与优化客户体验。比如，为旅行人士提供的"航班延误险"的自动理赔，就可以是一种基于智能合约的互联网保险的创新机制。

六、科技促进行业内外连接与整合

（一）基础设施整合

信息化时代的保险科技，除了能够感受一定程度上的人工智能、区块链等技术，还有重资产的科技基础设施，科技基础设施为现代科技的平稳、安全、高效地运行提供了网络接入、运行资源、电力保障等基础环境或平台。

互联网数据中心（Internet Data Center，IDC）是目前主流的、最受关注的一种基础设施。IDC 是指这样一种完整的平台：（1）拥有安全、可的机房场地，高速、稳定的互联网接入带宽，高性能、低延时的局域网络；（2）在机房的设计、建设、运维等的全生命周期各个环节中，充分考虑到包括但不限于稳定供电、温度控制、治安防御、机房容灾等专业化的管理；（3）提供服务器托管、邮件服务、虚拟主机等基于互联网的基础平台服务；（4）提供域名解析、负载均衡、数据库系统、数据迁移和备份等多种增值服务。数据中心建设的巨型化、规模化是全球趋势，大型 IDC 能够有效地集约化管理资源，更好地承载用户对于基础设施的需求，实现规模经济，降低运营成本，也降低了用户的使用成本。

对于中小型保险公司而言，在科技基础设施投入方面，IDC 服务可以提供一种新型的运营方式的选择。如果要自己从头到尾搭建和运维一个数据中心，会导致运营成本过高，这样的成本会极大地挤压这些中小型保险公司的利润和生存空间。反之，他们使用 IDC 提供的一系列服务后，不再需要考虑去哪盖数据中心的楼、购买什么样的物理设备、怎么去布置网线、组织什么样的队伍来保障数据中心能稳定运行；他们可以花费必要的成本选择性价比高的一家或数家 IDC 服务，把更多的精力放在客户服务、产品创新等保险公司更专业的事情上。

2020 年 3 月 20 日，工业和信息化部办公厅发布了《关于推动工业互联网加快发展的通知》，其中提到了加快新型基础设施建设（包括工业互联网大数据中心），加快拓展融合创新应用（包括与各行业的融合、创新应用场景等）。对于保险科技而言，未来的产品和服务创新离不开可穿戴设备、智能汽车、医疗健康、智能家居等场景；因此，智能终端设备、车联网等基础设施，都是保险行业需要深度参与建设或合作的。这些技术将改进甚至颠覆人们已有的生活方式，也必然会显著地影响保险行业的生态。

（二）行业连接与共享

当下，各行业都在重视数字化转型。数字化转型的核心是完善数字化渠道的建设、提升数字内容和用户体验的应用创造能力、构建以数据驱动的决策机制、推进流程自动化的实现。这一切的一切，核心都是要基于数据。保险行业可以在行业内外加快建设数据资源平台，连接保险业及其上下游产业形成数据共享机制和数据闭环，作为促进保险行业科技创新的底层基础。

此外，数字技术也会重塑各行业之间的界限，传统便捷可能会逐渐消失，保险公司需要认真思考自己的定位和业务模式，充分考虑与其他行业的合作方式，新的行业生态即使机遇，也是挑战。

（三）科技服务专业化

保险市场高歌猛进的势头，吸引了各类资本的持续涌入，保险科技也越来越受到资金的重视和青睐。除了刺激新的参与者进入市场、提升客户服务能力等方面之外，保险科技还可以促进构建保险行业的新生态。相比海外，我国的保险科技在投融资案例的数量、金额、领域等方面均有不足，但整体发展迅猛，并且行业投资事件的单笔金额、发生频率都有快速增长。根据《2019 中国保险科技发展白皮书》和《2020 中国保险科技洞察报告》，截至2019 年上半年，中国总共有 238 家保险科技公司；2018 年中国保险行业 IT解决方案的整体市场规模达到约 88 亿元；2019 年全年，保险科技公司共获得33 次融资，规模约为 39 亿元，相比 2018 年有 38 家保险科技公司获得 42 轮、

2012 年至 2019 年中国保险科技融资情况

资料来源：北京金融科技研究院《2020 中国保险科技洞察报告》。

约为 31 亿元的融资，发展初期资金广撒网的局面发生了一定的变化，取而代之的是趋势呈现单笔融资额度越来越大、融资资源趋向集中于优势项目的特点。

向保险行业技术赋能的专业保险科技企业的出现及发展壮大，说明保险行业领域的职责分工也越来越精细化，保险科技公司依靠自身在某一领域的深度耕耘，向保险行业提供了诸如人工智能保险 SaaS 系统、专病定制化解决方案、汽修配件防伪溯源平台等多种专业化、场景化的科技服务，为保险公司的数字化赋能和转型提供了强劲的科技驱动力。

七、重视科技人才队伍建设

科技对保险行业日益渐增的影响力，使得保险科技力量建设理所当然地受到了各保险公司的重视。传统的保险公司巨头，比如中国人保、中国人寿、中国平安、泰康人寿等，都纷纷对原有的信息科技部门做出改变，将他们的科技力量整合重组，以组建数据中心或者科技公司；这些新的科技机构或者组织的职能，也逐渐地由后台的运维和技术支持，转向了驱动核心业务流程再造。即使这些巨头企业的转型可能会有阻力和阵痛，但他们转型依然坚决，他们已经意识到科技中所蕴含的巨大能量，需要依靠科技力量守护自己的行业地位。比如，《中国平安 2019 年度报告》中指出，公司截至 2019 年底，共拥有 37.2 万职员，其中保险类业务人员 21.9 万人，银行类业务人员 3.4 万人，资管类业务人员 1.1 万人，而科技类从业人员已多达 10.7 万人！中小型的保险公司也纷纷结合自身的经营状况和特点，顺应时代逐渐转向数字化经营的新思路。

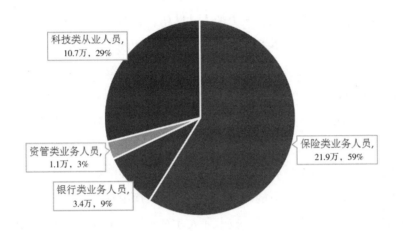

中国平安 2019 年员工构成情况

资料来源：中国平安《中国平安 2019 年度报告》。

随着传统险企在科技浪潮中的积极转型，一股新的行业势力也在崛起并逐渐释放其影响力。专业的互联网保险企业，在近年来如雨后春笋般冒出，其中不乏像众安保险这种由阿里巴巴、腾讯这些巨头领衔或者大力扶持的新型保险企业。这类保险企业中，由于创立时间短、公司规模小，许多都是采用较为简单、扁平化的层级结构，并且业务人员的比例相比传统险企可能会更少。然而，他们的信息科技队伍相对庞大，这些企业善于运用保险科技创造价值。互联网巨头有着传统险企无法比拟的流量优势和用户数据优势，通过为这些互联网保险企业导流，可以迅速利用这类宝贵资源在互联网保险的发展中抢占先机；他们依托云计算、大数据等技术构建其核心交易系统与大数据平台，采集、存储、处理、分析一切可收集的数据，通过数据驱动提升其经营效率。除此之外，纷纷涌现的第三方保险平台，通过深挖数据、分析客户需求来创新保险产品，拓宽渠道和场景并根据相应特点提供特色服务。

　　无论是传统保险企业，还是新型互联网保险企业，抑或是互联网保险平台，他们都不约而同地重视科技能力建设；而科技能力建设，归根结底还是人才队伍的建设。企业的人才培养制度、人才梯度设置、产学研合作制度、内外部精品培训资源建设，都已是各家企业的人力资源战略计划中的重要议题。合理招募、组织、运用科技人员，建立一支能够深入洞察保险技术并将其运用于提升生产效能或者创造新的生产力的人才队伍，是各类保险公司在当今激烈的行业变革中成功站稳脚跟并且能够拥有强健生命力的不二法则。

　　价值规律是市场经济的基本规律，它的本质要求就是以最小的生产要素投入（费用）取得最大的产出（效益）。我国保险业经历了一段主要依靠增加人力、费用等生产要素的投入来实现高速增长的阶段，结果导致不少寿险公司招人越来越难、队伍大进大出、业务大起大落，财险公司费用成本居高不下，车险手续费增速远超保费增速，40%以上市场主体经营亏损的局面，这种状况越来越难以为继。推动我国保险业的高质量发展，必须摆脱对资本、环境等要素投入的过度依赖，提高知识、信息、技术和人才对发展的贡献率，促进保险资源和要素合理流动、优化组合，提高投入产出效率和整体经营效益。

第八章 金融科技行业应用——证券科技

金融科技给证券行业引入了新的产业元素、服务业态和商业模式，拓宽了证券行业的业务边界。推动证券行业数字化转型，提升了用户的服务体验，大大降低了运营成本，提高了市场整体的运行效率，实现动力变革、效率变革、质量变革。以摩根大通为例，在实施数字化战略并加大线上产品投入力度之后，客户净推荐指数增加19%，客户保留率增加10%，客户刷卡消费增加118%，存款和投资份额增加40%。证券行业应当着力于借助金融科技提升内部管理水平，增强合规风控能力，实现金融科技与业务发展相互促进、良性循环。

回顾金融科技的发展历程，技术对于证券行业的作用，正在逐步从辅助业务的地位，上升成为决定未来发展的关键因素，利用科技创新赋能证券业务，更好地服务于金融市场，是证券行业未来发展的趋势所在。本章将从金融科技

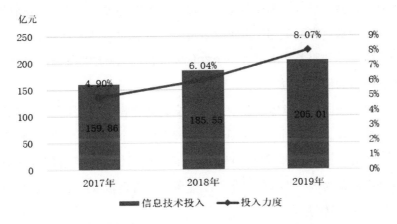

我国证券行业信息技术投入及占营业收入比重

资料来源：中国证券业协会《关于推进证券行业数字化转型发展的研究报告》。

与证券业务、金融科技在证券业中的应用以及金融科技在证券业中应用的发展趋势三个方面对证券业金融科技发展进行介绍。

第一节　金融科技与证券业务概述

为持续推动金融科技引领证券业务发展转型，证券公司持续加强金融科技建设，以金融科技赋能财富管理、机构综合业务等各条线，强调科技与业务深度融合发展，从而提高客户服务能力、强化合规风控管理、提升企业经营管理水平。本章节对证券主要业务进行介绍，并分析金融科技对证券行业的重要意义。

一、证券业务简介

证券公司作为我国资本市场的主要中介机构，在我国经济社会发展过程中发挥着至关重要的作用。证券公司主要业务包括财富管理业务、机构综合业务、投资银行业务、资产管理业务、自营业务、信用业务等。

（一）财富管理业务

证券公司传统经纪业务是指证券公司提供交易渠道，为客户买卖有价证券提供通道服务，在交易过程收取佣金的业务，目前各证券公司正积极向财富管理业务方向转型。财富管理业务主要是以客户为中心设计一整套财富管理规划方案，通过构建资产配置和投资组合等方式，为客户提供现金、证券、信用等一系列金融产品和服务，满足客户个性化财务目标和流动性要求，帮助客户实现资产和财富的保值增值。

近年来行业同质化竞争日益白热化，交易佣金收入不断下滑，传统经纪业务收入占比下降。与此同时，我国经济迅速发展，个人可用于投资的资产规模逐年稳步上升，财富管理需求日趋高涨。证券公司作为财富管理服务供给方，纷纷推动以佣金为核心收入的传统经纪业务向以管理费或产品收入为核心收入的财富管理业务转型。

2019年监管推出了基金投顾业务试点，允许部分证券公司为客户配置基金投资方案并接受客户委托进行基金买卖操作，促进证券公司从卖方模式向买方模式转变。这一模式将证券公司与客户利益绑定起来，将改变证券公司通常对产品销售佣金利益的重视，使投资顾问真正站在客户的视角提供专业投资建议。基金投顾业务是当前证券公司进行财富管理转型的重要抓手，率先取得基金投顾资质的证券公司具有先发优势。另外，证券公司通过加强资管、基金子公司等内部资源整合利用，以及构建与银行、信托、互联网等外部伙伴生态合作，将为客户提供更加综合化的财富管理服务。

（二）机构综合业务

机构综合业务是指证券公司面向专业机构投资者提供的包括机构投研、机构经纪、资产托管以及融资融券、产品代销、衍生品交易等服务。机构投研、机构经纪、资产托管是三项典型的面向专业机构投资者的增值服务。（1）机构投研服务是证券公司通过研究报告、策略会、定制路演等形式为投资机构提供的宏观、经济、行业、公司等领域的研究咨询、投资建议服务，主要为机构客户的投资决策提供参考和依据；（2）机构经纪服务是证券公司根据机构客户委托、代客买卖证券并收取佣金的业务，主要由证券公司提供交易终端与通道；（3）资产托管业务是证券公司根据法律法规要求履行资产管理计划的资产保管、清算对账、资金划付、估值核算、投资监督等职能，并向委托人和管理人提供资产托管信息披露报告等相关服务。

随着 A 股市场逐步对标国际成熟的资本市场，包括保险资金、社保基金、公募基金、养老金、合格境外机构投资者（Qualified Foreign Institutional Investor，QFII）等在内的境内外专业机构投资者数量和持股市值占比均稳步上升，商业银行理财子公司也在近年启动运作。在资本市场投资者机构化的趋势下，证券公司机构综合业务有着巨大的发展潜力。

（三）投资银行业务

证券公司投资银行业务主要包括股权融资、债权融资、结构化融资、并购重组、财务顾问以及资本中介等。首次公开发行（IPO）上市、再融资（增发、配股和可转债）、发行债券等，是证券公司开展投资银行业务帮助企业融资的常见手段。2019 年证券公司共完成 IPO 202 家、募集资金 2533.68 亿元，在交易所市场发行债券募集资金 28933.82 亿元，在我国经济由高速增长阶段转向高质量发展阶段过程中发挥了举足轻重的作用。

2020 年 3 月 1 日以前，中国资本市场与海外资本市场的核心区别之一在于股票发行制度，与美国为代表的先驱资本市场采用注册制所不同的是，中国以往采用核准制。2020 年 3 月 1 日起施行的新证券法全面推行注册制改革，注册制试点在科创板落地是中国资本市场改革取得的重要突破，当前创业板注册制改革正在进一步深化。注册制主要以发行人充分的信息披露为核心，使投资者获得必要信息，分析判断证券价值并作出投资决策。注册制发行流程得到简化，有利于市场扩容的同时有助于证券公司提高投行定价能力、拓展企业全业务价值链综合服务，为证券公司带来新一轮发展机遇。同时，证券公司承担的职责相比以往更加关键，需要回归投资银行本质，作为第一责任人进一步提升信息披露的质量，投资银行业务的内控合规管理需要不断完善。

（四）资产管理业务

资产管理业务是指证券公司接受投资者的委托，根据资产管理合同的约定，包括资产管理方式、条件、要求及限制等，经营运作客户资产，提供证券和各类金融产品的投资管理服务。

证券公司资产管理业务包括定向、集合与专项三类。（1）定向资产管理产品为单一客户设立并进行管理，投资起点高；（2）集合资产管理产品为两名及以上客户设计并进行管理，集合资产管理与定向资产管理在投资范围、信息披露、参与和退出方式、费用收取等方面存在一定区别，总体来说集合资产管理产品的监管更为严格；（3）专项资产管理目前主要是指资产证券化（ABS），即利用未来可以产生独立可预测的现金流且可特定化的财产权利或者是财产组合进行现在的融资，通常做法包括将企业应收款、信贷资产、信托受益权等财产权益或者基础设施、商业物业等基础资产打包，以专项资产管理计划作为载体向投资者征集资金，用所征集资金向融资人购买基础资产未来现金流，然后投资者就拥有了载体的权益份额，即收取未来现金流的权力。

2018 年央行、银保监会、证监会、外汇局联合发布《关于规范金融机构资产管理业务的指导意见》（简称"资管新规"），核心包括去嵌套、降杠杆、减通道、破刚兑等，进一步促进行业规范健康发展、引导资金脱虚入实、加快券商资管向主动管理转型。原先占证券公司资管规模 70% 左右的通道业务被缩减，证券公司对所有资管产品必须单独管理、建账及核算，确保底层资产与资金期限匹配。资管产品已不具备明确的预期收益率，也不承诺收益。在客户"自负盈亏"的情况下，证券公司的资产管理业务需要进一步注重产品筛选和产品配置、提升投资管理能力、强化风险管控，并优化投资者适当性管理机制，在资管领域精耕细作，打造优秀的投资能力与稳健的投资业绩。

（五）自营业务

自营业务是指证券公司以自身名义和自有资金买卖投资证券获取收益、并自行承担投资风险的证券投资业务，自营业务按投资标的类型通常划分为固定收益投资、权益投资、金融衍生品投资。

二级市场行情走势对证券公司自营业务的影响显著。例如股票市场回暖时，各证券公司可能会增大权益资产投资规模和比重；债券市场行情较好时，证券公司往往增大债券等固定收益品种的投资规模和比重。2019年受益于股票市场的明显回暖，自营业务收入大幅增长，成为支柱业务。截至2019年底，证券公司进行金融产品投资的资金规模达到3.22万亿元，同比增加23.37%。

近年来我国衍生品市场持续发展和扩容。股票股指期权方面，证监会批准了多个新标的，包括上交所、深交所上市的沪深300ETF期权和中金所上市的沪深300股指期权；商品期权方面，证监会批准上期所开展黄金期权交易，大商所开展铁矿石期权交易，郑商所开展PTA、甲醇、菜籽粕期权交易。证券公司自营投资资产配置向更加多元化方向发展，追求领先的证券公司积极发展衍生品投资业务，大力拓展FICC（固定收益、外汇及大宗商品）业务体系，未来衍生品投资业务与FICC将在业绩增量贡献方面起到日益重要的作用。

（六）信用业务

信用业务是指证券公司以客户提供部分资金或有价证券作为担保为前提，向客户贷款贷券、获取利息收入的业务。证券公司信用业务主要由融资融券业务和股票质押业务组成。

融资融券业务分为融资业务和融券业务，融资业务是客户向证券公司借入资金购买证券并支付利息的业务，融券业务是客户向证券公司借入证券卖出并在约定期限内买入相同数量和品种的证券归还券商并支付相应费用的业务，也就是"融券做空"。截至2019年底，融资融券余额约占A股市场流通市值2.11%，与2018年底基本持平。融资融券业务有效提升了股票市场流动性，增加了市场资金和证券的供应量，其带来的做空工具也为投资者提供了新的盈利手段。与此同时，融资融券业务也带来了信用风险、法律风险、流动性风险、业务规模失控风险，需要继续优化风控机制，促进两融业务健康发展。

股票质押业务是指个人和企业将持有的股票等证券作为质押品，向证券公司借入资金，到期后归还借款解冻质押证券的业务。股票质押业务近年来虽然为证券公司带来了高额营收，但也同时发生了多起风险事件，尤其在 2018 年股票质押风险集中暴露，拖累了证券公司业绩。近两年证券公司股票质押业务规模持续收缩、风险有所缓解，但仍需对其蕴含的风险保持长期高度警惕。

二、金融科技在证券业应用的意义

金融行业同质化竞争日趋激烈，证券公司不仅面临来自同业的竞争，也面临商业银行、资产管理公司、互联网金融平台等的竞争，依靠牌照红利和传统通道型服务的经营模式已经成为过去。充分发挥证券金融专业化优势，是证券公司打破同质化竞争的关键突破口。金融科技则是提升证券公司专业服务能力、促进证券公司创新发展的重要驱动力。随着金融科技加速与证券公司全业务和管理领域融合，应用场景不断拓展丰富，将进一步促进业务发展转型、提高风控合规水平、提升经营管理效能，逐步改造甚至颠覆原有商业和运作模式、重构行业生态。

（一）促进业务发展转型

随着金融科技与财富管理、机构综合、投资银行、自营投资、资产管理、自营等业务融合度不断深化，能够大力促进业务发展创新和升级转型。

金融科技赋能传统经纪业务向财富管理转型。证券公司通过综合运用金融科技手段和数字化平台及工具，可以更加精准识别洞察客户需求，优化金融产品和服务供给，提供资产配置和财富规划。同时可以赋能线上线下全渠道和跨渠道贯通，打通互联网生态圈，形成以客户为中心的全景化财富管理服务，有效提升客户体验。一站式移动金融服务、数据化客户运营、智能投顾、智能投资辅助、人脸识别核身、智能推送、智能客服等金融科技应用方向和场景促进财富管理服务效能提升。

围绕投资机构客户综合金融服务需求，对金融科技的充分运用能够整合提升证券公司产品销售、投资研究、机构经纪、资产托管各项业务资源和服务能力，为机构客户提供全业务价值链综合金融服务。例如，智能投研利用图像识别、自然语言处理、情感分析、知识图谱等技术，能够快速实现对海量金融数据的搜索、提炼、分析、加工、建模、推演，甚至可以自动生成部分研究报告观点和章节；金融科技与资产托管相结合，能够实现自动对账、估值任务智能调度、核算风险点监测预警和系统信披自动触发等。

投资银行是典型的劳动密集型业务领域，从尽职调查、项目管理、底稿管理、文档审核等场景入手布局金融科技，能够改变传统投资银行劳动密集型的运作模式，向智能投行发展。例如基于模式识别、神经网络、深度学习等技术实现投行文档智能复核、数据钩稽关系自动核对；基于大数据分析有助于提升投资银行挖掘潜在商机、增强舆情监测和动态督导能力；结合人工智能可以实现投行底稿实时监测、信息提取、智能分析、主动预警。

金融科技运用于资产管理和自营投资，能够帮助构建更加合理的股票、债券、货币以及其他资产的投资配置比例，提供更加完善的行情服务、投研分析、策略研发、策略交易、交易执行、风险管理、投资绩效统计。

（二）提高风控合规水平

金融科技与风控合规管理深度融合形成智能风控，为证券公司管控流动性风险、市场风险、信用风险、操作风险、声誉风险以及全面风险管理提供更为灵活有效的手段。例如整合各类数据源并结合人工智能和大数据技术，可以进行市场风险和信用风险的建模、计量、管控；通过大数据实时监控和智能分析，及时发现内幕交易、市场操纵、洗钱等异常交易行为线索；采用知识图谱技术分析判断账户之间的关联关系，显著提高关联交易的识别监测效率；通过运用先进技术手段，刻画出客户潜在违规行为的完整画像，并在此基础上建立从监控预警到分析处置全流程闭环管控，达到预先防控、及时识别客户违规风险的目标。

近年来，部分证券公司不断推动集团化经营，一方面证券公司子公司对集团公司发展的贡献度及重要性逐步提高，另一方面也对集团化全面风险管理提出更高要求，2016年底发布的《证券公司全面风险管理规范》明确要求证券公司将子公司纳入全面风险管理体系，实现风险管理全覆盖。充分运用金融科技能够有效将证券公司的风险管控边界从母公司拓展至全集团合并报表视角，进行集团层面集中穿透式风险管控。具体手段包括，整合全集团风控相关数据源形成风控数据湖，基于风控数据湖打造覆盖集团全业务、子公司和分支机构的集团综合风险管理平台，实现跨业务、跨子公司风险信息的集中监测分析和全流程管控，并持续提升综合风险管理平台系统运营效率，助力优化全面风险管理机制；在综合考虑各业务和各产品复杂程度、风险指标体系适应度的基础上，结合金融科技强化集团市场风险、信用风险、流动性风险、操作风险等专项风险管理，逐步覆盖各子公司、各分支机构，实现同一业务、同一客户相关风险的集中统一管控。

（三）提升经营管理效能

金融科技可以为证券公司企业运营、日常管理提质增效，并为企业经营管理决策提供更多数据化依据。

运营管理的客户服务、业务受理、业务审核、清算交收等多个方面往自动化、智能化方向发展，能够将大量依赖人工操作的运营作业交给金融科技平台和工具实现，从而大幅降低运营操作风险、提高运营管理效能。例如，利用多维图像和特征处理、OCR自动识别等技术，对受理信息和数据进行智能化处理；将机器人流程自动化（RPA）技术，运用于支付对账、证券交收、资金结算等操作密集型场景。

财务管理、人力管理、办公协作与金融科技的结合，给证券公司资源调度效能增长、管理和协同水平提升带来了新动能。例如，基础性的财务数据加工处理工作可由财务机器人完成；人力资源规划、人员招聘、绩效管理、人员能力发展可由金融科技平台统一实现；即时通信、移动审批、智能信息搜索、知识推送等为员工办公协作带来极大便利。

金融科技被越来越多地用于服务经营管理决策，催生了智能经营分析。智能经营分析改变了以往经营分析局限在对既成事实的数据分析层面，包括证券公司内部现状分析、归因分析或是外部对标分析等，开始探索更有价值的经营预测分析，即对未知状况进行分析、判断、预测，完成前瞻性经营分析，更好地辅助决策者走出最佳"下一步"。

第二节　金融科技在证券业中的应用

在新一轮科技革命和产业变革的背景下，证券经营类机构在交易、业务、资讯、用户行为等多方面开展创新，在金融科技领域的投入持续增长，利用人工智能、大数据、云计算、区块链等新兴技术赋能业务。

一、金融科技在证券业中的应用概述

近年来，证券行业生态和业务模式得到快速发展和变革，同业竞争也愈演愈烈。随着人工智能、区块链、云计算和大数据等技术的快速应用，金融科技对证券公司传统的业务模式和组织架构都产生了重要影响，同时，监管机构积极加强引导证券公司加快公司数据化转型，最终实现金融科技赋能客户服务、经营管理和风险控制等业务场景。因此，证券行业各家机构迅速布局金融科技战略，加大金融科技的投入，以期提升客户服务、经营管理和数字基建等核心领域能力。

业内的相关调研结果显示，证券公司在人工智能、大数据、区块链、云计算方面均有进一步的发展和应用，其中人工智能、大数据、云计算逐步深度应用，而区块链总体仍处于探索和局部试点阶段。中国信息通信研究院在《2018 中国金融科技前沿技术发展趋势及应用场景研究》中对金融科技场景解读如下：

（一）客户服务领域

在客户服务领域，证券公司主要应用了人工智能、区块链和大数据技术，典型如：

1.智能客服。其以语音识别技术、自然语言处理、知识图谱等为技术和数据基础，通过与客户交互以识别其需求，并自动进行反馈处理等，快速解决客户问题。

2.智能投顾。根据客户的基本资产情况、理财需求、风险偏好和理财目标等因素，结合金融市场理论与机器学习算法，搭建数据模型，为其提供智能化的投资管理服务。

3.客户认证及合同鉴证。利用区块链技术分布式、安全透明、多方协作特点，建立行业监管机构等公信第三方的线上协作机制，实现链上身份验证和合同鉴证等功能。

4.客户画像。基于客户服务需要，通过收集与分析客户基本属性、交易行为、风险偏好、行为特征和社交网络等信息，抽取有效特征进行客户标签进行模型化处理，构建客户画像，将产品、服务精准提供给目标客户，实现差异化、个性化的客户服务需求，满足适当性管理要求。

（二）经营管理领域

在经营管理领域，证券公司主要应用了人工智能、区块链和大数据技术，典型如：

1.智能投研。基于大数据和人工智能等技术，将投资市场的数据进行智能整合，并实现数据之间的图谱关联及投研报告，辅助分析师和投资者开展决策。

2.风控合规。基于大数据技术，实现监管层要求的穿透式全面风险管理提供数据基建，同时充分利用数据分析和创新应用来提升风险管理和业务运营等领域的效率和能力。

3.资产证券化。区块链技术高度透明、去中心化的天然特性，能够有效弥补目前资产证券化存在的信息不对称、投资者利益得不到保障以及管理效率不高等问题，使当前众多资产证券化项目的底层资产得以清晰呈现，增强信息透明度，盘活市场沉淀资产。

（三）数字基建领域

在数字基建领域，证券公司主要应用了云计算和大数据技术，典型如：

1.行业云平台。证券行业内的交易所以及互联网公司都提供面向证券行业的专属云计算平台，可以为证券公司等行业内机构提供云计算服务和行情、数据资讯等应用托管服务，具有高适用性和高性价比的特点。

2.大数据中心。可以实现证券公司内外部的数据融合，积极建设公司数据生态建设，在经营管理的各个层面推进数据分析应用，达成数据驱动经营管理，数据创造业务成效的目标，实现数字化运营。

接下来，本章节将选取最具证券行业特色的应用进行详细介绍。

二、智能投顾

智能投顾是通过测评形式调研客户基本资产情况、理财需求、风险偏好等因素，结合金融市场理论与机器学习算法，搭建数据模型，分析与客户相匹配的投资标的组合，做出理财规划和资产推荐，协助投资者完成资产配置的系统。

（一）背景介绍

对于证券行业而言，智能投顾服务正借着全新的财富管理理念迅速崛起。据 Statista（全球统计数据库）报告，截至 2019 年 9 月，全球智能投顾资产管理规模达到 14442 亿美元，预测 2023 年资产管理规模达 25520 亿美元，平均年增长率为 21%。其中，美国市场占了 75% 的全球智能投顾份额。

目前，我国智能投顾处于早期阶段，智能投顾主要以基金投顾为主。截至 2020 年 6 月，我国智能投顾资产管理规模已达 745.67 亿美元，全球排名仅次于美国。

2019 年底公布的《上海证券交易所统计年鉴》显示，上交所持有股市市值低于 10 万元的自然人投资者占比份额达到自然人账户的 58.34%。而持有市值在 100 万元以上的自然人投资者仅占自然人投资者账户的比例的 6.27%。面向长尾客户的智能投顾服务，在未来仍有较大发展空间。

（二）应用介绍

从智能投顾技术架构出发，一般包含用户画像模块、资产处理模块、智能推荐模块和资产追踪模块。数据中心和资讯中台为智能投顾系统提供上游数据，智能推荐模块使用计算节点对用户和资产产品进行配置并推送至客户端，追踪模块利用流处理引擎对资产进行实时监控预警。

1. 用户测评模块。智能投顾平台目前通过投资者适当性测评的形式采集投资者信息，测评主要涉及三方面：投资者基本情况、本次投资情况与假设性场景分析。投资者通过适当性测评后，利用机器学习技术识别客户投资偏好及风险承受能力等指标，并通过相关性分析如皮尔森相关系数、余弦相似度等数学方法或高斯混合模型、K-means 等聚类算法对指标进行聚类，形成用户特征总结。

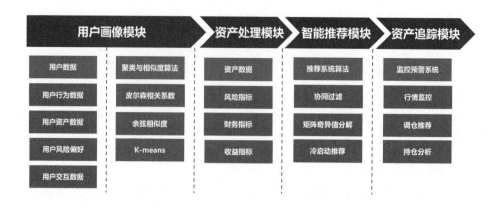

智能投顾系统架构

2.资产分析模块。智能投顾系统会通过金融指标对投资标的池进行分析，指标涉及波动率、beta系数、夏普比率等，分析维度应与用户画像相匹配，以适应之后资产配置与推荐模块。

3.智能推荐模块。智能投顾系统使用如协同过滤或用户矩阵奇异值分解等推荐算法，对投资者和投资标的进行匹配，并向投资者推荐资产，投资者可以按照智能投顾的建议进行资产配置。

4.资产追踪模块。智能投顾系统根据市场实时行情数据，对配置资产进行监控并预警，提出最新资产配置推荐，更新周期视投资者情况而定，可以分为月度、季度、年度等。智能投顾系统也会对投资者的持仓情况做出分析，如持有期收益率、分红派息提醒等。

人工智能算法是智能投顾的核心内容，在用户测评模块主要使用聚类和相关性算法，资产分析模块使用时序分析算法，智能推荐模块使用推荐系统算法。算法选择和参数调整是智能投顾系统的核心竞争力所在，需要基于大量数据回测。对用户的精准画像，对资产的深度分析与推荐系统的精确匹配，将是未来智能投顾的发展方向。

（三）业务价值

智能投顾系统优于传统投顾的特性主要在于：

1.降低投资门槛，扩大客户群体。智能投顾系统能大幅度降低投顾服务的边际成本，让小额投资者也能通过智能投顾的推荐进行标的选择和资产组合。

2.个性化服务，增强客户黏性。智能投顾系统通过大数据和人工智能手段对投资者基本情况进行人物画像，将投资者按照风险偏好和投资预期回报等维度进行聚类，对每一类细分客户群体进行个性化投资建议，优化用户投资体验。

3.自动计算，节省人力，实时更新。在现阶段，智能投顾系统作为传统人工投资顾问的辅助工具，其卓越的实时计算能力能大量减轻人工投顾的计算工作，针对市场行情做出及时的投资意见调整。

4.定量分析，科学标准。智能投顾系统利用多元数据，如企业信用数据、资讯数据等，基于历史规律做出预测，全方位辅助风险控制。

基于以上特性，智能投顾系统能够有效地辅助中小投资者进行资产配置与决策，扩大专业投资顾问服务的受众数量，提高投资服务的便利性与满意度，调整投资者预期收益和投资回报之间的对立关系，解决散户盲目投资和追求热点炒作的现状。

三、ABS 区块链发行

资产证券化，简称 ABS（Asset Backed Security），是以基础资产所产生的现金流为偿付支持，通过结构化等方式进行信用增级，并在此基础上发行资产支持证券。传统资产证券化业务存在一些痛点导致该市场参与门槛较高，但区块链技术的加入使 ABS 的一系列短板得到弥补，可有效降低投资门槛，增加市场活跃度。

（一）背景介绍

我国资产证券化业务起步较晚，但发展十分迅速，未来市场规模不容小觑。根据《2019 年资产证券化发展报告》，2019 年我国共发行资产证券化产品 23439.41 亿元，同比增长 17%；年末市场存量为 41961.19 亿元，同比增长 36%。但国内的资产证券化市场发展远未达到成熟阶段，其技术基础、业务隐患以及监管合规方面仍存在较大短板，主要如下：（1）信息不对称；（2）缺乏管理效率；（3）投资者利益难以得到保障。而区块链技术具有防篡改、高度透明、去中心化数据存储的天然特性，适合创造新的信任机制，有效促进资产证券化业务往健康方向发展。

目前国内已有数个结合区块链技术的资产证券化产品。比如，2017 年 5 月，佰仟、百度、华能信托联合发行了基于汽车融资租赁的 ABS 产品，规模为 4.24 亿元，由佰仟金融发行；2017 年 9 月，百度—长安新生—天风基于汽车消费贷款发行了规模为 4 亿元的基于区块链的 ABS 产品，该产品的发行主体为百度金融；2018 年 6 月，京东金融联合华泰证券资产管理公司发行基于京东白条应收账款的 ABS 产品，由京东金融担任发行主体。

（二）应用介绍

资产证券化业务的参与主体如下：（1）发起人，基础资产的原始权益人，即原始资产的卖方；（2）特别目的载体（SPV），为资产证券化而组建，向发起人购买原始资产并发行 ABS 产品；（3）信用增级机构，负责提升 ABS 产品信用等级。此外，ABS 参与主体还包括资金资产存托管机构、信用评级机构、审计机构、承销人与投资者。

ABS 区块链发行主要的业务流程见下图：

区块链应用于资产证券化的全流程图

1. 在 ABS 构建阶段，首先是将资产池入链：资金方、托管行与原始权益人将底层资产数据以及资产统计特征录入区块链 +ABS 系统（下称系统）。此后，基于区块链（对参与方）公开透明不可篡改的特性，所有后续参与主体读取到的均为原始录入信息，没有任何单一主体可修改底层信息。

2. ABS 发行前阶段，首先由 SPV 从链中读取已录入的资产信息，完成资产打包生成 ABS 后，将资产包信息、现金流测算结果信息、压力测试信息等录入系统，完成相关信息上链。然后由风险评估机构，即第三方评级、审计机构读取链中的信息，完成数据质量审核以及量化分析，并将产品要素与分层情景分析结果录入系统。

3. 在 ABS 发行阶段，产品设计方（SPV、发行人、交易所）读取资产数据与评级信息，并将产品交易结构、发行方案、方案审核结果录入系统，完成上链。接着由交易所挂牌交易，将挂牌信息录入系统。投资者在录入自身信息后，读取证券信息、进行交易，并自动记录入链，再由登记注册机构读取相关交易记录。这里，可以应用区块链技术的智能合约功能，实现达成条件自动划款，且其去中心化的特质，可以绕开中介清算机构，降低交易费率的同时，降低交易完成的时间。

4. ABS 发行后阶段，资产服务机构对 ABS 进行存续管理，读取资产端与产品端现金流。参与各方可随时读取项目文档，了解 ABS 产品最新情况。由于区块链不可篡改，所有信息均以原始形态储存在链上，便于跟踪、监管与审计。

（三）业务价值

由于目前资产证券化存在的业务痛点无法在现有框架下得到有效解决，区块链技术的引入可以有效弥补证券化业务存在的短板。

1. 改善资产现金流的管理。王欣奕在《区块链技术在资产证券化方向上的应用》中指出，区块链分布式账本功能可有效减少资产证券化参与各方信息不对称问题，减少金融机构在对账、审计、服务方面的成本。

2. 提高金融资产出售结算效率。区块链技术的智能属性可以绕开中介清算机构，实现点对点及时支付，缩短到账时间，使流动性需求与资金转移效率大大提高。

3. 能够增强证券交易的透明度与效率。区块链智能技术能够实现参与方 7×24 小时不间断交易，智能合约可以实现账款自动划拨、收益分配与资产购买功能，提升管理效率。

4. 降低增信环节的成本。传统 ABS 过程中无法真正实现担保随金融债权资产转让，只能通过法律进行保障。而区块链技术给予全网参与者提供单一、一致的信息来源，确保资产真实性。

5.便于监管机构实施穿透式监管。区块链技术可以保障证券化底层资产的真实性，便于金融监管机构适度使用资产证券化工具调动市场资源。从申请到证券发行、服务等所有权的变更均记录在区块链中不可篡改，便于审计。

6.区块链技术能有效降低 ABS 投资者门槛。郭晓蓓等在《区块链技术在商业银行的应用研究》一文中认为，区块链技术可消除 ABS 过程中信息传递慢、支付延后问题，让众多 ABS 项目清晰呈现，使得投资者能够且有信心参与到该市场中，盘活市场沉淀资产。

将区块链技术应用于资产证券化可为参与方提供一个透明、开放、可信的业务平台与生态圈，让资产证券化回归资产质量本身，推动市场往"资产信用替代主题信用"发展。实现金融为实体经济"输血"，提升实体经济自身"造血"的能力。

四、证券云

近年来，云计算技术快速发展，云计算的低成本运作特性也是其能够在证券行业得到应用及推广的重要契机。云计算是一种基于互联网的相关服务的增加、使用和交付模式，云计算平台即指能够通过网络随时、方便、按需访问一个可配置的共享资源池（通常涉及虚拟化资源，包括服务器、存储、应用软件或其他服务）。

（一）背景介绍

证券公司具备业务种类丰富和营业部分布广的特点。随着证券公司业务规模的持续拓展，信息系统的优化与升级需求量也逐渐增多，但系统建设的周期却一再缩短，导致系统建设的压力不断攀升。在传统建设模式下，设备、机房、能耗等都在加速膨胀，也导致软硬件、电力、场地、人力等成本随之水涨船高起来。

现如今，云计算应用的领域越来越广泛，在 IT 行业当中大放异彩。云计算技术的推广，可以有效提升系统的使用效率和运算效率，避免资源的过度浪费。其中，公有云平台将基于自主可控、安全合规的技术，面向资本行业场景提供完整的云服务，构建完善的资本行业云市场生态，是最适合证券公司的一朵云。

（二）应用介绍

1.云计算架构。证券公司可以通过云计算技术的支撑实现由"云平台＋服务"的方式构建整体信息化链路，从而整合上下游业务资源形成新的商业模式。云计算的服务模式按照用户体验的角度出发，可分为 IaaS（Software as a Service）、PaaS（Platform as a Service）、SaaS（Infrastructure as a Service）三层：（1）IaaS 层（基础设施即服务），本层借助于虚拟机或者其他资源等云计算基础设施，供客户部署和运行任意软件，包括操作系统和应用程序，同时将基础设施的管理工作交由 IaaS 供应商处理。（2）PaaS 层（平台即服务），本层为客户提供了一套包括 SDK、文档和测试环境等在内开发平台服务，客户可以借助平台自由快捷的编写应用，并在使用过程中，无须关心底层云基础设施的运行情况。（3）SaaS 层（软件即服务），本层为提供给客户云端应用程序服务，支持客户通过多类型的设备经客户端界面访问云端的应用程序，且无须对软件进行安装、维护，避免初期高昂的软硬件投入。

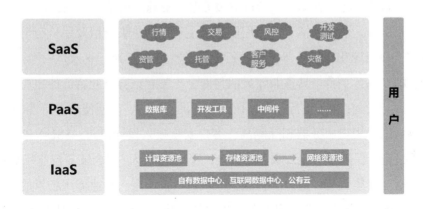

云计算的三层服务架构

2.证券行业云。（1）行业云的概念。证券公司在公有云的服务架构基础上，结合证券行业自身业务及技术特点，衍生出了证券行业云。证券行业云是面向业内机构提供从设备、网络到内容和解决方案的证券行业专属云平台。（2）行业云提供的服务。证券行业云是为证券公司量身打造的云计算平台，提供的服务主要有行情云托管与资源云租用等。行情云托管服务：提供了完整的行情服务，包括沪深行情（含沪港通互换行情）、资讯服务、港股 Level-2 行情服务、

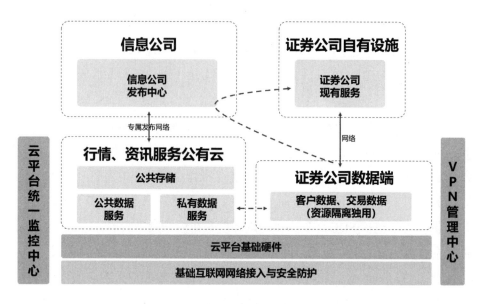

行业云平台系统架构图

股票期权行情服务、移动终端云行情服务等。资源云租用服务：提供了丰富的资源租用服务，包括行情资源租用服务（主行情、扩展行情及手机行情）、交易前端入口资源租用服务等。（3）行业云的优势。证券行业云是一个面向证券行业的专属云平台，具备兼顾灵活与安全与契合证券行业特征的主要优势。兼顾灵活与安全：在具备行业云便捷部署、灵活扩容、简便使用等特性的前提下，再借助于用户服务器相互隔离、客户安全接入设计模式、SSL-VPN 远程运维等措施，保障了行业云服务的安全、稳定、合规。契合证券行业特征：充分发挥行业聚集效应，把人工智能、区块链等技术融入行业应用场景的落地，有效降低证券企业用户对于新兴技术的应用门槛，让使用者更好地专注于业务本身。

（三）业务价值

云计算技术的运用及推广，给证券公司带来巨大成效。

（1）技术价值。实现资源的快速交付和应用，服务容量按需弹性伸缩，有效缓解机房基础设施的压力，提升系统高可用性需求。（2）业务价值。明显提升用户体验，敏捷交付，加强 IT 与业务融合，提升公司核心竞争力和影响力。（3）社会价值。推进实现证券公共服务的云平台标准化，促进 IT

服务的自动化和智能化，推进了 IT 工作模式的变革，进一步挖掘 IT 人员价值。（4）经济价值。节省大量基础 IT 工作及人力成本，提高资源管理效率，降低能耗，为客户提供更多增值服务。总的来说，云技术应用的落地对于证券公司是一次积极有效的实践。证券公司在云技术的实施过程中逐步形成了新的 IT 服务模式和商业模式，为云技术在行业的普遍推广积累有益的经验。

五、客户画像

客户画像是对客户信息的高度精练和定性描述，是基于数据构建的客户特征模型。客户画像系统通过收集与分析客户基本属性、行为特征、社交网络等信息，抽取有效特征进行客户标签模型化处理，完成对客户的全方位描述。结合画像，企业能及时了解客户的关键特征，提升营销精准率，准确触达客户需求。

（一）背景介绍

在证券行业里，客户画像主要是根据客户的投资经验、投资方向、风险偏好、信用记录、财务状况等数据，合理划分客户类别，匹配风险等级，以便将产品、服务精准提供给目标客户，从而实现差异化、个性化的客户服务。

目前大数据和人工智能技术的发展已日趋成熟，我国各大券商正在加快部署客户画像落地，利用科技赋能业务。2017 年，国泰君安证券落地实现画像指标 862 个，上线君弘灵犀智能服务平台，提供的 243 个客户画像基础标签，为特定业务营销目标快速定位目标客户群，同时通过保存后的标签，持续进行营销效果跟踪。

（二）应用介绍

构建完整的客户画像系统需从客户画像理论出发，不同视角下的画像方法会导致不同的画像模型，现阶段主流模型是基于参与视角的"数据—客户标签映射"，其数据架构与技术架构如下所示：

1.证券公司客户画像数据架构。刘斌等在《大数据画像技术在证券公司的研究与应用》一文中认为，客户画像数据架构从最下层的源数据开始，依次向上整合，分别为主题层、指标层、标签层。通过构建标签体系对客户价值、偏好与生命周期进行定位，从数据分层次映射到客户与场景。

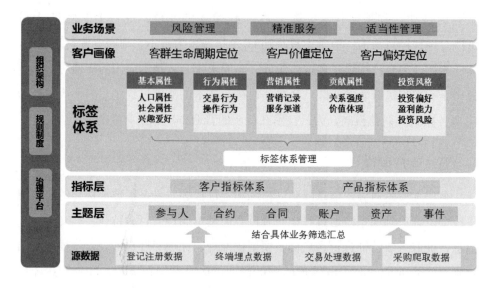

"数据—客户标签映射"模式下的客户画像数据架构

2. 证券公司客户画像技术架构。从技术架构来讲，由于客户画像是针对每一个用户的服务，其架构必须具备可快速线性拓展的特点，下图展示了一个完

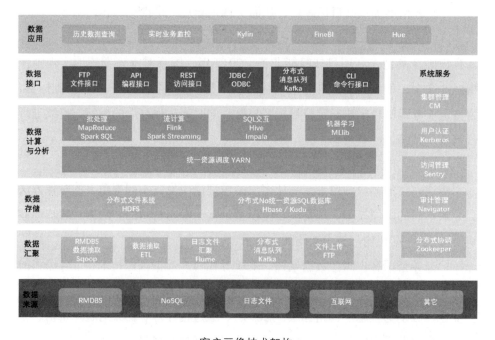

客户画像技术架构

善的客户画像技术体系：（1）数据来源层：数据来源方面应接入了公司的基础数据、交易数据、资讯数据等，并利用各类型数据库储存信息。（2）汇聚层：负责统一管理汇总公司内部数据与第三方数据。（3）存储层：采用基于分布式文件存储的大数据平台，如 HBase、Kudu 等。（4）计算分析层：利用大数据计算平台，计算客群聚类，得到多个维度的用户画像。搭建批处理与流数据计算引擎，应对实时计算的需求。（5）接口层：将客户画像查询等请求封装为接口，以便应用程序调用。（6）应用层：根据具体业务场景，结合特定算法开发的应用，如反洗钱应用、精准营销、流失预警模型等。通过以上架构，客户画像系统能从数据端至应用端对各数据流进行统一管理调度，在此基础之上搭建标签构建系统，标签治理系统并输出至业务场景。

1.标签构建系统。在大数据客户画像系统中，标签构建是核心内容，证券公司业务场景可以参考如下数据模型构建客户标签：

$$y_s = \sum_{i}^{n} \{w_i(t)D[x_i(t)] + r_i(t)R[x_i(t)] + f_i(t)F[x_i(t)]\} + B$$

其中，y_s 是客户画像特征值，$w_i(t)$ 是第 t 时刻第 i 个业务发生的价值权重，$x_i(t)$ 是 $0-t$ 时间内第 i 个业务发生的金额，$D[x_i(t)]$ 是衰减函数，使业务发生金额随时间衰减，$r_i(t)$ 是 t 时刻第 i 个业务发生的间隔权重，$R[x_i(t)]$ 是上次发生第 i 个业务至今的时间间隔，$F[x_i(t)]$ 是上次发生第 i 个业务在 $0-t$ 时间内的发生频率，B 是常数项。

以上数学处理能对客户画像特征值进行定量计算，再通过分段函数对标签进行定性描述：

$$标签_s = \begin{cases} 高价值, & \text{if} \quad y_s \geqslant y_a \\ 中价值, & \text{if} \quad y_a > y_s \geqslant y_b \\ 低价值, & \text{if} \quad y_b > y_s \end{cases}$$

该数学模型能通过业务发生金额对客户在特定场景下的标签进行建模，输出该场景的用户标签至标签治理系统进行统一管理。

2.标签治理系统。标签治理体系应满足数据治理标准，需避免标签定义重复、含义不一致、使用不方便等问题，主要包括三个要点：（1）建立标签体系的管理架构，成为数据治理架构的子集。（2）建立标签标准、标签认责、标签质量检核制度。（3）采用 MEMC 的分级分类办法，体系化管理标签。

下图展示了基于分级分类方法，标签治理后的客户标签体系：

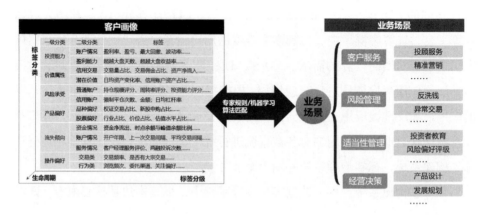

客户画像标签体系

通过标签体系建立的客户画像，最后推送至数据接口，为上层应用直接采集。

（三）业务价值

客户画像通过提炼数据（有监督学习、经验分布、业务专家建议等），产生概括性标签体系，从而完成对客户的全方位描述，其主要价值在于服务各种营销类、监管类、风控类场景：

1.营销类场景中，可以根据客户的交易数据形成基本画像，利用专家规则和分类算法，对客户感兴趣资产推荐个性化资讯。

2.监管类场景中，利用大宗交易信息与交易频率等数据，生成洗钱风险等级评估标签体系，进行反洗钱监控。

3.风控类场景中，利用交易流水数据构造产品偏好，交易时机、操作风格等维度的标签，对客户风险偏好等级分类，辅助投资者测评自身风险承受能力，进行风险实时预警。

客户画像为证券公司的应用场景奠定了坚实的基础，使企业管理人员不仅能够从宏观的角度了解客户情况，也能从微观的角度调整企业方针战略，为企业客户提供更加专业的个性化服务，提升公司核心竞争力，快速占领客户市场。

第三节　金融科技在证券业中应用的发展趋势

随着资本市场改革的持续深入推进和金融科技的发展成熟，越来越多的证券公司加快数字化转型进程，利用前沿技术赋能业务发展创新和经营管理提升，以构建数字化企业的核心竞争优势。纵观金融科技的发展历程与数字化证券的发展态势，在证券行业发展和应用金融科技需要建立配套的发展策略、手段与体制机制，具体分享如下。

一、加强金融科技战略定位和投入

金融科技的发展与应用需要自上而下推动，在公司范围内加强顶层规划设计，加大建设资源投入，并打造金融科技深度融合的企业文化。一是要形成金融科技发展共识，提升公司各部门对金融科技的认知，共同思考和探索利用金融科技促进业务发展和提升业务成效的方式方法，建立金融科技应用、反馈、提升的良性循环。二是加强金融科技战略部署，在提升金融科技定位的同时，对金融科技进行高水准、高规格的前瞻布局和资源投入。

国内追求领先的证券公司已纷纷转变金融科技作为支持者的定位，将金融科技视为企业核心竞争力的重要组成，甚至是引领企业发展的重要力量。多家头部证券公司均已明确将金融科技纳为其企业核心竞争力，对金融科技投入比重不断增加。资金投入方面，根据上市券商披露的 2019 年信息技术投入情况，有 2 家证券公司的信息技术投入已经超过 10 亿元，有 7 家证券公司的信息技术投入超过 5 亿元。追求利用金融科技巩固领先优势或者实现弯道超车的证券公司，坚定地推进科技与金融的深度融合，力求以领先的科技能力驱动证券金融业务创新，引领公司全面向数字化转型。人员投入方面，金融科技复合型人才是推动金融科技发展的核心力量，既要深入掌握技术，还要具备金融知识和业务思维，对行业发展趋势、市场格局、业务战略有比较深刻的理解和洞察。近年来较多证券公司的信息技术人员规模增长速度有所加快，但目前人才市场上的金融科技复合型人才规模数量难以满足证券公司需要，同时面临来自互联网金融公司对人才的激烈争夺，证券行业金融科技复合型人才缺口较大。证券公司正在通过鼓励 IT 队伍前置到重点业务领域、成立 IT 与业务联合工作小组协同开展工作、在业务条线驻点轮岗提升人员综合能力等手段大力培养金融科技复合型人才，强化技术人员对业务的学习和理解，加强技术与业务的双向融合，共同探寻科技金融创新机会。

虽然近年来证券公司对金融科技的定位和对信息技术的投入逐年上升，但同时应该认识到，国内证券公司和国际投行的信息技术投入相比仍然存在较大差距。根据中国证券协会公布的《关于推进证券行业数字化转型发展的研究报告》，2019 年度国际领先投行摩根大通、花旗集团的信息技术投入分别是我国证券全行业信息技术投入的 3.34 倍、2.41 倍，证券公司需要进一步加大在移动互联、大数据和人工智能、云计算、区块链等前沿技术在证券业务应用方面的研究布局与落地，加大资金和人力投入，进一步加快企业数字化转型。

二、根据自身禀赋找准金融科技应用和发展方向

金融科技已成为证券公司寻求差异化、特色化发展的重要突破口，各大证券公司聚焦自身业务和资源禀赋优势，紧跟业务发展规划，融合金融科技打造具有核心竞争力的商业模式。虽然证券公司对于金融科技的投入日益提升，但是和商业银行、保险公司相比，投入的整体规模和体量仍然很小。受限于整体规模体量，证券公司应用和发展金融科技与自身业务特点和资源禀赋结合得非常紧密，根据自身的业务定位考虑金融科技重点发力方向，追求在特定领域弯道超车的机会，而并非采用全面投入发力的策略。

以零售业务见长的头部证券公司提前布局并长期坚持贯彻移动金融战略，深度耕耘零售业务并积极推进数字化财富管理发展，打造了行业领先的移动金融 APP，联通线上线下服务渠道，深化数据应用和价值发掘，为零售客户提供优质的财富管理解决方案和客户体验。机构综合服务能力保持行业领先的头部证券公司，则将优势资源重点投入投研和交易体系、托管和运营外包平台的建设和优化，为机构客户提供全业务链数字化、智能化服务。随着行业马太效应持续，中小型证券公司并不适用对金融科技的全面持续高投入模式，更需要结合自身资源禀赋对金融科技精准投入，将金融科技作为强化自身优势、补齐业务短板的重要手段，通过紧密结合自身特点应用和发展金融科技，探寻业务

突破的新机遇。

三、增强技术创新及自主掌控能力

目前不少国内外领先的金融机构通过建立创新实验室、设立专项资金等多种机制，大力推进金融科技创新孵化，以打造技术前沿优势，抢占技术创新应用的先机。证券公司对金融科技创新也愈加重视，已有技术领先的证券公司成立了金融科技实验室，将金融科技创新实践落地运用到实际应用场景中，有效提升了业务和管理效率，为客户带来更好的体验。在有关监管合规政策的指导下，证券公司可积极开展有助于金融科技创新的机制探索和建设，例如成立创新实验室、设立创新孵化资金支持等，以深入研究发掘金融科技新业务场景、新技术应用。

追求核心技术自主掌控是国内大型金融机构的普遍模式，目前证券行业自主研发比例相对较低，部分技术过度依赖于外部资源和厂商，一定程度上制约了证券公司差异化竞争优势的构建，由证券公司内部 IT 人员做项目过程管理、具体开发任务甚至技术架构交给外包公司来实现的做法已经发生深刻了改变。证券公司正在进一步发力自主设计构建企业整体架构并自主研发和搭建可重用的重要技术和业务组件，打造针对业务场景的模块和解决方案，包括移动 APP、企业中台、行情解析与分发、大并发支持组件、大数据算法组件和数据应用，以及各种中间件、微服务组件等。证券公司可不断推出具备自主掌控能力的金融科技产品体系，在选择技术合作伙伴时将技术开放和可控作为必要条件，其系统架构、接口服务、数据模型等必须符合证券公司企业整体架构和相关技术规范，同时，对国产化技术的应用将更加广泛和深入。

四、积极推动金融科技市场化、生态化发展，同时严守安全合规底线

证券公司信息技术作为业务辅助手段、在后台支持业务的运作模式已经在发生巨大变化。近年来，诸多头部券商相继召开金融科技产品发布会，将金融科技应用和研发成果包装成产品，向市场媒体和客户群体重点宣传推介，以品牌化、前台化方式直接走向市场，金融科技产品成为拓展业务、促进创

新、牵引公司发展的重要力量。证券公司可进一步加大金融科技产品和技术解决方案的运营和宣传力度，以客户为中心不断打磨优化产品和方案，提升在市场和客群中的影响力。

与此同时，应该关注到金融科技的应用和发展是一个不断创新的过程，随之而来的是新兴证券金融产品、服务和商业模式，在提升效能和体验的同时，新的技术和业务形态可能带来新的风险。例如，金融科技在移动金融方面的应用打破了时间、空间限制的同时也加快了风险传导速度；金融科技促进程序化交易发展的同时蕴含着市场共振风险；而大数据应用则带来潜在的数据泄露风险，可能对个人隐私、客户权益、业务安全甚至对整体金融安全构成威胁；各种新的高危漏洞、网络攻击层出不穷的情况下，网络安全形势仍然严峻。

金融科技的健康发展需要证券公司牢牢把握好创新与安全的关系，严守安全合规底线，近年来行业在加强自律的同时，也在不断研究强化对金融科技应用和创新的事前、事中、事后监管。证券公司在新技术引入前投入更多的精力做好技术可行性及安全评估，选择采用相对成熟稳定、安全高效的技术方案；做好小范围试点验证，在局部领域先行先试、充分评估推广风险，并结合实际业务场景对技术适用性、安全性、稳定性进行充分测试和验证；构建与金融科技创新相适应的风控手段，做好新技术上线后的运行监控和应急处置预案。

安　全　篇

第九章　金融科技与监管科技

在我国金融科技蓬勃发展，甚至在全球同业中逐渐呈现引领之势的时候，另一个关系紧密而又相对独立的名词——"监管科技"也迅速席卷全球，正在受到全球监管机构、金融机构、产业机构、学术机构等多方面的热烈关注，将对全球金融创新和金融监管产生深远影响。本章将从监管科技的历史与发展、金融科技与监管科技的相互关系、监管科技的应用实践与经验建议等方面展开论述，以供监管科技生态圈中各方主体参考。

第十二届全国政协副主席陈元在《新时代金融科技发展与展望》一文中认为，加强监管科技实践，提升金融风险防控能力。当前，全球金融监管部门都在积极推动监管科技应用，通过现代科技成果优化金融监管模式，提升监管效能，降低合规成本。健全新技术在金融监管领域应用标准体系，在应用范围、运作方式、操作细则、风险防控等方面明确体系化的技术要求，充分发挥标准化的引领作用。加强监管规则数字化研究，探索将风险防控机制嵌入金融业务流程，对交易行为进行实时监测，对业务数据实时分析提取，实现可疑交易自动化拦截与风险应急智能化处置，增强对金融风险的识别、评估、监控、预警和处置能力。

第一节　监管科技概述

当前，我国处于近代以来最好的发展时期，世界处于百年未有之大变局，两者同步交织、相互激荡。在这个重大的战略论断中，"变"是核心要素之一，具有丰富而深刻的内涵与外延。其中，在人类社会迎来第四次工业革命的时代背景下，新科技新智能与金融发展和金融风险的剧烈碰撞与融合也是"大变局"的应有之义。当前，我国金融行业正随着人工智能、大数据、云计算、区块链、物联网、5G等信息科技不断的迅猛发展与逐步广泛的应用而进入转型发展的新阶段。"无科技不金融"成为业内共识，"金融科技"成为整个金融生态中的璀璨明珠。

资料来源：李伟编写的《强化监管科技应用助力金融风险防控》。

与此同时，国家高度重视金融监管和金融风险防范，在党的十九大报告中明确提出要"健全金融监管体系，守住不发生系统性金融风险的底线"。"监管科技"的思路与方向在不断的探索中逐渐清晰，逐渐成为我国金融监管体系中的统一认识。（1）2017年5月，中国人民银行金融科技（FinTech）委员会宣告成立，旨在加强金融科技工作的研究规划和统筹协调。（2）2017年6月，中国人民银行发布《中国金融业信息技术"十三五"发展规划》，明确提出加强金融科技和监管科技的研究与应用，坚持安全与发展并重。（3）2017年7月，全国金融工作会议宣布设立国务院金融稳定发展委员会，形成我国金融管理的"一委一行两会"格局，旨在加强金融监管协调、补齐监管短板。（4）2018年5月，中国证券监督管理委员会组建科技监管专家咨询委员会，并于月底正式发布《稽查执法科技化建设工作规划》。（5）2018年8月，中国证券监督管理委员会正式发布《中国证监会监管科技总体建设方案》，标志着证监会完成了监管科技建设工作的顶层设计，并进入了全面实施阶段。（6）2019年8月，中国人民银行正式发布《金融科技（FinTech）发展规划（2019—2021年）》，明确提出未来三年金融科技工作的指导思想、基本原则、发展目标、重点任务和保障措施，将"增强金融风险技防能力，正确处理安全与发展的关系"和"强化金融科技监管，建立健全监管基本规则体系"均列入重点任务。(7) 2020年6月，中国证券监督管理委员会重构其科技监管体系，成立科技监管局，并对信息中心、中证数据公司、中证技术公司的职能进行优化调整，形成了以科技监管局、信息中心为一体，中证数据公司、中证技术公司为两翼的科技监管体制。

一、监管科技概念

（一）概念

顾名思义，"监管科技"无非就是"监管"和"科技"的合成。粗略地说，其实就是监管用到的科技。值得注意的是，"监管"的概念从广义上可以指的是所有的行政监管领域，因此"监管科技"从广义上说也可以指应用于所有行政领域的信息科技。但从这个概念的缘起和主要发展来看，这里的"监管"一般特指金融领域的监管。因此，鉴于本书的讨论范围，后续如无特殊说明，"监管科技"均指的是金融领域的监管科技。

在金融监管领域，虽然很早就已经开始逐步使用各种技术工具和手段辅助开展相关工作，但是"监管科技"作为一个明确的概念则是由英国在近年来才正式明确提出。习辉等在《全球监管科技发展及对我国的启示》一文中提到，英国前财政大臣乔治·奥斯本（George Osbone）于2015年7月率先使用"监管科技"一词，指出"项目创新将致力于运用新技术促进监管要求的实现——也就是监管科技"。《新技术新业态——进化中的监管科技及其应用》一书整理指出，2017年4月，英国金融行为监督管理局（Financial Conduct Authority，FCA）进一步将"RegTech"这一概念定义为"运用技术帮助金融服务机构更有效地理解并达成监管要求"，认为能帮助金融机构"增强合规的同时，降低成本""更经济有效地理解FCA Handbook并提交所需信息"。继而，FCA发布了《关于利用技术实现更加智能的监管报送的意见征询报告》，明确建立机器可执行的监管报送方案，解决监管报送问题，并证实了可将监管手册中的一系列报送规则转化为机器可读的语言。

德勤会计师事务所（Deloitte）在 *RegTech is the new FinTech* 的报告中从四个方面总结了监管科技的概念特点，主要包括：敏捷性、速度性、集成性和分析性。汇总来说，即通过快速分解、组合多个错综复杂的、多源共享的监管数据组，利用分析工具以智能方式对现有大数据进行深度挖掘，释放其潜力，迅速生成各类报告和解决方案，并实现同一数据的多场景使用。

国际金融协会（Institute of International Finance，IIF）则将监管科技定义为"能够高效和有效解决监管和合规性要求的新技术"，主要包含人工智能、机器学习、生物识别技术、区块链、数字加密技术以及云计算等新技术。这一定义开始关注监管科技在监管和合规两方面的应用。

国内专家和研究机构也分别对监管科技给出了不同的描述和理解，总体上认同了其在监管机构和金融机构两端的作用，以及两端机构相互之间的协同。如中国人民银行货币政策司司长、金融研究所前所长孙国峰认为监管科技是基于大数据、云计算、人工智能、区块链等技术为代表的新兴科技，主要用于维护金融体系的安全稳定、实现金融机构的稳健经营以及保护金融消费者权利。上海新金融研究院（SFI）理事张家林在《金融监管科技：基本原理及发展展望》一文中认为监管科技是使用技术解决监管面临的挑战，推动各类机构符合监管要求，本质是在被监管机构和监管机构之间建立一个可信、可持续、可执行的"监管协议和合规性评估、评价和评审机制"。而中央财经大学中国精算研究院金融科技中心副主任陈辉在《监管科技：框架与实践》中参考亿欧智库发布的《2018 年监管科技发展研究报告》以及京东数字科技研究院发布的《SupTech：监管科技在监管端的应用》和《CompTech：监管科技在合规端的应用》《证券监管中的监管科技》等报告，指出监管科技是在金融与科技更加紧密结合的背景下，以数据为核心驱动，以云计算、人工智能、区块链等新技术为依托，以更高效的合规和更有效的监管为价值导向的解决方案。

整体来看，目前监管科技发展时间不长，对于其概念定义尚未完全统一，但综合上述国内外阐述，可以看到一个基础性共识，即运用科技手段、服务监管需求、提高监管效率、降低合规成本。

（二）分类与生态

从具体分类上，监管科技可以粗略分为两大类，一是用于监管机构监督管理的监管科技（SupTech）、二是用于金融机构合规内控的监管科技（CompTech），其中CompTech又可进一步细分为金融机构分别用于外部合规和内部控制的监管科技。

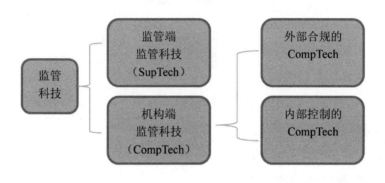

监管科技分类

在蓬勃发展的监管科技生态中，主要有四大参与者：监管机构、金融机构、科技公司、学术机构。

1. 监管机构。既是监管体系和监管规则的搭建方，又是监管科技的需求方和引导方。监管机构利用监管科技提升监管效率，同时也通过监管体系和监管规则规范和约束监管科技。

2. 金融机构。既是监管体系和监管规则的合作、接受方，又是监管科技的需求方和助力方。金融机构利用监管科技高效满足合规要求、降低合规成本，同时也通过自身的科技力量助力金融科技和监管科技的持续发展。

3. 科技公司。作为监管科技的主要供给方，通过挖掘监管机构和金融机构的需求，甚至主动向监管机构和金融机构输出需求，建设各类通用技术平台和专用信息系统，为监管机构和金融机构提供技术服务，同时也作为行业中介融通各需求方的需求和实践，助力业内交流与发展。

4. 学术机构。既是监管体系和监管规则的理论研究与政策建议方，又是监管科技的理论支持与前沿探索方。学术机构通过系统性的学术研究和学术实验，在监管政策领域和监管科技领域总是先行一步，探索各种可能性、深耕其

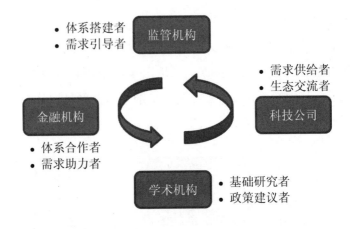

体系搭建者
需求引导者

监管机构

需求供给者
生态交流者

金融机构

科技公司

体系合作者
需求助力者

学术机构

基础研究者
政策建议者

监管科技生态圈

原因与逻辑、引领各项实践的前进方向。

二、监管科技的意义

（一）国家安全

委内瑞拉裔的英国经济理论学家卡萝塔·佩蕾丝（Carlota Perez）在《技术革命与金融资本泡沫与黄金时代的动力学》中详细研究了自工业革命以后所有的主要技术革命及其与社会、金融之间的关系，认为技术革命容易刺激经济分裂与金融创新，进而催生金融泡沫和金融危机。

金融是现代经济的核心，金融安全则是国家安全的重要组成部分，党和国家历来十分重视防范金融风险。据新华社消息，在 2017 年 7 月 14 日至 15 日在京召开的第五次全国金融工作会议上，习近平总书记强调，防止发生系统性金融风险是金融工作的永恒主题。要把主动防范化解系统性金融风险放在更加重要的位置，科学防范，早识别、早预警、早发现、早处置，着力防范化解重点领域风险，着力完善金融安全防线和风险应急处置机制。这不仅为我国今后一段时期内金融监管工作点明了重点，也对金融风险防控工作提出了更高层次的要求。

鉴于此，为了金融安全与稳定，金融必须与监管相伴相生，有金融创新就要有监管创新，有金融科技就必然要求有监管科技。利用监管科技来填补监管"真空地带"、提升金融监管能效已经成为世界各国金融监管机构防范金融风险、保障金融安全的重要手段和途径。在这样的背景下，人民银行发布的《金融科技（FinTech）发展规划（2019—2021年）》在第一章第一节"重要意义"中明确指出："坚持创新驱动发展，加快金融科技战略部署与安全应用，已成为深化金融供给侧结构性改革、增强金融服务实体经济能力、打好防范化解金融风险攻坚战的内在需要和重要选择"，"金融科技成为防范化解金融风险的新利器"。

（二）生态共赢

从相关主体来看，监管科技对于生态圈中各方参与者也具有重大意义。

1.对于监管机构意味着强有力的新武器，既是新的思维武器，更是新的技术武器，由此可以获取更全面更精准的数据、可以更高效更准确地处理海量信息，确保在新技术时代真正体现金融监管的专业性。

2.监管科技对于金融机构意味着极大的降本增效。在越来越精细、全面的监管合规要求下，监管科技不仅能帮助金融机构大幅降低所需人力安排、时间成本，更是能帮助金融机构避免因合规要求未达成而可能面临的经济和行政处罚。

3.监管科技对于学术机构意味着广阔的实验机会。不论在金融监管理论与政策领域，还是在信息科技领域，监管科技在丰富的金融业态和应用场景中不断尝试和发展，都将成为相关学术研究的宝贵而具体的实践反馈，进而反哺和助推各项学术研究的进一步发展。

4.监管科技对于科技公司（产业）意味着无限的发展前景。随着相关科技创新的日益提速和各方机构对监管科技的日益重视，监管机构和金融机构对于监管科技的需求将进入爆发期，监管科技产业将迅速成为一片潜力巨大的蓝海。得益于技术研发、科技人才储备以及资金投入等方面的种种优势，专业的科技公司将迎来提供监管科技服务的光明前景。同时，整个监管科技产业也将迎来爆发期，预计将催生一大批专业的监管科技公司。

三、监管科技理念、方向与模式

（一）严峻挑战

金融创新和金融科技都具有典型的"双刃剑"效应，在带来金融服务效率提升、扩展金融普惠性的同时，也会带来众多的消极影响，可能催生新的业务风险、技术风险、数据安全风险，也可能加剧原有的期限错配、流动性错配、高杠杆等微观金融风险和顺周期、传染性、系统性等宏观金融风险。综合中国社会科学院金融研究所副所长、国家金融与发展实验室副主任胡滨在《金融科技监管的挑战与趋势》和张永亮在《金融科技监管的新理念与新模式》等文章中的观点，金融科技将在如下几个方面对传统金融监管带来重大挑战：

1. 金融科技的跨界化导致产生传统监管真空与监管漏洞，给金融监管体系带来了深远影响。金融科技从本源上就天然融合了技术和金融两个方面，往往还同时涉及多种金融业务和多个金融部门。这种在体系与领域层面进行的多学科多模式跨界融合，比单纯在金融领域的综合化经营更加复杂，势必引起监管边界的模糊与重叠。

2. 金融科技的去中介化导致难以有效开展传统的机构监管、也难以有效对相关人员进行追责，进而难以有效保护金融消费者。随着金融科技的快速发展，进一步加剧金融脱媒，亟须调整现有以机构监管为核心的监管体系，充分突出监管技术与功能监管。

3. 金融科技的去中心化导致分布式的运作模式与传统中心化的监管体系的制度性错配。这种错配可能会带来比金融混业经营下的混业经营与分业监管的制度性错配更多、更复杂的金融风险，可能使得金融风险更易在空间上传染，并衍化为系统性风险，因此对于监管技术的要求会增强。

4. 金融科技的智能化导致传统监管对象和重点面临调整。随着人工智能等技术在金融领域应用的不断推广和深入，金融监管的重点将不得不从金融机构与金融从业人员变为包括人工智能在内的各种信息技术，监管对象变成更加虚拟化的、非实体的技术，从而导致虚拟化、科技化监管需求的加强。

5. 金融科技的数据化导致传统监管手段亟须升级换代。目前监管机构甚至金融行业的规范化数据建设均远远滞后于金融创新，导致监管机构难以及时识别风险积累、难以准确评估风险性质、难以有效制定处置方案。同时，由于爆炸式的数据生成与应用并没有与之匹配的标准、规范等，金融领域的数据安全治理也存在严重不足，诸如数据泄露等信息安全事件屡有发生。

（二）应对理念

面对上述的种种挑战，监管科技绝不应该仅仅只是信息技术在监管领域的应用，而应该意味着对现有金融监管体系进行变革升级，构建和转换至新的监管理念和监管模式。从这个意义上来看，英国金融行为监管局（FCA）在2016年仅仅将监管科技定义为金融科技的子集，这应该是大大低估了监管科技的真实威力。

作为深化我国金融监管体制改革、推进监管法治化现代化的基本前提，金融监管理念的变革应充分考虑到金融科技"双刃剑"的特征，既不能管死，更不能管漏、管不住。具体来看，基于张永亮《金融科技监管的新理念与新模式》等相关观点，可以参考以下几个方面：

1.转向"主动性"监管理念。监管机构要主动拥抱金融科技和监管科技，主动研究和引导金融科技发展和应用方向，同时在金融科技欣欣向荣的时代里主动保持警惕心理和批判精神，主动从业务目的、业务模式、科技特征等方面进行质疑和挑战，主动关注业务过程，并从单业务、单机构到整个金融体系把握和评估。

2.坚守"适应性"监管理念。监管机构要关注金融科技对金融行业带来的功能性、效率性和结构性影响，及时调整监管政策和监管制度，以"动态的、柔性的适应性监管"逐步替代"静态的、刚性的命令控制性监管"。

3.奉行"功能性"监管理念。监管机构要注重金融业务和金融产品的功能特征和功能变化，着眼于全业务链条，不局限于机构边界，从机构监管转向功能监管。

4.秉持"包容性"监管理念。监管机构应该鼓励金融创新，在注重整体风险可控的前提下，给予金融创新容错的空间和完善的时间，提供指引和帮助。但同时建立严格的责任制度，防止过度滥用创新。

5.倡导"实验性"监管理念。监管机构应该保持对风险的敬畏，不断建立健全实验性监管的制度、机制和基础设施。通过监管实验，避免引发系统性风险的情况下，监管机构及时了解金融创新和金融科技的收益与风险，为制定科学的监管制度提供借鉴。

6.强化"协调性"监管理念。监管机构应该转换思维，一定程度上变"管理者"为"协调者",调集各方能动性,实现监管机构之间信息共享、信息沟通,构建监管机构与被监管机构及其相关利益方之间的平等对话、沟通交流机制。

（三）发展方向

中国人民银行发布的《金融科技（FinTech）发展规划（2019—2021年）》中明确指出,要"加强金融科技战略部署""增强金融风险技防能力""加大金融审慎监管力度"。这也清晰勾勒了我国监管科技的发展方向。

1.提升战略地位、做好战略准备。要把握金融科技发展态势,加强统筹规划和顶层设计,构建和完善适用于金融科技监管的体制机制,同时也要注重相关人才队伍的建设与培养。

2.合规端增强技防能力、做好一线风险管理。（1）在金融机构的前中后各业务场景的整体金融业务链条中全面嵌入金融科技,完善金融业务的风险防范能力。（2）加强金融科技基础设施的风险管控。通过完善顶层设计、提升技术防护体系、强化外部合作联防联控,切实提高金融业关键软硬信息基础设施安全保障能力。（3）加大金融信息保护力度,重视金融消费者保护。金融科技的"数据化"加剧了金融信息泄露和滥用的风险,建立长效机制、制定制度规范、加强技术应用、定期排查评估是各家金融机构必须落实的责任。（4）关注金融科技自身的技术和应用风险,做好新技术金融应用风险防范。面对金融科技,不盲从不迷茫,清晰认识金融科技在金融应用中的辩证关系,做好技术研究、评估,科学选择应用技术,完善风险补偿和应急处置等。

3.监管端加大审慎监管、增强金融监管的专业性、统一性和穿透性。（1）建立金融科技监管基本规则体系。通过取长补短建立和完善纲目并举、完整严密、互为支撑的金融科技监管基本规则体系,针对不同业务、技术和机构分门别类制定针对性、差异化监管措施,同时加强底线思维,明确安全红线。（2）加强监管协调性。建立健全金融协调性监管框架,搭建基础性报告平台,统一信息标准,覆盖全金融机构、全基础设施、全金融活动。（3）充分应用金融科技,提升穿透式监管能力。通过信息穿透、业务穿透、流程穿透,实现风险监测和合规管控的智能化、自动化。（4）建立健全创新管理机制,规范金融科技产品创新。事前抓源头、落责任,事中强协同、共治理,事后严监督、重惩戒。

在监管科技的具体信息系统建设工作中，可以从三方面推进：第一，打好基础。完善国家级、跨机构的信息化基础设施建设，实现业务流程的互联互通和金融数据的全面共享，形成对监管工作的全方位、全流程支持。第二，强化事中。积极运用大数据、云计算等科技手段实时进行数据采集、计算与分析，实时监测金融市场的运行状态，提高对市场风险的监测和异常交易行为的识别能力，及早发现、及时处置各类金融违法违规行为。第三，提升智能。充分运用机器学习、数据挖掘等人工智能技术，为金融监管提供智能化应用和服务，优化金融监管前中后全链条监管工作模式，提高监管机构主动发现问题的能力和智能化水平，促进监管模式创新。

（四）主动型模式

从全球金融监管实践来看，主要存在着三种主流监管模式，即以美国监管为代表的"限制型监管模式"、以英国监管为代表的"主动型监管模式"和以中国监管为代表的"被动型监管模式"。其中，"限制型监管模式"强调"归口管理"，不论金融科技以何种形态出现，均按照其金融业务本质纳入当前的监管框架和体系下监管，比较注重金融风险。"主动型监管模式"强调"政策引导"，设置专业化监管部门，主动拥抱金融科技，大力支持引导，平衡创新与风险。"被动型监管模式"强调"先发展后规范"，在金融科技和金融创新初期时给予比较宽松的发展空间，在其发展到可能危害金融安全时才出台相关监管措施，比较鼓励金融创新。

中央财经委员会办公室副主任廖岷在《金融科技发展的国际经验和中国政策取向》中认为，"如何把握好金融科技发展与监管的平衡，既要促进其发展，保证其创新活力，又要引入合理有效的监管安排，为其健康发展保驾护航。这是每一个国家金融科技领域都需要解决的重大问题"，然而，目前"全球对金融科技的监管缺乏统一标准，呈现碎片化的割裂状态"。但总体而言，正如伍旭川等在《金融科技的监管方向》一文中指出的，主动型监管模式兼具监管的韧性与灵活性，在提高对金融科技风险的预判水平和防范能力的同时，适应性地推出与金融科技发展阶段和风险状况相匹配的监管法规，较好地实现了金融科技发展与金融风险防范之间的动态平衡，因此随着金融科技的不断发展，这三种模式都逐渐向主动型监管模式趋同。

值得一提的是，作为与"主动型监管模式"相匹配的一种具体监管手段，"监管沙盒"正被越来越多的国家所尝试和运用。"监管沙盒"可以解决金融监管当局面临的两难问题，提供了一个"缩小版"的真实市场和"宽松版"的监管环境，在保障消费者权益的前提下，允许金融科技初创公司对创新的产品、服务、商业模式和交付机制进行大胆操作，不仅有利于鼓励大胆创新，又便于监管机构随时了解金融创新情况，为之后制定金融科技监管政策法规积累经验。

具体到我国监管科技的发展模式，中国人民银行的《金融科技（FinTech）发展规划（2019—2021 年）》中提出"运用数字化监管协议、智能风控平台等监管科技手段，推动金融监管模式由事后监管向事前、事中监管转变，有效解决信息不对称问题，消除消息壁垒，缓解监管时滞，提升金融监管效率"，证监会的《证监会监管科技总监建设方案》中提出"探索运用人工智能技术，包括机器学习、数据挖掘等手段为监管提供智能化应用和服务，优化事前审核、事中监测、事后稽查处罚等各类监管工作模式，提高主动发现问题能力和监管智能化水平，促进监管模式创新"，都可以看出正在从"被动型监管模式"逐步向"主动型监管模式"转变。

2019 年 12 月，中国人民银行宣布中国版金融科技"监管沙盒"，支持在北京市率先开展金融科技创新监管试点，首批试点项目选定涵盖数字金融等应用场景，聚焦物联网、大数据、人工智能、区块链等前沿技术。

2020 年 4 月 27 日，中国人民银行官网再次发布消息扩容金融科技"监管沙盒"试点，提出"为深入做好金融科技创新监管试点工作，人民银行支持在上海市、重庆市、深圳市、河北雄安新区、杭州市、苏州市等六市（区）扩大试点，引导持牌金融机构、科技公司申请创新测试"。

这样的转变符合前述的"主动性、适应性、功能性、包容性、实验性、协调性"等监管理念，在此基础上，以技术监管为本位、以数据标准化和技术标准化为基础、以动态化适应性为方向、以共建共享为路径，不断加强和完善我国金融科技监管，将有效防止再次发生前期的互联网金融乱象、P2P 集中"爆雷"等金融风险事件，更好地维护我国的金融安全与稳定，更好地保护金融消费者权益。

四、监管科技应用场景

尽管监管科技发展时间不长，金融科技供给端的迅猛发展和全球范围内需求端的强烈诉求，仍使得监管科技呈现出燎原之势。下面从使用主体、生命周期以及主体关系等不同角度分别整理介绍监管科技的主要应用场景。

（一）使用主体：监管端和合规端的应用场景

参考京东数字科技研究院发布的《数字金融：数字科技创造金融服务新价值》《Suptech：监管科技在监管端的应用》《Comptech：监管科技在合规端的应用》，监管科技在监管端应用主要是两方面八大类，在合规端应用约三方面七大类。

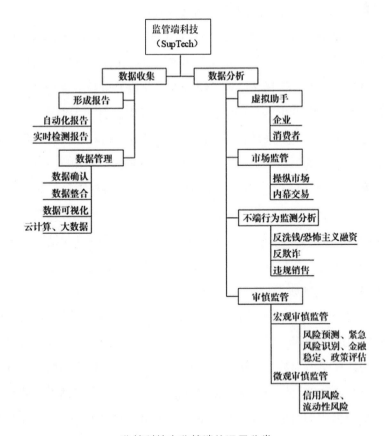

监管科技在监管端的运用分类

资料来源：京东数字科技研究院发布的《Suptech：监管科技在监管端的应用》。

1. 监管端 SupTech 应用场景。运用于监管机构的监管端 SupTech 应用目前主要分为数据收集和数据分析两方面，基本还处于前述监管科技的"打基础"和"强事中"两个发展方向。其中，数据收集的应用又主要包括形成报告和数据管理两大类。而数据分析的应用则主要包括虚拟助手、市场监管、不端行为监测分析和微观审慎监管、宏观审慎监管等六大类。（1）形成报告。此类监管科技主要解决的是如何自动化或实时化将各类金融机构和市场的海量数据抽取、报送给监管机构。目前已开展的实践包括：①搭建行业基础平台自动化搭转数据，如奥地利中央银行（OeNB）搭建数据立方（Cube）接受银行的数据推送，Cube 自动化标准转换后再将报告推送至 OeNB。②监管机构（如卢旺达国家银行）建立电子数据仓库以"数据进栈"方式直接从各金融机构的 IT 系统中抽取数据，再结合监管机构内部数据自动化生成标准报告。③利用监管科技实时化抽取并生成报告。如澳大利亚证券投资委员会（ASIC）的市场分析和情报系统（MAI）能实时从市场数据中提取信息并形成实时监测报告。（2）数据管理。此类监管科技主要着眼于对以获取海量数据进行规则化、标准化预处理，并以监管者更容易理解的直观方式呈现。目前主要实践包括：①数据验证，对其完整性、正确性、合理性、一致性等进行判断检查，提升数据质量，为后续数据处理打好基础，如新加坡金融管理局（MAS）、奥地利中央银行（OeNB）都已部署相关系统。②数据整合，汇集海量零散、异构（如结构化和非结构化）微观数据形成宏观庞大数据，进一步生成相关报告，如意大利银行（BoI）将可疑交易举报（结构化数据）和新闻评论（非结构化数据）整合进行反洗钱调查。③数据可视化，通过可视化工具将海量、复杂的数据以直观、易理解的方式（如图形化）呈现给监管者，如荷兰银行（DNB）开发了类似交通信号灯和仪表板的数据展示系统，而新加坡金融管理局（MAS）则使用交互式仪表板和网络图进行成像化数据呈现。④云计算，以更大更灵活存储、移动和计算能力为数据收集贡献力量，如英国金融行为监管局（FCA）以云解决方案实现每天上亿条市场数据的灵活处理。（3）虚拟助手。此类监管科技类似于金融机构的智能客服，向金融消费者和金融机构等提供智能化服务。目前主要实践包括：①自动答复消费者投诉，如菲律宾中央银行（BSP）通过聊天机器人答复消费者投诉，对问题进行分类、检索回答等。②自动答复金融机构，如英国金融行为监管局（FCA）正在概念验证用聊天机器人解答被监管机构的日常简单问题。③自动解读法规，如英国金融行为监管局（FCA）正在探索通过自然语言处理技术（NLP）实施机器解读法规的可能性，以促进合规性建设。（4）市场监管。此类监管科技主要是通过大数据、机器学习等技术手段对收集到的海量数据信息进行转换、建模、分类、判断等，从而分析出各类市场异常行为，为监管机构发出实时预警提示，目前在可疑交易、内幕交易等各种市场操纵监测方面均有落地实践。（5）不端行为监测分析。此类监管科技主要利用机器学习、图谱分析、自然语言处理、大数据等技术手段对数据进行分析、挖掘和关联，从而为监管机构呈现出人工难以分析出的不端行为迹象。目前主要实践包括：①监测分析洗钱和恐怖主义融资行为，②监测识别潜在金融欺诈行为，③预测违规销售行为。（6）微观审慎监管。此类监管科技利用技术手段聚焦于某些具体的微观风险分析与识别，如意大利银行（BoI）利用机器学习运用于贷款违约等信用风险识别，荷兰银行（DNB）正在研究通过自动编码器检测结算系统支付数据中的异常、分析流动性风险。（7）宏观审慎监管。目前此类监管科技主要在预测房价和通货膨胀等宏观金融风险（意大利银行 BoI）、识别金融市场中新出现的风险信号（荷兰银行 DNB）、利用社交信息进行社会情绪分析（意大利银行 BoI）、提示金融稳定性问题并辅助政策评估（美联储、欧洲央行、英格兰银行）等方面开展了相关实践。

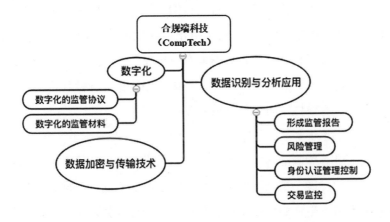

监管科技在合规端的运用分类

资料来源：京东数字科技研究院发布的《数字金融：数字科技创造金融服务新价值》。

2.合规端 CompTech 应用场景。运用于金融机构的合规端 CompTech 应用目前主要分为监管信息数字化、数据识别与分析应用、数据加密与传输等三方面。其中,监管信息数字化主要包括数字化解读监管要求和数字化存储监管材料等两大类,数据识别与分析主要包括自动形成监管报告、辅助风险管理、身份认证管理、事中交易监控等四大类。(1)数字化解读监管要求。主要通过监管科技对监管要求和规则进行数字化解读,将非结构化的文本信息转换为结构化的数字信息,进而嵌入到机构和各类业务中,并保持与监管规则的同步更新。(2)数字化存储监管材料。主要针对金融机构所拥有的所有监管相关材料,包括结构化数据以及文本、图像、音频等非结构化信息,全都进行数字化转换、处理及存储,便于后续查找、追溯和管理。(3)自动形成监管报告。面对监管机构越来越多的监管报送材料和报告,金融机构可以通过此类监管科技应用自动收集相关数据信息、进行各类型分析处理、按照各类格式自动形成多样化监管报告。(4)辅助风险管理。此类监管科技应用主要用于检测合规性和监管风险并预测未来的风险,通过大量数据计算、分析并预测各类复杂、繁多的风险管理指标,辅助金融机构更有效地开展风险管理工作。(5)身份认证管理。作为金融机构最重要的合规工作之一,KYC(了解你的客户)需要越来越多的信息以及大量的处理时间。此类监管科技应用将高效、有效地帮助金融机构进行反洗钱、反欺诈、反恐怖主义融资等筛查和监测,避免重大处罚。(6)事中交易监控。主要通过大数据、机器学习、人工智能等技术手段来实时监控各类金融交易,预警甚至阻止包括反欺诈在内的各种异常交易行为,保护金融消费者权益。(7)数据加密与传输。面对日益严重的数据安全问题,通过区块链和云计算等技术手段,确保金融数据在存储和传输过程中的安全性、完整性、有效性,防止数据被篡改。

(二)监管生命周期:全链条的应用场景

度小满金融等编制的《新技术新业态——进化中的监管科技及其应用》着重研究监管端的发展,结合不同机构和专家学者的不同分类框架,从监管的事前、事中、事后全生命周期视角将监管科技应用分为数据采集、实时监测、风险分析与报告、风险预警及处置等四大类应用场景。

1.数据采集,即进行高精度、结构化的数据获取和解析,主要包括 3 个阶

监管科技应用场景分析框架

资料来源：度小满金融、北京大学光华管理学院监管科技课题组编著的《新技术新业态——进化中的监管科技及其应用》。

段：（1）利用自然语言处理等技术对监管规则进行数字化分析转译；（2）通过信息整合化、标准化处理后形成异构多源监管数据库；（3）交互共享各机构间数据资源形成监管合力。

2.实时监测，即通过技术实时处理海量数据实现动态监控。这里主要关注对数据的实时提取、存储、传输、清洗与分析等。

3.风险分析与报告，主要包括：（1）搭建各类风险评估模型，并根据不断更新的历史数据实时更新修正模型中的相关参数和要件。（2）利用持续优化的风险评估模型实施宏观和微观两个层面的风险分析，并形成报告。

4.风险预警及处置，在风险实时分析的基础上，对系统性金融风险进行早期预警和持续追踪，甚至通过与被监管机构相关系统的直连对接实现部分风险的隔离和干预处置。

（三）主体关系：对内对外的合规应用场景

参考德勤2017年发布的 *The RegTech Universe On The Rise* 以及亿欧智库发布的《2018年监管科技发展研究报告》，从金融活动不同主体间的合规关系入手将合规端监管科技应用场景归纳为三类关系五大方面，分别是：

1. 金融机构与客户的合规关系，主要包括客户身份识别、交易行为监控。

2. 金融机构与监管机构的合规关系，主要包括法律法规跟踪、合规数据报送。

3. 金融机构内部的合规关系，主要包括压力测试与内部控制。

相互关系如下：

监管科技五大应用场景关系

资料来源：亿欧智库发布的《2018年监管科技发展研究报告》。

五、监管科技发展趋势与挑战

（一）发展趋势

随着金融科技的不断发展，以及整个生态圈的持续讨论、探索，监管科技正在快速演进、持续深化，总体上将朝着认知上完整化、行动上主动化、应用上全面化、能力上智能化、范围上全球化、机制上协同化等趋势发展。

1. 在认知上持续完整化。虽然金融业应用科技开展工作的历史由来已久，但监管科技的概念被正式提出的时间却不长。因此，关于其内涵和外延的认知也存在一个不断清晰不断丰富的过程。（1）在英国金融行为监管局（FCA）早期提出监管科技概念时，认为"主要应用对象为金融机构""运用技术帮助金融服务机构更有效地理解并达成监管要求"，这些理解明显将监管科技局限于金融机构端的合规科技（CompTech）范畴。（2）随着相关技术的不断发展，全球监管机构的不断觉醒、讨论和实践，对监管科技的认知逐步扩大到监管机构端的 SupTech，由此形成"RegTech=CompTech+SupTech"的行业共识。（3）与此同时，对监管科技的认知也逐步从"技术"本身延展到"体系"生态，从"监管科技是金融科技的一个子集"扩展到"监管科技的发展要以增强金融业治理能力为目标，抓好顶层设计，秉持守正创新、普惠安全、开放共赢的原则，建立健全监管规则体系，推进金融行业标准落地和金融产品国家认证，在管控好传统领域风险的同时，依靠监管科技尽快完善在金融发展新领域的监管架构"。可以想见，随着对监管科技更进一步地运用和思考，监管科技的概念和定义会更加完整和统一，其对整个监管框架和体系的影响会更加清晰。

2. 在行动上更加主动化。不论监管机构还是金融机构，对监管科技的接受和应用都存在一个从被动到主动的转变过程，这也符合人类与新生事物互动关系的客观发展规律。在技术能力出现较大的突破前，在使用成本高居不下而应用收益不甚明显时，各个机构必然没有外在条件和内在动力去主动探索监管科技的落地尝试，仅仅是迫于无奈时零星、小范围地被动使用。随着人工智能、大数据、云计算、区块链、机器学习、5G 等科学技术在功能和性能上持续大幅提升，各种软硬件成本持续下降，特别是监管要求不断扩展和提升、合规成本进一步抬升之后，监管科技由于其高效率、高精度、高预见、低成本等特征，势必将被寄予厚望。相关机构将更加积极主动地思考监管科技与金融业体系的结合、更加积极主动地拓展不同金融领域和环节的监管科技应用。在国家和监管当局层面，类似于中国人民银行发布《金融科技（FinTech）发展规划（2019—2021 年）》、证监会发布《中国证监会监管科技总体建设方案》的主动顶层推动会更加明确、细化和有力。

3. 在应用上不断全面化。证监会规划的《证监会监管科技总体建设方案》中明确了五大基础数据分析能力、七大类 32 个监管业务分析场景，其中"监管科技 2.0"中指出，主要工作内容是"通过不断丰富、完善中央监管信息平台功能，优化业务系统建设，实现跨部门监管业务的全流程在线运转"。随着全面监管、过程监管、功能监管的不断推进，不同行业、不同业务的金融实践将会在全流程全链条中被嵌入监管规则和合规要求，监管合规与金融科技的融合将越来越深入和全面，从基本的流程自动化到历史数据分析和实时监控，再逐步发展到全面的主动学习、识别和预测预警等。

4. 在能力上逐步智能化。寄望于人工智能、机器学习、数据挖掘、区块链等信息科技相关理论和工程技术的不断提升，监管科技的应用有望从信息的数字化标准化、流程的电子化自动化逐步发展到应用的智能化。当前的监管科技更多是应用于海量数据的整理、归类和固定格式报告的自动化生成，解决的是人力的"体力问题"，但是对于隐藏于数据中的知识发现、已有问题的泛化推理等人力的"智力问题"尚没有成熟、完整的解决方案，这也将是监管科技未来发展的重要方向。

5.在范围上快速全球化。监管科技发端于英国等欧洲国家，主要得益于其开放灵活的监管模式，主动拥抱监管科技，主动研究落地应用。而美国由于其雄厚的信息科技研究实力和工程应用能力也在监管科技领域展现出强劲的实力，涌现出一批具有竞争力的监管科技企业。随着信息科技浪潮的全球化、世界监管理念和监管模式的不断趋同，监管科技在亚洲等世界各地也正在蓬勃发展。监管科技的全球化浪潮已经到来，并且将不断地深化和加速。

6.在机制上充分协同化。作为一个新生的金融物种，金融科技、监管科技不仅仅只是科技应用于金融、科技辅助于金融，更是催生了一种新的金融形态和新的金融监管形态。这个新生事物才刚刚处于起步阶段，不论从框架体系、理念方向还是科学技术等各个方面，都需要更为广泛的探索、实践和总结，这都需要大量的时间和成本，更需要整个生态圈的协同和联动，需要监管机构与金融机构协同、产业主体与学术主体协同、国内实践与国际经验协同。

（二）发展挑战

总体来看，监管科技最大的挑战是长期跟不上金融科技的发展步伐，管不住金融科技本身及其业态带来的风险。目前看到的是，监管科技的研究应用显著少于金融科技的研究应用，既没做到与金融科技金融创新一一对应，也没做到金融科技的深度，两者发展的速度不一样，金融科技远快于监管科技。如果监管科技后续的发展加速度还比金融科技低，就像慢车追快车，只会越追越远，最后变成"外行管内行""道高一尺，魔高一丈"，失去控制。参考中国人民银行金融研究所孙国峰等的《监管科技的挑战与破局》以及中国信息通信研究院何阳的《监管科技（RegTech）前沿技术与应用研究》等相关研究文章，具体来看，至少存在着以下五方面发展挑战：

1.利益和认知的挑战。由于各自利益不一致，监管机构和金融机构对于监管科技发展与应用的认知与驱动力存在明显的区别，甚至存在一定的矛盾性。

2.政策和制度的挑战。由于尚未建立起统筹协调监管科技发展的体制机制，监管政策的一致性和连续性也存在问题，各行业、各部门、各地区各自为政发展监管科技，客观上可能存在监管套利和监管空白，不利于统筹发挥监管科技防范系统性金融风险的作用。

3.标准和规则的挑战。当前监管科技的顶层设计仍待完善，行业规则和技术标准、数据标准等仍待制定、整合、统一，不利于整个监管科技行业发展和金融科技监管体系的建设。

4.成本和模式的挑战。金融科技和监管科技的发展、落地都需要付出较高的成本，持续的系统改造、新建对金融机构和监管机构都造成较大的经济压力和技术压力。高昂的经济成本如何消化、是否需要外部分摊，科技人才和资源的投入选择自担、合作还是外包，等等，这些问题都需要进一步思考与回答。

5.科技和安全的挑战。(1)人工智能、机器学习、区块链等信息科技目前的研究水平还不足以支撑理想中的监管科技应用落地，其理论与技术研究的成熟度和潜力将直接制约监管科技的未来发展。(2)在坚信信息科技是金融监管核心手段的基础上也要特别防范监管科技本身可能蕴藏的风险，需要高度关注数据高度集中后的安全风险，防止监管科技手段失真、失效甚至产生对金融行业和参与者的伤害。

第二节　金融科技与监管科技的关系

金融科技与监管科技是相辅相成的，金融科技助力监管科技，监管科技也可规范金融科技。本节从相互的发展角度来阐述金融科技与监管科技的关联关系。

一、金融科技助力监管科技

可以说，监管科技由金融科技孕育而来，又在金融科技的滋养下不断发展壮大，下面从时间维度、空间维度、资源维度、因果维度等方面探查金融科技对监管科技的助力。

（一）时间维度

从发展时间上看，金融监管往往滞后于金融业务，而金融创新则会促进和带动监管发展。同样的情况，不论在世界范围还是我国国内，金融业务与科技的融合也提前于金融监管与科技的融合。而运用于金融科技和监管科技的人工智能、大数据、云计算、机器学习、区块链等信息技术又是一脉相承的，这些信息技术的落地运用本身需要一个成熟周期，他们在金融业务领域的不断探索、实践和完善将极大地促进相关技术在金融领域的成熟落地。从这个意义上说，金融科技的发展早于监管科技，金融科技的持续发展也会促进、带动监管科技的不断完善。

（二）空间维度

从发展空间上看，由于金融业务的广泛性和金融场景的复杂性，金融科技应用发展的范围远大于监管科技，各项信息科技在金融科技领域更多场景下反复验证，利于择其优者而用于监管科技。从这个角度说，监管科技应用场景确实是金融科技应用场景的一部分。

（三）资源维度

从资源投入上看，由于资本都是逐利的，作用于直接金融业务场景的金融科技往往能获得更为直观的丰厚回报，因此金融机构、科技公司等各类社会主体更愿意在金融科技领域投入资源进行研究与实践。这样大量的资源投入，从客观上扩大了相关人才和资源储备，进而间接甚至直接有益于包括监管科技在内的金融领域科技发展。

（四）因果维度

从金融科技应用导致的因果关系来看，随着越来越多的金融机构在越来越多的金融业务场景使用越来越多的金融科技，整个金融行业大大地扩充了业务边界和业务复杂性，同时更是增加了海量的业务数据。这样的发展导致人力监管的复杂度极大提升，从而反向倒逼了监管科技的发展和应用。

二、监管科技规范金融科技

金融科技的本质依然还是金融，其风险属性不容忽视。（1）金融科技并未消除金融业务里面的信用风险、流动性风险、市场风险等传统金融风险，甚至还因为金融科技在客户端的广覆盖、低门槛、快传播以及智能算法和模型的同质性等一系列特征助推了相关金融风险在客户端和金融机构中的快速传播，可能形成更大的宏观金融风险。（2）金融科技作为尚处在发展阶段的新型技术应用，更是可能滋生和新增诸如网络、数据安全、技术、法律等其他风险，且其风险更具隐蔽性和传染性。总之，金融和科技的结合就像干柴遇到烈火，爆发了各种各样的现象级应用和新的业务形态，但同时也增添了巨大的风险，不管必然就乱，因此，需要监管科技全面规范金融科技的发展。

（一）规范金融科技的使用主体和应用场景

虽然金融科技有巨大的两面性，既可能创造巨额的回报，也可能同时蕴藏着巨大的风险，趋利的本性使得各类金融机构甚至非金融机构都期望通过金融科技手段在更多的领域开展业务，获取相应回报。因此，不同金融科技的使用主体需要有规范的监管引导，只能允许有相应能力的机构主体，在适合的应用场景运用金融科技，并且通过经监管科技加以监控管理。

（二）规范金融科技的服务对象和服务过程

1.近年来的互联网科技，大大拓展了企业服务客户的边界，通过长尾效应获得了客户规模的红利。然而，通过这样的技术，触及的所谓长尾客户是经济状况一般、抗金融风险能力较低的群体。从金融伦理和金融稳定的角度，很多高风险的金融产品和金融业务是不适合向这样的客户群体销售的。

2.在很多金融业务领域程序的合规性，往往决定了业务的合规性，而在这些领域，运用金融科技往往容易突破相关的程序合规要求，比如在理财销售过程中是否充分地进行信息披露，是否给予客户足够的选择权等。这些情况下，应该通过监管科技及时检查，甚至实时监控和预警。

（三）规范金融科技的技术选择及其标准

所有的信息科技都有其发展和成熟的客观规律，金融行业选择融合和应用时，需要敬畏和尊重信息科技规律，不可以冒进。同时，为了持续推进金融监管领域的跨行业跨主体协同合作，加强技术和数据信息共享，需要对所应用的金融科技技术标准以及数据标准逐步进行统一规范。

三、依赖监管科技实施金融监管是必然选择

时代的车轮滚滚向前，有识之士应该顺应大势，切不可螳臂当车。在人类信息科技日新月异的时代，在金融科技蓬勃发展的全球化浪潮之中，坚定地举起监管科技的武器，实施新时代的金融监管将是不可替代的选择。

（一）金融发展的必然需要

邓小平同志曾经说过，科学技术是第一生产力。随着金融业务的广泛发展，监管科技的运用成为唯一的选择。

1. 从监管机构的角度来看。（1）一方面是我国金融机构的不断扩张，金融业务遍布全国各地城镇和乡村的大街小巷，情况千差万别。（2）另一方面是我国监管资源的紧缺，特别是在广大县域及以下的行政区划中，基层的人力资源和专业能力是极度紧缺的。这两者的力量对比过于悬殊，难以实现及时有效监管，容易滋生监管时差，甚至是监管空白，亟须监管科技补位助力。

2. 从金融机构的角度来看。（1）随着金融业的不断发展，金融竞争的日趋激烈，日益繁多的金融业务和不断攀升的客户规模将导致合规要求和内控规则不断增多，过程更加繁杂，工作量急剧攀升，而为保持竞争力，从性价比的角度出发，难以设置充足的人手。（2）违规的代价巨大损失过于惨重，此时金融机构不得不求助于监管科技。

（二）强监管的必然需要

2008 年国际金融危机以来，世界各国的金融监管持续趋严，强监管已经成为当今时代的金融监管最显著的特征之一。从前的事后监管、结果监管、局部监管等方法已经无法满足时代需要，监管机构正在纷纷转向过程监管、实时监管和全链条监管，甚至需要预期监管和预警处置。这种侵入性、高时效、全覆盖的监管模式，仅靠人力完全无法满足其时效性、准确性和完整性。因此，在强监管时代的背景下，从实操可行性的意义上来看，依赖监管科技是突破上述人力极限的唯一方案。

（三）金融科技的必然需要

常言道，棋逢对手才能旗鼓相当。金融活动和金融监管需要一种动态的博弈和平衡，哪一方具有了碾压式的力量都难以形成有效的良性循环，要么可能

抑制了合理的金融创新，要么可能破坏整体的金融稳定。金融科技的运用就像为金融机构在相关金融活动中装备了新一代的武器，随着金融科技日新月异的发展，这样的武器还在不断的升级换代。在这样的背景下，如果金融监管仍然还在使用落后的冷兵器，无疑就会被降维打击，没有任何胜算，其结果就是监管效果弱化甚至失效。正因为如此，中国人民银行前行长周小川早在2013年就指出，"重要的是我们要适应这种新的发展和新的科技挑战"，"出现以后，要加快我们的学习步伐，及早地吸取经验教训"。往后看，监管科技就是把金融监管武器升级换代的秘密法宝，应对金融科技的不二法门。

第三节　监管科技创新、应用实践以及经验分享

得益于监管机构的重视和金融科技领域的领先发展，我国的监管科技虽然起步较英国等国家稍微晚一些，但发展势头非常强劲。一是顶层设计上不断完善，学术机构也极为重视，论述不断。二是无论金融机构端还是监管机构端，在应用实践方面均展现了相当高的积极性，涌现出了一大批实践案例。

一、新型创新监管工具的设计理念

中国人民银行副行长范一飞在《我国金融科技创新监管工具探索与实践》一文中提出，推动《金融科技（FinTech）发展规划（2019—2021年）》落地实施的同时，加强金融科技监管顶层设计，探索建立包容审慎的金融科技创新试错容错机制，着力打造符合我国国情、与国际接轨的金融科技创新监管工具，不断提升监管专业性、统一性和穿透性，推动金融科技在守正、安全、普惠、开放的道路上行稳致远。并提出了新型创新监管工具的设计理念。

1.破解"一管就死、一放就乱"困局，提高监管适用性。在金融科技时代，金融服务更多元、业务边界更模糊、风险形势更严峻，金融监管效能面临新挑战，传统创新监管模式在一定程度上出现"失灵"。监管部门迫切需要在保护金融消费者合法权益的前提下，既鼓励从业机构主动创新，又能及时发现并规避创新缺陷与风险隐患。人民银行打造新型创新监管工具，就是要处理好安全与创新的关系，针对我国百花齐放的金融科技创新形势，探索出一条既能守住

安全底线，又能包容合理创新、高度适配我国国情的金融科技监管之路，有效破解创新监管面临的"一管就死、一放就乱"困局，规范和引导金融科技健康有序发展。

2.摒弃"一刀切"简单模式，增强监管包容性。从历史经验看，适当的监管力度是发挥金融监管效能的关键。监管力度过小容易导致大量欺诈产品涌入市场，进而损害金融消费者合法权益；而力度过大则容易导致从业机构合规成本过高，从而降低创新活力。因此，新型创新监管工具选择什么样的监管力度，是监管部门考量的重要因素。在设计之初，人民银行就秉持包容理念，主动摒弃"一刀切"模式，积极探索更具引导性、启发性和激励性的新型柔性监管方法，建立刚柔并济、富有弹性的创新试错容错机制，增强监管部门、创新主体、社会公众之间的信息交流和良性互动，打造符合新事物内在发展规律的监管模式，营造包容的金融科技创新环境。

3.引入"多元联动"公众监督机制，提升监管有效性。我国金融机构数量众多、服务创新方兴未艾，传统"政府监管＋机构自治"模式面临较大挑战。引入更多外部力量参与监督是优化创新监管模式的有效手段。广大社会公众是金融产品的最终服务对象，他们对创新应用的安全性与便利性更有发言权。为此，新型创新监管工具引入了公众监督机制，充分发挥不同社会主体作用，让金融消费者深入了解创新产品功能实质、潜在风险和补偿措施，更好维护自身合法权益；让新闻媒体发挥社会"雷达"作用，对创新产品安全性、合规性和合法性进行监督；让第三方专业力量参与事前把关，全面评估安全防护措施的可靠性和有效性；让行业组织强化自律约束作用，更好地支撑新型监管工具运行。这些多元联动的公众监督机制，有助于构建协同共治的风险防控治理体系，提升创新监管有效性。

4.设置创新应用"刚性门槛"，强调监管审慎性。金融科技发展不能走互联网金融的老路，既要重视柔性监管，也要重视审慎监管。科技驱动的金融创新在一定程度上是向未知领域探索的活动，面临不确定性因素，风险与变数如影随形，一旦忽视风险很可能酿成大错。过去几年互联网金融的教训深刻表明，一味神化信息技术非但不能促使金融服务创新发展，反而会使金融市场鱼龙混杂、金融产品良莠不齐，给金融稳定带来巨大挑战。为此，新型创新监管工具强调审慎监管，力求设置刚性的门槛。从金融角度来说，坚持金融科技的本质是金融，严格落实金融持牌经营原则，严防打着"金融科技"的旗号从事非法集资、金融诈骗等违法犯罪活动。从科技角度来说，明确风险底线和安全标准，建立风险动态监测感知、高效处置的风控体系，才能保障真正有价值的科技新成果得到充分测试和迭代完善，最终为金融创新注入科技动力。

二、金融机构的监管科技应用

（一）中银大脑——集团企业级人工智能平台

1. 平台背景。近年来，中国银行顺应国家智能化战略，在其发展战略规划中提出"坚持科技引领、创新驱动、转型求实、变革图强，建设新时代全球一流银行"的总体战略目标，将科技引领数字化发展置于新一期战略规划之首，全面拉开了数字化发展的大幕。2018 年，中国银行正式发布《科技引领数字化发展战略》，其中的核心是"1234—28"数字化战略框架，明确了规划建设云平台、大数据、人工智能等三大平台作为数字化转型的技术支撑。人工智能平台作为三大平台之一，是实现发展战略的重点，搭建企业级平台"中银大脑"，面向各业务领域应用提供 AI 服务，推动中国银行数字化转型，为建设新时代全球一流银行不断提供科技支撑。

2. 平台简介。中国银行基于人工智能平台的"中银大脑"将人工智能技术嵌入业务流程、覆盖全渠道、支持多场景业务，"赋能"业务领域应用。自2015 年起步，按照"原型研发、平台规划、试点应用、规模化应用"的思路，逐步孕育成熟，通过三年的项目实施，搭建了全集团企业级 AI 共享平台，赋能渠道、风险、营销、个人、市场等领域应用智能化改造，促进了业务领域管理变革、流程重塑，激发了产品创新能力，扎实推动了中国银行推动数字化转型。

"中银大脑"基于"听得懂、看得见"的感知大脑，以及"会思考、能判断"的认知大脑，实现双脑驱动，面向集团提供全领域应用、全渠道触达、全体系可控等五大基础服务。其中：（1）感知大脑具备多模态生物识别、多维度关联知识库、可扩展自然语言处理、可交互机器人四大基础服务能力，并通过感知智能服务中心将四大能力配置、组合、扩展后，共享给不同应用系统。（2）认知大脑的基础能力由机器学习平台提供，包含模型训练、模型发布及模型管理三大组件，实现人工智能建模全流程，将模型生命周期与传统软件工程的开发、测试、投产等阶段有机融合，使人工智能模型可以快速应用推广。

2019年9月19日，中国银行《基于人工智能平台的"中银大脑"工程项目》荣获2018年度银行科技发展奖一等奖。

3.平台特点。（1）感知能力共享。通过基础服务层、微智能服务层、综合应用层，集成多模态的生物识别、可扩展的自然语言处理、多维度关联的知识库和交互机器人等能力，构建感知大脑。（2）实现组件化管理。微智能服务层通过能力适配引擎，实现可灵活配置的单一、组合服务能力；综合应用层通过流程配置引擎、标准化接口机制，支持多种交互接口的智能服务应用。（3）认知能力共享。①基于业界领先的智能引擎和计算框架构建认知大脑，集成业界领先RNN循环神经网络、时间序列等机器学习算法，采用全流程、全实时的可视化建模机制，通过数据地图、异常值处理、可视化数据分析、算法和框架等建立可视化建模工具，全算法开放接入，满足了数据科学家和业务人员数据建模需求。②通过敏捷管理、高效服务的模型工厂，采用灰度发布机制、专家评估等方法综合评估模型价值，实现模型价值评估方法，快速适配业务应用，

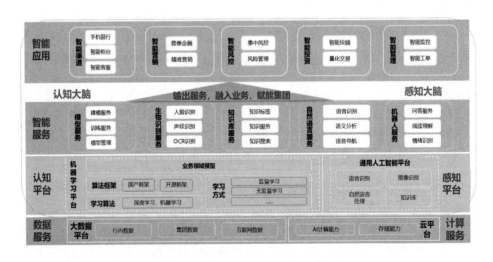

中国银行"中银大脑"系统架构示意图

资料来源：中国银行股份有限公司相关材料。

保证模型价值和运行稳定性,实现了模型灵活上下架、自动化迭代升级能力。③通过共享数据分析方法、数据分析特征、模型共享,形成全流程共享模型工厂。(4)智能数据连接。面向全行提供统一的开发平台和数据沙箱服务,数据沙箱集成行内、行外、结构化、非结构化全景数据视图,通过建模工具支持不同类型用户选择适配算法,实现全流程建模,快速搭建实验环境,缩短模型训练周期,创建业务模型和知识共享机制全领域共享,支持数据分析人员快速建模,推动数据分析应用领域的变革。

4.业务应用效果。中国银行借助"中银大脑"将智能服务注入全集团业务全流程、全领域,让机器自动化代替人工、辅助人工决策,构建精准多样的模型工厂,快速响应市场、降本增效,实现营销手段、产品创新、风险控制"三增强",实现用户体验、产品效益、管理效率"三提升"。特别是在风险领域,通过利用多样化的监管科技技术手段,中国银行借此构建了端到端智能风控体系,极大地提升了自身合规科技的水平,更大程度、更低成本、更高效率地实现了风险防范。

	事前	事中	事后
交易环节	·人脸识别等识别客户身份 ·客户身份鉴别	·智能反欺诈 ·智能反洗钱	·反洗钱事后报送 ·反欺诈事后评估
风险管理	·获客及客户需求分析 ·贷前报告 ·客户主动评级 ·中银E贷——资金饥渴度、优质单位识别、快捷支付信用分析	·预授信额度测算、申请评分 ·企业360视图,集团客户识别、同一客户识别 ·企业关系网络图谱 ·基于NLP的智能检索	·行为评分 ·催收评分 ·多渠道联合监控预警 ·风险信息推送

根据中国银行相关数据,"中银大脑"项目实施一年来:(1)实时拦截,避免客户大额损失。累计监控交易25亿笔,日均监控交易600万—700万笔,拦截疑似交易超过百亿元,直接避免客户损失千万元。(2)智能学习,支持风险决策。提供150+决策项目、3000+规则策略、20000+模型变量、日均8万笔决策交易。(3)控制风险,提升效益。资金饥渴度前10%的客户中额度使用100%的超过50%,提升20%。

（二）AlphaRisk——探索风控领域的无人驾驶

1.项目背景。随着智能手机普及与移动互联网信息技术的发展，移动支付已成为中国老百姓日常消费的主要支付方式之一，其用户数量和规模快速增长。根据《艾媒报告 2019Q1 中国移动支付市场研究报告》，2018 年中国移动支付用户规模达到 6.59 亿人，交易规模达到 277.4 万亿元，分别较 2017 年增长 17.2%和 136.7%。

支付宝作为中国移动支付领域的引领者，一直占据着国内移动支付平台的龙头位置，市场份额持续占据半壁江山。而作为移动支付持续发展的根基，安全管理与风险控制技术伴随着支付宝不断发展成熟。借助大数据和 AI 技术，

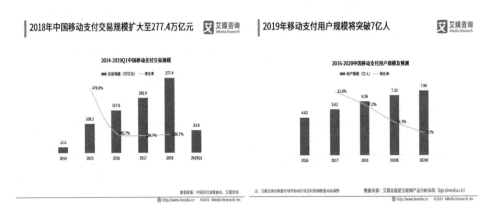

中国移动支付用户规模及交易规模增长情况

资料来源：艾媒咨询发布的《2019Q1 中国移动支付市场研究报告》。

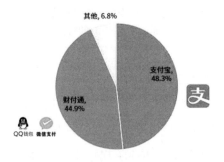

2019Q1 中国第三方移动支付交易规模市场占比

资料来源：艾媒咨询发布的《2019Q1 中国移动支付市场研究报告》。

历经十多年的发展，目前支付宝已从原先的 CTU 风控引擎全面进入第五代智能风控 AlphaRisk 时代，开启了 AI 驱动的智能风控引擎的新纪元，更是构建了世界级领先的风控技术能力。

2. 项目简介与特点。蚂蚁金服相关信息显示，AlphaRisk 作为支付宝的第五代智能风控引擎，其核心由 AI 智能驱动，同时由四大模块构成：（1）"Perception"，即对感知外部风险态势，提前预警风险和黑产攻击。（2）"AI Detect"，即极大提升风险识别准确率，落地深度学习和知识图谱等创新算法。（3）"AutoPilot"，即基于风险势态自动调整风控策略，极大减少人工干预。（4）"Evolution"，即在线自动更新风险模型，提升风控引擎的对抗性。

因此，AlphaRisk 实现风控引擎的自动化（Automated，0 人工干预）、自学习（self-Learning，1 天内完成风控引擎自动更新）、高准确率（Precise，资损率小于千万分之五）、高计算性能（High-performance，支持峰值 50 万笔 / 秒风险扫描）以及自适应（Adaptable，1 秒内完成风险响应），不仅提升风险识别能力，也提升了风控效率和标准化。

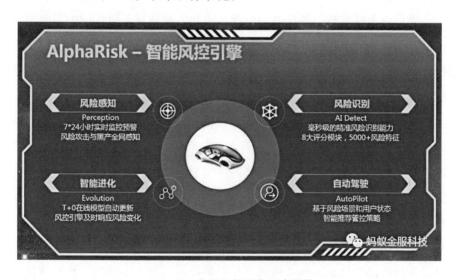

AlphaRisk 智能风控引擎四大模块

资料来源：蚂蚁金服科技微信公众号。

3. 业务应用效果。事实上，自从支付宝诞生以来，其后台的风控体系和技术就一直应用在日常交易中。目前，在每日上亿笔交易量的背后，AlphaRisk

智能风控系统在 0.1 秒之内进行风险预警、检测和拦截等各种复杂操作，同时也一次次经受住了每年天猫"双十一"大促的实时并发计算大考。

此外，以 AlphaRisk 智能风控体系为技术支撑，支付宝安全实验室还为解决职业羊毛党及其黑产问题进一步研发了商家风控系统 ARiskGo。据中国新闻网报道，自 ARiskGo 发布一年来，已为"大润发优鲜""饿了么"等累计一万APP 节省 300 亿元运营成本，并获得中国支付清算协会年度"安全应用"大奖。

（三）深证通金融数据交换平台——证券行业数据交换市场基础设施

1. 平台背景。证券行业是一个高度信息化、高度依赖数据的行业，业务数据的交换是行业内各参与方对高效、安全获取各类生产数据的共性与刚性需求，是业务持续运作的基本前提和保障。但在深证通金融数据交换平台建成之前，整个行业在数据交换方面存在诸多问题与挑战。（1）网络连接问题。由于市场核心机构和参与机构种类多、数量大、业务关系复杂，导致为了开展业务金融机构之间两两建立的网络连接越来越多，行业总体网络连接越来越复杂，成本高、维护难、运行风险大。（2）数据接口问题。由于缺乏统一遵从的业务标准，或是业务标准难以得到有效的推广应用，导致从业机构间的系统对接在软件开发方面耗时、耗力、耗费。（3）信息安全问题。在资本市场国际化的进程中，国内的金融机构缺乏属于中国的自主可控的服务平台，面临着不断被国外服务机构逐步渗透、信息安全受到威胁的不利局面。

2. 平台简介。深圳证券通信有限公司是深圳证券交易所控股的金融科技公司，由其研发搭建的金融数据交换平台定位于建设中国证券行业数据交换市场基础设施，使之能够为参与证券市场的各类金融机构提供安全、高效、便捷的数据交换服务，以达到提升全行业业务运作的电子化与自动化水平、提高业务运作效率、降低业务运作风险、便利市场监管的总体目标。

该平台通过分布式、多活系统架构、孤岛检测、分发规则定制、文件指令可靠和有序传输等技术，使系统具有高扩展能力、高可用性以及高处理性能。

3. 平台特点。（1）处理性能高。系统峰值处理容量是衡量交易系统性能的重要指标。金融数据交换平台消息传输系统处理能力 20 万包 / 秒（数据包大小 1KByte），单个接入客户端处理能力 5000 个 / 秒（数据包大小 1KByte），交换时延毫秒级，可以随需扩展。金融数据交换平台文件传输系统处理能力 10

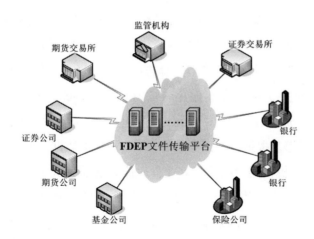

金融数据交换平台文件传输示意图

资料来源：深圳证券通信有限公司发布的《SSCC-FDEP文件传输系统技术白皮书》。

万文件/秒（文件大小 1KByte），交换时延秒级，可以随需扩展。通过扩展硬件、新增节点、交换单元可以进一步提高系统处理能力。（2）系统可用性强。该平台采用了分布式、多活系统架构，采用孤岛检查检测等技术，在一个交换单元发生故障或灾难的情况下，其他交换单元可以正常运行，并对接管相应业务处理，达到互为备份的效果，实现用户的"故障无感知"，具有较高的系统可用性，接入客户端可以通过不同网络线路接到金融数据交换平台，支持网络多线路备份。（3）扩展性强。该平台具有较高的系统灵活性与扩展展性，可根据实际情况，随需扩展，既可以通过城市节点方式，也可以通过同一城市节点增加交换单元方式实现水平扩展，可根据不同城市节点安全隔离需求，实现多样部署方式。现在生产上的峰值只达到系统整体处理能力的 10%，系统容量足以满足实际需求。金融数据交换只负责数据交换，不涉及具体业务，不管哪业具体业务数据都能传输，现在已有多达 30 种业务通过平台进行传输，具有较强业务扩展性。

　　4.业务应用效果。（1）已成为行业基础设施。目前，市场上采用金融数据交换平台开展业务的各类金融机构数量高达 1000 余家，其中包括深圳证券交易所、中国登记结算公司、中国证券金融股份有限公司、中国中小企业股份转让系统有限公司、中证机构间报价系统股份有限公司、中央债券债登记结算有限公司、中国社保保理事会等核心机构，以及各类中外资券商、公募基金管理公司、国有银行股份制银行及城商行、期货公司、信托公司、第三方金融销售与财富管理公司、保险资管、地方股权交易所、其他金融机构等机构。同时，该平台对接了包括香港金管局 CMU、Tradeweb、Bloomberg、NYSE、SunGard、Calastone 在内的诸多国际服务商、券商、信息商，打通了国际市场的信息与交易通道。根据深圳证券通信有限公司相关数据，该平台业务终端装机量达 1500 套，机构用户间所建立业务通信关系近 15000 对，日处理文件传输 150 余万个，日交换消息数据包达 2000 万个。（2）助力行业监管、规范行业标准。①该平台连接了包括深圳证券交易所、中国证券登记结算公司及沪深分公司、中国证券金融公司、中小企业股份转让系统公司、中证资本市场发展监测中心等十余家核心机构，对于行业的监管发挥了重要作用。②该平台在建设与推广的过程中，有力推动了国内证券行业的标准化建设，为证券保证金第三方存管、基金销售及托管、资产管理电子对账、基金股指期货交易、银行证券交叉销售等多种业务的行业标准制定及推广贡献了力量。

三、监管机构的监管科技应用

（一）网联平台——国家级监管科技基础设施

1.网联简介。根据其官方介绍，网联清算有限公司是经中国人民银行批准成立的非银行支付机构网络支付清算平台（简称网联平台）的运营机构。在中国人民银行指导下，网联清算有限公司由中国支付清算协会按照市场化方式组织非银行支付机构以"共建、共有、共享"原则共同参股出资成立。非银行支付机构网络支付清算平台作为全国统一的清算系统，主要处理非银行支付机构发起的涉及银行账户的网络支付业务，实现非银行支付机构及商业银行一点接入，提供公共、安全、高效、经济的交易信息转接和资金清算服务，组织制定并推行平台系统及网络支付市场相关的统一标准规范，协调和仲裁业务纠纷，并将提供风险防控等专业化的配套及延展服务。非银行支付机构网络支付清算平台作为国家级重要金融基础设施，由非银行支付机构相关专家共同参与设计，采用先进的分布式云架构体系，在北京、上海、深圳 3 地建设 6 个数据中心，实现平台系统高性能、高可用、高安全、高扩展、高可控、高一致性等全

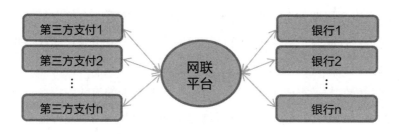

网联平台与各机构连接示意图

面高标准，保障支撑网络支付海量高并发交易，提供中立、安全可信赖服务，并适应行业高速发展态势。总体来说，网联平台的建立，最直接的成果是切断大量非银行第三方支付机构与各银行的相互直连模式，转而替代为网联平台作为一点接入，分别对接所有非银行第三方支付机构以及各银行，以此实现第三方支付的支付功能与清算功能相互独立、脱钩，便于中国人民银行监督管理。

2.网联技术特点。根据网联清算有限公司总裁董俊峰的《应对金融科技新挑战构建监管科技新设施》一文，网联平台为满足网络支付市场的清算需求，全力打造高技术标准的新金融基础设施，为建立有效的监管科技体系夯实基础。具体技术特点如下：（1）高性能。网联平台基于多地多中心集群部署的分布式云系统，利用虚拟化、负载均衡等技术手段，系统设计的交易处理平稳运行能力可达 12 万笔 / 秒，极值可达 18 万笔 / 秒，能有效覆盖目前市场实时交易峰值，同时系统处理性能将留有足量冗余，保证全量支撑和实时服务网络支付体系运行的可行性。（2）高扩展。相较传统架构系统的纵向升级模式，网联平台的分布式架构可实现从应用到服务器到数据中心再到城市的多层级横向扩展，在性能扩展灵活性、高效性和成本方面均具有显著优势，进而保证基础设施服务能力以及监管科技体系的运行能适应我国网络支付市场年化复合超过 100% 的高增速。（3）高可用。相较传统业务系统一般采用的两地三中心模式（同城热备，异地冷备，故障及极端情况下，系统切换存在短板），网联平台采用多地多中心多点多活设计，系统可用率大于 99.99%，RTO 为 0，RPO 小于1 分钟，可有效保障规避在单点故障或城市级灾难情况下的系统连续性运转和监管功能的实时不间断运行。（4）高安全。网联平台全系统按照金融等保 4 级设计建设，在物理、网络、主机、应用、数据安全以及安全制度管理等方面建立完善的全生命周期安全管理体系和安全风险防控体系，在打造新型金融基础设施的安全标杆同时，更为监管部门面对网络支付充分市场化和社会化的行业监管对象，实现监管科技的安全、中立和公信履职提供最坚实保障。

3.网联价值与运行成果。网联平台作为行业数据的流转中枢，将可基于优质大数据资源的多元化优势为监管科技提供强劲内驱动力，提升监管效力，服务市场机构合规需求，创造行业全方位价值。同时，网联平台从设计之初即参考业界最佳安全实践，构建高标准安全防护体系，全面保障系统与数据的可用性、完整性、保密性和抗抵赖性，免除监管科技应用对于数据安全的担忧。网联清算有限公司官方数据显示，2020年第一季度，网联平台处理业务884.41亿笔，金额63.63万亿元，同比分别增长16.65%和16.29%。日均处理业务9.72亿笔，金额6992.40亿元。2020年6月1日至6月18日，网联平台为"618"电商年中大促系列活动提供安全稳定的支付清算保障。在此期间，网联平台处理资金类跨机构网络支付交易261.78亿笔、金额16.91万亿元，同比分别上涨52%、42%。其中，6月1日的单日交易处理规模达15.99亿笔，创历史新高。

（二）中国人民银行贸易金融区块链平台——助力传统贸易金融业务

1.平台背景。据中国政府网消息，2018年8月20日，国务院副总理刘鹤同志在国务院促进中小企业发展工作领导小组第一次会议上指出，我国中小企业具有"五六七八九"的典型特征，即贡献了50%以上的税收、60%以上的GDP、70%以上的技术创新、80%以上的城镇劳动就业，以及90%以上的企业数量，是国民经济和社会发展的生力军；要加大金融支持力度，强化货币信贷政策传导，缓解融资难融资贵问题。

以传统贸易融资业务为例，中国人民银行数字货币研究所副所长狄刚在《区块链技术助力贸易金融业务变革》一文中指出，（1）随着中国城市化、工业化的快速推进，中国经济迅速崛起，进出口贸易额近年来一直位居世界前列，相关的贸易金融服务需求也在迅速膨胀，贸易融资额缺口不断增大，预计到2020年，我国融资缺口将高达2.7万亿美元。（2）由于传统贸易金融业务模式中贸易信息的真实性和准确性核查较为烦琐、成本很高，甚至出现不少虚假融资或重复融资的案例，因此银行对待传统贸易融资都比较谨慎，中小微企业不得不按要求缴纳保证金，或提供抵押、质押、担保等，融资门槛和融资成本都始终处于高位。

针对上述痛点，人民银行数字货币研究所和人民银行深圳中心支行牵头，多家商业银行共同参与建设"贸易金融区块链平台"，希望为金融机构提供贸易背景真实性保障，降低数据获取门槛，缓解中小企业融资难、成本高等难题。

2.平台特点。参考中国人民银行数字货币研究所原所长姚前等编写的《贸易金融区块链平台的技术机理与现实意义》，作为该平台的核心技术，区块链技术由于其数据难篡改、数据公开且自主流转、参与方对等网状协作等特点，区块链系统天生就适合做成多方协作的平台，是新一代通用开放平台的首选技术架构。区块链技术可为贸易金融平台提供一个更为灵活、开放的系统架构，具有独特的优势。

此外，该平台还从多层面进行了创新性设计，主要包括：（1）分层解耦、混合架构。底层平台有效应对贸易金融生态业务复杂、需求多变带来的技术挑战。（2）监管探针植入。通过适用于贸易金融链条的监管探针植入，使得贸易金融监管可以从事后变成事中甚至事前，解决了技术多样、业务多元、监管多策的治理难题。（3）强化隐私保护。通过自主身份管理方案、统一应用登录入口，兼顾了隐私保护和便利性。结合融合零知识证明、隐私数据链外存储、敏感信息抽取等技术，共同构筑三维立体的隐私保护方案。（4）创新架构和中间件。通过设计充分吸收分布式优点的新型通信及存储架构，极大提升了平台的适应性、可用性和可扩展性。通过创新面向服务切面的中间件组件，实现了异构系统柔性对接、业务数据透明传输、热点数据快速处理。

3.运行成果。2018年6月，中国人民银行启动建设基于区块链技术的贸易金融平台。2018年9月，平台一期首次发布并在深圳成功试点，目前已完成供给链应收账款多级融资、跨境融资、国际贸易账款监管、对外领取税务备案表、中国人民银行"三通"（"微票通""科票通""绿票通"）再贴现疾速通道项目等多项业务上链运转，正在全国各省市加速推广，并持续扩大生态建设。目前参与该平台推广应用的银行已超过40家、网点数百家，发生业务的企业近2000家，实现业务上链3万余笔，业务发生8000余笔，累计业务量已超过900亿元人民币，贸易融资办理时间和成本均大幅下降。

（三）上交所智能监管实践

近年来，上海证券交易所持续加大信息科技投入，不断创新监管科技应用，逐步迈入智能化监管的道路。据《上海证券报》消息，在证监会《监管科技总体建设方案》的指引下，上交所于 2018 年制定了《科技战略三年行动纲要》，围绕交易系统、业务平台、监管科技、移动互联、市场服务五个方面，设计了相应的子战略及主要目标。

1. 当前监管科技实践。参考朱凯发表的《加速技术创新升级上交所监管迈向智能化》，目前上交所主要在以下几方面开展了监管科技实践：(1) 核心交易系统运行情况数据可视化。上交所在技术运营平台中进行了数据可视化设计，可以清晰直观展示各系统的具体运行状况，每日对近 2000 个系统检查项完成 60 余万次检查，进行 1.5 亿余条数据校验。(2) 科创板企业技术实力评价自动化。通过利用大数据、自然语言处理和智能分析等技术手段，上交所研发科创板"科技评价系统"，以企业专利数据为切入点，结合舆情信息，对标国内外同业公司，对待审核企业的技术实力进行自动化、智能化分析与评价。其中，通过文本抽取与国家专利局数据比对，检查企业是否虚假披露信息；通过聚类与分类模型，将企业所处行业与对应专业技术进行匹配；通过智能分析技术，精准定位企业核心技术。(3) 上市公司"公司画像"全面化。上交所公司监管部门自主研发的"公司画像"可对沪市公司进行全貌监控和电子留档，主要分为公司快览、风险扫描、财报审核等三大模块。其中，①公司快览模块通过可视化的信息导图，从监管档案、关键指标分析、股价与公司大事、股东及关键人员、业务及财务信息、行业比较分析、资本运作信息、外部评价信息、公司关系图谱等九大细分板块向监管人员快速了解上市公司的多维度、针对性特征。②风险扫描模块通过构建包括 200 余项风险标签、500 余项预警子规则在内的指标库，从财务业绩风险、经营风险、公司治理及合规风险、股东关键人员风险、资本运作风险、公司债券风险、股价舆情风险等七个维度进行监控预警，可以按照重要性和时效性要求差异进行分类分级提示，包括持续提示和快速反应两类。③财报审核模块通过资产质量、盈利情况等角度构建包括 80 个标签、200 余项预警子规则的指标库，从财务舞弊动机出发初步实现对公司定期报告的自动审查并生成审核简报。(4) 市场监察智能化。上交所市场监察部门利用机器学习技术开展投资者画像分析，通过投资者交易风格、持仓特征、投资偏好、历史监管情况等多维度的数百个机器学习特征指标，以图形化方式监测并展示投资者交易特征；通过知识图谱技术对账户关联性进行数据整合、分析，可全面直观展示关联账户关联关系；通过文本挖掘、语义分析等技术自动抓取网络相关荐股信息，同时筛查对应股票的异动情况，进而深度分析挖掘出潜在的网络"黑嘴"嫌疑人账户。(5) 债券监管全流程电子化。目前，上交所通过大数据、XBRL（可扩展商业报告语言）等技术手段实现了债券业务各环节全程电子化、基础数据全覆盖、风险管理可拓展、监管信息实时共享等，对公司债券全生命周期进行全程监控，并对日常监管动作及监管措施进行电子化留痕。(6) 期权产品及交易监管精细化。基于层次分析模型，上交所通过"技术可行度""行为合理度"等一级指标和"交易频率""交易数量""订单组情况""交易意图判别""成本判别"等多项二级指标构建中间层，并通过定量和定性方法构造和训练判定矩阵，针对模型底层中的用户交易行为进行逐一判别，有效识别违规的程序交易。同时，上交所还对期权投资者进行细粒度特殊化画像，从多维度建立特征库、案例库和画像库，通过期权合约间的配对组合、投资者在各希腊字母上的偏好等与现货数据结合，将投资者的行为进行"套保""投机"等分类。

2. 进一步加大监管科技实践。随着证监会发布"监管科技3.0"任务，上交所将进一步加大监管科技研究与实践应用。根据证券时报朱凯对上交所技术部门的访谈，上交所将在以下方面进一步推动相关工作。(1) 打造下一代交易系统。通过构建国内领先、自主可控、轻型稳定、灵活易用的新交易系统，配合及引领业务发展。(2) 建成智能一体化监管平台。推动行业数据共享，拓展监管数据来源，打造上交所智能一体化监管平台，充分利用公司知识图谱、公司画像、投资者画像、舆情监测、异常交易监测、财务造假识别等智能监管手段，提升违规线索发现能力、异动溯源预警能力、监管全景看穿能力、企业财务造假手段识别、关联方交易挖掘能力。(3) 优化交易所内部业务处理平台。建设统一的业务办理门户，提升用户体验。推进业务电子化，实现业务管理和交易管理对接、业务流程间直通对接，消除繁重易错的人工操作。提升业务运营监测能力，提供业务办理全局视图和业务大闭环校验。(4) 推出上交所移动互联终端。打造行业移动服务平台，提升上交所办公效率，赋能行业机构。建设移动业务办理平台，提升监管效率。试水移动交易平台，一站式服务特定市场参与者。（5）提供行业基础设施服务。实现"两地三中心"，为行业提供领先的数据中心托管服务。成为行业领先的云服务供应商，帮助行业机构加强行业敏感数据保护，快速应对业务需求，节约运营成本。

四、监管科技经验分享

2017 年的中央金融工作会议上，金融安全首次上升到国家战略高度，会上提出了专业性、统一性和穿透性等指导方针。随着监管科技浪潮全面席卷而来，长远看，赢得"科技"就是赢得金融监管的核心竞争力，也是赢得金融体系繁荣稳定发展的未来。虽然我国起步稍晚，但是追赶势头强劲，在部分领域也实现了国际对标甚至引领。从整个监管科技行业来看，总体仍然属于起步阶段，在这个时候如能应对得当，仍然可能是我国在国际金融领域弯道超车的一次重要机会。综合监管科技领域的发展以及我国目前的相关实践经验，可以考虑从以下五个方面进一步推动监管科技工作。

1.加强顶层设计，细化政策指引。不论是本身的技术应用，还是其可能引发的监管理念及体系机制的调整，监管科技都是一项影响全局、意义深远的系统性工程，涉及金融稳定，甚至是国家安全。这就要求从大局着眼，从顶层入手，加强总体规划和全局规划，自上而下统一认识，从粗到细制定策略和行动计划。此外，还需从技术成熟度、场景适用性、主体机构和地区适宜度等方面综合考虑，细化相关政策指引，实现监管科技的良性稳定发展。

2.监管机构带头，推动完善生态链。监管科技相对是一个新兴领域，各方面都具有不确定性，部分参与者容易持观望态度，需要监管部门带头实践、引领行业风潮。另外，很多监管科技实践，尤其是基础设施类监管科技应用，具有较强的外部性，也需要较多的资金和时间投入，有公共产品的属性。在这样的情况下，以营利为目的的金融机构难以统筹协调众多参与方的利益和付出，因此需要监管机构出面牵头组织。比如在中国人民银行的贸易金融区块链平台推出之前，也有不少金融机构或者行业联盟在做类似的区块链平台，但是更多都只是标志性影响，缺乏持续性和深入度，参与者也较难广泛扩大范围。

3.建立行业标准，规范技术应用。（1）目前的监管科技，不论大数据、云计算、机器学习、区块链等，其应用的核心基础都是数据，而数据的标准度和规范化将直接影响其应用的质量及行业广泛性，同时也深刻影响着相关数据在行业间的共享与合作。例如，证监会规范证券期货行业数据分级分类标准、银保监会 East 等监管报表中严格规范行业数据标准等，都能较好地在行业内统一标准，方便相互交换共享。（2）应该高度关注新技术带来的新风险，通过规范监管科技的技术及应用来防范相关风险，尤其是防止数据泄露，保障数据安全，保护金融消费者权益。比如，在大数据分析、交易实时监控等监管科技应用时要注意技术应用的规范性与合理性，避免滥用技术对消费者隐私造成侵犯。因此，以上两方面都需要整体的行业标准和行业规范，在扩大应用范围和应用效果的同时，规避应用风险。

4.落实科技引领，培养科技文化。监管科技是一个典型的智力密集型领域，同时，其探索、应用、形成战斗力，需要一个相对较长的、科学的发展过程，在此期间需要坚持战略定力，充分理解科学技术是第一生产力的战略认识，在金融行业及金融机构内部大力宣导培养科技文化和数据思维，持续加大人才储备、加大资源投入，从文化和机制上真正落实科技引领，发挥科技效能。中国建设银行六年磨一剑，悉心打造新一代核心系统，靠的就是这份决心与定力。而不论蚂蚁金融、腾讯金融还是平安、泰康等，金融科技和监管科技的蓬勃发展都是依靠对科技力量的战略认识以及充足的科技人员支撑。

5.加大合作交流，注重试点机制。他山之石，可以攻玉。在一个刚刚起步的新兴领域，更需要产学研、国内外的各类参与者进行广泛讨论和碰撞。（1）从国内来看，整个监管科技生态圈的各类参与主体资源禀赋不同，如监管机构具有跳脱商业利益的中性思维和强有力的行政协调能力，各类金融机构拥有雄厚的资金实力和丰富的一线金融业务经验，科技企业拥有众多的人才储备和强劲的工程实践能力，而学术机构则拥有顶尖的前沿科技基础研究能力和举足轻重的政策影响力，应该充分发挥不同主体的差异化能力，共同为监管科技行业作出贡献。（2）从国际来看，英、美、新加坡等国家先于我国发展监管科技，其科技实践和监管体系思路等各方面经验、教训都值得我们深入研究分析，辩证地运用于我国的实践中。此外，由于监管科技尚处于初期探索实践中，应注重通过及时试点、逐步拓展的方式稳妥快速地推进监管科技发展，既避免万事俱备、完全成熟才开始应用的惰性思维，又通过划定安全区、设置合理节奏等实现风险可控、稳妥发展。例如，中国人民银行推广区块链技术和"监管沙箱"机制等实践都是较好地掌握节奏，通过多方协同和试点，不断扩展范围，高效稳妥推进的。

第十章　金融科技与信息安全

发展和安全是一体两翼。不注重安全的发展如同驾驶机翼损坏的飞机，注定无法持久飞行，甚至飞得越高摔得越惨。金融行业本身就是经营风险的行业，内在特征就是需要不断管控风险，同时金融行业又是直接与资本、资金打交道的关系国家命脉的行业，势必吸引聚集海量、专业甚至是有组织的外部攻击者。在这种"内外交困"的危险局面里，特别是随着金融科技的飞跃性发展，可以说金融行业的信息安全具有天然的脆弱性，如临深渊、如履薄冰，只有持之以恒地认识、研究自身的脆弱性和潜在的风险，持之以恒地从国家、行业、机构等不同层面加强顶层设计、加强团结，积极运用金融科技不断武装和升级自身的防御体系，才有可能在这场永不停息的金融信息安全拉锯战中取得持续的胜利。

据《金融时报》消息，中国互联网金融协会会长李东荣2018年7月在"第五届金融科技外滩峰会"上强调，金融科技在业务、技术、网络、数据等方面正面临着一些风险和安全挑战。（1）在业务安全方面，随着经济社会发展和科技进步，金融业分工日趋专业化、精细化，金融产业链和价值链被拉伸，在数字化、移动化、实时化的背景下，机构、账户、渠道、数据和基础设施等方面的关联性不断增强，业务连续性的管理难度增大。有些机构安全意识薄弱，为单方面追求极致客户体验，以牺牲资金和交易安全为代价，过度简化必要的业务流程和管控环节，潜藏较大业务安全隐患。（2）在技术安全方面，有机构在未经过严密测试和风险评估的情况下，盲目追求所谓的颠覆式技术，急于求成，导致技术选型错位、资源浪费，安全事件频发等问题。（3）在网络安全方面，当前网络安全形势异常复杂严峻，常规攻击持续衍变，分布式拒绝服务、高级持续性威胁等攻击手段不断翻新，有组织、大规模的网络攻击时有发生，这对金融网络安全防护能力提出了更多挑战。（4）在数据安全方面，随着电子商务条件下购物、支付、理财等网络活动的不断丰富，一些机构也积累了海量的客户行为数据和交易数据，但因其信息系统管理水平和应对网络攻击的能力还未能同步跟上，其数据安全保卫的能力还存在不足，存在数据集中泄露的风险。

第一节　金融信息安全概述

如何全面理解金融信息安全，如何深刻理解金融信息安全的重大意义，都值得深度辨析。本节从信息安全事件的统计与案例切入，从几对相关名词的对比辨析全面阐述金融信息安全的概念、分类与内在关系，最后从不同角度总结金融信息安全的重大意义。

一、信息安全事件统计与回顾

百融云发布的《2019 反欺诈行业调研白皮书》显示，截至 2018 年，黑产造成的信息泄露预计在几十亿条上下，从业人员超过 200 万，涉及欺诈团伙超 3 万个，其中因个人信息泄露造成的总体经济损失可能已超 900 亿元，目前黑产市场规模预估已逾千亿级别。据中国互联网络信息中心发布的《第 45 次中国互联网络发展状况统计报告》，我国网民在上网过程中未遭遇过任何网络安全问题的比例进一步提升，截至 2020 年 3 月，56.4% 的网民表示过去半年在上网过程中未遭遇过网络安全问题，较 2018 年底提升 7.2 个百分点；截至 2019 年 12 月，国家信息安全漏洞共享平台收集整理信息系统安全漏洞 16193 个，较 2018 年（14201 个）增长 14.0%。

从我国整体信息安全大背景看，各类安全威胁长期处于高压态势，虽然我国不断加强信息安全威胁综合治理，取得很多重要成果，但信息安全工作仍面临严重压力。根据国家计算机网络应急技术处理协调中心（CNCERT）的数据统计，近几年来我国信息安全威胁情况依然不容乐观，部分数据统计见下图。

从行业领域来看，由于拥有大量的个人和企业详细、敏感信息，并且与资

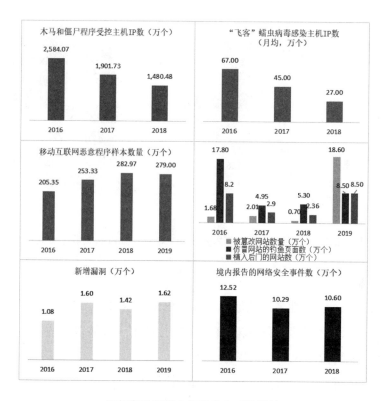

近年来我国部分信息安全威胁统计

资料来源：综合整理国家计算机网络应急技术处理协调中心发布的历年报告。

金、资本等有着天然的直接联系等行业特点，金融业始终是各类信息安全案件的高发领域，内外部的众多威胁与攻击始终如影随形。近年来，随着整个社会的信息科技不断飞跃提升，金融业面临的威胁事件不论从频度还是烈度来看，都在不断加大加深。根据 360 互联网安全中心的数据统计，金融领域各类关键信息基础设施成为外部网络攻击的头号目标，在重大的网络安全事件中占比34.3％，稳居各行业第一名。其中，敏感信息泄露和金融资产盗窃成为全球重大网络安全事件的核心类型。

（一）美国第一资本金融公司服务器被入侵

据《新京报》报道，2019 年 3 月至 7 月，美国知名金融集团 Capital One 公司的客户服务器被黑客攻击入侵，造成近 1 亿美国客户的信用卡申请信息被窃取，涉及从 2005 年至 2019 年初在该公司申请信用卡的个人客户和小企业用

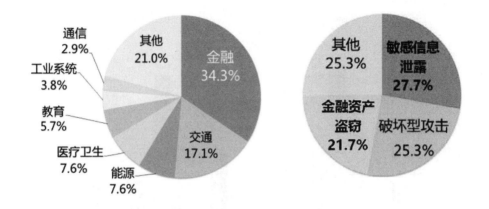

全球关键信息基础设施发生重大网络安全事件行业占比及事件类型占比

资料来源：360 互联网安全中心发布的《全球关键信息基础设施网络安全状况分析报告》。

户的敏感信息，包括姓名、地址、电话号码、出生日期、个人收入等。此外，14 万个美国公民社会保险号及其 8 万个银行储蓄卡号被盗，约 100 万个加拿大公民的社会保险号也在此次事件中外泄。

据摩根大通分析，Capital One 公司大约将为此次事件付出 1.5 亿美元的处理费用。

（二）孟加拉国央行被网络攻击损失惨重

根据《全球关键信息基础设施网络安全状况分析报告》，2016 年 2 月 5 日，孟加拉国央行因其 SWIFT 系统（环球银行间金融通信协会）被黑客攻击破解操作权限后，被黑客远程操作向纽约联邦储备银行发送若干虚假 SWIFT 转账指令，其中 8100 万美元被攻击者转走窃取，成为迄今为止规模最大的网络金融盗窃案之一。

作为全球安全、可靠、高效的基础设施标杆，SWIFT 系统被攻击侵入具有标志性意义，说明黑客攻击能力进一步提升，全球金融系统面临更加严峻的安全挑战。

（三）欧亚十四国 ATM 被远程控制自动吐钱

《中国信息安全》2017 年第 7 期案例显示，2016 年 11 月，疑似名为"Cobalt"的黑客组织通过恶意软件远程操控欧亚多国受感染的大量 ATM 几乎在同一时间自动吐钞。据俄罗斯网络安全公司 Group IB 表示，受到此次攻击影响的国家众多，至少包括英国、俄罗斯、荷兰和马来西亚等欧亚十四国。本次信息安全事件得到了相关 ATM 的制造商 NCR 和 Diebold Nixdorf 公司的证实。

据公开信息显示，上述"Cobalt"黑客组织曾先后两次攻击俄罗斯银行，导致该银行造成至少 2800 万美元损失。

（四）以太坊（ETH）区块链智能合约安全事故

据腾讯网新闻，全球市值第二大的加密货币（以太币）的发行平台以太坊（ETH）于 2016 年 6 月经历了一次业界影响较大的智能合约安全事故——区块链业界最大的众筹项目之一 TheDAO 被黑，导致当时价值约 6000 万美元的 360 万个以太币 ETH 被划走。

在本次事件中，黑客主要利用了 TheDAO 智能合约里的安全漏洞，通过其中 splitDAO 函数中的漏洞重复将 TheDAO 项目资产池中的以太币资产分离给自己。

（五）银行员工倒卖客户敏感信息

近年来，银行内部员工利用职务之便偷盗、倒卖客户敏感信息的安全事件时有发生，在社会造成恶劣影响。（1）据中国青年网报道，2016 年 9 月，四川绵阳警方破获了一起公安部部督"侵犯公民个人信息系列案"，打掉了一条买卖公民个人信息的犯罪产业链，共计查获个人信用报告等公民个人信息 200 余万条，涉案资金 100 余万元，案件源头为山东某银行一员工。（2）据第一财经报道，2020 年 5 月，江苏警方破获了一起特大贩卖公民个人信息案，涉案金额 2100 多万元，涉及公民个人信息 5 万多条。其中，某国有大行员工将相关客户的身份信息、电话号码、余额甚至交易记录，售卖牟利。

二、概念、分类与相互关系

何为信息安全？这是一个看似清晰而又模糊的概念。好像人人都觉得信息很熟悉，但是却又难以给出一个准确的定义。事实上，业界也并没有完全对信息和信息安全等概念有一个统一、清晰的认识，甚至常常与数据安全、网络安全等概念混淆和混用。本书主要参考 ISO/IEC 相关标准和《中华人民共和国网络安全法》（简称《网络安全法》）、《中华人民共和国数据安全法（草案）》（简称《数据安全法》）等法律法规对信息安全、数据安全、网络安全等相关概念的定义进行阐释。

（一）信息、数据与网络

信息是一个泛化的概念，无时无刻不充斥在我们的身边，也可以以任何形式存在于这个世界上，比如：电子化的、纸质化的甚至是思维化的。而根据《数据安全法》的解释，数据指的是任何以电子或非电子的形式对信息的记录。可以认为，数据是对信息的一种具象化的表达，而仅存于人类大脑中思维化的信息在未被具象化表达之前，还不能够称之为数据。也就是说，信息包含数据，而不止于数据。同时，根据《网络安全法》的定义，网络是指由计算机或者其他信息终端及相关设备组成的按照一定的规则和程序对信息进行收集、存储、传输、交换、处理的系统。因此，可以认为网络是承载信息或者数据的各类外部硬件和软件设施的统称。

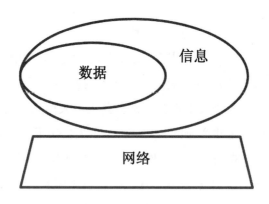

信息、数据、网络关系示意

（二）信息安全定义与分类

基于上述的理解，再来看看各类安全的定义。（1）《数据安全法》中提出，数据安全是指通过采取必要措施，保障数据得到有效保护和合法利用，并持续处于安全状态的能力。（2）《网络安全法》中定义，网络安全是指通过采取必要措施，防范对网络的攻击、侵入、干扰、破坏和非法使用以及意外事故，使网络处于稳定可靠运行的状态，以及保障网络数据的完整性、保密性、可用性的能力。（3）而 ISO/IEC 27000：2018《信息技术安全技术信息安全管理体系概述与词汇》中将信息安全定义为，保持信息的保密性（Confidentiality）、完整性（Integrity）和可用性（Availability），简称 CIA。

因此，三者的关系可以归结如下：

1. 数据安全是直接瞄准于对数据本身的保护和对数据利用的保护，这里的数据既包括网络中的数据，也包括非网络的数据。

2. 网络安全则直接瞄准的是对承载数据的网络设施的保护，最终达到对网络数据的保护。一个是朝内看，注重内在核心的防护，一个是朝外看，注重外在设施的保护，两者既有联系又有区别，互相交叠而又互不覆盖。

3. 信息安全的定义，其清晰简洁的描述，其实蕴含着最广泛含义，它不限定手段、不限定载体，也就是既可以直接对内在数据实施保护，也可以通过对外在网络的防护，进而实现所有信息的安全。因此，可以认为信息安全是包括了数据安全和网络安全在内的一个更广泛的集合。

此外，随着金融科技的不断发展和金融创新的不断深化，这里有必要再提及另外一个概念，即新技术安全。传统的网络安全和数据安全是传统金融信息安全中固有的要素，新技术持续应用于金融业务，将会大大削弱这两者的安全程度。虽然新技术只是开展金融业务的技术手段，从分类的角度可以认为新技术对应的安全是作为传统网络安全和数据安全的子集，但是鉴于其重要性，本书仍然把这种安全作为重要概念单独划出来介绍与讨论。

至此，关于金融信息安全的概念和分类，以及它们相互之间的关系就比较清楚了：

1. 数据安全作为金融信息安全最核心的内容，是金融信息安全的内在含义，就像对人体的血液、神经和各种内脏器官的保护。

2. 网络安全作为金融信息安全保障的重要方面，关注金融信息安全的外在边界防护，就像对人体骨骼和肌肉的保护。

3. 新技术安全作为金融信息安全的升级加固，是金融信息安全的工具性防护，就像对人体所使用的外部武器的日常保养和防护。

以上几方面三位一体，你中有我，我中有你，共同组成了本书关注的金融信息安全体系。

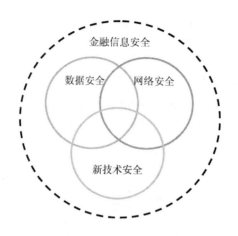

金融信息安全体系组成示意

三、金融信息安全的重要意义

（一）金融信息安全面临多重挑战

由于金融信息系统的复杂性、技术的迭代不完备性、经济利益的诱惑性、内部管理的充分性，以及意识与投入的欠缺性等多方面的原因，金融信息安全注定面临着多方面的威胁与挑战。根据唐辉在《金融信息系统网络安全风险分析》中的归纳分析，至少存在以下几方面的信息安全威胁类型：

1.系统脆弱性。金融信息系统普遍缺乏开发安全的生命周期管理，同时由于多头开发、质量参差不齐，金融信息系统广泛存在各种系统漏洞。这种系统的内在脆弱性，有的时候甚至不需要外部攻击，金融信息系统自身就会爆发各类安全事件。

2.外部攻击者。主要由各种经济利益驱动，金融机构外部存在着无以计数的恶意攻击者，这也是金融信息安全面临的最主要的威胁与挑战。从影响性和普遍性来看，外部攻击者主要使用 APT（Advanced Persistent Threat，高级持续性威胁）攻击、恶意代码攻击、DDoS（Distributed Denial of Service，分布式拒绝服务）攻击和软件供应链攻击等。随着人工智能等新技术的持续发展，智能化的攻击也逐渐普及开来，其攻击效率和严重性也在不断提升。

3.内部因素。总体来看，从是否具有主观恶意可大概细分为两种情况：（1）由于金融信息系统涉及软硬件和各类基础设施的复杂性不断提升，内部人员可能因操作失误而导致风险事件，也可能因为各种未及时分析或不可知的软硬件故障导致风险事件。（2）金融机构内部存在恶意人员，可能独自或是内外勾结进行破坏，进而导致风险事件。

4.管理制度策略。这一点主要是金融机构的信息安全意识、体系规范、专业人才与资源投入不足的问题。可能是相关信息安全组织体系与制度流程不完善、策略目标和职责分工不清晰，也可能是信息安全专业人才匮乏、信息安全资金和资源投入不足。

（二）金融信息安全是国家安全的重要保障

党和国家一直高度重视金融安全和网络安全。据中国网信网消息，2016年12月27日，经中央网络安全和信息化领导小组批准，国家互联网信息办公室发布的《国家网络空间安全战略》中指出，网络空间是国家主权的新疆域。建设与我国国际地位相称、与网络强国相适应的网络空间防护力量，大力发展网络安全防御手段，及时发现和抵御网络入侵，铸造维护国家网络安全的坚强后盾。据新华社消息，2017年4月25日，中共中央政治局就维护国家金融安全进行第四十次集体学习时，习近平总书记强调，金融安全是国家安全的重要组成部分，是经济平稳健康发展的重要基础。维护金融安全，是关系我国经济社会发展全局的一件带有战略性、根本性的大事。金融活，经济活；金融稳，经济稳。必须充分认识金融在经济发展和社会生活中的重要地位和作用，切实把维护金融安全作为治国理政的一件大事，扎扎实实把金融工作做好。在2018年4月20日至21日召开的全国网络安全和信息化工作会议上，习近平总书记强调，没有网络安全就没有国家安全，就没有经济社会稳定运行，广大人民群众利益也难以得到保障。

从世界范围看，国家力量也不断介入和加强网络安全，甚至将我国设置成为主要的战略竞争对手。美国白宫2017年12月发布的新版《国家安全战略》和美国国防部2018年发布的新版《国家网络战略》均公开点名我国对美国存在着网络威胁，明确提出了遏制我国网络安全威胁的具体措施。

随着移动互联网和金融科技持续深入金融领域的方方面面，以及外部网络环境日益严峻，金融安全离不开以网络安全为代表的金融信息安全。因此，金融信息安全成为保障国家安全不可替代的重要因素之一。

（三）金融信息安全是社会稳定的重要基石

金融是现代经济的核心，经济持续健康发展是社会稳定的依托。没有金融信息安全，就没有金融安全，更难以防范化解重大金融经济风险。在这样的环境下，整个社会的信心和预期可能会出现大幅度下滑，社会生活的经济压力大幅度抬升，再加上波谲云诡的国际形势、复杂敏感的周边环境，国内社会大局的稳定就可能出现动摇。从这个意义上讲，金融信息安全是金融安全的重要基石，也是经济持续健康发展和社会大局稳定的重要基石。

（四）金融信息安全是美好生活的重要前提

党的十九大报告提出，中国特色社会主义进入新时代，我国社会主要矛盾已经转化为人民日益增长的美好生活需要和不平衡不充分的发展之间的矛盾。作为人民群众美好生活的重要组成部分，平衡而充分的金融服务是基本诉求。正是由于金融科技的助力，支持实体经济和"三农"经济发展的效率效果不断提升、金融服务的普惠性日益增强，为广大的人民群众，特别是边远地区人民和底层人民，送去了及时而温暖的金融关怀。

此外，由于历史和文化传承，勤劳善良的中国人民大多是多储蓄少消费，大部分血汗钱、家底钱都通过金融毛细血管进入到国家金融体系，金融机构和金融体系由此承载了人民群众对美好生活的期待，更承载了对美好生活的追求能力。

第二节　金融信息安全整体应对思路

金融信息安全攻防无疑是一场拉锯战。胜利与和平不会从天而降，以斗争求和平则和平存。上至国家，下至企业，所有组织与个人都需要有清醒的认识、正确的方法、持之以恒的决心，才能最终获胜。本节尝试从战略标准、组织意识、联动协同、人才资源、技术防护等角度提供金融信息安全防御战的应对思路。

一、提升战略地位，完善法规标准

鉴于金融信息安全的重要意义，需要从国家层面加强顶层设计，提升战略地位，不断完善各项法律法规，指导金融行业管理机构和行业机构不断完善行业规则与规范，加快各类金融信息安全标准制定与落实，从上至下营造金融信息安全防护的氛围和行动依据，做到有法可依、有规可循、有标可落。

从世界范围看，美国、以色列、欧盟等国家和地区也在不断从顶层完善各项法律和规划，如美国密集出台网络安全法案及政令、以色列积极推动网络安全国际合作、欧洲国家加速安全能力的整合提升等。

从我国来看，国家层面和行业层面一直致力于金融信息安全提升，尤其是2014年2月，我国成立中央网络安全和信息化领导小组（2018年3月更名为中央网络安全和信息化委员会）并由习近平总书记担任领导小组组长以来，我国进一步加速网络安全的国家治理。

参考行业标准信息服务平台以及张丽霞的《守护金融信息安全20年》、董贞良的《金融领域网络与信息安全政策综述》等材料，笔者初步梳理国家和金融行业层面部分政策法规和标准分别如下：

	发布时间	发布机构	名称
国家政策与法规	1994年	国务院	《中华人民共和国计算机信息系统安全保护条例》
	2000年	公安部	《计算机病毒防治管理办法》
	2003年	中共中央办公厅、国务院办公厅	《关于转发〈国家信息化领导小组关于加强信息安全保障工作的意见〉的通知》
	2004年	公安部、国家保密局、国家密码管理局、国务院信息化工作办公室	《关于印发〈关于信息安全等级保护工作的实施意见〉的通知》
	2005年	国家信息化领导小组	《国家信息安全战略报告》
	2006年	中共中央办公厅、国务院办公厅	《2006—2020年国家信息化发展战略》
	2007年	公安部、国家保密局、国家密码管理局、国务院信息化工作办公室	《信息安全等级保护管理办法》
	2012年	国务院	《国务院关于大力推进信息化发展和切实保障信息安全的若干意见》
	2015年	全国人民代表大会常务委员会	《中华人民共和国国家安全法》
	2016年	中央网络安全和信息化领导小组办公室、国家质量监督检验检疫总局、国家标准化管理委员会	《关于加强国家网络安全标准化工作的若干意见》
	2016年	全国人民代表大会常务委员会	《中华人民共和国网络安全法》
	2016年	国家互联网信息办公室	《国家网络空间安全战略》
	2017年	中央网络安全和信息化领导小组办公室	《国家网络安全事件应急预案》
	2020年	全国人民代表大会常务委员会	《中华人民共和国数据安全法(草案)》

续表

	发布时间	发布机构	名称
国家标准	1999年	国家质量技术监督局	《计算机信息系统安全保护等级划分准则》
	2008年	国家质量监督检验检疫总局、国家标准化管理委员会	《信息系统安全等级保护基本要求》
	2008年	国家质量监督检验检疫总局、国家标准化管理委员会	《信息系统安全等级保护定级指南》
	2010年	国家质量监督检验检疫总局、国家标准化管理委员会	《信息系统等级保护安全设计技术要求》
	2010年	国家质量监督检验检疫总局、国家标准化管理委员会	《信息系统安全等级保护实施指南》
	2012年	国家质量监督检验检疫总局、国家标准化管理委员会	《信息系统安全等级保护测评过程指南》
	2017年	国家质量监督检验检疫总局、国家标准化管理委员会	《信息安全技术个人信息安全规范》
	2019年	国家市场监督管理总局、国家标准化管理委员会	《信息安全技术网络安全等级保护基本要求》
	2019年	国家市场监督管理总局、国家标准化管理委员会	《信息安全技术网络安全等级保护安全设计技术要求》
	2019年	国家市场监督管理总局、国家标准化管理委员会	《信息安全技术网络安全等级保护测评要求》
金融行业管理制度	1998年	公安部、中国人民银行	《金融机构计算机信息系统安全保护工作暂行规定》
	2000年	中国人民银行	《关于加强银行计算机安全防范金融计算机犯罪若干问题的决定》
	2002年	中国人民银行	《银行计算机机房及柜面设备安全防范暂行规定》
	2002年	中国人民银行	《银行计算机安全事件报告管理制度》
	2004年	中国银行业监督管理委员会	《商业银行内部控制评价试行办法》
	2005年	中国人民银行	《中国人民银行突发事件应急预案管理办法》
	2006年	中国人民银行	《关于进一部加强银行业金融机构信息安全保障工作的指导意见》
	2006年	中国银行业监督管理委员会	《银行业金融机构信息系统风险管理指引》
	2008年	中国人民银行	《中国银行业"十一五"信息化建设规划》
	2008年	中国银行业监督管理委员会	《银行、证券跨行业信息系统突发事件应急处置工作指引》
	2008年	中国银行业监督管理委员会	《银行业重要信息系统突发事件应急管理规范（试行）》
	2008年	中国保险监督管理委员会	《保险业信息系统灾难恢复管理指引》
	2009年	中国银行业监督管理委员会	《商业银行信息科技风险管理指引》
	2009年	中国银行业监督管理委员会	《银行业金融机构重要信息系统投产及变更管理办法》
	2010年	中国银行业监督管理委员会	《商业银行数据中心监管指引》
	2011年	中国人民银行	《中国金融业信息化"十二五"发展规划》
	2011年	中国银行业监督管理委员会	《中国银行业信息科技"十二五"发展规划监管指导意见》
	2011年	中国银行业监督管理委员会	《商业银行业务连续性监管指引》
	2011年	中国保险监督管理委员会	《保险公司信息系统安全管理指引（试行）》
	2012年	中国人民银行	《关于银行业金融机构信息系统安全保护等级定级的指导意见》
	2012年	中国证券监督管理委员会	《证券期货业信息安全保障管理办法》
	2012年	中国证券监督管理委员会	《证券期货业信息安全事件报告与调查处理办法》
	2013年	中国银行业监督管理委员会	《银行业金融机构信息科技外包风险监管指引》
	2013年	中国人民银行、中国银行业监督管理委员会	《关于调整优化银行业金融机构灾难备份中心整体布局的指导意见》
	2016年	中国银行业监督管理委员会	《银行业金融机构全面风险管理指引》
	2017年	中国人民银行	《中国金融业信息技术"十三五"发展规划》
	2019年	中国人民银行	《金融科技（FinTech）发展规划（2019—2021年）》

续表

发布时间	发布机构	名称
2004年	中国人民银行	《银行集中式数据中心规范》
2005年	中国人民银行	《银行信息化通用代码集》
2008年	中国人民银行	《银行业信息系统灾难恢复管理规范》
2010年	中国保险监督管理委员会	《保险信息安全风险评估指标体系规范》
2011年	中国证券监督管理委员会	《证券期货业信息系统安全等级保护测评要求（试行）》
2012年	中国证券监督管理委员会	《证券期货业信息系统运维管理规范》
2012年	中国人民银行	《金融行业信息安全等级保护测评服务安全指引》
2012年	中国人民银行	《金融行业信息系统信息安全等级保护实施指引》
2012年	中国人民银行	《金融行业信息系统信息安全等级保护测评指南》
2014年	中国人民银行	《中国金融集成电路（IC）卡检测规范》
2015年	中国人民银行	《金融业信息系统机房动力系统测评规范》
2016年	中国人民银行	《银行卡受理终端安全规范》
2018年	中国人民银行	《移动金融基于声纹识别的安全应用技术规范》
2018年	中国人民银行	《中国金融集成电路（IC）卡规范》
2018年	中国银行保险监督管理委员会	《保险电子签名技术应用规范》
2019年	中国证券监督管理委员会	《证券期货业软件测试规范》
2020年	中国人民银行	《商业银行应用程序接口安全管理规范》
2020年	中国人民银行	《个人金融信息保护技术规范》
2020年	中国人民银行	《网上银行系统信息安全通用规范》
2020年	中国人民银行	《金融分布式账本技术安全规范》

（金融行业标准）

二、完善组织架构，提升安全意识

从金融机构层面看，正面迎接金融信息安全的挑战才是防御之道，最先需要解决的就是"组织"和"意识"问题。

1.金融信息安全涉及方方面面，有技术性问题也有非技术性问题，防御战线长、防御难度高，类似于组织大兵团作战，如果没有成体系成建制的组织架构、没有成熟全面的战略规划、没有相互配合的战斗计划和令行禁止的严格纪律，要想赢得这样大规模的全面战争是难以想象的。正因如此，各家金融机构应该从组织架构层面和战略策略层面认真思考和部署，可参考诸如《金融服务信息安全指南》等行业标准或业界最佳实践去设计和规划本机构的信息安全防御大计。

2.当前的信息安全防护主要针对的是对外部恶意攻击的抵御，然而金融机构内部各层级各种角色的人员信息安全意识往往是引发信息安全事件的重要突破口。金融机构的内部人员普遍能接触到大量的、不同类型的敏感信息，天然成为金融信息安全的重要隐患，甚至有研究机构统计表明，内部员工有意或无意造成的信息安全事件占比竟然高达70%以上。因此，一是要开展常态化、有效的、接近实战的宣传培训，使得员工熟悉掌握信息安全的常识、要求、技能和手段；二是要常态化进行警示教育，使得员工充分了解不良行为可能导致的严重后果。

三、强化上下联动，促进横向联盟

俗话说，众人拾柴火焰高。面对日益猖獗、无处不在的金融信息安全风险，没有一个机构能够独善其身，既要发挥国家与行业监管的统筹力与引领力，也要发挥各类金融机构的主观能动性，既要提升单机构的防护能力，也要探索推动机构间、行业间建立有效的横向联盟，更要持续推动产学研一体化合作与国际交流。

1.国家和行业监管机构要发挥顶层指导与统筹，为整个金融行业指明方向、路径，定好标准、规范，通过行政手段强化落实。而作为金融信息安全防御的一线作战单位，各个金融机构是否充分理解上层设计意图、是否实质性实践、是否结合实际主动反馈优化意见建议，与国家信息安全治理和行业信息安全监管是否步调一致，能否形成良性互动闭环，将很大程度上影响我国金融信息安全能否持续正向发展。

2.单一机构资源与禀赋的局限性与外部安全风险的无限性形成越来越不对称的对比，开放共享、合作共赢将日益成为金融信息安全的发展趋势。（1）在合理设计与必要监管的基础上，值得探索金融机构跨公司跨行业的信息安全风险联防联控机制与平台，通过集合多家机构的专业人才、技术与资金等多维度资源，在不同细分领域形成对外部威胁的局部优势，进一步筑牢金融信息安全防护网。（2）充分利用产学研等不同角色的自身优势禀赋，共同构建金融信息安全防护的一体化能力，助力前沿研究、加速产业孵化、持续补充后备人才。（3）从科学研究、实践经验、产业融合等多角度加大国际交流与合作，以"人类命运共同体"的视角和胸怀共同应对全球金融信息安全挑战。

四、加快人才培养，加大资源投入

作为智力密集型领域，金融信息安全攻防双方的竞争，说到底是人才的竞争。然而，根据全球最大的网络、信息、软件与基础设施安全认证会员制非营利组织"国际信息系统安全认证联盟（ISC）²"发布的《（ISC）²Cybersecurity Workforce Study，2019》，全球网络安全人才缺口已扩大至近 407 万。其中，亚太地区缺口约 260 万，占比最高，拉丁美洲地区和北美地区分别以近 60 万和 56 万的人才缺口分列二、三位，欧洲地区缺口相对最小，也超过了 29 万。

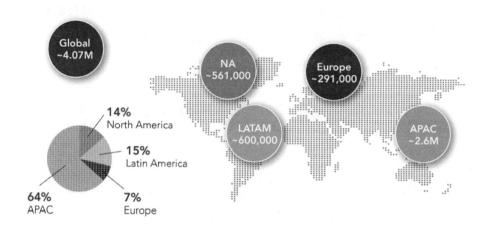

全球网络安全人才缺口地区分布

资料来源：（ISC）²发布的《（ISC）²Cybersecurity Workforce Study，2019》。

从我国情况看，网络安全人才供给侧同样短缺。国家计算机网络应急技术处理协调中心（CNCERT）在《2019 年我国互联网网络安全态势综述》中明确指出，建议通过专业学科建设、抓好示范项目、加快创新基地建设等方式，持之以恒抓好网络安全人才培养，形成人才培养、技术创新、产业发展的良好生态。

具体到我国各类型金融机构，也普遍存在着信息安全人才的匮乏，甚至有的机构未能设置信息安全专人专岗，亟待加大资源投入，补充专业人才。

五、明确技术为本，增强技术防护

金融信息安全本质上是对信息科技运用的考验，随着云计算、大数据、移动互联网、人工智能、区块链、量子技术等新技术的深入发展与应用，没有信息科技的硬实力，保障金融信息安全无异于一句空话。

国家计算机网络应急技术处理协调中心建议，加强网络安全核心技术攻关，通过强化威胁预测、威胁感知和威胁防御，建立健全我国网络空间安全一体化防护能力。中国人民银行在《金融科技（FinTech）发展规划（2019—2021年)》中也明确提出要通过增强金融风险技防能力，加强金融网络安全风险管控、加大金融信息保护力度等。

鉴于技术防护的重要性，本书信息安全的后续部分将从金融科技的角度阐述数据安全、网络安全、新技术安全等问题与建议，并介绍近年来业界比较看好的金融信息安全的一个未来发展方向——零信任架构。

第三节　金融科技与数据安全

金融数据安全是金融信息安全的核心意义所在，做好数据安全防护是本源驱动。随着金融科技时代的深化，对数据的认知应该更加深入和全面，对其安全的技术防护也应该更加体系化、全面化和智能化。

一、概念、特征与分类

马云曾在一次演讲中提到，人类已经进入 DT（Data Technology）时代。随着信息科技深入人类社会的工作、学习与生活，人们的一切语言和行动几乎时刻被各种各样的数据记录着、保存着。透过数据，可以知晓你的姓名、年龄、身高、体重、家庭地址、教育经历、工作情况、金融资产、行为习惯……

首都经济贸易大学金融学院院长尹志超等在《重视金融科技在金融发展中的作用》中指出，全球数据积累存量已达到引爆新一轮行业变革的规模和水平，全球数据正以每年 40% 左右的速度快速增长，2017 年全球的数据总量为21.6ZB（1 个 ZB 等于十万亿亿字节），其中金融数据占比很高，包含了金融市场天然拥有的海量标准化大数据。从某种意义上讲，数据记录了你的所有信息。正因如此，数据安全成为金融信息安全的核心，既是信息安全的出发点，更是信息安全的最终落脚点。

1. 数据本身是一个广义的概念，从展现形式上包括了电子和非电子形式，从传播途径上并不排除网络数据或非网络数据，从数据类型上也未作任何限定，既包含个人数据也包含企业数据、国家数据等非个人数据。

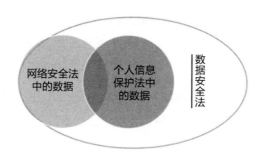

资料来源：孟洁等发表的《〈数据安全法（草案）〉十一大亮点解读，兼议企业合规义务》。

2.《中华人民共和国数据安全法（草案）》中还特别定义了"数据活动"，是指数据的收集、存储、加工、使用、提供、交易、公开等行为。这实际上表达的是数据的整个生命周期中涉及的场景，是一个动态的、完整的过程。事实上，数据的全生命周期是一个被广泛讨论的概念，也存在着不同的理解和分类。比如，在国家市场监督管理总局、国家标准化管理委员会联合发布的国标GB/T37988-2019《信息安全技术数据安全能力成熟度模型》中分为数据采集、数据传输、数据存储、数据处理、数据交换、数据销毁等。丁丽媛的《基于数据生命周期的金融数据安全管理研究》一文中又分为数据创建、数据存储、数据使用、数据共享、数据归档、数据销毁等。

3. 数据安全在这里也是一个广义的、动态的概念。（1）狭义的数据安全指的是对单项数据本身的、静态的保护，主要包含其完整性、保密性和可用性。（2）从空间上进行延展，对单项数据的保护是远远不够的，应该以更加全局化的视角对整个企业、行业甚至国家的数据集合进行整体保护。（3）从时间上进行延展，数据不是静止不动或者一成不变的，因此静态的数据保护只是基础，但也需要对数据"从生到死"的生命周期中各项数据活动进行持续的保护，强调动态性和持续性。

二、主要风险

（一）狭义数据安全风险

从单项数据本身出发，狭义的数据安全风险主要考虑单项数据在其保密性、完整性、可用性等方面出现问题。其中，根据 GB/T 37988-2019《信息安全技术数据安全能力成熟度模型》中的定义，保密性指的是"使信息不泄露给未授权的个人、实体、进程，或不被其利用的特性"，完整性指的是"准确和完备的特性"，可用性指的是"已授权实体一旦需要就可以访问和使用的数据和资源的特性"。从比较通俗的角度简单来说，违反上述三个基本安全特征，出现数据安全风险时，主要就包括三类：一是看到不该看的，二是看到不准确的，三是看不到该看的。

1. 数据泄露风险。因为内外部多种可能的原因，比如：外部黑客窃取、内部员工有意泄露或失误疏忽等，导致违反数据的保密性要求。主要包括以下几种情况：（1）数据授权控制缺失、失效或失误，即数据的访问授权权限方面出现问题，要么根本就没有设置，要么被攻击失效或是设置失误。这一点使得不恰当的人、实体或系统进程能访问查看到相关数据。（2）数据未加密或加密被破解，即数据等同于直接明文存储，这一点使得被访问的数据能够被查看的人或系统所理解。（3）数据未设置防复制、防打印、防下载等，即数据能够被轻易地通过电子化、物理化等方式带离原有位置，这一点使得数据泄露的严重性进一步加深。目前，从世界范围看，数据泄露已成为威胁金融数据安全的严重问题。许予朋在《数据泄露：21世纪金融安全的"拦路虎"》中报道，据美国非营利组织隐私权情报交换所（Privacy Rights Clearinghouse）统计，截止到2018年，全世界金融业累计发生高达6.44亿次数据泄露事件，几乎是2005年数据泄露次数的85万倍。

2. 数据篡改风险。因为数据本身的准确性和完备性被人为或系统干扰而导致违反数据完整性的要求。主要包括以下几种情况：（1）缺乏数据标准，即对各类数据的业务属性、技术属性、管理属性等缺乏统一、明确的定义与规范，从根本上使得数据的准确性和完备性出现模糊，从而不同人或系统可能对同一个数据产生"见仁见智"的理解，在日常操作上极易出现问题。比如：企业的所属行业分类是在做宏观研究、策略分析和资产管理等工作时都会涉及的概念，然而行业分类并没有通行标准，主流使用的有包括国标、申万、证监会等在内的多种行业分类。在不同的行业分类标准中，同一家企业可能被划分到不同的行业中。在这样的情况下，如果金融机构没有选定公司统一的数据标准，那么对应数据在不同员工的录入或使用时就可能"千差万别"，又何谈数据的准确呢？又比如：理财行业里产品净值是极为重要的概念，是客户申购和赎回交易中对金额和份额进行转换的重要纽带。在上下游系统中存储时是保留小数点后4位、6位或是8位，对超过位数的部分是进行截位、进位还是四舍五入，这些标准和操作都将直接决定最终的产品净值以及由此计算出来的申购确认份额或是赎回确认金额，可能出现不同的结果。（2）数据被非法或疏忽修改，不论是主观恶意还是疏忽大意，其结果都是直接导致数据失真，对后续的数据使用、处理等造成一连串的后果。根据《2019年我国互联网网络安全态势综述》统计，2019年，我国境内遭篡改的网站有约18.6万个，比前三年出现了十几倍的攀升。

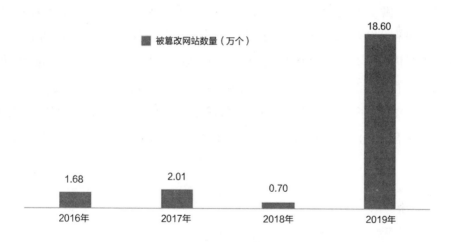

近年来境内被篡改数据的网站数量

资料来源：国家计算机网络应急技术处理协调中心发布的《2019年我国互联网网络安全态势综述》。

3. 数据丢失风险。此风险将导致违反数据的可用性要求，主要包括以下几种情况：（1）数据内容被有意或无意完全删除，使得对应数据真正丢失，虽然在一定条件下可以通过技术手段进行部分恢复，但从业务连续性、机构声誉等方面来看，仍然往往对金融机构造成严重后果。（2）数据访问权限或访问通道被阻断。这种情况中数据本身其实并未实质丢失，仅是从逻辑上或者物理上失去访问许可或通道，但也将严重阻碍正常业务开展。

（二）"空间扩展"后的数据集合安全风险

从数据集合的"空间维度"考虑，也存在几类主要风险将威胁该数据集合的保密性、完整性和可用性。

1. 数据集合加大泄密风险。在数据集合来源多样、内容有交叉时，利用大数据、人工智能等新技术通过对多个数据集合的对比分析、数据挖掘等，攻击者将可能从中获取到远比单数据有价值得多的隐藏信息，从而加剧重要信息泄露风险。

2. 数据未分类分级容易导致泄密风险。金融机构数据种类繁多、数量巨大，并且持续积累沉淀，其中有客户信息、交易信息、账户信息等保密性要求高的敏感数据，也有产品介绍、利率牌价等公开数据。若没有适当的数据分类分级，没有区分数据重要性或敏感度，没有差异化采取管理措施和安全防护措施，容易因为混杂管理而使得金融机构数据风险隐患增大，可能导致高等级敏感数据因管理机制不完善等原因而出现泄露。正因如此，中国证券监督管理委员会于 2018 年正式发布《证券期货业数据分类分级指引》，旨在指导行业机构有效甄别合理化的数据使用需求、有效识别数据风险隐患、持续加强数据安全

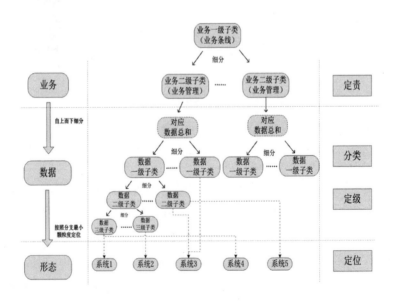

数据层级示意图

资料来源：中国证券监督管理委员会发布的《证券期货业数据分类分级指引》。

管理、建立健全数据管理制度、采取必要的数据安全防护措施、维护市场安全运行、保护投资者合法权益。

3.数据梳理不当导致数据被掩埋风险。种类多、数量大的金融数据原本是金融机构的核心资产，蕴含了极高的业务价值，但是如果缺乏必要的管理，没有清晰全面的梳理，则大量的数据可能反倒会成为"数据垃圾"甚至是"数据灾难"。在这种情况下，极易造成人为的数据掩埋，失去部分数据的可用性，从而一方面影响必要的业务活动或管理活动开展，另一方面还会造成数据的重复制造，进一步加重数据混乱和数据灾难。

4.元数据、主数据管理缺乏易导致数据处理混乱和数据冲突等风险。（1）元数据是描述数据属性、结构及其关系的数据，主要用于公司各类数据之间的血缘关系分析、影响性分析等，帮助金融机构从纷繁复杂的数据海洋中找到相互关联的脉络，便于数据定位、协同处理等。在没有元数据管理的情况下，对数据进行协同处理和分析就犹如盲人摸象、大海捞针，容易出现混乱和错漏。（2）主数据是系统间或业务场景间一部分共享使用的关键数据，在系统或业务交互中起到重要的基准、衔接作用。比如：客户基本信息在存款业务中存在，在基金投资信息中也存在，这是判断客户唯一性，计算客户总的金融资产等信息的重要数据。如果没有适当的主数据管理机制，各系统或者各种业务中随意管理，则极易出现主数据不一致，从而导致基于主数据开展的各项数据活动均出现偏差。

（三）"时间扩展"后的数据生命周期安全风险

数据的生命周期管理是从时间发展和事件活动的维度对数据的从"生"到"死"（即从创建到销毁）进行全面观测和管理。到目前为止，对于数据的全生命周期并没有完全统一的划分。参考相关标准和文献，本书将其划分为以下六个环节：数据创建或收集、数据存储、数据传输或共享、数据使用或处理、数据归档或备份、数据销毁。

从本质上讲，数据在生命周期各个环节所面临的风险其实都可以归类到对其保密性、完整性、可用性的威胁。鉴于数据生命周期概念的重要性，本书从动态、持续保护数据安全的角度将各个环节所特有或者主要的风险介绍如下：

1.数据创建或收集环节的风险。在这个环节比较容易出现违规或过度收集

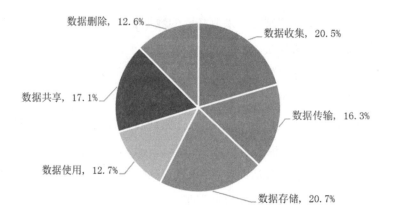

数据生命周期各环节问题占比（与本书划分方式略有不同，仅示意）

资料来源：中国信息通信研究院发布的《移动应用（App）数据安全与个人信息保护白皮书（2019年）》。

客户信息的情况，由此导致两方面风险：（1）对客户而言，可能存在个人隐私被泄露或滥用的风险。（2）对金融机构而言，可能因此存在合规风险、声誉风险和索赔风险等。

2.数据存储环节的风险。在这个环节首要的风险是前面介绍单项数据风险时提及的明文存储风险。此外，同样比较高发的情况还包括违规操作出现的数据泄露风险。比如：很多打印或复印设备带有存储模块，会记录公司日常打印或复印的材料信息。当这些设备出现故障时，有的公司管理员可能会未将存储模块拆卸就直接送外检修。

3.数据传输或共享环节的风险。这个环节容易出现的主要包括三类风险：（1）非安全传输风险。如：未使用 HTTPS、SFTP 安全传输协议，未对传输数据进行加密处理。（2）非必要传输风险。主要是未对业务场景进行细化分析，未明确不同场景下必须传输的数据范围，从而导致传输过多冗余数据，不但可能导致效率下降，更可能会加大重要数据泄露的风险。（3）非法传输风险。有的高密级数据，依据相关规定可能不允许在网络上传输，而应该通过线下、纸质方式交换共享。

4.数据使用或处理环节的风险。这个环节涉及最为复杂的场景，包括：开发测试、业务生产活动、数据提取分析等情况，常常出现以下几种风险：（1）

未合规脱敏风险。所谓数据脱敏，指的是针对敏感数据进行必要的变形，比如对身份证号中间字符替换为星号、客户家庭地址统一替换为无意义数据等，使之"失去生产数据的原貌"，避免在使用时出现生产数据泄露。若在开发测试等使用前未及时脱敏，则有可能因此泄露。（2）如前所述，信息滥用导致隐私泄露和合规处罚等风险。（3）处理不当风险。比如：金融机构柜员未按要求和标准录入客户的真实、准确手机号等数据，则造成数据质量低下，将严重影响后续的对客服务和经营管理与分析。

5. 数据归档或备份环节的风险。数据归档主要指的是将有保存价值的历史数据科学、系统、长期地保存下来，可能是通过将数据从业务系统转移到单独的归档设备中。而数据备份主要指的是为了业务连续性和数据安全，将部分重要数据定期复制存储。这两项数据活动容易被忽视，也存在几种常见的风险：（1）未实施归档或备份。若未归档，将直接导致历史数据要么被删除后无法提取，要么长期占用业务系统空间影响运行效率。若未备份，则直接导致系统一旦丢失主生产数据则无法及时恢复，影响业务连续性。（2）归档或备份策略不当。不论归档还是备份，都是有代价的，最直接的就是对更多存储空间的占用和更多系统批量运行时间的占用。因此，归档或备份的数据范围、频率、保留时间、设备类型等相关策略均需要结合不同数据的分类分级情况进行科学研究和决策。（3）归档或备份数据丢失。与前述的数据丢失风险一样，直接影响归档和备份的功效发挥，对业务和管理造成损失。

6. 数据销毁环节的风险。这是最容易被遗忘的环节，也常常因此而导致数据泄露。主要包括四方面：（1）未全部销毁。敏感数据到达这个环节应该确保应毁尽毁，往往有机构在销毁时遗漏部分纸质数据或散落的电子数据。（2）未及时销毁。未按照相关要求及时处置报废设备或材料，因缺乏关注和管理，常常引发安全问题。（3）未彻底销毁。随着技术进步，电子化数据的销毁越来越具有专业性，不合适的销毁方法可能导致数据残留或被非法恢复。（4）未合规销毁。进入销毁程序的数据一般都是重要、敏感信息，通常都会有监管或是公司指定的销毁机构，需要严格按照程序完成。若随意送外销毁或不遵守销毁程序，可能都会引发数据泄露。

三、数据安全防护

（一）密码技术

密码技术是一种古老的信息编码技术。通过按照特定规则编码，使得原本清晰明白的信息变换成一串无法理解的符号，实现对数据的"加密"，即"密码编码"。而"解密"，即"密码破译"，则指的是通过一定的变换规则将无法理解的字符串重新恢复成可理解的数据。这里用于加密或是解密的规则就是加密算法或是解密算法，而用在明密转换算法中重要的输入参数被称为"密钥"。正是由于可以将信息从明文到密文之间反复变换，因此密码技术自然成为数据防泄密的基本技术，主要用于保护存储和传输的数据。

自密码技术诞生之后，出于研究和实践需要，密码编码与密码破译作为密码技术中的一体两面，总是如影随形，环绕上升。也正是由于这种矛盾统一的关系，密码技术得以一直不断发展。根据加密算法的划分，密码技术通常分为对称加密技术和非对称加技术。

1.对称加密技术。顾名思义，"加密侧"和"解密侧"使用的密钥是一样的，也就是相同的密钥既用于加密又用于解密，这也就是"对称"的意义所在。作为较早被应用的加密算法，对称加密技术相对成熟、效率相对较高，但安全性相对较低，一旦密钥泄露则加密无效。常用的对称加密算法有 3DES、IDEA、RC5、Blowfish 等。

2.非对称加密技术。加解密算法中使用的密钥不再相同，用于加密的密钥称为"公钥"，可以发布给公众，而用于解密的密钥称为"私钥"，只由解密方单方面保管。这样的设计一是由于私钥不用交互传递而提高了安全性，二是由于可以使用同一个私钥解密多方发送的公钥加密信息而简化了多方加解密架构。但是由于加解密密钥不同，这种算法的运算速度会低于对称加密算法。目前，常用的非对称加密算法有 RSA、背包、椭圆曲线、Mc Eliece 等。

（二）容错技术

为了提升数据的可靠性和可用性，减少因为数据损坏、丢失等而导致的严重后果，可以在数据存储时考虑使用容错技术。本质上看，数据容错与密码技术一样，也是对原始数据进行编码变形。但密码技术中的编码是为了保密，而容错技术中的编码是为了形成数据冗余，以便使得当部分数据损坏或失效时，仍能通过技术手段恢复出原始数据。显然，冗余在带来安全的同时也会带来计算和存储资源的消耗，因此平衡冗余安全性和系统资源负担是容错技术中必须面对的话题。

综合相关文献，常用的数据容错技术主要有数据备份、纠删码和再生码等。

1. 数据备份。这种技术是将原始数据复制多份，分别存储在存储系统的不同位置，以便实现相互备份。其中每个位置的数据副本出现部分数据甚至全部数据丢失时，可通过重新拷贝其他位置的数据来实现数据恢复。这种方法的优缺点非常明显，简单有效，但存储资源会成倍消耗，当数据量不断增大时将面临严重的系统资源问题。因此，随着技术发展，相对于上述全量备份方法，逐步出现了增量备份、差分备份等减少存储资源消耗的备份方法。

2. 数据纠删码。与数据备份最大的区别在于，数据纠删码方法中并不是直接将完整数据复制到不同位置，而是首先将数据冗余编码、分拆成不同小的数据子块，再将这些数据子块分别以不同的组合复制到不同位置，在需要恢复数据时通过将不同位置存储的不同数据子块全部传输到一起进行整合解码即可恢复出原始数据。例如：原始数据一共分为 m 个数据子块，每个数据子块都被编码加入了冗余校验信息，每次将其中不同的 m/k 个数据子块复制存储在 n 个不同的网络位置，则通过 k 个网络位置存储的数据子块就可以整合恢复出完整的原始数据。在这个例子里，（m，n，k）就表达为一个数据纠删码。由于各个存储位置复制的并非完整数据，仅是部分数据子块，因此对存储资源的消耗比数据备份方法更小，但由于每次恢复时需要多个存储位置的不同数据子块进行交互整合解码，因此造成了更大的网络带宽资源的侵占。

3. 数据再生码。这是一种对数据纠错码的改进方法，能显著降低纠错码方法中对网络带宽的侵占。数据再生码方法的主要思想与数据纠错码一样，但最主要的差别在于，每次需要数据修复时，同一存储位置的不同数据子块首先会进行相互整合编码，形成一个编码后的新数据子块再通过网络传递到一起进行整体的汇总解码，最终恢复出原始数据。例如：假设一个存储位置存储着 n 个数据子块，在数据纠错码方法中，该位置将把 n 个数据子块分别传递出去用于汇总解码，而在数据再生码方法中，该位置仅将整合了 n 个数据子块后生成的 1 个新的数字块传递出去进行汇总解码。粗略地说，相比数据再生码方法，数据纠错码方法因此需要消耗 n 倍网络带宽。

（三）若干新技术

1.区块链。实际上，区块链本身不是一种单一技术，而是涉及数学、密码学、互联网和计算机编程等多科学交叉性技术。通俗来讲，正如中国人民银行数字货币研究所彭枫在《区块链与金融信息安全》中所说，区块链是一个分布式、去中心化、不可篡改、留痕可追溯、集体维护、公开透明的共享账本。对于数据安全而言，最核心的特点有如下两点：（1）数据可靠性、可用性极强。其完全分布式的架构，使得每一个区块链系统都天然成为多地多活系统，其中每一个网络节点都是全量备份多活节点。任一节点遇到故障或被攻击控制，均不会影响系统以及其他参与节点。（2）数据一致性、准确性极强，难以篡改。虽然区块链上的任一个网络节点均可以访问其他网络节点里的数据，但由于其巧妙的共识和验证机制，使得在区块链中修改某一数据需要调整所有的后续数据记录，难度极大。正因如此，区块链成为当今数字化时代中被深度追捧的新兴技术，甚至被认为是继大型机、个人电脑、互联网、移动互联网之后计算范式的第五次颠覆式创新，对数据安全和信息安全起到了基础性、举足轻重的作用。

2.人工智能。人工智能技术指的是一大类高级智能型技术，主要包括机器学习、知识图谱、生物特征识别、计算机视觉等，因为其特有的技术特点使得对数据分类分级、防篡改、访问控制、重要场所智能监控等数据安全方面提供重要的技术保障。（1）机器学习技术通过大量数据的自我学习，逐步形成并不断完善自身的感知判断能力，可以用于恶意攻击识别，也可以通过聚类、分类等算法辅助进行数据的分类分级，助力精细化数据治理。（2）知识图谱技术通过知识抽取、知识表示与知识融合构建数据安全知识图谱，增强智能感知能力，可以用于识别数据异常变动、恶意使用等信息，提升数据防泄露、防篡改等能力。（3）生物特征识别技术通过结合人脸、指纹、虹膜等生理特征和声纹、步态、签名等行为特征综合进行身份识别，可极大优于传统基于证件和口令的认证措施，进一步加固身份认证安全，助力数据访问控制。（4）计算机视觉技术基于提取、处理、理解和分析图像集合等能力，可为档案室等重要场所提供智能化、自动化监控管理，及时发现并预警可能发生的线下数据（如纸质文档）被复印或拍照等情况，避免相关敏感数据泄露。

3.数据沙箱。"沙箱"就是用软件程序建立与外界相对隔离的一个虚拟环境，在这样的环境里通过执行严格的访问控制及隔离限制、最小化权限配置等安全控制机制，可以测试验证相关软件程序，也可以做未脱敏生产数据处理，有效避免因数据未脱敏而导致的信息泄露风险。

（四）基于数据治理的全面安全防护

数据的复杂性不仅在于种类多、数量大，更在于它每时每刻都在产生和变化、全业务全流程无处不在，而且涉及每个部门、每个人，这种普遍性往往使得数据容易被轻视，然而也正是这种普遍性、琐碎性和迷惑性，使得数据管理和数据安全变得极其复杂。上面的种种技术或者手段分别从不同的角度，进行某个方面的安全防护，但是数据的管理和安全防护绝不是一时一点一处，而是应该全天候全领域全流程进行全方位的立体化防护，应该抛弃"头痛医头，脚痛医脚"的片面化思维，从系统性工程的角度总体规划、组合防护，不留遗漏。

这种系统化考虑数据管理与数据安全的方式，就是目前行业里大热的数据治理的出发点和落脚点。国际数据管理协会（Data Management Association International，DAMA International）认为，数据治理是对数据资产管理行使权力和控制的活动集合。虽然目前对数据治理并没有完全统一的定义，但总体的目标是通过全面的组织、规划和实施，实现公司数据质量和数据安全提升，最大化发挥数据价值。正因如此，中国银行保险监督管理委员会于2018年5月21日正式发布了《银行业金融机构数据治理指引》，用于指导金融机构科学合理搭建数据治理体系架构。

1.在管理领域上，数据治理主要关注以下领域的管理：数据标准、数据模型、元数据、主数据、数据安全、数据质量、数据生命周期等。

2.在系统支撑上，一般通过建设完善公司级数据（治理）平台，配套各个业务系统内嵌改造等实现系统化支持，通常包括大数据平台技术框架、数据采集与交换模块、数据模型管理模块、数据标准管理模块、元数据管理模块、主

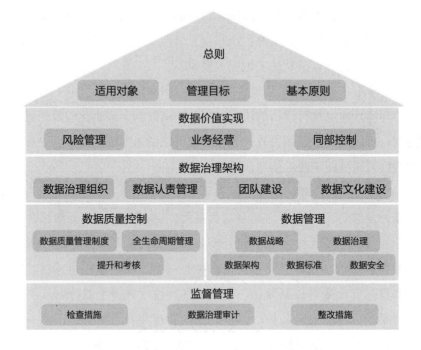

总则

| 适用对象 | 管理目标 | 基本原则 |

数据价值实现

| 风险管理 | 业务经营 | 同部控制 |

数据治理架构

| 数据治理组织 | 数据认责管理 | 团队建设 | 数据文化建设 |

数据质量控制

| 数据质量管理制度 | 全生命周期管理 |
| 提升和考核 |

数据管理

| 数据战略 | 数据治理 |
| 数据架构 | 数据标准 | 数据安全 |

监督管理

| 检查措施 | 数据治理审计 | 整改措施 |

《银行业金融机构数据治理指引》的重点内容框架

资料来源：代红等发表的《银行业金融机构数据治理指引和 DCMM 模型的对比分析》。

数据管理模块、数据安全管理模块、数据质量管理模块、数据生命周期管理模块、上层数据应用模块等。

3.在技术运用上，上述各类技术需要协同融合，在数据平台各模块、数据治理各领域中共同守护数据安全。

第四节　金融科技与网络安全

网络触达何处，数据就传到何处，网络无处不在，数据就无处不在，没有网络的安全，就没有数据的安全。网络是什么？既熟悉又陌生。网络安全的范围是什么？几乎无所不包。

一、概念、特征与分类

数据或信息离不开载体，但凡要进行长时间良好保存、大规模传递交换与协作，数据就必须通过适当、安全的载体进行记录、保存、传递、交换与处理。因此，如果说数据安全是金融信息安全的核心，那么对于数据所依托的各类载体（即本书所指的"网络"）的安全防护则是金融信息安全的基础保障。

（一）从承载数据活动环节来划分

1.狭义的网络安全。狭义的网络安全指的是对狭义的网络硬件设备及对应软件的安全防护。何为狭义的网络硬件设备？参考百度百科的解释，网络硬件设备是指连接到网络中的物理实体，其种类繁多、与日俱增，目前基本的网络设备有：接入计算机（个人电脑或企业服务器）、集线器、交换机、网桥、路由器、网关、网络接口卡（NIC）、无线接入点（WAP）、打印机和调制解调器、光纤收发器、光缆等。若不考虑严格的学术定义，通俗来看，狭义的网络就是用于各方主体间相互通信，即传输和交换数据的硬件设备和软件程序。对应的网络安全就是对这些软硬件设备程序的安全防护。

2.广义的网络安全。除了上述狭义的网络安全外，广义的网络安全还包括对广义网络设备的安全防护，其中包括：（1）用于数据收集（如网站、移动APP、用户认证软硬件设备等）、数据存储（如数据库、数据库服务器等）、数据处理（如各类应用服务器、应用软件等）工作的软硬件设备和程序。（2）还包括保证相关软硬件正常稳定运行的各种基础环境设施，如机房、空调、电源、消防等一系列设施。

（二）从承载数据活动的设备设施类型来划分

1.基础环境设施安全。如前所述，这些基础环境设施不直接承载数据，但却为承载数据的各种软硬件设备提供必要的、稳定的运行基础。例如：机房用于安装所有信息系统软硬件设备，其选址、建设标准等直接决定了是否能规避或抵御各种自然灾害、外部人员侵入、内部人员损害等；恒温恒湿的空调、不间断电源 UPS、适用于信息系统灭火的消防系统等则决定了机房中的各种信息系统能否正常工作，面对市电暂时性停供、机房火灾等意外事件时能否及时、有效处置，最大限度降低损失，保障系统运行和业务活动的连续性。

2.信息系统硬件安全。这里的信息系统硬件指的是部署于机房、办公场所、用户侧等各地的各类信息系统物理设备。这些设备是承载数据的物理基础，一旦硬件设备故障或损坏，就算其中运行的软件程序没有问题，依然有可能造成其中数据的物理性灭失。

3.信息系统软件安全。在基础环境设施和硬件设备都安全运行的基础上，还需要保障服务于数据生命周期全过程中所有数据活动的软件程序的安全稳定，包括操作系统、数据库、中间件等基础软件，也包括各种金融业务中功能各异的应用软件。由于信息系统软件种类繁多、场景和功能复杂、是所有金融业务和服务的直接入口，因此面对的安全威胁最为突出，防护难度也较大。

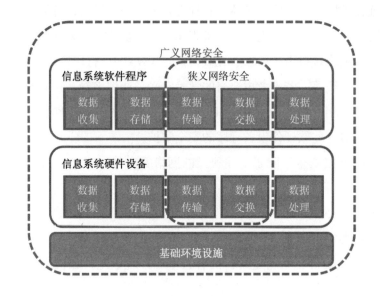

网络安全范畴示意图

二、主要风险

美国联邦调查局前局长 James Comey 曾在 2014 年 10 月的一次演讲中提到，世界上只有两类公司，一类是已经知道被黑客入侵的，另外一类是还不知道他们已经被黑客入侵的。这样的判断虽然有些武断，但足以说明网络威胁的普遍和专业。不论从世界范围还是从我国情况来看，网络安全仍然不容乐观，攻击点位多、数量多、影响重大。下面，从基础环境设施、信息系统硬件设备、信息系统软件程序等不同方面摘选部分主要风险进行介绍。

（一）基础环境设施安全风险

1.自然或人为灾难。作为信息系统的物理运行基础，若机房所在区域发生地震、山体滑坡等自然灾害，或者战争等人为灾难，可能导致机房整体损坏甚至灭失。

2. 基础设施故障。由于缺乏必要的技术监测手段和定期巡检，可能使得机房内部的各类基础设施出现故障或损坏，导致发生断电、多灰尘、不适宜温度、过潮、静电、鼠害等问题，进而影响信息系统正常运行。

（二）信息系统硬件设备安全风险

1. 硬件设备故障。可能由于前述的基础环境设施的异常，也可能由于硬件设备本身质量问题，各类信息系统可能出现自身硬件的各种故障问题，导致其中的软件程序无法正常运行，或是其中数据不能被正常访问等。

2. 硬件漏洞风险。信息系统硬件设备在设计、具体实现时可能因为疏忽或人为故意而出现的缺陷，使之成为该硬件设备的不受保护的切入口，当攻击者知悉这个漏洞并且硬件厂商没有及时修复时，可能由此会对硬件设备进行攻击。

（三）信息系统软件程序安全风险

目前网络安全最主要的威胁就来源于对各类信息系统软件程序的攻击，从而导致数据的收集、存储、传输、交换和处理等受到干扰或破坏。下面介绍几种常见的与软件程序有关的网络安全风险。

1. APT（Advanced Persistent Threat，高级持续性威胁）攻击。APT 攻击

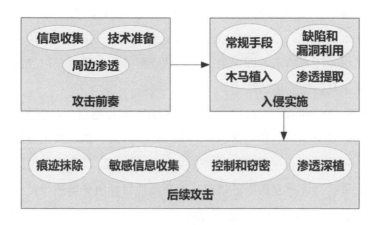

APT 攻击环节示意

资料来源：郭南发表的《解读高级持续性威胁》。

是一种不断更新、融合多种高级技术手段的专业黑客攻击方式，往往有国家或者组织的重要支持，攻击手段多样、技术专业性非常强，很难防范，是一种网络空间中对抗的犀利武器。《2019 年我国互联网网络安全态势综述》披露，我国持续遭受来自"方程式组织""APT28""蔓灵花""海莲花""黑店""白金"等 30 余个 APT 组织的网络窃密攻击，国家网络空间安全受到严重威胁。其中有大量的 APT 组织受到了境外国家和资金的幕后支持，攻击频率极高、破坏能力极强。

董刚等在《高级持续性威胁中攻击特征的分析与检测》中指出，APT 攻击具有 5 个不同于传统网络攻击的显著特征：（1）针对性强。APT 攻击通常都有明确的目标，一般都将国家的党政、外交、交通、金融、能源等领域的关键信息基础设施作为重点监测和攻击目标，长期针对性分析并设计针对性攻击手段。（2）组织严密。由于攻击的往往是关键核心目标，APT 攻击可以带来巨大的商业、政治等利益，因此 APT 攻击常常以高等级黑客形成组织严密的团队，甚至得到某些国家和集团的长期资金和技术支持。（3）持续时间长。APT 攻击一般都需要经过长期地侦查、潜伏、准备、策划，常常在目标网络中反复渗透几个月甚至几年，持续优化攻击方法和路径，继而发动持续性、长期性攻击。（4）高隐蔽性。由于长期潜伏分析、优化改进攻击手段，加之雄厚的资金和技术支持，APT 攻击往往融合各种高级技术，根据攻击目标特点，针对性地绕开其所布设的各种防御系统，可以实现极其隐蔽的数据盗取和破坏，被攻击者往往难以察觉。（5）间接攻击。为了实现攻击的匿名性和隐蔽性，APT 攻击常常采用间接式攻击，即以第三方网站或服务器为跳板，向攻击目标布设恶意程序或木马，持续渗透攻击。

2. DDoS（Distributed Denial of Service，分布式拒绝服务）攻击。DDoS 攻击一直是网络安全领域的热门话题，危害广泛、频繁。DoS 攻击（拒绝服务攻击）专注于使攻击目标的服务通道或服务能力"瘫痪"，具体来说就是通过向攻击目标大量、持续地发送服务请求，不断消耗目标服务器或带宽资源，最终使得攻击目标无法向用户提供正常服务。而 DDoS 攻击是 DoS 攻击的升级版本，主要利用网络上大量被控制的"僵尸主机"组成一个分布式的攻击网络，同时对同一个攻击目标发起更为猛烈和频繁的攻击，最终通过海量的合法或非

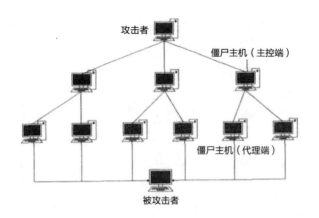

DDoS 攻击原理示意

资料来源：李恒等发表的《网络高流量分布式拒绝服务攻击防御机制研究综述》。

法请求侵占其服务资源而引起服务中断，甚至宕机。

　　从攻击流程上，DDoS 攻击一般分为四个步骤：（1）寻找"僵尸主机"：在网络上收集信息，寻找保护程度差的主机，作为"僵尸主机"的备选目标。（2）控制"僵尸主机"：对备选主机发动攻击，侵入后在主机上安装恶意程序，使之成为被攻击者远程控制的"僵尸主机"。（3）启动 DDoS 攻击：通过控制大量的"僵尸主机"同时向最终攻击目标发动攻击，发送海量攻击数据包。（4）清理战场：为隐藏攻击，攻击者在完成攻击后从内存中删除所有的记录或历史文件。

　　自 1996 年首次出现 DoS 攻击以来，DoS 攻击和 DDoS 攻击日益普遍化、频繁化。据国家计算机网络应急技术处理协调中心侦测统计，DDoS 攻击在 2019 年仍然呈现高发、频发之势，抽样监测发现我国境内峰值超过 10Gbps 的大流量 DDoS 攻击事件数量平均每日 220 起，同比增加 40%。据《全球关键信息基础设施网络安全状况分析报告》报道，2016 年 11 月，俄罗斯五家大型银行同时遭受了来自 30 个国家合计 2.4 万余台"僵尸计算机"发起的 DDoS 攻击，攻击时间长达 2 天之久。在连续攻击的 2 天内，每波攻击持续至少一个小时，最长的不间断持续超过 12 个小时，攻击强度达到了每秒发送 66 万次请求。

　　3.恶意代码攻击。恶意代码是一类计算机代码或程序的统称，主要是指为

时间	代表样本	软件类型	目的或影响	样本功能技术特征
1971	Creeper	一般程序	实验	能够在计算机之间移动
1974	Wabbit	一般程序	致使系统奔溃	具有自我复制功能
1982	Elk cloner	病毒	克隆	具有传播、自我复制功能
1986	PC-Write trojan	病毒	测试公司软件漏洞	可以感染 MS-DOS 计算机
1991	Michelangelo virus	病毒	在 3 月 6 日擦除硬盘中信息	感染，擦除硬盘信息
1999	Melissa virus	病毒	群发邮件	感染计算机，获取其 outlook 地址簿，群发邮件
2000	ILOVEYOU worm	蠕虫	损害大型企业和政府机构	以良性主题发送电子邮件传播，感染 5000 万台计算机，蔓延至全球
2001	Annna Kournikova virus	病毒	传播恶意软件，进行破坏	将恶意软件隐藏在吸引人的照片种，通过电子邮件发送进行传播
2003	SQL slammer worm	蠕虫	感染计算机实施破坏	利用漏洞，传播速度快，感染范围广
2005	Koobface virus	病毒	针对社交网络进行攻击	感染 PC 然后传播到社交网站
2008	ConFicker worm	蠕虫	造成自 Slammer 出现以来最严重的破坏	感染并实施破坏
2010	Stuxnet worm	蠕虫	攻击伊朗的核电站，包括其硬件与软件功能.	具有 APT 团队开发的复杂性和先进性，具有密集的资源信息
2011	Zeus trojan	木马	窃取银行信息.	影响范围广，通过浏览器按键记录和表单抓取来窃取银行信息
2014	Backoff	后门	盗取信用卡数据	破坏 POS 系统以窃取信用卡数据
2017	Wannacry ransomware	勒索软件	获取支付赎金	利用漏洞，将用户数据锁定，致使感染 150 多个国家超过 23 万台 Windows 计算机系统瘫痪

PC 端恶意代码演进及影响

资料来源：宋文纳等发表的《恶意代码演化与溯源技术研究》。

达到盗用账号、破坏文件、远程控制等不同目的而故意编制或设置，对目标网络和系统形成威胁或潜在威胁的计算机代码。最常见的恶意代码有计算机病毒、特洛伊木马、计算机蠕虫、后门等。恶意代码由来已久，但一直长盛不衰，并随着信息技术发展而不断更新进步，其攻击性和后果严重性也越来越突出。

2017 年，世界权威的第三方独立测试机构 AV-TEST 发表安全报告指出，已检测的恶意代码规模超过了 6.4 亿。其中，Windows 平台的恶意软件占据了绝大多数比例，而移动端的 Android 平台和 Mac 平台的恶意软件规模均出现了暴增。据报道，WannaCry 勒索病毒于 2017 年在全球大爆发，感染至少 150 多个国家的 30 万名用户，造成损失达 80 亿美元，影响波及金融、能源、医疗等众多行业。其中，我国部分 Windows 操作系统用户也遭受感染，部分高校的大量实验室数据和毕业设计被锁定加密、部分大型企业的应用系统和数据库文件也被锁定加密，无法正常工作，影响巨大。从国内统计数据来看，国家计算机网络应急技术处理协调中心在 2019 年全年捕获了超过 6200 万个计算机恶意代码样本，日均传播次数达到 824 万余次，涉及计算机恶意代码家族 66 万余个。

4. 软件安全漏洞风险。类似硬件安全漏洞，软件程序在设计、编码等过程中也会有意无意出现缺陷，这些缺陷可能被攻击者利用并以此为入口侵入相关软件系统，进一步控制或损坏相关软件或数据。其中，尤其高危的是所谓的"零日漏洞"，即在漏洞被公布之日尚未同步公布修复补丁，则该漏洞极有可能被攻击者利用立即展开攻击，使得所有使用该软件的网络用户均处在安全威胁之中。

5. DNS（Domain Name Server，域名服务器）劫持攻击。通俗地讲，DNS就是负责将互联网用户在浏览器中输入的 IP 地址转换成互联网网络上特定位置的计算机名称（即域名），就好像网络世界中的"地图导航"，带领互联网用户达到需要访问的计算机。而 DNS 劫持攻击指的就是攻击者通过侵入 DNS 服务器或者伪造 DNS 服务器，把互联网用户原本想要访问的目标网站域名翻译到错误的 IP 地址，使得互联网用户无法访问到目标网站获取服务，甚至被劫持到攻击者蓄意准备的其他网站地址，进而对互联网用户进行进一步伤害。

2016 年 10 月 22 日，攻击者经过长期准备后通过 DNS 劫持攻击了一家巴西银行的 36 个域名，其企业邮箱和 DNS 全部沦陷，致使该银行所有业务被控制长达 5 个小时，造成恶劣影响和重大损失。

6. 网页安全风险。网页安全风险指的是攻击者直接针对目标网站或网页进行的攻击，最终危害访问该网站或网页的互联网用户，主要有网页仿冒、网页后门或挂马、网页篡改等。其中，（1）网页仿冒是攻击者制作目标网页的假冒版本，其网页地址、界面、内容等可能与原始的目标网页高度类似，然后通过邮件、短信、电话等各种渠道诱使用户登录到"李鬼"网页，继而诱骗并偷盗用户在其中录入的各种信息。（2）网页后门或挂马是攻击者在目标网页中植入恶意代码，当用户登录有问题的网页时，其中的恶意代码就会自动执行，可能将相关恶意程序自动下载到用户本地电脑，继而感染并远程控制用户电脑。（3）网页篡改是攻击者直接篡改目标网页中的全部或是部分信息，当用户登入时看到的是攻击者希望其看到的内容，从而达到诈骗或是非法宣传等目的。

7. 移动 APP 风险。随着移动互联不断深化，各类移动 APP 逐步深入到社会生活的方方面面。由于供应商鱼龙混杂、产品设计问题等原因，移动 APP 带来的网络安全风险正在逐步加大。再考虑到移动 APP 越来越多的受众，将为我国用户带来巨大的安全隐患。

中国信息通信研究院对国内金融领域的移动 APP 安全情况进行了相关调研，结果显示由于移动端操作系统的开源性、部分开发者安全意识淡薄、技术防护手段落后等原因造成目前国内金融移动 APP 大量存在安全隐患，主要表现在以下几方面：（1）大比例的移动 APP 存在高危漏洞，调研的 133327 款金融行业 APP 中超过 70%存在高危漏洞。（2）不少移动 APP 含有恶意代码，主要涉及移动用户的隐私数据收集、恶意扣费、流量资源消耗、广告推送等多种恶意行为。（3）嵌入第三方 SDK（Software Development Kit，软件开发工具包）可能引入额外安全风险，结果显示超过 20%的被调研 APP 嵌入了第三方 SDK。（4）过度索权和明文存储信息加大信息泄露风险，调研发现包括国有大行在内的移动 APP 均存在若干过度索取用户移动终端权限的情况，明文存储个人信息的情况也大有存在。

三、网络安全防护

（一）高可用冗余技术

冗余保障安全。一是机房及配套基础设施层面，金融机构通常采用多中心备份模式，甚至部分大型金融机构采取多城市多中心备份模式。二是软硬件设备及网络架构层面，通过设置冗余备份软硬件设备（如集群、冷备、热备、双活、多活等）或网络（如冗余节点、备份通信线路等）实现高可用、高可靠等目的。

（二）传统安全防范技术

1.网络传输防护。（1）最为直接的是，从物理上拉通一根独立的网络传输专用线路，实现与互联网及其他专线的物理隔离，保障专线内数据传输安全。（2）对传输数据进行加密是保障网络数据安全的核心要求。根据保密级别和资源情况，应合理选择对称加密、非对称加密等算法。此外，为应对不断提升的密码破解能力，应密切跟踪量子加密技术的发展情况，以期从根本上提升数据安全。（3）综合应用各类安全认证机制，如数字摘要、数字信封、数字签名、数字时间戳、数字证书等。

2. 网络分区与隔离。通过物理或逻辑方式将企业网络环境进行功能分区，实现相互隔离，加强内部网络设备和数据安全。一般而言，金融机构网络环境至少应设置内部生产网络、内部办公网络、非武装网络区（DeMilitarized Zone，DMZ）、互联网等分区。其中，内部网络与互联网必须实行完全的物理隔离措施，不能共用任何网络设备。

3. 设置防火墙。防火墙（Firewall）通过整合各类安全管理与过滤的软硬件设备，在企业内外网之间构建一道相对隔离的保护屏障。（1）软件防火墙，即基于计算机操作系统等系统软件之上安装的防火墙软件。这是用于单台计算机防护的"个人防火墙"，是防火墙防护的最后一道防线。（2）硬件防火墙，即基于硬件平台和 PC 架构上使用的防火墙，审查流入报文的工作仍由其中的管理软件完成。（3）芯片防火墙，即彻底的硬件防火墙，完全基于专门的硬件平台工作，不依赖任何软件操作系统，因此处理速度更快、能力更强、性能更高。

4. 传统入侵检测。（1）异常检测，即通过"白名单"发现所有与已知正常行为不同的异常行为。通过建立基于正常网络事件的模型特征库，据此与当前监测的网络行为进行比较，若明显异常则认为出现了入侵行为。可想而知，这种方法不限定入侵事件类型，但存在误报率高的缺点，另外，面对当前各种模拟正常行为的智能入侵手段也难以有效识别。（2）误用检测，即通过"黑名单"抓出正在进行的入侵行为。通过建立已知的入侵活动样本库，据此与当前监测的网络行为比较，若达到一致性标准则表明发生了某种已知的入侵行为。这种方法检测速度快、误报率低，但是限定入侵行为类型，无法应对新型入侵。

5. 及时更新防病毒软件。防病毒软件是安装于计算机操作系统上的恶意代码监测、预警和处理软件，是病毒程序渗透进入计算机设备之后的补救手段。目前防病毒软件主要基于庞大且不断更新的病毒特征库对计算机内部文件和事件等进行监测和处理。鉴于病毒等恶意代码层出不穷、变化多端，计算机上安装的防病毒软件必须及时更新其病毒库，方可减少损失。

（三）新兴智能防范技术

1. 机房及内部基础设施中，研发配置智能机器人方案，通过机器人智能巡检、预警及修复，实现更高频（甚至实时）、更精准、更全范围覆盖的安全防护。

2.充分利用人工智能发展成果。根据《中国网络安全产业白皮书(2019年)》整理，目前人工智能技术在异常流量检测、特定场景的恶意软件防御及溯源、异常行为分析、敏感数据保护、安全运营管理等方面，都提供了新兴而积极有效的解决方案。

3.利用区块链技术的分布式、共识机制、防篡改、防抵赖等核心特征，可有效缓解 DNS 劫持、DDoS 攻击、网页信息篡改等安全风险。

4.采用大数据技术来检测高级网络攻击。《大数据安全标准化白皮书(2018版)》总结，通过大数据技术实现网络安全威胁信息分析，基于大数据深度学习方法来替代传统入侵检测方法中的攻击特征模式提取，利用大数据技术实现网络安全态势感知并对多步复杂网络攻击的检测、溯源和场景重现，都已开始应用，正在逐步成为一种企业信息安全防护的实用趋势。

第五节　金融科技与新技术安全

新技术之于金融行业，犹如火器之于军队，由此将人类社会带入更高阶的热兵器时代，攻击力更强、战斗力更强。也正是由于进入热兵器时代，人类的战争更加残酷，交战双方的伤亡更加惨重。新技术带来的安全威胁与防护问题，始终将成为一对矛盾力量推动着金融行业螺旋上升。

一、概念、特征与分类

技术是中性的，但是技术的影响一定不是中性的。随着人工智能、区块链、云计算、大数据、移动互联、量子计算、5G 等新的信息技术的不断发展与成熟，相关应用对于提升金融服务质量、金融管理能力、金融信息安全等方面都起到了重要的积极作用，甚至将不断成为引领整个数字经济的新动能。中国工程院邬贺铨院士在《新一代信息基础设施亟须同步建设网络安全能力》中指出，对包括 5G、云计算、人工智能、物联网等在内的新一代信息基础设施及其相应信息技术领域的持续投资，将大幅带动劳动生产率提升，促进经济增长。根据格雷戈里·L. 理查兹（Gregory L.Richards）等在 2012 年发表的论文，加倍投资云计算将助力 GDP 增长约 12.2%—13.5%。而根据相关统计测算，2010 年至 2020 年间美国 GDP 增速的 1/3 与云计算有关。埃森哲公司预测人工智能将使包括中国在内的 12 个主要国家 2035 年平均 GDP 增速加倍，而麦肯锡公司预测到 2030 年约 70% 的公司将使用至少一种人工智能，人工智能整体上将为全球额外贡献 13 万亿美元的 GDP 增长。

但另一方面，由于新技术本身处于高速发展的过程中，不论学术界还是产业界都尚未能完全掌握其所有的特点和可能的边界，在这种朦胧探索中，势必存在着尚未解决或发现的新问题。同时，各种新技术作为强有力的武器，是否发挥有益于社会和人类的作用，很大程度上也取决于被什么样的人去使用。金融机构希望利用新技术改善业务效率、提升信息安全，全世界躲藏在隐秘角落的攻击者们也在不断学习和进化，希望利用新技术改造出更加威猛的攻击武器。这是一场永不停息的追逐赛，在越来越强大的信息技术时代，将产生更加严重的"赢者通吃"效果。如同邬贺铨院士在前述文章中指出的，新技术的运用在应对原有网络安全问题之外，还将面对包括虚拟化挑战、开放性挑战、切片化挑战、大连接挑战、开源化挑战、大数据挑战在内的各种新挑战，其安全问题带来的后果更为严峻，需要有新的战略思路来增强安全能力。

正因如此，习近平总书记在 2016 年 4 月 19 日召开的网络安全和信息化工作座谈会上就明确指出，我们一定要认识到，古往今来，很多技术都是"双刃剑"，一方面可以造福社会、造福人民，另一方面也可以被一些人用来损害社会公共利益和民众利益。而中国人民银行科技司司长李伟在《金融创新与安全要"双轮"同进》一文中也强调，创新与安全是金融科技发展的两个支柱，不可偏废。要把实现安全的创新作为发展的主旋律，不能只求创新罔顾安全，搞不符合安全规定和技术标准的技术，也不能一味追求安全使金融科技丧失创新的活力，安全和创新的双轮要协调一致，同步前进。

解铃还须系铃人。由新技术发展和应用带来的新问题新挑战，已经难以用传统的技术手段加以缓释疏解，信息安全攻击方和防守方的新技术军备竞赛已然开启，谁在这个过程中落后谁就只能被动挨打。从这个意义上看，直面新技术可能带来的新风险，尽早研究分析，建立更为先进的防御体系和机制，以"新武器"对等防范"新攻击"，才可能在未来的信息化、智能化时代切实实现金融信息安全。

二、主要风险

（一）人工智能安全风险

作为人类能够主宰世界的核心能力，智能是很难通过程序直接赋予机器的。哪怕是像人类这样复杂精密的生物体，也需要经年大量的学习和积累才能逐渐掌握和扩大自己的智能。想要使得机器具备"智能"的人工智能技术，同样也需要在数字世界里不断地学习和积累。正因如此，以机器学习、深度学习、语音识别等为代表的人工智能技术的核心就是学习检验和再学习。其中，学习的模式和方法就是模型和算法，学习的输入和对象就是数字世界里面的各种数据，而学习的基础和能力来源于具有强大算力的各种基础设施。近十年来，人工智能能再度飞跃的关键，就来源于以深度学习算法为代表的算法突破，伴随移动互联和 4G 网络技术而来的、易得的海量数据，以及与 GPU、FPGA 等为代表的专用高性能芯片所产生的强大算力。

然而，福兮祸所伏，人工智能的安全风险往往也就来源于上述使之再度飞跃的三大方面。另外，法无正邪，心有善恶，这就是人工智能技术运用的第四大类风险。参考《人工智能安全标准化白皮书（2019 版）》等资料，简要整理介绍人工智能的相关安全风险如下。

1.算法与模型安全风险。人工智能各类技术基本上都高度依赖于算法和模型，这是相关技术能体现出一定"智能"表现的核心。然而，相关理论研究和工程实践的不成熟不完善势必将带来很多风险。（1）通用性和专用性的矛盾。这指的是对不同环境或者情况的适应性，与在每种环境或者情况下面表现出来的准确性之间的矛盾。专用人工智能和通用人工智能在人工智能领域是一个重要的分类标准，限于技术的发展，目前从具体的实践情况来看仅仅只能在专用人工智能方面取得较好的表现，也就是相关的算法和模型，只能在相对单一的情境下面经过精心的调试得到相对精准的智能表现，而当所处情境发生一些改变后，同样的算法和模型难以举一反三，可能就会得到不太理想的结果。而如果想要拓展少许的泛化迁移能力，往往又可能导致在单一问题的精准度下降。比如，在熊猫图片里增加一些精心设计的细微的干扰项，就有可能导致原来的算法模型得出完全不同的判断（将熊猫判断成长臂猿）。（2）过度依赖输入数据集。目前大部分的人工智能算法和模型都高度依赖输入数据集，通常需要海量、高质量、高覆盖度甚至合理标注的数据输入才能驱动模型得到比较优秀的输出结果。同时，如果用于训练的输入数据集未能覆盖现实中的一些情况，有可能模型在实际运用时会出现难以预料的结果，甚至会得出对使用方造成损害性的结果。（3）不可解释的"算法黑箱"。目前虽然不少人工智能算法和模型透过海量数据训练后能在一定范围内得出比较优秀的结果，但是难以用人类可理解的方式解释该算法和模型得出正确结果的判断逻辑。这种"算法黑箱"的特征来源于人工智能算法和模型的本身，目前在学术界也还没有特别好的解决方案。比如：深度学习算法中往往有上百万甚至数十亿的参数，每个参数都很简单，但是整个系统是如何通过这些海量的参数互相协同配合得出判断结果，目前是人力难以企及的。在这样的特性下，将人工智能算法和模型用于金融领域的重要场景时，始终存在未可知的风险隐患。

2. 数据安全风险。人工智能技术需要海量数据进行训练，并可以"推理"出各种隐藏在数据背后的关系和逻辑，因此必然涉及数据采集范围、客户授权、个人隐私等方面的合规和泄露风险。为了算法和模型效果，往往需要采集各种场景下、各种类型的海量数据。然而，到底以什么为边界，相关数据涉及的个人和企业是否知悉和授权，人脸、声纹、虹膜等生物特征收集是否触犯或威胁到个人隐私，根据原本"无关联"的非隐私信息经由人工智能模型推理出敏感信息等问题或风险，还将长久存在于人工智能的应用中。

3. 开源软件、框架等安全风险。人工智能大规模应用时间不长，之所以取得令人惊叹的发展速度，得益于主流软件、框架等基础工具的开源化。但在业界聚焦于其高速发展的同时，相关软件、框架等面对的安全风险可能被忽视或轻视。业界热门的 TensorFlow、Caffe 等框架平台就被爆出过不少安全漏洞，基于其上开发的各类人工智能应用难以规避相关威胁。

4. 人工智能滥用或恶意使用风险。人工智能技术应用中存在明显的"以子之矛，攻子之盾"现象。攻击方使用人工智能技术将实现智能化攻击，极大降低攻击成本、提升攻击效果。比如：结合人工智能技术对网络目标实施智能化 APT 攻击，近年来多发的人工智能加持（变脸、换音，精准化选择目标、自动化定制个性化诈骗剧本等）的智能化电信网络诈骗。又比如：加入对抗性干扰后的不良信息传播更容易逃脱人工智能筛查，人工智能技术助力口令破解概率和效率等。

（二）区块链安全风险

始于 2008 年中本聪（Satoshi Nakamoto）论文《比特币：一种点对点式的电子现金系统》（"Bitcoin: A Peer-to-Peer Electronic Cash System"）的区块链技术，从某种意义上来说，并非是底层技术的根本性飞跃，更多在于对若干技术的创新性组合和巧妙的逻辑设计。因此，从根本上来说，区块链面对的安全风险可以分成两大类，一是各种现有底层技术的传统安全风险（可能有的风险会有所减轻，但是还是很难完全避免），二是被区块链的新框架新设计所引入或加剧的安全风险。其中，底层技术的传统安全风险包括：密码安全风险、网络攻击风险、代码逻辑风险和外接 API 接口风险等。下面将主要阐述由于其新模式新设计所新增或加剧的相关风险。

1. 共识机制设计引入的风险。通俗来讲，共识机制就是使得互不信任的节点之间能够产生信任的机制设计，是区块链技术赖以生存与发展的关键技术。目前，常见的共识机制主要有工作量证明算法（Proof of Work，PoW）、权益证明算法（Proof of Stock，PoS）、委托权益证明算法（Delegated Proof of Stock，DPoS）以及实用拜占庭算法（Practical Byzantine Fault Tolerance，PBFT）。从目前对上述各类共识算法的机制分析和实践情况来看，普遍存在着以下问题或风险：（1）资源浪费：在形成共识的过程中消耗大量计算资源、电力资源等，其中绝大部分最终被废弃。（2）性能瓶颈：共识过程和后续确认往往需要花费较长时间，使得大部分区块链仅能应用于低频率场景。（3）恶意攻击：当攻击者拥有链内至少 51% 的算力或权益（由持币时间和规模决定），或是掌握 1/3 节点时，攻击者会成为该区块链的"统治者"，可以篡改、撤销或实施其他恶意行为。

2. 透明可追溯加剧隐私泄露风险。区块链技术中每一笔交易的所有信息会全量存储于链内所有节点中，也就是链内所有参与者均能获悉所有节点之间的所有交易明细。这一方面带来了链内整体的透明和非中心化协作，也有利于交易溯源，但是同时可能也会加剧参与者隐私泄露的风险。比如：利用行为特征分析等技术，结合其他信息，攻击者可能可以从全局全量的交易及其关联信息中推测出一些隐私信息。

3.跨链协同风险。目前，区块链项目数量繁多且仍在快速增长，从现实世界的交流协作需要出发，未来必然需要不同区块链之间进行协同或者融通。从单一区块链来看，其内部分别都有适宜的共识机制确保互信，但两个或多个不同区块链上资产和状态等如何通过特定的可信机制互相转移、传递和交换，如何确保其数据一致性以及执行效率等，均面临着较大的技术困难，更别提其中可能涉及的安全问题。

4.匿名性导致违法活动难以监管。区块链可以允许任何人以匿名的方式进入网络并发起交易，这在便利用户、保护隐私的同时也大大增加了包括洗钱、恐怖主义融资、毒品交易、非法信息传播等各种违法活动的监测监管难度。例如：美国《华尔街日报》在 2018 年时报道，门罗币成为洗钱犯罪的热门渠道，在其调查的 46 家交易所中至少涉及超过 9000 万美元洗钱规模。而日本交易所 Liquid 出于满足监管机构关于反洗钱和打击恐怖主义融资要求，已于 2020 年 7 月宣布将包括零币、门罗币在内的 27 种加密资产退市。

（三）云计算安全风险

根据 KBV Research 预测，全球公有云市场规模预计将于 2026 年达到 4885 亿美元，在预测期内年复合年增长率将达到 16%。而根据国家计算机网络应急技术处理协调中心发布的监测，近年来云平台已成为发生网络攻击的重灾区，一方面是云平台本身受到严重的网络攻击，另一方面云平台也成了大量针对其他设施进行网络攻击的重要跳板，相关风险事件在 2018—2019 年更是持续加剧。

云计算已经日益成为全世界重要的信息科技基础设施，但由于其所存储的涉及国计民生、企业运营的大量数据和用户个人信息，以及其服务模式的特点，云计算所面临的严峻信息安全风险，需要各个行业，尤其是金融领域加以严肃面对。

1.基础设施安全面临严重挑战。一是云计算平台架构和平台组件非常复杂，往往涉及多种标准、协议，涉及虚拟机软件、操作系统、中间件以及各种应用软件等。系统的复杂性通常带来隐藏的未被及时发现或修补的漏洞和弱点，这将使云平台基础设施在广袤的互联网世界暴露较大的风险敞口。二是云平台网络流量非常复杂，便于攻击者隐藏身份，更加难以防范。三是因为较大的攻击收益和攻击性价比，云计算云平台容易成为各类攻击组织重点研究的对象，经常"以一敌百"，云平台安全运营维护面临着极大的压力。

2. 数据泄露隐患和影响加剧。一是数据集中、数据量大，一次泄露，影响范围大。各机构需要利用云平台进行处理的数据，其规模通常较大。同时，由于云平台往往具备多租户模式，同样的物理设施上通过虚拟化技术承载着不同机构不同数据。以上情况都将加剧云平台数据泄露的影响范围和程度。二是目前比较成熟的方案中数据虽然在传输过程中可以加密传输，但是数据上云后主要还是解密后才能运算处理，数据安全风险隐患较大。三是相比金融机构自主管理数据，若采用外部机构提供的公有云、联盟云等设施，因为增加了云平台提供方内部人员运维接触本方数据的机会，则可能增加数据泄露的概率。

3. 自主可控风险。云计算模式下，不论云平台软硬件还是数据，都处于云服务商控制下，使用云服务的机构在一定程度上失去了对上述软硬件和数据的自主控制，对于是否严密监控、是否及时修复软硬件漏洞等情况难以掌握，安全风险增大。

4. 云平台难调整。因为收费、安全、服务质量或本机构整体系统规划等各种原因，使用云服务的机构可能需要将原本部署在云平台上的应用和数据调整回本机构自己管理的平台上，或是调整到其他云服务提供商提供的云平台上。由于不同云服务提供商使用的云平台架构、标准等各不相同，甚至差异较大，这将使得云用户的调整计划遇到比较大的阻力，严重的时候甚至会由于过大的代价或技术风险等而不得不停止相关调整。

5. 开放性接口风险。云计算的服务模式从根本上决定了其必须具备充分的开放性，以便于与各类云服务使用机构内的各种系统对接交互。这些开放性接口在带来灵活性与便利性的同时也势必带来安全隐患，可能会成为被攻击者撕开裂口的薄弱环节。

（四）大数据安全风险

大数据的本质还是数据，但是由于其数量巨、种类杂、场景多等"量变"则会导致其应用特性和安全特性积聚出比常规数据集复杂得多的"质变"效果。

1.隐私泄露加剧。大数据突出的特点是数据规模巨量、来源渠道多元、数据类型丰富，结合人工智能等技术进行数据挖掘和分析，单独看似"不敏感"的多源、异构数据，可能合在一起就会导致个人隐私等敏感信息泄露。

2.治理不当造成数据灾难。没有有效治理的数据不但没有价值，反而会成为企业的噩梦。没有有效治理的大数据，则将成为更大的"灾难"。比如，有价值的数据被大量无效数据掩盖，一时无法找到。再比如，缺乏一致性和准确性的数据可能导致各类统计、算法和分析的结果偏离实际，对经营管理给出不准确的参考信息。

3.智能终端加大信息安全体系脆弱性。一是智能终端可能会存储大量个人敏感数据，如银行卡信息、网银登录信息、移动支付密码等，无以计数的、参差不齐的智能终端事实上就是无数个网络脆弱点。二是从智能终端进入的数据源可能因为攻击者的入侵而变成不可信的，或者终端用户因为电信诈骗蒙蔽而做出违背自身正常意愿的操作请求。

4.系统稳定运行存在更大风险。一是由于数据量规模巨大、增量数据也巨大，对后台处理系统性能形成较大挑战，可能引发系统宕机或批量处理时间过长等安全运行问题。二是当采用分布式架构拓展系统性能时，由于增加了大量的计算机和相互网络，整个系统的链条变长、交互也更加复杂，无形间从整体上增加了系统中节点出现故障的概率。若出现一点或多点故障时，可能整个导致分布式系统出现问题。三是目前大数据场景中大量应用的开源平台和技术，如 HBase/Hive、Cassandra/Spark、MongoDB 等，普遍缺乏原生内在的安全规划和考虑，对大数据应用用户的身份鉴别、授权访问以及安全审计等安全功能需求考虑不足。再加上上述开源软件往往缺乏金融机构全面、细致的测试评估，运行维护也没有类似于其他商业软硬件的服务厂商专业化技术支持，因此相关软硬件系统的安全防护和稳定运行存在较大风险。

5.传统安全技术可能无效。一是数据访问控制更加复杂。由于大数据应用场景和用户角色等异常复杂，对应的身份认证和细粒度、灵活可变的访问控制对现有相关技术具有挑战。二是入侵检测等安全检查手段误报过多，往往超出人力筛查的范围，使得相关安全防范措施可能被放空。

三、新技术安全防护

中国科学院院士、清华大学人工智能研究院院长张钹教授在一次论坛演讲时提出，人工智能改变信息安全的未来，信息安全反过来促进人工智能的未来发展。各种新技术可能为信息安全带来多样化的影响，有积极的也有消极的，正确的方式不是回避，而应该直面问题，以更大的技术发展解决技术问题。下面，从各类金融科技的角度简要介绍可能用于提升新技术安全的情况。

（一）人工智能风险防范

据北京得意音通消息，2017 年 7 月 31 日，在清华大学举办的"人工智能与信息安全"论坛上，张钹院士详细解读了以深度学习为代表的人工智能与信息安全的关系，最后提到了人工智能技术研究和应用的发展方向，对于缓解当前人工智能技术本身所带来的信息安全风险能够起到较好的推动作用。

1. 基于数据和基于知识的方法进行结合，取两者之优点。数据驱动的人工智能算法和模型长于利用数据"野蛮"推导埋藏于数据之下的规律和逻辑，适合抓出"异常入侵"可能，但却严重依赖于数据，常常"垃圾进入、垃圾输出"。知识驱动的人工智能算法和模型则长于利用已有的领域知识和特征经验进行准确判断，数据依赖不严重，但却需要较多的领域知识，同时无力实施新的入侵检测。两者结合，既能有效应对已知入侵也能通过异常情况敏锐发现可能的新的入侵，同时无须所有入侵知识但也避免过度的数据敏感。

2. 充分利用"强化学习""自学习"等人工智能算法，降低大量的外部训练数据依赖。比如：击败李世石的 AlphaGo，后期通过强化学习算法在没有真实棋局数据输入的情况下，自我造就了几十亿盘棋局进行自我对抗训练。这种通过在算法训练过程中自己产生数据自己学习，甚至分别产生真实数据和虚假数据的方法，可用于信息安全中的入侵和反入侵训练。攻击者可以用假数据骗计算机，防御者可以用真假数据自我训练，提升防护能力。

3. 通过研究发展"可解释的人工智能"实现金融信息安全应用中"安心"和"放心"。

人工智能安全标准体系

资料来源：全国信息安全标准化技术委员会大数据安全标准特别工作组发布的《人工智能安全标准化白皮书（2019版）》。

除了关注上述人工智能领域学术前沿的研究发展外，从国家和产业角度，还应加快推进人工智能安全标准体系建立，在现有技术体系的情况下汇集各方专家智慧，形成当前人工智能技术应用各环节、各层次的安全标准化指南。而从金融机构等具体机构来看，则应注意在自我研发或引入相关人工智能软硬件设备时要严格按照相关安全标准落实，最大程度上减少因运用人工智能技术而造成的新增风险暴露。

（二）区块链风险防范

1.共识机制改进。（1）鉴于目前几种主流共识机制在一致性、容错性、扩展性、性能效率以及资源消耗上各有优劣，一个天然的思路是可以考虑将各类共识机制进行适当组合，形成新的表现更优异的共识机制。比如，Tuyet Duong 等人在"2-hop Blockchain: Combining Proof-of-Work and Proof-of-Stake Securely"中将工作量证明算法和权益证明算法相结合，通过交替运用减少了资源消耗，并进一步提高了共识机制的安全性和公平性。而赵阔等在《区块链技术驱动下的物联网安全研究综述》中将委托权益证明算法和拜占庭一致性算法相结合，通过委托权益证明算法选出代表的方式缓解拜占庭一致性算法的扩展性问题，通过拜占庭一致性算法规避分叉问题，提高了一致性和安全性。（2）更重要的是，持续研究探索在各项特征方面更均衡、表现更优异的新型共识机制算法才是从根本上解决现有共识机制问题的未来之路。

共识机制优缺点比较

共识机制	一致性	安全性（容错率）	扩展性	性能效率	资源消耗
工作量证明	有分叉	<50%	差	高延迟	高
权益证明	有分叉	<50%	良好	低延迟	低
拜占庭一致性协议	无分叉	<33%	差	低延迟	低

资料来源：韩璇等发布的《区块链技术中的共识机制研究》。

2.隐私保护技术。（1）通过环签名技术可以在签名时不泄露签名者信息，实现签名者完全匿名，以便保护区块链参与者的身份信息。（2）通过同态加密、零知识证明、安全多方计算等技术实现对区块链上存储和传递信息的更安全加密，避免在运算和交互时出现解密泄露问题。其中，同态加密可支持在不解密的情况下对数据进行处理，得到的处理结果仍然保持加密状态，直到该信息回到确认安全的环境下时才进行解密。零知识证明可实现密文拥有者在不泄露密文信息的情况下向对方证明自己确实拥有该密文信息。安全多方计算则可实现互不信任的多个参与方在保证输入数据隐私的情况下协同计算。

3.提升跨链协同能力。（1）在优化现有跨链技术解决可用性问题的基础上，需要进一步研究发展交易速度提升、多链并行处理计算、支持海量交易，特别需要注重跨链过程中的安全防护和隐私保护。（2）大力推动行业内区块链技术标准统一，在提升安全性的同时减少因技术标准差异而造成的跨链困难。2020年7月中国人民银行发布的《区块链技术金融应用评估规则》是国内甚至国际金融业的第一个区块链规范，从基本要求评估、性能评估、安全性评估等三方面进行标准规范，对于区块链行业健康安全发展具有重要意义。

4.多措并举加强监管。可在如下几方面加强违法活动监测与监管。（1）从确保实名身份认证、向监管机构提供交易记录追溯接口、为监管机构设置交易干预机制等方面加强交易信息监管。（2）以区块链节点运行状态信息日志记录

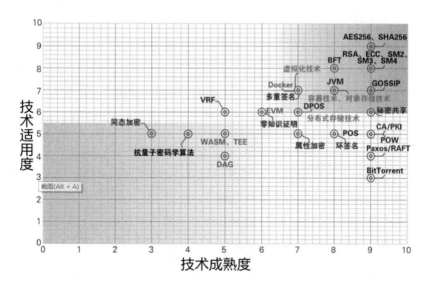

资料来源：中国区块链技术和产业发展论坛发布的《中国区块链技术和应用发展研究报告（2018）》。

等加强系统监管。（3）当发生区块链系统遭遇攻击、大规模宕机、链上交易信息出现非法信息、用户信息大规模泄露等紧急事件发生后需能及时向监管机构报送事件信息。（4）确保监管要求与管理要求写入智能合约中强制执行。

（三）云计算风险防范

1.统一安全标准规范。目前，我国云计算领域和云计算金融领域已发布多项技术标准和应用规范，如：《信息安全技术云计算服务安全指南》《信息安全技术云计算服务安全能力要求》《云计算技术金融应用规范安全技术要求》等。云服务提供商与金融机构应严格按照上述各项标准与规范开展相关工作，既降低安全风险，又便于行业协作与交流。

2.基础硬件安全加固。（1）机房安全。确保云计算平台所在的物理数据中心及各类基础设施满足国家标准，特别应注意服务金融业的云计算数据中心要与其他行业物理隔离运行环境。（2）网络完全。一是从通信链路和网络设备上冗余部署，二是进行网络安全隔离分区，三是加强网络访问授权认证，四是提供专线或 VPN 方式安全接入云平台，五是保证金融业云平台在除广域网外的网络物理硬件不与其他行业共享。（3）设备安全。一是关键设备冗余部署，二是实时监控、异常告警，三是检查设备启动安全并保护重要配置文件完整性，四是保证金融业云平台物理设备独立于其他行业云平台。

3.平台资源安全加固。（1）API接口安全。采用HTTPS安全协议，加强多组合的接口身份认证。（2）网络资源池和计算资源池安全。均需从访问控制、安全审计、入侵防范、恶意代码防范等方面加强标准化防护工作，网络资源池还需在架构设计方面通过虚拟网络全冗余设计避免单点故障，计算资源池还需在资源控制（如虚拟资源隔离、分级保障等）、镜像和快照保护等方面保护云平台各租户相对隔离，系统恢复有依据等。

4.架构设计安全加固。（1）边缘云计算架构。利用边缘计算可以将运算放置在本地等"网络边缘"而非云端的模式，将传统云计算的架构拓展至距离终端最近的边缘侧，实现更高效率更高安全。（2）零信任架构。抹去所谓的"安全边界"，以"全局都是危险区"的定位设计时时处处安全防范的架构体系。

5.平台数据安全加固。运用国家认证的高等级加密技术，研究发展同态加密等新型加密技术，支持密钥管理本地化，坚持数据最小访问授权，确保数据

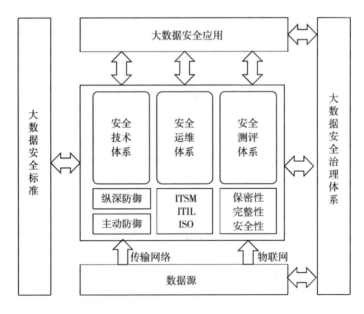

大数据安全保障框架

资料来源：张锋军等发表的《大数据安全研究综述》。

清理彻底等。

此外，鉴于金融机构数据和业务的敏感性和重要性，目前仍推荐金融机构以自建私有云计算平台为主，审慎评估使用外部云计算提供商提供的公有云或行业云等形式。

（四）大数据风险防范

鉴于大数据在当今社会的重要性与普遍性，考虑到大数据在全流程全环节的全面流动，需要以体系化的思维建立完整的安全保障框架。

1. 明确安全防护标准。总结学术与应用经验，发布统一标准规范（如《大数据安全标准化白皮书（2018版）》），严格落实执行。

2. 数据来源安全防护。主要考虑：（1）对智能终端等进行硬件加固。（2）对传输网络进行信道加密。（3）对传输数据进行高等级加密。（4）对输入数据进行人工智能特征分析、异常预警等。

3. 推进大数据安全治理。建立行业及机构的大数据安全治理体系，以大数据生命周期安全管理为核心，明确大数据的数据标准、元数据管理、主数据管理、数据质量管理等，坚持不懈打造大数据治理平台，将上述安全治理各领域要求落实到系统中，以机控补位人控。

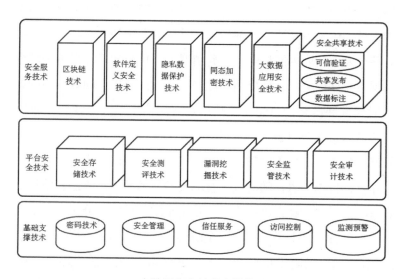

大数据安全技术支撑体系

资料来源：张锋军等发表的《大数据安全研究综述》。

4.综合运用多种技术构建多重的安全技术支持体系、安全测试评估体系、安全运行维护体系等。

第六节　金融信息安全未来主流技术方案——零信任架构

当今世界已经进入深化开放与融合的新时代，金融行业和金融信息化无论从广度、深度还是从智能化、交互化程度来看，也都已经迈入更为高阶的新时代。在这样的背景下，金融信息安全不进则退。结合目前行业发展新特点、产业发展新成果，本节介绍一个金融信息安全发展的主流技术方案——零信任架构。

一、背景与概念

（一）时代背景

1.传统网络边界难以为继。随着云计算、大数据和移动互联、物联网等技术和应用的不断深入和普及，移动办公、开放协作成了越来越明显的趋势，哪怕是金融信息系统，也逐步从中心化的封闭体系转向分布式的开放体系，这就让企业网络架构中原本泾渭分明的内外部网络范围遇到了越来越大的挑战。企业内部的人员、信息不断地向外部传播，外部的系统和访问请求不断地接入企业内部，甚至要求获取内网权限。在此情况下，传统网络边界越来越模糊，原来内部数据不允许出去，外部申请不允许拥有与内部用户同等权限的思维逐渐不能适应时代发展需要，急切需要从机构之间信息系统互联和开放协作的角度，重新考虑信息安全问题。

2.外部的智能攻击防不胜防。传统的网络攻击手段已经让全球各企业的信息安全工作者们疲惫不堪，随着人工智能等新技术发展，攻击者使用的智能攻击手段日益丰富，并且越来越呈现出大规模组织、精细化分工、高等级技术的攻击特征。从某种意义上说，信息安全防得了一时防不了一世，传统静态认证存在严重风险。《金融电子化》杂志社在2016年组织对话"感知'互联网+'挑战，破题金融信息安全"时，监管机构和金融机构、产业机构等多位专家普遍认同未来的金融信息安全防护思路应该从"防止入侵"调整到"防止损失"、从"相对静态"转化为"持续动态"，毕竟再复杂的防御体系也无法做到万无一失，更加理智的方法是立足动态，重点突出行为监测和响应实效，对金融机构的基础设施、应用系统全面监控和分析，对金融机构各类科技与业务数据持续监控检测，主动发现问题并迅速响应、处置。

3. 内部安全遭遇越来越多挑战。（1）可能是由于安全意识薄弱或操作技能欠缺，也可能是蓄意为之或被迫而为，不管什么原因，金融机构内部的人员正越来越成为金融机构信息安全面临的重大威胁。通常来说，金融机构内部人数众多、人员构成复杂、人员流动性较好，每一个正式员工、临时雇员、外包人员等可能都会成为金融信息安全的一个潜在爆破点。同时，由于内部人员对相关情况更加熟悉、各种系统和数据的访问权限更丰富，因此内部引发的数据泄露等安全问题往往烈度更大、范围更广。（2）内部安全的挑战还来源于企业的内部系统。当金融机构某些内部系统因为某些原因被攻击者突破甚至控制后，可能以此为跳板对机构内部的其他系统进行欺骗性攻击。这在传统的金融信息安全架构体系下基本无能为力。

4. 开放协作呼唤精细化管理。在日益讲究生态化、场景化的开放协作式金融服务中，金融机构与不同种类不同级别的客户，金融机构与上下游信息技术合作商、业务服务提供商等存在着因时因地因人的大量差异化协作。在这些精细化的合作与管理过程中，金融机构需要更为精细化地管理其信息系统面临的络绎不绝的外部访问申请。一方面，金融机构信息系统面对的角色范围可能难以提前全部穷举定义，另一方面就算同一角色在不同时间和场景下，其访问权限也不一定完全不变。

（二）零信任概念和发展回顾

埃文·吉尔曼（Evan Gilman）等在《零信任网络：在不可信网络中构建安全系统》中将不可信的网络情况总结为五个假设：一是网络每时每刻都处于危险之中；二是网络中始终存在内外部各种威胁；三是网络的位置不能成为决定其可信程度的唯一判定；四是所有的设备、用户和流量都应经过认证和授权；五是安全策略应该保持动态，并尽量利用更多的数据源共同计算分析。正是为了在上述背景下解决面临的困难，业界萌芽并逐渐发展出被称为"零信任"的架构设计。

顾名思义，零信任架构指的是仿佛置身于"黑暗森林"之中，对周边的一切，不论是所谓的内网、外网，也不论是内部用户还是内部系统，一律给予"零信任"，一律假设对方可能存在恶意，因此，与所有对手方的每一次交互与合作都是在持续谨慎和持续校验分析的前提之下才能发生。根据美国国家标准与技术研究院（National Institute of Standards and Technology，NIST）的定义：零信任（Zero Trust，ZT）提供了一系列概念和思想，在假定网络环境已经被攻陷的前提下，当执行信息系统和服务中的每次访问请求时，降低其决策准确度的不确定性。零信任架构（ZTA）则是一种企业网络安全的规划，它基于零信任理念，围绕其组件关系、工作流规划与访问策略构建而成，是一种针对企业资源和数据安全的端到端方案，全面考虑对身份（人和非人的实体）、凭证、访问管理、操作、终端、主机环境和互联基础设施的保护。

简而言之，零信任架构远远不止是一种技术体系，更是一种全新的信息安全理念和防护思路。传统的基于网络边界的安全防护好比不断挖深挖宽护城河、不断加高加固城墙，甚至在城墙上加炮楼和碉堡，对外部而来的明显攻击能进行有效防御，而对城墙内部基本不再进行安全检查，对混入内部的间谍、奸细则基本没有抵御手段，城内的各种重要设施和重要信息等容易被内部的"坏人"破坏或泄露。而基于零信任理念的零信任架构体系则好比在城内各个重要设施和重要信息的存储房间加上高科技的身份识别和授权管理系统，并且配备动态巡逻检查的安保人员，对城内所有的人配置高科技、多维度的身份证件，所有人在进入重要设施进行操作或是进入重要房间提取信息时均需要进行严格的安检，并且不定时需要对进入内部的人员再次核对身份和权限信息，一旦发现异常，则随时会被安保人员驱离。由此可见，相比传统的安全防护理念和体系，零信任以"草木皆兵"式的理念，随时随地进行检查监控，让来自于内外部的威胁难以遁形，显然更加精细、更加全面、更加安全。正如 CSA 大中华区主席兼研究院院长李雨航所说，零信任代表着业界正在演进的网络安全最佳实践，它的思路是把防御从依靠网络边界的马奇诺防线向个体保护目标收缩。把防护重心从网段转移到资源本身后，当今企业面临的安全挑战得以缓解，比如远程访问与云资源使用这些离开了企业网络边界的应用场景。

零信任理念的最早雏形发端于 2004 年成立的一个总部设在英国的首席信息安全官论坛，该论坛提出应限制基于网络位置的隐式信任，并且不能依赖静态防御。直到 2010 年，时任咨询公司 Forrester 首席分析师的约翰·金德维格（John Kindervag）正式提出"零信任"，阐明了零信任架构的理念，认为所有网络流量均不可信，应对访问任何资源的所有请求均实施安全控制。2011年，谷歌公司首先基于零信任架构理念启动其 BeyondCorp 项目，拟"让所有谷歌员工从不受信任的网络中不接入 VPN 就能顺利工作"。自此，国内外企业基于对零信任架构的理解，纷纷开展技术探索和应用布局，形成应用热潮。同时，零信任也得到了各个国家相关部门的高度重视。2019 年，在工业和信息化部发布的《关于促进网络安全产业发展的指导意见（征求意见稿）》的意见中，"零信任安全"被列入"着力突破网络安全关键技术"之一。同年，中国信息通信研究院发布的《中国网络安全产业白皮书（2019 年）》中指出，"零信任已经从概念走向落地"，将零信任安全技术和 5G、云安全等并列为我国网络安全的重点细分领域技术。而美国国防创新委员会（Defense Innovation Board，DIB）于 2019 年 10 月 24 日发布的《零信任架构（ZTA）建议》（*Zero Trust Architecture (ZTA) Recommendations*）中甚至直接建议，美国国防部应将零信任实施列为最高优先事项，并在整个国防部内迅速采取行动，因为美国国防部目前的安全架构是不可持续的。2020 年 2 月，继 2019 年 9 月发表第一版草案后，美国国家标准与技术研究院（NIST）发表《零信任架构》草案第二版，进行了大量细致的修改及修正工作，并在原有基础上扩充内容、新增部分章节等，不断加快零信任标准的推进工作。

二、核心架构与特点

（一）核心架构

参考张宇等发表的《零信任研究综述》和奇安信等发布的《零信任架构及解决方案》，零信任架构的典型架构中包括访问主体、访问客体、访问控制系统和辅助系统等。

1.访问主体。所有从内外部接入网络，试图访问企业内部资源的所有实体，包括：内外部的人员、设备、应用和系统等。在零信任架构中，上述几类实体将会被作为四位一体的整体来对待，从而更大程度地缓解了凭证被盗等安全威胁。

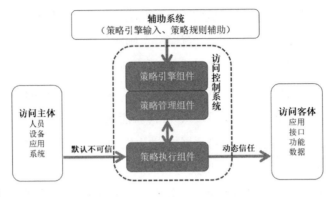

零信任架构典型架构

资料来源：根据张宇等发表的《零信任研究综述》和奇安信等发布的《零信任架构及解决方案》进行整理调整。

2.访问客体。作为企业内部资源，需要受到严密保护，以防止被内外部恶意实体的非授权访问，包括企业内部的各种应用、接口、功能和数据等。

3.访问控制系统。作为零信任架构的核心组件，承担对所有访问请求进行动态评估认证、授权控制的核心功能。主要包括三部分组件：（1）策略引擎组件。主要是对访问主体进行信任评估，负责最终决策是否同意特定访问主体对访问客体（企业内部资源）进行访问。在评估过程中，本组件将结合企业定义的安全策略和外部可信源（如 IP 黑名单、威胁情报服务等）的输入，对访问主体进行信任判断，以决定是否同意对访问客体的访问。（2）策略管理组件。主要是对访问主体的动态权限控制，负责生成访问主体用于访问企业内部资源（访问客体）所需要的身份认证令牌或凭据，以便访问主体与访问客体之间的连接能够建立。在动态判定过程中，本组件与策略引擎组件密切配合，根据策略引擎组件的最终信任评估结果而决定对访问主体访问申请的允许或拒绝。（3）策略执行组件。主要是直接打通和持续管理访问主体与访问客体之间的连接，是直接隔断访问主体与访问客体，保护企业内部资源不被非法访问的防线。在工作过程中，本组件将持续与策略管理组件交互信息，以便持续、动态地获取对访问主体访问企业内部资源（访问客体）的授权权限指令。同时，根据指令，本组件持续与访问主体和访问客体交互，动态维护企业内部资源的安全访问。

4.辅助系统。零信任系统的基础支撑部分，对核心组件的分析评估提供内外部信息输入，并辅助支撑策略规则的制定。常见的辅助系统组件包括：（1）持续诊断与缓释组件，收集企业系统当前状态，更新到各项配置和软件部分中。（2）行业合规组件，主要保持与政府管理策略的一致性，满足监管合规。（3）威胁情报组件，为策略引擎组件更新各类恶意威胁特征。（4）数据访问策略组件，构建访问客体所有的访问属性、规则和策略的集合。（5）公钥基础设施组件，负责生成和记录对各类访问客体发布的证书。（6）ID管理组件，管理企业用户账户和身份记录。（7）安全事件管理组件，提供有关系统日志、网络流量、资源权利等相关安全态势的信息。

（二）主要特点

综合以上概念和核心架构情况，不难看出，零信任架构具有以下四方面主要特点，从而能更全面、更智能、更动态、更精细地保护企业内部资源。

1. 没有边界，全局防护。在零信任架构下，最基本的原则就是没有默认的安全，进而不再有传统安全架构模式下所谓的内部网络安全区，而是对无论来自于何处（网络位置）何人（用户）何设备（系统）何应用（程序）的所有访问请求均进行筛查判定。因此，在零信任架构下可真正实现拆除传统的网络边界，在全局范围内对内部资源进行保护。

2. 全面认证，智能分析。（1）全面泛化数字身份。不同于传统安全体系，零信任架构中将数字身份的概念全面泛化到所有网络实体中，包含了访问主体中可能涉及的用户、设备、应用、系统等。这样做的好处在于将原本没有纳入安全认证管控范围的软硬件设施也纳入考虑，可有效避免从非法设备或系统中调用访问内部资源的安全风险。（2）全面组合数字身份。在将访问内部资源可能涉及的全部网络实体都数字身份化基础上，零信任架构还要求从整体上同时考察每次访问申请时各类网络实体间的组合情况，通过四位一体组合数字身份可更全面、有效地对访问主体进行信任评估。（3）多因素融合判断。在访问主体四位一体整体考虑的基础上，相关访问主体所处的环境等因素也会被零信任架构统一采集和考虑，以便融合后进行更准确的风险分析和信任评估。比如：当某次访问申请送达时，经四位一体判定访问主体本身可以给予信任放行，但这次访问人员所处环境过于嘈杂或者周边无关人员过多，则有可能因为其想访问的内部资源过于隐秘，访问控制系统因此可能综合判定不允许本次访问信任。（4）智能化风险分析。在零信任架构下，信任评估难以固定预设的规则，更需要综合四位一体数字身份信息、环境信息、过往各类网络实体的行为特征等共同进行智能化分析评判，因此引入包括人工智能技术等智能化分析手段是零信任架构的显著特征。

3.动态认证，实时监控。在零信任架构下，不仅默认周边的一切都是不安全的，同时也默认周边的一切都是动态变化的，甚至默认周边的攻击者是持续、智能的。因此，在这样的假设下，对于保护内部资源安全中最关键的身份认证、信任评估工作就必须以动态发展的思维，从多个层面实时进行监控检测，一旦发现情况有变，就应该及时调整认证结果，采取果断处置措施。在动态监控中，至少将从三个方面开展：（1）实时分析四位一体身份中各类网络实体的变化情况以及相互组合的变化情况。（2）实时分析因企业内外部收集的多元信息而使策略引擎和策略规则导致的变化情况。（3）实时分析四位一体访问主体所处环境因素的变化情况等。

4.个性授权，精细控制。保护企业内部资源的核心一方面是对所有访问申请进行四位一体的身份认证，另一方面则是对有权访问主体的具体访问权限控制，也就是允许或限制访问主体对访问客体的具体访问能力和范围。在零信任架构下，访问控制通常都采用最谨慎的传统观点，即最小化授权原则，也就是最小化限制访问主体能够访问的内部资源范围、时间、能力（比如仅允许查看，不允许复制），从而最大化防止非必要的越权使用内部资源的安全风险。目前应用较为广泛的访问控制技术主要包括基于角色的访问控制（Role-Based Access Control，RBAC）和基于属性的访问控制（Attribute-Based Access Control，ABAC）。其中，RBAC访问控制技术中拥有同一角色的不同用户具有同样的访问控制权限，比较便于管理，可规避因用户众多导致每个用户访问权限的混乱，但缺点在于访问控制粒度不够精细，灵活性不足。而ABAC访问控制技术中可以根据访问主体的某种属性（比如：四位一体的组合情况等）而进行访问控制权限的划分配置，极端情况下其实就是每一个访问主体可以拥有不一样的访问权限，这将比RBAC访问控制技术更加灵活、精细。因此，目前零信任机构下，为了实现更加个性化的授权和精细化控制，通常多采用ABAC模式。当然，在一些访问实体不太复杂但是数量过多的情况下，使用

RBAC 或 RBAC+ABAC 的模式可能是更合适的。

三、当前实践情况

零信任架构所提倡的信息安全理念完美契合当今时代的网络发展特征，因此一经推出后就得到了广泛的认同与研究支持，国内外都涌现了较多的应用实践案例，目前多用于解决身份管理和访问控制的问题，主要聚焦于"软件定义边界（Software Defined Perimeter，SDP）""微隔离（Micro-Segmentation，MSG）"等方向。除了各个技术公司不断推出零信任产品外，金融机构自身也在不断实践相关理念。如中国银行自 2018 年以来在对基于身份与访问管理、终端设备风险评估、基于属性的访问控制模型、基于机器学习的身份分析等技术研究测试基础上，以三个特定场景为突破，持续开展零信任技术实践：一是强化开发测试互联网出口安全管控，实现点对点持续安全监测和防护；二是精细化内网跨区高危端口访问控制，兼顾业务需求和入侵防御；三是升级安全管控，支撑业务连续性和敏捷服务。

（一）软件定义边界（SDP）网络架构应用

国际云安全联盟（CSA）于 2014 年基于零信任理念提出新一代网络安全模型，即"软件定义边界（SDP）"，主张网络隐身、最小授权，以更细粒度的控制、更灵活的扩展和更高的可靠性，成为更适用于云计算和移动互联时代的企业访问控制方案。2019 年国际云安全联盟发布《SDP 标准规范 1.0》，国际云安全联盟大中华区（CSA GCR）成立了 SDP 工作组，首批参与单位有：阿里云、腾讯云、京东云、奇安信、深信服、绿盟科技、Ucloud、顺丰科技、天融信、云深互联、中宇万通、华云数据、三未信安、上元信安、安全狗、易安联、联软科技、上海云盾、缔盟云等三十多家单位。2020 年 6 月，CSA 大中华区 SDP 工作组完成了国内首个零信任安全专家认证（Certified Zero Trust Professional，CZTP）教材的编写以及美国国家标准与技术研究院（NIST）《零信任架构》草案的中文翻译版发布。到目前为止，SDP 是零信任架构理念中最主要最成功的一种具体落地技术实践。根据高德纳咨询公司（Gartner）的预测，到 2022 年，80% 向合作伙伴开放的新数字业务应用程序中将以零信任网络访问（Zero Trust Network Access，ZTNA）进行访问，而到 2023 年，60%

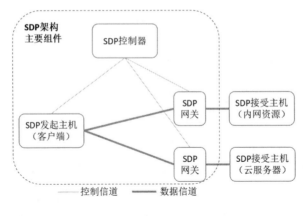

SDP 核心架构

资料来源：根据 CSA GCR 官网资料整理。

的企业将逐步淘汰大部分远程访问的虚拟专用网络（Virtual Private Network，VPN），转而使用 ZTNA。

SDP 中核心组件主要包括 SDP 发起主机（即任何拟访问内部资源的访问实体）、SDP 控制器、SDP 网关，通过将每个内部服务器及其资源都隐藏在远程访问 SDP 网关设备后面，在其授权服务可见且允许被访问之前由 SDP 控制器对 SDP 发起主机进行身份验证。这种相当于给内部资源穿上"隐身衣"和"防弹衣"的 SDP 模式，可以更为有效地防范"南北向攻击"，即攻击者从外部攻击企业内网的情况。下面整理《中国网络安全产业白皮书（2019 年)》和《零信任研究综述》《零信任架构及解决方案》等资料中具体的应用实践。

1. 国外企业应用实践情况。（1）谷歌公司的 BeyondCorp 是第一个 SDP 落地实践项目，旨在更安全、更灵活地满足公司内部移动办公需要。BeyondCorp 基于设备、用户、动态访问控制和行为感知策略搭建起零信任架构，公司内外部所有网络的所有访问申请流量均通过统一的访问代理进行持续认证和授权。通过实时更新特征库中的用户、设备、状态、历史用户行为可信度等相关信息，BeyondCorp 以动态、多轮的打分机制对访问请求来源进行信任层级划分，进一步实现层级内的最小权限控制。

（2）微软公司的 Azure 是其推出的基于云计算的互操作平台。根据零信任理念，微软在 Azure 中也推出了零信任架构，涵盖面广（端、云以及 On-

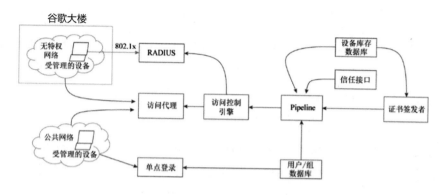

BeyondCorp 核心组件与工作流程示意图

资料来源：张宇等发表的《零信任研究综述》。

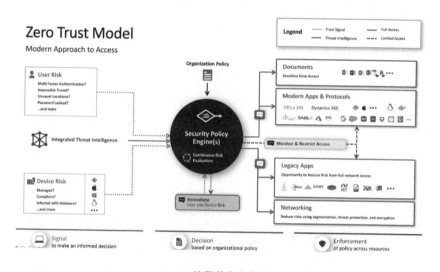

Azure 的零信任架构图

资料来源：张宇等发表的《零信任研究综述》。

Permises、SaaS 等应用)、集成人工智能技术、支持自适应访问评估和多因子身份认证，具备了丰富的可执行策略集合，可满足不同场景下的应用需求。

（3）思科公司通过 Duo Security、Tetration、SD-Access 等产品联合为用户提供全面的零信任安全方案，为来自任意用户、设备和位置的访问提供更好的保护。其中，Duo Security 提供面向员工的零信任解决方案，通过多因素身份验证（MFA）进行用户身份验证，通过终端运行状况和管理状态获得设备可视性并建立可信度,通过 RBAC 的自适应访问控制方法为每种应用实施访问策略。Tetration 提供面向工作负载的零信任解决方案,通过应用分段功能为混合多云工作负载提供保护并遏制横向移动。SD-Access 提供面向工作场所的零信任解决方案,洞察用户和设备动态,识别威胁并全面控制网络中的所有连接,包括摄像头、制造设备等物联网设备。

此外,美国 Cyxtera 公司推出了 AppGate SDP 方案,遵循以身份为基石、零信任模型、为云而建像云一样三大原则,Verizon 公司推出了 SDP 服务,并购买 Vidder 公司基于 SDP 的 PrecisionAccess 解决方案,完善零信任整体布局。

2.国内企业应用实践情况。(1)奇安信公司基于"以身份为基石、业务安全访问、持续信任评估、动态访问控制"四大关键能力,推出零信任安全解决方案,主要包括 TrustAccess 动态可信访问控制平台、TrustID 智能可信身份平台、奇安信 ID 智能手机令牌及各种终端 Agent。其中,动态可信访问控制平台和智能可信身份平台在逻辑上解耦,当用户现有身份安全基础设施满足零信任架构要求时,可不用部署智能可信身份平台,通过复用现有系统降低建设成本和周期。(2)深信服公司基于精益信任理念,推出了基于精益信任安全访问架构的技术实现方案,主要具有多维度评估信任、持续风险控制、后端应用区

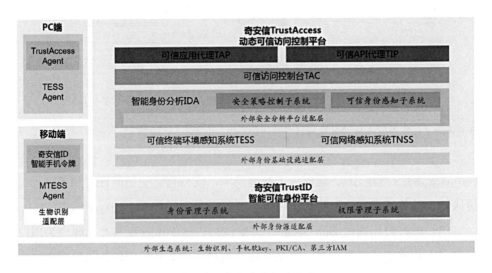

奇安信零信任安全解决方案

资料来源:奇安信等发布的《零信任架构及解决方案》。

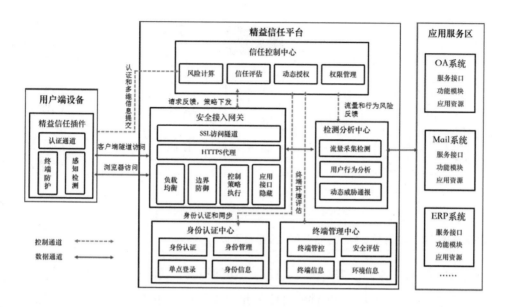

深信服精益信任安全访问架构

资料来源：訾然等发表的《基于精益信任的风险信任体系构建研究》。

单点登录、同时支持 B/S 和 C/S 架构以及云部署和本地部署等特点。该架构方案中包含部署于服务器端的精益信任平台和应用于用户设备端的精益信任插件两大部分。其中，精益信任平台用于隔离、保护应用服务区中的内部资源，校验、控制对内部资源的访问行为，主要包括：信任控制中心、安全接入网关、身份认证中心、终端管理中心和检测分析中心等 5 个模块。（3）腾讯公司正式发布的零信任能力图谱中包括五大能力，即作为零信任基础能力的"身份可信识别能力"、对访问主体持续监控分析的"持续信任评估能力"、进行动态权限控制的"无边界应用访问控制能力"和"无边界网络访问控制能力"，以及直观呈现流量、路径和效果的"安全可视化能力"。

基于上述理念，腾讯公司推出了零信任安全解决方案，主要提供零信任架构中无边界可信访问的核心能力，为企业构建基于零信任的新一代安全架构。其中，关键组件包括终端访问代理、可信识别、动态信任评估引擎、访问控制引擎和访问网关等。

此外，云深互联公司提供的 SDP 方案利用动态端口技术，以访问控制网

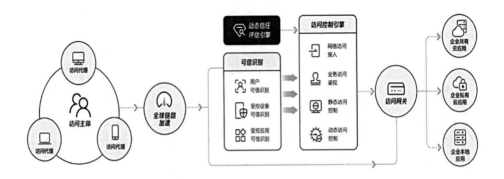

腾讯零信任安全解决方案关键组件结构

资料来源：腾讯公司发布的《零信任解决方案白皮书》。

关依据最小权限原则按需授权，实现动态访问控制、访问监控、访问追踪等功能。阿里云自研开发基于硬件的可信服务，实现云上的软件栈可信，基于统一身份管理服务为企业用户提供对云应用的可信访问。亚信安全公司基于标识化和数据脱敏技术，以零信任访问控制机制为核心，搭建了安全的身份数据访问控制机制。

（二）微隔离技术（MSG）应用

微隔离技术也是美国国家标准委员会（NIST）提出实现零信任架构的一种技术，主要思路是从逻辑上将数据中心划分为承载不同工作负载的不同安全段，基于此为每个安全段定义并提供安全控制服务。微隔离技术主要是在企业内部数据中心和云部署中创建安全区域，进行工作流级别的更为精细化的安全控制，可以较为有效地防御由于攻击者已经侵入内网而横向对企业不同网段服务器展开的"东西向攻击"。

目前，微隔离技术应用相对于 SDP 方案较少，根据《中国网络安全产业白皮书（2019 年）》整理，正在成为虚拟化环境下网络隔离优选方案。美国加利福尼亚网络安全创企 Illumio 公司推出以微隔离技术为基础的自适应安全平台，通过人工智能学习网络流量模式，提供多种便捷的隔离策略配置。国内的蔷薇灵动公司推出了基于主机代理实现自适应安全防护的微隔离产品，主要以主机和负载作为对象进行访问控制，实现大规模网络的东西向防护。山石网科公司推出云·格产品，主要基于云网络 4—7 层实现最低授权控制策略，提供开放 API，支持资产发现识别、策略自动绑定、自动化部署等。

四、主要问题与发展趋势

零信任理念和架构实践的发展历程并不算长，目前虽然有国内外企业在进行大量落地实践，仍然存在一些亟待解决的问题。但是长远来看，由于开放融合的持续深化和相关技术的突破发展，零信任架构将迎来广阔的发展前景，有望成为未来金融信息安全的主流基础设施体系。

（一）主要问题

1.访问控制系统的安全性将成为零信任架构中最大的风险点。根据零信任架构不难看出，访问控制系统，尤其是其中的策略引擎组件和策略管理组件将成为最大的"单点风险"。一旦相关组件因为攻击或者意外事件等导致服务关闭或是判定不准确，则整个零信任架构系统将彻底停摆或是混乱，将对业务连续性、数据安全性等多方面造成较大的影响。

2.实时性校验和精细化控制将成为零信任架构中必须考虑的平衡点。基于零信任架构的"从不信任、总是校验"理念，理论上整个访问控制系统需要相互配合，实时地、持续地对所有访问主体的四位一体身份、所处环境特征以及企业内部相关控制策略等进行监控、校验和判断，并以此实时地调整不同访问主体与不同访问客体之间的数据访问控制。当访问控制权限需要进一步精细化、个性化时，上述校验与控制不论从时间上还是空间上来说都将对访问控制系统造成重大的性能压力。因此，可能不得不在访问控制的重新校验判断的时效性和具体控制的精细度方面进行平衡妥协。

3.准确全面的信息收集处理能力将成为零信任架构是否能发挥作用的关键点。零信任的核心是访问控制系统能够精准地对访问主体进行信任评估和动态权限分配，势必要求能够对相关数据进行全面收集、分析与处理。访问主体中的用户、设备、应用、系统等各类实体的当前信息、历史特征等各类数据需要收集处理，甚至所处环境的图像、声音等数据也需要收集处理。这些数据来源极其广泛、分散，能否收集完整尚不能完全确定，更别提对相关数据的完整性、准确性的核实。同时，由于数据格式各异、数据量巨大，能否及时全面处理也是一个巨大挑战。

4.如何处理与企业现有安全体系的关系将成为零信任架构落地推广的痛点。零信任架构不仅仅是一种全新的技术体系，更是一种全新的安全理念，其在各企业的落地推广涉及企业意识、组织体系、安全体系、业务特点、资金实力等多方面的因素。其中，由于 IT 基础设施投入通常资金巨大、持续时间较长，新旧体系升级甚至另起炉灶替换将面临巨大的资金和安全风险。因此，结合企业现有 IT 基础设施情况与所选零信任架构具体方案特点进行技术升级策略及路线决策将成为零信任架构具体落地的重要任务之一。

（二）发展趋势

1.零信任架构中核心技术将迎来持续优化突破。随着学术界和产业界对零信任架构体系的不断研究与实践，信息技术的创新发展将不断推动零信任架构中各项核心技术持续优化突破：有望从软硬件角度设计出高可用、高可靠的策略引擎，利用人工智能技术发展出更加兼顾实时性与精准性的自适应控制算法，通过 5G、物联网、区块链、大数据等技术突破带来更优化、更全面的大数据收集处理技术，通过深度融合零信任理念与传统技术将加速落地新型身份管理和访问控制解决方案。

2.基于零信任理念的探索实践将持续深化。目前零信任架构的研究和实践正在蓬勃发展，随着信息安全形势持续严峻、新一代信息安全理念的持续普及，基于零信任理念的各项技术、产品和实践必将进一步深化。（1）一方面，随着国家和产业界的不断重视，类似于云安全联盟大中华区 SDP 工作组、《零信任安全技术参考框架》行业标准立项等零信任行业组织和标准研制工作将不断拓展深化，进一步指导和规范相关具体实践。（2）另一方面，随着相关技术发展和业务模式发展，原有"内部"和"外部"网络边界持续模糊，基于零信任模式的需求将持续增加，相关安全意识也将在实践中逐渐深化，零信任架构体系实践将迎来爆发式增长，或将成为各金融机构的信息安全标配。

3.零信任安全体系的构建和迁移将不断标准化。随着零信任理念和架构在业界的不断宣传和深化，相关零信任安全体系实践不断积累，将助力零信任安全体系整体构建和现有 IT 基础设施迁移方法论的不断标准化，形成更有利于推广、风险更为可控的业内"最佳实践"。（1）在整体安全体系构建路径上，考虑到传统身份认证普遍作用于边界侧，以及实现企业内部各类实体身份认证

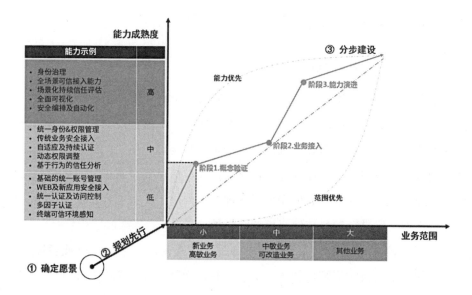

零信任架构体系迁移方法论

资料来源：奇安信等发布的《零信任架构及解决方案》。

将面临较大的内部平台与系统改造等现实因素，从"边界侧"开始逐步向企业"内部侧"发展基于零信任的身份管理实践并逐步拓展成完整的零信任安全体系恐将成为主流。（2）在进行现有 IT 基础设施迁移的方法论上，向零信任架构转型不是简单的置换企业现有基础设施，预计大部分企业将走上标准化道路，一是以混合模式（即零信任模式与传统模式）运作很长时间，二是通过结合各企业的多元现状和目标，在企业内部从上至下统一意识与愿景，进行全面而稳妥的规划，根据能力优先或范围优先的不同规划导向，明确分布建设的具体时间表、路线图，持之以恒地按计划逐步推进零信任架构体系的迁移落地。

第七节　金融科技安全实践经验分享

金融科技能够引领新的潮流、带来新的体验，与安全利用个人数据、保障交易安全、预防违法犯罪行为、提升自身技术安全实力、重视内部控制与管理密切相关。在这一节中，根据金融科技业界的实践经验，以及监管部门的相关要求，对个人金融信息保护、交易安全、仿冒漏洞防护、技术使用安全、内控管理等五方面风险情况进行探讨和分享。

一、个人金融信息保护

第十二届全国政协副主席陈元在《新时代金融科技发展与展望》一文中指出,强化金融信息保护,固守金融科技发展底线。金融信息保护是金融稳定发展的重要基础,必须把握好金融信息安全防护与合理应用之间的适度平衡。金融机构应依法依规做好内控管理,强化从业人员信息安全意识,完善金融信息保护措施,将信息安全、数据安全等管理要求内嵌于业务流程、产品设计、信息系统之中,促进金融科技健康可持续发展。

由于金融服务的特殊性,出于更好服务个人客户、审慎经营或者监管需要,往往需要先行收集客户的各类信息,并且为客户提供金融产品或服务的过程中,还会产生或衍生出信息数据,这些数据对于金融科技的发展和金融服务的提升至关重要。然而,金融机构或金融科技供应方有义务安全收集和使用这些数据,避免数据的泄露、流失导致客户遭受损失、监管机构的责罚甚至客户对金融机构的信任。本段从个人信息范围定义、技术防护、安全管理和法律法规几个方面,分享相关经验。

（一）个人金融信息范围

要制定保护信息的措施和机制,首先需要明确数据范围,个人金融信息的范围较为广泛,一般包括账户信息、鉴别信息、金融交易信息、个人身份信息、财产信息、借贷信息和其他反映特定个人金融信息主体某些情况的信息。

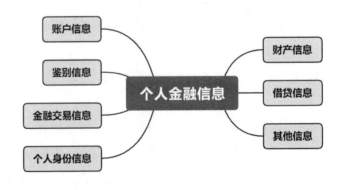

个人金融信息范围

1.账户信息指金融账户及其相关信息，包括但不限于支付账号、银行卡有效期、银行卡磁道或芯片等效数据信息、账户关联的其他账户信息（比如银行账户关联的证券账户、保险账户、基金账户等）、账户余额信息、开户时间和开户机构以及基于这些信息产生的用于支付标记信息（一种为避免关键要素泄露而产生的取代原有银行卡号等交易认证要素的信息）等。

2.鉴别信息指的是可以用于验证当前用户是否具有针对账户的访问、使用或控制权限的信息，包括但不限于：（1）银行卡密码或各类预付卡支付密码；（2）个人金融账户各渠道登录密码、账户查询密码、交易密码；（3）卡片安全验证码（一般印在借记卡或信用卡的卡片背面）、短信验证码、动态口令、U盾信息、安全问题答案等。

3.金融交易信息指个人参与金融交易过程中产生的各类信息，包括但不限于：（1）交易金额、支付渠道、支付方式、交易时间、透支记录、交易凭证、交易流水、交易日志；（2）证券和基金的委托、成交、持仓信息；（3）保单信息、保险理赔信息等。

4.个人身份信息主要包括个人基本信息和个人生物识别信息。（1）个人基本信息包括但不限于基本状况信息（比如姓名、年龄）、教育信息、职业信息、证件和证照信息、联系方式、家庭成员信息，以及在为客户提供产品或服务过程中收集的图片、音频、视频等信息；（2）个人生物识别信息是可用于辨识客户的生物特征，比如指纹信息、人脸信息、虹膜信息、笔迹信息等原始样本数据、数据加工的方式以及加工后的特征值。

5.财产信息指各金融机构在为客户提供金融产品或服务过程中，收集或生成的个人金融信息主体财产信息，包括但不限于个人收入来源情况、不动产拥有情况、车辆拥有情况、纳税信息、公积金缴存等信息。

6.借贷信息指个人金融信息主体在金融业机构发生借贷业务产生的信息，包括但不限于授信、信用卡和贷款的发放及还款、担保情况等。

7.其他信息包括金融机构在提供金融产品与服务过程中收集、获取、保存的其他个人信息，或者针对之前列出的各类数据进行分析和处理形成的、能够反映个人某些情况或者偏好的信息，包括但不限于客户的风险偏好、消费模式、支付意愿和其他衍生信息。

（二）信息的技术防护

从上述个人金融信息中可以看出，虽然范围较广，但是不同数据的敏感程度也不完全相同。在实际安全工作中，金融业会根据信息泄露后产生的风险、影响和危害，对个人金融信息分级，从低到高分别为 C1、C2、C3 三个类别：（1）C1 是金融机构内部使用的个人金融信息。这类信息的外泄，可能会导致客户的信息与财产安全存在潜在风险。属于这个类型的信息有开户时间、开户机构、支付标记信息等。（2）C2 是客户身份、金融状况信息和金融服务中的关键信息。这类信息的泄露，会对客户的信息与财产安全造成一定危害。属于这个类型的信息种类较多，比如账户登录名、鉴权辅助信息（包括动态口令、短信验证码、动态声纹密码等）、个人财产状况、借贷信息、交易信息等。（3）C3 是用户鉴别信息。如果这类信息被泄露，会对客户的信息与财产安全造成严重危害。这类数据包括银行卡磁道或芯片信息、各类密码、用于识别客户的生物特征等。容易看出，这类数据如果泄露，极有可能导致未经客户授权的第三方个人或机构直接操作或挪用客户的资产，或者伪装成客户欺骗客户的家人、朋友或合作伙伴，除了可能造成严重经济损失之外，还有可能导致客户或金融机构的声誉受损。

一般地，金融机构除了通过必要手段保障整体数据安全之外，还会根据数据敏感程度，提供针对性的防护措施。以下从个人金融信息的生命周期——信息的收集、传输、存储、使用、删除或销毁——进行分析。

1.信息收集。信息收集，即对个人金融信息主体各类信息进行获取和记录，它是信息生命周期中的第一环，也是作为金融机构认识、了解客户的手段。无论是出于审慎经营理念，还是出于监管合规要求，只有收集了必要的信息，金融机构才能为客户提供金融产品，才能更好地为客户服务。

在信息收集过程中，一般需要注意的方面有：（1）采取必要的技术手段引导客户阅读隐私政策，并且获得客户明确同意，然后开展针对客户的金融信息收集行为。这些技术手段包括但不限于弹出一个小窗口、弹出一个对话框、明显位置的超链接或按钮，而为了让客户明确同意，许多金融机构都会在让客户注册或办理业务的一开始，就必须手动勾选"知情并同意"的选项。前几年有少部分公司或企业为了提高获客率，不仅使用很小的文字提示，而面上默认展示的就是"已同意"的选项，其目的是诱导客户快速跳过这个告知环节进入后续流程，客户在不知不觉中就"同意"了"未曾谋面"的条款。近年来随着大家对数据隐私的重视，监管力度的加大，这类问题逐渐消失。（2）根据信息最小范围收集原则，不收集任何与当前业务不相干的个人金融信息；通过合法、正当的途径，向客户明示要收集数据的范围。比如，客户希望开立一张银行卡时，收集客户的姓名、身份证号、联系方式、部分个人生物特征数据（比如脸部信息）等信息是合理的，而客户家庭成员信息、财产信息等就是"不必要"的数据。这点能一定程度上是约束金融机构的行为，保护客户的隐私。（3）通过受理终端（包括 POS 机、ATM 或智慧柜员机 STM 等）、网上银行、手机银行等方式收集用户鉴别信息（比如交易密码）时，应当使用必要的技术措施保证数据是安全的。用户鉴别信息都应当使用加密措施，保证采集到的不是明文数据，这样能够有效防止被未经客户授权的第三方获取。（4）金融机构提供的应用软件，遵循"最小可用"原则，即只申请最小权限即可。移动互联时代，智能手机已经普及了。在早期的移动端系统（尤其是安卓系统），应用可能随意后台运行、读取手机上的各类文件、截取其他 APP 的网络通信数据，甚至还可能偷偷地调用手机的摄像头或者麦克风采集用户数据，这都为个人金融信息泄露问题滋生了温床。随着各方的努力，包括手机用户信息安全意识的提升、应用提供方的自律、应用市场的尽职审查、监管的日趋严格，这类问题也在逐渐减少；无论使用安卓还是苹果手机，经常会看到应用显示地向手机用户申请定位权限、文件读写权限、电话／短信权限、推送通知权限等等，用户可以清楚地知道当前使用的 APP 要用到手机哪些权限；用户可以不授权其中某些权限，这样会影响的也只是一部分功能，比如用户拒绝采集其声音，金融服务提供方无法通过声纹来确认用户身份，但仍然允许用户通过其他方式进行辅助认证。（5）金融机构不委托无相关资质的其他机构收集较为敏感的个人金融信息。这种情况包括但不限于委托其他机构调查客户信息、评估财产价值，或者为用户办理某些业务(比如有些银行委托第三方机构向客户营销信用卡产品、保险公司委托保险中介机构向客户销售保险产品等)。通过这种间接获取个人信息的方式时，仍然需要满足前面提到的原则。

2.信息传输。信息采集端一般不负责处理核心的交易逻辑，比如在 ATM

终端上取钱、在手机银行中转账时，转账处理不是在 ATM 或者手机上就能完成的，而是需要通过信息传输的手段将数据送往后端系统统一处理；有时为了完成一笔业务还会涉及多机构间系统的信息传输，比如：用户办理跨行转账需要两个银行系统协作完成，或者银行代理保险公司销售保险产品时，银行需要将采集的信息传输到保险公司系统。信息传输中，需要注意的事项包括：（1）应根据个人金融信息的不同类别采用相适应的安全传输手段。比如，为了避免网络中的数据被不法分子窃听，现在许多手机银行的 APP 都实现了与银行系统的安全通道传输，其原理一般是：在启动 APP 并登录后，APP 自动与银行的安全系统建立一条专属的加密传输通道，后续所有操作，包括查看账户余额、转账、购买理财产品等，都是通过这条加密通道来进行信息传输的，第三方即使能够监测到用户在使用手机银行进行操作，但由于无法破解安全传输机制，无法准确知道信息传输的内容。这样一来，即使互联网环境不够安全，个人金融信息也不易因为传输过程而导致泄露。（2）作为数据传输中的接收方，需要对接收到的个人金融信息数据进行完整性校验。数据完整性校验的目的是，及时发现数据传输可能导致的数据不准、不全或者被篡改等情况，影响后续业务流程的进行。为了实现这一目的，金融机构一般会引入消息摘要技术，这种技术主要依靠 MD5、SHA-1 等各类消息摘要算法（优秀的摘要算法一般都有一个必备特点——即使原始数据发生了极少量的变化，摘要结果仍然会显著地变化），将任意冗长的数据抽取成为一个较短的摘要信息；然后这个摘要信息会随着其他的信息共同传输，信息接收方系统收到了数据和摘要数据后，会使用相同的算法来验证该数据和摘要数据是否匹配。这保证了个人金融数据不因为数据传输过程而产生任何偏差。

3.信息存储。金融机构一般都会存储必要的客户相关信息，用以持续地为其客户提供安全、优质的服务。比如，客户在查询银行卡余额时，并不需要像开户时那样把烦琐的数据再填一次，而是只需要银行卡和其密码即可，这得益于信息的存储。在设计信息存储机制时，可以参考以下几方面经验：（1）在各类终端、客户端软件及其操作系统中不存放任何用户鉴别信息。前文中提到，这类信息包括银行卡磁道数据、芯片信息、卡片验证码、支付密码、生物特征信息等等，它们的泄露极可能会导致客户信息和财产安全遭受重大危害；而存储这些信息后，有可能会被不法分子通过技术手段窃取并加以利用，因此这些信息存放在各类终端上是极不安全的。这种情况下正确的做法是：在办理当前业务的必要环节，实时采集这些敏感信息，采集到的数据仅用于当前业务办理，并且在交易后及时进行清除，尽可能减少泄露的风险。（2）尽量不在本机构系统中留存其他机构的用户鉴别信息，如果确实有必要留存这类数据，应当获得客户以及其账户管理机构的授权。比如，客户张三是甲银行的客户，拥有该银行的银行卡；有一天张三需要现金，在乙银行的 ATM 机上，使用甲银行卡进行跨行取现操作，这个过程乙银行的系统会采集一些张三在甲银行的银行卡号、密码及银行卡磁道数据等个人金融信息，并通过乙银行系统与甲银行系统进行通信。对于乙银行而言，这些数据的使用范围仅仅为当前张三要办理跨行取现的业务，存储这些数据对于乙银行没有必要，因此为了尽可能减少客户数据外泄的风险，乙银行不存储这些敏感信息。（3）用户鉴别信息使用加密措施确保数据存储安全。这种敏感数据泄露风险无须多言，但即使有了信息采集和安全传输的手段，为什么还需要加密存储呢？举一个较为容易理解的例子，银行卡密码是不能明文存储的。如果银行卡密码原封不动地存于银行系统，银行的业务人员、系统开发或运维人员能够利用职务之便，较为容易地获取到这些信息并伪装成客户进行交易；银行系统遭受不法分子恶意入侵时，也无法提供最后一道防线。确保敏感数据的加密存储，无论是出于金融机构良好的内部控制机制的建立，还是外部监管方面的约束考虑，都在金融科技系统建设中受到重视。（4）隔离存储客户账号、身份证号等数据与个人生物识别信息数据。伪造生物特征的技术随着黑色产业巨大利益的驱动也在悄然发展，通过"指纹膜"的方法复制一个指纹信息已经不是什么技术难点了，人皮面具复制某一个人的脸部信息也早已摆脱"纯理论"进入实验阶段了。然而，个人生物识别信息一个非常显著特征是不可再生性，这种信息一旦被窃取，几乎不可能像密码那样直接重置——客户不可能随随便便换脸或者换指纹！如这类信息与客户账号信息一起存储，一旦信息泄露后果变得更为严重；分开存储是必然选择，它可有效降低因信息泄露导致的损失程度。

4.信息使用。金融机构的信息使用是出于客户办理业务的需要、通过技术手段充分发掘用户需求促进营销或者满足监管部门的要求报送客户相应信息。

信息的来源可能是办理当前业务直接采集的、其他机构传输来的或者在本机构的系统内预先存储的。无论信息来源如何，在实际操作中，金融机构对于信息使用都有相应规范以保证客户的个人金融信息安全。（1）对于可以直接标识或确定客户的信息，一般予以屏蔽展示，或者征得客户同意后完整展示。在使用网上银行或手机银行的时候，登录账户名、银行卡卡号、登录用手机号等标识信息不会全部展示，比如登录账户名"zhangsan123"用星号替代中间若干字符显示成"zh***23"，手机号使用星号替代中间数字显示成"138****0000"这种形式。如此一来，用户的这类信息即使不小心被"有心人"看到，也无法直接反推回原来的信息。如果客户有时自己需要查看信息，金融机构一般也提供相应功能，不过需要通过人脸识别或者手机号等辅助验证的方式，确认当前操作者是客户本人后，方可展示全部信息。比如针对银行卡卡号，部分银行提供了卡号完整展示开关的功能，客户本人可以自行决定该信息是否完整展示于界面上；而部分银行每次都需要验证客户身份后才做一次性展示，虽然使用上可能不够便捷，但在客户隐私保护方面，银行可谓是用心良苦了。（2）对于支付相关的重要标识信息，一般采用屏蔽处理。这类信息包括支付账号、支付预留手机号、客户开户名、身份证或其他证件信息等。这类信息相比银行卡卡号、登录账户名等信息显得更为敏感，因此，金融服务提供者一般不提供这类信息的完整显示功能；如果这类信息需要完整展示，一般要采取有效措施防范未被授权的复制。比如在使用支付宝或者微信进行扫码转账时，对方账号是完全不会显示的，而收款方的真实姓名不会直接展示在用户界面上，取而代之的是昵称和隐去部分信息的真实姓名，比如"*超""*红"。在实际操作中，有些服务提供方会通过校验的方式来帮助客户确认这类重要信息，比如在支付宝中，使用者可以通过补全隐藏信息的方式来确认账户姓名。（3）事先征得该客户本人明确同意后才可将客户的个人金融信息进行共享和转让，且原则上这些信息不能公开披露。共享、转让或披露的情况应该被完整记录下来并且可被追溯，这些信息包括时间、数据范围、使用方、使用目的、用户授权的方式等。部分信息（比如支付账号）在一般情况下需要进行脱敏或加密处理后再共享或转让给相关方，尽可能减少个人金融信息泄露的风险。（4）如果确有业务需要，将本机构收集的客户信息委托给第三方机构进行加工时，应当使用脱敏或加密等技术，降低这类信息泄露或挪作他用的风险。（5）作为数据发送方的金融机构，需要评估数据接收方的数据安全保障能力，后者承诺针对接收数据的保护责任。此外，在信息共享和转让过程中需使用信息防泄露监控工具，如有信息违规外发或泄露的情形，及时发现并预警。（6）系统开发测试投产过程中，对开发测试环境和生产环境进行安全隔离。开发测试环境使用的是虚拟的个人金融信息或者是从生产环境脱敏的相关信息，比如姓名、联系方式、余额等等；开发测试环境无法与生产环境进行交易联通或者数据交换。（7）系统开发中也应当满足一定的编码规范，防止敏感个人金融信息（比如支付密码、银行卡磁道信息等）直接打印在日志、控制台或者调试信息中被系统开发或运维人员直接查看，进而导致敏感信息的泄露。

5.信息删除与销毁。当个人金融信息不再具有用途，或者客户取消了相关授权时，金融机构再存储、持有客户的相关信息就变得不合时宜了。在实际操作中一般注意：（1）金融服务提供者会使用相关技术手段，保证个人金融信息被安全除去。在相关联的业务所涉及的系统中抹掉该客户办理相关金融产品或享受相关金融服务的信息，不能被访问或者查询到。比如，当某银行客户办理了注销手机银行后，该客户就无法再通过手机银行登录并查看到自己的相关账户信息了；而对于证券公司而言，客户注销其证券账号时，也无法再通过证券公司的交易软件查看该账户下的历史交易记录了。（2）对于客户的个人金融信息存储介质而言，销毁这些介质也需要有严格的监督过程。存储介质包括光盘、机械硬盘、固态硬盘、U盘等，销毁这些存储了客户敏感信息的介质，金融机构需要覆盖登记、审批、介质交接、销毁执行等全销毁过程，避免这个过程中存在数据外泄。

（三）安全管理

针对个人金融信息保护，金融服务提供方除了采用必要的技术手段之外，针对这类数据构建安全管理机制也是必备措施。

1.安全策略。个人金融信息防护的安全策略指的是与这类客户数据防护活动相关的一套规则。这些规则一般由金融服务提供者或监管部门的安全权力机构根据业界以往案例和实际操作经验总结、构建而成，并由相应的安全实施部门来推广和执行。（1）建立客户数据保护的相应制度，明确参与相关活动中的角色及其工作职责，并清晰地定义其标准的工作流程。该制度的管理范畴一般会涵盖本金融机构、外部合作机构和外包服务机构，并且需要建立有效的发布机制，保证相关规章制度可以传导给相应的本机构员工、涉及个人金融信息保护内容的外部合作机构员工或外包服务人员。这类制度覆盖面较广，一般包括敏感数据的管理规定、日常管理操作流程、内部和外部的监察制度、应急处理预案和流程、相关申述处理和管理机制等。比如，金融机构不将存有个人金融信息的数据库让外包公司人员或者外部合作机构运维。此外，在实践中，许多金融服务提供方在为每一个外包人员办理入场手续时，都要求这些人员签署一份关于外包人员的信息安全承诺书或类似保密协议的条文，其中明确告知了外包人员需要注意哪些数据安全和操作规范，履行哪些保密义务，并清晰告知了如果违反规定、造成严重影响的相应后果和法律责任；引入外包人员的部门，需要确认外包人员持续按保密条款的要求进行落实并开展相应活动；而审计部门，也会检查每一个入场的外包人员的信息安全承诺书的签署情况，并对每个人员按照相应保密条款履行义务进行监督和审计。（2）明确参与个人金融信息保护活动中的责任人和责任单位。责任人和责任单位在个人金融信息保护的安全活动中的某些环节和流程上，严格按照预定义的规程执行操作或审查，并且会有明确的责任衡量标准和追责机制进行约束；如果没有尽到相应的责任，会受到相应的处理或处分。（3）对于涉及个人金融信息处理岗位的相关人员，建立严格的岗位准入和退出机制。金融机构录用某位员工从事相关工作时，对其进行必要的背景调查，并与其签订保密协议，或者在劳动合同中约定保密条款。员工调离岗位或者与金融机构终止劳动合同时，也有明确的机制要求其按要求持续履行相应的保密义务。（4）对于处在个人金融信息处理岗位的相关人员，一般建议定期开展相应的安全制度培训和考核；在相关安全制度发生重大变化时，也及时通过授课、宣讲等方式向相应员工传达，并通过考试等反馈方式确认他们正确掌握了相关规章制度的变化。这样确保相关人员正确、熟练地掌握最新的安全规程和隐私政策。在实际工作中，许多金融机构会通过邮件提醒、部门通报、降低绩效等多种方式，对其员工及时学习并通过相应安全规章制度考核形成约束。（5）对于所有岗位的金融从业人员，建议各金融机构在入职培训环节就要开始帮助他们树立客户数据的隐私和安全意识。这种信息安全意识是每一个金融从业人员的必备素养。

2.访问控制。在金融机构开展业务的过程中，不可避免地会有流程需要业务人员、系统运维人员或外部机构人员接触到个人金融信息数据。针对这些客户数据访问，金融机构一般也会有一套访问控制机制来保证该活动尽可能地安全可控。（1）这类数据访问操作一般也满足最小授权原则。在个人金融信息采集过程中，金融机构只收集与业务相关的客户数据；而在访问控制机制上，金融机构只给相应人员授权必要的数据访问权限，从而减少客户数据可能的泄露范围。比如，在银行的授权体系中，客户经理可以有权限看到自己客户的资产情况，没有权限看到不是自己客户的相关信息。（2）对于这些个人金融信息的权限管理，需要有一套基于角色的访问控制机制来完成授权、权限回收（一般包括主动撤销授权、权限过期自动回收的能力）的功能。基于角色的意思是，当某一个人员在当前岗位角色上才具有相应功能，如果当这个人员角色进行了变动，或者角色被撤销，相应的权限会被立即回收，而新角色的权限会随着业务需要进行相应的授予。比如，某银行客户经理被调离了当前岗位后，其立刻会失去在系统中查询原有客户信息的权限。（3）对于授权操作，金融机构的系统一般都提供业务操作日志记录功能。在涉及个人金融信息访问的系统中，客户数据的新增、修改、删除、查询等操作，都会在业务操作日志中被清晰、完整地记录下来，包括操作者、操作对象、具体操作、操作时间等要素。这样的日志能够保证操作的可追溯性，审计部门可以调取相应的日志进行确认；如有数据安全事件的发生，该操作日志可及时发现相应责任人。需要特别注意的是，记录这类操作的日志属于业务操作日志，和系统日志的定位不同；系统日志记录的是系统运维管理人员查看的日志，包括系统的启停、系统状态检测等信息，与业务操作日志要分别存放。这样可以尽可能减少接触到业务操作日志的人员或权限范围。

3.监测评估。针对个人金融信息安全的监测评估也是保障客户数据安全的重要活动。依据国家与行业有关标准，金融机构会建立个人金融信息安全影响评估制度。一般地，各金融机构每年会开展至少一次的金融信息安全影响评估，尤其是针对客户的支付信息数据，以及本机构与外包服务机构、外部合作机构的审查与评估。一般会采用自行评估或者委托第三方机构评估方式。对于评估活动中发现的问题，有相应的机制及时对问题或风险进行补救，评估活动最终产出评估报告，以备查阅。此外，金融机构也会采取一定的技术措施对个人金融信息的采集、传输、存储、使用、删除和销毁的全生命周期进行安全风险识别和管控。这些手段包括但不限于用户行为分析、异常流量监测等。

4.事件处置。事件处置一般是在事件（往往是负面事件）发生后的处理，然而，预先建立这样的处置机制可以有效提升事件处置的效率和时效性，减少安全事件造成的不利影响，也是金融科技安全实践中的必要措施。（1）金融机构需要制定针对个人金融信息安全事件的合理应急预案。应急预案中包括了这类安全事件的处置规范和流程，以及应急处理流程中相应的岗位和职责。比如，出了什么级别的安全事件，由哪些角色进行什么操作、哪些角色进行保障或者跟踪，直至风险或者影响消除。（2）针对应急预案建立适当的推广和演练措施。在实践中，金融机构一般会定期组织安全事件处置相关人员进行相关预案的培训；应急演练也是帮助这些人员快速理解预案的一种有效手段，通过模拟相关安全事件发生后的处理流程，可以使处于应急处置岗位的人员熟练处理该类事件。（3）建立投诉与申诉管理机制。机制中明确投诉与申诉受理部门、处理程序、跟踪流程和处理时效。客户对其个人金融信息要求更正或删除金融机构收集其相应数据时，金融机构需要及时受理与核实，并按照国家与行业主管部门要求依法依规处理。

（四）法律法规

个人信息是金融科技时代的一大"宝藏"，在大数据、人工智能等技术的推动下，合理利用个人信息，能够为客户提供带来丰富的金融产品和优质的金融服务体验。然而，我国国民、各金融机构对个人金融信息保护的意识仍需进一步加强，一定程度上导致在我国居民享受科技带来的便利时，个人信息泄露案件仍然层出不穷。这些案件主要有以下几种情形：

1.非法采集和存储信息。线下渠道个人信息收集、线上网站或APP的显性或隐性的个人数据采集行为，已经遍布我们生活；数据采集范围很可能超出了用户的本意，或者超出了办理业务的必需范围；而数据存储方面，由于十分花费财力物力，一些中小型服务提供商对安全存储的重视程度和投入程度不足。这些都为信息的泄露或滥用埋下了隐患。

2.非法盗取和交易信息。在巨大的信息黑色产业中，个人信息被不法人员像商品一样进行公开买卖，甚至"明码标价"。金融从业者由于所在行业的特殊性，由于服务客户的需要，能够在其权限范围内获取到较为细致的客户相关信息；然而，个别人员为了个人经济利益，铤而走险出卖客户信息的事件时有发生。

3.非法使用信息。通过非法手段获取了个人金融信息后，不法分子会对利用电信诈骗、复制银行卡、冒名办理贷款甚至敲诈勒索，导致信息遭到泄露的客户的合法权益可能遭到侵害。

个人信息泄露的危害巨大，涉案人员因为满足私利，对其他人的生活上造成困扰、经济上造成巨额损失，也给正常运行的金融秩序带来挑战。目前我国法律法规体系中，已有宪法、法律、行政法规、地方法规、部门规章等多个层面的法律法规涉及个人信息隐私保护。同时，许多法律法规在一定程度上明确了个人信息安全的责任主体和其相应责任，在处理一些个人金融信息泄露的案件时能做到有法可依。新的法律法规建设工作也在加紧推进以保障个人信息安全，例如，全国人大原常委吴晓灵等人于2017年3月的全国人民代表大会中，提出了要加快落实《中华人民共和国个人信息保护法》的制定，并随议案提交了《中华人民共和国个人信息保护法（草案）》。

在运用金融科技建设金融场景、创新金融产品、优化金融服务的过程中，满足法律法规是金融行业从业人员的基本要求。根据保护个人金融信息的各项法律法规，金融机构及从业人员一般要注意以下几个方面：

1.思想上高度重视信息安全。法律法规要求金融从业机构和从业者能够以规范的方式进行信息的全生命周期处理活动（采集、传输、存储、使用、删除和销毁），并且有相应的监管机制对该活动参与者进行约束；如果做出有悖于法律的行为，执法部门将依法对其进行惩处，包括但不限于警告、经济赔偿责任、行政责任甚至刑事责任，以保障信息主体（即客户）的合法权益不受侵害。因此，在工作中，从业者需要时刻提醒自己按照法律要求开展工作，并约束自身的行为不超出法律许可范围。

2.重视信息收集和销毁的合规性。在前面的章节中已提及，个人金融信息涉及范围较广，金融机构只采集办理业务或提供服务所必需的数据，不超越合理范围收集客户信息；对于信息的采集范围及后续如何加工和使用，金融机构都要明确告知客户；收集个人敏感信息时，建议对客户进行特别提示，加强客户对自身隐私数据的保护意识。网络上的数据采集和传输过程中，由金融机构通过数据加密等防护手段保障客户信息不被不法分子窃听；对于密码、信用卡校验码等安全级别较高的数据，可以通过浏览器安全控件的方式采集；对于线下采集的纸质数据，也可根据相应的流程对采集载体进行管理，避免数据遗失或外泄。一般地，在金融服务提供方结束对客户的服务时，除监管要求必须留存的情形外，系统须对个人金融信息做安全清理；对于纸质数据，也根据相应的销毁规程进行操作，并且由至少一名其他人员对该过程进行监督，避免单个人员把控某一环节甚至整个流程，造成数据泄露隐患。

3.保障信息存储的安全性。金融机构有义务对收集来的个人金融信息安全存储、严格保密，因此对于金融机构而言，为了保障自身系统和数据的安全，防止被黑客入侵造成信息泄露或者资金损失，可以构建严格的防护措施。这其中包括：(1)安全的物理防护，数据中心等场所，严格控制外人进入，对于进出数据中心人员进行登记；(2)独立的网络区域，监管机构一般会要求系统在内网中部署运行，不直接与外网连通，需要与外部交互时，通过隔离区进行请求转发或数据交换，减少数据和交易被窃听、被盗取的风险；(3)可靠的防火墙，防火墙可以有效阻止许多来自互联网的攻击，提供了强化的网络安全策略，并可对进站出站的数据进行记录和监控，及时发现可疑情形，因此防火墙是金融机构建设科技系统、提供互联网服务时的标准配备；(4)严格的访问机制，严格限制内外部人员对服务器、数据库、业务日志、数据文件等资源的访问操作，一般可以通过有限授权、双人复合、及时审计等方式，保障访问操作合规可控。

4.恪守信息使用的规范性。金融机构严格控制从业人员访问客户信息的权限，避免出现有员工超越自身权限访问数据范围的情形，并且对数据访问的活动进行记录和及时审计。合法的个人金融信息采集的过程中，金融机构会履行信息用途的告知义务，并征得客户的明确同意，因此在使用过程中，金融机构也需严格遵循信息采集时告知的使用范围，超出原定范围则再次征得客户的授权。对于信息展示的情形，也需根据相应的规范，对敏感数据进行遮蔽或脱敏处理，比如许多手机银行 APP 中，用户可选择不展示银行卡余额；对于客户名称、账号等较为敏感的信息，许多证券公司 APP 中，即使客户通过指纹、密码等方式进行登录，也不在 APP 上完整展示客户名称或者账号，取而代之的是部分真实信息加遮蔽信息，比如名称显示"张 *"或"* 军"、账号显示"66****00"。金融机构委托第三方公司或者个人进行处理的，确保受托方具备相应的安全防护能力后方可在法律法规约束范围内委托其进行处理，金融机构仍对受托方使用个人金融数据的过程负有监督义务。

二、交易安全

一般人们所说的"股票交易""债券交易"，都是侧重于强调有标的资产所有权属的转移和资金流转。然而，在金融科技系统建设中，交易一词的含义较为广泛，由客户、金融机构业务人员或者金融科技系统自动发起的，实现某种业务功能的请求、处理、响应的集合，都是交易。有些交易涉及资金的流转，而有些并不涉及。对于这些交易，金融机构都需要充分考虑到它们的安全性。

（一）电子认证

1.网上银行、手机银行等各类渠道的资金交易服务，金融机构都需要根据客户意愿开通或关闭这类服务。

2.金融机构要采取与当前交易方式、交易额度等相匹配的认证强度（比如交易密码、手机验证码、声纹、指纹、人脸认证等方式的强度各有不同）来验证客户身份，以提升客户账号和资金的安全性，保障客户的合法权益。

3.如果交易需要组合多种要素进行认证时，一般要按类型选择要素组合，以提升认证强度。这些类型包括：（1）只有客户本人知道的要素，如静态密码；（2）只有客户本人持有，并且不能重复利用的要素，比如通过客户本人手机或者 U 盾生成的电子签名，或者手机验证码；（3）客户本人的生物特征要素，如人脸、指纹、声纹、虹膜等。

4.资金交易完成后，交易页面或者交易终端（比如 ATM 机、POS 机）及时显示交易结果，并且及时告知客户其资金账户的变化；如果交易发生异常的，明确显示失败原因。

（二）交易监控

1.在数据中心或者基于云计算基础设施，构建交易监控系统，用于及时、准确地记录交易信息，并且能够针对异常或高风险交易进行标记。

2.结合业务特点，根据交易数据分析风险特征，并据此建立风险交易模型，监测、挖掘可疑交易，并建立完善的可以交易追踪制度。

3.采用大数据分析、机器学习等金融科技的手段分析客户行为和交易行为，构建交易风险监控模型，及时发现可疑交易，并且模型能够随着异常情形的变化不断完善。

4.业务系统中支持对识别出的高风险交易进行及时分析与处置，包括但不限于系统预警、核实、阻断交易等。比如许多银行都有针对信用卡交易的实时反欺诈系统，被这类系统自动识别为高风险的信用卡账务交易会在交易过程中被自动阻断，并向客户预警及通知相关业务人员及时核查。

三、仿冒漏洞防护

（一）安全防护

金融机构的金融系统、客户端、开发工具包等各类程序一般具备以下特点：

1.防篡改。客户端程序安装、启动、更新的过程中，能够对自身进行校验，如果客户端被篡改或被劫持，程序能及时发现并告警提示。

2.防反向编译分析。客户端程序使用代码混淆、代码加壳等手段，防止有心人对该程序进行反编译，并分析其中细节逻辑和可能的突破口。

3.防调试逆向分析。客户端程序、移动端应用开发工具包可以具备一定的防止被静态分析、动态调试的攻击，这类攻击并不从源码入手，而是直接观察程序运行的内存环境及外部设备情况，发现相应程序的实现技术细节，从而发现潜在的系统弱点。

4.防非法访问。金融机构一般通过系统解决方案，使其各系统具备有效的实施监测能力，检测和阻断来自外部的非法请求，比如来自仿冒客户端、仿冒官方网站的访问。

5.网络攻击防护能力。金融机构提供的系统或开发工具包，一般都具备一定的常见攻击防护能力。

（二）防钓鱼

许多钓鱼网站界面和官方客户端几乎一模一样，这些网站把客户输入信息原封不动地发往银行后台系统，客户不能察觉异常，但是却截取到了客户输入和银行显示的内容，甚至可以伪造客户向银行后台系统发送交易请求。这是客户信息安全的一项重要威胁。

在实践中，金融机构的网站都会考虑以下几点：

1.防钓鱼的设计，比如显示客户预留信息，展示客户的自定义界面，仿冒的网站无法预先得知这些消息，容易被客户察觉。

2.使用防钓鱼的浏览器控件、监控工具或者其他快速发现钓鱼网站的技术手段。建立钓鱼网站处置机制，发现钓鱼网站后，金融机构及时报告相应案件，并由相关部门快速关闭钓鱼网站。

3.建立应用的防钓鱼功能和钓鱼风险预警机制。后台系统对请求的源地址信息进行校验，可能就会发现请求是从钓鱼网站转发来的；系统建立转账白名单机制，限制向陌生账号的汇款额度，也可以有效减少客户被钓鱼网站欺骗所导致的经济损失。

（三）安全漏洞

1.对于认证与校验，以及需要客户有权限执行的各项流程，都需要考虑到逻辑完备性，避免别有用心者绕开认证和权限校验环节直接进行操作。

2.无论是在客户端还是在后台系统的交易逻辑设计过程中，都要充分考虑各类状况，避免逻辑上出现漏洞而导致客户或银行资金受损。比如，在客户端和后台系统，都需要对客户输入的内容做合法性检查。

3.制定合理的开发规范，并建立机制促使各开发人员遵照规范执行。这样可以一定程度上避免常见的攻击问题，比如通过限制密码尝试次数来防止密码穷举攻击、避免在数据库访问 SQL 中使用简单字符串拼接以预防 SQL 注入攻击等。

4.程序逻辑中避免使用有安全漏洞的接口函数，编写程序时严格遵守开发规范，避免产生程序漏洞。

5.避免将敏感数据（比如数据库密码、客户设置的密码等）明文存储或者直接写在源代码中。

6. 使用代码安全扫描工具，对源代码进行静态和动态扫描，识别其中可能的恶意代码或程序漏洞，并建立快速修复机制。系统上线前，代码需通过安全扫描工具的验证。

7. 使用接口渗透测试等相关安全工具，对应用程序接口进行安全审计或渗透测试，并建立快速修复机制。系统上线前，应用程序需通过相关安全工具的测试。

8. 建立应用程序的漏洞跟踪机制，对于发现的程序漏洞，采取必要措施避免风险扩大，同时督促系统开发人员及时修复。

9. 建立开源软件使用规范和漏洞跟踪机制，统一使用安全的开源软件版本。对于新发现的漏洞，及时制定修复方案，并通知各系统开发人员进行修复。

10. 建立操作系统漏洞扫描和跟踪机制，及时根据漏洞的应对方案对各金融系统的操作系统打上应急补丁或有相应处置。

四、技术使用安全

（一）安全性分析

1. 大数据安全。（1）合理分散信息流、产品流、资金流的入口，避免建设集中点，使得单点信息泄露的后果变得十分严重。（2）全面梳理并持续维护大数据系统中数据资源清单，对于存放的数据，需要根据数据的保密程度、业务影响程度等对数据进行分级管理。（3）数据采集符合规范，满足最小采集原则，并且使用安全、可靠的采集手段。（4）数据传输过程使用数据加密传输、网络隧道传输、专线传输等方式，确保数据的完整性和安全性。（5）数据的使用需要满足专事专用的原则。每次使用数据要有明确的目的和原因，通过审批后方可在本次事项内进行使用，不得挪做他用、给第三方使用或者在完成事项后擅自留存数据副本。（6）超出存放期限的数据，一般及时进行删除或销毁处理。这个过程有一套严格的清点、登记、审批、执行等处理流程，并采用合适的删除或销毁方法，确保数据无法被还原。

2. 人工智能算法安全。人工智能算法是在定义了要解决的业务问题后，分析历史数据样本，尽可能找到最能解释历史发生情况的方法，并且使用这一解释，基于当前观测值来推测无法直接观测到的情形，或者预测未来发生的变化。针对这个过程，可以对以下安全关注点进行考量：（1）避免定义错误的或不切实际的评价解释好坏的方法（人工智能业界叫作目标函数），导致最终决策与预期不符、无法达到预期效果甚至产生负面影响。（2）采集的历史数据要尽可能全面，尽可能少的偏差和噪音，以免对最终结果产生不良影响。（3）人工智能算法应当避免过拟合，即陷入过分关注每一个历史数据细节却忽略了整体的因素，从而无法对未来情形进行有效预测。（4）算法设计尽可能客观，不要掺杂设计者的主观偏见，否则会导致决策结果可能不准确。（5）避免使用非公开的、费解的算法。如果使用解释性好的算法，在客户或监管部门质疑结果时，能够给予合理的解释。（6）使用的算法尽可能要抗逃避攻击。这种攻击者根据算法特性生成一些特定的数据诱使算法做出错误的决策。（7）使用的算法尽可能要抗模仿攻击。这种攻击方式下，攻击者产生特定的样本，人很容易分辨这些样本的差距，而算法可能被诱导成攻击者期望的样子，从而达到错误决定或错误识别的情形。比如，攻击者李四将一些特定样本送给算法进行训练后，会将李四的样子也识别成张三，从而绕过人工智能的认证环节，给金融机构及其客户造成损失。

3. 人工智能安全管理和风险控制。这里主要指的是通过安全管理手段，减少或规避因为人工智能技术的引入给金融机构甚至金融市场带来的负面冲击。主要思路包括：（1）无论是金融机构还是其客户，使用人工智能算法进行交易或决策前，需要对风险有充分认识，并且保留相应痕迹，便于事后追查原因。（2）避免在不同投资策略中使用相同的人工智能算法或者量化交易思路，而是根据具体的策略进行定制。（3）避免人工智能算法运用错误、数据特征认识不足、程序设计错误等情形，导致决策错误，进而对金融机构造成亏损，甚至搅动金融市场。最典型的负面结果就是"乌龙指"，即由于决策失误，在短时间内以大幅度偏离市场价格的报价进行超出自身预期的巨量交易，导致交易价格甚至指数出现显著变化，交易者自身蒙受巨额损失，市场其他参与方一时也不知所措。应对措施包括：控制这类自动化交易账户的资金、头寸、交易种类等。（4）充分考虑某些算法的不确定性和较差的可解释性，避免算法的同质化使用导致市场参与者遵照同一种思路，进而带来金融市场"暴涨暴跌"的风险。（5）因金融机构违法违规或者管理不当导致客户遭受损失的，前者需要依法承担相应的赔偿责任。

4.区块链安全。区块链并不是全新的技术，而是将已有技术有机结合的成果。技术上看，区块链包括了加密算法、点对点网络、分布式数据存储、共识算法这些要素，而区块链智能合约允许在没有第三方参与的情况下达成可信交易。实践中，对于区块链的安全一般需考虑以下方面：（1）部署区块链的基础环境需要考虑软硬件安全，包括但不限于物理安全、主机安全、网络安全、应用安全、数据安全和必要的数据备份恢复措施。（2）区块链使用的加密算法、加解密模块、密钥存储，需要满足国家和行业有关标准。避免使用不可信的算法、模块或存储方式导致信息安全隐患。（3）节点加入区块链时，应该遵循授权准入原则，节点间通信前使用密码技术对双方身份进行校验，通信过程要保证数据的可靠性和保密性。（4）区块链的账本数据需要多副本存储（即一份数据存放于多个节点），保证多副本的数据是完整的、一致的，并且每个节点都保证数据不被未授权方获取。账本数据可以被审计。（5）选择合适的共识算法并具备该算法安全运行所需的前提要求，通过设计合理的激励机制和技术安全机制，保障区块链自身平稳、安全运行。（6）区块链的智能合约可以通过外部请求触发的，也可以支持区块链上的代码自行判断和执行；交易信息中附带明

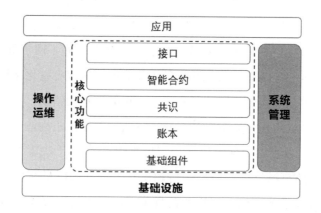

图区块链技术架构

资料来源：中国信息通信研究院等《区块链白皮书（2018年）》。

确的区块链智能合约版本信息。(7) 对访问区块链信息的身份进行验证和管理，满足于业务场景相适应的保密性要求（许多业务要求参与者身份不能是匿名的），确保未被授权的第三方无法获取相应数据。身份信息要涵盖金融监管所需要涉及的信息，包括但不限于教育信息、工作信息、居住信息、收入信息、税务信息等。(8) 建立安全机制对区块链进行运维和治理。包括但不限于设立针对区块链的安全管理制度和运维制度，针对区块链运维，也应考虑到权限管理、漏洞监控与修复、数据备份与恢复、应急预案等方面。

5. 物联网安全。物联网安全主要从感知节点安全、网关节点安全、连接安全和数据安全考虑。(1) 建立物联网的感知节点安全机制。只有通过授权的节点才可接入物联网中，感知节点也可对接入的物联网及其他设备进行鉴别和身份校验。感知设备的部署环境要不易被外界破坏，避免挤压、振动等对其采集的数据造成干扰甚至直接导致设备异常。感知设备能够有一定的抗攻击能力；一般也会限制与其通信的地址或者节点范围，避免对陌生地址造成攻击或干扰。建立针对感知节点设备完善的生命周期（包括入库、存储、部署、维修、携带、丢失、报废等）管理机制。(2) 建立网关节点安全机制，限制非法节点尝试接入和通信，自动识别和过滤来自非法节点的数据的能力。建立针对网关节点设备完善的生命周期管理机制。(3) 建立物联网连接安全机制，即保障感知节点与网关节点之间的连接是安全可靠的。(4) 建立物联网的数据安全机制，将各类型的感知节点数据融合统一处理，并能够甄别重复数据或陈旧数据。

（二）技术风险补偿

为避免因新技术的引入产生重大影响导致严重的损失，金融机构往往会预先制定技术风险补偿方案，当风险发生后能及时根据风险补偿措施进行妥善处置。这些措施包括但不限于：

1. 风险拨备。尽可能充分识别在业务中引入新技术导致的潜在风险，预估并计提可能带来的损失，当风险发生时能从容应对。

2. 保险计划。在引入新技术的同时也引入保险计划，通过该计划能够实现风险暴露时通过保险先行赔付客户，以保障客户的合法权益。

3. 应急预案。分析新技术的引入可能对业务产生的负面影响，提前设计好相应的处置措施。

五、内控管理

金融科技安全的内控管理，是从金融企业内部进行一系列安全治理并防患于未然的活动。业内很多精英提出了很多宝贵经验，例如伍旭川等在《浅谈金融科技信息技术安全三个重要体系的建设》一文中提出，在金融科技飞速发展的时代，安全领域的建设也至关重要，构建良好的内控管理机制，是保障金融科技信息技术安全的重要手段。据中新网消息，2019 年 4 月，北京奇安信科技有限公司董事长齐向东在"金融风险监测安全技术座谈会"上表示，金融科技体系面临数据泄露、APT 攻击、"内鬼"三大安全风险，并提出构建"四四三三三"的新安全体系：四个假设、四新战略、三位一体、三同步、三方制衡。"四个假设"是假设系统一定有没被发现的漏洞，一定有已发现漏洞没打补丁，假设系统已经被黑，假设一定有"内鬼"，彻底推翻了传统网络安全通过隔离、修边界的技术方法；"四新战略"是指以第三代网络安全技术为核心的新战具、以数据驱动安全为核心的新战力、以零信任架构为核心的新战术以及以"人＋机器"安全运营体系为核心的新战法。"三位一体"是高中低三位能力立体联动的体系，低位能力相当于一线作战部队，中位相当于指挥中心，高位相当于情报中心；"三同步"是同步规划、同步建设和同步运营，提供的是从顶层设计、部署实施到运营管理的一整套解决方案；"三方制衡"是用户、云服务提供商和安全公司互相制约的机制，第三方安全公司负责查漏补缺，对云服务商形成有力制衡，最大程度杜绝漏洞。

做好合理内控管理，可考虑做好以下工作：

（一）信息安全机制建设

1.减少对国外技术产品和供应商的依赖。我国金融业发展时间短暂，发展速度却快得出奇，这在一定程度上得益于国外成熟的机制和技术的输入。然而，当今国际形势发生巨大变化，过于依赖国外的产品是没有安全保障的，不仅需要承受国外机构拒绝输出其技术的潜在风险、承担其产品或服务中可能的安全隐患，还可能会面临来自国外国家机器的打压。消除这一重大隐患的最优办法，就是从顶层设计上重视金融科技信息安全的建设与管理，走上自主可控的技术路线。制定与公司金融科技发展战略目标、时间表、路线图相符的安全规划，尽可能使用国产化的产品和服务体系，在风险管理中重视金融科技安全风险体系的建设，金融产品和服务才会变得更可控、更可信赖。

2. 防范金融交易环节和数据传输中的安全风险。金融业务交易环节如果产生安全问题，不仅会对金融机构或客户产生经济损失，金融服务提供方的名誉也会蒙羞，甚至公众对金融体制稳定运营都可能产生疑虑。金融交易中主要关注两个环节：（1）重视交易平台的登录环节。（2）严控支付环节。在交易环节中需要提供足够的安全保障，确保交易准确、安全、有序地执行。金融机构往往都有自己的业务系统，数据在各机构的系统间传输在所难免，这过程一般而言相对更容易被黑客攻击，因此引入认证技术、隧道技术等多种措施提升这一过程的安全性也是十分必要的。

（二）内审与外部评估

1. 重视人员风险意识树立和风险管理能力的建设。安全制度建设首先要提升金融从业者的风险意识，从思想上高度重视风险的危害性和预防的必要性；构建一套完整的风险管理体系，提升金融企业相应的能力。

2. 内审方面，金融企业要对其自身定期开展信息安全相关的内审活动，对可能的风险做必要的预防，及时发现已经发生的或潜在的问题。手段一般包括但不限于对账户和资金等做监控与风险防控、访谈相关负责人和人员、梳理当前的制度是否满足要求、抽查是否遵照落实了当前安全制度、评估应急预案是否能覆盖主要风险情形等。

3. 外部评估方面，金融企业需要定期开展金融科技外部安全评估。由于金融行业是监管的重点，因此监管机构会根据该行业风险防范的需求，制定相应的技术风险监测与控制的标准规范，并设立相应的评估体系。企业一般需要按照监管要求执行，并配合相应监管机构进行评估。此外，聘请有相应资质的外部机构对本金融企业进行安全评估，并形成相应的评估报告，以备随时查阅。从监管和外部第三方机构的角度，保障金融企业乃至金融行业的平稳运行。

（三）风险防范与时俱进

1. 风险防范在新兴技术的更新换代。新兴技术投入运用，是金融科技时代的重要推动力。技术在不断地迭代更新，相应地，风险防范的手段也需要配套升级。金融企业可以采用新的软硬件安全解决方案来防范各类风险、提升自身安全性，同时积极布局自主产权的金融科技软件或硬件设施，在技术安全领域做到"稳如泰山"。

2.创新业务在风险防范的运用。金融行业在享受金融科技赋能下的飞速发展过程中，各企业风险防范的需求与日俱增，金融企业有动力尝试部分创新业务，比如通过保险来降低企业自身安全风险所可能导致的损失。针对企业的商业机密泄露、客户信息的流失、黑客的恶意攻击、诈骗行为的猖獗等，金融企业可以通过购买新型保险产品，当自身因风险遭受到经济利益或社会形象的侵害时，有效减轻自身或其客户因为风险事件所要承受的后果。

第十一章　金融科技与国家安全

据新华社消息，2015 年 7 月 1 日，十二届全国人大第十五次会议审议通过的《中华人民共和国国家安全法》指出，国家健全金融宏观审慎管理和金融风险防范、处置机制，加强金融基础设施和基础能力建设，防范和化解系统性、区域性金融风险，防范和抵御外部金融风险的冲击。

据新华社消息，中共中央政治局 2017 年 4 月 25 日下午就维护国家金融安全进行第四十次集体学习，习近平总书记强调，切实把维护金融安全作为治国理政的一件大事。2017 年 7 月 14 日至 15 日在北京召开的第五次全国金融工作会议上，习近平总书记指出，防止发生系统性金融风险是金融工作的永恒主题。

党的十九大报告指出，健全金融监管体系，守住不发生系统性金融风险的底线。

中国银行保险监督管理委员会主席郭树清在《坚定不移打好防范化解金融风险攻坚战》一文中指出，我国防范化解金融风险攻坚战取得实质性突破。具体表现：金融资产盲目扩张得到根本扭转，影子银行风险持续收敛，不良资产认定和处置大步推进，违法与腐败行为受到严厉惩治，互联网金融风险大幅压降，大中型企业债务风险有序化解，房地产金融化泡沫化势头得到遏制，地方政府隐性债务风险初步控制，标本兼治的长效机制逐步健全，服务实体经济质效明显提升。

"黄沙百战穿金甲，不破楼兰终不还。"务必增强忧患意识、以决战到底气概，彻底打赢这场防范化解系统性风险攻坚战，打造良好的金融生态环境。

第一节　金融科技与金融安全

党的十八大以来，我国金融服务业取得了引人注目的发展成就，金融科技创新为经济发展提供了新动能，但应运而生的金融风险和金融安全问题也不容忽视，金融安全是金融科技发展的前提，如何借助金融科技先进技术手段助力金融安全是当下亟待解决的重要问题。

一、金融科技带来的安全隐患

金融科技的蓬勃发展带动了金融创新，改变着人类的生产、生活方式，为经济发展增添了新动能。同时，伴随着人工智能、区块链、云计算、大数据等金融科技手段的不断普及与推广，由其多样性、复杂性、风险隐蔽性、不确定性等特点产生的金融风险也与日俱增。金融科技在丰富服务模式、提升服务效率的同时，也给我国的金融安全带来了新的安全隐患。

（一）金融科技混业发展加剧系统性风险和网络信息安全隐患

金融科技时代下，人工智能、区块链、云计算、大数据等信息技术的迅猛发展，改变了传统金融的经营模式。金融业务间呈现常态化的交叉融合，金融业朝着混业经营方向不断深化。由于金融科技产品具备跨市场、跨区域、跨行业等特点，产品可多层嵌套，金融科技创新在给金融业带来全新发展的同时，也导致底层资产难以看透，并存在期限错配、多重杠杆、交易复杂等诸多问题。因而一旦风险暴露，很可能出现跨机构、跨市场间的传递扩散，甚至有可能形成系统性风险。此外，金融科技产品覆盖范围广泛，辐射支付结算、信息传递、投资交易等多个领域，涉及大量隐私数据信息，一旦体系中的任何一个环节发生故障和风险，都将给个人或相关机构造成严重影响。由金融科技混业发展可能产生的系统性风险和由网络安全可能产生的信息技术风险都与金融安全问题息息相关，如何在金融科技混业发展的背景下，规范金融科技技术的应用，加强信息科技风险防范尤为重要。

（二）经济发展增速换挡，金融科技或将带来金融风险叠加暴露

依托金融科技等先进手段，当前我国经济发展由高速增长阶段转向高质量

发展阶段，这是一次广度、深度、复杂度和艰巨度都超过以往的经济转型。金融与风险总是相伴而生，金融科技在促进经济发展增速换挡的同时，传统金融和科技金融带来的叠加风险也不断暴露。金融科技背景下的金融风险既包含传统金融具备的信用风险、市场风险、流动性风险和操作风险等，也存在因信息技术等非金融因素引发的监管技术存在短板、信息安全面临风险等问题，且各类传统金融风险在金融科技环境下展现出更加隐蔽与错综复杂的形式。特别是在经济发展增速换挡期间，随着供给侧结构性改革的进行以及中美贸易战的逐步升级，金融科技的广泛运用蕴含着种种风险隐患：如金融科技底层核心——芯片技术仍掌握在美国手中，我国芯片研发技术亟待突破；基于 IPV4 技术的互联网技术，13 个根服务器，1 个主服务器在美国，12 个辅服务器中，有 9个在美国、2 个在欧洲、一个在日本，而在中国并没有根服务器。深入运用金融科技或直接或间接导致多重风险交叉融合，极大可能会引致金融风险叠加暴露，进而激发更多潜在的社会问题，从而危及金融安全和国家经济安全稳定。

（三）金融科技引发金融创新，金融监管面临技术挑战

金融科技的蓬勃发展在加速金融格局重塑、金融服务业转型升级的同时，也暴露出风险隐蔽性强、监管能力不足和监管手段缺失等问题。因技术水平要求较高带来的风险隐蔽性问题、因信息系统依赖性较强引致的信息技术风险问题、因金融与科技的融合渗透发展引发的深层次数据安全问题等，都为金融监管增加很多难度，带来诸多挑战。同时，运用金融科技后，金融业务的时间、地点和交易行为主体界定变得相对模糊，交易过程大多不公开、不透明，金融风险的形式也更加错综复杂，而金融监管的步伐又很难跟上金融创新的脚步，金融监管者的科技认知水平还未能充分跟上金融科技发展速度，导致金融监管手段出现短板和盲区，形成监管真空，使金融安全得不到最及时、有效、全面的保障，一定程度对我国的金融安全带来潜在威胁。如何提升监管技术，丰富监管手段，减少监管盲区，提升金融科技风险管理水平，依旧是当下的监管难题。

二、金融安全是金融科技发展的前提

金融安全是国家安全的重要组成部分，维护和保障金融安全关系到党和国

家的整体安全工作，关系到国家经济稳定发展，金融科技的发展应当以保障金融安全为前提，规范引导、充分依托人工智能、区块链、云计算、大数据等技术手段为国家金融安全保驾护航。

1.从国家层面出发，金融安全直接关系到国家经济安全和社会稳定，把金融科技发展上升为国家战略是顺应时代发展潮流的重要举措。据人民网消息，2017年4月25日，习近平总书记在主持十八届中央政治局第四十次集体学习时强调，维护金融安全，是关系我国经济社会发展全局的一件带有战略性、根本性的大事。金融活，经济活；金融稳，经济稳。金融科技背景下，新一轮的科技革命于我国而言，既是机遇也是挑战，我国在盘活经济，大力推进金融科技发展，推动经济机制转型升级，提高国际金融经济竞争力和全球影响力的同时，决不能忽视金融科技背后潜伏的金融安全问题。要做到"金融稳，经济稳"，就要将大力发展金融科技产业的行动建立在保障金融安全，乃至国家安全的前提基础上，这样我国才能在新一轮技术革命的列车上平稳持续前行。

2.从社会层面出发，我国金融业起步较晚，金融市场和金融体系还不够完善，借助金融科技手段助力普惠金融发展，推动实体经济转型升级，既是立足广大人民群众美好生活的需要，也与我国金融供给侧结构性改革相吻合。但与金融科技相伴而生的各种安全隐患，很容易造成系统性风险，金融机构在依托金融科技优化金融服务模式、丰富金融产品的同时，也应当借助人工智能、区块链、云计算、大数据等技术，对金融风险进行更精确的量化研究，严格监控互联网P2P网贷、严格控制利用超级计算机投入区块链技术"挖矿"行为，严格禁止发行各种空气币及ICO（首次币发行）等新兴金融科技产品行为，提高金融监管人员、金融机构、金融从业者的风险监控和防范水平，共同打造安全、稳定、先进的金融环境。只有在保障市场金融安全的前提下，金融机构才能更好地提供便捷、优质、普惠的金融产品与服务，更好地服务市场主体和人民群众。

3.从个人层面出发，金融安全与每个普通人的现实生活息息相关，随着人们收入水平和需求层次的不断提高，对金融产品和服务的要求也与日俱增。然而大多数人对金融产品和服务了解得并不透彻，客户和金融机构之间也存在着严重的信息不对称问题，金融产品背后的资产风险影响着每一位投资者的切身利益，稍有不慎会造成投资者本金全损甚至倒贴钱（如 2020 年 5 月 WTI 原油期货曾降到负值，投资者理论上本金全损后还要倒贴保证金）的风险，将对个人经济和生活状况产生严重拖累，影响社会稳定。金融安全关系到人们使用金融产品与服务的切实效用，只有在防范金融风险、保障金融安全的基础上发展金融科技，才能更好地实现金融惠民和金融利民。

三、金融科技助力金融安全

据中国新闻网消息，2019 年 10 月 31 日，党的十九届四中全会提出了以经济安全为基础，健全国家安全体系，增强国家安全能力。当前我国处于国际经济环境复杂多变，国内经济体制转型升级的关键时期，金融科技的蓬勃发展在带来便利的同时，也存在着种种安全隐患。我们应当上下一致，积极利用金融科技先进手段防范金融风险，优化金融监管，助力金融安全。

（一）金融科技可以降低信息不对称，助力防范金融风险

金融科技驱动金融创新，人工智能、区块链、云计算、大数据等金融科技手段可促进金融机构不断转型升级，优化金融工具和产品服务，最大程度降低金融交易中的操作风险、信息不对称问题，提高经济工作效率，降低金融活动交易成本，帮助市场打造一个更稳定、安全的金融系统。对于金融风险的管理，人工智能则可以借助高频率自主识别手段代替简单、重复的人类劳动收集更新数据，大力提高数据处理效率，降低人工操作风险，及时、全面、准确搜集到所需要的金融数据，为决策者提供可以信赖的全方位基础数据和信息；大数据的运用可以打造更完备的金融信息数据库，拓宽金融风险管理的覆盖范围，令金融机构交叉核验数据、识别量化金融风险成为可能，使金融机构对用户的风险评估与管理更全面、准确、完备，降低信息不对称，有效防范金融风险发生的概率；区块链技术依托其信息科技网，可极大地拓展金融信息链上共享，通过"去中心化"的全网参与记账方式，避免了篡改数据的可能性。区块链通过完整记录并全部存储金融交易的过程，可以消除交易过程中的信息不对称，提高金融风险管理的针对性，有效防范数据被人为修改，及时识别金融欺诈风险；云计算通过链接互联网提供动态扩展的任务分发，并进行计算结果的合并，可以在短时间内完成大量数据任务处理和效用计算，特别是在"时间紧、

411

任务重"的急难险重时刻能担当重任，及时发现和解决问题，为管理者决策争取必要时间，提高金融工作效率，助力防范金融风险。

（二）利用金融科技提升监管技术，完善监管体系

金融科技在驱动金融创新的同时，也给风险监管带来了技术挑战，监管当局应与时俱进积极探索金融科技时代下金融业发展的本质规律，充分借助金融科技手段，改善并优化监管技术，完善监管体系，通过创新和发展监管技术实现金融监管现代化。金融监管对金融科技的监督可以从监管工具和监管人员两方面着手。一方面，监管当局可以充分利用金融科技手段对监管方法进行改进，对金融监管工具、指标进行优化，对监管对象进行扩容，可借助金融科技平台对金融机构和金融产品进行实时、动态监控，加强金融风险监测预警，提高监管体系的硬实力；另一方面，可加强对监管人员的技术知识培训与培养，保障监管人员准确掌握必备的金融科技技术知识和监管技能，提高监管体系的软实力。通过不断提高金融科技手段和培训相关人员技能，可加强金融监管的硬实力和软实力，更好地提升金融监管效率，进一步保障和维护金融安全。

（三）金融科技助力防护网络安全，完善金融安全生态圈

实现金融科技安全，可从金融机构层面建设维度、金融安全意识维度、技术和信息手段提升维度等方面进行考量。

1.在金融机构层面建设维度，以银行为代表的金融机构也在不断探索金融科技的实践应用，编织金融安全防护网。比如，民生银行借助大数据网络平台监测全行的网络攻击情况，并利用数据挖掘等技术分析内网行为，多措并举提升该行的网络安全水平。招商银行利用区块链技术管理全球现金领域，为交易双方提供动态、准确的信息资源，提高金融交易透明度，降低信息网络风险。

2.在金融安全意识维度，随着金融科技的广泛运用，以及个人资产在金融科技领域的投入，金融科技倒逼人们提升保护好网络安全的意识。当前，几乎每个人都有个人网银账号、支付宝账号、微信零钱等多种金融资产，部分持有纸黄金、纸白银、股票账户、期货账户等，个别人还投资了比特币等数字货币，这些金融科技的运用，财产注入比例的提高，无形中倒逼人们加大对金融资产保护的自我防范意识，通过定期更换密码、加强密码强度、安装杀毒和查杀木马软件等操作增强对个人金融账户的保护。

3.技术和信息手段提升维度，是通过技术改造和新发明创造，来加大加密计算和密码设计难度，特别是指纹、面部解锁等新技术的运用，使人们的金融账户甚至比以前密码时代更为安全可靠。

依托金融科技技术手段可增强金融机构的网络安全防御能力和威慑能力，还能通过实施监测系统，提前预知风险，找出安全漏洞，进而有针对性和预见性地制定机构网络安全应急响应方案，提升机构网络安全防护的应急处置能力，完善金融安全生态圈建设。正确处理安全与发展的关系，运用金融科技提升跨市场、跨业态、跨区域金融风险的识别、预警和处置能力，加强网络安全风险管控和金融信息保护，做好新技术应用风险防范，提升金融安全水平。

第二节　金融安全与国家安全

金融是现代经济体系中不可或缺的关键组成部分，在我国经济社会发展及全面建成小康社会实现社会主义现代化历史进程中扮演着极为重要的角色。金融安全事关国家安全的大局，也是党中央提出的"总体国家安全观"的重要内容之一，做好金融安全工作，对于保障国家安全具有重大而深远的意义。

一、总体国家安全观

据新华社消息，2014年4月15日，习近平总书记在中央国家安全委员会第一次全体会议上首次提出"总体国家安全观"重大战略思想，强调要准确把握国家安全形势变化新特点新趋势，坚持总体国家安全观，走出一条中国特色国家安全道路。党的十九大报告进一步提出，坚持总体国家安全观。统筹发展和安全，增强忧患意识，做到居安思危，是我们党治国理政的一个重大原则。

据新华社消息，2020年4月15日是我国第五个全民国家安全教育日，为提高全民国家安全法治意识，营造维护国家安全的浓厚法治氛围，增强防范和抵御安全风险能力，司法部、全国普法办在全国部署开展2020年全民国家安全教育日普法宣传活动。2020年的活动主题为"坚持总体国家安全观，统筹传统安全和非传统安全，为决胜全面建成小康社会提供坚强保障"。

《中华人民共和国国家安全法》第二十条明确指出，国家健全金融宏观审慎管理和金融风险防范、处置机制，加强金融基础设施和基础能力建设，防范和化解系统性、区域性金融风险，防范和抵御外部金融风险的冲击。

国家安全并非新的话题，在人类社会漫长的发展历程中，自从国家出现之日起，国家安全问题就随之产生。伴随着人类文明的发展进步，国家自身的形态、结构、组成、运行方式在演变，国家所面临的内外部发展环境也在发生深刻变化，相应地，国家安全领域面临的新情况、新问题、新风险、新挑战也是层出不穷。改革开放以来，我国经济、政治、文化、社会各项事业快速发展，取得了举世瞩目的辉煌成就。同时，随着世情、国情的变化，维护国家安全、捍卫发展成果的压力不但没有减轻，反而不断加大。尤其是近年来，在贸易、科技、金融、军事、网络、涉港、涉台、涉疆、涉藏、南海等方面的内外部安全隐患不断凸显，威胁国家安全的各种可预见和不可预见的因素日益增多。面对世界百年未有之大变局，我国国家安全的内涵和外延比历史上任何时候都更加丰富，时空领域比历史上任何时候都更加宽广，内外因素比历史上任何时候都更加复杂。

"安而不忘危，存而不忘亡，治而不忘乱"，是中华民族的优良传统。党中央审时度势，创造性提出总体国家安全观战略思想，是对传统国家安全理论的重大突破和升华，是推进国家治理体系和治理能力现代化的重大理论成果，为做好新时代国家安全工作提供了重要指导和根本遵循。从内容上来看，总体国家安全观的内涵十分丰富，既涵盖了政治安全、国土安全、军事安全、经济安全、文化安全、社会安全等传统安全领域，也涵盖了科技安全、网络安全、生态安全、资源安全、核安全、海外利益安全、太空安全、极地安全、生物安全、深海安全等新兴和前沿安全领域。坚持以总体国家安全观为指导，与时俱进，开拓创新，在全社会广泛宣传和树牢维护国家安全的理念，对于完善国家安全制度体系，统揽国家安全全局，坚决维护国家主权、安全、发展利益具有重大现实意义和深远历史意义。

总体上看，我国金融业发展势头良好，风险可控。但不能忽略的是，随着我国经济发展的转型升级和国际经济形势的恶化，中国经济发展的增速下滑，经济发展的不确定因素增加，我国金融业的发展面临的风险因子和不确定性因素不断出现，中国金融行业面临巨大的挑战。在经济全球化深入发展的今天，金融危机外溢性凸显，国际金融风险点仍然不少。我们必须做到准确判断风险隐患作为保障金融安全的前提，增强风险防范意识，对存在的金融风险点，做到心中有数，未雨绸缪，密切监测，准确预判，有效防范，不忽视一个风险，不放过一个隐患。

二、金融安全是国家安全的重要组成部分

据新华社消息，中共中央政治局 2017 年 4 月 25 日就维护国家金融安全进行第四十次集体学习。习近平总书记在主持学习时强调，金融安全是国家安全的重要组成部分，是经济平稳健康发展的重要基础。维护金融安全，是关系我国经济社会发展全局的一件带有战略性、根本性的大事。2017 年全国金融工作会议上，习近平总书记强调，金融是国家重要的核心竞争力，金融制度是经济社会发展中重要的基础性制度。做好新形势下金融工作，要坚持党中央对金融工作集中统一领导，确保金融改革发展正确方向，确保国家金融安全。2019 年 10 月 31 日，党的十九届四中全会通过的《中共中央关于坚持和完善中国特色社会主义制度、推进国家治理体系和治理能力现代化若干重大问题的决定》指出，完善国家安全体系。坚持总体国家安全观，统筹发展和安全，坚持人民安全、政治安全、国家利益至上有机统一。以人民安全为宗旨，以政治安全为根本，以经济安全为基础，以军事、科技、文化、社会安全为保障，健全国家安全体系，增强国家安全能力。

金融是现代经济的核心，是实体经济的血脉；金融活经济活，金融稳经济稳；金融安全是国家安全的重要组成部分，维护金融安全是关系我国经济社会发展全局的一件带有战略性、根本性的大事。做好金融工作责任重大，容不得丝毫疏忽懈怠。金融业一头连接产业链上下游各类市场主体，另一头连接无数家庭和个人，覆盖面广、影响面大，一旦发生系统性、颠覆性风险，后果难以承受，金融业的健康发展和安全稳定事关社会经济发展的大局。

金融与风险始终相伴。根据马克思主义政治经济学原理，金融风险根源于商品的内在矛盾，即价值与使用价值的对立统一。货币产生后，商品的内在矛盾外化为商品和货币的外在矛盾。商品经济由实体经济和货币经济构成，二者相互依存，相互促进；同时也可能相互背离，相互冲突。当生产结构失衡或信

用偏离过度，就会导致金融风险积聚。国家形成后，政府从多方面介入经济活动。特别是货币从民间一般等价物转变为政府法定货币，在极大地方便生产交换的同时，也容易因政府行为失当带来新的巨大风险。

放眼世界，一些国家的崛起和衰弱往往同金融能力密切相关。17 世纪荷兰能够取得海上霸权，其初具现代特征的金融体系扮演了非常重要的角色。之后的英国兴起金融革命，推动工业革命，助力其成为所谓的"日不落帝国"。同样，金融风险扩散引发经济危机、国家动荡的事例也不胜枚举。16 世纪西班牙大肆对外扩张积累巨额债务，最终引发财经危机导致盛极骤衰。1637 年荷兰郁金香事件、1720 年英国南海泡沫事件，都重创本国经济和国家实力。

20 世纪 30 年代的"大萧条"令世人至今心有余悸。1929 年美国股市暴跌，1930 年发生银行挤兑倒闭风潮，蔓延为席卷全球的经济危机，多国政府更迭。第二次世界大战后，西方国家多次发生严重金融危机。在美欧主导的国际金融体系下，发展中国家也经常陷入热钱流入、外债高企的不利局面，多次诱发经济衰退。上世纪拉美债务危机、亚洲金融危机，教训十分深刻。21 世纪以来，美欧为摆脱经济社会困局，不断扩张财政支出，增加货币供应，积累起巨额债务和资产泡沫，最终酿成次贷危机、欧债危机。此后采取的量化宽松政策，负面影响至今尚未完全释放。

改革开放以来，我国金融业实现历史性跨越，建立起具有自身特色的现代金融体系。我们依靠党的领导和社会主义制度优势，以自我革命精神，主动消除隐患，成功战胜 20 世纪 80 年代末严重通胀、90 年代中期经济过热、多次外部风险等冲击，不仅为我国经济社会发展提供了相对稳定的金融环境，也为世界金融稳定与发展作出贡献。

2008 年国际金融危机爆发后，国际经济金融形势更加复杂多变，我国经济周期性、结构性、体制性问题叠加碰头，金融风险形势复杂严峻。随着国际收支状况逐渐好转，国内企业、政府、居民部门杠杆率快速上升，金融产品和市场结构日趋复杂、透明度较差，金融体系内部资金自我循环、脱实向虚倾向愈演愈烈，一些不法金融集团和违规金融活动野蛮生长，金融系统内部的腐败和违纪违规行为持续蔓延。如果放任自流，势必酿成系统性风险，产生颠覆性影响，严重危及经济持续发展和国家政治安全。

党的十八大以来，面对十分严峻的风险形势，以习近平同志为核心的党中央深刻洞察、敏锐判断、果断决策。党的十八大闭幕不久，习近平总书记就告诫全党要高度重视财政金融领域风险隐患，坚决守住不发生系统性金融风险的底线。2016 年底的中央经济工作会议明确要求"把防控金融风险放到更加重要的位置"。2017 年，习近平总书记亲自谋划和部署一系列"防风险、治乱象、补短板"的重大举措，发起了攻坚战的前哨战。习近平总书记关于金融工作的重要论述，阐明了金融领域的根本性战略性问题，形成了防范化解金融风险的系统方略，为我们做好新时代金融工作提供了根本遵循。

三、抓好金融安全保障国家安全

抓好金融安全，就是保障国家安全。当前，我国金融行业整体发展态势是好的，总体风险是可控的，金融安全的基础是有保障的，但金融领域还存在一些短板、不足和薄弱环节，影响和制约着金融长期安全和健康发展，需要下功夫着力破解。

1. 系统性金融风险发生的威胁仍然现实存在。国际上对于系统性金融风险并没有规范和标准的定义，但对其复杂的影响机制及严重的破坏结果却有共识。以 2008 年国际金融危机为例，美国金融机构为了追求业务扩张，长期以来忽视风险控制，盲目以低首付甚至零首付向次级信用的购房者发放抵押贷款，金融系统的风险逐渐累积。后来随着利率上涨和房价下跌，次级贷款违约率不断上升，最终导致次贷危机的爆发。过度投资次贷金融衍生品的公司和机构，如雷曼兄弟，也纷纷倒闭，最终引发了波及全球的金融危机。金融领域的危机很快扩散到实体经济，世界范围内经济增速放缓，失业率激增，部分国家出现严重的经济衰退。

时至今日，国际金融危机的殷鉴不远。在新冠肺炎带来的全球经济衰退、复苏前景不明的大背景下，在国内外政治经济环境不确定性、不可预见性越来越突出的形势下，在金融行业内部混业发展趋势越来越清晰、风险外溢效应越来越明显、与实体经济的联系越来越紧密的条件下，我国面临的系统性金融风险挑战日益增大，对于系统性金融风险可能给人民群众生活、社会经济发展和国家安全稳定带来严重影响和潜在威胁，我们必须时刻保持高度警惕，抓早抓小，严防小风险积累为大风险。

2.金融行业需要加大力度回归本质。金融之所以能够被誉为现代经济的"血液"，就在于它能够为实体经济注入流动性，提供"源头活水"和"及时雨"，这既是金融的使命，也是实现金融自身的价值所在。坚持金融服务实体经济的天职和宗旨，防止"脱实就虚"，防止资金在金融体系内部的"空转"，让金融切实为实体经济解忧纾困，是防范金融风险的根本举措。

必须清醒认识到，近几十年来我国金融行业发展虽然取得了很大成绩，但与发达国家上百年的发展历史相比还比较短暂。金融在追求快速发展的过程中，也存在偏离服务实体经济这个核心，质量和效率偏低的问题，同时，我国资本市场制度还不够完善，融资渠道相对单一，主要通过银行间接融资为主，直接融资渠道拓展还不够，金融服务广大小微企业、"三农"和偏远地区的效果还有待提升，社会整体融资成本仍然偏高。金融行业要坚持贯彻新发展理念，加强金融供给侧结构性改革，走内涵式、高质量发展之路，在服务好实体经济健康发展过程中回归本源，保障安全，互促共进，相得益彰。

3.提高金融监管水平，助力金融创新发展。金融行业要想实现长期健康发展，有效的监管必不可少。历史经验和现实情况都告诉我们，如果只顾盲目发展，监管不能及时跟上，风险往往不期而至。前些年，部分机构以"互联网金融"创新为名，行破坏金融秩序威胁金融安全之实，可以说乱象频出，频繁的"爆雷"事件也给老百姓的利益造成了巨大的损害。还有一些金融机构、金融大鳄铤而走险，不守规矩，游走于监管红线上下，充当"野蛮人"，影响金融市场稳定健康发展，危害实体企业的正常经营。

安全是发展的前提，发展是安全的保障。加强金融监管是金融行业创新发展的重要保障，反过来包括监管创新在内的金融创新也能促进金融监管不断成熟完善。在我国金融发展由大到强，迈向金融强国的过程中，一方面要广泛吸收国内外金融行业发展和金融监管成熟的经验和做法，为我所用，提供参考和借鉴；另一方面要坚持立足我国国情和实际，以我为主，走出一条特色鲜明的金融监管之路。要做好金融监管顶层设计，发挥各相关监管机构作用，形成监管合力，补齐监管短板，消灭真空地带，增强金融监管科学性、系统性、前瞻性，规范和引导金融企业加强自律，在法治和合规的轨道上实现可持续发展。

总而言之，抓好金融安全，进而有效保障国家安全，要坚持底线思维，坚持问题导向，增强忧患意识和危机意识。要把困难和挑战考虑得更充足一些，把工作和措施准备得更扎实一些，从最坏处着想，争取最好的结果，做到未雨绸缪。要聚焦事关金融安全的基础性、关键性、根本性问题，持续发力，持之以恒，实现国家金融领域长治久安。

四、维护金融安全的工作任务

维护金融安全是一项复杂的系统性工程，既需要在战略层面观大势、谋全局，从贯彻落实总体国家安全观，保障国家安全的高度安排和部署工作，也需要在战术层面强基础、抓落实，把目标和行动落实到每一项具体任务上，全面推动我国金融业健康稳定发展，有效保障国家安全。据新华社消息，2017年4月25日，中共中央政治局第四十次集体学习时，习近平总书记就维护金融安全明确提出了6项任务：

1. 深化金融改革，完善金融体系，推进金融业公司治理改革，强化审慎合规经营理念，推动金融机构切实承担起风险管理责任，完善市场规则，健全市场化、法治化违约处置机制。

2. 加强金融监管，统筹监管系统重要性金融机构，统筹监管金融控股公司和重要金融基础设施，统筹负责金融业综合统计，确保金融系统良性运转，确保管理部门把住重点环节，确保风险防控耳聪目明，形成金融发展和监管强大合力，补齐监管短板，避免监管空白。

3. 采取措施处置风险点，着力控制增量，积极处置存量，打击逃废债行为，控制好杠杆率，加大对市场违法违规行为打击力度，重点针对金融市场和互联网金融开展全面摸排和查处。

4. 为实体经济发展创造良好金融环境，疏通金融进入实体经济的渠道，积极规范发展多层次资本市场，扩大直接融资，加强信贷政策指引，鼓励金融机构加大对先进制造业等领域的资金支持，推进供给侧结构性改革。

5. 提高领导干部金融工作能力，领导干部特别是高级干部要努力学习金融知识，熟悉金融业务，把握金融规律，既要学会用金融手段促进经济社会发展，又要学会防范和化解金融风险，强化监管意识，提高监管效率。

6.加强党对金融工作的领导，坚持党中央集中统一领导，完善党领导金融工作的体制机制，加强制度化建设，完善定期研究金融发展战略、分析金融形势、决定金融方针政策的工作机制，提高金融决策科学化水平。金融部门要按照职能分工，负起责任。地方各级党委和政府要按照党中央决策部署，做好本地区金融发展和稳定工作，做到守土有责，形成全国一盘棋的金融风险防控格局。

从2017年至今，我国金融业、监管机构及相关参与方按照党中央一系列工作要求和部署，在深化金融改革、化解金融风险、保障金融安全、加强金融监管、鼓励金融创新、守住风险底线等方面，取得了新的成绩，经受住了国内外各种风险挑战的考验。但要看到，发展没有尽头，创新没有止境，金融业也要做好长期应对外部环境变化的充分准备。党中央提出的各项工作任务对于我们当前及今后一段时间持续维护金融安全，促进行业发展，保障国家安全，依然具有很强的指导作用，必须坚持不懈地在工作中予以贯彻，以钉钉子精神抓好落实。

第三节　严守底线思维，筑牢意识长堤，防范化解系统性金融风险

金融行业，唯一不变就是风险控制。风险管理历史悠久，甚至可追溯到公元前2000多年前的苏美尔年代，那个年代的楔形文字记录的借款合同的要素与今天几乎没有差异，还款时须当众砸碎泥版合同予以销账。传统金融风险，一般都是信用风险、市场风险、流动风险、汇率风险、操作风险、合规风险等，金融科技时代，会产生新的风险，并且风险分散化，传染性高。

防范化解金融风险特别是防止发生系统性金融风险，是金融工作的根本性任务。要加快金融市场基础设施建设，稳步推进金融业关键信息基础设施国产化。要做好金融业综合统计，健全及时反映风险波动的信息系统，完善信息发布管理规则，健全信用惩戒机制。要做到"管住人、看住钱、扎牢制度防火

墙"。要管住金融机构、金融监管部门主要负责人和高中级管理人员，加强对他们的教育监督管理，加大金融领域反腐败力度。要运用现代科技手段和支付结算机制，适时动态监管线上线下、国际国内的资金流向流量，使所有资金流动都置于金融监管机构的监督视野之内。要完善金融从业人员、金融机构、金融市场、金融运行、金融治理、金融监管、金融调控的制度体系，规范金融运行。

为完善我国系统重要性金融机构监管框架，防范系统性风险，有效维护金融体系稳健运行，中国人民银行、中国银行保险监督管理委员会、中国证券监督管理委员会于2018年11月联合印发《关于完善系统重要性金融机构监管的指导意见》，立足我国金融行业发展和监管实践，坚持宏观审慎管理与微观审慎监管相结合的监管理念，明确系统重要性金融机构监管的政策导向，弥补金融监管短板，引导大型金融机构稳健经营，防范系统性金融风险。主要通过两条途径完善系统重要性金融机构监管：一方面，对系统重要性金融机构制定特别监管要求，以增强其持续经营能力，降低发生重大风险的可能性。相关部门采取相应审慎监管措施，确保系统重要性金融机构合理承担风险、避免盲目扩张。另一方面，建立系统重要性金融机构特别处置机制，推动恢复和处置计划的制定，开展可处置性评估，确保系统重要性金融机构发生重大风险时，能够得到安全、快速、有效处置，保障其关键业务和服务不中断，同时防范"大而不能倒"风险。

据人民网消息，中国银保监会于2020年1月召开的"2020年全国银行业保险业监督管理工作会议"强调，要坚决打赢防范化解金融风险攻坚战。稳妥处置高风险机构，压实各方责任，全力做好协调、配合和政策指导。继续拆解影子银行，特别要大力压降高风险影子银行业务，防止死灰复燃。坚决落实"房住不炒"要求，严格执行授信集中度等监管规则，严防信贷资金违规流入房地产领域。对违法违规搭建的金融集团，要在稳定大局的前提下，严肃查处违法违规行为，全力做好资产清理，追赃挽损，改革重组。深入推进网络借贷专项整治，加大互联网保险规范力度。继续努力配合地方政府深化国有企业改革重组，加快经济结构调整，化解隐性债务风险。有效防范化解外部冲击风险，做好银行保险机构压力测试，完善应对预案，稳定市场预期。

一、新冠肺炎疫情发生后金融领域出现新的重大挑战

中国银行保险监督管理委员会主席郭树清在《坚定不移打好防范化解金融风险攻坚战》一文中指出，我国经济正处于转向高质量发展的关键时期，本来就面临老龄化加快、储蓄率下降、资源环境约束增强等诸多困难。百年不遇的特大疫情直接造成一季度增长深度下跌，尽管二季度恢复正增长，但是近中期发展仍然面临许多不确定性因素。世界银行 6 月发布的《全球经济展望》预测，2020 年全球经济将收缩 5.2%。今后一段时期，我国经济供需两端、国内外两个市场同时承压，金融体系势必遇到很大困难。

为遏制衰退，经济活动急剧收缩时，金融活动反而必须扩大。原来的调控目标是广义货币与社会融资规模增速略高于名义 GDP 增速，2020 年上半年高出 10 多个百分点。预计 2020 年总体杠杆率和分部门杠杆率都会出现较大反弹，金融机构的坏账可能大幅增加。2019 年银行业新形成 2.7 万亿元不良贷款，出现疫情"黑天鹅"后，资产质量加倍劣变不可避免。由于金融财务反映存在时滞，目前的资产分类尚未准确反映真实风险，银行即期账面利润具有较大虚增成分，这种情况不会持久，不良资产将陆续暴露。

在经济全球化持续多年快速发展背景下，各国经济金融相互依存度已达到很高水平。然而，令人遗憾的是，目前的国际社会合作氛围并不理想。近年来，少数发达国家自身经济结构持续恶化，导致社会阶层撕裂和对立，极端主义、民粹主义日益膨胀，贸易保护主义盛行，"退群""脱钩""断链"增多，并对我国公开采取打压和遏制战略。疫情发生后，有的国家自身应对不力，却以多种方式对外转移矛盾。美国将中国和其他一些国家的企业和机构列入"实体清单"，频频制造事端。这些做法危害了正常经贸合作，全球经济复苏平添更多变数，金融稳定和金融安全都受到干扰。

二、维护金融安全必须筑牢系统性金融风险防线

金融对于国民经济来说，就像"双刃剑"，既能有力提升进攻能力，又容易对自身造成伤害。金融对国家的经济发展起到了强有力的推动作用，但是一旦发生系统性金融危机，也将对国民经济造成巨大的破坏。

党的十八大以来，以习近平同志为核心的党中央反复强调要把防控金融风险放到更加重要的位置，牢牢守住不发生系统性风险的底线。维护我国金融安全，就必须贯彻习近平总书记的重要指示，坚持底线思维和问题导向，必须采取一系列措施加强金融监管，防范和化解金融风险，坚决守住不发生系统性金融风险这一重要目标，在全面做好金融工作基础上，着力深化金融改革，加强金融监管，科学防范风险，提高金融业的抗风险、可持续发展和竞争能力。

维护金融安全是一项长期的、系统性的工作，必须坚持党中央集中统一领导，完善党领导金融工作的体制机制，提高金融决策科学化水平；必须深化金融改革，完善金融体系；必须加强金融监管，避免监管空白；必须加大对市场违法违规行为打击力度；必须为实体经济发展创造良好金融环境，推进供给侧结构性改革；必须提高领导干部金融工作能力，强化监管意识，提高监管效能。

三、防范化解系统风险要使金融回归服务实体经济的"本源"

中国保监会原副主席周延礼在《加强监管筑牢系统性金融风险防线》一文中认为，从金融行业来看，忽略了服务实体经济是最大的风险，"回归本源"是金融业当前最迫切的任务。总体看，金融风险主要来自以下几个方面，内部看有金融机构自身治理结构缺陷以及企业商誉风险、非主业带来的次生风险或是因经营资本约束不到位而产生的流动性风险等，外部看，存在着金融环境风险和金融市场供求矛盾导致的企业经营业态风险等。不同类型的风险来源不同，对金融行业的影响程度、持续时间也不尽相同。

从金融行业内部风险看，作为行业细胞的金融公司本身治理结构不到位往往带来较大的风险。随着我国金融制度的不断完善，我国金融机构在公司治理结构方面取得了一定成效，公司治理结构模式初步形成，但金融机构内部均衡有效制约不到位情况仍然比较突出，比如：企业董事会履职有效性不足，地位和职能仍需强化，董事会缺乏对公司的整体管控能力，董事履职主动性不够，导致机构经营中"一言堂"现象时有发生。再如金融机构内部监事会监督不到位，存在不敢监督、难监督的现象，内部审计的独立性和有效性仍需大力提升，金融机构本身的股权关系依然存在不透明、不规范、股权代持、隐形股东等问题时有发生，有的股东大会不规范，有的股东履行职责和承诺意愿不强，形成股权虚化，不足以约束经营高管层的道德风险。在日常经营中，金融机构股东的日常行为依旧存在不合规的现象，股东干预公司经营，甚至不顾行业发展规律，片面追求短期高收益的现象时有发生。这些行为的结果是使得金融机构本身的长短期资金运用不合理、不协调或者少数股东控制企业经营，加大企业日常经营风险发生的概率。

从金融机构销售产品的合规性上看，风险主要集中在：一是产品创新没有坚持审慎的风险底线原则，产品偏离实体经济本质，过于追求高收益。二是产品定价缺乏审慎原则，对未来经济形势研判和风险精算确实相关公正、谨慎原则，定价策略的分析数据采集不完整，产品价格与实际存在较大偏差，导致产品到期或运行途中出现挤兑。三是金融机构的经营策略过于激进，产品结构上存在中短存续期产品占比过高，产品期满的给付风险较高，特别是在经济下行周期时，机构承载的压力加大，容易造成群体性事件的发生。例如，2011—2014年，我国曾因投连险问题出现两次大规模退保风波。2015—2016年，由于万能险保费规模快速增长，其保证利率较高，引起利差损风险。2015年下半年，"险资举牌"事件就影响了有关企业的正常经营管理。

当前国际政治、经济、金融局势复杂多变，中美贸易摩擦，贸易保护主义抬头，未来全球经济增长面临不确定性增加，金融资金走出去战略的实施和监管必须引起足够的重视。由于金融资本超强的流动性，当我国对外开发的步伐不断加大时，我国金融资本走出去的脚步不断加快。而投资目的国当地法律环境、监管规则、行政管理、汇率变动等因素都使得我国金融机构对市场风险管控难度不断加大。尤其当国际政治局势、地缘政治发生较大变化时，金融机构的境外投资风险也相应增大，投资失败案例时有发生。

同时，科技的进步使得金融行业与其他产业跨市场、跨区域、跨行业的融合快速发展，科技进步对金融行业带来的挑战前所未有，对于风险而言，科技发展带来的跨行业融合或将导致金融风险的交叉扩散，企业的综合经营风险级数增加。例如，2019年以来，铁矿石期货对传统钢铁市场、铁矿石市场的跨行业冲击使得大多数中国钢铁企业利润被大幅蚕食，行业整体利润水平下滑严重。

综上分析，金融监管的策略、监管工具、补救方式和纠正方法也要审时度势，包容兼蓄、正确引导行业运行。引导金融机构沿着服务实体经济、"回归本源"的正确方向运行，从而不断提高防范系统性金融风险的能力。

四、严格的金融供给侧结构性改革是防范系统性金融风险的重要手段

经济的发展是金融发展的前提和基础，金融的发展是经济发展的动力和手段，金融发展与经济发展之间相互制约、相互促进。要保持一国经济的持续稳定增长，必须保持该国金融总量与实体经济总量之间的合理比例关系，不能过度抑制金融在国民经济发展中的促进作用，也不能肆意发挥金融市场的倍数放大功能，造成对实体经济的威胁和冲击。2008 年，正是以美国为首的西方发达资本主义国家之前多年来肆意放大金融市场对经济的刺激作用，造成实体经济过度金融化和金融结构畸形化，不断激化金融体系风险，导致了美国次贷危机爆发并最终引发了全球性的金融危机。

2015 年的中央经济工作会议就在深刻把握"经济发展进入新常态"这一重要判断的基础上，首次精确地提出了着力加强金融供给侧结构性改革的意见，重点阐明了在经济由高速增长转为高质量发展的转型期、社会主要矛盾正在发生改变，需要充分发挥好金融系统在优化资源配置方面的引领作用，在经济供给体系上进行改进和优化，以提升产品和服务的品质的观点和看法。由此可见，金融体系供给侧改革则是经济供给侧改革的优化和改进中的重要环节之一。

据中国网财经消息，银保监会副主席梁涛在"2019 中国金融学会学术年会暨中国金融论坛年会"上表示，金融供给侧结构性改革，是金融发展理论的重要创新。金融与实体经济发展相匹配，金融结构与经济发展结构相适应是金融供给侧结构性改革的主思路；优化供给结构、提升金融行业的整体效率，不断改善和完善金融服务质量是金融供给侧改革的主要手段，最终实现金融为我国国民经济高质量发展提供重要保障的目的。从全球历次金融危机的历史教训看，房地产市场、股票市场、主权债务市场等特定领域的过度负债，是引发大

多数金融危机的共同原因，本质上是金融资源在这些领域的过度供应导致资源错配所致。从这个意义上说，从根本上防止系统性风险的产生，必须着眼基于长期发展的金融资源优化配置的金融供给侧结构性改革。

金融供给侧结构性改革是防范系统性风险的重要手段，是保障我国金融行业的长期健康发展和深化金融改革开放的重要指南。

五、筑牢防范化解金融风险"三道防线"

金融监管要加强风险隐患的识别、分析、监测，完善监管标准和制度体系建设，借鉴国际微观审慎监管做法，科学评估金融机构风险，守住不发生系统性金融风险的底线。辽宁银监局局长文振新在《筑牢防范化解金融风险"三道防线"》一文中曾分析称，运用底线思维防范化解金融风险就是要清楚地认知可能出现的和所能承受的最大风险损失，设计筑牢风险防线，对风险早识别、早预警、早发现、早处置。这句话很好解释和强调了严守金融风险底线思维的含义就是金融监管必须加强风险隐患监管的制度、标准体系建设，严格遵从审慎原则，采取科学方法评估风险，守住底线不动摇。

1.要在审慎稳健的经营指导原则下建立风险管控体系，优化风险管理机制。重点关注金融机构的股东、董事会、监事会和高管层的履职，针对性地监督、督促其在法律法规和公司章程框架内恪守职责边界和底线。同时推动金融机构建立并不断完善全面风险管理体系，明晰责任，搭建权责明晰的风险管理架构；制订策略，将整体风险有效、可控；完善程序，纠正不审慎倾向；强化信息管理，确保信息及时传导反馈。

2.要强化、健全风险监测、识别、预警体系和机制，有效降低风险发生概率并为处置风险赢得时间和空间。强化风险识别预警机制要求金融业机构必须做到以下几点：（1）要提高对政策导向、行业趋势变化和企业经营规律的基础研究的水平，培养、引入专业人才，针对性弥补基础知识的不足。（2）要加强数据积累应用，积极推进落实《银行业金融机构数据治理指引》，提升数据收集、整理和应用水平，全面完善数据管理架构和质量控制机制，发挥数据质量作为银行风险管理的"温度计"和"晴雨表"的作用，全面提升风险识别和预警的能力。（3）在完善预警体系的过程中必须将情景压力测试作为风险识别重要手段，必须主动增强开展压力测试工作的主动性，拓展测试范围，完善情景设计，强调成果运用。（4）要加强同业合作与交流，主动学习并弥补不足，共御风险，携手发展。

3.要按照中央部署，形成在政府主导下的金融机构、监管部门、司法部门和新闻媒体等共同参与的联合处置机制，不断细化风险应对预案，完善风险处置预案，提高风险处置效率，提升可操作性。当风险暴露时，迅速处置，将风险损失压至最低。建立专业队伍，加强模拟演练，提升实战能力。对风险处置预案要做到事前评估，事后追责。

由此可见，全面加强风险管理重要措施，防范化解系统性风险，严守底线不动摇就是要在优化管理体系、强化风险识别、细化应对预案的过程中实现不断完善和能力提升。

六、加强"四个意识"，筑牢风险防范长堤

现代经济是信用经济，信用关系可谓无时不在、无处不在，信用结构日趋复杂。金融市场广度、深度日趋增大，金融产品体系日趋复杂，金融开放日益扩大，金融风险日趋增加。金融行业企业者的底线就是把控风险，金融从业人士看家本领就是通过风险管理，借助风险和对风险的管理创造效益和价值。

1.提高金融业务风险防控意识，全面树立金融业务风险防范意识就是要"早识别、早预警、早处置"。充分运用数据挖掘、人工智能等技术，在模型分析，精准风险刻画、优化风险防控指标等方面有效甄别高风险交易，提高金融业务风险识别和处置的准确性。同时健全风险监测预警和早期干预机制，将人工智能风控嵌入业务流程，提升风险防控的及时性和准确性。同时构建跨部门的风险联防联控机制，加强风险信息共享，严防风险"交叉传染"，实现风险早识别、早预警、早处置，提升金融风险整体防控水平。

2.不断增强金融网络安全风险管控意识，严格落实《网络安全法》等国家网络安全法律法规及相关制度标准，持续加大网络安全管理力度，健全全流程、全链条的网络安全技术防护体系，与网信、公安、工信等部门的协调联动，切实提高金融业关键软硬信息基础设施的国产化水平和信息安全保障能力，完善网络安全技术体系建设，提升金融业信息系统业务连续性。加强安全

感知和动态监测分析，准确把握网络威胁的规律和趋势，实现风险全局感知和预判预警，提升来自网络威胁、自然灾害和突发事件的应对能力。

3. 加强金融信息安全意识。建立金融信息安全风险防控长效机制，遵循合法、合理原则，研究制定金融信息全生命周期管理制度和标准规范，排查金融信息泄露的环节，加强金融信息安全防护，利用先进的信息技术保障金融信息的安全、存储和授权，强化内部控制管理，健全金融信息安全管理制度，明确相关岗位和人员的管理责任，定期开展金融信息安全内部审计与外部安全评估，防止金融信息泄露和滥用。

4. 树立正确的金融科技创新意识。正确把握金融科技创新与安全的关系。要正确认识到金融科技的风险本质依然是金融的风险。要加强新技术基础性、前瞻性研究，强化新技术应用保障机制，明确新技术应用的运行监控和风险应急处置策略，统筹打造推动金融安全与网络信息安全建设，推进包括"机构治理、行政监管、行业自律、社会监督、法律约束"五位一体的多层次金融科技风险防范体系。加强新技术的合规应用，防范新技术自身风险与应用风险。在安全合规的前提下，合理应用新技术赋能金融产品与服务创新，并充分评估新技术与业务融合的潜在风险，建立健全试错容错机制，完善应急处置措施。充分评估潜在风险，严格把好安全关口，建立健全覆盖数据全生命周期的安全管理体系。在风险可控范围内开展新技术尝试，在确保金融安全的同时不断提升金融产品安全与质量水平。

第十二章　金融科技与金融市场安全

据陆家嘴论坛官方消息，国务院副总理刘鹤2020年6月18日在"第十二届陆家嘴论坛"开幕式的书面致辞中表示，上海正努力打造扩大金融开放的新高地，由衷希望上海立足自身优势，大胆开拓，不断创新，在金融、科技和产业良性循环与三角互动方面进行新探索，在引领未来方面发挥更大作用。刘鹤副总理专门指出了金融、科技和产业互相促进在我国未来发展中的重要意义。

金融市场通过提高金融要素的配置效率，服务产业和实体经济更加健康、高效地发展。市场经济体系下，金融市场与劳动力市场、技术市场、土地市场等一起，构成了基本的要素市场，对经济运行的各类生产要素进行有效配置。顾名思义，金融市场是配置金融要素的市场，最重要和核心的作用是匹配信息、对于各类金融要素进行定价、促进金融要素在不同市场主体间的交易和流通。

金融市场是经营货币资金借款、外汇买卖、债券和股票的发行与交易、黄金白银等贵金属买卖、各类金融衍生品交易的有形或无形场所的总称。（1）按交易对象分类，金融市场可分为本币市场（包括货币市场和资本市场）、外汇市场、黄金市场、衍生品市场等。(2) 如果按照融资期限分类，金融市场分为：货币市场，通常指融资期限在1年以内，包括票据贴现市场、短期存贷款市场、短期债券市场和金融机构之间的拆借市场等；资本市场，主要包括长期贷款市场和证券市场。

金融市场对于国民经济的运行非常重要，政府、事业单位、企业、居民等都应该加深认识，中国人民银行每月都会在其官方网站发布上月的金融市场运行情况，感兴趣的读者可下载查阅。各个细分市场的公开新闻和财经报道也很多，各类网站、APP也会有及时的信息推送，这里就不一一列举信息渠道了。

金融业的发展与科技特别是金融科技发展关系密切。信息科技、金融科技对于金融行业、金融市场的发展起到非常重要的推动作用。据《上海证券报》消息，中国人民银行前行长周小川 2018 年 11 月 18 日在"第九届财新峰会"上表示，可以说金融业有一半左右干的是和 IT 行业差不多的事情，可以说是半个 IT 行业。从时间序列来看金融业和 IT 的关系，可以看出是非常紧密的联系，同时也是一种相互促进。因此在这种基础上，金融业受益于 IT 技术的发展，提高了金融服务的数量、质量和效率。因此，金融业应该是真心欢迎竞争、欢迎新技术。

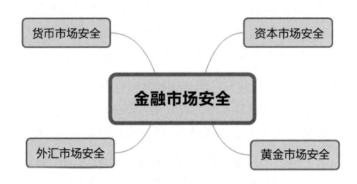

本章将重点讨论金融市场与金融科技的互促关系，特别是金融科技对于金融市场发展的助力。需要说明的是，金融市场涉及的领域众多、内容庞杂，全面系统性的介绍不是本书重点，本书挑选出金融市场范畴内相对较重要且贴近日常经济生活的货币市场、资本市场、外汇市场和黄金市场进行简要介绍，分析其安全运行对于金融系统、国民经济的重要意义，回顾反思指出目前存在的一些问题或安全事件，进而分析利用金融科技如何为金融市场保驾护航。

第一节　金融科技与货币市场安全

据新华社消息，2020 年 5 月，中国人民银行行长易纲日前在接受新华社记者采访时表示，稳健的货币政策将更加灵活适度，综合运用、创新多种货币政策工具，确保流动性合理充裕；人民银行将继续深化 LPR 改革，疏通货币市场利率向贷款利率的传导渠道，推动降低贷款实际利率，支持实体经济发展。易纲行长的讲话体现了货币市场两点核心作用，一是货币市场对整个金融市场流动性有着重要影响，货币市场是央行货币政策的重要传导渠道，二是货币市场利率构成了整个金融市场的短端利率基础，并对整个金融市场利率（例如 LPR）产生重要影响。

一、货币市场简介

根据中国人民银行官网的定义，货币市场是指期限在一年以内、以短期金融工具为媒介进行资金融通和借贷的市场，是一年期以内的短期融资工具交易所形成的供求关系及其运行机制的总和。货币市场是典型的以机构投资者为主体的市场。其活动的主要目的是保持资金的流动性：一方面满足资金需求者的短期资金需要；另一方面为资金充裕者的闲置资金提供盈利机会。就结构而言，货币市场主要包括同业拆借市场、回购市场、票据市场、大额可转让定期存单市场等。中国人民银行依据法律法规对上述市场实施监督管理。

在我国，金融机构间同业拆借、回购和大额可转让存单的交易询价主要通过线下场外的模式进行，而交易的成交登记主要通过全国外汇交易中心（CFETS）本币系统完成，外汇交易中心网站——中国货币网（www.chinamoney.com.cn）会公布各类交易行情，感兴趣的读者可登录网站查阅。

人们日常接触到比较多的货币市场基金，主要投资于货币市场证券和工具的基金，我国最大的一只货币市场基金——天弘余额宝规模一度超过 1.5 万亿元人民币，天弘余额宝本身也是伴随着金融和科技的融合而诞生。

二、货币市场安全性及其重要意义

货币市场作为短期资金的融通市场，除满足资金供给方和需求方的各类需求外，其对于整个金融市场乃至于国民经济运行都有十分重要的作用，可以说货币市场的安全运行关系到国计民生。从数据上就能看出货币市场的交易量和重要性，根据中国人民银行披露的《2019 年金融市场运行情况》，2019 年仅银行间市场信用拆借、回购交易总成交量 971.3 万亿元。其中，同业拆借累计成交 151.6 万亿元，质押式回购累计成交 810.1 万亿元，买断式回购累计成交 9.5 万亿元。

（一）货币市场是全社会各类主体和机构短期资金的融通市场

货币市场满足了政府、银行、各类金融机构、企业以及居民的短期融资或投资的需要。货币市场每天成交量十分巨大、满足了各类主体的短期融资需求，如果货币市场安全性受到影响，整个市场的金融机构运营、金融体系运作、国民经济运行都会受到很大影响。全球历次金融危机中，都会出现货币市场流动性危机带来的短期资金挤兑和融资困难的现象，进而引发企业和金融机构流动性危机，甚至导致企业和金融机构的倒闭。

下表为 2020 年 6 月 19 日一天，银行间存款类金融机构的质押式回购部分主要品种成交量：

			银行间回购				
代码	名称	加权平均	均价涨跌BP	最新	成交量(万)	前加权	时间
DR001	银存间质押1日	2.1349	2.03	2.1300	178700662.90	2.1146	06/19
DR007	银存间质押7日	2.1340	4.56	2.1400	2973991.00	2.0884	06/19
DR014	银存间质押14日	2.2746	10.67	2.2500	2458965.00	2.1679	06/19
DR021	银存间质押21日	2.2860	-2.80	2.3500	201699.00	2.3140	06/19
DR1M	银存间质押1月	2.3529	1.97	2.4700	183967.00	2.3332	06/19
DR2M	银存间质押2月	2.4670	2.00	2.4500	161402.00	2.4470	06/19

资料来源：万得资讯。

下表为 2020 年 6 月 19 日一天，银行间市场存款类金融机构拆借交易的部分主要品种和成交量：

代码	名称	最新	涨跌BP	成交量(万)	加权平均	前加权	时间
IBO001	IBO001	2.1500	2.00	54486370.00	2.1463	2.1407	06/19
IBO007	IBO007	1.9000	-21.00	2747300.00	2.2570	2.1239	06/19
IBO014	IBO014	2.1200	2.00	918000.00	2.2938	2.3081	06/19
IBO021	IBO021	-	-	0.00	0.0000	0.0000	06/19
IBO1M	IBO1M	2.4000	-25.00	251000.00	2.3660	2.3712	06/19
IBO2M	IBO2M	2.1000	-25.00	85000.00	2.5160	2.4322	06/19

资料来源：万得资讯。

（二）货币市场是整个金融市场利率曲线定价的重要基础

货币市场利率构成了整个金融市场的短端利率基础，短端利率的高低会影响金融市场整体的利率曲线形态，货币市场运行的平稳性关系到整个金融体系的稳定性和全社会的融资成本。

下图为近十年上海同业拆借利率 SHIBOR 3 个月的历史走势，基本反映了不同时期银行间货币市场资金的紧张程度。

资料来源：彭博资讯。

（三）货币市场是中国人民银行货币政策的重要传导渠道

当前，中国人民银行的货币政策正逐步从数量型调控工具向价格型调控工具转型、进而引导整个货币市场利率和整个金融市场利率水平，服务国民经济。中国人民银行最常见的一个货币政策手段就是央行通过公开市场操作（Open Market Operation，OMO）向市场传递货币政策信号，全市场的各类金融机构都在密切跟踪关注央行货币政策并根据央行的货币政策调整自身的投资决策。

综上，货币市场是全社会各类主体和机构短期资金的融通市场，是整个金融市场利率曲线定价的重要基础，也是央行传递货币政策的重要渠道，其安全性关系到整个金融市场的稳定运行和国民经济的平稳运行，必须高度重视。

三、货币市场的安全事件和潜在风险

货币市场是短期资金的融通市场，关系到各个参与主体的流动性安全，因

此货币市场最大的潜在风险就是流动性风险，必须高度重视。在我国，货币市场中的同业拆借市场、回购市场、大额可转让定期存单市场等基本通过中国外汇交易中心 CFETS 平台进行交易登记，交易基本实现电子化。而我国的票据市场尤其是金融机构和企业间的票据业务较长时间处于纸质票据阶段，发生过多笔重大风险事件。

（一）美国次贷危机中的货币市场流动性风险

美国 2008 年的次贷危机，虽然根本原因是由于次级抵押贷款及其资产证券化产品、衍生品出现问题，但金融危机时的货币市场流动性危机也应高度关注。当时许多机构持有美国五大投资银行之一的雷曼兄弟发行的票据资产，市场机构相互之间产生了不信任，不敢继续进行资金拆出，引发了市场的流动性危机。美国多只货币市场基金被赎回和跌破面值，货币市场基金被赎回数万亿美元，金融机构和企业客户都难以通过货币市场融入资金，金融危机不断发酵并开始从金融市场蔓延到实体经济。

（二）中国农业银行北京分行票据重大风险事件

据中国农业银行官网消息，2016 年 1 月，农业银行北京分行票据买入返售业务发生涉及风险金额为 39.15 亿元的重大风险事件。后查明，银行员工与外部人员勾结，将本已封包的票据提前出库交给外部人员使用、外部人员挪用上述票据二次贴现套取资金违规使用并造成较大窟窿，保险柜中原本封存的票据则被替换为报纸等。截至 2015 年底，该案涉案人员共计发生业务 39 笔、涉及票据 381 张、票面金额合计 320 多亿元。

（三）邮储银行甘肃武威支行票据重大风险事件

据中国银保监会官方披露，邮储银行甘肃武威文昌路支行违法违规套取票据资金，涉案票据票面金额 79 亿元。银行内部员工与外部不法分子内外勾结、私刻公章、伪造证照合同、违法违规办理同业理财和票据贴现业务、非法套取和挪用资金。涉案相关机构有部分员工违规参与票据中介或资金掮客的交易，谋取私利。

（四）宁夏宝塔石化集团金融票据诈骗风险事件

据财新网报道，宁夏民企宝塔石化集团多位高管涉嫌违规出具金融票证罪被逮捕。2018 年 5 月，宝塔石化全资控股的宝塔财务公司已开始暴露票据逾期问题，市场怀疑其大量票据没有真实贸易背景，截至 2018 年 11 月底，其未结清票据（包括逾期未兑付与未到期）约 175 亿元，总笔数超过 2.7 万笔。

四、金融科技为货币市场安全保驾护航

这里将货币市场分为票据市场和非票据市场分别探讨金融科技的安全解决方案。

（一）金融科技的票据市场安全解决方案

从上文可以看出，票据领域是近几年货币市场风险高发的领域，核心问题在于票据开票时企业虚构贸易背景、银行与企业进行票据贴现时安全保管手段落后、多次贴现时金融机构难以掌握全部业务信息背景等。

1. 传统票据业务的痛点。传统票据融资业务往往依托于贸易融资或者供应链融资，基于自偿性贸易融资模型，银行等金融机构为核心企业的上游供应商和下游采购商提供融资服务。传统模型依赖于核心企业的授信，类似于将核心企业授信外溢到上下游，使得整个链条都得到融资支持。传统票据业务对上下游企业风险和业务链条掌握不全面、难以追踪全链条的完整信息和票据融资的交易背景，这就带来了信息不对称、票据真实性和安全问题。

2. 金融科技的解决思路框架。区块链技术是解决票据市场安全问题的良好技术手段。利用区块链技术中的联盟链，将整个供应链上的企业、金融机构和各个业务环节都纳入到联盟链中。企业间发生的每一笔业务都自动上链，并加盖时间戳、同步广播到整个区块链中，金融机构自然掌握了该联盟链中企业每笔业务的来龙去脉，这样对应到票据融资上，每一笔票据的业务背景、交易过程都在区块链上留痕。这样带来的好处是：（1）信息开放性。私有信息加密、公有信息对于联盟链成员开放，可对银行等金融机构开放信息读取权限，金融机构即可全面、及时、准确地掌握任何一笔业务的发生、发展情况信息，可以追踪到每个供应链业务的每个环节、掌握交易的全流程。同时也可以将开票等融资信息也置于区块链节点上，让各个金融机构完整掌握一张票据的来龙去脉。（2）难以篡改性。信息经过验证加密后添加到区块链上，就会永久储存起来，难以篡改，且信息会带有时间戳，即使个别企业能篡改某个节点的数据，但供应链真实的全流程数据无法篡改，做到交易数据真实性，这样大大降

低了银行等金融机构对于信息真实、数据造假的疑虑。（3）去中心化。区块链采用分布式计算和存储，不存在中心化的管理机构或者软硬件，各个节点的权利和义务均均等，整个系统的区块链数据由各个节点共同完成，这样降低了参与机构对于核心机构的依赖或者担心，可放心使用和参与到业务中。（4）业务流、信息流统一、可追踪。将银行或者企业开票、票据交易等也置于区块链之上，可以追踪到票据的开票和交易信息，且票据电子化、带有时间戳不可修改，让上文提到的纸质票据交易中存在的信息不对称等各种风险无处遁形。综上，应用区块链技术到票据市场，可以大幅降低信息不对称、提高业务全流程的透明度、降低金融机构对于虚假信息的疑虑，这样可以提高票据市场效率、提高票据市场的安全性。

3. 案例：区块链技术重构票据业务流程。上海票据交易所副总裁沈伟在《用区块链技术重构票据业务流程》一文中给出了可供参考的区块链票据业务应用框架和数字票据可扩展的业务场景。票据业务的场景往往具备业务频率低（单位时间上链数据相对有限）、同一数据多个参与方使用、票据业务需在多个参与方节点流转等特点。区块链较好地解决了上述问题，提升了票据业务效率。（1）技术实现上，可由行业监管机构或者领军企业牵头，汇集专业区块

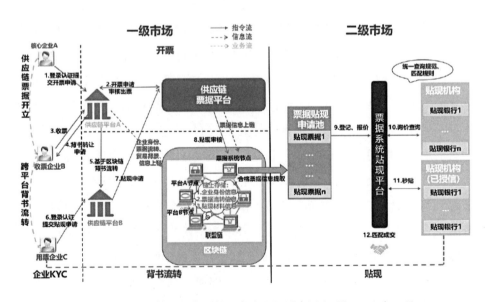

资料来源：沈伟，《用区块链技术重构票据业务流程》，《中国金融》2020 年 6 月。

链金融科技公司提供技术解决方案、共同建设底层联盟链平台。上层应用由业务精通且了解区块链技术的专业团队负责建设，必须保障区块链技术覆盖现有业务流程、进而优化和改造现有业务流程。最后是底层技术平台和上层应用互相支持，底层平台易于未来不断升级，上层应用的升级也具备灵活性和便利性。（2）区块链技术在票据业务上的应用场景，可以包括企业身份信息查询（企业信息一次上链、一点上链，全链交叉查询和验证）、票据背书（企业经由供应链平台与票据系统连接申请签发电子票据，出票后票据信息同步到区块链各个节点，企业票据流转时其过程记录也会通过区块链分布式账本技术同步到各个节点，整个票据系统节点对各个流转过程和环节也会确认和监控）、票据贴现、票据到期托收后电子票据的及时销毁。当然，很重要的一点是整个票据的背书、贴现过程中相关材料都会即时存储在区块链上，这样便于各个参与方和监管机构随时调用查询、掌握全流程信息，提升业务的安全性和业务效率。

4.案例：上海票据交易所数字票据交易平台实验性生产系统。据《金融时报》消息，2018年1月，上海票据交易所数字票据交易平台实验性生产系统成功上线试运行，中国银行等金融机构在数字票据交易平台实验性生产系统上顺利完成基于区块链技术的数字票据签发、承兑、贴现和转贴现业务。该平台使用区块链技术进行的业务探索对我国金融创新和票据市场安全、平稳、高效运行有重要积极意义。（1）结算方式创新。构建"链上确认、线下结算"方式，探索去中心化的区块链系统与中心化系统共同连接和应用的可行性。（2）系统性能提高。通过使用专业的区块链技术和算法，提高系统性能、降低系统记账损耗，为"运行去中心化、监管中心化"打下基础。（3）隐私保护优化。构建隐私保护和市场监测可同时实现的看穿机制，既强调和保护交易各方的隐私，又加强上海票交所的市场监测能力，有益探索了未来区块链技术下的监管模式创新。（4）实时监控管理。利用区块链和信息技术强大的数据抓取、信息处理和分析展示能力，提升可视化监控平台能力，为监管者提供了图形化的统计分析、业务展示、运行告警等功能，实现对区块链系统和业务运行情况的实时监控。

（二）金融科技对其他货币市场的安全解决方案

在我国，货币市场中的同业拆借市场、回购市场、大额可转让定期存单市场等基本通过中国外汇交易中心 CFETS 平台进行交易登记。我国货币市场的基础设施建设，取得了举世瞩目的成绩，甚至放眼全球，我国也是走在前列。但不可忽视的是，基础设施更多的是解决交易服务的标准化和效率提高，对于资金交易的连锁反应和交叉违约风险、业务全流程追溯、风险全流程监控和提前预警等仍有提高空间。

1.传统货币市场业务的痛点。我国的货币市场中的回购业务、拆借业务和大额可转让存单业务每日新发和成交数量巨大，从前文可以看出每日交易额都在万亿元人民币以上。如此巨量的流动性需求，对整个金融市场和国民经济影响巨大，而货币市场的参与主体众多、交易笔数和金额巨大，且各个交易主体间资金交易往往还有交叉和关联，如何有效监控市场主体行为、判断和预测全市场的融资需求，也是当前关注的重点。鉴于我国货币市场的交易登记结算服务属于中心化模式，如果平台或者交易所宕机或遇到其他运营问题，将直接对全市场造成冲击，可能造成货币市场和整个金融市场的停摆，应提前重视和做好计划准备。

2.金融科技的解决思路框架。（1）充分利用大数据技术，分析过往货币市场各个子市场甚至各个主体的交易特征，总结市场运行规律、分析和挖掘潜在风险，在季末、半年末和年末这些传统资金偏紧的时间节点提前做好安排和应对。（2）充分利用云计算技术，在保障安全性的基础上，尝试构建基于云端的可扩展算力，遇到交易需求大幅增加时可从容应对。（3）充分利用人工智能技术，动态、实时监督和测算货币市场资金需求并提供给人民银行等监管机构，做到事前和事中监控，监管机构可及时给予流动性补充等，保障市场的平稳、有序进行，减少"钱荒"等事件的发生和对于金融市场、实体经济的冲击。（4）充分利用区块链技术，未来可探讨基于区块链的货币市场交易，做到交易主体点对点交易、交易和交易数据分布式核算和存储，避免中心化模式下一旦"中心"有事全市场都面临停摆的风险。

第二节　金融科技与资本市场安全

据新华网消息，中国证券监督管理委员会原主席肖钢 2019 年 5 月在"清华五道口金融论坛"上表示，以大数据、云计算、人工智能等现代信息技术为载体的数字化浪潮，正引领人类社会迈向信息化建设的新阶段，也为金融业和资本市场发展带来崭新机遇。科技对资本市场的影响愈加广泛和深入，对资本市场业务全过程都产生了深刻影响，新业务模式对传统业务和服务的影响更加深入。本节将从资本市场的分类介绍、重要意义、发生的安全事件和存在的潜在风险、金融科技为资本市场保驾护航等几个方面进行讨论分析。

一、资本市场简介

资本市场包括中长期贷款市场（期限在 1 年以上）和证券市场。证券市场通常是指股票市场和债券市场（在投资实务中，发行期限在 1 年以上的债券也被认为属于债券市场；日常统计和投资分析中，也经常把同业存单纳入债券市场整体统计）。长期贷款市场最主要的就是银行给企业的长期贷款。

（一）股票市场

股票是股份公司为筹集资金发行的公司所有权凭证，股东可凭此获得股息和红利。由于股票市场上不同的投资者和融资者规模大小、风险承受能力强弱、需求和服务的要求有所差别，我国正在积极构建多层次的资本市场：（1）主板市场，通常指上交所主板、深交所主板和深交所中小板；（2）二板市场，通常指深交所创业板、上交所科创板；（3）三板市场，主要指全国中小企业股份转让系统，也称为新三板；（4）四板市场，主要指区域性股权交易市场，一般以省级为单位、由省级人民政府监管。

主板市场和二板市场合并称为股票交易的场内市场，三板市场和四板市场称为场外市场。本书重点分析主板市场和二板市场。股票一级市场也叫发行市场，是发行人发行股票融资的市场，股票二级市场是投资者进行股票交易的市场。根据万得数据，截至 2020 年 6 月沪深两市上市公司总数 3889 家、总市值约 70 万亿元人民币。

（二）债券市场

债券是指政府、企业、金融机构等债务人为筹集资金、按照法定程序、在国家监管机构批准的交易场所向债权人发行的、约定偿还本息规则和偿还时间的有价证券。债券按照是否存在信用风险可以划分为利率债和信用债，按照利率的确定方法可划分为固定利率债券和浮动利率债券。

债券市场是实体经济和政府机构融资的重要渠道，在国民经济运行中承担着重要角色，我国 2019 年 GDP 为 99 万亿元人民币，而根据中国人民银行发布的《2019 年金融市场运行情况》报告，2019 年债券市场共发行各类债券 45.3 万亿元人民币，债券对于实体经济的融资支持作用一目了然。

我国的债券市场按照交易场所分可以分为银行间债券市场和交易所债券市场。

1. 银行间债券市场中主要交易的利率债品种有国债、地方政府债、政策性银行债（主要由国家开发银行、中国进出口银行和中国农业发展银行发行）。银行间债券市场主要交易的信用债品种有短期融资券、超短期融资券、中期票据、非金融企业定向债务融资工具、金融债、企业债、国际机构债、政府支持机构债、熊猫债（外资机构在国内银行间市场发行的债券）、交易商协会 ABN、银保监会主管 ABS、同业存单等。

2. 交易所市场（包括上海证券交易所和深圳证券交易所）主要的利率债品种有国债、地方政府债、政策性银行债等。交易所市场主要交易的信用债品种有证券公司债、企业债、公司债、资产支持证券 ABS、可转债、可交换债等。

债券市场各个品种截至 2020 年 6 月 21 日的存量 5.39 万只、余额 104.82 万亿元人民币。

3. 债券一级市场为债券发行人搭建了快速便捷的债权融资市场，为发行人和投资人的提供了信息和供需匹配的场所。债券二级市场通过价格反映了债券市场的利率变化情况以及投资人对于发行人主体资质的判断，一个深度和广度较好的债券二级市场会有力地支持债券一级市场的发行与定价。

4. 我国的债券市场通常是交易到期收益率，即买卖债券是用到期收益率标价的，这样通过观察债券收益率的变化，就可以构建出利率债收益率期限结构和信用债期限结构，对应着不同期限的融资利率水平、信用债期限结构还可以体现信用价差。债券利率的期限结构是十分重要的资金价格指标，市场参与主体和监管机构、货币政策当局都十分重视。

5. 债券的利率走势也是很重要的概念，通常选定特定期限的债券可以观测其历史上收益的变动，从中分析当前收益率的水平并对其隐含的投资者对于未

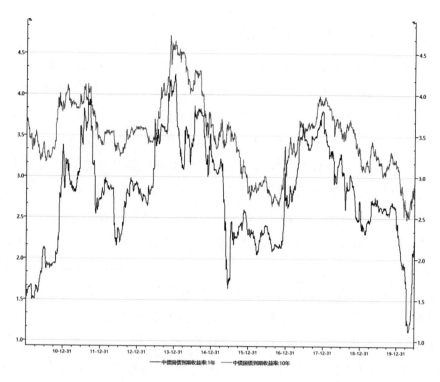

资料来源：万得资讯，数据截至 2020 年 6 月 24 日。

来经济、货币政策和通胀水平进行分析和预测。

中债国债到期收益率 1 年期和 10 年期的历史走势（2010 年—2020 年 6 月）：

（三）中长期贷款市场

一般把贷款期限在一年以上（不含一年）的贷款称为中长期贷款，其中贷款期限是一年以上（不含一年）、五年以下（含五年）的贷款称为中期贷款，贷款期限在五年以上（不含五年）的贷款称为长期贷款。根据万得数据，2020年 5 月底金融机构中长期贷款余额超过 100 万亿元人民币。

中长期贷款一般可分为基础设施建设贷款、固定资产投资贷款、企业技术改造贷款、并购贷款以及房地产贷款等。中长期贷款由于贷款期限较长，往往是分批发放、逐步回收，对于整个项目的各类测算、关键进度节点和放款条件等都有较为复杂的设计，同时贷后持续跟踪管理也有很高的要求。

二、资本市场安全性及其重要意义

从宏观上对比我国 GDP 和资本市场融资额等指标就可以看出资本市场安全及其对于金融市场、国民经济的重要性。2019 年末，我国 GDP 为 99 万亿元人民币。中国人民银行会定期发布社会融资规模数据（2019 年 12 月起，人民银行进一步完善社会融资规模统计，将"国债"和"地方政府一般债券"纳入社会融资规模统计，与原有"地方政府专项债券"合并为"政府债券"指标，指标数值为托管机构的托管面值），社会融资规模存量是指一定时期末实体经济从金融体系获得的资金余额。根据中国人民银行的数据，初步统计，2020 年 5 月末社会融资规模存量为 268.39 万亿元。其中，（1）对实体经济发放的人民币贷款余额为 162 万亿元；（2）对实体经济发放的外币贷款折合人民币余额为 2.49 万亿元；（3）委托贷款余额为 11.27 万亿元；信托贷款余额为 7.4 万亿元；（4）未贴现的银行承兑汇票余额为 3.5 万亿元；（5）企业债券余额为 26.39 万亿元；（6）政府债券余额为 40.78 万亿元；非金融企业境内股票余额为 7.55 万亿元。资本市场为实体经济的健康、稳定发展提供了巨大助力。

（一）股票市场

股票市场的安全稳定运行对于国民经济有着重要作用：

1. 股票一级市场将非资本的货币资金转换为企业的生产性资本，并且是股权资本、无须约定期限偿还，为经济活动注入了源头活水，推动了企业的生产研发及国民经济的发展。

2. 股票二级市场承担了价格发现功能，通过二级市场交易较好地为股票进行定价，股票二级市场深度和广度提高了股票市场的流动性和价格发现的功能，反过来又为股票的增发、配股等发行人融资提供了更好的价格参考。

3. 股票市场为广大投资者带来了投资便利，通过参与股票市场，投资者将个人分散的资本投入到了优秀企业的发展，通过股价上涨、分红和股息分配等分享了优质企业的发展成果，让自己与企业、整个经济发展共同成长。

股票市场为实体企业融资提供了源头活水，下图为 2011 年—2020 年 5 月沪深两市企业股票融资数据和行业分布：

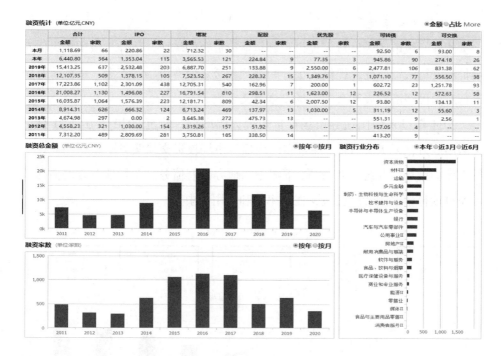

融资统计 (单位:亿元,CNY)														●金额 ○占比 More
	合计		IPO		增发		配股		优先股		可转债		可交换	
	金额	家数	金额	家数	金额	家数	金额	家数	金额	家数	金额	家数	金额	家数
本月	1,118.69	66	220.86	22	712.32	30	--	--	--	--	92.50	6	93.00	8
本年	6,440.80	364	1,353.04	115	3,565.53	121	224.84	9	77.35	3	945.86	90	274.18	26
2019年	15,413.25	637	2,532.48	203	6,887.70	251	133.88	9	2,550.00	--	2,477.81	106	831.38	62
2018年	12,107.35	509	1,378.15	105	7,523.52	267	228.32	15	1,349.76	7	1,071.10	77	556.50	38
2017年	17,223.86	1,102	2,301.09	438	12,705.31	540	162.96	7	200.00	--	602.72	23	1,251.78	93
2016年	21,008.27	1,130	1,496.08	227	16,791.54	810	298.51	11	1,623.00	12	226.52	12	572.63	58
2015年	16,035.87	1,064	1,576.39	223	12,181.71	809	42.34	6	2,007.50	12	93.80	3	134.13	11
2014年	8,914.31	626	666.32	124	6,713.24	469	137.97	13	1,030.00	--	311.19	12	55.60	3
2013年	4,674.98	297	0.00	2	3,645.38	272	475.73	13	--	--	551.31	9	2.56	1
2012年	4,558.23	321	1,030.00	154	3,319.26	157	51.92	6	--	--	157.05	4	--	--
2011年	7,312.20	489	2,809.69	281	3,750.81	185	338.50	14	--	--	413.20	9	--	--

资料来源：万得资讯，数据截至 2020 年 6 月 26 日。

　　我国股票市场的市场深度在不断加深，成交量数据反映股票市场投资者参与活跃深度，下图为 2010 年—2020 年 6 月按月沪深两市股票成交金额情况：

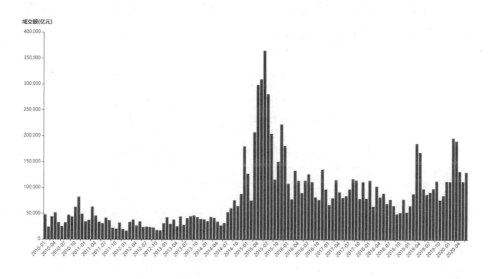

资料来源：万得资讯，数据截至 2020 年 6 月 26 日。

（二）债券市场

债券一级市场为发行人提供了募集债权资金的场所，债券二级市场为债券定价和发行人资质变化提供了很好的观测参考。债券市场的安全、平稳、有序运行对国民经济发展和金融市场安全意义重大。

2011年以来中国债券市场存量规模大幅增长，截至2020年6月21日已突破100万亿元大关（注：通常在国内债券市场投资交易实务中，将同业存单纳入债券市场一并统计和分析；下图中的地方政府债务已包括地方政府债存量和城投债存量，两者均已包含在利率债和信用债中）：

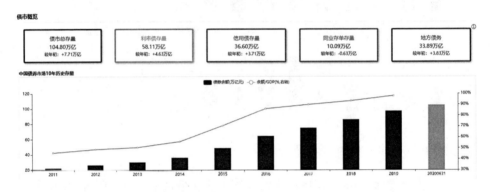

资料来源：万得资讯，数据截至2020年6月21日。

债券一级市场是发行人直接进行融资的市场，下表为2010年—2020年6月债券一级市场新发债券金额统计：

起始日期	截止日期	合计（亿元）
2020-01-01	2020-06-24	252,440.03
2019-01-01	2019-12-31	451,848.56
2018-01-01	2018-12-31	438,455.23
2017-01-01	2017-12-31	408,915.45
2016-01-01	2016-12-31	363,616.08
2015-01-01	2015-12-31	231,724.71
2014-01-01	2014-12-31	121,857.67
2013-01-01	2013-12-31	90,508.47
2012-01-01	2012-12-31	80,981.24
2011-01-01	2011-12-31	78,342.60
2010-01-01	2010-12-31	93,506.12

资料来源：万得资讯，数据截至2020年6月24日。

（三）中长期贷款市场

中长期贷款投向一般为基础设施建设、固定资产投资、企业技术改造、并购以及房地产，是支持实体经济长期稳定资金的最重要来源。

下图为 2000 年以来金融机构中长期贷款余额数据：

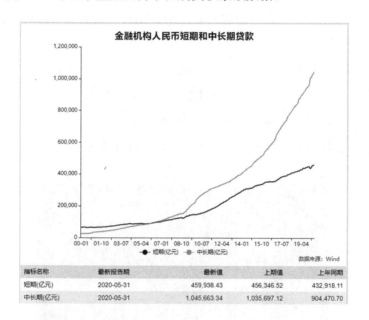

资料来源：万得资讯，数据截至 2020 年 6 月 21 日。

三、资本市场的安全事件和潜在风险

（一）资本市场近年著名安全事件

国内上市公司往往既涉及股票市场融资，也涉及债券市场融资和贷款融资，是资本市场的重要组成部分。历史上不乏著名上市公司进行财务、业务造假欺骗股票和债券、债权投资者的案例，虽然随着大数据、云计算、区块链等金融科技的创新不断涌现，上市公司造假难度和成本不断上升，但客观上来说目前资本市场仍然存在此类安全和风险事件。尤其是近年来曝光的康得新财务造假事件，性质特别恶劣，严重动摇了资本市场的根基和投资者的信心。

一件件"康得新式"的造假事件发人深省、引人深思，现代资本市场呼唤更加全面的金融科技手段武装监管者和投资者，通过金融科技手段的不断应用，监管者和投资者能够更加实时、动态地监控企业的现金流、业务流、信息流，通过大数据对企业上下游业务数据和财务数据进行比对，通过人工智能等手段多维度分析企业信息和舆情变化，及早发现企业各类造假端倪，促进资本市场更加健康、安全、平稳地运行。本章节前面介绍资本市场的重大安全和风险事件，后面针对各类安全事件给出一些有益的金融科技解决手段和案例。

康得新复合材料集团股份有限公司（以下简称"康得新"），于 2010 年 7月在 A 股上市，一度是资本市场的宠儿，市值接近千亿，公募基金、私募基金、券商等各类投资机构对其股票和债券都很推崇。

下图为康得新上市以来股价走势（股价采用前复权）：

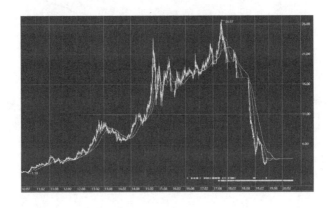

资料来源：万得资讯，数据截至 2020 年 6 月 24 日。

截至 2020 年 3 月底，康得新的股东总数仍有 13.31 万户。

2019 年 1 月，康得新无法兑付到期的 15 亿元的公开市场债券，而此前财报显示其账面有 150 亿元现金，引发市场错愕和广泛关注。

康得新不仅从股市融资，其还有大量的银行贷款、公开市场债券、股票质押融资等，众多金融机构深陷其中。康得新上市以来，通过 IPO 和定向增发、分别融资 5.74 亿元和 94.25 亿元，并通过发行债券累计融资 120 亿元。

康得新财务造假严重损害了公司的广大股东、股权融资的投资者和债券投资者、贷款银行等的利益，严重动摇了资本市场赖以生存和安全平稳运行的根基，给我国资本市场的发展带来了十分恶劣的影响。

资料来源：万得资讯，数据截至 2020 年 6 月 24 日。

历年融资结构统计				单位：万元
	金额①	占比①	金额②	占比②
上市以来累计募资	2,783,378.51	100.00%	6,238,550.15	100.00%
直接融资	2,199,830.50	79.03%	2,199,830.50	35.26%
首发	57,368.00	2.06%	57,368.00	0.92%
股权再融资	942,462.50	33.86%	942,462.50	15.11%
配股	--		--	
定向增发	942,462.50	33.86%	942,462.50	15.11%
公开增发	--		--	
优先股	--		--	
可转债	--		--	
发债券融资	1,200,000.00	43.11%	1,200,000.00	19.23%
间接融资(按增量负债计算)	583,548.01	20.97%		
累计新增短期借款	520,752.70	18.71%		
累计新增长期借款	62,795.30	2.26%		
间接融资(按筹资现金流入)	--	--	4,038,719.65	64.74%
累计取得借款收到的现金			4,038,719.65	64.74%

注：上市以来累计募资金额①＝直接融资(金额)＋间接融资(按增量负债计算)
注：上市以来累计募资金额②＝直接融资(金额)＋间接融资(按筹资现金流入)

资料来源：万得资讯，数据截至 2020 年 6 月 24 日。

　　根据证监会 2019 年 7 月 5 日向康得新下发的《事先告知书》，2015 年至 2018 年，康得新共计虚增利润 119 亿元；与此同时，2014 年至 2018 年，其控股股东康得集团以其在北京银行开立的现金管理账户，占用康得新公司资金总计达 531 亿元。

　　根据江苏证监局的调查，康得新业务造假的主要手段是虚构和香港客户、印度客户的出口订单贸易，大幅虚增营业收入和利润。此外，康得新集团挪用上市公司康得新公司的货币资金,集团通过北京银行对康得新公司进行货币资金归集使用,货币资金进入母公司而不对外如实披露,造成上市公司货币资金虚假存在的情况。

康得新违法行为持续时间较长、涉及金额巨大、手段极其恶劣,严重影响了资本市场股票投资者和债券投资者的信心,对资本市场的安全、平稳发展带来了不利影响。

(二)资本市场的潜在安全风险

1.银行间债券市场是 OTC 市场,债券二级市场的参与者线下询价和谈定交易,交易的簿记通过中国外汇交易中心 CFETS 本币系统、交易结算通过中央国债登记结算有限责任公司(中债)或银行间市场清算所股份有限公司(上清)采用券款对付 DVP 等方式进行,这样 CFETS 本币系统、中债和上清作为债券市场的基础设施支撑了整个银行间债券二级市场的交易服务。这样的结构在历史上极大地促进了债券市场的发展、方便监管机构掌握市场成交情况和监督市场运行,但也会带来一定负面作用和潜在安全风险。一旦 CFETS 本币系统或者中债 / 上清出现技术或操作问题,便会导致全市场债券交易簿记和结算的风险甚至市场的暂时性停摆。

2.中长期贷款期限都在 1 年以上,部分贷款甚至长达几十年。贷前的审查和可行性分析、风险测算等虽然充足,但国家经济情况、市场形势等都在不断动态变化,因此对于贷后管理有很高的要求。传统的贷后管理通常是客户经理和银行贷后检查人员共同进行,受限于员工自身知识的局限性和检查范围、数据来源等的局限性,很难做到全维度的监控和分析。这样就造成贷前流程和分析一大堆,贷后监控可能流于形式的潜在风险。

3.公司企业发行的信用债券基本上是企业凭借自身信用发行,不同于贷款可以有抵质押的保障,信用债依靠债券发行人信用、往往风险更大。而债券发行人、债券投资人之间存在信息不对称,双方掌握的信息差别很大,投资人担心发行人信用风险或者由于获取信息手段有限,无法有效区别不同发行人的信用资质,因而在债券投资和定价上会更加谨慎或要求更高的收益率,降低发行人和投资人之间的信息不对称程度、利用现代金融科技手段提高信息透明度,对于提高市场运行效率、降低各类摩擦成本意义重大。

4.股票市场上内幕交易、操纵股票价格等违法犯罪行为屡见不鲜，前文也有统计，股票市场单月交易金额可能高达 30 万亿元人民币，这么高的交易额对应了巨量的交易笔数，如何有效监控和监管股票交易，揪出内幕交易、操纵股票价格的黑手，难度可想而知。而这类行为破坏股票市场生态、影响股票市场公平公正性，严重影响投资者参与市场的信心，不利于股票市场的健康发展。同时，我国股票市场，投资者通过经纪商角色的券商进行交易所场内股票交易，而部分券商的系统设计和软硬件支持能力存在短板，不时出现投资者手机或电脑交易软件无法打开、交易拥堵等情况，影响了股票市场的安全稳定发展。

四、金融科技为资本市场安全保驾护航

（一）金融科技助力资本市场安全的思路

1.金融科技提升信息的处理、分析能力，助力解决信息不对称问题。（1）大数据与人工智能，当下的人工智能基本上是通过对海量数据的机器学习实现的，而债券市场、股票市场的交易笔数、交易金额都十分巨大，参与主体众多，蕴藏着许多细节和信息等待挖掘。而人类的注意力集中程度有限、处理和运算能力也有限，如果单纯依靠人力去抓取、处理和分析数据，寻找相关细节，效率必然大大降低。（2）人工智能能够创建标准化的学习过程，并且可以不依赖于人类的因果分析链条，通过对于海量数据的学习并且寻找相关关系、寻找到的联系可能大大突破人类的认知，更重要的是人工智能的学习结果可迁移可复制、迁移成本和迁移难度较人类而言都比较低。（3）人工智能目前的方向主要有计算机视觉、语音识别、机器学习、自然语言处理等。除了资本市场本身的交易数据外，网络上充满了各式各样资本市场相关的图片、视频、语音及中外文语言资讯、讨论等信息，这些信息依靠传统手段进行分析难度就更大了。（4）充分利用人工智能的技术优势，能够全角度地抓取、处理和分析资本市场相关信息，无论是应用于投资交易还是应用于市场监管，都有助于大幅降低资本市场信息不对称、提升资本市场交易效率、提高资本市场监管水平、发现资本市场违法违规交易行为等，对于资本市场安全、平稳、高效运行意义重大。

2.金融科技助力资本市场基础设施算力提升和资源共享，提升资本市场的运行效率和安全性。（1）目前国家监管机构和资本市场的基础设施服务机构掌握了我国最全面的交易数据，可以构建云数据平台，与大型信息化服务商合作，在满足安全性要求的前提下，将数据储存在云端，并利用云端算力、存储都可弹性伸缩的优势。这样可以有效地拓展整体资本市场的数据处理能力，避免因短时数据过载或者其他系统问题导致市场服务和交易停摆、提升资本市场运行的安全性，同时大幅降低软硬件的维护成本和人员成本。（2）可考虑将数据脱敏处理后，在保障安全性和符合法律要求的前提下，利用云服务开放给市场各类参与主体使用，拓展存量数据的价值，依靠全市场的主体去发现数据隐含的信息和细节、挖掘数据价值，甚至找寻可能的违法违规交易细节和线索，依靠市场力量、提升市场安全。

3.金融科技拓宽资本市场信息的获取渠道、提高信息颗粒度和时效性，助力资本市场透明度、定价能力和安全性的提高。（1）5G、卫星空天技术和物联网，对于资本市场而言，本质上是数据的提供渠道更加多元化、信息更加丰富全面。例如，随着上述技术的普及化程度越来越高，对于资本市场各类债券和股票的发行人，其信息和运营的透明度不断提高，投资者分析的数据由过去的静态数据（例如每季度、每半年、每年的财务报告等）拓展到企业运营过程中的方方面面的动态数据，甚至上升到每日为频率的数据，债券或者股票发行人可通过一定的权限设定和信息脱敏，在符合法律法规的前提下，开放数据查询等权限，投资者即可以及时查看企业运营情况，这样大大降低了发行人和投资者之间的信息不对称，有助于投资者分析和判断企业、给予企业更合理的定价，优化了资本市场的配置效率、提升了资本市场的安全运营水平。（2）目前市场上已经出现基于小额消费信贷为底层资产的信托、ABS等发行人向投资人、中介服务机构开放相关查询分析权限的案例，基于供应链融资的部分债权类资产，也已经有比较先进的发行人向投资人提供了查询分析权限的案例，这些都是资本市场在进步的体现。虽然现在的数据提供方式、数据维度都比较有限，相信随着5G技术、卫星空天技术和物联网的逐步普及和不断进步，资本市场的运营透明度和安全性将不断提高。

（二）金融科技助力股票市场安全的案例——卫星监测和大数据分析揭穿上市公司獐子岛业绩造假

根据央广网 2020 年 6 月《北斗助力侦破獐子岛公司"扇贝跑路"谎言》报道，中国证监会 2020 年 6 月 24 日发布，上市公司獐子岛集团股份有限公司（以下简称"獐子岛"）多年来的业绩谎言近日被北斗卫星系统揭穿，已依法对獐子岛公司信息披露违法违规案作出行政处罚及市场禁入决定。

獐子岛，于 2006 年在深交所上市，主营产品业务包括水产养殖、水产加工、水产贸易等。獐子岛上市以来的股价走势（股价采用前复权），最高 33.44 元、最低 2.08 元，近几年股价呈现震荡下跌的态势：

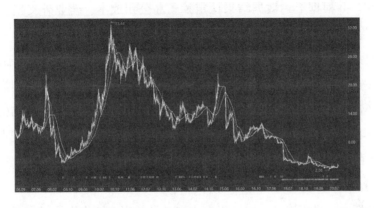

资料来源：万得资讯，数据截至 2020 年 6 月 24 日。

截至 2020 年 3 月底，獐子岛的股东总数仍有 4.77 万户。獐子岛在资本市场非常著名，不是因为其主营业务突出或者技术研发先进，而是其业绩频频"变脸"并将原因归咎为"扇贝跑路""扇贝饿死了"等各种天灾。早在 2014 年 10 月，獐子岛上报受到海洋牧场灾害、因"冷水团"导致 100 多万亩虾夷扇贝绝收，当年的前三季度业绩由预报盈利转为亏损 8 亿元。到了 2017 年，獐子岛称部分海域的底播虾夷扇贝存货异常，2017 年全年业绩由预计盈利变为亏损 7.23 亿元。

随意上报的捕捞面积，无法核查检验的数据，多次调整业绩预报，獐子岛给资本市场的安全稳定运行、投资者信心和市场规则的严肃性带来了十分负面的影响。市场上投资者和监管机构虽然对其 2014 年以来的财务数据存疑，也曾多次开展对其的业务调查,但獐子岛总以海产养殖行业本身特征及自然环境等不可控风险予以解释。

随着我国北斗卫星系统的组网逐渐完成,除导航外,卫星的天基监测能力不断加强、潜在的各类应用空间巨大。据业内专家提供数据,当前我国渔民出海,约有 10 万条以上的渔船都用上北斗卫星导航终端,利用遥感卫星能够确定渔民捕鱼的情况,确定渔民捕鱼的面积和捕鱼时间。獐子岛相关捕捞渔船的航行数据已经被北斗卫星进行了监控记录。证监会借助我国自主开发的北斗卫星导航系统,对獐子岛 27 条采捕船只、数百万条海上航行定位数据进行分析,并委托专业机构还原渔船的航行轨迹和采捕海域,进一步确定其采捕面积,并根据上述数据结果认定獐子岛公司成本、营业外支出、利润等存在虚假。

在大数据和卫星空天网络技术的支持下,证监会最终获得坚实证据,对獐子岛相关责任人员予以处罚。如果没有上述先进技术,对于农林牧副渔类的企业,其经营受天灾影响程度大且其经营所在地范围较广,日常中介结构和监管机构盘点和检查难度突出,很难有效监控和监管,此类企业造假给资本市场带来了很大的安全隐患。

(三)金融科技助力债券市场安全的方案

资产证券化是指以特定资产组合未来产品的现金流作为偿付来源,通过结构化设计进行信用、风险、现金流和偿还顺序的分层,在此基础上发行可交易的资产证券化证券(Asset Backed Securities,ABS)的过程。我国的资产证券化市场分为银行间和交易所市场,下文讨论统称为 ABS 市场。

ABS 作为债券市场的一个细分类,近几年发展迅速。但相较于纯粹的信用债市场,ABS 市场的痛点很多:(1)资产证券化产品底层现金流、结构设计和存续期管理复杂;(2)涉及的各个主体、中介服务机构众多,投资交易各方存在较大的信息不对称、投资者对于底层资产安全性信任度低,监管者对于底层资产的穿透性和底层资产资质变化及资产池本身的变化存在较大监管难度;(3)发行定价、二级市场交易定价和风险管理难度较高。

正是基于上述痛点,国内不少机构尝试在资产证券化产品的全生命周期中应用区块链、大数据和云计算等金融科技解决方案。

1. 云计算。尝试构建一定范围内的 ABS 云平台，针对特定类型的 ABS，统一数据报送标准和要求、统一各方的数据上传时效，给予各方不同的云平台权限，方便各方的登录和使用。这样避免参与各方自建 ABS 系统需要投入的巨大人力物力，方便整个 ABS 市场的信息和数据流转传递、降低各方的信息不对称，并利用云计算提供的数据存储和数据处理弹性更加有效地使用 IT 资源，有效提升市场的定价、交易和监管安全。

2. 大数据。（1）ABS 特别是消费金融 ABS，涉及的底层资产还款人众多、金额较小、笔数巨大、还款人的地域和行业分散，往往可能涉及几十万甚至上百万笔贷款和还款人，不仅投资时对于底层资产的数据分析存在较大难度，而且 ABS 成立后存续期内投资人也需要较高频率地了解底层资产的资质变化，并且 ABS 产品往往还会存在循环购买、存续期内不断有资产的更新和变化，这给传统的金融机构的投资和分析带来了巨大的挑战。（2）大数据分析能为 ABS 行业带来巨大提升，上文已提到构建 ABS 云，要求各参与方按照标准及时上传数据，投资者和监管者可将云平台的数据及其他数据来源的相关数据，利用云平台或者其他大数据分析工具，对数据进行多维度的数据分析挖掘，包括利用聚类、回归、特征抽取等一系列方法，最终通过关联网络、数据可视化等工具对于底层资产的安全性、各种潜在风险进行预测、分析和展示。（3）特别要指出的一点是，国内存在消费贷款借款人故意骗取放款机构贷款的现象，如此类资产在 ABS 底层资产包便会进一步导致投资人的损失。大数据分析中用到的机器学习，会超越传统人类的因果关系认知体系，从过去未曾注意或关注的角度找到潜在的欺诈风险，提升 ABS 和资本市场的安全性。

3. 区块链。利用区块链中的联盟链技术，搭建各个相关主体共同参与和管理的区块链，数据只在系统内不同机构间传递、读写和处理、发送，并且共同记录交易数据并加盖时间戳、保障数据的真实性和安全性。各个参与方只有通过对方授权的密钥才能读取其他参与方的数据，既解决了安全性问题，也解决了隐私性问题，还兼具了灵活和可操作性。黄子训、郭杰群在《金融科技的实验田：区块链在资产证券化中的应用》中认为，区块链可以覆盖资产证券化业务的全流程，并将交易现金流瀑布信息上传至区块链让在链的经许可的机

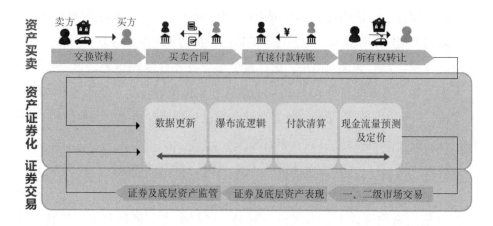

资料来源：黄子训、郭杰群，《金融科技的实验田：区块链在资产证券化中的应用》。

构查看和分析现金流，提升 ABS 资产的现金流预测、分析和产品定价准确度。（1）ABS 承做准备阶段，底层资产数据上链、承销商、发行人、评级机构、会计师、律师等可基于此设计产品交易结构，各个机构根据 ABS 发行中国家和监管机构的要求、按照各自的角色获取和发布各类信息和文件。监管机构和交易所、银行间交易商协会等根据各类信息和文件进行审批和审查。（2）ABS 发行阶段，潜在投资人根据分配的数据查询权限，对于各类文件的完备性进行检查分析，并利用云平台大数据分析工具，对于底层资产进行多维度的分析和定价，在更加全面掌握底层资产质量的情况下与主承销商和发行人沟通，通过一级投标产生 ABS 的价格。（3）在 ABS 存续期管理阶段，计划管理人按时上传底层资产信息数据，包括但不限于资产回款、循环购买（如有）、资产置换等等，方便投资人随时查看分析底层资产变化和各个中介机构的工作。（4）二级市场交易时，潜在交易对手可开通查询权限，通过对于底层资产的分析和定价，大幅降低买卖双方的信息不对称程度，提高 ABS 的流动性、安全性和定价的准确性。综上，金融科技的助力，大幅提高了 ABS 市场的信息透明度、降低了沟通成本和交易成本、提高了二级市场的流动性，对于 ABS 市场的安全、平稳和健康发展意义重大。

第三节 金融科技与外汇市场安全

据陆家嘴论坛官方消息，中国人民银行副行长、国家外汇管理局局长潘功胜 2018 年 6 月在出席"上海陆家嘴论坛"时发表演讲称，外汇管理局将推动跨部门合作和国际合作，按照国际惯例加强反洗钱，反恐怖融资，反逃税审查，加强行为监管，维护公平公正公开外汇市场环境，坚持真实性合法性合规性审核，坚持跨境交易留痕原则，加强穿透式监管。严厉打击地下钱庄、违法外汇交易平台等外汇违法犯罪活动。外汇管理局在微观市场监管方面，创新了外汇管理方式，注重从事前到事中事后管理，从正面清单到负面清单，从规则监管到规则与自立监管相结合。金融科技的不断发展和技术应用的不断落地，将助力提升外汇市场运行和监管效率，保障国民经济、进出口和外汇市场的安全、稳定、高效运行。

一、外汇市场简介

外汇交易是不同货币之间进行交换的交易，一般可分为外汇即期（FX spot）、外汇远期（FX forward）和外汇掉期（FX swap）。外汇交易的要素一般分为货币对、汇率、金额和交割时间。通常交易达成后两个交易日内进行清算交割的称为即期。远期外汇交易是指交易双方约定未来特定日期以当前成交约定的货币对、汇率、金额进行交割的外汇交易。外汇掉期是交易双方在即期约定以一定数量 X 的货币 A 交换 Y 数量的货币 B，并同时约定在未来特定日期以数量 Z 的货币 B 交换 X 数量的货币 A。

我国的人民币外汇市场分为国内（在岸，onshore）CNY 市场和离岸（offshore）市场，后者一般主要指在香港的人民币市场或叫 CNH 市场。

本章节主要分析在岸的 CNY 外汇市场。CNY 外汇市场主要分为银行间交易市场和银行与企业客户、个人之见的外汇交易市场，后者企业或个人可以通过商业银行 APP 或者网银、柜台等进行交易。

中国银行间外汇交易中心 CFETS 外汇平台是银行间金融机构进行外汇交易的主要交易簿记系统，会定期发布银行间外汇交易数据。中国银行间外汇交易实行做市商制度，人民币外汇即期做市商目前有 30 家，包括国内主要的银行机构和大型外资银行的在华机构。中国外汇交易中心官方网站（www.chinamoney.com.cn）会更新发布银行间汇率市场行情，感兴趣的读者可以登录查看。

外汇市场是金融市场中非常重要的一部分，当前我国外汇市场成交量巨大、对国民经济和金融市场稳定运行有重要影响。中国的外汇市场由国家外汇管理局进行监管，国家外汇管理局会在官网会公布中国外汇市场即期、远期的外汇交易数据，包括银行对客户市场和银行间市场。

二、外汇市场安全性及其重要意义

外汇市场的产生和发展是伴随着不同国家之间贸易往来的增加而不断加深的，不同国家间货币各不相同，为了方便进出口贸易及国际旅行，外汇市场逐渐形成。目前全球最大的贸易结算货币是美元。

随着中国加入 WTO，经过 20 年的发展，中国已成为全球最大的贸易出口国之一、并且拥有全球最大的外汇储备。根据国家外汇管理局披露的数据，截至 2020 年 4 月到底，我国外汇储备余额为 30915 亿美元。

2019 年中国进出口总额达到了 31.55 万亿元人民币，再创历史新高，对比2019 年我国全年 99 万亿元人民币的 GDP，贸易进出口的重要性一目了然。下

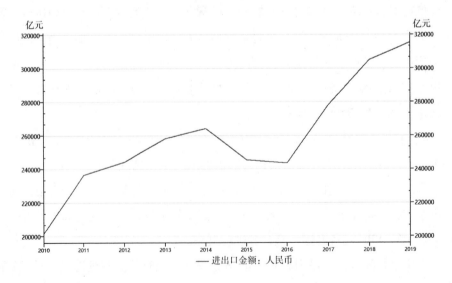

资料来源：万得资讯。

图为 2010 年至 2019 年我国进出口总金额的变化情况：

我国已经成为全球的制造业大国，目前正在向制造业强国和科技强国的目标前进。而全球的供应链、价值链早已相互融合打通，形成所谓地球村，发展中国经济离不开拥抱世界，党中央、国务院更是提出了要进一步改革开放的口号，就是要推动中国进一步融入世界。而在这一过程中，外汇市场作为金融市场的一部分，正是对外开放、贸易往来的核心基础设施。

三、外汇市场安全事件和潜在风险

国家外汇管理政策也在随着国民经济发展、国内外政治经济形势等的变化而不断调整，在当前的政策管理要求下，仍然应该严格审查和管理进出口贸易背景和企业用汇需求。目前我国资本项目项下还没实现完全的外汇资金自由进出，而在贸易项下存在企业虚构进出口贸易背景、违法违规实现外汇资金进出，这样不仅虚增进出口贸易量，而且部分贸易和外汇资金进出沦为洗钱工具和资金违法汇入汇出的帮凶。

中国国家外汇管理局和全球的主要监管合规机构，对于银行开展外汇业务时需要落实客户身份识别、了解业务情况和客户尽职调查三项业务原则，相关工作费时费力且各家银行存在大量重复调查工作，并且很多业务在多家金融机构存在交叉而不同机构间信息沟通不及时、不准确，存在信息孤岛的现象，反而被部分企业钻了空子。

同时，外汇业务涉及的监管政策多、合规要求多，银行等金融机构内部要求也在不断变化，而直接从事基础外汇业务的银行员工又往往处于最基层，且身兼诸多业务角色，银行经办人员和企业客户往往对于最新的政策、法规、合规要求等了解程度有限。这样也容易导致实际业务处理时效率低、安全风险大。

我国银行间外汇市场的基础设施建设，取得了举世瞩目的成绩，放眼全球，我国也是走在前列。与我国货币市场的交易登记服务类似，我国银行间外汇市场也主要在中国外汇交易中心外币平台进行交易登记，如果平台宕机或遇到其他问题，将直接对全市场造成冲击，鉴于外汇市场每天巨量的交易需求，以及银行间外汇交易背后可能是银行直接服务于企业客户的外汇需求，对实体经济也会带来很大冲击，应提前重视和做好计划准备。

四、金融科技为外汇市场安全保驾护航

从上文的分析中可以看出，外汇市场现存很多迫切问题，金融科技如何助力外汇市场合规安全运行、高效稳定运行，本部分将给出一些前瞻性、框架性分析。

中国建设银行业务处理中心黄玉静在《区块链的落地实验：以区块链在银行外汇汇款业务中的应用为例》一文中给出了传统外汇汇款业务全流程的流程图。银行外汇汇款业务涉及多个主体、监管机构和复杂内外部业务流程，需要将监管规定、银行内部风控合规要求、国际机构和组织的规范要求等嵌入到业务的各个节点中。不同银行、同一银行的不同业务人员对各类监管规定、管理规则的理解可能有偏差，各个业务环节交叉中可能有盲点，对于企业业务背景的调查及企业本身业务经营情况的审查缺乏必要的数据库支持，各个银行可能由于信息割裂无法及时有效了解到客户的全景画像。不仅汇款业务如此，外汇交易业务也是类似。

针对前述问题和业务实际，金融科技可有效助力外汇市场业务的安全、平稳发展：

1. 搭建跨金融机构共享、监管机构参与的进出口企业云平台数据库，充分利用云计算的优势，在监管机构指导下、各个金融机构共享共建云平台。避免

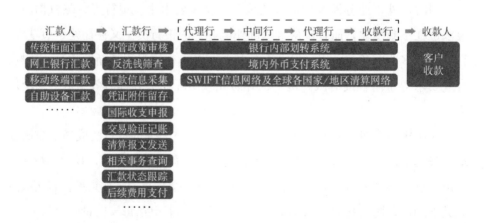

资料来源：黄玉静，《区块链的落地实验：以区块链在银行外汇汇款业务中的应用为例》。

各家机构各自采集数据、搭建系统、重复建设耗费的人力物力，以及由此产生的信息孤岛。在各个机构共识的前提下，统一客户数据报送规范，并且将相关进出口企业上下游及关联方企业的数据也纳入到数据库范围。

2.云平台还可以采集市场公开的各类上述企业涉及信息，通过云平台的计算优势和大数据的处理优势，除了分析各个机构上传的数据外，还可以对企业各个维度存在的非结构化数据进行处理，尤其是像图片、音频、视频、文字等数据进行智能分析，全维度解析企业和各关联方的各种关系、企业的舆情信息等。

3.随着5G、卫星监测和物联网技术的不断发展，机器通信也在不断普及深化，伴随技术进步带来的通信费用、信息采集和传输费用的大幅降低，企业的商品流、信息流颗粒度不断不小，时效性不断增强。企业自身有动力，同时金融机构、监管机构都鼓励有条件的企业上传企业经营中的各类数据到云平台，提升企业自身运营和管理能力的同时，为金融机构和监管机构提供了更多维度、更长时间范围的经营信息，降低了企业与金融机构和监管机构的信息不对称、也有利于企业的融资成本降低及提高融资、外汇等各类业务的办理效率。

4.不同金融机构和企业的上下游不断更新和上传各类经营数据，监管机构和金融机构可利用大数据分析、关联网络分析等手段，对企业所在产业链条全部或者部分进行比对分析、交叉验证分析，进而利用数据可视化技术，将对于企业多维度的分析以图表、图形等形式动态展示，及时发现可疑交易和可疑企业，前瞻性地预测和判断部分企业的违法违规行为。

综上，借助大数据、云计算、物联网等技术，逐渐建立进出口企业的多维度数据画像，从不同维度描绘企业的360度场景，让合法企业进出顺畅、简化流程，而对于违法违规企业增大检查力度、让其无处遁形。另外打通监管机构、银行等金融机构和三方物流等机构的业务流、信息流和资金流，掌握企业真实的跨境资金流动，做到真正的事前、事中和事后监管。甚至监管机构和金融机构可以实时进行KYC（Know your client，了解你的客户）和业务背景审查，大幅节约目前事前审查的资料准备和人工审核时间，提升审核准确度，维护外汇市场安全。

第四节　金融科技与黄金市场安全

中外很多学者都肯定了黄金的货币功能:"金银天然不是货币,但货币天然是金银""黄金作为最后的卫兵和紧急需要时的储备金,没有任何东西可以取代他""人们可以用黄金作为最后的支付手段"。近些年来,随着国际市场各国货币汇率波动加剧、美国持续贸易赤字及不断印钞、地缘政治风险不断爆发等,黄金作为重要的储备资产和支付手段越来越受到各国政府和居民的重视。

一、黄金市场简介

国际黄金市场是国际金融市场上的重要组成部分。国际黄金市场的形成与黄金本位制的建立密不可分。全球金本位制的建立又与地理大发现、工业革命以及欧美的政治经济影响力等重大事件密不可分。这催生了全球黄金交易,逐步形成了全球黄金市场。在金本位制下,黄金充当交易工具、流通工具、价值储藏工具、计价工具以及世界货币。无论黄金在货币体系中的功能如何变化,黄金交易从没有停止过。

目前,国际上主要黄金市场有英国的伦敦、美国的纽约和芝加哥、瑞士的苏黎世、日本东京及中国香港等发达国家和地区的黄金市场,以及中国大陆、印度等正在成长的新兴经济体黄金市场。英、美等国家的黄金市场,历史悠久且居主导地位,在世界范围内具有举足轻重的地位。

世界黄金市场主要分为两个部分。(1)以伦敦为中心的现货和远期市场,主要以伦敦金银市场协会为主的全球最大黄金场外交易市场。(2)以黄金期货期权为主的场内交易市场,这个市场主要包括纽约商品交易所(COMEX),东京商品交易所、芝加哥交易所(CBOT)以及上海期货交易所等。伦敦黄金市场一直执全球黄金交易之牛耳,也是全球黄金定价中心;美国黄金期货市场是全世界交易最活跃的期金市场,是全球黄金交易的重要阵地。

目前黄金市场有三个特点:(1)场外交易模式仍为主流,但场内交易发展迅速。(2)投资性需求和投资增长较快,消费需求和投资相对缓慢。(3)由于主要黄金市场横跨全球,可实现全球24小时不间断黄金交易。

我国黄金市场与国外黄金市场相比，存在一些不足，这也是未来我国黄金市场发展中需要通过创新解决的问题：国际黄金市场上主要的租赁、远期和掉期等衍生品交易在中国无论是广度还是深度都还有不少差距；特别是以人民币标价的黄金衍生品难以适应和满足国内蓬勃发展的市场要求，如黄金质押融资、黄金远期、黄金拆借、黄金租赁和黄金期权等业务较少；我国黄金产品交割标准还没有为伦敦等黄金市场所接受；交易成本如交易手续费、仓储费、运保费等较高；兼顾中国黄金市场特点，需要在个人及机构业务发展方面明确市场发展定位。

二、黄金市场安全性及其重要意义

黄金是兼有商品属性和货币属性的特殊物品。黄金具有稀有性、稳定性、美观、可分可再合等特性，黄金文化源远流长，贯穿整个人类社会、政治、文化、宗教和经济之中。黄金可作为价值尺度和价格标准，方便流通，长期以来其财富和货币功能，一直被世人所尊崇；其恒定货币的价值始终在全球范围内得到承认。近代以来，黄金储备量或对黄金的控制力更是一个大国崛起的标志。黄金在当今社会是重要的战略资产以及世界各国金融和储备体系的基石，在维护国家金融安全甚至经济稳定等方面发挥着不可替代作用。

黄金的上述特性，赢得世界各国对黄金储备及黄金市场的青睐。黄金储备是货币国际化的重要支撑，也是应对金融风险的重要手段。英镑成为世界主导货币时，英国黄金储备占全球官方总储备的一半以上；美元成为世界货币时，美国黄金储备高达20312吨，约占全球的3/4；1999年欧元发行之际，欧元区国家拥有的黄金储备量1.15万吨，约占全球的三分之一。在当前全球政治、经济形势复杂多变，发展前景不明的大背景下，黄金金融功能重新显现，主要国家黄金储备及其占外汇储备比例居高不下。美、德、意、法等国官方黄金储备超过2000吨，占外汇比例超过60%。俄罗斯近十几年共买入1700多吨黄金，储备约达2300吨。其他国家也普遍重视黄金储备，近年来，全球央行每年净购金量都达到几百吨，相当于全年黄金产量的十分之一。我国央行已连续多年增持，黄金储备约达1950吨。

世界各国鼓励黄金消费，藏金于民，目的之一就是应对可能的金融危机以及偿付外债。1997 年亚洲金融危机发生时，韩国金融受到重创，韩国人纷纷捐出黄金，与国家共渡难关等，充分说明了黄金在金融稳定和经济发展中发挥着至关重要的作用。

三、黄金市场安全事件和潜在风险

黄金是财富的象征和公认的资产，但在传统的交易和流通中，存在很大的不便。如黄金很重，携带不方便，也不安全；存在家中，除了安全问题外，还将长期沉淀大量的资金；产品品质和拥有者身份验证等也是一个问题。

2020 年爆发的武汉金凰案集中暴露出了黄金市场业务的潜在风险。据《财新周刊》2020 年第 28 期《谁为武汉金凰假黄金案埋单》报道，湖北最大的黄金首饰加工企业武汉金凰珠宝股份有限公司（美国 NASDAQ 市场上市公司，下称"武汉金凰"），从 2015 年起以"黄金质押 + 保单增信"的模式融资（用号称 Au999.9 足金作为质押物，同时由人保财险等保险公司的湖北分公司提供企业财产险，向金融机构借入资金），先后从十余家机构融资 200 亿元、保单总计 300 多亿元。截至 2020 年 6 月底仍有约 160 亿元未到期，后多家金融机构产品在到期前后面临违约，因此对武汉金凰进行质押的仓库中黄金开箱检测，检测结果为"铜合金"。2020 年 7 月，根据武汉金凰的公告，公司在 7 家金融机构约 100 亿元贷款已经违约。

四、金融科技为黄金市场保驾护航

我国的黄金市场已经建立了相对完善的产品及市场结构体系，传统的线下市场相对比较成熟，这为区块链技术应用于黄金市场奠定了非常好的线下市场基础，将为区块链技术在黄金市场的应用带来发展空间和潜力。

区块链是分布式数据存储、点对点传输、共识机制和加密算法等计算机技术的综合应用模式，可以融合物流、数据流、信息流、资金流等功能，省去实物黄金交易和流转的烦琐，可在安全、便捷的前提下有效激活黄金的价值流通属性。

1.构建数字黄金的闭环，确保交易过程全记录，数字黄金账户安全可靠。借助区块链分布式数据库和不可篡改的特性，把黄金从生产到交易、所有权及存储等全生命周期存储在数据库中，并可根据需要，随时浏览交易往来的明细等情况，确保"数字黄金账户"安全性。

2. 提高黄金市场透明度，提升交易效率。交易信息的公开化是提高黄金市场效率和安全性、透明度的必然要求。借助区块链的全网结算、所有权透明化的优势，利于对金融市场加强监管，提高市场透明度和交易效率。

3. 解决黄金资产长期沉淀问题，盘活巨大的黄金资产。区块链技术在黄金市场的应用将使得线下的实物黄金变成数字化的黄金资产，有效解决传统实物黄金交易、存储等存在的弊端。黄金主要存在各种机构和民间个人手中，其中包括首饰等在内的黄金实物，除了少量回购或者抵押外，大多数不参与现代金融流通和交易，即使参与流通和交易，也是迫不得已，概率很低，这等于巨大的资金沉淀下来。盘活或激活这些黄金资产，并使之方便交易和存储、交割，区块链黄金交易平台将成为一个重要工具，具有重要金融创新意义。在区块链黄金交易平台，每个用户都开立自己的黄金账户，与普通的银行存款账户、证券账户及支付宝、微信账户一样，作为常备使用账户，各具角色功能并可互相转换，实现庞大的黄金资产与货币资产的有效对接和转移，真正盘活黄金资产。

4. 加强数字化黄金监管能力。广西黄金投资董事长郭敏在《数字化黄金对中国黄金市场体系和监管影响的研究》一文中认为，凡是通过数字化处理方式（例如电子记账、电子合约、电子证书等）替代黄金交易、投资、质押、交割、资产管理等业务的实体操作以及业务中的物理实体黄金标的，均属于数字化黄金的范畴。监管机构可以研究未来从区块链、大数据的技术手段建设来提升数值化黄金监管能力：利用区块链技术信息对特定方开放和难以篡改的特点，从信息流和资金流追踪到黄金交易参与者的行为，同时可以研究利用区块链智能合约技术，将法律法规和监管政策要求等纳入智能合约，使得区块链运行过程中自动进行合规检查和提醒；利用大数据技术，可以对数字化黄金的巨量交易数据进行分析，发现可疑交易并触发监管注意和进一步检查分析。

发　展　篇

第十三章　金融科技与金融供给侧结构性改革

我国经济发展进入速度变化、结构优化和动力转换的新常态。推进供给侧结构性改革，促进经济提质增效、转型升级，迫切需依靠科技创新培育发展新动力。

据新华社消息，2019 年 12 月 10 日至 12 日在北京举行的中央经济工作会议确定，要深化金融供给侧结构性改革，疏通货币政策传导机制，增加制造业中长期融资，更好缓解民营和中小微企业融资难融资贵问题。

第一节　金融供给侧结构性改革概述

金融供给侧结构性改革是整体供给侧结构性改革的一个有机组成部分，随着实体经济的供给侧结构性改革不断深入，金融供给侧结构性改革同样需要深化拓展，这也是金融服务实体经济的本质要求。

一、金融与实体经济供给侧结构性改革互相促进

金融须服务实体经济。经济是肌体，金融是血脉，两者共生共荣；金融活，经济活；金融稳，经济稳；经济兴，金融兴；经济强，金融强。据新浪财经讯，2019 年 4 月，国家金融与发展实验室理事长李扬在"2019 国家金融与发展实验室年会"上表示，金融供给侧结构性改革内容可概括为"一个基础、六大方向"。（1）"基础"是确认金融在国民经济中的重要地位；金融是国家重要的核心竞争力，金融安全是国家安全的重要组成部分，金融制度是经济社会发展中重要的基础性制度。（2）"方向"是未来金融改革和发展的主要领域，这"六大方向"分别是：服务实体经济、优化金融结构、管理金融风险、遵循

经济规律、发展金融科技和扩大对外开放。

金融供给侧结构性改革既是整体供给侧结构性改革的有机组成部分，也是将前期侧重于实体经济领域的供给侧结构性改革在金融领域进行深化拓展。深圳银保监局局长李文红在《深化金融供给侧结构性改革的重点与方向》一文中认为，金融领域与实体经济的供给侧结构性改革相辅相成、相互促进，共同实现金融和实体经济的良性循环。

1. 促进资源优化配置为金融服务实体经济的核心任务。深化金融供给侧结构性改革，不仅指增加金融供给的数量，更重要的是提高金融供给的质量和效率，促进资源优化配置。通过按照市场化原则、合规审慎运作的金融机构的专业判断，引导资金进入经营稳健、具有良好市场前景的企业和行业，而非投入低效、无效领域，以此实现资源合理高效利用，推动经济结构调整和转型升级。这也是发挥市场在金融资源配置中决定性作用的重要体现。

2. 维护金融稳定本身也是对实体经济的重大支持。金融业具有内在的脆弱性和风险的外部性，历次金融危机发生后，实体经济都遭受了巨大损失，使国家付出高昂的救助成本，并进一步拖累实体经济发展。金融业自身保持安全稳健运行，守住不发生系统性风险底线，是确保实体经济健康、可持续发展的重要前提和基础。

3. 实体经济部门自身深化改革有利于更好推进金融供给侧结构性改革，维护金融稳定。实体经济是金融的源头活水，金融是实体经济的"镜像反映"。金融供给侧结构性改革能否有效推进，也取决于实体经济部门自身的改革。比如，加强地方政府性债务管理，深化投融资体制和国有企业改革，强化预算管理硬约束，抑制不计成本的投资和借贷冲动，减少不合理的融资需求等。需高度关注政府部门、国有企业和大型企业拖欠民营和小微企业应收账款问题。（1）在微观层面，拖欠账款严重影响了民营和小微企业的正常经营与合法权益，增加其不必要的融资需求和利息成本，人为抬高其杠杆水平，影响其财务稳健性。（2）在市场层面，实质是将国有和大型企业的融资需求转移到民营和小微企业，进一步加剧民营和小微企业融资难融资贵问题，强化国有和大型企业的竞争优势。（3）在宏观层面，则人为增加整个体系的宏观杠杆率，并成为我国金融增加值占 GDP 比重较高的重要原因。

4.优化政策组合搭配，有效引导市场预期，更好实现政策目标。财政政策、货币政策、宏观审慎政策、微观审慎监管政策等具有不同的政策目标和政策工具，加强政策统筹协调不仅意味着各类政策同时、同向发力，也要求政策之间相互配合补位，缓解其他政策可能产生的负面效应。加强政策协调，需要优化政策组合、做好政策搭配，不同政策可有动有静，有松有紧，既形成政策合力，也防止共振，从而避免出现"一放就乱、一收就死"。同时，还需及时、充分向市场传递政策意图，有效引导市场预期，使政策实施起到事半功倍作用，防止出现超调，更好实现政策目标。

金融供给侧结构性改革既包括增量改革，也包括存量调整。（1）在金融资产方面，需加大不良资产处置力度，盘活信贷存量，为新增有效信贷投放腾出空间。（2）在金融市场方面，有序处置信用债违约事件，逐步打破债券市场刚性兑付。（3）在金融机构方面，构建适合我国国情的金融机构处置和破产制度，完善金融机构法治化市场化退出机制。通过金融资产、市场和机构的有序调整，形成优胜劣汰、正向激励的市场环境，促进解决经济金融领域存在的道德风险、预算软约束等问题，减少低效、无效资金供给，提高资源配置效率。

二、金融供给侧结构性改革势在必然

据新华社消息，中共中央政治局2019年2月22日举行第十三次集体学习，习近平总书记强调，要深化对国际国内金融形势的认识，正确把握金融本质，深化金融供给侧结构性改革，平衡好稳增长和防风险的关系，精准有效处置重点领域风险，深化金融改革开放，增强金融服务实体经济能力，坚决打好防范化解包括金融风险在内的重大风险攻坚战，推动我国金融业健康发展。

据央广网消息，2019年2月，中国人民银行副行长潘功胜接受央广记者采访时表示，改革开放以来，我国金融业取得了长足发展，为我国国民经济发展作出重要贡献。但是在金融服务的供给方面也存在一些结构性的缺陷，主要表现在，我国的金融业态是一个以间接融资为主的金融业态，股权融资市场发展不足。在间接融资为主的框架下，以大中型银行为主体，商业银行的政策框架、制度框架、技术能力和内外部的激励约束机制也存在不足。

据中国网财经资讯，2019年12月，银保监会副主席梁涛在"2019中国金融学会学术年会暨中国金融论坛年会"上表示，金融供给还存在不少问题和短板。（1）金融市场结构失衡。社会融资过度依赖银行信贷等间接融资，直接融资特别是股权融资发展不足，不仅影响了实体经济融资的可得性，还间接造成企业杠杆率高企、监管套利丛生、新兴金融无序创新等金融市场乱象。11月末，非金融企业境内股票融资占社会融资存量规模的比重仅为3.3%，即使加上企业债券以及地方政府专项债，直接融资占比也不足20%。（2）经营理念不够科学。银行保险机构同质化经营问题比较突出，普遍"求大求全"，专注服务小微企业的专业化个性化机构较少；部分机构固守"重资产、重抵押"传统经营模式，难以满足轻资产企业的融资需求；部分机构为了降低风险，热衷于将资金集中投放给大型企业、国有企业，形成"垒大户"现象；部分机构发展偏离职能定位，聚焦主业不够，存在脱实向虚、监管套利等问题。（3）创新能力存在不足。部分银行保险机构安于现状，缺乏全局性、前瞻性的战略规划，对"轻资产"的现代服务业和"重技术、重创新"的科创企业服务不到位，也不能有效满足民营小微企业和"三农"等领域的融资需求，适应实体经济需求的创新金融产品供给不足。（4）服务水平有待提升。部分银行保险机构还没有真正树立"以客户为中心"的服务理念，一些机构在降低企业融资成本的同时，仍在通过存贷挂钩、附加收费等手段增加企业隐性负担，银行理财、信用卡、保险保单等领域侵害金融消费者事件依然屡见不鲜。

我国现有金融结构存在各种问题，如扭曲、错配问题，包括：（1）期限结构错配，借短用长。（2）权益错配，大部分可动用资金能形成资本、形成筹资者权益的比重相对较小。（3）服务对象偏颇，"嫌贫爱富"，为有钱人、大企业服务，对更需要资金服务的普通居民、广大中小微企业却服务不够。迫切要求进行金融供给侧结构性改革。光大银行首席业务总监、光大理财有限责任公司董事长张旭阳在《运用科技力量推动金融供给侧改革》一文中认为，金融供给存在结构性难题，包括小微企业融资困难、个人消费信贷未能有效满足、个人财富管理的需求未得到充分满足、高效直接金融体系供给不足。

（一）小微企业融资困难

小微企业利于经济增长、拉动就业创业。小微企业因自身快进快出的业务特性使其贷款需求呈现资金使用需求急促、资金使用周期短、金额不大特点，对传统金融机构来说：（1）因小微企业资金使用需求急促，风控体系约束导致放款周期长，从时效性来说，难以满足小微企业贷款需求。（2）因小微企业资金使用周期短、金额小，放贷给小微企业的贷款单笔收益率低，放贷给小微企业的动力小，不太愿意放贷给小微企业，而偏好房地产企业和国有企业，因为这些企业需要的资金大、风控措施简单、资金需求稳定。这两个原因导致出现了小微企业融资"难"的问题。另外，因愿意放贷给小微企业的金融机构少，对小微企业融资需求来说，造成"供不应求"局面，无形之中推高了小微企业融资成本，出现了融资"贵"的问题。融资难加上融资贵的问题，进一步挤压了小微企业利润空间，小微企业稍有经营不善，或碰到一些风险，就可能陷入亏损境地甚至走向死亡。

（二）个人消费需求难以有效满足

消费能拉动经济发展的"一驾马车"，我国消费规模、消费水平、消费结构方面也成绩斐然，但仍存在一些制约消费的障碍因素。包括：（1）个人信贷产品结构单一。个人信贷产品表面看起来丰富多样，但主体还是体现为住房信贷，品种较单一。（2）覆盖面太小。还有很多有个人消费信贷需求的人群没有覆盖到，相关数据表明，仅能覆盖具有央行征信的人群，约4.8亿。（3）放贷授信流程烦琐、条件苛刻。流程不透明，必须中介参与，变相推高贷款成本。

（三）个人财富管理的需求难以满足

随着经济快速发展，居民可支配收入快速增长，居民也有强烈的财富管理需求，这些收入如能高效转化投资，输送到实体经济中，非常有利于中国经济健康成长。但现实不尽如人意，包括：（1）投资知识缺乏，缺乏专业理财知识。（2）金融机构缺乏创新活力。因银行类金融机构有资金成本、渠道布局、行业信誉优势，故投资者相对更信任和认可银行类传统金融机构，也造就了银行类金融机构较低的获客成本，但另一方面也让他们缺乏金融产品创新的动机。（3）非现金类财富管理渠道紧缺。受资产定价能力不足的制约，国内财富管理类服务主要集中在现金资产方面，包括证券、期货、基金等，而非现金类的资产管理服务欠缺，如固定资产、知识产权类资产、权益性资产等，造成了金融供给能力有所不足，积淀大量社会财富，金融资产利用效率大大降低了。

（四）高效的直接融资严重不足

直接融资是货币资金供给者和货币资金需求者之间直接发生信用关系，能最大可能吸收社会游资，直接投资于企业生产经营之中。在我国，以银行为主的融资成本较高的间接融资处于强势地位，而直接融资占市场比重较小，直接融资体系建设有待进一步完善。

这些金融供给侧结构性问题严重影响了金融资源配置的质量和配置的效率，不能适应我国经济高质量发展的要求，也不能适应我国建设现代化经济体系的要求，迫切要求进行金融供给侧结构性改革，金融供给侧结构性改革迫在眉睫。

三、金融供给侧结构性改革目标与任务

国家金融与发展实验室理事长李扬在《金融科技要为金融业解决五大问题》一文中认为，金融供给侧结构性改革的目标是通过金融结构的调整，通过金融产品和金融服务的创新，提高劳动力、土地和资本的配置效率，推进技术进步和体制技术创新，助力发挥市场在资源配置中的决定性作用，助力提升潜在增长率，更好地满足广大人民群众的需要。中国的金融改革将在机构、市场和产品等三个主要方向上展开。（1）在机构体系上，需真正落实党的十八届三中全会决定，健全商业性金融、开发性金融、政策性金融、合作性金融分工合理、相互补充的金融体系。（2）在市场结构上，要建设规范、透明、开放、有活力、有韧性的资本市场，从根本上解决中国资本形成不足、权益性资本短缺，以及由此引发的金融风险高杠杆的问题。（3）在产品和服务层面，需要以市场需求为导向，积极开发个性化、差异化和定制化的金融产品和服务，增加中小型金融机构数量的比重。

据央广网消息，2019年2月，中国人民银行副行长潘功胜接受央广采访时表示，金融供给侧结构性改革包括四方面主要任务：（1）要保持稳健的货币政策，为金融供给侧结构性改革和高质量发展创造一个适宜的货币金融环境。要进一步地深化利率市场化改革、完善货币政策的传导机制，提升金融服务实体经济的实际效果。要防止金融脱实向虚、自我循环。（2）要坚定地推进资本市场改革，破除资本市场发展中存在的一些体制和机制性的障碍，建立多层次

资本市场，拓宽股权融资的渠道，推动我国资本市场的高质量发展。（3）优化大中小金融机构的布局，发展专注于微型金融服务的中小金融机构，建立一个多层次、广覆盖、有效率的银行体系和信贷市场体系。（4）坚持以市场需求为导向，重塑金融机构的经营理念、风险管理、绩效评价和服务模式。

深圳银保监局局长李文红在《深化金融供给侧结构性改革的重点与方向》一文中认为，深化金融供给侧结构性改革的主要任务，是通过进一步调整优化金融体系结构，构建风险投资、银行信贷、债券市场、股票市场等全方位、多层次金融支持服务体系，为实体经济发展提供更高质量、更有效率的金融服务，并守住不发生系统性风险底线，推动我国金融业实现高质量、可持续发展。

金融供给侧结构性改革应着力于从完善融资结构体系、优化金融机构体系、提升金融产品和服务质量等方面，促进调整优化金融体系结构，不断增强金融供给对金融需求的适应性和灵活性。

1.完善融资结构体系，促进发展股权融资，增加直接融资占比。建设规范、透明、开放、有活力、有韧性的资本市场，有效发挥其市场融资、价格发现和资源配置功能。设立科创板并试点注册制，完善发行上市、交易和退市等资本市场基础制度，加强交易全程监管；提高上市公司质量，强化信息披露和市场约束，严惩违法违规行为等。

2.优化金融机构体系，构建多层次、广覆盖、有差异的金融机构体系。推动不同类型的金融机构区别定位、特色发展，更好满足实体经济多层次、多样化的金融需求。稳步发展民营银行和社区银行，增加中小金融机构数量和业务比重。推动城商行、农商行、农信社等中小金融机构回归本源，充分利用熟悉本地客户等优势，根据市场需求提供有针对性的金融产品和差异化服务。

3.提升金融产品和服务质量，提高金融服务效率。围绕实体经济发展方式转变和结构调整要求，推进产品和服务创新，开发专业化、个性化产品，尤其要健全科技金融服务功能，加强对民营企业、小微企业和"三农"的金融服务。鼓励金融机构运用人工智能、大数据、云计算、区块链等新技术，优化业务流程，降低服务成本，不断增加金融服务的覆盖面、可获得性和便利程度。

深化金融供给侧结构性改革必须贯彻落实新发展理念，强化金融服务功能，找准金融服务重点，以服务实体经济、服务人民生活为本。（1）要以金融体系结构调整优化为重点，优化融资结构和金融机构体系、市场体系、产品体系，为实体经济发展提供更高质量、更有效率的金融服务。（2）要构建多层次、广覆盖、有差异的银行体系，端正发展理念，坚持以市场需求为导向，积极开发个性化、差异化、定制化金融产品，增加中小金融机构数量和业务比重，改进小微企业和"三农"金融服务。（3）要建设一个规范、透明、开放、有活力、有韧性的资本市场，完善资本市场基础性制度，把好市场入口和市场出口两道关，加强对交易的全程监管。（4）要围绕建设现代化经济的产业体系、市场体系、区域发展体系、绿色发展体系等提供精准金融服务，构建风险投资、银行信贷、债券市场、股票市场等全方位、多层次金融支持服务体系。（5）要适应发展更多依靠创新、创造、创意的大趋势，推动金融服务结构和质量来一个转变。（6）要更加注意尊重市场规律、坚持精准支持，选择那些符合国家产业发展方向、主业相对集中于实体经济、技术先进、产品有市场、暂时遇到困难的民营企业重点支持。

四、金融供给侧结构性改革要求深化改革开放和提高监管有效性

1.通过进一步深化改革开放，解决经济金融领域内部的体制机制性问题。（1）在金融改革方面，继续推进利率市场化改革，更好地发挥资金价格在优化金融资源配置中的作用；完善金融机构公司治理，规范股东大会、董事会、监事会与管理层关系，形成有效的决策、执行、制衡和激励约束机制等。（2）在对外开放方面，加快落实金融业扩大开放的重要举措，抓紧研究推出新一轮开放措施，通过引进国际先进经验，提升我国金融服务水平和风险防控能力；促进金融监管规则与国际接轨，强化监管标准和程序的公平透明；深度参与国际规则制定，不断提升国际话语权。

2.推进金融供给侧结构性改革，加强监管能力建设，不断提高监管有效性。补齐监管制度短板，形成机构监管与功能监管、宏观审慎与微观审慎监管有机结合的监管体系。坚持金融创新与风险管控并重、金融效率与金融稳定相平衡的原则，密切跟踪研究金融科技发展对金融业务模式、风险特征和金融稳定的影响，适时完善监管规则，改进监管方式，全面实施金融机构及金融业务

持牌经营。保持监管规则的相对稳定，避免频繁调整监管松严尺度，影响市场主体形成稳定预期，并对依法合规经营的机构产生逆向激励。确保监管规则的逻辑一致性，防止监管套利。对于不同金融机构之间、同一机构内部具有相似业务本质和风险特征的金融活动，按照"实质重于形式"原则，适用内在逻辑和宽严程度一致的监管标准，防止机构为规避监管而进行"伪创新"，减少多层嵌套，缩短资金链条，消除资金空转，促进降低融资成本，提高金融供给的质量和效率。

五、"五个结合"优化金融供给

据中国网财经资讯，2019年12月，银保监会副主席梁涛在"2019中国金融学会学术年会暨中国金融论坛年"会上表示，优化改善金融供给，需要把握好的几对关系，总结起来就是要做到"五个结合"。

1. 直接融资与间接融资相结合。一定程度上是由我国国情决定了以间接融资为主导的融资结构，充分发挥好间接融资的功能、提升间接融资的效率，在现实条件下具有十分重要的意义。在发展直接融资方面，既要多措并举增加资本市场长期稳定资金来源，包括大力加强养老金第三支柱建设、拓宽保险资产管理公司投资范围、允许符合条件的银行理财资金投资股票等；也要持续加强打击财务造假、内幕交易、侵害中小股东权益等行为，真正建立有效的投资人保护制度。

2. 市场需求导向和承担社会责任相结合。优化金融资源配置，既要遵循市场规律，发挥市场在资源配置中的决定性作用，引导银行保险机构从长远利益出发，针对民营、小微、科创企业等领域，努力探索可持续的商业模式；也要督促银行保险机构承担好应有的社会责任，在普惠金融、绿色金融、社会民生等领域创造社会价值，努力实现经济效益与社会效益的双赢。

3. 风险防控与改革创新相结合。深刻认识金融服务实体经济是防范金融风险的根本举措，是金融的宗旨和天职，更多引导银行保险机构从体制机制调整、技术手段创新上下功夫，特别是不断深入细化实化尽职免责和容错纠错机制，发挥好大数据、云计算、人工智能等工具在改进风控方面的积极作用，破解提升金融供给质量的瓶颈。

4. 同业有序竞争与差异化发展相结合。当前，银行保险机构出现同质化经营的现象，一定程度是市场化竞争的正常表现。要继续营造健康有序的市场竞争环境，鼓励银行保险机构通过竞争优化服务、降低成本；也鼓励差异化发展，特别是注重引导中小银行回归服务地区经济、服务小微企业、服务城乡居民的本源，稳步发展民营银行、村镇银行，以实施金融业新一轮高水平对外开放为契机，吸引各类专业机构进入中国市场。

5. 内部治理与外部监督相结合。推动改进金融机构的服务和风控质量，既要从内部建立健全有中国特色的银行保险机构公司治理结构，把党的领导融入公司治理，加强股东穿透监管，规范关联交易，强化"两会一层"（董事会、监事会、高管层）履职评价，推动完善现代金融企业制度；也要强化外部审计、信用评级、信息披露、社会舆论等外部监督的积极作用，进一步提升违规的经济成本和信誉成本。

第二节　供需两侧助推金融科技

多种原因的叠加作用使得金融科技迎来了爆发式的增长，包括需求驱动和信息技术自身的驱动，信息技术的驱动也可认为是供给方驱动。需求推动发展的脚步，随着以制造业为代表的各产业领域的新业态、新模式、新技术的不断涌现而不断加快。除基本的融资需求外，保险、证券、基金、财务顾问等多样化的金融需求日渐增多，具体到如万物感知、跨界融合、数据驱动，以及产品和服务的定制化等新需求，传统的金融服务模式已无法完全满足企业的各类金融需求。这些需求驱动着金融科技的快速发展，金融业务、产品、服务的创新越来越多；信息技术的快速发展，以区块链、人工智能、大数据、云计算等为代表，逐渐突破传统信息产业的范畴，成为支撑和驱动各个行业持续发展的核心基础设施，同时也推动了金融行业的创新包括金融产品设计、经营模式、业务流程、服务质量的持续优化和创新，为金融发展提供源源不断的创新活力。金融科技，并不是金融与科技的简单物理性叠加，而是在此之间发生了能够引起质变的反应，进而呈现出快速发展的趋势。

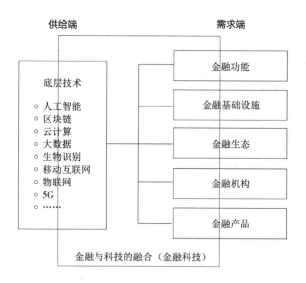

供给端　　　　　　　　　需求端

底层技术

○ 人工智能
○ 区块链
○ 云计算
○ 大数据
○ 生物识别
○ 移动互联网
○ 物联网
○ 5G
○ ……

金融功能

金融基础设施

金融生态

金融机构

金融产品

金融与科技的融合（金融科技）

资料来源：李广子编写的《金融与科技的融合：含义、动因与风险》。

一、供给侧助推金融科技

在供给侧的角度，新一代信息技术的发展，以大数据、人工智能、云计算、区块链等为代表，能够有效地整合各类资源，突破信息的壁垒，进而实现各方面之间的相互联系，包括物与物、物与人、人与人，以及人与服务的互联。金融科技在解决金融领域里长期存在的信息不对称的问题上有重要作用，金融可借助科技挖掘和数据分析来提供丰富且可靠的信用信息，助力金融体系的高效运行。信息技术与金融业的结合，使得金融业的智能化变革加快步伐，改善和创新金融服务的模式、优化金融产品的供给，深刻地改变金融服务运作方式，推动金融科技向更纵深方向发展，为金融高质量的发展持续赋能。

金融机构对云计算的应用可使其 IT 资源更具弹性。云计算的核心概念是以互联网为中心，在网站上提供快速且安全的云计算服务与数据存储，让每一个使用互联网的人都可以使用网络上的庞大计算资源与数据中心，因此云计算可以将很多的计算机资源协调在一起，进而降低建设与运维成本，提升安全性。大数据技术突破了计算能力的局限，能够对海量数据进行处理，金融业经过多年信息化的发展，沉淀了丰富的数据资源，这对行业发展来说是一份宝贵的财富基础。大数据技术能够处理这些海量数据，为金融创新提供基础资源，并在金融应用上展现出很高价值，例如基于大数据的精准营销、客户画像、风险管控等应用，再具体到金融机构的贷款审核、核保、理赔、投资等核心业务都需要大数据技术的支持。人工智能技术包括智能语音识别、图像识别等，在金融行业展现出很强的溢出带动性，助力金融业数字化转型和智能化发展，并正在加速应用于金融各领域。比如，人工智能应用于前端服务客户，中台支持授信、交易、决策，后台应用于风险防控和交易监督。区块链作为一种分布式数据库技术，以区块为单位产生和存储数据，并按照时间顺序组成链式结构，具有去中心化、不可篡改、可以追溯、集体维护、公开透明等特点。中国人民银行数字货币研究所副所长狄刚在《从供需两侧透视金融科技》一文中认为，区块链的透明性特点，可以帮助消除市场参与主体的信息不对称性，增强监管和被监管对象的合作，建立起参与方的互信机制与监管者的穿透式监管机制。利用区块链信任提升的特性可以简化金融业务流程，降低人力、物力的成本，赋能金融业务。在供应链金融、贸易融资、支付清算、资金管理等细分领域都有区块链应用。移动支付技术使得金融服务由柜台延伸到墙外、由网点延伸到家中、由八小时延伸到全天候，成就了金融的更多场景化发展，即依靠现代支付科技技术，移动金融的服务范围已经超过了传统金融的服务边界。

据中国金融新闻网消息，2019年12月，中国人民银行科技司副司长罗永忠在"2019中国金融科技年会暨第十届金融科技及服务优秀创新奖颁奖典礼"上表示，以大数据、人工智能、云计算、区块链等为代表的新一代信息技术全面渗透到诸多金融细分领域，正在改变和重塑金融业态。面向未来，金融业要切实抓好科技在金融领域的规范应用，推动金融科技高质量发展，增加人民群众对数字化、网络化、智能化金融产品和服务的满意度。做好顶层设计，推动实现金融与科技深度融合、协调发展；需要找准发力方向，瞄准金融发展痛点难点，找准金融科技应用的突破口，提供更便捷、更普惠、更优质的金融产品与服务；构建良性生态，金融机构要加强产学研用协同创新，深化与科技公司的战略合作，合力打造互促互进、互利共赢的良性生态体系。

金融科技的基础设施建设日趋成熟与完善，为金融科技的发展和渗透营造了良好生态环境，同时也在供给端促进了金融科技的发展。包括：（1）支付体系建设取得很大进展。借助于信息技术的提升和信息产业的发展，目前我国已形成了以人民银行支付体系为主，以地方和产业等分支结算体系为补充的实时支付体系。除央行主导的二代支付系统、人民币跨境支付系统、银联、网联平台之外，商业银行、非银支付机构也积极参与到移动支付网络建设，极大地促进了移动支付的快速发展。支付体系成本降低和效率提升，为社会资金的高效周转和资源要素的有效配置提供了良好支撑。（2）金融科技的相关政策体系日益完善。如 2019 年央行新发布的《金融科技（FinTech）发展规划（2019—2021 年）》，这是我国第一份科学、全面的金融科技发展规划，明确提出了未来三年金融科技创新的发展大势、发展目标、重点任务和保障措施，对加快推进新时代金融高质量发展、强化金融服务实体经济效能、提升国家核心竞争力具有里程碑式的重要意义，为中国金融科技中长期的健康发展奠定了坚实的基础。（3）互联网企业的快速发展积累了大量技术和优秀人才。互联网行业应用和发展的前沿信息技术，对从业人员的专业能力和综合能力有较高要求，其快速发展为金融业与科技融合提供了大量的高新技术人才储备、技术储备和共享资源等。（4）多层次资本环境助力金融科技发展。我国已经初步形成了多层次的资本市场，与金融科技相关的基金纷纷设立，有效地改善了金融科技的资本供给和孵化环境。

二、需求侧助推金融科技

第十二届全国政协副主席陈元在《新时代金融科技发展与展望》一文中认为，中国特色社会主义进入了新时代，科技创新与产业变革迎来前所未有的历史机遇，深刻改变着人类的生活方式、商业模式甚至经济运行逻辑，促使金融与科技融合发展的内在因素和外部环境发生新变化。（1）新需求驱动金融科技创新。近年来，人民群众日常活动呈现数据化、网络化的新特征，生产方式、生活方式、思维方式等正在发生颠覆性变革，人民群众的需求已经从"物质文化需要"向"美好生活需要"转变。高效、安全、普惠、精准的金融服务是满足人民群众美好生活需要的必要条件。为此，金融业努力转变发展方式，逐步加快发展金融科技，积极运用现代科技成果优化或创新金融产品、经营模式和业务流程，打造"千人千面"的个性化、智能化金融产品和服务，为人民群众提供优质的金融消费体验。（2）新经济呼唤金融科技发展。当前，中国经济发展正经历从资源驱动向创新驱动的转变，以全要素数字化转型为重要推动力的数字经济蓬勃发展。新的经济模式呼唤新的金融形式。作为新金融的重要生产力，金融科技基于现代科技手段能够提升金融产品定价的时效性和精确性，使投融资更好匹配新经济结构，助推实体经济与数字经济融合发展。可以预见，未来金融科技将成为衡量金融业竞争力的重要指标，由此带来的金融转型升级将成为中国经济发展的重要增长点。

从需求侧的角度来看，在步入数字经济时代后，经济增长模式渐渐从要素投入转向创新驱动，传统金融服务模式将越来越难适应当今的经济发展新形势，这要求金融业加快金融与科技的进一步结合，运用金融科技创新金融服务与产品，优化社会资源配置，提升金融资源配置效率。

（一）数字经济提质增效的需求

党的十九大报告指出，推动互联网、大数据、人工智能和实体经济深度融合，在中高端消费、创新引领、绿色低碳、共享经济、现代供应链、人力资本服务等领域培育新增长点、形成新动能。在步入数字经济时代后，社会再生产具有智能化、数字化、个性化等特征，对传统金融服务和功能提出新的要求，此时数字经济的发展无疑已成为新时代推动经济发展的重要力量，同时也将促进我国经济进行质量变革、效率变革、动力变革。如今中国经济发展正经历一个特殊时期——从资源驱动向创新驱动的转变，以全要素数字化转型为重要推动力的数字经济蓬勃发展。在数字经济的背景之下，新的经济模式呼唤着新的金融形式，势必会要求传统金融服务加强创新，孵化出一种新型金融模式，来适应新数字经济时代下生产和消费场景的变化。移动支付、网络融资、智能投顾等正是传统金融服务在科技的支撑下，为适应数字经济时代下生产和消费场景的变化而产生的新型金融模式。

当前，金融科技在服务数字经济发展、助力经济提质增效上的作用日趋明显。例如，央行基于区块链技术的数字票据试验性生产系统，可以有效降低票据市场信息不对称，实现票据价值传递的去中介化，从而消除票据市场中介乱象，为企业票据管理和交易提供更有效率、更节约成本、更安全的服务。

（二）绿色经济金融业转型升级的需求

党的十九大报告提出，发展必须是科学发展，必须坚定不移贯彻创新、协调、绿色、开放、共享的发展理念。在传统金融物理网点中，资源消耗较多，网点运营和服务提供需要依靠大量人力、物力与财力。金融科技的出现和发展，颠覆了传统金融服务模式，提供的金融服务优于传统物理网点模式，节约资源，提升效率，达到了环境友好型和资源节约型的要求。如数字货币有助于减少纸币印刷、运输、存放等环境成本、交易成本和流通成本，提高资金周转速度和运用效率，可以通过实时、全面的数据精准调控货币供应总量，还可观察、追踪资金流信息。即数字经济时代的到来催生了货币形态的再一次革命和技术升级，数字货币将从功能、效率、成本等方面充分满足数字经济发展的刚性需求。现在各银行、非银行金融机构、企业等都在升级自身的金融科技能力，这意味着金融科技将成为衡量金融业竞争力的重要指标，金融转型升级也将成为中国经济发展的一个重要增长点。

（三）共享经济普惠金融的需求

增强金融服务实体经济能力是金融供给侧结构性改革的核心，金融科技的发展不能脱离服务实体经济、服务普惠金融这一基本职能。在共享经济时代，能够让更多的个人和组织享受到普惠金融服务是当前新时代的金融需要面对和解决的问题，特别是针对小微企业、农民、城镇低收入人群、贫困人群和残疾人、老年人等，要让他们能够有渠道去及时获取价格合理、便捷安全的金融服务。

金融科技的飞速发展以及金融基础设施的日趋完善，有效扩大了金融服务的覆盖面，逐步达到金融普惠效果，扩大了金融服务的触达面。尤其是广大偏僻的城镇与农村地区，金融科技利用互联网的无限延展性、无边界等特点将金融服务抵达广大偏僻城镇与农村地区，使他们也能够享受到数字化的金融产品和金融服务，大大提升了金融产品和服务的覆盖人群和覆盖地区，有效扩大了金融普惠性；金融科技创新金融商业模式，最大限度地延长了金融机构服务半径，提升了金融的普惠程度，促进了金融的普惠公平和效率。

（四）体验经济消费升级的需求

人类日常活动呈现数据化、网络化的特点，互联网技术的发展使得人们的生产方式、生活方式、思维方式等正在发生颠覆性的变革，新时代社会主要矛盾已转变为人民日益增长的美好生活需要和不平衡不充分发展之间的矛盾。消费是美好生活需要的具体载体，人们通过消费实现美好生活的需要。当前，随着我国居民收入水平的提高，消费者从追求消费数量开始逐步转向消费质量，更加注重消费带来的体验，更强调商品对消费需求的满足度。消费在升级的同时，更加高效、安全、普惠、精准的金融服务是满足人民群众美好生活需要的必要条件。金融科技的发展有利于提升金融消费者的体验，这其中包括金融科技给消费者带来消费和投资的双重体验，为金融消费者提供更加智能化、便捷化、精准化、成本更低廉的投资理财产品和服务。金融业需转变发展方式，进一步发展金融科技，优化或创新金融产品、服务经营模式和业务流程，为消费者打造"千人千面"的更加个性化与智能化的金融产品和服务。

（五）新需求涌现冲击传统技术架构

随着人们对更加高效、普惠、多样的金融服务需求越来越强烈，金融系统的交易也展现出瞬时并发大、频度高、流量强等特点，极大地冲击了传统金融系统的集中式架构。新的需求迫切要求金融机构加快更新现有技术架构，提高响应市场需求的水平。

总体来说，金融科技从支撑、保障的从属地位转向引领、重塑的驱动地位，已经成为实现数字经济的关键手段，金融科技可以为实体经济创造新动能，必将为各平台、企业带来核心竞争优势。其中金融科技公司要与实体产业进行共建，在多方共建的基础上，行业各方将实现互惠共赢，共同去分享产业成本降低、效率提升和终端用户体验升级所带来的增量价值。

第三节　金融科技助推金融供给侧结构性改革

2019 年 5 月，平安金融壹账通监事长黄润中在"2019 中国金融创新论坛"上表示，金融科技在助力优化金融供给侧结构性改革中可以发挥充分作用，提高金融供给生产率、助力金融供给向价值链高端提升、优化金融供给结构，提供更多更高品质的金融产品与服务，助力实体经济发展。随着大数据、人工智能、区块链、物联网等技术的快速发展，科技正在给金融行业带来巨变。金融科技能够有效降低传统金融业务的成本，提高服务效率，在金融供给侧结构性改革的推进过程中发挥着重大作用。

一、金融供给侧结构性改革的对策思路

推进金融供给侧结构性改革，需要在"破、立、稳"上下功夫。供给侧结构性改革的根本目标是提高供给能力和供给质量，来更好地满足人民日益增长的美好生活需要。为了实现该目标，需要减少无效供给、扩大有效供给，提高供给结构对需求结构的适应性。郭威等在《深化金融供给侧结构性改革的对策思路》一文中认为，金融供给侧结构性改革是供给侧结构性改革的重要组成部分，在处理好加法和减法关系的同时，也要注意保持金融稳定。从结构性去杠杆的角度看，要调低"坏杠杆"、调高"好杠杆"、稳定总杠杆水平。

（一）调低"坏杠杆"

调低"坏杠杆"，是从"破"上下功夫，需要破除刚性兑付、"同业为王"、金融业高利润发展观和贷款基准利率的信仰，这样做可以减少无效的金融供给，实现提高资源配置效率的目标。为了减少无效的金融供给，一方面要合理配置资源，让金融资源流向更加高效率的企业，减少对"僵尸企业"的资源供给；另一方面要完善"僵尸企业"退出方式，包括兼并重组、破产重整，如目前接管重组包商银行。破除刚性兑付的信仰，需要做到将风险和收益匹配起来。资管新规中规定不搞"资金池""资产池"，各个产品单独建账，投资者在投资理财产品时，应承担与收益相匹配的风险。这有利于抑制影子银行的快速扩张、降低实际的无风险收益率。破除"同业为王"的信仰，让资金更多直接流向实体经济，减少资金在金融同业之间的自我循环，以更好地实现金融服务实体经济的目标。破除旧发展观的信仰，改变金融业中规模大、利润高的发展观，减少为了追求规模和利润而循环注资、虚假注资、混业乱象的情况。破除贷款基准利率的信仰，贷款定价应与市场化利率挂钩，实现"两轨合一轨"，通过合理竞争进一步降低融资成本。

（二）调高"好杠杆"

调高"好杠杆"，是从"立"上下功夫，应确立好金融的初心、使命和发展目标，以指导金融未来的发展方向，提高金融结构的适应性。金融应始终以服务于实体经济为使命，服务实体经济是完善金融服务、防范金融风险的出发点和落脚点，可以着力解决资金脱实向虚或在金融体系内空转，以及小微企业

和民营企业融资难的问题，更好地满足实体经济多样化金融需求，促成经济金融的良性循环。具体可以从以下几个方面入手：建立多层次、有差异、覆盖广的银行体系，更好地服务于小微、民营企业；鼓励金融服务和产品创新，提高信用贷款和中长期贷款比重；利用大数据等科技手段完善金融数据库，减少信息不对称，降低贷款的风险溢价；提高直接融资比重，建设一个开放、透明、规范、有韧性、有活力的资本市场。

（三）稳定总杠杆水平

稳定总杠杆水平，是从"稳"上下功夫，"稳金融"是经济工作"六稳"方针中排名第二的，仅次于稳就业，防范化解金融风险是三大攻坚战的重点工作，这是推进金融供给侧结构性改革的底线，需要从稳健政策、审慎监管、防范风险等方面着手，同时要协调好"破"和"立"的关系。从政策角度出发，维持货币政策的稳健性，既要避免政策过于宽松导致的杠杆率、资产价格和物价的上涨，也要避免政策过于紧缩而影响对实体经济的支持效果。从监管角度看，需要构建新型监管框架，协调统一宏观审慎政策和微观审慎监管，使得审慎监管和行为监管相互配合。从防范风险角度看，需要建立健全金融机构风险处置机制，增强对系统重要性金融机构和金融控股公司的监管，加强流动性管理，强化对资本和偿付能力的监管，降低金融体系关联度风险。最后，要处理好"破"和"立"的关系，先"立"后"破"或同时进行。在"破"的过程中要稳中求进，做好政策配合和舆论引导，避免引发处置风险的衍生风险。

二、金融供给侧结构性改革的路径选择

金融供给侧结构性改革的四大重点任务是防风险、调结构、强监管、促开放，在深刻把握金融供给侧结构性改革的重点任务的基础上，制定具体可行的路径，是全面落实金融供给侧结构性改革的重要制度保障。北京大学光华管理学院管理科学与工程系主任黄涛等在《金融供给侧结构性改革：重点任务与路径选择》一文中认为，深化金融供给侧结构性改革的政策路径可以从增加资本市场制度供给、补充金融基础设施建设短板、大力创新金融产品体系、重构政策传导的金融微观基础等方面着手。

（一）增加资本市场制度供给

增加资本市场制度供给可以从建设科创板、大力推进注册制和退市制度试点，以及促进期货市场发展等方面展开。科创板的设立契合国家创新驱动发展战略，通过提供资本市场制度供给，可以服务于符合国家发展战略、吸收和研发核心技术、具有高成长性的科技企业。科技创新企业聚集了大量高素质人才，科创板为这些企业提供了融资渠道，提高了其直接融资比重，同时也为创新资本提供了投资退出通道，实现金融与科创产业的良性循环。进一步完善科创板建设，一方面需要在风险可控范围内提高科创企业上市包容性，对不同行业科创企业制定差异化的上市标准，充分激发科创企业融资活力；另一方面需要完善科创企业信息披露制度，确保信息披露真实、准确、完整，有利于对科创企业实施监管。科创板是企业上市注册制和退市制度的试验田。注册制和退市制度以真实严格信息披露制度为核心，强化了券商等金融中介机构的信息审核和披露责任，实行连带责任，有助于减少违法违规行为，规范市场进入和退出行为。在我国金融市场开放的过程中，期货市场充分发挥了风险管理和价格发现功能，期货市场品种体系逐渐完善，投资者结构不断优化，具备了走向国际化的成熟条件。加快国际化期货产品创新，可以为实体经济提供避险和定价工具。同时需要加强期货业与金融系统其他行业合作，拓展期货市场服务于实体经济的广度和深度，发挥期货市场普惠金融功能。

（二）加快金融基础设施建设

加快金融基础设施建设，需要做好金融统计和风险预警工作、完善金融信用体系建设、大力发展金融科技。金融统计是金融系统监管和金融风险预警的基础，科学的金融统计有助于及时反映真实金融发展状况，为改革提供宝贵窗口期。一要健全金融统计口径，需要加强对金融机构各项业务的监管统计，及时监控跨行业、跨市场、跨部门的金融业务和金融活动。二要加强对系统重要性金融机构的监管统计，防范大型机构风险带来的系统性金融风险。三要完善金融统计制度，构建统一的标准，打破制度分割和数据壁垒，建立起数据共享系统，增强数据分析和风险预警能力。建立起全覆盖的信用体系，有利于中小企业及管理者积累信用记录，降低企业信用融资约束，实现精准放贷，提高金融服务实体经济的效率和质量，推进征信信息互联互通，对于防范恶意金融诈骗和金融违约行为具有重要意义。同时，信用体系有助于加强信用金融产品创新，金融机构要充分利用该体系，在风险可控的范围内准确评估企业还款能力和还款来源，适当降低中小企业固定资产要求和资产抵押，加大对小微企业的支持力度。最后，要大力发展金融科技。互联网、大数据、云计算、人工智能等新一代信息技术为传统金融业务注入了新鲜血液，丰富了金融产品的供给，为金融供给侧结构性改革提供动能。

（三）创新金融产品供给

创新金融产品供给，应该大力发展绿色金融、普惠金融和农村金融。大力发展绿色金融是经济供给侧结构性改革的需要，通过引导金融资源向绿色产业转移，加快淘汰落后产能和污染产业，有利于推动经济结构实现高质量转型。现阶段，绿色金融的经济需求巨大而金融资源供给不足，因此需要加快绿色金融产品创新，为绿色经济发展提供多样化的支持。具体可以从以下几个方面着手：支持金融机构开展绿色信贷业务，对金融机构开展绿色信贷提供贷款贴息等优惠政策，引导其加大对绿色产业的金融资源投入，提高绿色信贷规模；畅通绿色直接融资渠道，鼓励符合标准的企业直接发行绿色债券进行融资，对于环保企业等绿色行业高新技术公司，可以考虑加快上市融资和股票发行进程；加快发展碳交易市场和碳金融，实现碳排放配额市场化交易和流动，增强企业生产约束，提高企业绿色生产意识和科技进步。

我国金融供给总量大，但供给结构不合理，中小企业和小微群体难以获得足够金融资源，普惠金融发展进程缓慢。构建多层次、广覆盖的普惠金融体系，可以有效解决中小企业和小微群体融资难的问题，对于提升金融服务实体经济能力、优化金融供给结构具有重要意义。此外，通过推动金融科技和普惠金融深度融合，可以提高普惠金融效率。农村金融是支持农村经济结构转型发展的重要力量。随着供给侧结构性改革和乡村振兴的加快推进，农村金融体系已经难以适应农村经济的快速发展。为此，要加快农村金融业务创新，提高农村金融产品和服务的供给端数量和质量，同时完善农村金融法律体系建设，保障农村金融服务农村经济发展。

（四）重构金融微观基础

重构金融微观基础，需要健全资本市场法制建设、深化金融机构改革，以及加快金融人才队伍建设。健全资本市场法制建设，增强金融主体约束，一是要完善金融信用法律体系。金融的本质是信用合约，信用合同的抵押和信贷期限结构等细节需要进一步法制化，通过法律手段解决信息不对称和违法违规行为，充分降低金融信用风险和金融服务的运营成本。二是要加快金融创新法律体系建设。金融服务和产品的创新需要相关金融创新法律体系进行支撑。结合实际发展情况制定适宜的法律准则，可做到既鼓励和支持金融服务和产品的创新发展，提高法制的灵活性，又实现有法可依、执法必严的目标，保障金融创新健康发展。三是健全金融监管法律体系。金融供给侧结构性改革带来大量金融服务和产品创新，这对监管能力和监管制度提出更高要求，因此，需要从顶层法律制度进行设计，明确监管机构权责，建立监管协调机制，规范金融机构市场准入、市场参与和市场退出行为，确保不发生系统性金融风险。

深入推进金融机构改革，是打造充满活力、竞争力和创造力的新时代金融体系的重要内容，也是疏通政策传导渠道、构建监管基础的重要环节。银行业是金融体系的主动脉，银行机构的改革目标是明确业务定位，提高市场化程度。如商业银行要加快建立理财子公司，实现表内业务和表外业务的风险分离，提高资管业务的专业性和市场约束，不断拓展银行资管业务的直接融资功能，降低实体经济融资成本。保险业和证券业等金融机构要进一步扩大对外开放和市场准入范围，这有利于增强金融机构市场竞争力，提高业务水平，加快金融产品和服务创新，优化各类资本配置，实现金融市场效率与公平。

最后，金融人才质量是影响金融系统发展的重要因素之一，重构金融微观基础迫切需要培养、选拔、打造一支政治过硬、作风优良、精通金融工作的干部队伍。应完善金融人才队伍建设制度，有针对性地创建多层次金融业务考核机制，人才培养方式也需要创新，加大对境外优秀金融人才的引进力度，提高国际金融竞争力。

三、金融科技助推金融供给侧结构性改革

金融科技为金融服务提供了新业态和新方向，丰富了金融产品的供给。通过金融科技赋能实体经济发展，是未来金融供给侧结构性改革的重要任务。金融科技可以从完善资产评估体系、精准匹配金融资源、促进金融业务融合创

新、提高风险控制能力和推动供应链金融发展等方面为金融供给侧结构性改革提供动能。

（一）完善资产评估体系

传统的资产价值评估方式往往需要耗费大量人力财力，而大数据、机器学习等技术可以高效地处理企业自身及关联的多维度数据，有助于国有企业、民营企业，尤其是其中的小微企业等差异化企业形成统一的市场化定价机制。与此同时，应用智能化定价可以推动定价系统的建立，通过从业人员共同配合判断企业风险，形成商业可持续化贷款利率的协商机制，促进传统金融机构服务流程的标准化、规范化，有利于货币政策的标准化和有效化。

（二）精准匹配金融资源

在传统的金融服务模式下，由于资产评估、风险识别的高度专业化，即使是在较为完备的信息披露体制下，仍造成了投顾双方之间的信息不对称，提高了融资成本，降低了融资效率。智能投顾和智能投研技术的出现，为传统业态提供新的可能。智能投顾可以根据用户画像来精准识别投资者的风险承受能力，进而向投资者推荐个性化、定制化的投资理财方案。智能投研可以利用人工智能技术分析金融数据，高效整合公司的资产信息，提供更加充分的信息披露和风险评估。利用专业化能力服务于投融资群体，满足非专业人士的投融资需求。

金融科技的本质和核心资产是数据资源，金融科技的广泛应用有利于提高金融统计工作和金融数据分析质量，通过科学分析经济主体的相关特征信息和数据挖掘，可以实现金融营销渠道和投放渠道的下沉。大数据分析、云计算、智能营销机器人、智能投资顾问等可以为金融机构充分挖掘对金融资源有需求的优质小微群体，并实现金融资源的精准匹配和精准投放，提高金融服务实体经济的效率。

（三）促进金融业务融合创新

金融科技的飞速发展推动了金融机构的分工和金融业务的融合创新，产生了一批金融科技中介企业，它们作为客户与资金方之间的桥梁，为金融供给侧结构性改革提供了创新动力。金融科技的推广可以促进金融机构之间的业务融合，使得在统一的平台开发出的金融产品也可以拥有不同的盈利模式，它们共享服务渠道和技术的外溢效应，让不同层次的金融机构都能享受到金融科技的创新，在风险定价、客户管理和服务水平方面得到质的提升，这符合金融供给侧结构性改革通过创新来转变金融服务结构和质量的号召。

（四）提高风险控制能力

随着金融科技能力的全方位应用和金融服务领域的不断下沉，其对风险控制和风险监管能力提出了更高的要求。从金融机构的角度来看，利用大数据技术，可以对客户进行精准画像，根据相关指标计算用户的信用评分；利用人工智能技术进行风险识别、决策经营管理，并且持续迭代风控模型和信息系统，降低供给风险，实现"风险可控、成本可算、商业可持续"的目标。从金融监管部门的角度来看，利用大数据挖掘和知识图谱技术，可以全天候监控市场舆情，结合传播链分析、正负向判定等对舆情进行评估分类，全面展示被监管机构的舆情状况，有助于监管部门对金融机构和金融参与主体进行全面监管，为可能发生的金融风险提供预警。利用机器学习技术可以高效地监测可疑交易，通过识别设备异常、高危账号的关联图谱，可以提升金融机构反欺诈、反洗钱的识别度。利用数据加密、分布存储、隔离域等技术，可以构建数据安全记录载体，保障数据安全和规范使用，目前在跨境转账、消费金融、资产证券化等部分领域已有初步应用。由此可见，科技手段可以缓解金融监管压力，更加有效地防范金融风险。

（五）推动供应链金融发展

金融科技将科技运用到传统金融业务模式中，并向行业开放，持续推动"科技赋能金融、科技赋能生态、生态赋能金融"战略，助力中小银行数字化转型道路，增加其有效供给。通过运用移动互联网、人工智能等技术，大幅降低银行实体网点投放成本和人工投入成本，提高服务效率，使传统金融迎来更广阔的发展空间。通过智能技术将核心企业及政府、上下游中小企业乃至消费者连接起来，形成可持续发展的新生态圈。银行、企业和金融科技公司相互配合，用科技推动供应链金融发展，服务实体经济，改善人民生活，助力金融供给侧结构性改革。

第十四章　金融科技与高质量发展

中国人民银行 2019 年 9 月印发的《金融科技（FinTech）发展规划（2019—2021 年)》指出，以重点突破带动全局，规范关键共性技术的选型、能力建设、应用场景和安全管控，探索新兴技术在金融领域安全应用，加快扭转关键核心技术和产品受制于人的局面，全面提升金融科技应用水平，将金融科技打造成为金融高质量发展的"新引擎"。

第一节　金融高质量发展概述

传统金融以投资拉动为主导，增长方式粗放，不适应经济新常态的发展要求，已逐渐难以为继。传统金融片面强调对资本负责，以资本效益为中心，以资本回报率为导向，导致金融资源主要流向发达地方，流向大中型企业、国有企业。传统金融体系秉持"短期绩效""资本至上""规模偏好"等观念，长期以来不太重视"三农"的金融支持服务，也忽视了确实需要"关心"的规模小、抗风险能力差的中小企业、创业者。在一定程度上来说，传统金融理念不适应实体经济的高质量发展要求，时代的发展疾呼新金融，高质量发展的金融。

一、新发展催生新金融

崇尚创新、注重协调、倡导绿色、厚植开放、推进共享，是一场由灵魂深处的思想革命引领的触及社会实践各领域各方面的深刻变革。中国建设银行董事长田国立在《建设服务经济社会高质量发展的新金融》一文中认为，新时代金融工作者的历史使命，就是要用创新、协调、绿色、开放、共享的发展理念，反思审视并注入到金融工作的发展逻辑中去，发展以人民为中心的新金

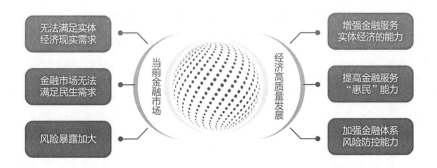

资料来源：腾讯金融研究院等编制的《"新"金融·"兴"经济——金融科技助力实体经济发展报告》。

融。（1）创新的发展理念驱使新金融将创新作为引领发展的第一动力，要求新金融应用新技术。移动互联网、人工智能、大数据等新技术带来了消费结构的升级，推动了金融科技的发展。技术赋能金融，一些传统金融体系难以企及的领域和人群有机会便捷地获取安全的信贷、支付、财富管理等金融服务。（2）协调的发展理念要求新金融在解决不平衡不充分的发展问题上发挥更大作用，要求新金融要善于发挥各地区比较优势，优化生产力布局优化，融入京津冀协同发展、长江经济带发展、粤港澳大湾区建设、长三角一体化发展等国家战略；要求新金融要不忘初心、牢记使命，支持"老少边穷"地区（革命老区、民族地区、陆地边境地区和欠发达地区）加快发展，构建连接东中西、贯通南北方的多中心、网络化、开放式的区域开发格局，不断缩小地区发展差距。（3）绿色的发展理念要求新金融成为绿色金融，解决人与自然和谐问题。面对资源约束趋紧、环境污染严重、生态系统不断退化的严峻形势，人民群众对清新空气、干净饮水、安全食品、优美环境的要求越来越强烈。新金融必然要求坚决退出污染破坏环境的行业，大力支持绿色环保的行业与企业。（4）开放发展理念要求新金融放眼世界，解决发展内外联动问题，经济参与国际竞争，提升国际竞争能力，用好国际国内两个市场、两种资源，积极参与国际标准制定，提升国际经济话语权。（5）共享发展理念要求发展普惠金融、共享发展成果，解决社会公平正义问题。我国经济快速发展中分配不公问题越来越突出。新金融应承担更多社会责任，在金融资源的普惠共享方面发挥更大作用。

　　新金融顺应经济社会发展需要，促进经济社会高质量发展具有以下特征。

（1）金融普惠化。普惠金融的本质主要体现在社会成员对金融服务的获得感及金融服务的覆盖面和客群结构。传统金融体系主要资源用于满足国企、大中型企业、重大项目等方面金融需求；而中小微企业的金融服务容易被忽视。打破传统金融市场的落后观念，金融机构需走进农村、亲近农民、支持农业，积极利用新兴技术为乡村振兴出力。（2）运行服务化。放下传统金融所养成的"居高临下"的架子，做到与民生共进、与大众共享，摒弃大规模观念，多关注价值成长，以服务换取收益。注重依靠技术赋能建立新型服务体系，延伸赋能社会，促进经济社会更有效全面平衡发展。（3）资源共享化。传统金融发展积累的丰富金融资源通过开放共享才能获得新的边际效用和价值发现。金融资源不仅是资本，最重要还是人才。金融业集聚大量优秀人才，据统计，全国从业人员超过800万人，这些金融人才专业知识背景广阔、解决实际问题的能力强，是一项巨大社会资源。（4）模式创新化。新金融着力提升对小企业和普通大众的新型金融服务能力。金融机构尤其商业银行有能力可在小企业、消费者、创业者与高校、投资机构、互联网企业之间架起一座科研创成果转化的桥梁，不断提升产学研对接服务水平和协同创新能力。打造"金融+科技+产业+教育"综合孵化生态，提供客户全生命周期金融支持和信贷、支付、汇兑、风控、理财等立体化金融服务。（5）机构及服务平台化。传统金融体系通过激烈竞争来划分和细化市场，注重了通过产品来引领社会经济。新金融强调金融服务与功能适应大众的个性化、差异化需求，其核心服务能力和产品开发更趋向于打造为社会和大众的生产生活提供多元化服务的平台，如金融科技服务平台。

二、金融高质量发展含义、特征、主要方向

（一）金融高质量发展的含义

党的十九大报告中指出，中国特色社会主义进入新时代，我国社会主要矛盾已经转化为人民日益增长的美好生活需要和不平衡不充分的发展之间的矛盾。同时强调，我国经济已由高速增长阶段转向高质量发展阶段，正处在转变发展方式、优化经济结构、转换增长动力的攻关期，建设现代化经济体系是跨越关口的迫切要求和我国发展的战略目标。

在"人民日益增长的物质文化需要同落后的社会生产之间的矛盾"仍是社

会主要矛盾的时代，首要目的是强调发展速度、提高发展速度，以期迅速弥合物质需要与落后生产之间的鸿沟。而当迈入以"人民日益增长的美好生活需要和不平衡不充分的发展之间的矛盾"为社会主要矛盾的新时代之后，速度不再是最高优先级，质量则成为发展的关键，方才可能逐步满足更加多元、立体的美好生活需要。因此，随着进入新时代，高质量发展就是经济工作的重点，推动高质量发展就是做好经济工作的根本要求。

金融是现代经济的核心，推动经济的高质量发展离不开金融高质量发展。当前，我国金融业的市场结构、经营理念、创新能力、服务水平还不适应经济高质量发展的要求，诸多矛盾和问题仍然突出。我们要抓住完善金融服务、防范金融风险这个重点，推动金融业高质量发展。

高质量发展是我国社会主要矛盾发生重大转变的必然要求，金融高质量发展就是在这样的时代背景下的必然要求。从"物质文化需要"和"落后的社会生产"迈入"美好生活需要"和"不平衡不充分发展"的新时代，从主要强调速度的单维度发展转变为主要强调质量的多维度、系统性、平衡性发展，实现由量变到达质变。金融高质量发展的内涵就是要抓住完善金融服务、防范金融风险这个重点，以创新为第一驱动，以协调、绿色、开放为发展路径，以共享为最终目的，以风险防范为不可逾越的底线，最终推动我国经济与社会的高质量发展。

作为服务并体现上述高质量发展内涵的重要方面，金融高质量发展的外延主要包括：（1）坚持党的领导；（2）完善金融体制机制和市场竞争环境；（3）加快综合性人才培养；（4）深化金融创新和供给侧结构性改革；（5）坚持服务实体经济和国家重大战略部署；（6）系统性提升金融风险防控机制与能力。

（二）金融高质量发展的特征

当前，我们要抓住完善金融服务、防范金融风险这个重点，推动金融业高质量发展。可以看出，金融业高质量发展的两个核心要义就是一要发展好，二要防风险。那么，怎么理解"发展好"呢？事实上，我们就是要遵循创新、协调、绿色、开放、共享的发展理念。新发展理念就是指挥棒、红绿灯。2018年2月，国家统计局局长宁吉喆在《贯彻新发展理念推动高质量发展》一文中提出，高质量发展是创新、协调、绿色、开放、共享的发展。

由此可以认为，从某种意义上说，金融业的高质量发展就是创新、协调、绿色、开放、共享的发展，同时也是稳健的发展。刘竞等在《实现金融业的高质量发展》一文中认为，高质量的金融应具备包容择优、精准差异、科技智能、风险自控等四个基本特征。

1.高质量金融应该包容择优。（1）充分服务实体经济、充分覆盖广大人民群众的普惠金融产品及服务是人民追求美好生活的基本保障，也是高质量金融的应有之义。（2）在普惠包容的基础上，高质量金融还应该择优高效。金融的本质是不断优化社会中经济资源的高效配置，通过运载资金在社会各部门、各时期的流动，推动经济资源从利用效率低的领域向利用效率高的领域转移，最终实现投入上的高效率、投入产出的高性价比。

2.高质量金融应该精准差异。一直以来，国内各类金融机构种类繁多，机构数量和资产规模都迅猛增长，看似发展势头强劲、机构结构完备，但由于所提供的产品和服务的较大同质性，导致不论是大中型国有金融机构、村镇银行还是证券保险、信托租赁等不同金融机构都面临着服务对象趋同、服务内容单一的窘境，既不利于自身竞争力提升，也难以满足广大人民群众的金融需求。随着社会经济结构不断升级、优化，我国企业和人民的多元化、个性化、差异化将越来越突出。因此，金融机构提供的高质量金融产品及服务势必需要以客户为中心进行市场细分，精准获客、精准匹配，充分体现差异化与个性化，由此才能提升金融竞争力、服务高质量经济发展。

3.高质量金融应该科技智能。人工智能、区块链、云计算、大数据、移动互联等新技术的持续发展成熟，通过挑战传统金融模式、改变原有金融业态，正推动金融业轰轰烈烈地进入与科技深度融合、创新互补的全新发展阶段。由此进入的金融科技时代，必然要求高质量的金融发展充分利用科技创新和智能化应用。正如中国人民银行科技司司长李伟所言，数据融合应用已经成为金融高质量发展的竞争制高点。在确保安全的基础上依赖新技术充分发挥数据价值，为客户提供高质量的金融服务，为金融机构本身提供稳健运营的决策支持，是金融高质量发展的关键所在。从某种程度上来说，能否实现金融高质量发展将较大地取决于金融机构"想不想用""会不会用""擅不擅长用"数据。

4.高质量金融应该风险自控。防范化解金融风险特别是防止发生系统性金融风险，是金融工作的根本性任务。不论什么时候，不论发展到什么程度，金融发展永远不能忽视风险控制，高质量的金融发展更加需要高质量的风险管理。以积极主动的态度，利用蓬勃发展的金融科技，通过各种方式方法持续创新，建立起与金融发展相适应的风险控制体系、标准与动态监控修正系统，应始终作为金融高质量发展的追求目标。

（三）金融高质量发展的主要方向

广东省副省长欧阳卫民在《人民日报》撰文指出，在呼唤经济高质量发展的新时代，金融业高质量发展必须着力解决金融业发展面临的突出问题，应主要从以下几方面下功夫：（1）加强党对金融工作的领导；（2）深化金融供给侧结构性改革；（3）提高防控金融风险能力；（4）有序推进金融改革创新；（5）全面优化金融市场竞争环境。

发展是第一要务。无论经济高质量发展还是金融的高质量发展，都需要牢牢把握住这一主线。通过深化金融供给侧结构性改革和鼓励金融改革创新，增强金融有效供给，缓解金融供需矛盾，以高质量的金融发展和资源配置效率为高质量的经济发展打下坚实基础。民生银行行长郑万春在《以高质量金融发展服务经济高质量发展》一文中认为，可以主要从优化资源配置、改进业务模式、创新技术手段等三方面扎实做好金融高质量发展工作。

1.优化资源配置，提升金融供给战略性。在经济转型发展、动能换挡的新时代，金融的资源配置必须与国家的重大战略部署保持一致。在控制总体风险的基础上，应当优先将资金重点投入到服务产业结构转型升级的重大行业（如先进制造业、战略性新兴产业、消费升级、科技创新、绿色行业和现代农业等领域）、国家倡导的重大战略和项目（如创新型国家建设、"中国制造2025"及乡村振兴、"一带一路"建设等）以及支持区域经济协调发展的重点区域（如京津冀、雄安新区、长江经济带、粤港澳大湾区及中西部等）。同时，要不断做大做强普惠金融业务，持续改善面向小微、"三农"等金融资源稀缺领域的金融服务可得性。

2.改进业务模式，提升金融供给针对性。从供给侧发力，通过深入分析企业自身发展、企业横向对比、产业链纵向关联等方面的具体特征与差别，打造差异化、精细化和适应性的金融产品与金融服务体系。（1）从企业自身全生命周期各阶段出发，发展与其特征和服务需求相适应的金融产品体系和金融服务模式，为企业提供全面、高效服务。（2）从行业内不同企业的对比出发，发展与其经营状况和服务需求相匹配的客户分层体系和综合性金融服务。（3）从产业链上下游出发，围绕龙头企业，发展与供应链全链条各企业发展状况和服务需求相吻合的金融服务体系。

3.创新技术手段，提升金融供给效率。天下武功，唯快不破。高质量的金融必须是高效率的金融，一要持续优化业务流程，二要不断创新技术手段。（1）通过加大云计算、大数据和区块链等金融科技的创新应用，有效融合传统物理渠道与新兴电子渠道，实现线上线下无缝衔接。（2）通过加快"数字化""智能化"转型，以科技手段和数据应用赋能金融服务和经营决策，优化业务流程，缩短配置链条，提升金融供给的配置效率、降低金融服务风险，更快更好地满足企业金融需求。

三、金融高质量发展的新举措

中国人民银行副行长范一飞在《深化科技应用推动金融业高质量发展》一文中提出了从经营理念、基础设施建设、供应链安全、数字化转型等角度科技赋能金融高质量发展的新举措，对促进金融高质量发展具有很好的参考价值。

1.转变传统经营理念，培育壮大发展新动能。金融科技是未来全球金融竞争的制高点，谁掌握好这一最先进的生产力，谁就拥有最强的金融核心竞争力。传统金融业往往将科技部门定位为后台支撑与运行服务，人财物投入有所欠缺。因此，金融业要从全局战略高度转变经营模式，全面拥抱科技，加快盘活数据等新生产要素，大力发展人工智能等新生产力，培育壮大发展新动能。在顶层设计方面，深入贯彻新发展理念，加快在运营模式、产品服务、风险管控等方面的改革步伐，加大科技投入，重塑业务价值链。尤其是商业银行要充分发挥资质优、声誉好、信用高的优势，补齐小微、民营企业信贷服务方面的短板，从C端（Customer）"红海"市场转向B端（Business）"蓝海"市场，与企业建立全生命周期合作伙伴关系，打造新增长极。在体制机制方面，稳妥推进治理结构、管理模式、组织方式革故鼎新，通过金融科技子公司、混合所有制、股权期权等手段激发创新活力，使发展机制越来越活。在人才支撑方面，建立健全科技人才"选、育、留"体系，拓宽人才引进渠道，完善人才结构与薪酬激励制度，为金融发展提供不竭的科技智力支持。

2.深化基础设施建设，提升数字经济核心竞争力。金融基础设施在金融体系及更广泛的经济活动中发挥着关键作用，是维护金融稳定、促进经济增长的"国之重器"。经过金融业多年共同努力，我国金融基础设施日趋完善，成为金融高质量发展的有效支撑。作为金融基础设施的组织者和建设者，中国人民银行在党中央、国务院正确领导下，与时俱进，审时度势，将数字货币作为未来最重要的基础设施之一，积极开展法定数字货币研发工作。2014年启动了数字货币前瞻性研究，2016年成立数字货币研究所，2017年成立专项工作组启动DC/EP研发试验。目前，DC/EP在坚持双层投放、M0替代、可控匿名的前提下，基本完成顶层设计、标准制定、功能研发、联调测试等工作。下一步，中国人民银行将遵循稳步、安全、可控原则，合理选择试点验证地区、场景和服务范围，不断优化和丰富DC/EP功能，稳妥推进数字化形态法定货币出台应用。

3.携手推动供应链安全，助力金融业更加开放。在经济全球化深入发展的今天，人才、技术、资本等创新资源在世界范围内加快流动，形成涵盖制造商、供应商、集成商、消费者等各类主体的全球供应链，给金融业带来了最先进的科技动力。因此，如何确保供应链的稳健与安全，对全球金融的开放和可持续发展至关重要。要坚持安全可控和开放创新并重，坚定不移地实施更高水平开放，深化跨国交流合作，围绕关键信息软硬件技术产品，提前谋划多样性的技术方案互为备份，避免对单一来源形成依赖，提升供应链的柔性和韧性，打造开放合作共赢的全球产业生态。通过更大范围、更深层次、更高水平国际合作，赋能全球金融更加开放繁荣发展。

4.加快数字化转型，持续增强金融服务能力。数字化转型关乎金融业未来发展，是一项从技术驱动到业务创新、从组织变革到数字化能力建设的系统工程。金融机构要把数字化转型作为深化金融供给侧结构性改革的重要抓手，在数字思维、敏捷研发、产品创新、生态建设等方面下功夫，借助信息技术实现资源配置精准化、服务渠道一体化、业务流程自动化、风险管理智慧化，不断提升全社会金融服务获得感。人民银行将积极推动"数字央行"建设，强化金融数据治理，加强监管科技应用，实现监管规则形式化、数字化、程序化，建设数字监管报告平台，提升监管专业性和穿透性；构建金融风险态势感知平台，完善风险信息报送机制，强化整体风险态势预判，及时向金融机构和社会公众发布风险提示与防范措施，提高金融体系抵御风险能力。

第二节　金融科技发展与创新

进入新时代，金融业发展要向高质量转变，金融科技的发展拓展了金融行业的想象力，给多元主体释放巨大空间，是突破金融业发展瓶颈，推动金融业转型升级的重要手段，是金融业走高质量发展之路的重要路径依靠。

一、金融科技发展基本原则

金融科技日益成为金融机构和金融服务竞争的制高点，将深刻影响未来金融格局，发展好金融科技应成为金融高质量发展的战略性安排。参考中国人民银行发布的《金融科技（FinTech）发展规划（2019—2021年）》以及《北京市促进金融科技发展规划（2018—2022年）》《成都市金融科技发展规划（2020—2022年）》等金融科技的顶层设计与部署，金融科技发展的基本原则应始终坚持多元创新是第一动力、赋能服务是根本目的、安全合规是必守底线、生态共赢是基本策略、市场主导是加速手段、兼容并包是不竭源泉。

1.多元创新是第一动力。抓创新就是抓发展，谋创新就是谋未来。创新是第一动力。任何行业的高质量发展都离不开创新为其提供源源不断的动力，智力密集型的金融科技领域更是如此。（1）首先要坚持鼓励科技创新，通过理论创新、工程创新等为其在金融领域的融合应用奠定深厚基础。（2）其次要坚持鼓励制度创新，充分认识和尊重科技发展进步的内在规律，深入研究金融科技创新的生命周期特征，建立开放融合的科技创新机制，实现科技创新与制度创新双轮驱动。（3）再次要坚持鼓励场景创新，以科技创新和制度创新引领金融领域的技术突破与场景拓展，通过稳妥有序创新在新技术环境下的金融模式、金融流程、金融产品等，有效提升金融服务的深度、广度和可得性，助力普惠金融体系发展。

2.赋能服务是根本目的。党的十九大报告中庄严宣告，中国共产党人的初心和使命，就是为中国人民谋幸福，为中华民族谋复兴。金融科技的核心和本质在金融而不在科技，金融科技的出发点和落脚点是通过赋能金融，从而更好地服务实体经济、服务广大人民群众。偏离甚至丢弃这个根本目的的金融科技就会偏离正确方向，越发展越危险。因此，金融科技发展必须回归金融的本源，坚持以赋能金融、服务大众为宗旨，坚持以正向金融需求拉动金融科技发展，通过区块链、人工智能、云计算、大数据等金融科技核心技术，提升金融服务质量与效率，让社会和人民真正分享金融科技的发展成果。

3.安全合规是必守底线。党的十九大报告提出，要坚决打好防范化解重大风险攻坚战，健全金融监管体系，守住不发生系统性金融风险的底线。这就要求在金融工作中时时刻刻要坚持"底线思维"，在自带"双刃剑"属性的金融科技发展过程中更要坚决守住安全、合规的底线。（1）坚持金融信息安全是金融科技应用与创新不可逾越的红线，坚持安全与创新并重，在大力推进金融科技发展的过程中，充分分析、理解每种金融科技的内在特征、发展局限、潜在风险，确保金融信息安全建设与金融科技应用同步规划、同步建设、同步使用。（2）坚持先守正再创新，先合规再发展。加强合规意识，坚决杜绝恶意运用金融科技，特别要加强在人工智能、大数据等金融科技背景下的敏感数据洞察和隐私保护的平衡，进一步保护金融消费者。（3）坚持用"监管科技"规范"金融科技"。大力推进监管科技的应用与发展，积极运用大数据、云计算、区块链等金融科技手段提升金融监管水平、强化金融监管效能，构建更加先进、完善的金融监管体系，持续规范和引导金融科技的健康发展。

4.生态共赢是基本策略。（1）在金融科技技术层面，摒弃单打独斗，以开放、共赢的心态构建多层次多主体的国内外金融科技生态合作圈，充分发挥金融机构、科技企业、监管机构、行业组织和研究机构的差异化资源禀赋，进一步完善常态化、多元化交流合作机制，通过国内外政、产、学、研、用等方面一体化合作发展，加快推进金融科技先进理论创新和应用实践。（2）在赋能金融业务方面，基于区块链、云计算等金融科技手段，以共建、共享、共有等理念，通过开放式金融科技发展与应用模式，加强各地区各机构数据资源融合应用，推动系统互联互通，实现空间区域协同和行业机构协同，深化金融服务生态共赢。

5.市场主导是加速手段。坚持市场主导、政府引导，不断完善金融科技的市场化机制，发挥市场在金融科技领域资源配置中的决定性作用，更好发挥政府引导作用，通过"无形的手"和"有形的手"有机结合加速促进金融科技发展。（1）以无形之手牵引金融科技产业链上各市场主体的主观能动性，激发内在活力，强化自我驱动，积极协同培育金融科技应用需求，主动增加金融科技有效供给，为金融科技创新与发展营造良好市场氛围。（2）以有形之手规范制度，保障市场机制，改善营商环境，提高公共服务能力，进一步促进金融科技良好市场生态建设。

6.兼容并包是不竭源泉。坚持技术中立，兼容并包，在坚守金融创新本质和正确应用方向的基础上，公平公正对待所有新技术，给予其平等的市场参与机会，使得各项信息技术成为金融科技创新与发展的不竭源泉。鼓励新技术与金融场景的正向结合与探索，以包容性、迭代式机制不断推动新兴技术在金融服务中的应用，提升金融服务的可达性和包容性。

二、金融科技发展目标

金融科技发展，旨在建立健全金融科技发展的"四梁八柱"，增强金融业科技应用能力，实现金融与科技深度融合、协调发展，提高金融产品和服务的数字化、网络化、智能化水平。可包括如下内容：

1.金融科技应用先进可控。金融与行业数据规范融合应用水平大幅提升，金融创新活力不断激发，安全、可控、先进、高效的金融科技应用体系全面建成。

2.金融服务能力稳步增强。金融服务覆盖面逐步扩大，优质金融产品供给不断丰富，金融业务质效显著提升，金融服务民营企业、小微企业等实体经济水平取得新突破。

3.金融风控水平明显提高。金融安全管理制度基本形成，金融风险技防能力大幅提高，金融风险防范长效机制逐步健全，金融风险管控水平再上新台阶。

4.金融监管效能持续提升。金融科技监管基本规则体系逐步完善，金融科技创新产品全生命周期管理机制基本形成，金融监管效能和金融机构合规水平持续提升。

5.金融科技支撑不断完善。金融科技法律和标准体系日益健全，消费者金融素养显著提升，与金融科技发展相适应的基础设施逐步健全。

6.金融科技产业繁荣发展。培育一批具有影响力的金融科技市场主体，社会组织和专业服务机构对金融科技发展支撑作用不断强化，开放、合作、共赢的金融科技产业生态体系基本形成。

三、金融科技发展的战略意义

金融科技上升为国家战略，大力发展金融科技具有重要战略意义。

（一）金融科技成为推动金融转型升级的新引擎

金融科技的核心是利用现代科技成果优化或创新金融产品、经营模式和业务流程。金融业使用金融科技发展踏浪前行、开拓进取，逐渐将智能投顾、开放银行、生物特征支付等理念付诸实践。借助机器学习、数据挖掘、智能合约等技术，金融科技能简化供需双方交易环节，降低资金融通边际成本，开辟触达客户全新途径，推动金融机构在盈利模式、业务形态、资产负债、信贷关系、渠道拓展等方面持续优化，不断增强核心竞争力，为金融业转型升级持续赋能。伴随金融科技的快速发展，金融新业态层出不穷，如第三方支付、众筹、网络借贷（P2P），一些金融新业态突破传统金融边界。

（二）金融科技成为金融服务实体经济的新途径

党的十九大报告指出，要贯彻新发展理念，不断增强我国经济创新力和竞争力。金融是实体经济的血脉，为实体经济服务是金融的天职，是金融的宗旨。发展金融科技能够快速捕捉数字经济时代市场需求变化，有效增加和完善金融产品供给，助力供给侧结构性改革。运用先进科技手段对企业经营运行数据进行建模分析，实时监测资金流、信息流和物流，为资源合理配置提供科学依据，引导资金从高污染、高能耗的产能过剩产业流向高科技、高附加值的新兴产业，推动实体经济健康可持续发展。

（三）金融科技成为促进普惠金融发展的新机遇

通过金融科技不断缩小数字鸿沟，解决普惠金融发展面临的成本较高、收益不足、效率和安全难以兼顾等问题，助力金融机构降低服务门槛和成本，将金融服务融入民生应用场景。运用金融科技手段实现滴灌式精准扶持，缓解小微企业融资难融资贵、金融支农力度需要加大等问题，为打赢精准脱贫攻坚战、实施乡村振兴战略和区域协调发展战略提供金融支持。

金融服务渠道更加扁平化、服务重心下沉。伴随国家放开民营银行试点，互联网企业纷纷出资设立互联网银行，这些互联网银行主要借助互联网提供金融服务，除总部之外基本不设立网点，渠道更加扁平、机构更加精简，人员结构以技术研发为主，几乎没有信贷人员，而传统银行层层设立分支机构和大量网点，管理链条很长。在金融科技驱动下，金融服务进一步下沉，覆盖传统金融机构不愿或难以覆盖的长尾客户，如小微企业、中低收入者。借助大数据、区块链、云计算、人工智能等能有效降低每笔贷款运营成本。

（四）金融科技成为防范化解金融风险的新利器

运用大数据、人工智能等技术建立金融风控模型，有效甄别高风险交易，智能感知异常交易，实现风险早识别、早预警、早处置，提升金融风险技防能力。运用数字化监管协议、智能风控平台等监管科技手段，推动金融监管模式由事后监管向事前、事中监管转变，有效解决信息不对称问题，消除信息壁垒，缓解监管时滞，提升金融监管效率。

金融，插上金融科技"翅膀"后，将会迸发出更强大的创新力和竞争力，更好地服务实体经济发展。金融科技在金融业应用前景广阔，服务实体经济是金融的天职，金融业必须服务实体经济发展，全面提升服务效率和服务水平；服务实体经济是金融业防范金融风险的根本举措，金融业要抓住大数据、人工智能等技术的快速崛起进行深化供给侧结构性改革的历史机遇。

五、金融科技创新

技术史专家斯密斯曾经说过：每一个创新都诞生在不友好的社会，朋友很少，敌人很多。创新是有难度的，金融科技创新也一样。

（一）金融科技创新的重要意义

"忽如一夜春风来，千树万树梨花开。"随着人工智能、区块链、云计算、大数据、5G等信息技术的广泛发展与深入应用，金融科技的发展可以说是一日千里，对以银行为代表的传统金融机构和金融服务的重塑与改变，正如同千禧年以来互联网技术对人类信息传播模式和渠道的改变一样。在这样"数字化""智能化"的新时代，创新精神和创新实践成为决胜未来的关键。创新是金融科技发展的第一动力，也是金融高质量发展和经济高质量发展的第一动力。

中国人民银行科技司司长李伟在提及金融数字化转型时指出，在金融科技时代，"不创新会被淘汰，创新慢等于落后"已成为共识。为更快速、更优质地适应丰富多样的金融服务需求，那些具备强烈创新意识、高效执行力的金融机构通过敏捷开发、灰度发布、开发运维一体化等快速交付手段，迅速占据市场、实现竞争突围。通过形成金融科技"千帆竞发、创新者胜"的发展态势，深度融合金融发展，提高科技成果在金融领域的转化能力，依靠金融科技的创新带动金融服务的转型升级，更加高质量地服务实体经济。

从发展链条看，金融科技本身就是创新发展的过程。首先是新兴技术创新，然后是新兴技术应用于金融业形成的金融服务创新，再由金融技术创新和金融服务创新的"量变"引发"质变"，带动金融组织和金融体系创新，进而改变金融基础设施及金融市场的形态与外延，最终促进金融监管及金融制度的创新。

（二）金融科技的"新"

金融科技本身作为一种技术与业务融合的创新产物，其"新"主要体现在四个具体方面。

1.金融科技代表着全新的生产力。邓小平同志曾经说过，科学技术是第一生产力。随着金融科技在金融业的广泛应用，金融科技已经远远不止是一种辅助工具，而是真正代表着一种全新的生产力。金融科技带来的自动化、智能化、无人化以及人机融合特征和趋势日益显现，在银行、保险和证券等各种金融领域，金融科技加持的金融服务占比快速提升，极大地提升了效率和效能。

2.金融科技促进全新的展业模式。得益于金融科技的持续创新和应用，金融产品综合服务、场景化应用、个性化设计的发展更加普遍和深入，由此产生的精准营销、智能投顾、场景金融等智慧金融服务模式方兴未艾，大幅度提高了金融服务的质量与竞争力。

3.金融科技重视全新的用户体验。随着智慧金融的数字化、智能化特征深入发展，以线上化、便捷化的移动支付，专业化、个性化的智能投顾，"千人千面"的精准营销等为代表的金融产品和金融服务正在或即将大幅改变传统的自上而下、大水漫灌式的金融服务模式，为客户带来更加便捷、更加安全、更加高效和个性化的用户体验。

4.金融科技带来全新的普惠效能。商业化的金融机构常常出于成本和收益的考量，其金融服务的定价难以降低，覆盖度难以提升。金融科技通过技术手段和数据应用，可以有效降低金融服务的成本，大幅提升其触达性，金融机构可以借此有效平衡其商业利益和社会诉求，有效扩大普惠金融的广度、深度和安全性，推动普惠金融赋能精准扶贫、乡村振兴和区域协调可持续发展等国家重大战略计划。

（三）金融科技创新的方向

结合各类金融科技的内在特征和金融场景的应用特点，金融科技的创新方向丰富多元。据《中国金融家》消息，2018年7月，中国农行原副行长郭宁宁（福建省副省长）在"第174场银行业例行新闻发布会"上表示，金融科技的创新应用主要有三个维度：一是通过平台建设，打造强大的金融服务基础设施；二是在平台上进行产品和服务的创新探索，逐步深化智慧"三农"、智慧零售、智慧网金、智能资管、智能信贷、智能运营、智能案防和智能办公等业务领域应用；三是通过跨界联合引进相关的技术创新成果，不断提升应用水平。据中国证券网资消息，中国银行原行长李礼辉在"2019中国供应链高峰论坛"上指出，科技创新最重要的是提升金融服务的效率，降低金融服务成本，提高金融服务经济规模，强化金融服务安全等"四维尺度"。

1.提升金融服务效率。作为服务行业，金融服务的效率是其竞争力的重要体现，也是金融科技可以大有作为的领域。金融科技创新应该持续瞄准效率提升，不断更新技术平台，提供更快、更便捷的金融交易服务。

2.降低金融服务成本。成本是商业机构的重要考量，将直接影响金融机构对金融服务的定价以及提供金融服务的意愿。金融科技创新应高度关注对成本的降低，不断构建建设成本、运维成本更低的技术平台，使得金融服务的交易成本、服务成本、监管成本等不断降低，进而实现金融机构与社会和用户都能享受成本降低之后的多赢局面。

3. 提高金融服务经济规模。达到能实现商业价值的经济规模是金融机构提供金融服务的理性追求，只有真正有特色、有实惠、有吸引力、有黏性的金融服务，才有竞争力，才有可能达到希望的经济规模。因此，金融科技创新应深入结合金融服务的场景分析，将重点资源更多投入到合适的金融场景和模式中。

4. 强化金融服务安全。安全是金融服务的底线，也是金融机构的生命线，更是用户安心、社会稳定的保障线。金融科技创新必须同时兼顾并不断强化金融服务的安全性与可靠性，通过研发机构和应用机构负责检测和验证，由社会认可的权威机构进行第三方检验，由金融监管机构审核确认等多方参与的机制得以制度化和体系化。

（四）金融科技创新演化路径优化

高贵中等在《金融科技创新演化路径浅析》一文中认为，金融科技创新演化优化路径的主要思路是保持方向不变，紧扣业务实际和资本市场最新形势，采用"敏捷＋精益"的行动方式，使每个创新步骤变小变快，降低演化路径的不确定性和方差。具体来说，可做好以下工作：（1）定方向、选目标。优化创新演化路径首要工作是选好方向、定好目标，朝着正确方向前进。在定方向时，可充分发挥行业智库等外脑的作用，并及时与监管部门保持沟通，在"有标准、有约束、有监管"环境下开展创新。（2）深度融合业务和技术。金融机构数字化转型有效解决传统金融信息不对称、服务覆盖面不足等难点痛点。在开展金融科技创新项目时，可设立项目式的涵盖技术与业务等跨部门工作小组，结合实际建立利益平衡和目标考核机制，以业务场景为导向，以先进技术为工具，推动技术与业务的深度融合。（3）保持小步快走的工作节奏。资本市场是一个内涵丰富、机理复杂的生态体系，在金融运行中具有"牵一发而动全身"的作用。金融机构可采用"敏捷精益"的指导思想，紧盯监管要求和市场前沿，以小步快走的形式进行金融科技创新，积极做好与市场参与主体的信息沟通与交流，共同促进资本市场的融合创新。（4）培养复合型人才。金融科技创新离不开大批复合型人才。复合型人才既要有专业深度，能专注投入在某个点上做深度思考；又要有思维广度，保持开放心态，能跨界思考和探索，不断创新组织协作方式，共同推动资本市场和金融科技创新的迭代式前行。

第三节　金融科技高质量发展原则

随着金融科技日益成为金融机构和金融服务竞争的制高点，金融科技的发展与应用将深刻影响未来的金融发展与格局。作为金融高质量发展的战略性安排，金融科技的高质量发展必须围绕金融高质量发展的内涵与外延，不断完善顶层设计与部署，以坚持多元创新是第一动力、赋能服务是根本目的、安全合规是必守底线、生态共赢是基本策略、市场主导是加速手段、兼容并包是不竭源泉为基本原则，久久为功，持续推动金融科技自身的创新升级与正向应用，助力金融业和经济社会的高质量发展。

金融科技作为助推经济发展的加速器，对稳增长、促改革、调结构具有重要战略意义。金融科技高质量发展过程也须坚持一定的原则。中国人民银行副行长范一飞在《不忘初心　砥砺奋进　开启金融科技高质量发展新征程》一文中认为，金融业要因势而谋、顺势而为，坚持创新、协调、绿色、开放、共享的发展理念，紧紧围绕服务实体经济、深化金融改革、防范金融风险三大任务，破解发展难题、增强发展动力、厚植发展优势，奋力开启新时代我国金融科技高质量发展新征程。

一、正本清源，以服务实体经济发展为根本宗旨

金融科技的关键是运用现代科技成果为金融发展提质增效。金融与实体经济相互依存、同枯共荣。当前，金融科技创新良莠不齐，有的本末倒置未找到正确发力点，为了创新而创新；有的打着金融科技旗号搞非法集资，扰乱金融市场秩序，是彻头彻尾的伪创新。因此，金融业要从满足人民日益增长的美好生活需求出发，着力解决实体经济的痛点和难点，把服务实体经济作为首要任务和根本遵循，确保金融科技创新不偏离正确发展方向，使创新成果更具生命

力。积极运用科技手段破除金融发展瓶颈，降低金融服务门槛、增强金融普惠能力、提升公共服务便利化水平，促进实体经济借助金融与科技"双翼"展翅高飞，实实在在增强人民群众对金融服务的获得感。

二、与时俱进，以提升金融监管能力为关键任务

当前，金融业网络化、数字化进程显著加快，金融产品关联嵌套、金融风险交叉蔓延，增加风险监测与识别难度，传统监管模式难以适应日趋复杂的市场环境。纵观世界科技发展历程，技术化程度越高就越需要科技治理手段和管理机制保驾护航。金融管理部门要顺应时代变革，以信息技术为武装，依照"软件集中开发、系统集中运行、数据集中管理"的原则，统一管理技术、人才等软件开发资源，整合现有金融基础设施，统筹管理行业数据、监管数据等，不断提升金融监管和公共服务水平。加强监管科技应用实践，增强金融监管的专业性、统一性和穿透性，做到风险"看得见、辨得清、管得住"，实现早预警、早发现、早处置，为金融业营造健康发展环境。

三、革故鼎新，以坚持良性创新驱动为重要原则

创新是推动金融科技发展的不竭源泉，也是助推金融业转型升级的重要力量。因此，金融科技创新要始终坚持"守正、安全、开放、普惠"的原则。一是守正创新。牢牢把握金融科技的核心和本质，忠实履行金融的天职和使命，确保金融科技创新不偏离正确的发展方向，使创新成果更具生命力。二是安全创新。把安全作为金融科技创新不可逾越的红线和底线，切实做到风险防范"图之于未萌，虑之于未有"，以创新促发展，以安全保发展。三是开放创新。借鉴开放银行模式打造"平台＋生态"的新型商业范式，将金融服务无缝嵌入实体经济各领域，打破服务门槛和壁垒，拓宽生态边界，重塑价值链，推动金融服务"无处不在、无微不至"。四是普惠创新。聚焦优化金融服务模式和丰富金融产品供给，纾解普惠金融"最后一公里"困局，为市场主体和人民群众提供更便捷、更普惠的金融服务。

四、包容互鉴，以加强国际交流合作为核心纽带

改革开放 40 多年实践充分证明，开放是推动经济社会发展的重要动力。当前金融科技逐步成为全球性课题，部分国家在金融科技浪潮中脱颖而出、成就斐然，为推动金融科技应用与发展提供了有益借鉴。但由于经济发展阶段各异、金融发展水平有别，各国金融科技战略规划与监管措施不尽相同，相关规则尚不统一。开展跨国家、跨地区金融科技行业合作与风险监测，急需各方秉持开放共赢的理念，以"一带一路"建设为契机，在技术攻关、风险防控、基础设施建设、人才交流等方面加强合作、共谋发展，携手开展更大范围、更深层次、更高水平的金融科技国际合作，实现优势互补与成果共享，为全球金融科技安全、高效发展作出积极贡献。

第四节　金融科技与经济高质量发展

新一轮科技革命和产业变革不断推进，科技与经济、社会各领域协同发展，深刻影响全球治理体系，以科技创新转换发展动力成为实现高质量发展的必由之路。

一、金融科技助力经济高质量发展

作为现代经济的核心，金融业的高质量发展是经济高质量发展的重要内容和核心基础。随着人工智能、区块链、云计算、大数据、5G 等加速发展与深入应用，金融科技正朝着自动化、智能化、个性化、普惠化等方向加速发展，不仅已成为金融创新的主要动能，更成为金融业高质量发展的强大推动力量，在"完善金融服务、防范金融风险"等重点方面正成为强有力的"新引擎"。

2019 年 3 月，麦肯锡发布的《中国金融行业高质量发展之路》白皮书中，通过对比国际金融机构高质量发展的成功之路，结合中国实际，提出了八大工程助力中国金融业的高质量发展，其中三大工程与金融科技直接相关，分别是：（1）工程一：核心业务高质量发展规划（以客户为中心转型，以科技及数据引领）；（2）工程四：数字化转型传略；（3）工程五：Fintech（金融科技）

战略。

2019 年 8 月 22 日，中国人民银行印发的《金融科技（FinTech）发展规划（2019—2021 年）》中明确指出，金融科技发展规划是关系我国金融业高质量发展的前瞻谋划，必须高度重视，加强组织领导，结合实际、科学谋划、统筹协调，以钉钉子精神切实抓好落实，一张蓝图干到底。

金融科技要服务于金融业的高质量发展，更要推动高质量的金融业服务于经济的高质量发展。通过金融科技的持续创新与应用，促进金融业发展方式转变，构建新的金融服务模式，变革金融市场的竞争格局和行业生态，在金融服务质量、效率、安全和动力等方面迈入更高水平，进一步拓宽服务实体经济的深度和广度，提升金融业发展的均衡性、充分性与安全性，助力解决经济社会发展的不平衡不充分问题，满足人民美好生活的需要。

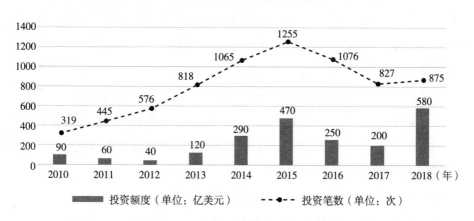

2010—2018 年全球金融科技投资情况

资料来源：薛莹等发表的《金融科技助推经济高质量发展：理论逻辑、实践基础与路径选择》。

（一）金融科技助力高质量发展的主要方向

1.增强数据收集能力。在当今以数据为驱动的时代，怎么强调数据的重要性都不为过，金融服务也源于对数据的收集。金融科技的长项之一也正好在于对数据的收集能力。（1）金融科技可以有在时间和空间上有效地缩短用户与金融机构双向的信息交互过程，进而既可以促进金融机构更为有效、全面地收集整理用户信息，也有利于用户更及时全面地了解相关金融产品和金融服务信息，由此大幅降低双向的信息不对称。（2）通过收集更加全面准确的用户信息，金融机构可以进行更为精准全面的客户画像与分析，设计更为个性化的金融产品与服务，提升客户体验。（3）金融机构和监管机构通过金融科技可以快速获取金融客户和各类金融产品服务的静态数据和动态数据，有利于快速准确识别、分析风险信息，及时应对，提高风险管理和金融监管效率。

2.增强数据处理能力。金融业务和金融服务的本质是对各种数据进行处理，完成对客户的服务和对风险的经营。金融科技通过远超人力所能及的数据处理能力，帮助发现问题，协助优化业务流程和服务模式，提升金融服务效率，大幅提升对客服务的质量。

3.降低金融服务成本。作为对价格比较敏感的领域，金融科技可以通过技术手段促使金融机构与金融用户两端的金融成本降低，提升金融市场规模，增强金融市场活力，促进金融市场繁荣。（1）金融科技可以不断拓宽金融市场进入渠道，有效增加金融供给，从而降低金融机构的获客成本和金融用户的进入门槛。（2）金融科技通过自动化、智能化的信息处理方式，有效降低人力支出，大幅减少金融科技运营成本。

4.带动金融服务创新。生产力决定生产关系。作为一种先进的金融服务生产力，金融科技将不断革新金融技术，改变金融产品供给方式和金融服务流程，进一步优化金融结构，提升金融规模和效率，形成不断带动金融服务创新的金融科技创新效应。

（二）金融科技助力高质量发展的具体场景

据中国金融新闻网消息，在"2019中国金融学会学术年会暨中国金融论坛年会"上，中国人民大学副校长吴晓求表示，市场化、开放、科技力量正牵引中国金融快速变革，其中科技力量对中国金融的推动作用比任何国家都明显，正在以科技力量不断拓宽金融服务空间。参考《金融科技（FinTech）发展规划（2019—2021年)》等材料，金融科技助力高质量发展的具体场景主要包括以下方面。

1.增强服务质量，提升服务效率。金融科技通过卓越的数据收集与处理技术，将在客户识别、客户管理、产品设计、网点运营、综合服务以及后台运营等多个金融场景为金融服务提质增效。（1）通过大数据、云计算、人工智能等技术利用跨行业数据资源、多维生物特征和行为特征等信息在多种金融服务中嵌入开展多渠道、多维度身份核验，提升客户识别效率和金融服务安全。（2）通过多重金融科技手段以及海量客户信息，金融机构可以对客户进行更为全面和精准的360度画像，实现对客户的基本信息、财务状况、风险偏好、金融需求等多维属性进行全方位管理。（3）基于客户的精准"画像"，通过金融技术手段进行更加快捷全面的同业产品分析和客户诉求挖掘，能够更加精准地对客户进行聚类分层并更加聚焦其个性化需求，实现更为高频和精准的产品设计与迭代。（4）以移动互联、人工智能、大数据、影像识别等新技术加速传统网点的智慧化转变，通过优化内部布局和服务流程，提升网点运营效率和客户满意度。（5）通过技术手段实现内部产品与服务聚合、外部合作机构与客户互联互通，打造跨场景一站式综合性金融服务平台，以客户集聚降低金融服务边际成本，提升金融服务效率。（6）利用云计算、图像识别、机器人流程自动化等技术实现资源高度复用、灵活调度和自主运作，通过跨链条、跨区域的集中化、自动化、智能化业务处理中心，提升金融服务运营效率。

2.拓宽服务范围，增加服务触达。在金融机构线上线下渠道一体化协同、外部场景融入整合、普惠金融全面达成以及民生领域深化对接等方面，金融科技将成为不可替代的技术手段，加速推动上述场景落地。（1）通过移动互联、5G、虚拟现实/增强现实、大数据、云计算等金融科技手段，进一步做强线上金融服务，为客户提供全方位、多层次的线上金融服务，同时充分发挥线下资源优势，构建线上线下大渠道协同和全渠道服务方案，实现一点接入、全程响应。（2）基于应用程序编程接口（API）、软件开发工具包（SDK）等技术手段，打造开放、安全的金融服务架构，深化融入、整合外部场景，在依法合规、安全高效的前提下实现金融服务跨界合作，以金融服务作为插拔式模块的方式支持生态各方在不同应用场景中自行组合与应用，充分借助各合作方在不同领域的渠道资源打造合作共赢的金融服务生态体系。（3）通过金融科技不断强化金融机构的大渠道建设以及异构生态圈的广泛渠道融合互通，加之移动互联网等电信基础设施的全国性渗透普及，金融科技时代下低成本、易接入、个性化、高效率的金融服务将更加均衡充分地服务于"三农"和偏远地区，突破金融服务"最后一公里"制约，推动更广大范围内的数字普惠金融发展。（4）将金融科技资源向民生领域重点倾斜，充分拓展金融服务在衣食住行、医疗教育等方面的应用场景，试点并推广金融惠民的创新服务模式，提升各类公共服务便利化水平。

3.加快金融创新，完善产品供给。以金融科技的创新带动能力加快推进金融服务创新，完善各类金融产品与服务体系的有效供给，助力金融业供给侧结构性改革，推动金融与经济的高质量发展。（1）一是利用大数据、物联网等技术深入挖掘分析用户金融需求，通过机器学习、生物特征识别、自然语言处理等人工智能技术，打造"能看懂能听懂能理解"的智能化金融产品与服务。（2）二是以金融科技探索用户个性化需求和差异化风险偏好，构建差异化金融产品与服务的设计研发体系。（3）三是充分运用敏捷开发、灰度发布、开发运维一体化等方法提升金融产品与服务的创新质量与效率，推出迭代化金融产品与服务实施体系。

4.加快技术升级，优化基础金融服务。资金融通和支付清算作为金融业的两大基础性服务，对实体经济的高质量发展具有举足轻重的作用。金融科技通过持续推进技术应用的迭代升级，进一步优化、赋能相关基础性金融服务。（1）以人工智能、大数据、云计算等金融科技为基石，持续完善小微企业、民营企业、科创企业等传统"融资难、融资贵"领域的信用评价模型和信贷机制，利用多源数据评估企业状况，提高贷款发放效率，降低融资成本，切实支持实体经济转型升级，实现新旧动能转换。（2）基于大数据、智能审计等金融科技手段，通过追踪企业类型、财务状况、偿债能力等，加强风险监测预警，及时识别高风险企业，合理调整信用评级，提升金融资源配置效能。（3）以区块链、大数据等金融科技技术，构建产业供应链上下游一体化金融服务平台，加强背景交易审查，开展更为高效安全的供应链融资服务。（4）研究制定各类移动支付互联互通技术标准，更新优化移动支付技术架构体系，通过账户统一标记、手机客户端软件（APP）规范接口、交易集中路由等关键技术实践实现不同 APP 和移动支付手段互认互扫。

二、金融科技助力经济高质量发展的路径

据新华网消息，2019 年 6 月 28 日，习近平主席在二十国集团领导人峰会上关于世界经济形势和贸易问题的讲话中提出，通过发展数字经济、促进互联

互通、完善社会保障措施等，建设适应未来发展趋势的产业结构、政策框架、管理体系，提升经济运行效率和韧性，努力实现高质量发展。可以看出，数字经济是经济高质量发展的主要方向，而金融科技作为推动金融业高质量发展的重要引擎，将成为加强数字经济、助力经济高质量发展的重要手段。

（一）经济高质量发展的阻碍

浙江大学中国跨境电子商务研究院院长马述忠等在《弥合数字鸿沟推动数字经济发展》中认为，信息化发展水平的不同将在个体层面、企业层面、区域层面、国家层面等引发并持续扩大包括"接入鸿沟""使用鸿沟""能力鸿沟"等在内的各种"数字鸿沟"，进而成为各国经济高质量发展的重要阻碍，主要将产生如下主要影响：

1.个体层面将加剧机会的不均等。随着数字化深入社会生活的方方面面，在教育、工作、金融等多方面的机会都将更容易被数字化程度高的地区的个人所捕获和利用，从而从源头加剧了与数字化欠发达地区的个人之间的发展差距。

2.企业层面将加剧竞争的不平等。数字化、科技化转型的企业往往可以提升其内部生产效率、降低生产成本，更容易在市场竞争中占据优势。例如，根据海关统计的相关数据，由于总体经济下行压力加大，传统货物贸易进出口总额在2020年上半年同比下降了3.2%，但同期跨境电商进出口却增长了26.2%，逆势上涨。

3.地区层面将加剧发展的不协调。由于数字基础设施和专业技术人才差异，无论从发展机会还是发展结果看，都是城市强于农村，东部强于中西部，数字经济的红利受益差异将进一步拉大原有的地区之间不协调的发展问题。

4.国家层面将加剧发展的不平衡。从个体到企业，再到区域的数字鸿沟影响将同样对全球各国的经济发展造成、加剧类似的不平衡问题。数字化水平低的国家往往难以享受全球数字经济发展的红利，拉大国家之间的差距。

（二）金融科技助力经济高质量发展的路径

促进数字鸿沟的弥合，是金融科技助力经济高质量发展的重要目标。从实现路径上来看，应考虑从强本固基、提升金融科技能力和赋能升级、更好服务实体经济两大方面持续推进。

1.强本固基，提升金融科技能力。金融科技本身是一个需要培育、发展的领域，没有精心的统筹规划和持续的正确推进，金融科技难以快速、规范地发展和壮大，就更谈不到对经济高质量发展的助力了。薛莹等在《金融科技助推经济高质量发展：理论逻辑、实践基础与路径选择》中提出，具体可以从几个方面提升金融科技能力：(1) 深入探索、优化适合金融科技发展的管理体制与机制，从制度上保障和激励金融科技的发展与创新。(2) 加快培养金融、科技复合型人才，为金融科技发展创新提供源源不断的第一资源。(3) 打造金融科技共享与协同平台和机制，既可以减少投融资各方和金融机构的信息不对称，又能促进科技企业和金融机构的有效对接，实现金融资源有效合理配置。(4) 加大研发经费投入、加速标准制定推广、加强金融科技基础设施建设，以资金推动市场化发展，以规范促进技术协同，以基建带动行业共荣。(5) 积极强化金融科技风险防范，加快监管科技应用创新，实现安全合规同步伴随金融科技发展与创新，行稳致远。

2.赋能升级，更好服务实体经济。在夯实金融科技的有利环境与自身发展基础上，赋能升级传统金融服务，缩小个体、企业、区域等层面的数字鸿沟，更好服务实体经济，实现对经济高质量发展的助力。参考腾讯金融研究院等编制的《"新"金融·"兴"经济——金融科技助力实体经济发展报告》，结合目前阻碍经济高质量发展的数字鸿沟情况，可以从居民、企业和生态三个层面实现金融科技对实体经济的赋能升级。(1) 金融科技在居民层面稳定就业、激活消费、助力养老，惠及民生发展。①金融科技代表先进的金融生产力，将对现有金融业生产关系产生更新和跃升，推动现有行业的转型升级和新兴行业的迅

资料来源：腾讯金融研究院等编制的《"新"金融·"兴"经济——金融科技助力实体经济发展报告》。

猛发展。在这个过程中虽然会替代一些简单重复的工作岗位，但势必将通过从业人员技能升级转岗、金融科技相关新兴行业吸收等途径大量增进就业，实现金融业劳动力市场就业稳定、质量升级。②人工智能、云计算、大数据等金融科技技术在拓宽金融服务渠道、延展金融服务触达方面正在带来巨大变革，通过赋能升级消费金融体系中沟通接触、风险控制、资源配置等环节的效率与质量，打造多样化、个性化、场景化消费金融新模式，极大地激活居民消费金融发展。在"以国内循环为主、国际国内互促的双循环发展的新格局"背景下，加强消费金融，扩大内部消费需求，将进一步发挥对经济发展的基础性作用。③金融科技在带来金融业服务模式和服务质效变革提升的同时，也掀起了一场全民的金融理念教育普及，逐步培养居民稳健投资、长期投资的意识。结合金融科技带来的更为丰富的投资渠道，更为精准的个性化产品，金融科技能帮助居民基于长期视角开展投资，长时期持续参与分享我国经济成长果实，提高居民的未来养老保障。在我国老龄化趋势加剧的情况下，这将较好地缓解国家主导的第一养老支柱和传统的家庭互助式第二养老支柱所面临的较大压力，增进社会健康稳定发展。(2)金融科技在企业层面提升金融服务覆盖率、强化风险控制、促进供应链金融，助力小微企业融资领域供需平衡。①通过金融科技技术手段不断完善金融基础设施建设，金融机构以相对较低的边际成本提升金融服务的触达性和可得性，全国各地的小微企业有机会以较低的接入成本和时间成本享受金融服务。②以深度学习、大数据等为代表的金融科技技术，以海量金融数据为输入，以不断优化调整的算法模型为基础，可以打造金融机构面向中小微企业的全面信用评价体系，实时计算、实时调整，助力金融机构构建更为高效、有效和完备的信贷风险等风险控制体系，使得在降低整体金融风险的情况下，提升企业融资成功率和流程效率。③以区块链为代表的金融科技技术手段可以在供应链金融领域大显身手，构建核心企业、上下游企业、金融机构等多主体合作协同的安全、可信、高效的供应链金融服务共享平台，实现商业背景、交易材料甚至交易过程真实留痕，防止背景与材料造假，降低验证时间与成本，大幅提升供应链金融深度与广度。(3)金融科技在生态层面促进连接与赋能，优化升级现有业态服务，推动新兴业态发展壮大，实现不同业态领域的生态圈协同共荣。在传统零售、交通、医疗、教育等领域，通过金融科技可以实现金融服务的在线嵌入连接，线上线下融合协同，跨场景跨领域金融服务无感衔接等，将大幅降低金融服务成本，提高金融服务效率，促进相关领域繁荣与升级，整体助力经济高质量发展。

三、金融科技助力经济高质量发展的成效与评价

毫无疑问，金融科技是赋能优化金融业，通过推动金融业的高质量发展，助力经济高质量发展。因此，评价金融科技助力高质量发展的成效，就应该抓住是否推动了金融业高质量发展这个核心。进一步剖析前述金融业高质量发展的核心要义，创新是金融业高质量发展的动力问题，为其提供第一动力；协调、绿色、开放是金融业高质量发展的路径问题，为其向哪发展、怎么发展指明了道路；共享则是金融业高质量发展的成果问题，明确其发展的根本目标，一切都是为了人民；最后，稳健是金融业高质量发展的可持续问题，使其可以行稳致远。

资料来源：腾讯金融研究院等编制的《"新"金融·"兴"经济——金融科技助力实体经济发展报告》。

至此，评价金融科技助力高质量发展的成效，可以从解决发展动力问题、发展路径问题、发展成果问题和发展可持续问题几方面，分析金融科技是否推动提升了金融服务的创新性、战略性、可及性、普及性和稳健性。

1.金融服务的创新性。创新是高质量发展的第一动力，金融科技助力金融业高质量发展的首要指标就是考察是否通过金融科技的创新与应用，带动了金融产品和金融服务体系的创新。随着人民日益增长的对美好生活的需要，对金融产品和服务的丰富程度、服务效率和服务质量都提出了新的更高的要求，而当前金融机构金融产品与服务的丰富程度有待提升、同质化竞争比较严重的现状，与此要求还存在较大的差距。通过金融科技的持续创新应用，可以帮助金

融机构进行更加精准的客户与市场分析、更加个性化定制化的产品设计，也能促进更加高效便捷的服务模式转型甚至新生，这将是金融科技助力高质量发展的重要成效体现。

2. 金融服务的战略性。高质量的金融业发展不应偏离协调、绿色、开放的发展路径，有成效的金融科技应该有所为有所不为，助力金融业更加突出金融服务和金融资源配置的战略性，更好地服务于国家的各类重大战略部署。(1) 结合京津冀、雄安新区、长江经济带、粤港澳大湾区及中西部等重点区域的特点与定位，金融科技应该助力金融机构准确分析，助力推出更加差异化更加有利于区域内发展方向的金融产品与服务，避免金融服务平均主义，注重区域和企业的差别，实现金融资源配置的合理性与协调性。此外，金融科技还应注意着重服务于节能环保等绿色行业和企业，着重支持"一带一路"等国家开放战略场景等。(2) 在监管端，金融科技应加强应用于对金融机构在各区域、行业、企业中的服务情况的监控管理，切实引导金融机构服务于国家各项重大战略部署。

3. 金融服务的可及性。经济的发展成果要让所有的人民群众所共享，金融的发展也要惠及广大的人民群众，特别是边远地区、贫苦地区的人民群众。因此，金融科技的重要任务即助力金融机构在满足一定盈利诉求和人民群众成本可负担的基础上不断扩大金融服务覆盖面和可得性，最终实现金融权利和金融机会均等化，增进社会整体福利水平。同时，正如腾讯金融研究院等在《"新"金融·"兴"经济——金融科技助力实体经济发展报告》中指出的，助力完善低收入人群和小微企业的电子身份认证渠道，关注推动对数字信息技术知之甚少的"离网"人群改善金融服务可得性等工作也应该作为金融科技成效的重要评价内容。

4. 金融服务的普及性。如果说金融服务的可及性侧重于金融服务线上线下网络的"硬性"铺设延展的话，金融服务的普及性则更注重在金融服务可及性基础上人民群众对金融服务的了解、接受和使用的"软性"成果。铺设网络不易，金融服务普及则更加艰巨、持久，涉及对社会群体的金融理念教育问题，绝非一朝一夕之功。金融科技在这个过程中理应发挥更大的推动作用，如通过不同社会群体的基本信息、金融信息、行为特征等挖掘归类，协助生成更具针对性、更有说服力的金融教育方案，通过多元化、多渠道、智能化推送和宣传，逐步深化对金融理念和金融常识的普及，以此推动金融服务在更广泛群体中的使用，优化金融供需资源在整个社会的配置。

5. 金融服务的稳健性。提升金融服务质量，防范金融风险，实现金融业和整体经济的可持续、稳健发展是高质量发展的重点。在金融科技助力金融业快速发展的同时，更要注意其中可能存在的风险和隐患，如金融服务覆盖率大幅提升后可能出现因服务门槛和成本下降而导致的金融服务质量下降、无序发展等行业乱象。一方面，要加大以金融科技的手段解决因金融科技和金融发展而带来或加剧的风险和问题，以金融科技赋能金融风险管理，缓解金融领域普遍存在的信用、信息等不对称问题，提升跨市场、跨业态、跨区域金融风险的精确识别、预警和处置能力，强化网络安全和金融信息保护，做好新技术应用风险防范，坚决守住不发生系统性金融风险的底线。另一方面，借助金融科技手段增强金融监管的专业性、统一性和穿透性，助力构建更完整、准确的金融监管大数据平台与体系，落地更为及时、有效的金融监管手段，更为精细化地监管、督导各类金融机构和金融科技企业。

第十五章　金融科技发展趋势、挑战与应对

伴随第四次工业革命的浪潮，全球正在发生一场深刻的科技革命，大数据、云计算、物联网、人工智能、区块链等新技术不断涌现。数字化、电子化、智能化三浪叠加诞生的数字经济迅速成为经济增长新动能，正深刻改变着人类生产与生活方式，推动全面的产业变革。

这次科技革命给金融业带来前所未有的机遇和挑战。"美国硅谷教父"杰弗里·穆尔如此定义金融业：金融业是以计算机网络为生产设备，不断存储、处理、识别和传输关于财富的承诺和许可的所有信息，实现财富与个人生活及商务活动同步化。要厘清机遇与挑战，需要深刻认知消费者群体的新时代特征，尤其是 90 后及 00 后，他们天然成长在手机等数字化媒介环境，有鲜明的特征：财富多样化、时间碎片化、需求个性化。

新群体带给金融业的机遇有几个方面：（1）客户群体增加。新生代的财富积累较前几代人更为迅速，是金融机构拉新的目标客户。（2）金融产品需求多样化。新生代的理财知识和风险规避的意识较强，对金融创新产品的接受程度高，不再满足于传统单一的储蓄存款。而相应的挑战也是多方面的：（1）客户需求个性化。"千人千面"已经成为服务行业的消费者基础期望值，在淘宝、京东等电商平台的购物推荐中已经大规模成功应用，在金融服务业也如此。（2）客户渴望便利化。消费者的时间成本意识觉醒，他们在银行 / 保险营业网点等候的每一分钟都会加大客户流失的风险，以"在线化"取代"网点化"成为客户的心声。（3）监管多源化。因为金融服务的场景日益丰富，线上线下都有涉及，对数据安全、合规风控等监管需要纳入处理海量多元化的信息源。

从电子银行、网上银行，到互联网银行、直销银行、开放银行，线上化、科技化和开放化已成银行转型主要方向。布莱特·金在他的书籍《Bank 4.0》

中预测，银行服务无处不在，就是不在银行网点——这正是"开放银行"的理念。中国人民大学重阳金融研究院副院长董希淼认为，2018 年是我国国内"开放银行"元年。银行业已全面步入 4.0 时代，金融服务无处不在，但就是不在银行网点，银行客户将越来越远离银行网点。这些行业变革与背后的金融科技发展息息相关，互相促进。把握金融科技的发展趋势，将能更好地促进金融行业的变革，迎接数字金融时代的新需求。

第一节　金融科技发展趋势

金融业面临的机遇和挑战与金融科技的发展互为驱动，一方面，金融科技发展能够帮助金融机构应对挑战抓住机遇；另一方面，机遇和挑战也倒逼机构发展引进金融科技。相比于美国的成熟金融行业面临的创新阻力，中国和其他新兴国家的金融业尚在快速发展阶段，金融业易于创新和重构。纵观全球，在金融科技的创新发展与研究方面，大家不约而同地指向中国。中国的金融科技发展最快，也处在研究与创新的最前沿。国际货币基金组织在 2019 年 6 月发布的研究报告《金融科技现状综述》（*Fintech: The Experience So Far*）中也指出，在金融科技的许多方面，亚洲领先于其他地区。而中国由于起步早、市场规模大等原因，成功抓住了金融科技的发展先机，一跃成为全球金融科技领军力量。

中国银行董事长刘连舸在《金融科技创新与数字中行战略》一文中认为，数字经济时代背景下，技术应用从原来技术作为支持手段转到引领创新，要求金融与科技深度融合。这对于创新金融产品和服务、提升金融服务品质和效率、加快金融数字化和智能化具有重要意义。金融科技发展呈现三个趋势：金融科技应用推动了金融服务的创新与重塑，行业格局从竞争竞合到融合共赢，监管态度从密切关注到鼓励创新。

金融科技利用各类科技手段改造传统金融行业的产品与服务，提升效率并有效降低运营成本，包括大数据、云计算、人工智能、量化金融、区块链、等核心部分。国际顶级金融杂志《Review of Financial Studies》在 2019 年 5 月发表了一整刊的金融科技专题研究，研究方向涉及区块链、大数据、机器咨询等各个方面，基本涵盖了金融科技的主要发展方向。金融科技的核心是利用计算力和算法处理分析业务数据（业务流、资金流、数据流），挖掘客户需求，实现全过程全场景的自动化智能化服务，提升客户价值，实现"三流合利"。

一、金融业务科技化

在数字金融的时代，传统的金融业务，例如存款、支付、贷款、财富管理、营销、风险防控等都将因为金融科技的注入而进步，无论是流程自动化程度还是服务效率及客户体验都能全面提升。

（一）金融流程智能化

1.智能营销。以全渠道、跨触点数据沉淀为基础，并融合外部多元化数据，通过客户标签、画像、建模等分析，洞见消费者的潜在需求。在全域流量资源基础上提供全场景媒体曝光，精准定位目标人群，提供实时风控前置的精准获客服务，驱动精细化运营。例如，在金融产品的销售推广中，充分利用种子客户的画像，通过定向相似画像的人群来提高产品营销转化率，"以人圈人"。对于购买了某些产品的客户，基于不同产品种类之间的关联性交叉推荐，例如向持有美国运通 AMEX 白金信用卡的客户推荐高端理财产品，"以品聚品"。

2.智能风控。机器学习和大数据技术用于风险控制，这是金融科技较为确定的应用方向。例如在降低信用风险方面，有学术研究表明，机器学习模型能够预测循环信用额度中的信用违约率。对于传统的贷款机构，相信机器学习和人工智能降低信用风险，识别处于风险中的账户，减少这些机构的贷款损失。将信息提取技术(例如自然语言处理技术与语义理解）和传统统计方法相结合，构造出创新的债券预警模型，预测结果优于传统预警模型，这也是人工智能方法的应用范例。在降低合规成本方面，人工智能技术极为擅长处理文本及视频数据，如果采用该技术，机构不必投入大量的人力进行合规审查，可以显著降低合规成本。例如在保险产品的售卖过程中要求明确告知风险与信息披露并做到"双录"，就可以通过语音识别的技术分析录音自动判别是否合规。智能风控手段能实现了风险防控和客户体验的"双提升"。

3.智能客服。随着对话机器人 chatbot、人脸识别及远程身份验证等技术在金融领域逐渐普及，金融服务的形式与内涵都得到了创新与重塑。(1) 优质服务惠及长尾客户。因为大数据和人工智能在投资顾问、智能营销、风险防控等领域全面深化应用，使服务长尾客户成本大幅降低。以往可能只给高端客户的服务内容可能扩大覆盖更多的客户群体，从而增加客户满意度与黏性。(2) 服务效率大幅提升。例如对话机器人chatbot等技术的应用，大大加速了常见问题的答疑，降低了客户的无谓等待时间，也降低了客服人员的规模从而节省成本。(3) 服务体验更好。顺应客户行为线上化和信息化社会的发展趋势，遵循客户全生命周期，以批量化、智能化为内核，聚焦客户需求、客户体验和客户价值创造，为客户提供专业、安全、触手可及的服务体验。

4.智能理赔放贷。保险公司将利用人工智能技术和语音交互来实现理赔流程自动化，以提高理赔流程中的回复速度、效率和个性化。得益于图片智能定损、语音识别、OCR、人脸识别、人证比对等技术，现在客户只要用手机拍摄上传事故车辆受损照片至云端智能定损平台，简单案件现场就能赔付到账。平安车险智能理赔最快一起案例从报案到赔付不到 5 分钟。银行将通过使用机器学习、非传统数据以及与金融科技公司的合作，使银行贷款范围触及长尾消费者和中小微企业。

(二) 金融产品个性化

长期以来，金融机构存在产品同质化、服务流程烦琐、服务场景受限等现象。未来，随着互联网的发展和智能终端进一步普及，用户也越来越年轻化数字化，金融服务需求呈现多样化、个性化和碎片化趋势。这要求无论是传统金融机构，还是互联网金融机构，都必须以大量的客户数据为基础，而不仅仅停留于分析账户交易流水，通过数据的整合分析，进行用户画像，综合判断用户需求，为其量身定制金融服务。唯有如此才能吸引客户、产生竞争力。金融科技的发展为金融产品与服务从"简单化"和"同质化"到"多样化"与"个性化"的转变提供了契机。阿里金融在 2011 年利用大数据模型给商家推出小微贷款的服务，最低贷款金额低于 1 元，引领了大数据时代的信贷产品创新。

(三) 金融监管内生化

未来几年，依托于监管机构的管理需求和金融机构的合规需求，数字化监管模式应用将越来越广泛。以往，金融机构安排专人专岗不停填写各种报表，接受权威机构的指导和不定期审查，存在被动性、滞后性和"两张皮"现象。事实上，只有在监管制度内生化于每个金融机构时，其施行效率才是最佳的。大数据、人工智能、云计算等技术的发展，为监管制度的内生化提供了基础。监管部门和被监管对象之间可以通过这些技术，将监管政策、规章制度和合规性要求翻译成双方共识的数字化协议，通过适当的计算机语言代码程序落实这些数字化协议，并通过编程接口工具嵌入被监管对象的业务系统，从而自动监督和评估企业经营过程中的制度落实情况。这种模式下监管的双方都得到了增值，一方面，金融监管机构能够更加精准、全面、及时地完成合规性审核，实现对于金融市场变化的实时把控。尤其是在发现不合规苗头的时候，能够精准定位溯源至具体的业务环节，实现"靶向爆破"而非"一刀切"。另一方面，被监管对象能够无缝对接监管政策，及时自测与自查经营行为，完成风险的主动识别与内部控制，从内部阻断风险事件的苗头。

（四）金融服务远程化

科技发展让客户获取金融服务的"场"从传统的营业网点逐步延展到任何有互联网的地方，从实体网点向网络空间的数字化网点进化。事实上，相当多的金融服务内容再也不需要"柜台当面"。远程银行是继直销银行、互联网银行后的又一数字化银行的全新运营模式。2019年中银协发布的《远程银行客户服务与经营规范》认为，远程银行是单独组建或由客户服务中心转型形成，具有组织和运营银行业务职能，借助现代科技手段以远程方式开展客户服务、客户经营的综合金融服务中心。远程银行是一种新业态，以互联网银行为大脑，以直销银行和手机银行为两翼，以营业网点为支点，其建设指导思想为：前台场景化、中台智能化、后台云端化。远程银行包括远程银行客户服务和远程银行客户经营。客户服务是基础工作，客户经营是价值的升级。

1.远程客户服务。远程银行未来会实现银行服务模式的转变：从"客户服务"到"客户经营"，从"语音载体"到"多元载体"，摒弃依靠传统、单一服务渠道为客户提供服务的模式，采用网络、多媒体等平台为客户提供全方位、立体化、零距离感的远程综合金融服务。而从"服务咨询"到"业务办理"的转变，远程银行依托智能化建设，丰富线上服务能力，能实时、全面、快速、专业地满足客户对各类银行交易、顾问式投资理财与增值服务的业务办理需求，而不仅仅止于回答客户的业务咨询问题，消除从咨询到办理之间的时差。

2. 远程客户经营。远程银行客户经营通过网络，在多种"端"（微信公众号、网银、手机银行、营业网点）的触点为客户提供远程综合金融服务，而不再是单一渠道（营业网点面对面，电视台电台广告，每月对账单邮件）的形式经营客户。远程银行客户经营顺应客户行为线上化、数字化的趋势，沿着客户全生命周期，以智能化、数字化为内核，聚焦客户需求、客户体验和客户价值创造，为客户提供安全、触手可及的专业服务体验。远程银行发展以银行总体战略为基础，以客户服务和客户经营为主旨，以一体化、数字化、智能化为方向，以全功能服务模式为目标，以人工智能、大数据、区块链、云计算等新技术为手段。作为金融科技赋能传统客服中心的新一代银行服务经营模式，远程银行以远程化服务、场景化经营、数字化管理以及合规化运营为特征，科技赋能与智慧运营是远程银行建设与发展的双轮驱动力。

二、金融科技业务化

技术在提供金融服务的运营过程中开始起决定性作用，技术的贡献度、影响力已远远超过其他生产要素（人的要素、场地的要素）。银行无人网点就是金融科技催生的新型业务应用范例。与传统"将技术作为业务辅助工具"的发展思路相比，技术的角色正在从辅助运维的后台角色转变为与前端服务场景深度融合的核心驱动力。

（一）技术场景化

金融科技创新将从"技术工具驱动"转变为"业务价值牵引"，以业务场景为导向选择合适的技术组合区块链、云计算、大数据、人工智能等实现业务价值。

1. 跨境汇款。2018 年 6 月 25 日，蚂蚁金服宣布上线全球首个基于区块链的电子钱包跨境汇款服务，第一笔汇款由在中国香港工作 22 年的菲律宾人格蕾丝（Grace）完成，耗时仅 3 秒，而在以前需要 10 分钟到几天不等而且流程更加复杂烦琐。随后，加拿大银行 ATB Financial 使用区块链技术与 Ripple 和 Reise Bank AG 合作进行大额国际支付，过去需要几个工作日的才能完成的交易在现在几秒钟内就完成了。这背后用到的区块链技术，它与计算、大数据、人工智能、物联网、5G 等前沿信息技术协同共建、融合应用，形成"区块链 +"解决方案，例如"区块链 +5G+ 物联网"。随着 5G 的普及，物联网设备也将广泛落地，物联网设备可以直接从源头获取信息，延伸了区块链信息的可信生命周期。同时，区块链技术也能为众多物联网设备的数据交换提供一个可信的、去中心化的数据平台，形成"云 + 边 + 端"深度融合、高效协作的区块链基础设施，从根本上解决数据价值共享的同时还能解决数据安全与隐私保护的顾虑。而这样的技术在金融行业已经有非常成功的应用。

2. 数字资产。数字化时代诞生的无形数字资产，例如域名、商标、品牌、数字货币、游戏装备、账户号码等，有很好的收益性，但是缺乏市场流动性。通过数字资产证券化，转换为在金融市场上可以自由买卖的证券，产品卖出去，收回现金，提高流动性，进而获得融资。中国央行货币研究所在不断探索数字资产证券化区块链平台，借助区块链的分布式数据储存、去中心化的特点，保证了底层数字资产数据真实性，有效解决机构间的对账清算问题，降低数字资产的融资成本，提高融资效率。另外，通过区块链技术的技术增信和数字货币的普及，资产交易的公开透明度将得到提升，"整体资产数字化、数字资产证券化"的范围将越来越广，土地、房产、商铺等实体资产也可能在链上通过合理的方式将其数字化证券化，以提高资产的流动性。

（二）技术产品双 A 化（APP 与 API）

金融业是基于海量数据为大众提供服务，所以任何科技要在金融业务中发挥作用必须走服务化和产品化的道路，包括直接服务终端客户与跨界服务生态伙伴。

1. 前台产品 APP 化。移动互联网技术使得手机银行 APP 大规模普及，银行客户由此节约了大量的时间，去银行营业网点的次数变少了反而提高客户粘性和忠诚度。"在科技方面的投入推动了工行竞争力进一步提升，特别是在手机银行重点领域"，中国工商银行行长谷澍说，手机银行客户累计达到 3.61 亿户，客户规模、客户活跃度、客户黏性均居市场首位。交通银行副行长郭莽也介绍该行"买单吧"APP 上线三个多月，月活用户即达 2558 万户。股份制银行中，招行的"招商银行"和"掌上生活"两大 APP 的月活跃用户（MAU）达 1.02 亿户；平安口袋银行突破 3200 万户；中信银行手机银行和动卡空间两大 APP 月活用户均突破 1000 万；光大银行手机银行、阳光惠生活、云缴费三大 APP 月活用户突破 2100 万户。可以毫不夸张地预测，未来任何一项新技术要在金融业务落地，必须在 APP 里面找到自己的位置，既可能嵌入到 APP 内容板块支持新产品新服务，也可能是 APP 背后的支撑系统，例如网络安全、身份验证、反欺诈。

2. 后台系统 API 化。随着金融业的开放，跨界合作与跨界服务已经成为常态，贷款、征信、反欺诈、监管、保险理赔、授信、个人消费等。而链接不同的信息系统需要协议标准化，于是就需要 API（Application Programming Interface）技术实现银行与第三方之间数据共享。中国工商银行持续强化跨界服务的能力，以金融生态云为底座，通过开放平台超过 700 多个 API 将 1000 多项金融服务开放给 2500 多个合作伙伴，引入不同行业 2 万家合作伙伴。工行目前 90% 以上的业务都部署在开放平台，更能适应开放化、生态化、业务量激增的业务发展趋势。工行输出 API、SDK 等形式多样的小微信贷开放产品服务，对接第三方平台、企业 ERP 系统、电商平台等外部行业平台，将产品服务"嵌入"企业生产经营全链条，促进金融与产业的深度融合。而浦发银行作为首批与上海口岸服务办公室签署战略合作协议的银行，通过 API Bank 与上海国际贸易单一窗口进行快速对接后内嵌金融服务，为广大贸易企业提供在线付汇、购汇、申报等服务。外贸企业可通过上海单一窗口平台在线提交付汇或购汇指令，仅需几分钟就可以完成支付，为外贸企业提供了极大便利。事实上，后台系统 API 化的最佳实践是 Amazon。早在 2003 年 Amazon 创始人贝索斯就立下规矩：内部的所有系统调用必须通过 API 实现，经过内部业务部门充分打磨后，Amazon 开始把计算能力开放提供给外部客户，这也促成了云计算的诞生。

三、金融科技生态化

随着客户金融需求日趋生活化、场景化，通过"金融＋场景"的方式，构建金融服务开放合作生态圈，成为金融企业尤其是银行必备的能力。未来金融行业竞争不再是单一维度的竞争，而是基于价值链的生态系统融合发展。协同推进金融产品上下游产业链价值，赋能价值链共同体，会加速协同构建金融科技新生态的步伐。这种金融生态系统是：以科技赋能为核心，以服务生态为宗旨，将金融业务植入不同的生态和场景。而金融科技生态化具体又体现在能力平台化、服务开放化、技术融合化等方面。

（一）科技服务能力平台化

1. 平台化 PaaS。金融机构的内部服务平台化已成为普遍做法。基于云计算技术，成熟优秀的 PaaS（Platform as a Service）使公司可以扩展现成的解决方案，并添加定制开发以满足其不断变化的业务需求。传统 PaaS 非常适合金融科技行业，因为通过服务商负责配置和维护应用程序，可以减少不必要的重复代码开发并且节省代码开发的时间。如今，PaaS 供应商已经为很多金融机构的技术部门提供 IT 解决方案，简化部署工具，配置服务和资源管理。随着这些 IT 核心业务交由 PaaS 提供商，金融领域的其他业务也将被"PaaS"化，如预算计划、信用风险管理、支付处理、账单以及客户服务。在金融科技中使用 PaaS 的主要好处：（1）快速产品发布。（2）后付费服务。（3）适应不同系统环境。（4）标准化的中间件和数据库管理。而金融机构的对外服务能力还可通过 PaaS 的方式开放共享给生态。

2. 全域化嵌入。第三方合作伙伴可以通过 API 对平台内容进行调用，实现标准化、服务化输出，把金融服务能力自平台向生态纵向延伸和横向扩展。平台化能力的生态扩展得益于打通底层客户和账户数据，构建立体入口，打造全渠道入口，实现客户一点接入、全渠道自由切换、无缝衔接的极致体验。（1）纵向延伸。中国工商银行输出 API、SDK 等形式多样的小微信贷开放产品服务，对接第三方平台、企业 ERP 系统、电商平台等外部行业平台，将产品服务"嵌入"企业生产经营全链条，打造契合小微企业生产经营需求的金融产品服务，提升批量化、规模化获客能力。再如，工行加快与第三方平台的合作对接，拓展产品服务范围，通过金融与产业数据的充分对接，打造全方位、多角度的产业链画像，全面掌握客户需求和风险，配套提供涵盖融资、支付结算、投资理财、顾问咨询在内的一揽子金融产品服务解决方案，形成客户深度参与、共建生态、持续发展的开放银行新模式。（2）横向扩展。"金融+"场景进一步丰富，金融可以与政务、医疗、教育等领域更加紧密地融合，通过数据的可信共享、业务流程的无缝交汇，在全新的开放共享、多方共治的协同架构下，最终融合形成一体化的新型服务生态系统，实现服务模式、服务品质、服务生态的多重升级。例如：区块链＋医疗＋金融依托区块链技术连通区域性医疗资源，基于数据共享的医疗健康生态圈有望建立，在严格授权流程的条件下实现患者诊疗信息医院间可信共享、诊断用药等信息商业保险直通，实现"互联网＋医疗＋金融"三方深入互动、资源共享、互利共赢的医疗健康体系。

（二）科技服务开放化

开放化是一种平台化、生态化的商业模式，旨在鼓励金融机构与商业生态系统中的企业或客户进行深度合作。银行业正在静悄悄地酝酿一场颠覆式的革命："开放银行"。它是一种利用开放 API（Application Programming Interface）技术实现银行与第三方之间数据共享，从而提升客户体验的平台合作模式。英国九家银行于 2018 年 1 月共享数据，在全球首先试点开放银行，也催生了新的金融独角兽 Revolut。欧美的头部银行，花旗、Capital One、Barclays 等为首的通过构建自有平台直接开放下层 API。以前银行数字化很多是流程数字化，但现在数字化更多是围绕客户行为数字化去经营。

2018 年 7 月，浦发银行率先发布"API Bank"无界开放银行，成为国内首家"开放银行"。紧接着，各大银行纷纷开放 API，实现金融和生活场景的链接。开放银行以及背后的 API 经济看到了数据的互联价值，发起金融数据共享，一举把全球金融科技竞技带入下半场，扩大开放已经成为商业银行维持竞争优势的新引擎。开放银行被认为是中国金融科技下半场的重要突破口。

（三）技术融合化

金融科技并不特指或依赖于某一种或几种技术手段，比如云计算、大数据、人工智能、区块链等新兴技术，而是综合应用各种有效技术实现可持续的金融服务。例如在手机上做身份认证，就需要用到图像识别、声纹识别、指纹识别等技术。一方面这些新技术本身并不彼此孤立，而是相互关联、相辅相成、相互促进。大数据是基础资源，云计算是基础设施，人工智能依托于云计算和大数据，推动金融科技发展走向智能化时代。区块链为金融业务基础架构和交易机制的变革创造了条件，它也是以数据资源和计算分析能力为前提。例如，在金融行业的具体应用落地方面，金融云和金融大数据平台多是集中一体化建设，人工智能应用也依托集中化平台部署。彼此的技术边界在不断削弱，技术耦合交叉在加强，未来的金融技术创新将越来越多地集中在技术交叉和融合区域。而每一次成功的技术融合就可能催生前所未见的新业态、新玩法、新玩家，最终形成金融新物种。

第二节　金融科技面临的挑战——"四种考验"

当前，全球正处于科技与产业高度融合、深度叠加的深度变革期，科技革命和产业变革推动金融科技的蓬勃发展，以大数据、云计算、人工智能、区块链、物联网以及移动互联为引领的新的科技创新与产业应用，为金融经济发展提供源源不断的创新活力和澎湃动力。

虽然我国在金融科技方面已具备一定基础，但也要清醒地看到，金融科技发展不平衡不充分的问题依然存在，主要面临四方面考验：（1）监管考验。金融科技的迅猛发展在大为拓展金融业务范围的同时也模糊了各项业务边界，给监管机构在完善金融监管体系、制定货币政策、繁荣金融市场、维护金融稳定等方面带来新挑战，适应金融科技时代下的基础设施、政策法规、标准体系等亟待健全。（2）技术考验。一方面我国金融科技产业基础比较薄弱，尚未形成具有国际影响力的生态体系，缺乏系统的超前研发布局；另一方面金融科技的"双刃剑"效应凸显，持续提升的不仅是金融服务数字化水平，还有日益严峻的金融信息安全挑战。（3）人才考验。既懂科技又懂业务的复合型人才是金融科技持续发展并有效服务于金融服务的基础保障，当前金融科技人才面临严重的供需不平衡问题。（4）管理考验。金融科技的发展会带来一系列体制机制问题，如何借此契机推进治理结构、管理模式、组织方式的调整优化，理顺职责关系，打破部门间壁垒，突破部门利益固化藩篱，切实发挥科技引领驱动作用

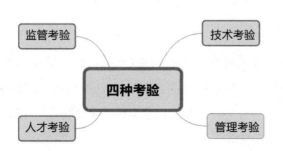

也是我们面临的又一大考验。

一、监管考验

金融科技虽创新了金融服务模式，但金融科技发展迅猛、创新深入、跨界明显，现有金融监管体系明显滞后于金融科技的发展，这也给我国现有金融监管体系带来了诸多挑战。

（一）金融风险的复杂性加大

金融科技以数据为基础、信息技术为核心，依托复杂、繁多而又相互关联的信息系统组成庞大的金融科技体系，具有高度的虚拟化、网络化、数字化、移动性、分布式等特点，对金融监管提出了更高要求。

（二）金融监管的空白点更多

借助金融科技，金融业务和服务不断显现跨界化的混业经营趋势，金融监管边界变得模糊，可能出现分业金融监管的空白地带，现有被动式、响应式金融监管容易导致明显的滞后，亟待向主动性、包容性、适应性、功能性、协调性监管转变。

（三）金融风险的跨界传导性增加

金融科技使得银行等市场主体可以跨越时空限制，在不同领域、不同市场、不同国别开展多元化、国际化的金融业务，跨界混业更加明显，同时风险的跨界传导性提升、"并发症"范围更广、杀伤力更大。

（四）金融风险捕获的难度增大

基于云计算、大数据等信息科技手段的金融服务，高度依赖线上渠道、全时广域运营，持续积累并深度挖掘多种类用户行为及金融交易数据，容易引发操作风险、道德风险和信息安全风险。

二、技术考验

金融科技基于技术驱动，科技发展水平的高低是制约金融科技发展水平的决定性因素。探索新兴技术核心特点及其在金融领域的安全应用，加快提升关键核心技术和产品的自主可控能力，全面提高金融科技应用水平，是金融科技发展面临的又一重要考验。

（一）底层关键技术和高端研发平台均发展不足

1.虽然区块链、大数据、云计算等技术在一定金融场景有所应用，但其底层关键技术仍有很多没有彻底攻克，对应金融领域的科技应用和开发距离实际需求仍有较远差距。

2.在高端的金融科技研发平台方面，一是数量不多，二是并未在技术攻关、资源整合、集聚人才等方面充分发挥作用。

（二）金融信息安全形势更加严峻

1.数据泄露风险加剧。金融科技通过全业务全流程线上化实现了金融业务数据化，同时通过不断延伸服务触达，金融信息和数据的收集、使用范围扩大、渠道增加，信息泄露风险持续加剧。

2.监管套利风险加剧。金融科技的不断创新与深入应用激发新兴的金融服务模式，部分非法机构往往利用监管滞后性而产生的监管空白非法获取或使用个人金融信息，以此牟利。

3.信息安全投入不足。目前大量金融科技应用往往关注于投入产出比，未能将安全防控能力提升到与业务发展同等重要的地位，信息安全尤其是数据安全保护水平亟待提升。

（三）大数据、云计算、人工智能、分布式数据库研发应用和网络身份认证体系建设有待进一步提升

1.金融大数据资源需要深度整理利用。由于当前没有制定数据融合应用标准规范，不同金融业态间还存在数据壁垒、金融信息孤岛。

2.尚未搭建起安全可控的金融行业云服务平台，云计算服务与世界先进水平差距明显。

3.人工智能应用与金融行业各方面深度融合不够，尚未形成人机协同、跨界融合、共创分享的智能经济形态。

4.分布式数据库与金融应用结合不足，网络身份认证体系建设需要进一步深入推进。

三、人才考验

人才是第一资源。不论是我国经济金融的宏观发展，还是包括金融科技在

内的各个微观产业和企业发展，都得靠人才。中国人民银行发布的《金融科技（FinTech）发展规划（2019—2021 年）》中也提出要加强人才队伍建设，注重从业人员科技创新意识与创新能力培养，造就既懂金融又懂科技的复合型专业人才，优化金融业人员结构，为金融科技发展提供智力支持。

然而，当前我国金融科技企业人才主要来自高校，高校金融科技人才培养体系和金融机构人才运用等方面还存在制约因素，我国金融科技行业的人才储备严重不足，严重制约着整个金融科技行业的创新发展与金融领域开拓应用。

（一）时间短，发展不充分

不论从行业发展、工程实践还是教育体系来看，高质量的金融科技在我国甚至全世界都是新兴事物，发展时间不长，以高校教育为代表的教育体系体制和方法路径等各方面在一定程度上均处于起步阶段，整体发展程度仍不充分。

（二）跨领域，知识要求高

金融科技属于交叉领域，并非割裂地研究金融或科技，而是需要从思维到方法论都紧密、有机结合金融与科技两者的学科知识与经验储备，以更加系统性、交叉性的模式开展相关研究与应用。目前看，这样同时具备金融与科技两者的高度知识储备和丰富行业经验的复合型人才、跨领域人才相对不足。

（三）新思维，意识转变难

1. 作为企业文化和战斗力指挥棒，不少传统金融机构对于金融科技人员的管理模式和激励机制仍较为落后，难以匹配更加灵活、更加创新的科技应用发展模式。

2. 金融机构对于金融科技的认知重视程度和实际支持程度不足，金融科技部门往往仍被作为后台基础支撑部门，科技人员往往"人少、活多、常背锅"，导致优秀人才要么不愿加入要么不愿长期待下去。

四、管理考验

作为曾经被标榜为要颠覆金融业的金融科技，随着其不断的创新与应用，金融科技之于金融业远不仅是简单引入了一项或多项技术，更是深刻地改变着金融产品体系、金融服务体系以及金融管理体系。

（一）金融科技风险管理要求更为突出

金融科技的本质仍然是金融，其风险属性并未改变，甚至由于金融科技手段的引入而带来更为突出的技术、数据、信息安全等风险。

1.金融科技带动金融服务出现更多的跨界、跨区域、混业经营特征，由此导致金融风险扩散更快、波及更广、溢出更强。

2.金融科技带动金融服务不断延伸触达，众多风险识别能力不高、损失承受能力有限的长尾客户通过金融科技成为金融服务的服务对象。相比传统金融服务，金融科技加持下的金融服务因此面临更为严重和广泛的金融风险，风险防范和化解的难度也相对更大。金融科技的管理考验也是前所未有。

（二）金融科技管理架构亟待调整

正如中国金融学会副秘书长张承惠在"2019年第二届中国金融科技产业峰会"上指出的，从管理架构上来说，金融科技需要打通内部各部门的信息流，需要人才能够更好地流动，需要金融机构各项资源能够更有效率地整合，这些传统的管理架构都是不能适应金融科技要求的。不论是金融科技体系本身的治理体系，还是金融企业业务条线和部门的组织架构，都面临在金融科技新时代进行重构再造。

（三）金融科技需要开放共赢与快速响应

1.作为一项新兴领域，金融科技仍然处在起步阶段，仍然需要大量的改进与突破，这对资金投入、人才投入具有巨大诉求，同时也需要在更为广泛的场景中链接更多的合作方获取更多数据进行调试与验证。这些要求天然具有开放性和合作性，只有在开放共赢的管理模式下才能事半功倍。

2.随着市场竞争加剧，客户对更美好的高质量金融服务需求不断提升，金融科技助力金融服务的个性化、敏捷化显得更加重要，传统的瀑布式、整体发布式信息科技系统开发与交付模式越来越难以满足金融科技时代的新要求，金融机构内部呼唤更为高效、包容的管理模式。

第三节　金融科技应对挑战的策略——"四种本领"

在企业普遍面临的管理考验、人才考验、技术考验之外，金融机构还要面

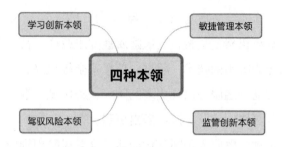

对监管考验。而应对这些挑战，需要金融机构从思想意识、能力建设、制度优化、技术进化等方面强化本领。

一、学习创新本领

（一）学习"以客户为中心"的服务创新

以往金融行业由于准入门槛高导致了行业外来竞争压力小，从业人员及机构的客户服务意识淡漠，以流程为中心而非以客户为中心。在已经步入数字化时代的 2020 年，还有很多这样的场景：银行客户在营业网点排长队等候办理业务，车主在车险理赔过程中像看"黑盒子"一样焦急等待最终判定，还有不少服务不佳、不到位的情景。这些场景里顾客的痛点本来已经可以通过技术手段解决，欠缺的是"急客户之未疾"的主动服务意识。

以客户为中心重构产品体系、服务体系与渠道体系：打破金融机构内的部门墙，以客户为中心，需求为导向，提供金融产品与服务组合，最大化消费者全生命周期价值；而非以部门或产品导向。诞生于数字化时代的新生代消费者对服务水平的期待也不断提高，相应地从业机构需要主动发掘识别客户潜需求，以金融科技的技术支持服务创新，提高客户满意度与黏性。

（二）学习"以数据为准绳"的决策创新

几乎每个与消费者交互的产品和金融服务都会留存数据，而充分挖掘这些数据将会提供精准的消费者画像，既有助于实现数字化客户群体经营，也能提升客户体验。（1）银行应用大数据的能力正在从精准营销向数字化客户群体经营进化。精准营销主要研究某一个点的最佳方式和路径，经营更加复杂和精细，是基于客户成长价值路径和客户体验提升目标制定的一个跨渠道、跨平台、复合产品和内容的综合体系。从精准营销的"点"到数字化经营的"面"，数字化客户群体经营不是简单挖掘精准目标客户"圈人",而是将经营目标分解制定为精细化经营策略,并确保各项策略落地到各业务流程。(2)打造极致客户体验。通过客户画像和行为分析,实现APP产品界面功能展示的"千人千面"。而用户行为数据分析能够识别客户资产和行为偏好,产出关联产品推荐,可从手机银行APP上百项功能中直接定位到客户所需的业务功能并展现在手机屏的主页,能够极大提升客户体验。

二、敏捷管理本领

深圳前海微众银行董事长顾敏认为,金融智能化时代的新型银行应秉承客户至上的使命,快速创新和试错,不仅要有敏捷信息技术系统,还需培养鼓励试错的敏捷文化,从而形成敏捷管理能力。

(一)敏捷型组织

客户的需求日渐呈现出个性化、实时化、特色化和场景化的趋势,银行对客户需求的响应时效、响应能力和服务水平等方面要有更高的表现。中国银行正在通过各种方式提升敏捷反应水平,包括:以组织架构创新为基础,强化跨条线统筹协同,建立敏捷柔性的跨部门项目组,激发组织活力,促进高效沟通;以技术创新为手段,深化大数据、人工智能等技术应用,提升银行敏捷反应、捕捉机会、快速行动的能力。

(二)敏捷型系统

信息技术层面,金融IT基础设施正从集中式架构向分布式架构转变,既能实现大容量、高可用、低成本的目标,又便于开展智能化运维的管理方法,兼顾产品的快速迭代需求与安全需求。金融云与大数据平台已经在金融机构普遍采用,就兼顾到"双十一"购物节高并发的场景带来的支付结算压力,同时也能支持各种零售促销活动策划,实现敏捷上线与迭代。

三、驾驭风险本领

金融科技的目标和落脚点是金融服务,而风险防控仍是一项核心任务。主要风险仍然是信用风险、市场风险和操作风险三大类。金融业务演进只是改变了风险的特征和表象,其复杂性和隐蔽性增强,事先预防和事后处置难度增大。在金融科技发展过程中，强化对各类风险的预防和处置，需要持续关注以下三个问题。

（一）业务的合规性

金融科技是服务创新、手段创新，而不应用于逃避对抗监管，回避风险防控，钻法律法规漏洞。金融机构、互联网金融公司、高技术企业等市场主体在战略合作与业务创新时要守好法律底线，依法合规经营，保护消费者合法权益。事实上，金融科技如果应用得当反而能够降低合规风险，也会降低合规成本。

（二）服务的可持续性

如果金融服务缺乏自我持续运营的基础，必然产生金融风险，如某些P2P平台的"爆雷"现象。与传统金融服务相比，金融科技的优势在于通过科技手段解决信息不对称、产品同质化以及融资成本过高等一系列痛点，可以为小微企业和实体经济精准赋能。但同时也要注意到，科技具有"双刃剑"属性。一旦技术应用违背了金融行业规律，推出具有破坏性的所谓"创新产品"，也就偏离了金融的本质和金融科技的初衷。

（三）数据的安全性

2017年7月，《中华人民共和国网络安全法》正式实施，确立了"谁收集，谁负责"的基本原则，明确了网络信息安全的责任主体。金融机构和互联网金融公司承担着保护用户信息安全的责任，应不断完善安全防护体系建设，加强内部监管，规范业务流程，从源头上防止数据泄露。对个人而言，也要做好自我保护，在发生信息泄露时要及时用法律手段维护自身合法权益。当前随着区块链技术的发展，对数据确权和数据增信是很大的促进，也为数据采集者提供了数据安全保障手段，在保证数据价值流通共享的同时又能保护消费者隐私安全。

四、监管创新本领

监管态度从密切关注到鼓励创新。金融科技具有跨行业、跨领域、跨地域等特征，金融科技的快速发展给金融业带来了一定风险，监管科技正在成为金融科技的重要组成部分。从国际经验看，各国监管部门都在积极探索，以合规为底线，力求在鼓励创新和防控风险之间寻求平衡。美国主要以功能性监管为原则，注重金融消费者保护；欧盟注重强化数据保护，充分挖掘数据价值；英国是探索金融科技监管的先锋，开创性地提出"监管沙箱"等措施，并率先在全球推出了"开放银行"的战略。近年来，我国先后出台《促进大数据发展行动纲要》《新一代人工智能发展规划》《金融科技（FinTech）发展规划（2019—2021年）》等政策文件，为金融科技发展创造了良好环境，增强了行业发展信心。而监管科技创新也能够大大提升整个金融系统的效率，降低系统性风险。从更加细致颗粒度的"蛛丝马迹"的信息，主动发现线索填补监管盲区。例如，通过社交网络的公开信息可能发掘两个关联上市公司的董监高之间可能属于同一个社团，社交距离近。

第十六章　破解金融科研发展的新思维

我们要适时顺应形势发展要求，大力发展数字经济。基础设施方面，5G、大数据中心等新基建全面实施，数据作为基础和战略性资源纳入生产要素市场化配置，人工智能、区块链、云计算、大数据、物联网、生物识别等技术发展迅猛，业务产品和模式创新层出不穷；2018年乌镇世界互联网大会，互联网巨头频频提到中国互联网行业已经进入下半场，近年来蚂蚁金服和京东金融宣言要转型做金融科技服务公司，在金融科技后多了"服务"两字，转型力度之大令人惊讶。消费市场领域，国家23部委联合发布促进消费扩容提质加快形成强大国内市场的实施意见，进一步深化了线上线下融合消费新模式。政务领域，国务院持续深化"放管服"改革，加大"互联网+"、平台经济支持力度，政府和企业数字化转型加速。金融监管方面，中国人民银行发布金融科技发展规划，推出"监管沙盒"机制，按下了金融科技发展的"加速键"。疫情期间中国人民银行、中国银保监会等部门发布系列政策文件，鼓励金融机构积极推广线上业务，创新"非接触式数字金融服务"。随着新冠肺炎疫情加速社会数字化，深刻改变市场格局、产业发展、商业模式、消费方式，推动新技术、新业态、新场景、新模式的快速发展，当今格局下，创新与风险同在，挑战与机遇并存，金融科技数字金融的趋势是什么？

本章通过战略思维、创新思维、辩证思维、法治思维和底线思维，深入分析，科学应变，创新求变，从不确定性中寻找确定，来破解金融科技的发展。

第一节　用战略思维把握金融科技本质

做任何事情，我们要善于站在最根本性、全局性、长远性的视角观察、思考和处理问题，进行科学谋划的思维方式，通过战略实现定大势、明方向、抓本质、制规划。

从战略思维角度来把握金融科技，一要透过现象深入把握金融科技本质，立足本源，奠定可持续发展的基础；二是从时空角度，基于当下前瞻长远，抓住新技术和新场景，实现金融科技创新；三是从局部把握全局，整合局部的产品和技术，连接技术与场景，实现金融科技赋能。

一、立足本源，剖析金融科技本质

金融科技的本质，究竟是金融，还是科技？仁者见仁智者见智，但不管是以什么视角，万变不离其宗，我们可以运用战略思维对金融科技生态场景及能力进行深入分析，金融科技的构成和关系可用下图诠释：三分天下，以科技新技术为助力、以场景为战场、以合规及有核心竞争力的金融产品为本源的一种生态模式。

为什么说金融科技本质是金融（金融产品和能力），非科技呢？

1.关于科技（技术）。金融科技中所谈论的科技，并非指基础技术研究，而是指将新技术引入运用在各种业务场景中。基于该前提下，技术必然只是一种可快速引入、复制和转化的能力，并非是不可替代品。举例来说，人脸识别、指纹识别、虹膜识别和声纹识别等都是重要的 AI 技术，可应用于需要身份识别能力的各类业务场景中。对企业而言，若需要相关技术能力，只需和业

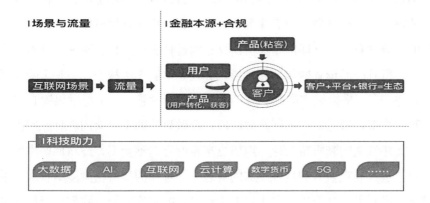

金融科技构成图

界具备相关基础科技能力的公司合作即可。市场上技术的快速应用和推广速度远比我们想象得要快。所以对绝大多数企业而言，在金融科技浪潮中，思考和理解新技术，并具有推动将新技术运用于最合适的场景及产品创造、服务提供的组织架构体系及规划能力，是企业在金融科技竞争浪潮中提升竞争力和加速发展的有力保证。只要思想跟得上新技术，不用担心脚步会跟不上新技术。所以新技术是金融科技重要的支撑手段和工具，但非金融科技本源。

2.关于场景。业界常有得流量者得天下的说法。难道流量绝对垄断的互联网公司将是最强大的金融科技公司？为什么不少互联网头部企业，在金融科技的市场表现和效果方面，尚不能与其科技能力的市场地位相匹配？答案显而易见，金融场景离不开金融产品，更离不开金融合规和风险控制能力。互联网生态重要的基石是开放共享，是跨界协作。既然生态中追求的是协作共进和互利，那么只要企业具备了场景流量方需要的金融能力和产品，就存在让流量方认可及合作的基础，场景就有共享的可能，流量就有共用的必然。比如工商银行的聚富通产品，就是场景和金融产品实现跨界合作的典型案例。通过与多家互联网企业合作，实现能力互补和生态共建。所以在金融科技的世界中，不管是支付场景、消费场景、社交场景、游戏场景、生产场景等，所有的场景，都必然存在金融产品的需求！

3.关于金融。金融科技落脚金融，是利用新技术实现支付、资金融通、投资和信息中介服务的新型金融业务模式。金融科技，没有金融，技术又能如何？场景又如何？最终回归本源，不管场景做得有多眼花缭乱，营销做得如何声势浩荡，产品包装得如何天花乱坠，只要我们扒开马甲就能看见本质，金融产品的本质没有变！互联网企业全面介入的是什么？支付、融资、理财三大业务板块。所有产品形式的包装和转换，有几点本质无法抹去，一是金融合规这一生存之道；二是金融产品和服务能力这一万本之源；三是金融风险管控能力这一长久之策。诚然，在不同发展阶段，金融科技的发展会因各种原因出现混沌或者无序，文明和野蛮共存，但历史车轮的方向不会变，终将回归本源，在金融科技进入有效监管和良性发展的势态下，企业的核心金融能力将对金融科技竞争结果起决定性作用。鉴于以上金融科技的本质分析，我们应可以理解为什么不少互联网企业转型做金融科技服务，我们也能理解为什么不少缺乏风险控制能力的互联网金融企业纷纷"爆雷"。

基于战略思维抓住金融科技核心本质，破解核心问题，则从监管视角，可以基于本质强化合规管控。从企业维度，理解本质有的放矢，强化创新和服务能力建设，占据发展制高点。

二、关注核心，把握场景关键技术能力

运用战略思维剖析了金融科技的金融本质之后，我们再对另一关键组成"科技"进行探讨。不可否认，新技术在金融科技中发挥了非常重要的作用。从表现形式上，新技术在金融领域应用变革性地重塑产品和服务，新型信息技术应用不断加速，颠覆企业运行机制和商业模式、居民思维理念和行为方式，降低交易成本，改善客户体验，提高金融效率，打造了全新的金融服务模式。金融科技业务模式层出不穷，在 GBC（政府—银行—客户）、产业互联网、平台经济、消费互联网、后疫情时代、非接触服务等一系列金融科技业务模式中，究其内涵，理解其关键，技术如何在金融科技中发挥作用？

从金融科技业务场景出发，关联对象包括三方面：客户、企业和场景。企业提供产品和服务，场景是服务触点，客户是产品和服务的消费方。基于该视角，从战略层面，我们把场景关键技术能力归结为四类：客户在线、产品在线，服务在线和数据在线。

1. 客户在线能力。指企业可便捷触达和有效感知客户的能力。不管在哪种渠道，基于什么场景，通过什么方式。如通过物联网和 5G 技术，实现客户位置和行为信息的感知。

2. 产品在线能力。从武学境界角度看，产品在线能力可分为三种。第一种是讲究招式，中规中矩，实现产品线上提供，在非接触服务时代，几乎不存在没有实现产品线上化的企业。第二种是琴棋书画，皆为我用，从企业角度把复杂的金融产品无缝融合至各个领域的场景，打造无界的场景生态。第三种是无招胜有招，客户似乎感受不到产品，客户喜欢的是产品所处的场景，以及场景中自己浸润的情感。

3. 服务在线能力。作为企业，一直在努力实现随时触达和感知客户。换位思考，难道客户不希望能随时随需触达企业获取想要的服务吗？这就需要企业

构建出有温度和有效率的服务在线能力。

4.数据在线能力。同产品在线一样，数据在线的能力也可划分为多个层次。在数据已经上升为重要的生产要素的时代，只有建立了数据资产化、资产服务化和服务价值化的能力，企业才可以说具备了真正的数据在线能力，大数据价值才能显现得更彻底。

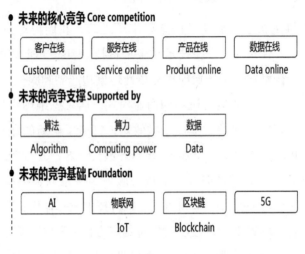

金融科技核心场景能力

本质上，新技术改变或影响的是金融科技场景中的客户在线、产品在线、服务在线和数据在线的能力。例如，物联网技术通过智能终端芯片等各类载体，建立无处不在的触达能力，可以大幅提升企业感知客户的场景能力，企业即可以将物联网技术用于强化客户在线能力建设，提升竞争力。因此，探讨一种新技术会带来什么样的改变，更应思考该技术可提升或改变以上四个在线能力的哪一种或哪几种，这就是战略思维的体现。

第二节 用创新思维锻造金融科技能力

创新思维，是一切从实际出发，解放思想，实事求是，理论联系实际，通过不断的探索与尝试，破除旧体制、旧观念、旧框架，推动社会不断向前发展，从而改变人类的生产、生活和思维方式。

创新思维为金融科技的发展提供了思路指引和方法路线。金融科技的发展处处都有创新思维的体现。它不是在既有发展道路上的场景套用与沿袭，而是通过管理、技术、场景和文化方面的创新，来锻造金融科技能力。

一、管理创新升级新动力

金融科技发展之快也推动管理创新。不少企业纷纷启动管理和组织创新积极应对金融科技和数字经济的市场竞争，如不少银行成立了金融科技子公司解决体制机制问题。目前工农中建等国有大行均设立金融科技子公司，也有不少银行成立了网络金融部强化专业化统筹管理。至于是成立网络金融部还是组建金融科技子公司，什么模式更适合？组织模式只是表象，关键是存在什么现实矛盾，要解决什么问题？这才是创新的本源。领导力、组织架构和人才战略相辅相成，挑战艰巨。

管理创新首先需要一流的领导力，在整个组织内自上而下地逐级推行新的架构。金融科技的领军人物需要具备对金融业务和技术都有深层次的理解、应用和再创造能力，具备对技术和市场趋势的前瞻性、适应性、自驱性，具备在组织内推动和践行变革、开放和包容的心态。

组织创新的方向是高度融合和扁平化发展。互联网平台生态中，客户、产品、服务、信息等形成了高度整合无缝衔接的全流通体系。如互联网企业产品化扁平化的管理模式。而银行等金融机构，无论垂直化的事业部运营还是矩阵式的条线部运营，均需要打破原有体系，实现"敏前台、大中台、强后台"的金融科技体系。前台打破业务和科技的壁垒，中台和后台基础能力进一步强化，前台和中后台之间实现高效协作。最终适配以客户为中心的目标和持续迭代的路径。

从战略意义上看，银行应进一步提升科技人员的占比，加大培养储备科技与业务的复合型人才，从外部按需（专业科技人才）按市场价值、能力、绩效引入。人才培养是重中之重。一是培养和引入关键领军人才，并提供能力发挥的舞台。二是制定个性化的人才发展路线图。三是评价和激励体系需摒除固有机制，向激励显著型、结果导向型和动态调整型的逐步转型。

二、场景创新再造新模式

场景早已不是新名词，它是基于时空维度以及触点产生的特定行为事件，显性或隐性连接产品与人、人与人的方式。场景是指延伸到不同领域并关联金融需求和行为的一种模式，如从个人领域的交通出行、民生社保、消费支付、教育投资，到对公领域的行业垂直平台、供应链融资、对公理财等，无不涵盖金融服务的场景。任何新技术要想在业务模式中发挥作用，必然是在场景能力中体现。

有了场景才能产生触点，有了触点方可嵌入服务和产品。场景可带来流量和用户，因此场景对企业的获客、活客、黏客有着不可比拟的意义。正因为如此，互联网企业很早便已投入大量资源布局场景争夺战，从阿里、京东的线上电商场景，到百度的线上信息搜索场景，再到腾讯的社交通信场景等，互联网企业已经成为场景的主要占有者，并逐步将场景和流量转化为企业的核心竞争力之一。随着金融科技的发展，互联网金融生态圈逐步完善。通过不同业态、不同领域的互补融合，线上线下相融合，金融服务与非金融服务相融合，发挥出乘数效应。例如中国工商银行发挥自身电商业务优势开展消费扶贫行动，通过融e购电商平台基于区块链等新技术组织扶贫活动、开展扶贫直播带货，帮助扶贫产品"进食堂""进网点""进超商""进企业""进供应链"，开创了"金融＋电商＋消费"扶贫新局面。

三、技术创新锻造竞争力

技术创新是竞争力的重要保证和支撑，企业要在金融科技竞争中，摆脱思维惯性，理解技术本质，积极引入技术创新，锻造市场竞争力。

我们用当前最新的 5G 消息技术创新应用来例证相关观点。2020 年 4 月 8 日，国内三大电信运营商联合手机终端厂商等机构发布《5G 消息白皮书》，提出要将 5G 消息打造成为 5G 生态和数字经济基础设施的设想（5G 消息主要实现消息的多媒体化、轻量化、交互化，具有服务探索、发现、交互、支付等一站式业务体验，具备原生化和实名化等特点）。回顾 3G 到 4G 通信技术升级带来了移动支付革命。有了大数据大模型大计算的支撑，或许，5G 消息诞生在最好的年代，5G 消息究竟将带来什么样的变革？强化客户在线和产品在线能力，实现流量重构。

实现流量重构的条件：技术能力有新突破、业务模式实现创新，在催化点（场景）必然催化流量重构。为什么 5G 消息会重构流量？一是基于富文本消息模式实现场景服务模式重构。5G 消息随时可感知客户和触达客户，在建立了强大的客户在线能力的基础上，富文本消息可承载的场景服务内容能力并不亚于众多 APP 应用。5G 消息已不是消息，而是一种业务形态和模式。当渠道内涵获得质变，业务模式创新自然水到渠成。二是打造了核心技术支撑。基于 5G 信息上下游供应商共建的能力，可以提供支持感知客户、安全性、音视频、服务交互等强大能力支撑，其依托硬件集成、无软件门槛、消息必达等先天性技术优势，更有助于实现线下线上服务的平滑衔接与转换，并具备了构建新的金融服务生态与流量入口的条件。三是从更深层次看，5G 消息上下游协作链形成了一种平台级的开放生态共建体系，不管是通过集成 API 还是业务模板等多种模式，合作对象间的产品和服务能力均可实现互通融合。经济体的概念中强调的都是打通和协同，也就是只有生态共建模式，才能实现金融产品和非金融能力在各种消息场景的融合，实现资金流和信息流的场景化、动态化，使产品更加简洁易用，让风险定价变得更加精确和服务更加有温度。5G 消息体系建立的平台级生态共建支撑能力，为 5G 消息场景的产品在线能力突破奠定了最重要的基础。

5G 消息业务模式具备了以上三点重要能力，必然推动流量重构，而流量重构带来的将是互联网新一轮变革。同理，5G 消息在做好高频入口和体验等基础性工作后，可以带来新一轮的支付革命变革，或许冲击的不只是二维码支付。

其他如大数据、云计算、人工智能和区块链等新技术，也将在客户营销、风险控制、差异化服务、流程精简、自动化等众多场景中发挥重要作用。例如，公益事业借助区块链技术，将捐赠款项数额与划拨使用等数据上链，一方面从源头上保证了捐赠钱款的真实性，避免了"诈捐"事件到发生，另一方面实现让捐赠者的"每一包方便面都可以公示"的全流程闭环存证公示，从根本上解决公益信任难题，令公益慈善更具公信力。如上的众多新技术，它们与金融业务相融合，为金融发展注入新活力，培育新动能。

四、文化创新进化新土壤

金融科技的根本是通过新技术实现金融业务创新，这就需要践行创新、敏捷、以客户为中心的思想和文化。企业需要打造学习型团队，建立创新氛围。创新是通过新要素（新技术或新模式），打破原有的体验，建立对己方有利的利益链平衡的过程。金融科技的创新三要素是创新技术应用、创新业态和服务模式以及不断进化的创新组织。一是营造学习型的氛围，鼓励科技人员钻研和掌握新技术。二是把握住互联网金融发展趋势，将既有产品迁移至数字化、智能化、物联网等新兴的增量市场中发展。三是激发员工大胆尝试，鼓励内部创业，鼓励良性竞争。建立有效的容错机制和差异性的绩效考核机制，营造容忍失败、鼓励员工大胆尝试的氛围。践行敏捷迭代，强化以客户为中心。产品设计的发展趋势，越来越强调用户体验，重视客户反馈。当客户利益和企业利益冲突，企业要建立倾向客户的文化和价值观，积极利用新技术实现用户体验升级。

第三节　用辩证思维看待金融科技趋势

辩证思维，是讲轻重缓急，抓住事物发展的主要矛盾，发现事物的本质，用全面的思维分析问题，不偏不倚；是树立明确的发展目标，集中精力办大事，在过程中不断回顾与反思，发现问题，解决问题，修正目标，不断向前。

我们要深化对国际国内金融形势的认识，正确把握金融本质，深化金融供给侧结构性改革，平衡好稳增长和防风险的关系，精准有效处置重点领域风险，深化金融改革开放，增强金融服务实体经济能力，坚决打好防范化解包括金融风险在内的重大风险攻坚战，推动我国金融业健康发展。

如何平衡金额科技的创新与风险？如何看待互联网金融企业之间、银行之间的竞争与合作？如何理性认识金融科技利弊？这些问题均需通过辩证思维才可能找到答案。

一、金融科技要在创新与风险中找到平衡

创新与风险是硬币两面，既对立统一，又相辅相成。中国工商银行原行长杨凯生曾提出，金融创新活动应把控好风险，这是基本准则。我们鼓励和倡导科技创新赋能金融的同时，需要宣传那些坚持金融服务实体经济本质要求的好案例和好做法，要让大家意识到，忽略风险不是真正的创新，急功近利并不能取得成功。

金融科技的发展提升了产品创新能力、风险管控能力和精准营销能力，这是金融科技的立身之本。例如，大数据分析在智能推荐方面的应用，让产品更加了解人们的阅读习惯、学习内容、购买偏好和浏览行为轨迹，为人们带来便利。再如，基于区块链技术的供应链金融服务，利用区块链的公开透明、不可篡改的特性，将供应链的应收账款信息等上链，利用核心企业的背书效用传递给供应链上下游，为上下游的中小微企业获得融资。还可利用区块链智能合约技术管控履约风险，提升监管便利性。金融科技还在反欺诈、反洗钱风险控制、征信体系建设等方面作出了贡献，这些都是金融科技力量的体现。

但是，金融科技的发展也为人们的生活带来了不确定性。例如，大数据时代的个人隐私收集与使用，考验着金融机构的社会担当与对客户的尊重。再如，前沿科技注入到金融领域，放大了科技的不确定性，带来了风险隐患，我们面临着隐私信息泄露等各类风险。我们在享受人脸识别这一便捷服务的同时，也在毫不犹豫将隐私信息对外开放；2020年中央电视台3.15晚会报道，众多APP软件偷偷盗取用户的通信录、信息、位置、照片等各类隐私信息。近日IBM等公司宣布停止提供人脸识别技术的相关服务。2019年，旧金山、奥克兰和圣地亚哥等城市相继禁止使用面部识别技术，理由是这项技术存在局限性，在使用方面缺乏标准，还助长了对少数人种的潜在偏见。所以，如何辩证地对待新技术带来的便利，合理防范新技术带来的风险，是推进金融科技需要关注的课题，既不能因噎废食，过于担心风险停滞不前，也不应以试错容错为由过于激进，盲目乐观。

任何新事物都是在迂回曲折中找到出路、不断前进的。金融科技的发展需在充分认识科技利弊的基础上，更加注重维护社会和客户利益，在风险管控范

围内，不断突破创新，引领金融业一路向前。基于对金融科技利弊的认知，金融科技的发展要把握好四个方面：

1. 完善法律法规，把金融科技发展装进法治的笼子里，让金融科技发展有章可循，有法可依。

2. 平衡好创新与风险的关系，抓住主要矛盾，兼顾次要矛盾。

3. 认清并防范金融科技的弊端，以法治和道德标准约束应用领域。

4. 以发展的眼光看问题，与时俱进，不断发现新机遇，迎接新挑战。

无论如何，科技创新要以不发生重大系统性风险为前提，以不损害人民利益为底线。防范化解重大风险是三大攻坚战之一，金融行业一旦发生重大风险，会对经济产生严重危害，最终会影响社会和谐和人民生活。要强化监管，培养合规文化，更要充分利用大数据、云计算等技术，提升风险管控能力，给金融科技发展创造更加安全的环境。

二、金融科技要在竞争与协作中追求和谐

每一次技术革命都是对认知的重启，对生产方式、生活方式和思维方式带来深刻影响，也是财富再分配的机会。危和机一直是孪生兄弟，只是作用对象不同。金融科技给很多行业带来无限机会的同时，相应也对一些行业带来了挑战与风险。

在互联网行业兴起的初期，互联网金融科技公司凭借客户至上、价值创造和唯快不破的理念，拥有雄厚的科技实力、强大的流量和丰富的场景，在互联网金融的上半场，快速形成第三方支付、理财、消费金融等新金融形态，迅速颠覆传统社会金融服务模式，引发了"创新"与"传统"之争。而随着银行等企业审时度势，对内强化金融科技能力打造，注重人才队伍建设，培养创新文化，推进机构改革。对外转变态度，积极拥抱金融科技企业，深化合作（工农中建交五大国有银行纷纷与互联网金融科技企业达成合作协议，共建生态）。互联网平台和银行逐步在流量、资金、数据、风险能力等方面优势互补。在国家层面搭建宏观审慎监管框架、防范跨界行为和风险的大环境下，金融科技企业纷纷宣布"不做金融"，回归"科技公司"本质属性，转型向服务金融机构提供科技服务。

市场竞争的"721法则"，注定是竞争与合作并存的市场。一方面，企业通过合作来细分市场，深耕细作，以拓展市场领域，把蛋糕做大。另一方面，竞争也无处不在，在竞争中只有越来越强，才能不被市场淘汰。金融与科技从冲突到融合，最终金融机构和科技公司重新找准自身核心优势、专注发挥核心能力，实现双赢。遵循了事物发展的自然规律，是辩证思维的具体体现。

第四节　用法治思维防范金融科技风险

法治思维，是指将法律作为判断是否和处理事务准绳的科学思维方法。法治思维要求崇尚法治、尊重法律，善于运用法律手解决问题和推进工作。金融科技发展的历程，带来了移动应用、信息安全、新技术使用、新模式创新的风险。然而立法存在滞后性、应急性和不适用性等问题，一些企业和个人利用"金融科技"的概念，进行非法融资借贷和窃取个人信息等行为，金融乱象已经成为制约我国经济健康发展的重要问题。法治思维，从崇尚法律和运用法律的维度，调整金融机构、规范金融市场、运用金融工具以及在金融管理活动中的金融关系。金融机构需遵从法治思维框架，坚守底线，规范市场，严控风险，良性发展，拥抱创新。

一、厘清金融科技法治监管脉络，审时度势

近十年来，金融科技发展迅猛。金融科技监管的法律法规，经历了从早期的行政规章办法到国务院层面的行政法规，从早期宏观的法律法规到各个安全领域专门的法律法规，从早期监管部门交叉监管到专门的主管机构，整个法律法规体系日渐完善。

1. 2014—2016年：促进发展。移动互联网崛起，《政府工作报告》多次提出"促进发展""异军突起"等字眼。科技推动了金融机构的服务和产品大规模创新，第三方支付、移动金融、互联网借贷等新模式和新业态逐步地发展起来。金融服务的边界日渐模糊，领域不断扩充，蚂蚁金服等科技企业也在这个阶段得到了发展和壮大。在鼓励创新的整体战略下，宽松的法律政策带来了高速发展。但是2015年下半年出现了"e租宝"等多起P2P风险，政府机构开

始意识到发展中的风险问题，开始规范金融科技的发展。监管部门开始专项治理工作，并且制定网络借贷相关的政策和规范。

2. 2017—2018 年：警惕风险，监管改革。2017 年，《中国金融业信息技术"十三五"发展规划》提出，加强金融科技和监管科技的研究和应用。金融科技的蓬勃发展带来金融风险的复杂性、违规行为的隐蔽性以及风险传播的扩散性。2018 年，为了应对复杂多变的互联网金融形势，中国开启了新一轮金融监管改革，监管框架变为"一委一行两会一局"。新时代的金融监管框架正式形成。银行业打出"严监管、出重拳、治乱象、守底线、补短板"组合措施。同时前几年互联网金融的高速发展，累积了大量的问题，司法纠纷案件数量增多。2018 年 P2P 平台"爆雷"，众筹等新兴产品缺乏法律准入、标准和监管，个人金融信息泄露时有爆发。法律法规是金融科技发展的短板，迫切需要完善的法律法规，避免类似的问题重演。

3. 2019 年至今：健全监管。党中央提出用三年左右的时间防范和化解重大金融风险，顶格处罚、总行承责、个人承责成为新特征。面对新风险、新挑战，一方面中国人民银行制定了《金融科技（FinTech）发展规划（2019—2021 年)》，提出增强金融风险攻防能力，加强网络安全风险管控和金融信息保护。至此市场期盼已久的金融科技监管顶层设计基本完成。针对细分领域，加强新技术合规管理与应用，重点保护金融信息安全，网络安全防控体系基本确定，网络信息服务立法日益丰富。伴随着《网络安全法》《网络金属措施》《数据安全法》等基本法逐步健全。基于物联网、大数据、区块链、电子商务、音视频等金融科技创新领域均有法可依。科技监管也逐步从局部到全面，从少数领域到各个细分领域，从日常生活到国家安全逐步完善起来。

二、以法治思维严控风险，守住本源

1. 数字化转型下金融移动化风险。随着移动互联网为代表的新一代信息技术迅速发展，智能终端得到了广泛的普及，移动 APP 已经渗透到了包括金融在内的各个领域。根据《QuestMobile 中国移动互联网 2020 半年大报告》，2020 年 1—6 月，移动互联网月活用户规模达到 11.55 亿，网上银行月活规模达到 4.69 亿，疫情进一步拉动了用户对互联网的依赖。银行的离柜率达到

90%以上，用户已培养成了习惯使用移动端 APP 个人账户管理、支付交易、理财和借贷等。各大银行加紧脚步实现数字化转型，将金融服务进一步线上化和智能化。在为用户提供便捷高效的同时，也会带来安全风险。包括 APP 违规收集个人信息时有爆出，以安卓开源系统为主的手机系统存在高危漏洞带来数据泄露风险，以流氓软件为主的恶意程序风险，以及以第三方 SDK 引入带来的未知风险等。为了降本提效，越来越多开发者选择 SDK。但是代码主应用无法轻易查看，固其内在逻辑不得而知，不法分子可以通过制作、发布和吸引 APP 嵌入的链路，挖掘用户数据、发动恶意攻击、加载恶意代码，将恶意程序进行传播和感染。中央电视台 3.15 晚会曝光 SDK 窃取个人隐私信息，涉及 50 多款金融 APP。

2. 金融服务模式的创新风险。互联网金融发展的浪潮下，金融机构、科技公司、互联网金融平台等均利用新技术融合现有的金融产品与用户场景，大力发展新业务和新模式。人脸支付、移动支付、电商金融、网络直播、区块链应用平台等模式不断创新，带来创新风险。人脸支付等新模式和客户的个人和资金信息高度相关，带来信息系统的安全性风险。移动支付革命之后，支付宝、腾讯等大力补贴推广人脸支付模式，以便占领市场份额。然而技术的开放性，导致任何主体可以低成本通过该技术进行生物识别，在用户无感（无论是否授权、知晓和理解其后果）的情况下，将采集的人脸信息和识别结果存储、应用甚至转发到各种开放场景。

我国尚无针对新业务和新模式的法律法规，和现有法律进行适配过程引入了政策性风险，使得发生风险后的责任认定、仲裁和执行等难以裁定。2019年以来，网络直播盛行，支付宝面向 55 家金融机构、7000 万用户累计组织了450 场直播。直播带货受到《广告法》《电子商务法》《互联网信息服务管理办法》等基础法律的约束，但是责任和义务均存在部分灰色地带。伴随"直播翻车"事件频发，既有交易额刷单造假和商品质量等问题暴露。商品审核方面，存在平台审核不严格的风险，尤其是针对金融产品的推广和销售，给客户带来投资风险。营销方面，直播模式存在过度夸张、歪曲事实、诱导消费的乱象。客户服务方面，直播结束后相关产品的服务和保障参差不齐。

互联网环境本身的不确定性、开放性以及不可控性，带来了系统性风险，即单个金融机构的行为引发的，具有传导和放大效应，导致整个互联网金融市场的风险，甚至危害整个金融体系的风险。以网络借贷为例，P2P 由于其民间借贷的性质，自融、欺诈、变相高利贷以及信息安全等问题爆发。直到 2018 年中国银保监会将 P2P 纳入监管范畴，掀起"爆雷"潮。

3. 信息安全成为金融风险的重灾区。2015 年，国务院印发了《促进大数据发展行动纲要》，大数据被提到国家战略高度，提出五到十年打造精准治理、多方协作的社会治理新模式。党的十九届四中全会明确提出将数据作为新的生产要素，加快培育数据要素市场。近年来金融科技企业充分发挥技术优势和政策支持，在数据的资产化和价值化方面持续创新，但是数据安全风险俨然成了金融风险的重灾区。

互联网金融领域是敏感数据泄露的重灾区，6 家银行因隐私政策被点名后整改；抖音将微信、QQ 头像、昵称等数据提供给多闪使用；黑客入侵的技术不断升级，屡屡出现违法违规收集个人信息。

数据安全对国家安全、经济安全、社会稳定、公众健康和安全至关重要。2020 年，全国人大常委会将制定《数据安全法》《个人信息保护法》提上日程。一方面，从法治思维出发，企业需要分层建设数据安全保障体系。数据基础设施层，保障云安全、终端安全、运维安全等。数据使用层，需要以组织为轴心，针对数据采集、存储、传输、处理、交换、销毁的全生命周期，严防被内部或者外部窃取、滥用和攻击。数据应用层，需要依法保障和外部交互的合规、技术和模式合规、应用内场景合规。另一方面，相关法律法规明确了开放共享、健康整合、创新应用的执法态度，也使大数据应用在法律的框架内得到保护和发展。企业作为数据使用的主体，争取试点，先行先用，将政府数据和组织内的数据进行共享与整合、破除业务壁垒、加快和传统领域融合。通过数字化、网络化、智能化升级等加快实现企业数字化转型。利用用户画像、精准营销、大数据风控等大数据应用，直接提升金融机构的运营效率、客户体验和变现能力。

4. 新技术的成熟度带来技术风险。互联网金融发展之快，新技术演进的新问题不断涌现，新技术不成熟带来安全风险和边界问题。《金融科技（FinTech）发展规划（2019—2021）》的第二节"强化金融科技合理应用"，要求规范关键共性技术的选型、能力建设、应用场景和安全管控。

人工智能技术是开发、模拟、延伸和扩展人的智能的科学技术。无人车、自动驾驶等均给传统法律带来了冲击。2016 年 Google 的无人驾驶和公交大巴发生碰撞，类似案件的责任主体界定模糊带来定罪量刑的困难，未来将打破道路交通事故的现有法规。如果人工智能更加智能，可以达到甚至突破人脑的思维能力，法律则将完全无法适用，面临的风险无法预知。区块链技术在金融领域的应用场景最为集中，以数字货币、支付清算、票据、供应链金融、电商和物流溯源等应用数量最多。但是跨境支付区块链滋生反洗钱问题，区块链平台存在诈骗、非法集资等违法活动，供应链金融领域区块链难以保证信息源的真实性和造假问题。金融机构需谨记依法治链，提升自身技术能力技术合规义务、信息合规义务、实名认证和安全评估义务、制定并公开管理规则和平台公约等。

法治思维帮助我们在使用新技术的时候，依法使用新技术，明确新技术使用的主体和条件、开发的目标和方式、监管的方式和法律责任。

第五节　用底线思维厘清金融科技边界

底线思维，是指做事有原则，有底线。又指立足当下，设定目标，认清最小价值，争取最大空间。我们要善于运用"底线思维"的方法，凡事从坏处准备，努力争取最好的结果，这样才能有备无患、遇事不慌，牢牢把握主动权。底线思维能让我们看清现实情况，认识事物发展的形势，以实事求是、敢于拼搏的劲头做最坏的打算，争取最好的结果。以踏踏实实、敢于担当的态度去面对未来的不确定性。

底线思维为金融科技的发展厘清了边界。金融科技的发展要坚守道德底线、远离法纪红线和恪守业务安全线，同时清晰地认识底线，积极防御，主动作为。

一、坚守道德底线

科技是把"双刃剑"。不恰当地应用会给社会带来风险甚至灾难，更何况金融行业涉及资金，一旦出现风险，后果难以估量。金融科技的应用要坚守基本道德底线。一方面，金融科技从业人员要对职业有清晰的认识，遵守职业道德，避免由于人为原因出现金融风险。另一方面，金融机构不应以营利为唯一目标，还应注重对社会和大众的金融支持，扎实服务实体经济，承担起金融企业应有的社会责任。例如，大力发展普惠金融，助力消除贫困，实现社会公平，是我国全面建成小康社会的必然要求，这体现了金融业的基本价值观。随着大数据技术的发展，各类应用收集的客户信息和行为数据，为更精准的营销推荐和产品服务提供了基础数据，但企业是否做到了保护客户数据隐私不泄露，是否收集了比所需服务更多的数据？恐怕不尽然。当然，保护客户隐私信息的相关监管政策也正在出台并不断完善，在全面监管法规政策落实前，还需要各企业坚守道德底线，以应有的职业操守尊重和保护好客户隐私。

二、远离法纪红线

近年来，随着互联网金融的兴起，这一相对新鲜的事物为骗子提供了保护伞，互联网金融风险事件持续高发，因此，国家相继出台各种监管办法与专项整治方案，旨在净化金融市场，保障投资者权益。因此，要发展金融科技，必须要研究了解最新政策和法规要点，明晰法律边界，熟知典型风险案例，远离法纪红线。比如，信用卡套现，一些支付公司为赚取高额利润，通过终端POS机、手机刷卡器提供信用卡套现，甚至形成了一套灰色产业链，扰乱了信用卡市场和破坏融资规则。

三、恪守业务安全线

金融科技的本质是金融。金融科技的应用不是炫技，要切实以增长金融业务、防范化解金融风险为第一要义。因此，把握业务安全线，就是要主动防范化解系统性金融风险，健全风险防范处置机制，做到早识别、早发现、早处置。

金融科技的发展要恪守业务安全线，防范化解金融风险，确保不产生系统性和非系统性金融风险。利用大数据、云计算和人工智能，建立风控管理体系和风控预警监测平台，提前识别高风险客户、高风险业务和高风险场景，根据精准预测提前化解风险。一旦出现重大金融风险，则能够利用 AI 智能预判快速定位主要问题，为尽快处理化解风险争取时间。处理过程中抓住主要矛盾，做到有序、全面、稳妥。事后要对风险事件进行全方位、全流程的问题总结与排查，形成良好的应对策略，并建立应急预案，防范化解金融风险事件。

四、明确底线，有守有为

底线思维要求我们清晰地认识金融科技事业发展中的底线，一方面坚守风控底线，防范系统性风险，另一方面要不断巩固扩大安全边界，着眼更高要求和更长远大局，力争更好的结果和更大的作为，做到有守有为。如同软件基线一样，我们也需要划出风控的基线，运用风控手段夯实基础，积极采用大数据、人工智能、生物识别等一系列技术措施，从全方位加固安全底线和加厚安全边界，在安全可控的基础上提供更多更智能的产品服务，才是积极有为的做法。

主要资料来源

1. 熊辉、赖家材、闵万里：《党员干部新一代信息技术简明读本》，人民出版社，2020 年 4 月。

2. 郭树清：《坚定不移打好防范化解金融风险攻坚战》，求是网，2020 年 8 月。

3. 中国人民银行：《金融科技（FinTech）发展规划（2019—2021 年）》，中国人民银行官网，2019 年 9 月。

4. 国务院办公厅：《国务院办公厅关于全面推进金融业综合统计工作的意见》，中国政府网，2018 年 4 月 9 日。

5. 中国人民银行、国家发展改革委、科技部、工业和信息化部、财政部、农业部、商务部、银保监会、证监会：《"十三五"现代金融体系规划》，中国人民银行官网，2018 年 5 月。

6. 中国证券业协会：《关于推进证券行业数字化转型发展的研究报告》，中国证券业协会官网，2020 年 8 月。

7. 可信区块链推进计划：《区块链与供应链金融白皮书（1.0 版）》，中国信息通信研究院官网，2018 年 10 月。

8. 宋华：《供应链金融》（第 2 版），中国人民大学出版社，2016 年 9 月。

9. 广州市金融工作局：《广州市关于促进金融科技创新发展的实施意见》，广州政府网，2018 年 10 月。

10. 成都市人民政府、中国人民银行成都分行：《成都市金融科技发展规划（2020—2022 年）》，成都市政府网，2020 年 5 月。

11. 中关村科技园区管理委员会、北京市金融工作局、北京市科学技术委员会：《北京市促进金融科技发展规划（2018—2022 年）》，北京市政府网，2018 年 10 月。

12. 上海市人民政府办公厅：《加快推进上海金融科技中心建设实施方案》，上海市政府网站，2020 年 1 月。

13.中共中央宣传部：《习近平总书记系列重要讲话读本》，学习出版社、人民出版社，2014 年 6 月。

14.中国银行业协会：《远程银行客户服务与经营规范》，中国银行业协会官网，2019 年 11 月。

15.上海市人民政府办公厅：《加快推进上海金融科技中心建设实施方案》，上海市人民政府网站，2020 年 1 月 8 日。

16.中国人民银行、国家发展改革委、科技部、工业和信息化部、人力资源社会保障部、国家卫生健康委：《关于开展金融科技应用试点工作的通知》，中国人民银行官网，2018 年 12 月 14 日。

17.中国信息通信研究院：《中国金融科技生态白皮书（2019 年）》，中国信息通信研究院官网，2019 年 7 月。

18.中国人民银行、中国银行保险监督管理委员会、中国证券监督管理委员会、国家发展改革委、财政部：《关于进一步深化小微企业金融服务的意见》，中国人民银行官网，2018 年 6 月 25 日。

19.国务院：《国务院关于促进云计算创新发展培育信息产业新业态的意见》，中国政府网，2015 年 1 月 30 日。

20.中共中央办公厅、国务院办公厅：《关于加强金融服务民营企业的若干意见》，中国政府网，2019 年 2 月。

21.李斌：《关于"金融科技"，这或许是最好的科普文》，《21 世纪经济报道》，2018 年 5 月。

22.中国人民银行办公厅：《关于开展金融科技应用风险专项摸排工作的通知》，中国人民银行官网，2020 年 4 月。

23.周伟、张健、梁国忠：《金融科技》，中信出版社，2017 年 8 月。

24.雍黎：《科技与金融结成利益共同体方可为制造业升级赋能》，《科技日报》，2019 年 8 月 30 日。

25.中国信息通信研究院：《中国金融科技产业生态分析报告》，中国信息通信研究院官网，2018 年 4 月。

26.何宝宏：《新一代信息技术推动金融科技向纵深发展》，《金融电子化》，2017

年5月15日。

27.贲圣林、罗丹:《为什么应将金融科技发展上升为国家战略?》,半月谈网,2020年5月。

28.黄希:《央行:2020年要构建金融科技创新管理"四道防线"》,国际金融报网,2019年12月。

29.刘兴赛:《未来银行之路》,中信出版社,2019年6月。

30.李文红、蒋则沈:《金融科技(FinTech)发展与监管:一个监管者的视角》,《金融监管研究》2017年第3期。

31.黄益平:《中国的数字金融革命》,北京大学国家发展研究院网站,2020年4月11日。

32.李伟:《做好金融业标准化"十四五"发展规划,助力现代金融体系建设》,《当代金融家》2020年第23期。

33.北京大学数字金融研究中心课题组:《数字普惠金融的中国实践》,中国人民大学出版社,2017年。

34.北京大学数字金融研究中心课题组:《数字金融的力量——为实体经济赋能》,中国人民大学出版社,2018年。

35.黄益平、黄卓:《中国的数字金融发展:现在与未来》,《经济学(季刊)》2018年7月。

36.傅昌銮、王玉龙:《数字金融的涵义、特征及发展趋势探析》,《产业创新研究》,2020年2月。

37.尹优平:《金融科技助推普惠金融》,《中国金融》,2017年11月。

38.谷政、石崤然:《金融科技助力防控金融风险研究》,《审计与经济研究》2020年第1期。

39.新华社:《习近平主持中共中央政治局第四十次集体学习》,中国政府网,2017年4月26日。

40.南方日报评论员:《金融安全是国家安全的重要组成部分》,人民网,2017年4月。

41.国务院:《"十三五"国家科技创新规划》,中国政府网,2016年8月8日。

42.国务院:《进一步深化中国(广东)自由贸易试验区改革开放方案》,中国政府网，2018 年 5 月 24 日。

43. 邱兆祥、刘永元：《金融科技发展对金融稳定的影响及对策研究》，《教学与研究》2019 年第 2 期。

44. 刘镇：《智能和机器学习在金融领域的发展及对金融稳定的影响》，《吉林金融研究》2018 年第 2 期。

45. 薛紫臣、董小君：《互联网金融流动性风险生成机理及化解》，《国家行政学院学报》2016 年第 7 期。

46. 杨东：《防范金融科技带来的金融风险》，《红旗文稿》2017 年第 8 期。

47. 张宏伟：《金融科技创新发展的机遇与风险防范》，《北方经贸》2018 年第 2 期。

48. 边卫红、单文：《Fintech 发展与监管沙箱：基于主要国家的比较分析》，《金融监管研究》2017 年第 7 期。

49. 黄达：《金融学（第 3 版　精编版）货币银行学（第 5 版）》，中国人民大学出版社，2014 年 5 月。

50. 余丰慧：《金融科技：大数据、区块链和人工智能的应用与未来》，浙江大学出版社，2018 年 3 月。

51. 钱海章、陶云清、曹松威等：《中国数字金融发展与经济增长的理论与实证》，《数量经济技术经济研究》2020 年第 6 期。

52. 沈悦、郭品：《互联网金融、技术溢出与商业银行全要素生产率》，《金融研究》2015 年第 3 期。

53. 傅秋子、黄益平：《数字金融对农村金融需求的异质性影响——来自中国家庭金融调查与北京大学数字普惠金融指数的证据》，《金融研究》2018 年第 11 期。

54. 郭品、沈悦：《互联网金融、存款竞争与银行风险承担》，《金融研究》2019 年第 8 期。

55. 郭峰、王靖一、王芳等：《测度中国数字普惠金融发展：指数编制与空间特征》，北京大学数字金融研究中心，2019 年。

56. 黄群慧、余泳泽、张松林：《互联网发展与制造业生产率提升：内在机制与中国经验》，《中国工业经济》2019 年第 8 期。

57. 梁榜、张建华：《数字普惠金融发展能激励创新吗？——来自中国城市和中小企业的证据》，《当代经济科学》2019 年第 5 期。

58. 江小涓、罗立彬：《网络时代的服务全球化——新引擎、加速度和大国竞争力》，《中国社会科学》2019 年第 2 期。

59. 邱晗、黄益平、纪洋：《金融科技对传统银行行为的影响——基于互联网理财的视角》，《金融研究》2018 年第 11 期。

60. 中国金融四十人论坛课题组：《2019·中国智能金融发展报告》，第三届金家岭财富管理论坛，2019 年 12 月。

61. 蔡钊：《以总体国家安全观为指引开启金融科技创新新征程》，《中国金融电脑》，2018 年 8 月。

62. 郭彦金：《正确认识金融发展、改革与稳定的关系》，人民网，2015 年 7 月。

63. 刘建：《重视金融科技企业的金融安全》，《中国金融》，2018 年 12 月。

64. 李洋、唐秀江、陈春璐等：《金融行业"金融安全 3.0"理论与生态》，《信息技术与网络安全》2018 年第 37 卷第 7 期。

65. 陈辉：《金融科技：框架与实践》，中国经济出版社，2018 年 5 月。

66. 周永林：《金融科技浪潮下的机遇、挑战与应对之策》，《当代金融家》，2017 年 3 月。

67. 王汝芳：《金融科技能有效提升金融安全水平》，新华网，2018 年 6 月。

68. 刘勇、李达：《开放银行：服务无界与未来银行》，中信出版社，2019 年 9 月。

69. 陈劲、尹西明、樊玟玟：《以科技创新推进金融高质量发展》，《经济参考报》，2019 年 9 月。

70. 中国人民银行、银保监会、证监会、财政部、农业农村部：《关于金融服务乡村振兴的指导意见》，农业农村部官网，2019 年 2 月。

71. 何阳、冯橙、许一骏：《寻本溯源，三问"金融科技"》，《智库观察》2018 年第 23 期。

72. 中国人民银行、银保监会：《中国小微企业金融服务报告（2018）》，中国人民银行官网，2019 年 6 月。

73. 何阳、冯橙、王春蕊等：《未来金融科技发展趋势十大关键词预测》，中国信息通信研究院官网，2019 年 3 月。

74. 姜建清：《金融科技的创新逻辑和中国实践》，第一财经官网，2018 年 7 月。

75. 房汉廷：《金融科技助力国家金融创新和金融安全》，《科技与金融》，2017 年

10 月。

76.罗煜:《金融科技的兴起与金融进步的双轮驱动》,《中国金融电脑》,2017 年 11 月。

77.全湘溶、吴辉:《我国金融科技发展面临的机遇和挑战》,《信息通信技术与政策》2019 年第 4 期。

78.彭绪庶:《更好把握金融科技的本质》,《经济日报》,2018 年 6 月。

79.胡滨:《金融科技监管的挑战与趋势》,《中国金融》,2019 年 3 月。

80.张嘉仪:《我国保险科技的发展现状与对策思考》,《时代金融》,2019 年 8 月。

81.中国互联网络信息中心:《第 45 次中国互联网络发展状况统计报告》,中央网信办官网,2020 年 4 月。

82.杨强、刘洋、程勇等:《联邦学习》,电子工业出版社,2020 年 5 月。

83.潘光伟:《银行业应借力金融科技加快数字化转型》,《当代金融家》2019 年第 5 期。

84.潘光伟:《银行业可借助金融科技实现转型发展》,新浪财经,2017 年 12 月。

85.帕布洛·埃尔南德斯·德·科斯、刘冬影:《金融科技 150 年变革》,《金融市场研究》,2020 年 1 月。

86.王李莹:《金融科技下商业银行内部审计》,《财经界》,2018 年 12 月。

87.周代数:《金融科技监管:一个探索性框架》,《金融理论与实践》2020 年第 5 期。

88.李扬:《金融科技要为金融业解决五大问题》,国家金融与发展实验室官网,2019 年 9 月。

89.刘晓春:《有效提升金融科技的金融能力》,国家金融与发展实验室官网,2019 年 8 月。

90.李广子:《金融与科技的融合:含义、动因与风险》,《国际经济评论》,2020 年 5 月。

91.杨涛、贾圣林、杨东等:《中国金融科技运行报告(2019)》,社会科学文献出版社,2019 年 9 月。

92.宋湘燕、谢林利:《美国监管科技在金融业的应用》,《中国金融》2017 年第 11 期。

93. 周延礼：《协同构建保险科技新生态的机遇与挑战》，《清华金融评论》，2018年11月。

94. 周延礼：《协同构建保险科技新生态》，《金融电子化》，2018年7月。

95. 周延礼：《时不我待：金融科技新生态协同构建》，《上海保险》，2019年1月。

96. 丁晨：《新形势下的合规科技创新——数据驱动的智能风险分析体系》，《清华金融评论》，2019年6月。

97. 中国农业发展银行总行信息科技部课题组：《提升农发行金融科技能力高质量服务乡村振兴战略》，中国农业发展银行官网，2018年5月。

98. 陈冬东：《准确把握和运用"五种思维"》，《中国纪检监察报》，2018年3月。

99. 金磐石：《建设银行：新一代全产业链金融解决方案》，《当代金融家》2019年第5期。

100. 刘光仿：《金融科技驱动商业银行智能化转型战略思考》，新华网，2018年10月。

101. 中国保险资产管理业协会金融科技专业委员会：《中国保险资产管理业金融科技发展报告（2018—2020)》，中国保险资产管理业协会官网，2019年4月。

102. 姚前：《科技浪潮中的金融变革与监管》，《清华金融评论》，2018年8月。

103. 李梅：《金融科技为金融业的高质量发展赋予新动能》，新浪财经，2019年5月。

104. 张旭阳：《运用科技力量推动金融供给侧改革》，《清华金融评论》，2019年5月。

105. 田惠宇：《年报致辞》，移动支付网，2020年3月。

106. 何阳、马聪、阳湘懿：《金融科技迎来3.0发展阶段构建金融产业新生态》，未央网，2019年7月。

107. 艾瑞咨询：《破晓——中国金融科技行业研究报告》，艾瑞咨询官网，2019年。

108. 张国云：《金融科技的底线思维》，《中国发展观察》2019年第2期。

109. 吴婷、王向楠：《保险科技：内涵、耦合机理和发展逻辑》，《保险理论与实践》2020年第5辑。

110. 王和、周运涛：《我国保险科技发展展望》，《中国金融》，2018年5月。

111.王和：《区块链将成为保险创新新动力》，新浪财经，2016年10月。

112.狄刚：《从供需两侧透视金融科技》，《中国金融》，2018年3月。

113.王健宗、黄章成、肖京：《人工智能赋能金融科技》，《大数据》2018年第3期。

114.中国工商银行金融科技研究院、可信区块链推进计划：《区块链金融应用发展白皮书》，中国工商银行官网，2020年4月。

115.陈元：《新时代金融科技发展与展望》，《中国金融》2020年第1期。

116.吴家庆：《坚持和运用好底线思维方法》，《光明日报》，2019年7月。

117.徐诺金：《论我国的金融生态问题》，《金融研究》2005年第2期。

118.兹维·博迪、罗伯特·C.莫顿著，伊志宏、金李等译校：《金融学》，中国人民大学出版社，2000年。

119.杨东：《监管科技：金融科技的监管挑战与维度建构》，《中国社会科学》2018年第5期。

120.王朝阳、宋爽：《一叶知秋：美元体系的挑战从跨境支付开始》，《国际经济评论》2020年第2期。

121.纪崴：《中国金融杂志刊评：金融科技的力量》，《中国金融》2020年第12期。

122.黄奇帆：《5G背景下金融科技的特征、路径》，新浪财经，2020年6月。

123.叶望春：《构建智能供应链金融生态圈》，中国金融，2019年5月。

124.中国人民银行数字货币研究所：《详解金融分布式账本技术安全规范》，移动支付网，2020年5月。

125.中国人民银行、中国银行保险监督管理委员会、中国证券监督管理委员会：《关于完善系统重要性金融机构监管的指导意见》，人民银行网站，2018年11月。

126.中国人民银行、国家发展改革委、财政部、银保监会、证监会、外汇局：《统筹监管金融基础设施工作方案》，人民银行网站，2020年3月。

127.乔地：《数字化时代由软件定义互连技术成为重要抓手》，《科技日报》，2020年7月。

128.范一飞：《深化科技应用推动金融业高质量发展》，《中国金融》2020年第1期。

129.范一飞：《不忘初心　砥砺奋进　开启金融科技高质量发展新征程》，《金融电子化》，2018 年 12 月。

130. 范一飞：《共同构建多层次、系统化的金融科技监管框架》，《中国金融》，2020 年 4 月。

131. 李伟：《金融数字化转型的四大发力点》，《经济参考报》，2020 年 4 月。

132. 谷伟：《金融科技创新正在深度影响保险行业的转型发展》，新浪财经，2019 年 5 月。

133. 胡滨、郑联盛：《金融科技倒逼监管改革》，《中国经济报告》2017 年第 9 期。

134. 胡滨：《金融监管蓝皮书：中国金融监管报告（2017）》，社会科学文献出版社，2017 年 5 月。

135. 赛迪顾问：《2020 金融科技发展白皮书》，赛迪官网，2020 年。

136. 李文红：《深化金融供给侧结构性改革的重点与方向》，《学习时报》，2019 年 4 月。

137. 田国立：《建设服务经济社会高质量发展的新金融》，《学习时报》，2019 年 10 月。

138. 腾讯金融研究院、西南财经大学数字经济研究中心：《"新"金融·"兴"经济——金融科技助力实体经济发展报告》，2020 金融科技发展论坛，2020 年 6 月。

139. 李伟：《强化监管科技应用　助力金融风险防控》，《清华金融评论》，2019 年 5 月。

140. 郑万春：《以高质量金融发展服务经济高质量发展》，《中国国情国力》2018 年第 6 期。

141. 高峰：《疫情催生远程银行新业态》，《中国金融》2020 年第 10 期。

142. 姚辉亚：《金融科技打破银行业务边界　开放银行助力协同创新》，中国电子银行网，2020 年 5 月。

143. 张兴荣、李梦宇：《区块链技术在银行业的运用》，《中国金融》2020 年第 10 期。

144. 张庆华、王海滨：《金融科技背景下的银行信息安全建设思考与实践》，《中国金融电脑》，2017 年 8 月。

145. 文振新：《筑牢防范化解金融风险"三道防线"》，《经济日报》，2018 年 8 月。

146. 周延礼：《加强监管筑牢系统性金融风险防线》，《清华金融评论》，2019 年

1 月。

147.李承明、张永军、巩富文：《用法治思维和法治方式防控金融风险》，2019年 4 月。

148.金融界：《中国银行业协会发布〈开放银行实践与发展研究〉课题成果》，金融界网站，2020 年 6 月。

149.国家行政学院经济学教研部：《中国供给侧结构性改革》，人民出版社，2016 年 1 月。

150.郭威、周轶海：《深化金融供给侧结构性改革的对策思路》，《中国党政干部论坛》2019 年第 10 期。

151.顾敏：《金融智能化时代银行面临的挑战与应对之策》，《北大金融评论》2020 年第 2 期。

152.赵峰：《智能化如何重构保险业》，《北大金融评论》2020 年第 2 期。

153.魏炜：《金融科技公司的商业模式再造》，《北大金融评论》2020 年第 2 期。

154.程峰：《如何构建智能供应链金融生态?》，《北大金融评论》2020 年第 2 期。

155.蒲海涛：《从固态到气态——金融智能化的路径选择和政策建议》，《北大金融评论》2020 年第 2 期。

156.国家人工智能标准化总体组：《人工智能标准化白皮书(2018)》,2018 年 1 月。

157.谭铁牛：《人工智能的历史、现状和未来》，《求是》，2019 年 4 月。

158.阿里云：《中国企业 2020：人工智能应用实践与趋势》，阿里云官网，2019年 8 月。

159.刘焱：《AI 安全之对抗样本入门》，机械工业出版社，2019 年 6 月。

160.国家工业信息安全发展研究中心：《2019 年中国人工智能产业发展指数》，国家工业信息安全发展研究中心官网，2019 年 9 月。

161.德勤：《中国人工智能产业白皮书》，德勤官网，2018 年 11 月。

162.清华大学：《人工智能芯片技术白皮书（2018)》，清华官网，2018 年 12 月。

163.刘连舸：《金融科技引领全球金融业新格局》，《国际金融》，2019 年 12 月。

164.上海观安信息技术股份有限公司：《人工智能数据安全风险与治理》，观安官网，2019 年 9 月。

165.张钹：《迈向第三代人工智能的新征程》，2019 第五届中国人工智能大会，

2019 年 9 月。

166. 谭铁牛：《人工智能：天使还是魔鬼》，第十九次中科院院士大会，2018 年6 月。

167. 中国信息通信研究院：《人工智能发展白皮书—产业应用篇（2018 年）》，中国信息通信研究院官网，2018 年 12 月。

168. Eykholt，K.，Evtimov，I.，Fernandes，E.，Li，B.，Rahmati，A.，Xiao，C.，Prakash，A.，Kohno，T.，Song，D.：Robust physical-world attacks on deep learning visualclassification. CVPR 2018.

169. ISO/IEC PDTR 24028 Information technology — Artificial intelligence（AI）— Overview of trustworthiness in artificial intelligence.

170. 李盼、赵文涛、刘强：《机器学习安全性问题及其防御技术研究综述》，《计算机科学与探索》，2018 年。

171. 国家人工智能标准化总体组：《人工智能伦理风险分析报告》，国家人工智能标准化总体组，2019 年 4 月．

172. 刘劲杨：《人工智能算法的复杂性特质及伦理挑战》，《光明日报》，2017 年9 月。

173. 欧盟：《人工智能伦理准则》，欧盟委员会，2019 年 4 月。

174. 丛末：《笑谈中国 AI 发展态势，张钹、李德毅、张正友、肖京同台共议"AI五问"》，《AI 科技评论》，2019 年 9 月。

175. 吕仲涛：《金融科技赋能小微企业数字化转型发展》，《金融电子化》，2020 年 6 月。

176. 李璠：《打造普惠金融要坚守服务实体经济的宗旨》，新浪财经，2019 年 6 月。

177. 徐光贤：《金融科技应用特征及趋势》，《金融电子化》，2019 年 6 月。

178. 薛洪言：《金融科技全面赋能消费金融》，《金融经济》2019 年第 17 期。

179. 吴承忠：《金融科技创新对消费金融与传统金融的影响》，金融界网站，2018 年 1 月。

180. 黄剑辉：《商业银行供应链金融业务发展态势及提升路径》，《银行家》2019 年第 11 期。

181. 刘连舸：《金融科技创新与数字中行战略》，《金融电子化》，2019 年 12 月。

182. 全国信息安全标准化技术委员会、大数据安全标准特别工作组：《人工智能安全标准化白皮书（2019 版）》，全国信息安全标准化技术委员会 2019 年第二次工作组"会议周"，2019 年 10 月。

183. 黄涛、李浩民：《金融供给侧结构性改革：重点任务与路径选择》，《改革》2019 年第 6 期。

184. 维克托·迈尔·舍恩伯格、肯尼斯·库克耶：《大数据时代：生活、工作与思维的大变革》，浙江人民出版社，2013 年 1 月。

185. 梅宏：《大数据：发展现状与未来趋势》，十三届全国人大常委会举行第十四讲专题讲座，2019 年 11 月。

186. 王江汉：《移动互联网概论》，电子科技大学出版社，2018 年。

187. 汪文斌：《移动互联网》，武汉大学出版社，2013 年。

188. 中国信息通信研究院：《物联网白皮书（2011 年）》，中国信息通信研究院官网，2011 年 5 月。

189. 中国信息通信研究院：《物联网白皮书（2018 年）》，中国信息通信研究院官网，2018 年 12 月 10 日。

190. 李佩珈、范若滢：《金融供给侧结构性改革的背景、内涵及影响》，《国际金融》2019 年第 6 期。

191. 中国信息通信研究院：《云计算发展白皮书（2019）》，中国信息通信研究院官网，2019 年 7 月 2 日。

192. 郑建华：《对当前密码研究的几点思考》，《信息安全研究》，2017 年 10 月。

193. 唐明环、许一骏、徐秀：《金融行业商用密码产业迎来重大发展机遇》，《人民邮电报》，2020 年 4 月。

194. 中国信息通信研究院：《量子信息技术发展与应用研究报告（2018 年）》，中国信息通信研究院官网，2018 年 12 月。

195. 赛迪智库电子信息研究所：《量子计算发展白皮书（2019 年）》，赛迪智库官网，2019 年 9 月。

196. 吴根、资剑、杨涛等：《量子计算技术发展现状与趋势》，《科技中国》，2017 年 9 月。

197. 中国信息通信研究院、华为技术有限公司：《虚拟（增强）现实白皮书（2017

年)》，中国信息通信研究院官网，2017年9月。

198. 赛迪智库电子信息研究所、虚拟现实产业联盟：《虚拟现实产业发展白皮书（2019年)》，赛迪智库官网，2019年10月。

199. 中国通信标准化协会：《云化虚拟现实总体技术研究白皮书（2018)》，中国信息通信研究院官网，2018年11月。

200. 中国信息通信研究院、华为技术有限公司、虚拟现实内容制作中心：《中国虚拟现实应用状况白皮书（2018年)》，中国信息通信研究院官网，2018年9月。

201. 严锋：《虚拟现实：让虚拟无限逼近真实》，《人民日报》2019年9月20日。

202. 黄奇帆：《数字化重塑全球金融生态》，《探索与争鸣》，2019年11月。

203. 温津伟：《金融科技八卦之当下与未来》，《中国金融电脑》2018年第8期。

204. 温津伟：《5G消息时代的金融科技变革》，《中国金融电脑》2020年第8期。

205. 张力平：《金融科技是金融与科技创新的高度融合》，《电信快报》，2016年1月。

206. 范一飞：《我国金融科技创新监管工具探索与实践》，《中国金融》2020年第8期。

207. 梁涛：《金融供给侧结构性改革是防范系统性风险的重要手段》，中国网财经，2019年12月。

208. 马宜斐、段文军：《保险原理与实务》，中国人民大学出版社，2019年10月。

209. 周延礼：《保险科技的应用现状和未来展望》，《清华金融评论》，2017年12月。

210. 陈秉正：《保险科技与保险业的重构》，《中国保险》2020年第4期。

211. 全民、赵永坚：《保险企业信息化回顾及信息化保险展望》，《中国保险报》2017年1月。

212. 赵艳丰：《"智能可穿戴设备＋健康险"保险企业的新玩法》，《上海保险》2019年第6期。

213. 中国科技新闻学会：《中国科技信息》，《中国科技信息》2020年第10期。

214. 北京金融科技研究院、清华大学互联网产业研究院、北京金融科技与专业服务创新示范区、爱保科技、毕马威、英诺天使基金、中科院资本：《2020中国保险科技洞察报告》，中文互联网数据资讯网，2020年2月。

215.中国银行保险报、中关村互联网金融研究院：《中国保险科技发展白皮书（2019）》，中文互联网数据资讯网，2019 年 10 月。

216.党的十九大文件起草组：《党的十九大报告学习辅导百词》，学习出版社、党建读物出版社，2017 年 10 月。

217.中国人民银行：《总体国家安全观与金融安全》，学习强国网站，2020 年 4 月 15 日。

218.新华社：《落实习近平总书记金融安全重要讲话精神系列述评》，2017 年 5 月。

219.孙兰生：《守住不发生系统性金融风险的底线》，《学习时报》，2019 年 7 月。

220.胡金焱、孙健、郭峰：《我国金融业在改革创新中发展壮大》，《人民日报》2018 年 8 月 14 日。

221.新华社：《为有源头活水来——中国金融业发展回眸》，新华网，2019 年 9 月 5 日。

222.何兴祥：《善于运用法治思维和法治方式防范金融风险、维护金融安全》，《农业发展与金融》2019 年第 12 期。

223.新华社：《习近平主持十八届中共中央政治局第四十次集体学习》，中国政府网，2017 年 4 月 26 日。

224.新华社：《习近平出席全国金融工作会议并发表重要讲话》，中国政府网，2017 年 7 月 15 日。

225.陈思：《浅析中国的金融安全问题》，《经济研究导刊》2016 年第 22 期。

226.谷政、石岂然：《金融科技助力防控金融风险研究》，《审计与经济研究》2020 年第 1 期。

227.冷云竹：《防范化解金融风险，切实维护金融安全》，《河北金融》2020 年第 5 期。

228.刘少华：《维护金融安全：一件带有战略性根本性的大事》，人民网—人民日报海外版，2020 年 5 月。

229.苗宇松、吴思芮：《金融安全治理思想与当代金融监管实践》，《中国商论》2020 年第 12 期。

230.王元龙：《关于金融安全的若干理论问题》，《国际金融研究》2004 年第 5 期。

231.袁靖：《金融科技助力构建智能网络安全防护》，《中国信息安全》2019 年第

10 期。

232.苑菁菁：《十九届四中全会〈决定〉：提高防范抵御国家安全风险能力》，中国新闻网，2019 年 11 月。

233.贲圣林、罗丹：《为什么应将金融科技上升为国家战略?》，半月谈网，2020年 5 月。

234.范明珠：《我国金融科技立法目的和模式探析》，《海南金融》2019 年第12 期。

235.金小鲸：《【新闻速递】〈十三五国家科技创新规划〉发布：促进科技金融产品和服务创新，建设国家科技金融创新中心》，互联网金融电讯，2016 年 8 月。

236.陆岷峰：《金融科技：回顾与前瞻》，《金融博览（财富）》2020 年第 1 期。

237.孙芙蓉：《金融科技发展应成为国家战略——访英凡研究院院长、上海大数据金融创新中心理事长费方域》，《中国金融》，2018 年 6 月。

238.于恋洋：《十八届三中全会决议提出：发展普惠金融》，中国新闻网，2013年 11 月。

239.马龙：《物联网将催生金融服务新场景》，《金融电子化》，2019 年 6 月。

240.唐金海、谢正文、刘华等：《量子信息技术在金融业的探索应用》，《软件》，2019 年 3 月。

241.吴彩霞：《金融领域生物识别技术应用探析》，《金融理论与实践》2018 年第12 期。

242.宋湘燕、王韬：《金融 VR 技术的应用前景》，《中国金融》，2016 年 6 月。

243.王轩：《“VR+ 金融”将带来金融服务革新》，《中国科学报》，2016 年 9 月。

244.陈挺、王栓应：《移动互联网技术在证券业的新应用分析》，《中国金融电脑》，2013 年 4 月。

245.陈煜涛、毕志刚、董曲琰等：《移动互联在证券经纪业务中的应用研究》，《中国证券》2018 年第 5 期。

246.巴曙松、赵伟：《构建消费金融的互联网应用场景》，《中国国情国力》2020年第 6 期。

247.尹振涛、程雪军：《我国场景消费金融的风险防控研究》，《经济纵横》2019年第 3 期。

248. 文巧甜：《金融科技背景下商业银行消费金融创新研究》，《现代管理科学》2019 年第 1 期。

249. 连平、周昆平、武雯：《商业银行转型提速》，《中国金融》，2017 年。

250. 孙国峰：《中国消费金融的现状、展望与政策建议》，《金融论坛》，2018 年。

251. 周昆平：《如何通过发展金融科技优化金融服务？》，《银行家》，2017 年。

252. 李伟：《金融科技发展与监管》，《中国金融》，2017 年。

253. 易宪容：《金融科技的内涵、实质及未来发展——基于金融理论的一般性分析》，《江海学刊》，2017 年。

254. 刘桂荣：《金融创新、金融科技与互联网金融征信》，《征信》，2018 年。

255. 祝力、华雯君、辛帅：《金融科技在消费信贷业务发展中的应用分析》，《现代金融》2020 年第 6 期。

256. 伍旭川、刘学：《浅谈金融科技信息技术安全三个重要体系的建设》，《债券》，2017 年 8 月。

257. 刘竞、王蔚：《实现金融业的高质量发展》，《光明日报》，2018 年 6 月。

258. 赵正堂、阳梦舒：《美国保险科技案例介绍》，《中国保险报》，2019 年 5 月。

259. 中国银行业协会行业发展研究委员会：《金融科技助推商业银行转型：路径与趋势》，中国金融出版社，2020 年。

260. 黄小军、李凯骅、邵科：《美国银行业"五化"转型及其启示》，《银行业观察》2018 年第 15 期。

261. 李卓：《金融科技背景下消费金融创新发展研究》，《北方金融》，2019 年 5 月。

262. 黄润中：《金融科技助力优化金融供给侧结构性改革》，《银行家》，2019 年 6 月。

263. 杨忠：《银行数字化转型赋能服务实体经济》，《银行家》，2019 年 6 月。

264. 习近平：《决胜全面建成小康社会 夺取新时代中国特色社会主义伟大胜利》，共产党员网，2017 年 10 月。

265. 罗永忠：《"2019 中国金融科技年会暨第十届金融科技及服务优秀创新奖颁奖典礼"致辞》，金融电子化杂志社，2019 年 12 月。

266. 李广子：《金融与科技的融合：含义、动因与风险》，《国际经济评论》2020 年第 3 期。

267. 狄刚：《从供需两侧透视金融科技》，《中国金融》2018 年 3 月。

268. 李珮：《深化金融供给侧结构性改革背景下：金融科技奖迎来大发展》，《金融时报》2019 年 5 月。

269. 黄润中：《平安壹账通黄润中：金融科技助力金融供给侧结构性改革》，中国新闻网，2019 年 5 月。

270. 罗长青：《加速金融科技发展打造数字经济新引擎》，华声在线，2019 年 4 月。

271. 《习近平在全国金融工作会议上的讲话》，新华网，2017 年 7 月。

272. 中国城乡金融报：《关注金融科技服务实体经济》，《中国城乡金融报》2019 年 10 月。

273. 张寿林：《国家金融与发展实验室副主任杨涛：充分利用新技术，促使金融科技为小微企业数字化赋能》，每日经济新闻，2019 年 6 月。

274. 李春涛、闫续文、宋敏等：《金融科技与企业创新——新三板上市公司的证据》，《中国工业经济》2020 年第 1 期。

275. 马向东：《金融科技是保险业转型升级的必由之路》，中国保险报网，2019 年 5 月。

276. 杜志雄、惠超：《发挥金融对推进乡村振兴战略的支撑作用》，《农村金融研究》2018 年第 2 期。

277. 林胜、边鹏、闫晗：《日本金融科技政策》，《中国金融》2020 年第 2 期。

278. 黄润中：《金融科技助力金融供给侧结构性改革》，中国新闻网，2019 年 5 月。

279. 王志峰：《科技驱动消费金融创新》，《中国金融》，2019 年 1 月。

280. 李卓：《金融科技背景下消费金融创新发展研究》，《北方金融》，2019 年 5 月。

281. 国务院办公厅：《完善促进消费体制机制实施方案（2018—2020 年）》，中国政府网，2018 年 10 月。

282. 光华管理学院、度小满金融：《中国消费金融行业年度报告 2019》，2019 年 12 月。

283. 零壹智库—零壹财经：《消费金融行业发展报告 2019》，零壹智库—零壹财官网，2019 年 12 月。

284. 陈彦达、王玉凤、张强：《我国金融科技监管挑战及应对》，《金融理论与实践》，2020 年 1 月。

285. 郭敏：《数字化黄金对中国黄金市场体系和监管影响的研究》，《区域金融研究》2019 年第 3 期。

286. 李伟：《落实发展规划推动金融科技惠民利企》，搜狐号中金国盛认证中心，2020 年 4 月。

287. 陆书春：《运用金融科技打通普惠金融"最后一公里"》，《当代金融家》2020 年第 1 期。

288. 邓雄鹰：《银保监会启动监管数据质量专项治理》，证券时报网，2020 年 5 月。

289. 王超：《微众银行姚辉亚：金融科技打破银行业务边界开放银行助力协同创新》，中国电子银行网，2020 年 5 月。

290. 罗华、唐胜宏：《中国互联网发展报告 2019》，社会科学文献出版社，2019 年 10 月。

291. 钟登华：《智能教育引领未来：中国的认识与行动》，《中国教育网络》2019 年第 6 期。

292. 吴阶平医学基金会、虚拟现实产业联盟、赛迪智库电子信息研究所：《虚拟现实医疗应用白皮书（2019 年）》，赛迪智库官网，2019 年 10 月。

293. 王和、周运涛：《我国保险科技发展展望》，《中国金融》，2018 年 9 月。

294. 中国工商银行金融科技研究院、可信区块链推进计划：《区块链金融应用发展白皮书》，中国工商银行官网，2020 年 4 月。

295. 中国平安：《中国平安 2019 年年度报告》，中国平安官网，2020 年 4 月。

296. 国务院：《国务院关于保险业改革发展的若干意见》，中国政府网，2006 年 6 月。

297. 工业和信息化部办公厅：《关于推动工业互联网加快发展的通知》，工业和信息化部官网，2020 年 3 月。

298. 中国银行保险报、中关村互联网金融研究院：《2019 中国保险科技发展白皮书》，中国银行保险报网，2019 年 10 月。

299. 北京金融科技研究院：《2020 中国保险科技洞察报告》，2020 年 2 月。

300. 王和：《区块链：保险创新的新视角》，《新世界金融》，2016 年。

301. 赵占波：《保险基础设施建设的几个维度》，《中国金融》2018 年第 11 期。

302. 王健宗、黄章成、肖京：《人工智能赋能金融科技》，《大数据》2018 年第

3 期。

303.中华人民共和国国家质量监督检疫总局、中国国家标准化管理委员会：《信息安全技术—个人信息安全规范》，中国国家标准化管理委员会官网，2017 年 12 月。

304.中国信息通信研究院、可信区块链推进计划：《区块链白皮书（2018 年）》，中国信息通信研究院官网，2018 年 9 月。

305.伍旭川、刘学：《浅谈金融科技信息技术安全三个重要体系的建设》，《债券》，2017 年 8 月。

306.中国银行保险监督管理委员会办公厅：《关于推动供应链金融服务实体经济的指导意见》，中国银行保险监督管理委员会官网，2019 年 7 月。

307.叶望春：《构建智能供应链金融生态圈》，《中国金融》，2019 年 5 月。

308.黄剑辉：《银行供应链金融业务提升路径》，《中国金融》，2020 年 4 月。

309.刘颖、李妍：《以金融创新助力实体经济发展——第三届京津冀经济与金融创新发展论坛综述》，《经济与管理》2019 年第 3 期。

310.中国信息通信研究院：《云计算白皮书（2012 年）》，中国信息通信研究院官网，2012 年 4 月。

311.吕仲涛：《借力量子通信技术推动金融科技创新》，《中国银行业》，2017 年 4 月。

312.周永林：《金融科技：新金融生态下的机遇与挑战》，《金融电子化》，2017 年。

313.姜建清：《为"金融科技"正名》，《第一财经日报》，2017 年。

314.彭绪庶：《从创新视角看金融科技》，中国社会科学网—中国社会科学报，2018 年 9 月。

315.万媛媛：《试论城市居民个人投资理财的方式和要略》，《时代金融（下旬）》，2017 年 9 月。

316.尹振涛、程雪军：《我国场景消费金融的风险防控研究》，《经济纵横》，2019 年 3 月。

317.高贵中、李克坚：《金融科技创新演化路径浅析》，《中国金融电脑》，2020 年 4 月。

318.杨善林：《大数据与具体应用领域结合才能获得大发展》，亿欧网，2017 年 5 月 25 日。

319. 长铗、韩锋：《区块链：从数字货币到信用社会》，中信出版社，2016 年 7 月。

320. 杨洁：《中国科学院院士王小云大数据时代下的信息保护——密码技术》，中国教育网络，2018 年 12 月。

321. 张敏波：《网络安全实战详解(企业专供版)》，电子工业出版社，2008 年 5 月。

322. 布莱特·金：《银行 4.0》，广东经济出版社，2018 年 12 月。

323. 中国信息通信研究院：《数字普惠金融发展白皮书（2019 年)》，中国信息通信研究院官网，2019 年 10 月。

324. 赵建：《金融科技与零售银行转型报告——趋势、逻辑、案例与方案》，国家金融发展实验室，2019 年 12 月。

325. 麦肯锡公司：《银行业 CEO 季刊：2018 年冬季刊》，麦肯锡中国官网，2018 年 12 月。

326. 麦肯锡公司：《小微业务新模式：生态圈、数字化、标准化》，麦肯锡中国官网，2019 年 9 月。

327. 麦肯锡公司：《开放银行的全球实践与展望》，麦肯锡中国官网，2019 年 6 月。

328. 可信区块链推进计划：《区块链与供应链金融白皮书》，可信区块链推进计划官网，2018 年 10 月。

329. 零壹财经：《打造金融连接器：中国开放银行发展报告 2019》，零壹智库，2019 年 8 月。

330. 零壹财经：《中国银行业区块链应用与探索报告》，零壹智库，2020 年 5 月。

331. 毕马威公司：《中国银行业转型 20 大痛点问题与金融科技解决方案》，毕马威中国官网，2017 年 8 月。

332. 算力智库：《数字经济时代的区块链金融场景应用报告》，算力智库，2020 年 4 月。

333. 中国工商银行金融科技研究院、可信区块链推进计划：《区块链金融应用发展白皮书》，可信区块链推进计划官网，2020 年 4 月。

334. 周万阜：《以金融科技有效破解小微融资难题》，《中国金融》2020 年第 13 期。

335. Robo-Advisors worldwide Assets under Management，Statista 官网，2020 年。

336. 上海证券交易所：《上海证券交易所统计年鉴》，上海远东出版社，2019 年。

337. 李波：《2019 年资产证券化发展报告》，《债券》2020 年第 1 期。

338. 王欣奕：《区块链技术在资产证券化方向上的应用》，《全国流通经济》2019年第 31 期。

339. 郭晓蓓、蒋亮：《区块链技术在商业银行的应用研究》，《西南金融》2020 年第 6 期。

340. 中国信息通信研究院：《中国金融科技前沿技术发展趋势及应用场景研究》，中国信通院官网，2018 年 1 月。

341. 刘斌、蒋剑飞、王伟强等：《大数据画像技术在证券公司的研究与应用》，《创新与发展：中国证券业 2018 年论文集（下册）》，2019 年 7 月。

342. 中国证券业协会：《2018 年中国证券业信息技术与服务发展综述》，《中国证券业发展报告（2019）》，中国财政经济出版社，2019 年 8 月。

343. 中国证券业协会：《2018 年中国证券业发展回顾与展望》，《中国证券业发展报告（2019）》，中国财政经济出版社，2019 年 8 月。

344. 王玥：《基于区块链的客户认证及合同鉴证平台研究》，《金融电子化》2019年第 2 期。

345. 肖骞益：《关于证券公司资产托管业务的思考和建议》，华中师范大学 2013年学位论文。

346. Quest Mobile：《QuestMobile 中国移动互联网 2020 半年大报告：移动大盘冲高微回落，短视频持续蚕食用户时长，小程序进入爆发期》。

347. 中国人民银行：《中国金融业信息技术"十三五"发展规划》，中国人民银行官网，2017 年 6 月。

348. 国家计算机网络应急技术处理协调中心：《2016 年中国互联网网络安全报告》，国家互联网应急中心官网，2017 年 5 月。

349. 国家计算机网络应急技术处理协调中心：《2017 年中国互联网网络安全报告》，国家互联网应急中心官网，2018 年 8 月。

350. 国家计算机网络应急技术处理协调中心：《2018 年我国互联网网络安全态势综述》，国家互联网应急中心官网，2019 年 4 月。

351. 国家计算机网络应急技术处理协调中心：《2018 年中国互联网网络安全报告》，国家互联网应急中心官网，2019 年 7 月。

352. 国家计算机网络应急技术处理协调中心：《2019 年我国互联网网络安全态势

综述》，国家互联网应急中心官网，2020 年 4 月。

353. 360 互联网安全中心：《全球关键信息基础设施网络安全状况分析报告》，360 互联网安全中心官网，2017 年 4 月。

354. 谢宗晓、董坤祥、甄杰：《信息安全管理系列之五十四：信息安全、网络安全与隐私保护》，《中国质量与标准导报》2019 年第 7 期。

355. 全国人民代表大会常务委员会：《中华人民共和国网络安全法》，中国人大网，2016 年 11 月。

356. 全国人民代表大会常务委员会：《中华人民共和国数据安全法（草案）》，中国人大网，2020 年 7 月。

357. 唐辉：《金融信息系统网络安全风险分析》，《清华金融评论》，2019 年 1 月。

358. 国家互联网信息办公室：《国家网络空间安全战略》，中国网信网，2016 年 12 月。

359. 许晔：《美国〈国家网络战略〉对我国的防范遏制与对策建议》，《科技中国》2020 年第 1 期。

360. 中国信息通信研究院：《中国网络安全产业白皮书（2019 年）》，中国信息通信研究院官网，2019 年 9 月。

361. 行业标准信息服务平台：http://hbba.sacinfo.org.cn/。

362. 张丽霞：《守护金融信息安全 20 年》，《金融电子化》2019 年第 10 期。

363. 董贞良：《金融领域网络与信息安全政策综述》，《中国信息安全》2017 年第 7 期。

364. 中国国家标准化管理委员会：《金融服务信息安全指南》，中国国家标准化管理委员会官网，2011 年 12 月。

365. 李燕：《金融科技时代信息安全意识提升之路》，《中国信息安全》2019 年第 6 期。

366. 国际信息系统安全认证联盟（ISC）²：《(ISC)² Cybersecurity Workforce Study，2019》，(ISC)² 官网，2019 年。

367. 中国人民银行：《金融科技（FinTech）发展规划（2019—2021 年）》，中国人民银行官网，2019 年 8 月。

368. 尹志超、余颖丰：《重视金融科技在金融发展中的作用》，《光明日报》，

2018 年 11 月。

369. 孟洁、张淑怡：《〈数据安全法（草案）〉十一大亮点解读，兼议企业合规义务》，环球律师事务所官网，2020 年 7 月。

370. 中国国家标准化管理委员会：《信息安全技术数据安全能力成熟度模型》，中国国家标准化管理委员会官网，2019 年 8 月。

371. 丁丽媛：《基于数据生命周期的金融数据安全管理研究》，《信息安全研究》2018 年第 6 期。

372. 朱建明、杨鸿瑞：《金融科技中数据安全的挑战与对策》，《网络与信息安全学报》2019 年第 4 期。

373. 许予朋：《数据泄露：21 世纪金融安全的"拦路虎"》，《中国银行保险报》，2019 年 11 月。

374. 中国证券监督管理委员会：《证券期货业数据分类分级指引》，中国证券监督管理委员会官网，2018 年 9 月。

375. 杜明泽：《密码学的研究与发展综述》，《中国科技信息》2010 年第 24 期。

376. 罗继尧：《信息系统数据可用性恢复方法研究》，《计算机与数字工程》2018 年第 6 期。

377. 郝杰、逯彦博、刘鑫吉等：《分布式存储中的再生码综述》，《重庆邮电大学学报（自然科学版）》2013 年第 1 期。

378. 彭枫：《区块链与金融信息安全》，《中国信息安全》2018 年第 11 期。

379. 李拯：《区块链，换道超车的突破口》，《人民日报》，2019 年 11 月。

380. 全国信息安全标准化技术委员会：《人工智能安全标准化白皮书（2019 版）》，全国信息安全标准化技术委员会官网，2019 年 10 月。

381. 孙枫：《知识图谱在金融机构网络安全中的应用》，《金融科技时代》2020 年第 6 期。

382. 郑方、艾斯卡尔·肉孜、王仁宇等：《生物特征识别技术综述》，《信息安全研究》2016 年第 1 期。

383. 中国银行保险监督管理委员会：《银行业金融机构数据治理指引》，中国银行保险监督管理委员会官网，2018 年 5 月。

384. 邵江宁：《基于人工智能后发制人的网络安全新对策》，《信息安全研究》

2017 年第 5 期。

385. 郭南:《解读高级持续性威胁》,《信息安全与通信保密》2014 年第 11 期。

386. 董刚、余伟、玄光哲:《高级持续性威胁中攻击特征的分析与检测》,《吉林大学学报(理学版)》2019 年第 2 期。

387. 张京隆:《DDOS 攻击检测方法综述》,《科技经济导刊》2020 年第 12 期。

388. 李恒、沈华伟、程学旗等:《网络高流量分布式拒绝服务攻击防御机制研究综述》,《信息网络安全》2017 年第 5 期。

389. 程杰仁、邓奥蓝、唐湘滟:《分布式拒绝服务攻击与防御技术综述》,《网络安全技术与应用》2016 年第 10 期。

390. 宋文纳、彭国军、傅建明等:《恶意代码演化与溯源技术研究》,《软件学报》2019 年第 1 期。

391. 中国信息通信研究院:《移动金融应用安全白皮书(2019 年)》,中国信息通信研究院官网,2019 年 10 月。

392. 王广平:《网络信息安全与技术综述》,《数字技术与应用》2018 年第 12 期。

393. 刘建伟、姜斌:《硬件防火墙关键技术综述》,《信息安全与通信保密》2003 年第 6 期。

394. 张焱焱、冉祥金:《入侵检测技术综述》,《电子世界》2016 年第 17 期。

395. 邬贺铨:《新一代信息基础设施亟须同步建设网络安全能力》,《中国电子报》,2020 年 4 月。

396. 李伟:《金融创新与安全要"双轮"同进》,《中国金融家》2017 年第 6 期。

397. 中国电子技术标准化研究院:《人工智能标准化白皮书(2018 版)》,中国电子技术标准化研究院官网,2018 年 1 月。

398. 谭铁牛:《人工智能的历史、现状和未来》,《中国科技奖励》2019 年第 3 期。

399. IanJ.Goodfellow、JonathonShlens、ChristianSzegedy:《EXPLAINING AND HARNESSING ADVERSARIAL EXAMPLES》,International Conference on Learning Representations 2015,2015 年 5 月。

400. 中国电子技术标准化研究院:《中国区块链技术和应用发展研究报告(2018)》,中国电子技术标准化研究院官网,2018 年 12 月。

401. 中国区块链技术和产业发展论坛:《中国区块链技术和应用发展白皮书

(2016)》，中国区块链技术和产业发展论坛官网，2016 年 10 月。

402. 中国国家标准化管理委员会：《信息技术云计算概览与词汇》，中国国家标准化管理委员会官网，2015 年 12 月。

403. 中国电子技术标准化研究院：《云计算标准化白皮书》，中国电子技术标准化研究院官网，2014 年 7 月。

404. 全国信息安全标准化技术委员会：《大数据安全标准化白皮书（2018 版）》，全国信息安全标准化技术委员会官网，2018 年 4 月。

405. 中国信息通信研究院：《电信网络诈骗治理与人工智能应用白皮书（2019 年)》，中国信息通信研究院官网，2019 年 12 月。

406. 韩璇、刘亚敏：《区块链技术中的共识机制研究》，《信息网络安全》2017 年第 9 期。

407. 任佩、刘润一：《区块链技术中共识机制的安全分析》，《2019 中国网络安全等级保护和关键信息基础设施保护大会论文集》，2019 年 10 月。

408. 梅秋丽、龚自洪、刘尚焱等：《区块链平台安全机制研究》，《信息安全研究》2020 年第 1 期。

409. 章恒：《云计算环境的风险评估研究》，《信息安全研究》2017 年第 10 期。

410. 张锋军、杨永刚、李庆华等：《大数据安全研究综述》，《通信技术》2020 年第 5 期。

411. Tuyet Duong、Lei Fan、Hong-Sheng Zhou：《2-hopBlockchain：Combining Proof-of-Work and Proof-of-Stake Securely》，http://eprint.iacr.org/2016/716.pdf，2017 年 4 月。

412. 赵阔、邢永恒：《区块链技术驱动下的物联网安全研究综述》，《信息网络安全》2017 年第 5 期。

413. 全国金融标准化技术委员会：《区块链技术金融应用评估规则》，全国金融标准化技术委员会官网，2020 年 7 月。

414. 全国信息安全标准化技术委员会：《信息安全技术云计算服务安全指南》，全国信息安全标准化技术委员会官网，2014 年 9 月。

415. 全国信息安全标准化技术委员会：《信息安全技术云计算服务安全能力要求》，全国信息安全标准化技术委员会官网，2014 年 9 月。

416. 全国金融标准化技术委员会：《云计算技术金融应用规范安全技术要求》，全国金融标准化技术委员会官网，2018 年 8 月。

417. 中国电子技术标准化研究院：《边缘云计算技术及标准化白皮书（2018）》，中国电子技术标准化研究院官网，2018 年 12 月。

418. 王勇、徐衍龙、刘强：《云计算安全模型与架构研究》，《信息安全研究》2019 年第 4 期。

419. 美国国家标准与技术研究院编著，云安全联盟大中华区翻译：《零信任架构》，https://www.c-csa.cn/i/file/20200605/20200605130933323332.pdf，2020 年 6 月。

420. 奇安信、Gartner：《零信任架构及解决方案》，https://www.gartner.com/teamsiteanalytics/servePDF?g=/imagesrv/media-products/pdf/Qi-An-Xin/Qianxin-1-1XXWAXWM.pdf，2020 年 4 月。

421. 张宇、张妍：《零信任研究综述》，《信息安全研究》2020 年第 7 期。

422. 左英男：《零信任架构：网络安全新范式》，《金融电子化》2018 年第 11 期。

423. 尚可龙、古强：《零信任安全体系设计与研究》，《保密科学技术》2020 年第 5 期。

424. 王旋编译：《2014 年的云计算：走向零信任安全模式》，《网络世界》，2014 年 1 月。

425. 邵山、郑岩：《感知"互联网+"挑战，破题金融信息安全》，《金融电子化》2016 年第 10 期。

426. 埃文·吉尔曼、道格·巴斯著，奇安信身份安全实验室译：《零信任网络：在不可信网络中构建安全系统》，人民邮电出版社，2019 年 8 月。

427. 中国指挥与控制学会：《网络安全架构l〈零信任架构（ZTA）建议〉解读》，中国指挥与控制学会微信公众号，2019 年 12 月。

428. 林蓉、胡敏、刘翔：《构建"零信任"安全体系，护航数字化转型发展》，《金融电子化》2020 年第 5 期。

429. 訾然、刘嘉：《基于精益信任的风险信任体系构建研究》，《信息网络安全》2019 年第 10 期。

430. 腾讯：《零信任解决方案白皮书》，腾讯安全微信公众号，2020 年 5 月。

431. 中国人民银行：《中国金融业信息技术"十三五"发展规划》，中国人民银行官网，2017年6月。

432.中国证券监督管理委员会：《稽查执法科技化建设工作规划》，中国证券监督管理委员会官网，2018年5月。

433.中国证券监督管理委员会：《中国证监会监管科技总体建设方案》，中国证券监督管理委员会官网，2018年8月。

434.习辉、姜晓芳：《全球监管科技发展及对我国的启示》，《当代金融家》2017年第11期。

435.度小满金融、北京大学光华管理学院监管科技课题组：《新技术新业态——进化中的监管科技及其应用》，电子工业出版社，2020年1月。

436.德勤：《RegTech is the new FinTech》，德勤官网，2015年。

437.亿欧智库：《2018年监管科技发展研究报告》，亿欧官网，2018年9月。

438.京东金融研究院：《SupTech：监管科技在监管端的应用》，2018年8月。

439.京东金融研究院：《CompTech：监管科技在合规端的应用》，2018年9月。

440.京东数字科技研究院：《证券监管中的监管科技》，2018年12月。

441.张家林：《金融监管科技：基本原理及发展展望》，《公司金融研究》2017年第21期。

442.陈辉：《监管科技：框架与实践》，中国经济出版社，2019年7月。

443.卡萝塔·佩蕾丝（Carlota Perez）著，田方萌、胡叶青、刘然、王黎民译：《技术革命与金融资本泡沫与黄金时代的动力学》，中国人民大学出版社，2007年10月。

444.赵大伟、李雪：《金融科技背景下的金融监管研究——基于监管科技的视角》，《浙江金融》2020年第4期。

445.胡滨：《金融科技监管的挑战与趋势》，《中国金融》2019年第6期。

446.张永亮：《金融科技监管的新理念与新模式》，《光明日报》官方账号，2018年8月。

447.伍旭川、刘学：《金融科技的监管方向》，《中国金融》2017年第5期。

448.宋湘燕、姚艳：《美国金融科技监管框架》，《中国金融》2017年第18期。

449.廖岷：《金融科技发展的国际经验和中国政策取向》，《新金融评论》2017年第4期。

450. 京东数字科技研究院：《数字金融：数字科技创造金融服务新价值》，中信出版社，2019 年 5 月。

451. 德勤：《The RegTech Universe On The Rise》，2017 年。

452. 何阳：《监管科技（RegTech）前沿技术与应用研究》，《智库观察》2018 年第 18 期。

453. 孙国峰、赵大伟：《监管科技的挑战与破局》，《中国金融》2018 年 21 期。

454. 刘秋万：《坚持科技引领推动数字转型——打造随身、高效、智慧的一站式金融服务》，《金融电子化》2018 年第 11 期。

455. 中国银行：《"中银大脑"项目荣获银行科技发展一等奖》，中国银行官网，2019 年 10 月。

456. 艾媒金融科技产业研究中心：《2019Q1 中国移动支付市场研究报告》，艾媒网，2019 年 5 月。

457. 蚂蚁金服科技：《蚂蚁金服副总裁芮雄文：深度解读 AlphaRisk 智能风控引擎，安全科技助力新金融生态》，蚂蚁金服科技公众号，2018 年 5 月。

458. 张天翼：《蚂蚁金服智能风控引擎 AlphaRisk 介绍》，全球互联网架构大会，2019 年 7 月。

459. 中国新闻网：《支付宝研发风控产品 ARiskGo 帮商家省下 300 亿成本》，中国新闻网官方账号，2020 年 3 月。

460. 深圳证券通信有限公司：《SSCC-FDEP 文件传输系统技术白皮书》，深圳证券通信有限公司官网，2013 年 8 月。

461. 网联清算有限公司：《公司简介》，网联清算有限公司微信公众号，2017 年 11 月。

462. 董俊峰：《应对金融科技新挑战构建监管科技新设施》，《金融电子化》2017 年第 12 期。

463. 狄刚：《区块链技术助力贸易金融业务变革》，《金融电子化》2019 年第 11 期。

464. 姚前、钱友才：《贸易金融区块链平台的技术机理与现实意义》，《中国科技财富》2018 年第 10 期。

465. 祁豆豆：《科技赋能上交所打造智能一体化监管平台》，《中国证券报》，2019 年 10 月。

466. 朱凯：《加速技术创新升级上交所监管迈向智能化》，《证券时报》，2019 年 10 月。

467. 朱凯：《上交所智能监管取得阶段性成果》，《证券时报》，2019 年 10 月。

468. 陆岷峰：《关于构建与优化金融科技机制与体制研究》，《北京财贸职业学院学报》2019 年第 6 期。

469. 刘勇、曹婷婷：《金融科技行业发展趋势及人才培养》，《中国大学教学》2020 年第 1 期。

470. 谈璎：《金融业"剩"者为王尊重马拉松冠军》，《新民晚报》，2017 年 7 月。

471. 狄刚：《探索金融科技的本质和未来发展》，《经济观察报》，2018 年 9 月。

472. 薛洪言：《详解央行〈金融科技发展规划〉：4 大论断和 5 个信号》，《科技与金融》2019 年 10 期。

473. 韩涵：《中国金融科技产业生态分析报告》，《信息安全与通信保密》，2018 年 4 月。

474. 孙璐、孙榆棋：《金融科技背景下金融专业人才培养创新研究》，《对外经贸》，2018 年 10 月。

475. 胡舒予、黄明：《互联网金融课程建设与人才培养模式的思考》，《吉林广播电视大学学报》，2019 年 1 月。

476. 潘功胜：《互联网金融或金融科技应接受更严格的监管》，《上海证券报》，2018 年 12 月。

477. 杜宁、沈筱彦、王一鹤：《监管科技概念及作用》，《中国金融》，2017 年 8 月。

478. 李冰：《科技重塑金融人才结构：金融"码农"最"抢手"人工智能替代重复性劳动日趋明显》，《证券日报》，2018 年 8 月。

479. 华为区块链技术开发团队：《区块链技术及应用》，清华大学出版社，2019 年 3 月。

480. 张琼斯：《郭树清：密切关注金融科技对金融行业影响　金融科技须遵循统一的监管规则》，中国证券网，2019 年 5 月。

481. 中国人民银行：《货币市场》业务介绍，中国人民银行官网，2010 年 9 月。

482. 中国人民银行：《2019 年金融市场运行情况》，中国人民银行官方网站，2020 年 1 月。

483. 中国银行保险监督管理委员会：《银监会依法查处邮储银行甘肃武威文昌路支行违规票据案件》，中国银行保险监督管理委员会网站，2018 年 1 月。

484. 罗国平：《涉嫌票据诈骗罪宝塔石化董事长孙珩超被逮捕》，财新网，2018 年 12 月。

485. 谢平、邹传伟等：《Fintech：解码金融与科技的融合》，中国金融出版社，2017 年。

486. 张末冬：《上海票据交易所数字票据交易平台实验性生产系统上线试运行》，《金融时报》，2018 年 2 月。

487. 沈伟：《用区块链技术重构票据业务流程》，《中国金融》，2020 年 6 月。

488. 杨晓波：《肖钢：科技手段使用将给资本市场带来多方面影响》，新华网，2019 年 5 月。

489. 王重润：《金融市场学》，高等教育出版社，2014 年。

490. 杜希萌：《北斗助力侦破獐子岛公司"扇贝跑路"谎言》，央广网，2020 年 6 月。

491. 黄子训、郭杰群：《金融科技的实验田：区块链在资产证券化中的应用》，《金融市场研究》，2019 年 1 月。

492. 京东数字科技研究院：《数字金融》，中信出版集团，2019 年 5 月。

493. 黄玉静：《区块链的落地实验：以区块链在银行外汇汇款业务中的应用为例》，《金融市场研究》，2020 年 3 月。

494. 杨燕青、周徐：《金融基础设施、科技创新与政策响应——周小川有关讲座汇编》，中国金融出版社，2019 年 10 月。

495. 周逢民：《走近金融科技》，中国金融出版社，2019 年 8 月。

496. 孙国峰等：《监管科技研究与实践——中国支付清算协会监管科技研究组优秀课题成果集》，中国金融出版社，2019 年 4 月。

497. 杜宁、王志峰、沈筱彦等：《监管科技人工智能与区块链应用之大道》，中国金融出版社，2018 年 7 月。

498. 任心悦：《应多渠道增加黄金储备》，《中国黄金报》，2018 年 3 月。

499. 邢莹莹：《黄金本位制·黄金市场》，经济科学出版社，2014 年 4 月。

500. 陈麒东：《黄金银行，未来已来》，《中国黄金报》，2018 年 3 月。

501. 吴雨俭、吴红毓然、单玉晓：《谁为武汉金凰假黄金案埋单》，《财新周刊》，

2020 年 7 月。

502. 郭敏：《数字化黄金对中国黄金市场体系和监管影响的研究》，《区域金融研究》2019 年第 3 期。

503. 周永林：《金融科技：新金融生态下的机遇与挑战》，《金融电子化》，2017年 3 月。

504. 姚长辉：《货币银行学》第 3 版，北京大学出版社，2005 年。

505. 国际货币基金组织（IMF）：《关于虚拟货币及其未来的初步思考》，IMF 官网，2016 年。

506. 梁斯：《对发行法定数字货币的思考》，《清华金融评论》，2019 年 8 月。

507. Coinmarketcap：Top 100 Cryptocurrencies by Market Capitalization，http://coinmarketcap.com，2020 年 8 月 27 日。

508. 工信部：《中国区块链技术和应用发展白皮书》，工信部官网，2016 年 1 月。

509. 国际货币基金组织（IMF）：《数字货币崛起》，IMF 官网，2019 年 7 月。

511. Facebook：《Libra 区块链技术白皮书》，Facebook 官网，2019 年 6 月。

511. 高洪民：《金融科技、数字货币与全球金融体系重构》，《学术论坛》2020 年第 2 期。

512. 姚前：《理解央行数字货币：一个系统性框架》，《数字货币研究前沿》，2018年 6 月。

513. 姚前、陈华：《法定数字货币等内涵与外延》，《数字货币经济分析》，2018年 10 月。

514. 姚前、汤莹玮：《关于央行法定数字货币的若干思考》，《金融研究》，2017年 7 月。

515. libra：《对央行数字货币（DCEP）的技术研究报告》，https://zhuanlan.zhihu.com/p/90305035，2019 年 11 月。

516. 姚前：《中央银行数字货币原型系统试验研究》，《软件学报》，2018 年 10 月。

517. 邵宇：《数字货币有助人民币国际化》，《中国证券报》，2019 年 11 月。

518. 孟刚：《法定数字货币与人民币国际化》，《中国金融》2019 年第 24 期。

519. 张怡超、于沐清：《数字货币未来在我国发行的必要性与可行性研究》，《对外经贸》2019 年第 2 期。

520. 张筱晨：《我国发行法定数字货币的可行性研究》，《金融视线》，2019 年 7 月。

521. 孙浩：《数字基础货币：来自欧洲央行的评估》，《数字货币研究前沿》，2017 年 1 月。

522. 吴婷婷、王俊鹏：《我国央行发行数据货币：影响、问题及对策》，《西南金融》2020 年第 7 期。

523. 姚前：《法定数字货币对现行货币体制的优化及其发行设计》，《国际金融研究》，2018 年 4 月。

524. 孙浩、赵欣：《"去现金化"与现金的未来》，《数字货币研究前沿》，2018 年 6 月。

525. 周延礼：《健康保险发展展望和建议》，《经济研究参考》，2017 年 12 月。

526. 肖风：《数字货币的价值起源》，《清华金融评论》，2017 年 4 月。

527. 张荣丰、董媛：《关于数字货币的发行与监管初探》，《华北金融》2017 年第 1 期。

528. 林晓轩：《区块链技术在金融业的应用》，《中国金融》，2016 年 1 月。

529. 周永林：《从货币本质看数字货币未来》，《清华金融评论》，2018 年 12 月。

530. 吴桐、李家骐、陈梦愉：《法定数字货币的理论基础与运行机制》，《贵州社会科学》，2020 年 3 月。

531. 高旭译：《国际货币基金组织：全球金融科技发展的五大现状》，未央网，2019 年 6 月。

532. 民生银行研究院产业研究团队：《国内外商业银行金融科技最新进展情况及趋势分析》，《民银智库研究》第 127 期。

533. 保劳格·阿尔琼瓦德卡尔（Parag Y. Arjunwadkar）著，李庆、王垚译：《金融科技：技术驱动金融服务业变革》，机械工业出版社，2019 年 10 月。

534. 马文静：《中国需要怎样的金融科技？服务实体经济是关键》，《理论导报》2019 年第 5 期。

535. 国家发展改革委：《产业结构调整指导目录（2019 年本，征求意见稿）》，国家发展改革委，2019 年 4 月 12 日。

536. 中国电子技术标准化研究院等：《人工智能标准化白皮书（2018 版）》，信息技术研究中心 2018 年 1 月 24 日发布。

537.中国电子学会：《新一代人工智能发展白皮书（2017）》，中国电子学会2018年2月28日发布。

538.《中华人民共和国网络安全法》，中国人大网，2016年11月7日。

539.工业和信息化部：《促进新一代人工智能产业发展三年行动计划（2018—2020年）》，工业和信息化部官网，2017年12月14日。

540.国务院：《国务院关于促进云计算创新发展培育信息产业新业态的意见》，中国政府网，2015年1月30日。

541.欧盟：《人工智能道德准则》，人工智能高级别专家组，2019年4月8日。

542.中央全面深化改革委员会：《关于促进人工智能和实体经济深度融合的指导意见》，新华社3月19日。

543.证监会：《中国证监会监管科技总体建设方案》，证监会，2018年8月31日。

544.工业和信息化部：《工业和信息化部关于加快推进虚拟现实产业发展的指导意见》，工业和信息化部官网，2018年12月25日。

545.高雅丽：《人工智能算法研究依然"缺人"》，《中国科学报》2019年10月25日。

546.中国信息通信研究院：《中国大数据与实体经济融合发展白皮书（2019年）》，中国信息通信研究院官网，2019年5月。

547.中国信息通信研究院、中国移动信息安全管理与运行中心：《物联网安全白皮书（2018）》，中国信息通信研究院官网，2018年9月。

548.赛迪智库电子信息研究所、虚拟现实产业联盟：《虚拟现实产业发展白皮书（2019年）》，赛迪智库官网，2019年10月。

549.国务院办公厅：《国务院办公厅关于积极推进供应链创新与应用的指导意见》，中国政府网，2017年10月13日。

550.国务院发展研究中心：《中国云计算产业发展白皮书》，中国智能化转型与技术创新高层研讨会暨发布会，2019年10月12日。

551.中国银保监会：《推动供应链金融服务实体经济的指导意见》，中国银保监会官网，2019年7月。

552.国家新一代人工智能治理专业委员会：《新一代人工智能治理原则——发展负责任的人工智能》，新华网，2019年6月17日。

553. 欧盟：《可信赖人工智能道德准则》，欧盟委员会官网，2019 年 4 月 8 日。

554. 中国信息通信研究院：《云计算发展白皮书（2018 年)》，中国信息通信研究院官网，2018 年 8 月。

555. 中国信息通信研究院：《大数据白皮书（2014 年)》，中国信息通信研究院官网，2014 年 5 月。

556. 中国通信标准化协会：《云化虚拟现实总体技术研究白皮书（2018)》，中国信息通信研究院官网，2018 年 11 月。

557. 中国信息通信研究院：《中国网络安全产业白皮书（2019 年)》，中国信息通信研究院官网，2019 年 9 月。

558. 中国信息通信研究院、华为技术有限公司：《虚拟（增强）现实白皮书（2017 年)》，中国信息通信研究院官网，2017 年 9 月。

559. 中国信息通信研究院、华为技术有限公司、虚拟现实内容制作中心：《中国虚拟现实应用状况白皮书（2018 年)》，中国信息通信研究院官网，2018 年 9 月。

560. 徐宗本：《数字化网络化智能化把握新一代信息技术的聚焦点》，人民网—人民日报，2019 年 3 月 1 日。

561. 杨善林：《大数据与具体应用领域结合才能获得大发展》，亿欧网，2017 年 5 月 25 日。

562. 王庆、杨刚、耿植：《拓展应用领域释放大数据价值——访中国科学院院士、贵州省大数据产业发展应用研究院院长梅宏》，《当代贵州》2018 年第 15 期。

563. 彭科峰：《何友院士：工业大数据是新一轮产业革命的核心》，科学网，2018 年 2 月 25 日。

564. 盛瀚：《大数据在金融行业的应用与挑战》，《金融电子化》，2018 年 9 月 15 日。

565. 刘振海、马征、缪凯：《大数据在金融行业的应用现状与发展对策》，《金融电子化》，2018 年 9 月 15 日。

566. 高奇琦、李阳：《"智能＋"是一种新的思维方式》，《解放日报》2017 年 8 月 22 日第 10 版。

567. 岳瑞芳：《从"互联网＋"到"智能＋"，"加"出经济新动能》，新华网，2019 年 3 月 8 日。

568. 李岚：《刘连舸：全球经济下行突破困局最有效途径是加强科技创新》，中国金融新闻网，2019年10月21日。

569.李国杰：《新一代信息技术发展新趋势（大势所趋）》，人民网—人民日报，2015年8月2日。

570.赵刚：《信息安全的本质在于技术主导权》，《学习时报》2019年4月24日。

571.徐明星、刘勇、段新星等：《区块链：重塑经济与世界》，中信出版社，2016年6月。

572.何定、庄伟铭、刘洋等：《保险行业区块链应用研究》，《信息安全研究》，2019年3月5日。

573.钱箐旎：《"边缘计算"，让数据处理更安全高效》，中国经济网—经济日报，2019年10月7日。

574.孙柏林：《人类社会正在进入"量子技术"时代》，《自动化技术与应用》2019年第3期。

575.施郁：《继续量子科学革命》，《光明日报》2017年5月25日。

576.陆成宽、梅峥扬：《潘建伟：量子通信面临两大挑战》，《科技日报》2019年9月11日。

577.杨旻：《新时期量子通信技术发展现状及发展趋势探讨》，《中国高新科技》2017年第3期。

578.陆军、张雪松、栾添等：《量子信息系统发展探讨》，《中国电子科学研究院学报》2018年第5期。

579.张焕国：《信息安全工程师教程》，清华大学出版社，2016年6月。

580.车宏斌：《浅论信息安全的重要性》，《现代信息科技》2018年第1期。

581.陆英：《大数据安全防护方法与建议》，《计算机与网络》，2019年4月12日。

582.王锡亮、刘学枫、赵淦森等：《区块链综述：技术与挑战》，《无线电通信技术》2018年第6期。

583.孙国梓、王纪涛、谷宇：《区块链技术安全威胁分析》，《南京邮电大学学报（自然科学版）》2019年10月14日。

584.邵奇峰、金澈清、张召等：《区块链技术：架构及进展》，《计算机学报》2017年11月15日。

585.汪垚：《区块链技术在互联网安全中的应用探究》，《企业科技与发展》，

2019 年 2 月 10 日。

586. 罗以洪、吴大华：《大数据助力经济社会发展的实践与探索》，《光明日报》
2019 年 3 月 20 日。

587. 姜珊：《计算机数据库安全管理分析与探讨》，《科技创新导报》，2015 年 9 月。

588. 尹廷钧、杨伟超：《基于网络环境的数据库安全技术优化分析》，《网络安全
技术与应用》，2019 年 7 月 15 日。

589. 金融界：《李若谷：金融科技应纳入金融监管体系完善包容性》，中国电子银
行网，2017 年 6 月 7 日。

590. 张东向：《以云端银行高效服务实体经济》，《金融时报》2018 年 1 月 15 日。

591. 王艳、李凤娇、薛怡：《人工智能在金融领域的应用研究》，《中国集体经济》
2019 年第 5 期。

592. 刘燕华：《人工智能新时代的四个特征、三大趋向》，中国科技网，2018 年
9 月 18 日。

593. 吴中海：《中国新经济驱动力之大数据与人工智能》，《政治经济学评论》
2018 年第 4 期。

594. 曾宇：《以新一代信息技术驱动我国数字经济发展》，经济日报—中国经济
网，2018 年 5 月 24 日。

595. 周跃辉：《以"新经济"助推中国经济高质量发展》，《成都日报》2019 年
10 月 30 日。

596. 李广新：《商业银行数字化转型的方向与实践》，《银行家》，2019 年 3 月 5 日。

597. 可信区块链推进计划：《区块链安全白皮书（1.0 版)》，中国信息通信研究
院官网，2018 年 12 月。

598. 德勤：《中国人工智能产业白皮书》，勤启数智之道"创新驱动、智胜未来"
创新论坛，2018 年 11 月 11 日。

599. 国务院：《关于印发"十三五"国家信息化规划的通知》，中国政府网，
2016 年 12 月 27 日。

600. 中国支付清算协会金融大数据应用研究组：《大数据在金融领域的典型应用
研究》，中国信息通信研究院官网，2018 年 3 月。

601. 国家互联网信息办公室：《区块链信息服务管理规定》，人民网，2019 年 1

月 10 日。

602.工业和信息化部信息中心:《2018 年中国区块链产业白皮书》,工业和信息化部信息中心官网,2018 年 5 月。

603.国务院:《促进大数据发展行动纲要》,中国政府网,2015 年 8 月 31 日。

604.中国信息通信研究院:《物联网白皮书(2018 年)》,中国信息通信研究院官网,2018 年 12 月 10 日。

605.中国信息通信研究院:《物联网白皮书(2011 年)》,中国信息通信研究院官网,2011 年 5 月。

606.华为:《华为发布 2018 终端云服务白皮书》,华为官网,2019 年 4 月 16 日。

607.工信部信息化和软件服务业司:《中国区块链技术和应用发展白皮书(2016)》,工信部信息化和软件服务业司,2016 年 10 月 18 日。

608.大数据产业生态联盟、赛迪顾问:《2019 中国大数据产业发展白皮书》,"计算机未来:算力驱动万物互联"主题论坛,2019 年 9 月 11 日。

609.中国信息通信研究院和可信区块链推进计划:《区块链白皮书(2018 年)》,中国信息通信研究院官网,2018 年 9 月。

610.中国信息通研究院:《大数据白皮书(2018)》,中国信息通研究院,2018 年 4 月。

611.朱进云、陈坚、王德政:《大数据架构师指南》,清华大学出版社,2016 年 5 月。

612.维克托·迈尔·舍恩伯格、肯尼斯·库克耶:《大数据时代:生活、工作与思维的大变革》,浙江人民出版社,2013 年 1 月。

613.大数据战略重点实验室:《大数据蓝皮书:中国大数据发展报告 No.3》,社会科学文献出版社,2019 年 5 月。

614.上海新金融研究院、北京大学数字金融研究中心:《美国金融科技考察报告》,北京大学数字金融研究中心官网,2017 年 11 月。

615.国务院:《新一代人工智能发展规划》,中国政府网,2017 年 7 月 20 日。

616.国务院:《国务院关于印发"十三五"国家信息化规划的通知》,中国政府网,2016 年 12 月 27 日。

617.罗华、唐胜宏:《中国互联网发展报告 2019》,社会科学文献出版社,2019

年10月。

618.中共中央办公厅、国务院办公厅:《国家信息化发展战略纲要》,中国政府网,2016年7月。

619.杨涛、贾圣林:《中国金融科技运行报告(2018)》,社会科学文献出版社,2018年6月。

620.朱太辉、陈璐:《FinTech 的潜在风险与监管应对研究》,《金融监管研究》2016年第7期。

621.赵静:《农业银行:以"金融科技+"构建可持续核心竞争力》,中国农村金融网,2018年7月。

622.中国人民银行、工业和信息化部、公安部、财政部、国家工商总局、国务院法制办、中国银行业监督管理委员会、中国证券监督管理委员会、中国保险监督管理委员会、国家互联网信息办公室:《关于促进互联网金融健康发展的指导意见》,中国政府网,2015年7月。

623.谢平、邹传伟、刘海二:《互联网金融的基础理论》,《金融研究》2015年第8期(总第422期)。

624.国务院:《推进普惠金融发展规划(2016—2020年)》,中国政府网,2016年1月15日。

625.尹志超、余颖丰:《重视金融科技在金融发展中的作用》,《光明日报》,2018年11月。

626.孙芙蓉:《金融科技发展应成为国家战略——访英凡研究院院长、上海大数据金融创新中心理事长费方域》,《中国金融》,2018年6月16日。

627.石光:《金融科技发展对金融业的影响》,《中国金融》2020年第6期。

628.谢平、邹传伟:《互联网金融模式研究》,《金融研究》2012年第12期。

629.黄益平:《中国的数字金融革命》,《中华工商时报》2020年4月16日。

630.狄刚:《探索金融科技的本质和未来发展》,《经济观察报》,2018年9月。

631.范一飞:《中国央行数字货币应采用双层投放体系》,《金融博览》,2018年5月。

后　记

　　金融作为历史悠久的行业，是一个与时俱进、不断创新、不断超越的行业，改革创新精神从未缺失。面对金融科技这一突飞猛进的大浪潮，作为金融业有志之士，主动积极拥抱这一千载难逢的机遇，顺势而为，迎难而上，以开放心态，拥抱科技，拥抱未来，锐意进取，整合一切可用资源，加速自身变革和转型，重构金融业运营模式，把科技应用的初心使命转化为实际行动，为金融服务实体经济、践行普惠金融作出新的更大贡献。

　　中国人民银行印发的《金融科技（FinTech）发展规划（2019—2021年）》指出，金融机构、行业自律组织等要积极运用多种形式广泛开展宣传工作，普及金融科技应用与发展相关知识，提升消费者金融素养，培养现代金融理念。

　　不忘初心，牢记使命。笔者深知普及金融科技应用与发展相关知识这一重要使命的必要性，深感这是一个难得机遇，希望编写一本金融科技教材或教学参考用书，可帮助广大金融从业者、潜在金融从业者、科技人员、党员干部了解金融科技的基础知识、应用情况，金融科技的安全问题，金融科技的发展问题，可帮助金融行业的优秀人才尤其是广大党员干部了解金融科技带来的发展机遇，为如何应对挑战提供一些解决思路。

　　为便于读者朋友阅读本书，编者力争做到章节结构、体例基本保持一致。但金融行业各个子领域有自身技术特点，不同行业之间情况差异很大，金融科技应用现状存在较大差异，应用前景和潜力也不尽相同，故各章节详略有差异，侧重点也有所不同。关于应用案例方面，技术成熟度不一样，详细程度也不一样，甚至有些偏前沿科技。目前仍以科学探索为主，故尚未提供应用案例。

　　金融科技作为一门学科，可谓内容广泛、涉及面广、博大精深，跨界金融与科技，是一项浩大的工程，绝非一个孤胆英雄就能搞定之事，而是需要一个精英团队才能完成。为端上一桌金融科技基础、应用、安全、发展的"饕餮盛宴"，编者在"食材"方面煞费苦心，邀请知名学者、专家领衔，组织从业经验丰富的兼具金融和科技基因的金融界、科技界精英人士参与编写本书，认真研读金融科技相关的政策文件，查阅大量金融科技方面优质资料，学习参考知名金融科技企业、金融行业监管（包括中国人民银行、银保监会、证监会）、行业协会（包括中国银行业协会、中国证券业协会、中国保险资产管理业协会）的领导和精英的知识精髓，吸收目前国内外金融科技最新、最优科研成果，包括期刊、网络、会议、自媒体等方面的内容，提炼金融科技的实践经验，也研学了很多金融科技实际应用案例，并增加了编者对金融科技的思考、发展趋势的理解与感悟等。"海纳百川，有容乃大"，以开放心态选择材料内容，在编写过程中还访谈了很多专家、学者、专业人士，引用了很多机构、领导、专家学者的观点，尤其是有些机构（如中国信息通信研究院、国家金融与发展实验室、腾讯金融研究院、京东数字科技研究院）、领导与专家（如十二届全国政协副主席陈元、中国银行保险监督管理委员会主席郭树清、中国人民银行副行长范一飞、中国银行董事长刘连舸、中国建设银行董事长田国立、原保监会副主席周延礼、原人民银行副行长李东荣、中国人民银行科技司司长李伟、证监会科技监管局局长姚前、辽宁银监局局长文振新、深圳银保监局局长李文红、国家开发银行法律合规局副局长孟刚、民生银行行长郑万春、中国工商银行原董事长姜建清、中国人民财产保险公司原监事长王和、光大理财有限责任公司董事长张旭阳、国家金融与发展实验室理事长李扬、中国科学院院士梅宏、中国科学院院士王小云、北京大学数字金融研究中心主任黄益平、腾讯金融研究院院长蒲海涛、中国银行业协会首席经济学家巴曙松等）的观点可谓精辟之至，取材之时，难以割舍，这些机构、领导、专家学者也是致力于助推我国金融科技大业的本书编委会"广义团队概念"的一员，在默默支持我们。在此向这些机构、领导、专家学者一并表示诚挚的谢意！因本书定位为一本金融科技教材或者金融科技教学参考用书、应用指导参考读物，仅在书后列出主要资料来源（按重要程度和文中引用大致顺序排序），资料引用之处不是很详细，未在文中一一标明出处，对书中引用较多的，为了避免重复和便于读者阅读，仅在第一次引用该文献内容时标明其出处，后续可能引用同一文献内容时未重复标明其出处。敬请谅解！

特别感谢以下单位、朋友在本书编写过程给予笔者的鼎力支持：著名安全专家廖武锋先生、五矿发展刘震川先生、广西北部湾银行何风女士、交通银行文巧甜女士、北京大学经济学院李成明先生，还有其他给予我们支持的单位、朋友，在此就不一一列举了。

由于水平所限，加之时间仓促，书中疏漏甚至错误在所难免，敬请广大读者批评指正，我们将在后续版本中不断完善。

编　者
2020 年 9 月 8 日